영어과 수업관찰과 분석

영어과 수업관찰과 분석

김정렬 지음

한국문화사

영어과 수업관찰과 분석

2007년 9월 20일 초판 1쇄 인쇄
2007년 9월 30일 초판 1쇄 발행

지은이 김 정 렬
펴낸이 김 진 수
편 집 진 정 미
펴낸곳 한국문화사

133-823 서울시 성동구 성수1가 2동 656-1683 두앤캔B/D 502호
전화 • 02)464-7708(대표) 3409-4488(편집부) 468-4592~4(영업부)
팩스 • 02)499-0846
등록번호 • 제2-1276호(1991.11.9 등록)
e-mail • hkm77@korea.com
homepage • www.hankookmunhwasa.co.kr

가 격 23,000원

ISBN 978-89-5726-494-2 93370

이 도서의 국립중앙도서관 출판시도서목록(CIP)은 e-CIP 홈페이지
(http://www.nl.go.kr/cip.php)에서 이용하실 수 있습니다.
(CIP제어번호: CIP2007002893)

머리말

대학원에 입학한 현장 선생님들의 진학 동기를 물어보면 대부분 영어를 좀 더 잘 하고 영어를 좀 더 잘 가르치는 법을 배우기 위해서 왔다고 한다. 그래서 대학원에서는 교수법이라는 과목을 중요한 과목으로 교수들이 정성을 들여서 가르치고 있다. 그런데 대학원 교수법 시간에 가르치고 실습한 서양 책에서 발췌한 20여 가지가 넘는 방법들은 우리 교실 현장에 착근이 잘 되지 않는다는 것을 발견했다. 교수들은 열심히 가르치지만 교수법의 이름과 어떻게 하는지에 대한 절차가 지식으로 남을 뿐 자신의 교수능력 향상을 위한 도구로 적용되지 않는 경우가 많았다. 물론 가끔씩 어떤 교수법을 활용해서 어떤 수업 연구대회에서 우수상을 받았다는 좋은 소식은 있었지만 실제로 CLT를 활용해서 수업을 한다면서 ALM의 기법을 많이 쓰고 있는 경우도 있어서 특정 교수법을 공부해서 안다는 것과 영어를 잘 가르친다는 것은 필요조건은 될지언정 충분조건은 아니다는 것이 결론이었다.

그래서 좀 다른 방법으로 교수법을 가르쳐 보기로 했다. 영어교수법 시간에 지금까지 해온 하향식 방법이 아니라 상향식 방법으로 자신의 교수양태를 담은 자료를 분석해서 어떤 부분을 좀 더 보강하면 나은 수업이 될 수 있을지를 논의하고 수업의 어떤 부분은 무슨 교수법인데 다른 교수법을 활용하면 좀 더 효과적일 것이라는 피드백을 주고 받는 형태로 수업을 운영하였다. 그랬더니 수업에 대한 만족도도 높았고 참여한 학생들이 대부분이 자신들의 수업능력 향상에 구체적으로 많은 도움이 되었다는 피드백을 받았다. 이 책은 바로 그러한 교수법 시간의 담론을 모으고 그 시간 수업을 관찰하는데 사용했던 여러 가지 분석기법을 모아서 정리하였다.

영어를 선택이 아닌 필수의 개념으로 받아들이고 있는 현대 사회는 학교 현장에 끊임없이 사교육을 뛰어넘는 영어 공교육의 질을 요구한다. 수업의 질은 교사의 질을 능가할 수 없기에, 이는 곧 영어교사의 전문성을 기대하는 것이기도 하다. 물론 원어민 교사의 도입, 특기적성 활동, 영어마을 설립 등 국가 차원에서 많은 방안이 실행되고 있다. 하지만 가장 근본적인 열쇠는 역시 교실에, 학생들과 매일 얼굴을 마주하는 교사들의 손에 있다고 나는 생각한다. 학교 수업이 가장 수준 높고 재미있다면, 교탁 앞에 선 선생님이 내게 가장 훌륭한 영어 사용자의 모델이라면 그는 누구보다 뛰어난 학습 환경을 갖춘 행복한 학생일 것이다.

그러나 항상 이러한 기대감과 함께 찾아오는 것은 “But how?”라는 의문이었다. 어떻게 성공적인 수업을 할 수 있을 것인가. 우선적으로 필요한 것은 무엇이 좋은 수업인지를 명확하게 아는 것이다. 또한 모방은 창조의 어머니라는 말처럼 다른 교사들의 수업을 관찰하여 배울 점들을 찾아내고, 자신의 수업을 평가 및 반성하는 수업장학을 통해 조금씩 개선해나가야 한다. 이러기 위해서는 좋은 수업의 다양한 예들도 필요하고, 수업을 관찰하기 위한 신뢰할 만한 도구나 방법들도 필요하다. 하지만 지금까지는 영어 수업을 객관적으로 관찰하고 분석하기 위한 지침들이 부족했다는 아쉬움에 이끌려 이 책을 쓰게 되었다.

이 책을 쓰는 동안 나는 영어 교사의 입장에서 모든 상황을 바라보려고 노력했다. 또한 ‘내가 영어교사라면 과연 영어수업 개선을 위해 어떤 책이 나오기를 바랄까’라는 질문을 스스로에게 계속적으로 던졌다. 첫째, 나는 이 책이 무엇과도 바꿀 수 없는 수업의 가치에 대한 초석을 우리의 마음에 다시 다지는 계기가 되기를 바란다. 둘째, 보다 멋진 수업을, 성공적인 영어수업을 하고 싶어서 그 노하우를 찾고 있는 교사들에게 실질적인 방법과 지혜를 제공하길 바란다. 셋째, 수업의 질, 학교의 질의 변혁이 국가 정책이나 교육환경의 지역 차, 학습자 요인 등의 외부적 측면에서 일어나기를 바라기 이전에 나를 포함한 각 교사가 스스로에게 먼저 변혁을 요구하며 크고 작은 내적 변화가 시작되는 데에 도움이 되기를 바란다.

이 책은 크게 4장으로 구성되어 있다. 1장에서는 영어 수업의 개념과 특징, 성공요인 등 영어과 수업의 전반적인 틀에 대하여 요약하였고, 2장에서는 수업을 관찰하고 분석하는 행위가 왜 필요한지, 영어과 수업관찰의 방법 및 기법은 어떠한지, 기존에 주로 활용되고 있던 수업관찰 형식은 무엇인지에 관해 설명하고자 하였다. 3장에서는 영어과 수업관찰에서 유용하게 활용할 수 있는 객관적이고 신뢰도 높은 양적 · 질적 분석방법을 20가지 이상 소개하였고, 4장에는 3장에서 소개한 각 분석방법을 활용하여 실제 수업을 분석한 예시를 수록하였다. 이 책을 찬찬히 읽어나가는 독자라면 자신의 영어 수업을 보다 성공적으로 이끌 수 있는 다양한 팁들을 구석구석에서 발견할 수 있을 것이다.

이 책을 쓰기 시작한 지 꽤 오랜 시간이 흘렀는데, 초가을의 문턱에서야 비로소 탈고하게 되었다. 무더운 여름이 지나고 나면 서늘한 가을바람에 몸을 맡기는 기쁨을 누리게 되듯이, 우리나라 영어교육의 발전을 위해 구슬땀을 흘리며 치열한 하루하루를 살아가는 교사들에게 이 책이 한 줄기 시원한 바람이나마 되기를 소망하는 마음 간절하다. 책을 만드는데 동기를 제공해준 교수법을 들었던 한국교원대학교 영어교육과 대학원생들과 원고의 정리를 도와준 장윤정 선생과 천윤희 선생에게 고마운 마음을 전한다. 그리고 선뜻 출판을 맡아서 좋은 책으로 만들어 준 한국문화사 관계자분들께도 감사드리면서 독자들의 조언을 기다리는 조심스러운 마음으로 필을 놓는다.

2007년 8월 30일
다락리 연구실에서
김 정 렬

contents

제1장 영어과 수업의 개요

이 책은 영어과 수업의 관찰·분석을 통해 교사들이 자신의 수업 행위에 대하여 되돌아보고 반성적 실천을 하여 수업의 질을 높여 성공적인 영어 수업을 할 수 있도록 돕는 것을 목적으로 한다. 수업의 질 향상을 담보한 성공적인 영어 수업은 많은 영어 수업을 관찰하고 분석해보고 개선점을 찾아 실제 영어 수업에 적용할 때 실현된다고 할 수 있다. 그렇다면 영어 수업을 관찰하고 분석하기에 앞서 우리는 영어 수업이란 무엇인가에 대한 명확한 개념을 이해하고 있어야 한다. 1장 전반부에서는 먼저 영어수업의 개념을 정의하여 보고, 타 교과 수업과 달리 영어 수업이 갖는 특징들을 간략히 살펴보도록 하겠다.

수업의 성공 여부를 따질 때에는 여러 가지 변인들이 작용하는데, 수업에 영향을 미치는 요소들을 변인이라 한다. 예를 들어 성공적인 영어 수업은 대다수의 학생들이 수업에 적극적으로 참여할 때 이루어질 수 있다고 한다면 이 때 학생이라는 요소가 영어 수업에 영향을 미치는 변인이 되며, 적극적인 학생의 참여도가 영어수업의 성공 요인이 된다. 1장 후반부에서는 영어 수업에 영향을 미치는 변인에는 어떠한 것이 있으며, 이 변인들이 어떻게 작용할 때 성공적인 영어 수업이 될 수 있는지에 대해 논해보도록 하겠다.

1.1 영어 수업이란?

수업은 학교 교육의 핵심으로서 교사와 학생 간 서로 가르치고 배우는 실제적인 경험을 나타낸다. 수업에 대한 정의는 학자마다 조금씩 다르게 표현되는데, Gage(1963)는 '무엇을 할 수 있거나 행동할 수 있는 방도를 가르치기 위해서 제공되는 인간적인 영향'으로 보았고, Amidon과 Hunter(1967)는 '교실 수업 상황에서 교사와 학생들이 주고받는 언어의 상호작용 과정'으로 보았다. Klauer(1985)는 '학습자들에게 학습이 일어나도록 해주는 인간적인 상호작용'을 수업이라고 정의했고, Robertson(1987)는 '상대에게 의도한 학습이 유발되도록 하기 위해 수행하는 행동'으로 규정하였다. 이들의 수업에 대한 정의에서 수업의 중요한 특성을 도출할 수 있는데, 첫째, 수업은 교사와 학생의 인간적인 상호 작용 과정이라는 점이고 둘째, 수업은 의도적인 활동이라는 점이다. 여기에서 수업은 '어떤 의도나 계획에 따라 교사와 학생간의 상호작용'을 의미한다고 할 수 있을 것이다.

그런데 교사와 학생간의 상호작용만으로 수업을 설명할 수는 없다. 왜냐하면 수업은 교사와 학생, 가르치고 배우는 내용을 매개로 하여 삼각관계를 형성하고 있기 때문이다. 내용 없는 교사와 학생간의 상호작용은 진정한 의미의 수업이라고 할 수 없겠다. 당연히 학생을 무시한 교사와 내용과의 상호작용, 교사를 무시한 학생과 내용간의 상호작용도 진정한 의미에서 수업이라 할 수 없다.

따라서 여러 학자들의 수업에 대한 정의에서 공통적 요소를 추출하고 교사, 학생, 내용을 매개로 하는 수업의 삼각관계를 종합하여 볼 때, 수업이란 교육의 목적을 달성하기 위해서 교사와 학생이 교육내용을 가지고 상호작용하는 일련의 과정을 의미하며 학교 교육의 핵심적 활동이라고 할 수 있다. 다음 그림은 수업의 개념을 잘 도표화 시켜 놓고 있다.

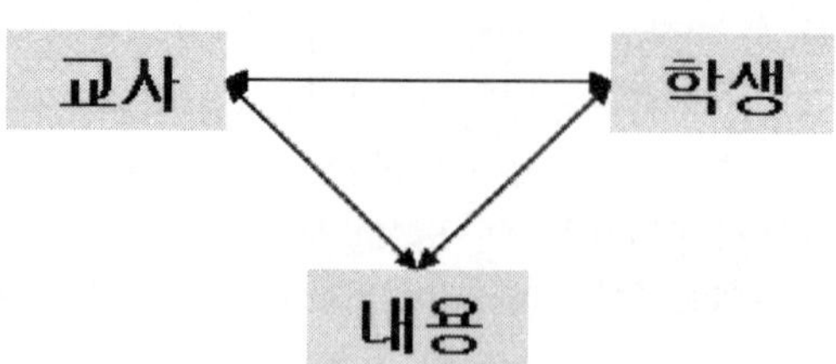

〈그림 1-1〉 수업

수업을 교사와 학생이 교육내용을 가지고 상호작용하는 의도적인 활동 과정으로 바라봤을 때, 영어 수업은 교사와 학생이 영어라는 언어 내용을 가지고 상호작용하는 활동이라 볼 수 있다. 즉 영어 수업은 영어라는 언어를 교육내용으로 다룬다고 할 수 있다.

언어는 의사소통의 수단으로 사용되며, 여기서 의사소통의 의미는 말이나 글을 이해하고 표현하는 행위로서 말을 듣고 반응을 나타내거나 글을 읽고 대상이나 자신의 생각을 전달하는 행위와 과정을 말한다. 특히, 현재의 세계적인 추세 속에서 영어는 전 세계적으로 통용되는 강력한 국제어로서 국제 정치, 경제, 사회, 문화 등 모든 영역에서 핵심적인 주요 의사소통 수단으로 사용되고 있다. 영어로 의사소통할 수 있는 능력은 이제 선택이 아니라 필수가 되었다고 해도 과언이 아니다. 우리나라도 세계적 추세에 발맞추어 국가 정책적으로 영어교육을 초·중·고등학교에서 실시하고 있다. 이제는 과거 문법 번역 중심의 영어교육이 아닌 궁극적으로 영어로 의사소통하는 능력의 신장에 영어교육의 목표를 두고 영어 수업을 실시할 것을 권고하고 있다. 따라서 영어 수업은 학생들의 영어 의사소통 능력의 신장에 그 목적을 두고 있는 것이다.

따라서 앞서 정의한 수업의 개념을 영어 수업에 적용하여 영어 수업을 정의해 보면, 영어 수업이란 영어 의사소통 능력을 신장시키기 위해서 교사와 학생 간에 영어라는 언어내용을 가지고 상호작용하는 활동이라 할 수 있겠다. 영어 수업의 개념을 도표화 시키면 아래 그림과 같다.

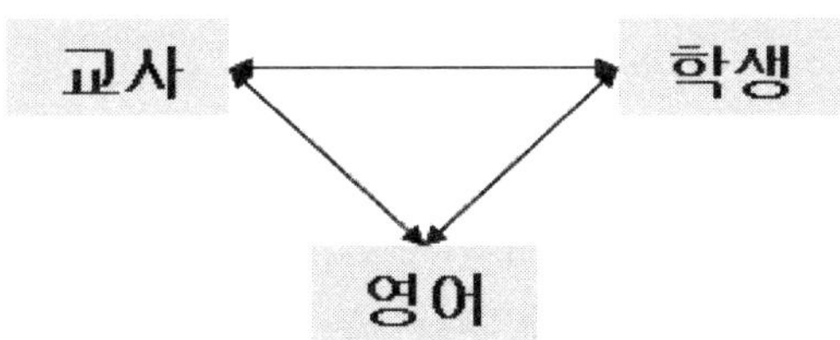

〈그림 1-2〉 영어 수업

1.2 영어 수업의 특징

우리는 앞 절에서 영어수업의 개념에 대해 살펴보았다. 영어 수업이란 영어 의사소통 능력을 신장시키기 위해서 교사와 학생 간에 영어라는 언어내용을 가지고 상호작용하는 활동이라 하였다. 이 절에서는 영어 수업이 갖는 특징들을 간략히 살펴보도록 하겠다. 우선 EFL(English as a Foreign Language) 상황에서 영어 수업이 가지는 중요성을 살펴보고, 목표, 내용, 방법, 자료, 상호작용 측면에서 영어수업이 가지는 특징들을 살펴보도록 하자.

1.2.1 EFL 상황에서의 영어 수업

우리나라는 EFL 상황이기 때문에 학생들이 실제 생활에서 영어를 접하고 사용할 기회가 거의 없다. 영어는 주로 교실에서만 배우고 사용하게 된다. 또 학생들이 한국어를 습득한 후 학교 교육을 통해 배우므로 한국어처럼 자연스러운 습득이 어렵고, 학교라는 형식적인 틀 속에서 이루어지는 교수-학습의 과정을 통해서 영어를 배우게 된다. 이처럼 학교 밖에서 영어를 사용할 수 있는 기회가 일반적으로 없는 우리나라 상황에서 영어 수업은 영어를 습득하는데 중요한 역할을 한다.

1.2.2 영어 수업의 목표

학교에서 영어를 가르치는 이유는 한국어와 영어를 모두 유창하게 구사하는 이중 언어 사용자를 만들기 위한 것이다. 따라서 우리나라 영어 교육은 영어학, 영문학 같은 전문적 지식의 습득을 목표로 하는 것이 아니라 의사소통 능력의 신장을 목표로 한다. 즉, 영어를 의사소통을 위한 수단의 하나로서 바라보며, 영어를 익히고 사용할 수 있도록 하는데 목표를 둔다.

학생들은 이미 습득한 한국어 능력을 기초로 언어 생활을 심화, 확장해 가는 과정에서 한국어와 다른 언어적 특징을 가진 영어로 의사를 전달하는 방법과 기술을 배우게 된다. 영어 수업을 통해 학생들은 영어의 기능을 더 잘 이해하고, 언어적, 문화적으로 상이한 사람들에게 자신의 생각과 감정을 표현할 능력과 기능을 기르게 된다. 영어 수업은 영어의 사용 능력을 길러주는데 최고의 가치성을 둔다고 할 수 있다(Widdowson, 1978).

1.2.3 영어 수업의 내용

영어 수업은 언어를 다루는 수업으로서 언어의 4기능, 즉 듣기, 말하기, 읽기,

쓰기 능력을 향상시키는 것을 목표로 한다. 학생들은 영어 수업을 통해서 영어로 듣고 영어로 말하며, 영어로 읽고 쓰는 법을 배우게 된다. 또 영어 수업은 영어를 모국어로 사용하는 사람들의 사회적, 문화적 사고방식 등도 다룬다. 이 과정에서 학생들은 영어 자체에 대한 체계와 구조 및 기능을 이해하고, 영어권 문화를 자연스럽게 배우게 된다.

특히, 영어 수업은 한국어와 상이한 영어의 언어적 구성요소를 내용으로 다루기 때문에 국어를 교육 매체로 사용하는 기타 교과의 수업과 다르다. 영어 수업은 영어의 발음 방법, 상황에 따른 간단한 사용 방법, 문자 등을 가르치되 영어 학습에 대한 긍정적인 태도, 의사소통 기능에 대한 인식, 영어권 문화에 대한 이해에 초점을 둔다.

1.2.4 영어 수업의 방법적 특징

영어 수업은 학생들의 활동, 과업 중심으로 운영된다. 기본적으로 영어 수업은 영어 연습의 단계를 지나 영어 사용을 통한 습득 과정으로 진행되는데, 영어 사용 단계의 학습에서는 학생 중심의 다양한 활동이 특히 더 많이 요구된다고 할 수 있다. 영어교육의 중요한 목표는 학생들에게 맹목적으로 영어 공부를 시키거나 영어를 연습시키는 것이 아니라, 영어에 대한 흥미와 자신감을 갖게 하면서 쉬운 영어를 실제로 사용할 수 있는 능력을 키워주는 것이다. 학생들이 실제로 영어를 사용할 수 있으려면 직접 영어를 사용하면서 배워야 한다. 무엇보다도 중요한 것은 학생들이 스스로 영어로 생각을 하면서 다른 학생들과 영어로 상호활동을 해보는 즉 학습 과정에 직접 참여해보는 경험을 자주 갖는 것이다. 따라서 영어수업에서는 학생들이 직접 참여하고 수행하는 활동과 과업이 중시된다. 전체 활동, 분단 활동, 짝 활동, 개별 활동 등의 형태로 다양한 활동들이 영어수업에서 이루어지며, 학생들이 언어표현을 할 수 있는 활동들을 통해 영어 학습에 대한 흥미와 성취 의욕을 높이고 유창성과 정확성을 기르게 된다.

1.2.5 영어 수업에 활용되는 자료

수업 자료란 한 시간의 수업 목표를 효율적으로 달성하기 위해 수업 과정에 동원되는 매체, 즉 수단과 방법을 일컫는다. 따라서 그 시간의 수업에 동원되는 자료는 그 수업이 갖는 성격, 특성과 목표에 따라 다양한 것이 동원되어야 한다(이창희, 1995). 특히, 수업 내용을 제시할 때 학생들의 이해를 돕기 위해 다양한 자료를 상황에 맞게 적절히 제시하는 것이 중요하다.

영어 수업에서도 상황에 맞게 다양한 수업 자료 및 멀티미디어 자료가 적절하게 활용된다. 특히 듣기·말하기 학습에서는 현장감 있고 생생한 원어민의 발음과 대화 자료가 제시된다. 언어적 상황을 이해하는 데에는 음성뿐만 아니라 시각적이 영상이 제공되는 것이 효과적이다. 따라서 상황의 이해를 돕는 동영상이라든지 원어민들의 발음을 듣고 따라할 수 있는 듣기 자료, 말하기 자료, 실물, 그림카드, 사전 등 영어 수업에 투입되는 자료는 타 교과 수업에 비해 다양하다. 또 영어 수업 특성상 학생들의 상호작용을 조장하거나 도울 수 있는 자료의 제시가 활발하고, 제시된 상황에 대한 현실감을 주거나 직접 체험할 수 있는 자료의 제시가 많고 간접적인 체험을 위해 시각적인 자료의 제시도 활발하다. 뿐만 아니라 시청각적인 자료도 많이 사용된다.

1.2.6 영어 수업에서의 교사와 학생, 그리고 상호작용

영어 수업은 영어라는 언어를 내용으로 다루며 의사소통 능력 신장을 위해 영어 사용 기회를 끊임없이 부여하는 기능을 가진다. 때문에 영어 수업에서는 다른 교과 수업보다 교사와 학생 간, 또는 학생과 학생 간에 언어를 주고받는 언어적 상호작용이 활발하다.

우리는 모국어 습득 과정에서 상호작용이 모국어 발달과 불가분의 관계인 점을 미루어 보아 영어의 습득 과정에서도 상호작용이 영어 습득과 발달의 결정적 요인이 된다고 추측할 수 있다. 즉, 영어 수업에서 상호작용은 학생들의 영어 발달을 촉진시켜 준다는 점에서 매우 중요하다고 할 수 있다. Krashen(1982)은 외국어의 습득을 위해서는 학습자에게 적합하고 충분한 언어 입력 즉 이해 가능한 언어 입력(comprehensible input)을 제공해야 한다고 주장하지만 그러한 언어 입력만으로는 언어를 습득할 수 없다. 습득하고자 하는 언어를 통한 상호작용이 목표 언어의 습득이나 발달에 직접적으로 관계된다(Hatch, 1983). 다시 말해 언어적 상호작용은 언어교육의 목표이면서 동시에 수단이다. 여기서 상호작용이란 학습자의 생각을 표현하는 것과 다른 사람의 생각을 이해하는 일이 포함되며(Rivers, 1987), 언어적 상호작용이란 협동적 행위(collaborative activity)이며 화자와 청자, 상황 삼자간의 관계를 확립하는 것이다(Wells, 1981). 이러한 상호작용을 통해서 학생들은 듣고, 읽는 언어자료를 더 잘 저장할 수 있으며, 언어의 실제적 의미를 표현하는 언어의 사용을 배우게 된다. 학생들은 제공되는 모든 언어 입력을 그대로 발화하는 기계가 아니며 분석되지 않은 언어 입력을 무조건 모방만 하지도 않는다. 학생들은 상호작용과 추리를 통하여 끊임없이 언어 체계를 수렴한다.

영어 수업에서는 의사 전달 욕구를 가진 학생들에게 자신의 의사를 영어로 표현하고 다른 학생들과 상호작용할 수 기회를 많이 제공해주고자 하는데, 이 때 영어 교사의 역할이 중요하다. 교사는 학생들에게 풍부한 언어 입력을 제공하고 많은 언어 출력 기회를 주어야 한다. 영어 교사는 영어를 학생들이 쉽게 이해하고 잘 기억하여 이를 사용하고 적용하는데 어려움이 없도록 도와주고 학생들이 활동을 하면서 상호작용이 일어나도록 해 주어야 한다(Wright, 1987). 게다가 영어 수업 상황에서 교사의 발언은 학생들이 배우고 있는 언어 입력의 주된 역할을 담당(Nunan, 1995)할 뿐만 아니라 학생들에게 같은 한국인으로서 영어 발화에 모범이 될 수 있는 언어모델이 된다.

1.3 영어 수업의 변인

영어수업에서는 학생의 경험이나 수준, 가르칠 내용, 교실 환경, 학급의 규모 등 수업의 형태나 내용에 영향을 미치는 변인들이 무수히 많이 존재한다. 앞서 살펴보았듯이 수업에 영향을 미치는 요소들을 수업 변인이라 한다. 수업을 자세히 관찰하면 매 순간 학습 환경, 교재, 가르치는 교사, 학생 등 여러 가지 복잡한 요소들 간의 상호작용이 나타난다. 교사 학생, 교재와 같은 영어 수업 자체 내에서 수업의 성패에 영향을 미치는 요소들을 영어 수업의 내적 변인이라고 한다. 그 외 물리적 교실 환경, 학급규모 등은 영어 수업 외적 변인들로서 직간접적으로 영어수업에 영향을 미치는 요소들이다. 이 절에서는 영어 수업에 영향을 미치는 수업 변인들을 내적 변인과 외적 변인으로 나누어 살펴보도록 하겠다.

1.3.1 내적 변인

영어 수업 자체를 놓고 보면 영어 수업 내에서 수업의 성패에 영향을 미치는 요소들이 존재함을 알 수 있다. 이런 내적 요소들을 우리는 영어 수업의 내적 변인이라고 한다. 앞서 영어 수업 동안에는 교사와 학생, 교재 간에 상호작용이 활발히 일어난다고 했다. 즉, 영어 수업의 내적 변인에는 교사, 학생, 교재가 있다. 이 내적 변인은 인간적 요소와 비인간적 요소로 구분될 수 있는데, 인간적 요소란 교사와 학생의 역할, 이들의 관계 등을 말하며, 비인간적 요소란 교재 등을 지칭한다. 영어 수업은 교사가 영어 교재를 사용하여 학생들에게 새로운 언어 환경을 만들어주면서 시작되며, 학생들에게 언어 입력을 제공하고 다양한 활동을 제공하는 영어 교재가 학생들의 수업을 가속화 시킨다(Dulay, Burt & Krashen, 1982). 이 세 변인들은 상호 관련을 맺으며 영어 수업의 성패에 영향을 끼친다. 영어 수업의 내적 변인들에 관해 구체적으로 살펴보기로 하자.

가. 교사

학교 교육의 성패는 각 학급에서 이루어지고 있는 수업의 질 여하에 달려 있다. 이 수업의 질을 결정하는 것은 무엇보다도 교사가 그 수업을 어떻게 이끌어 가느냐에 따라 달라진다. 즉, 영어 수업의 효과는 교사의 자질에 따라 크게 달라진다. 교사가 영어교과와 가르치는 방법에 대한 충분한 자질을 갖추고 있고 동시에 열성적으로 가르치면 그 수업의 효과는 높아질 것이고, 반대로 영어교과에 대한 체계적인 지식이 부족하고 가르치는 수업기술도 떨어지면 수업의 효과를 기대하기 힘들다. 영어 수업의 효과는 교실에서 수업을 하는 영어 교사의 자질과 높은 상관이 있다. 이렇듯 교사 변인은 영어수업에 영향을 미치는 주요 변인이라 할 수 있다. 교사 변인의 구제적인 요소들은 다음과 같다.

1) 교사의 영어 실력

교사의 영어 실력은 영어를 잘 이해하고 구사하는 능력을 의미한다. 영어 교사는 영어 수업 중 언어 입력을 제공하고, 학생들에게 모범을 보일 수 있는 언어 모델이 된다. 교사가 영어로 수업을 진행할 수 있을 만큼 유창한 영어 실력을 갖추고 영어로 수업을 진행한다면 학생들은 양질의 풍부한 언어 입력을 제공받게 된다. 반대로 교사가 영어보다 한국어를 더 많이 사용한다면 학생들이 영어에 노출되는 기회는 줄어들게 된다. 즉, 교사의 영어 구사 능력에 따라 영어로 진행되는 영어 수업의 질이 결정되고, 학생들에게 제공되는 언어 입력량이 달라지게 된다. 따라서 영어 교사의 영어 실력은 수업에 영향을 미치는 중요한 변인이 된다.

2) 영어 교과에 대한 지식과 수업 기술

영어 교사는 가르치고자 하는 내용, 교수 방법 및 기술, 전반적인 교육과정에서의 영어 교과의 교수 목적을 숙지하고 있어야 하며(Brown, 1990), 그 내용을 수업 시간에 충실하게 적용할 수 있어야 한다. 여기서 가르치고자 하는 내용과 교수 방법에 대한 이론, 영어과 교육과정에 대한 이해 등이 영어 교과에 대한 지식에 포함된다고 할 수 있다. 이 지식을 실제 영어 수업에 적용하여 활용하는 기술을 수업 기술이라 한다.

교사의 영어 교과에 대한 지식이란 구체적으로 영어교육 이론이나 교육과정, 교수방법 및 교재에 관한 지식, 영어 발음, 문법, 영어 표현의 의미와 기능에 대한 실질적인 지식, 한국어와 영어의 유사점과 차이점에 관한 지식, 영어권 문화에 대한 지식 등을 포함하는 개념이다. 수업 기술이란 영어교육 이론과 수업 방법을 수업 현장에서 실천하는 절차와 기술을 총칭한다. 교사의 영어 교과에 대한 지식과 수업 기술은 학생의 학습에 결정적인 도움을 줄 수 있는 수업 변인으로 작용한다.

3) 교사의 태도

태도란 어떤 사물이나 상황, 사람 등을 대하는 자세를 나타내는 말이다. 교사가 학생을 바라보는 관점에 따라 학생을 대하는 태도가 다르고 교사가 영어 수업 시간에 학생과 인간관계를 어떻게 형성하고 발전시키느냐에 따라 영어 수업의 성취 정도와 분위기는 달라진다. 즉 교사의 태도는 영어 수업의 성패를 가르는 중요한 요소이다. 구체적인 교사의 태도에는 세심하고 따뜻한 배려, 정서적인 친밀감, 격려, 열정, 안정감, 유머 감각, 동정심, 융통성, 허용 등이 있다.

나. 학생

학생은 배우고 학습하는 사람을 일컫는다. 학습에 초점을 두고 이야기할 때 보통은 학생이라는 말보다 학습자라는 말을 많이 쓰게 마련이다. 학생, 학습자라는 변인은 영어 수업에 지대한 영향을 준다. 같은 교사가 같은 내용을 가르치더라도 학습자가 가진 능력이나 성향, 특성에 따라 각 반의 영어 수업은 다른 양상을 띠게 된다. 여기서는 영어 수업에 영향을 미치는 학생 변인을 크게 지적인 측면과 정의적인 측면으로 나누어 살펴보도록 하겠다. 학생의 지능, 언어 적성, 영어 선수 학습 정도는 지적 변인에 해당되며 영어와 영어 문화권에 대한 태도, 동기, 자신감과 모험심은 정의적 변인에 해당된다. 영어 수업에 영향을 끼치는 학생 변인을 구체적으로 살펴보도록 하자.

1) 지능과 언어 적성

영어 수업에 영향을 미치는 요인으로 학생의 지능과 언어 적성을 들 수 있다. 지능이란 흔히 지능지수(intelligence quotient, IQ)로 나타내는데, 배운 정보를 기억하고 회상하며 효율적으로 처리하는 능력을 가리킨다. 언어 적성이란, 청각 능력(auditory ability), 문법적 감각(grammatical sensitivity), 기억 및 회상 능력(memorizing and recalling ability), 귀납적 학습 능력(inductive learning ability)을 포함한다(Carroll, 1965). 청각 능력이란 청각적 음성 자료를 식별하고 이를 어느 기간 동안 기억할 수 있는 능력이며, 문법적 감각이란 문장에서 문법적 정확성을 민감하게 파악하는 능력이다. 기억과 회상 능력이란 단시간에 배워 연관성 있는 내용을 기억하고 파지하는 능력이며, 귀납적 학습 능력이란 학습자가 새로운 언어의 형태, 규칙, 유형을 추론하여 이해하는 능력을 말한다. 특히, 언어 적성은 외국어 학습 초기에 상당히 많은 영향을 미친다(Spolsky, 1989).

2) 선수 학습 정도

모든 수업이 그렇겠지만, 영어 수업도 무(無)의 상태에서 시작되는 것이 아니라 어떤 형태로든 이미 학습되어진 선수 학습을 전제로 하게 된다. 가령 초등학교를 입학한 학생은 사실 초등학교 3학년이 되기 전까지는 학교에서 영어에 대해 배우는 바가 없다. 하지만 학생이 학교 영어 교육이 시작되기 전 영어권 국가에서 영어를 배운 경험이 있거나, 사교육을 꾸준히 받은 경험이 있으면 이미 영어를 듣고 말하고 읽고 쓰는 것을 안다. 따라서 사전 학습 능력을 전제로 영어 수업에 임하게 된다. 선수 학습의 경험 여부는 학생 간의 개인차를 가져오고 영어 수업에 영향을 미치게 된다.

3) 영어와 영어권 문화에 대한 태도

영어 수업에서 학생의 태도는 영어나 영어권 문화 및 영어를 사용하는 사람들에 대해 가지는 기대감을 뜻한다(Schumann, 1975). 여러 연구들은 외국어 학습자가 학습하고 있는 외국어 및 외국 문화에 대해 어떤 태도를 갖고 있느냐가 외국어 학습의 성공 여부와 깊은 관계가 있음을 보여주고 있다. 즉, 영어나 영어 문화에 대한 학생의 태도는 영어 수업에 영향을 미치는 중요한 요소로 작용한다.

4) 동기

학생의 동기는 영어 수업의 성패에 가장 많은 영향을 주는 요인으로 작용한다. 동기는 개인을 움직이는 원천으로 사람이 어떤 목표를 향해 특정한 행동을 하도록 하는 내적 힘이나 충동 또는 욕구이다. 즉, 동기는 어떤 일을 성공적으로 수행하게 한다. 학습 동기는 크게 두 가지로 나누어 생각하는데, 그 하나는 학생 스스로가 자발적으로 학습하려는 의욕을 갖게 하는 내적 동기이고, 다른 하나는 학습자의 외부로부터 학습 활동을 일으키도록 유인하는 외적 동기이다. 영어 수업에서 학생들의 동기는 내적 동기와 외적 동기의 연속선상에서 확인할 수 있으며 그 위치에 따라 영어 수업의 양상은 달라지게 된다.

5) 자신감과 모험심

정의적 요인으로서 자신감과 모험심은 영어 학습을 성공적으로 이끄는 변인 중의 하나이다. 학생들이 오류를 범할까 걱정하지 않고 대범하게 한 번 시도해 보는 학습 태도를 모험심이라 한다. 모험심을 가진 학생들은 자신감이 있으며 실수하는 것에 비교적 신경을 쓰지 않고, 모험적으로 영어를 배우기를 좋아한다. 또 학생의 자신감은 영어 수업에서 느끼는 수줍음과 실수에 대한 강박감 및 두려움, 불안감에 대비되는 개념으로서 모험적인 연습에 참여하고 대화의 기회를 포착하는데 적극성을 부여하는 수업 변인이다.

다. 교재

영어 교재는 영어 수업에 사용되는 언어자료를 의미한다. 이는 언어 입력이 되는 듣기, 말하기, 읽기, 쓰기의 자료로서 흔히 수업에 사용되는 교과서, CD-ROM, 멀티미디어 자료, 인터넷 등을 지칭한다. 영어 수업에서 교사의 영어 발화가 학생들의 언어 입력 수단이 되기도 하지만, 주요 언어입력의 수단은 학생들이 실질적으로 받아들이는 교재의 언어자료이다. 즉, 학생들이 영어 학습에 관한 정보를 얻을 수 있는 다양한 듣기와 말하기, 읽기, 쓰기 자료를 언어 입력이라고 말할 수 있고, 영어 학습자의 언어 입력이 되는 교재의 내용과 질은 영어 수업의 성패를 좌우하는 관건이 된다.

1) 영어 교과서

영어 교과서는 영어 수업의 방향과 내용을 선도하는 변인으로 영어 수업에서 중요한 위치를 차지한다. 우리나라에서 교과서는 교육의 목표를 구체적으로 제시해 주고, 내용의 범위를 한정해 주며, 어떤 교육 자료보다도 수업 현장에서 중요하게 사용되고 있다. 영어 수업에서도 영어 학습을 위한 여러 가지 자료 중에서 교과서가 가장 널리 사용되고 있다.

영어 교과서는 교사가 수업을 진행하는데 핵심이 되는 내용을 제공해주고 수업 방법을 제시해주는 통일성 있고 체계적인 수업 자료로서 수업 활동에 필요한 구성 요소가 포함되어 있다. 구체적으로 예문, 듣기 · 말하기 활동, 읽기 · 쓰기 활동, 의사소통 기능과 문법에 대한 설명, 연습 문제, 그 외에 부수되는 학습 자료가 제시되어 있다.

2) 자료 및 교구

영어 수업에서는 교과서 외에 다양한 시청각 자료와 보조 교구를 사용한다. 영어 수업에 활용되는 자료는 여러 가지 방법에 따라 분류될 수 있는데, 일반적인 분류 방법은 감각 기관에 따라 시각 자료, 청각 자료, 시청각 자료 등으로 구분되는 방법이다. 시각 자료는 상징적인 기호와 문자, 사진, 그림 등의 자료를 말한다. 청각 자료는 청각을 사용하는 자료로서 소리, 음성 자료를 말한다. 시청각 자료는 눈과 귀를 통하여 입력되는 다양한 자료를 지칭한다.

최근의 영어 수업 자료는 단순한 한 가지 유형의 자료 형태에서 탈피하여 복합적인 형태를 갖추고 있다. 즉, 소리 자료로 구성한 것이 아닌 소리와 그림을 동시에 활용하여 제작한다든지 혹은 텍스트만이 아닌 텍스트와 그림을 같이 제공하는 형태의 복합적인 유형이 영어 수업 자료를 구성하고 있다. 또 하나의 새로운 경향은 영어 수업 자료들이 종이, 비디오 테잎 등 아날로그 형태에서 컴퓨터의 디지털 형태로 바뀌어가고 있다는 것이다(백영균, 정재엽, 윤성철, 2006). 즉, 과학기술의 발달로 컴퓨터가 영어 교육에 도입되면서 컴퓨터를 이용한 멀티미디어 자료가 활용되고 있다. 멀티미디어 자료는 시각, 청각, 시청각 자료를 포함하는 개념으로서 인간이 살아가면서 감각적으로 보고, 듣고, 읽고, 느낄 수 있는 여러 가지 매체 및 자료들이 컴퓨터를 통해서 동시에 제공되는 것을 의미한다. 인간의 기억 속에는 직접 경험한 것은 90%, 보고 들은 것은 50%, 보기만 한 것은 30%, 듣기만 한 것은 20%, 읽기만 한 것은 10% 정도 저장된다고 한다(Heinich, Molenda와 Russel, 1989). 이러한 측면에서 문자, 그림, 사진, 애니메이션, 음성, 동영상 등 시각, 청각, 시청각을 아우르는 멀티미디어 자료의 활용은 학생들에게 보다 생생하고 사실적인 학습 환경 제공해줄 수 있으며 학생들이 학습한 내용을 훨씬 오랫동안 파지할 수 있게 해준다. 영어 교과서와 함께 제공되는 CD-ROM이 대표적인 멀티미디어 자료라고 할 수 있으며, 요즈음은 인터넷을 통한 ICT 멀티미디어 자료가 보편화되어 사용되고 있다. 이와 같은 영어 수업에 활용되는 자료나 매체, 교구는 중요한 영어 수업 변인으로 작용한다.

1.3.2 외적 변인

영어를 의사소통 중심으로 가르치려면 영어 수업의 내용도 중요하지만 교실 환경, 학급의 학생 수, 영어 수업 시수와 같은 외적인 요소도 무시 못 할 것이다. 이런 외적 요소들을 우리는 영어 수업의 외적 변인이라고 한다. 이러한 영어 수업의 외적 변인들은 국가의 언어 정책과 재정적 지원에 직접적인 영향을 받으며 간접적으로 영어 수업에 영향을 끼친다. 영어 수업의 외적 변인들에 관해 구체적으로 살펴보기로 하자.

가. 교실 환경

교실의 크기, 시설, 설비 등 물리적 환경은 국가의 교육 정책과 재정적 지원에 의해 결정되며 영어 수업에 간접적으로 영향을 미친다. 현재 영어 수업은 일반 교실에서 이루어지거나 영어 수업 전용 교실인 영어 교과 교실에서 이루어지고 있다. 초・중등 영어교육 현황 분석(전병만, 2006)에 따르면 초·중·고등학교 중 영어 교과 교실을 1개 이상 갖춘 학교는 166곳(22.1%)에 불과한 것으로 봐서 80% 가량의 대부분의 학교에서는 영어 수업이 일반 교실에서 이루어진 다고 볼 수 있다. 교실은 학생들에게 중요한 언어 환경의 역할을 한다. 특히, 영어교육에서 교실 내의 교육 시설 및 환경은 영어 학습을 용이하게 이루어지도록 도와주는 역할을 한다. 그러므로 학생들에게 제공되는 언어 환경은 양질이어야 한다(Dulay, Burt & Krashen, 1982).

현재 영어 교과 교실과 일반 교실 모두 영어 수업에 필요한 컴퓨터, 프로젝션 TV 등 선진화 기자재를 갖추고 있다. 그러나 영어 교과 교실에서는 교사들이 영어 관련 서적 및 다양한 시청각 자료 등으로 영어 환경을 조성할 수 있고 언제든지 학생들이 영어로 이루어진 환경에 자연스럽게 몰입할 수 있는 환경을 제공할 수 있지만, 일반 교실에서는 이러한 환경 조성이 어렵다고 볼 수 있다.

나. 학급 규모

학급 규모는 학급 당 학생 수를 의미한다. 과밀 학급의 경우 정상적인 영어 수업을 하기 힘들고 교사 중심의 반복, 연습 위주로 수업이 진행되기 쉽다. 영어 수업에서 학급 당 적정한 학생 수에 대한 절대적인 기준은 없으나 학급 당 학생의 수는 영어 수업 방식과 학습 집단 조직 방식에 큰 영향을 미치는 주요한 수업 변인이다.

다. 수업 시수

수업 시수는 주당 또는 연간 영어를 학습하는 시간 수를 말한다. 영어 수업 시간을 주당 몇 시간으로 하느냐의 문제는 언어 정책으로 결정되며 된다. 현재, 10학년 체계의 국민공통기본교육과정에 따르면 영어 수업은 초등학교 3학년 때부터 고등학교 1학년까지 받게 되고, 이후 고 2・3학년은 선택과목으로 배우게 된다. 초등

3 · 4학년은 주당 1시간씩, 초등 5 · 6학년은 2시간씩, 중 1 · 2학년은 3시간씩, 중 3, 고 1학년은 4시간씩 영어를 학교에서 배우게 된다. 영어 수업 시수는 영어에 대한 노출 시간을 의미하므로 수업 시수에 따라 영어 수업의 효과는 달라진다.

1.4 성공적인 영어 수업

영어 수업에서 교사와 학생 그리고 영어는 역동적인 관계를 가지며 서로 상호작용을 한다. 교사와 학생, 학생과 학생, 학생과 교재, 교사와 교재 등 수업 변인들 간 활발한 상호작용이 일어날 때 우리는 그 수업을 성공적이라고 말한다. 다시 말하면, 성공적인 영어 수업은 상호작용이 활발한 수업이라 할 수 있다.

한편, 교사가 학생을 보는 관점에 따라, 교사의 영어 실력에 따라, 교사의 수업 기술에 따라 또는 교사가 학생과 인간관계를 어떻게 형성하고 유지, 발전시키느냐에 따라 영어 수업의 성취도와 분위기는 달라진다. 반대로, 학생의 입장에서 영어에 흥미가 없거나 학생들 간 수준 차이가 많이 나거나 영어에 대해 부정적인 태도를 갖는다면 영어 수업은 효과적으로 이루어 질 수가 없다. 그리고 아무리 학생들이 적극적이고 교사가 열정적으로 수업할 태세를 갖추었다고 해도 영어교재의 내용이 재미없으면 영어 수업은 지루하게 된다. 이상에서 알 수 있는 사실은 영어 수업의 성패는 상호작용, 교사, 학생, 교재 등의 요인들이 서로 맞물려 어떻게 작용하느냐에 달려있다. 또 교육환경 즉, 영어 수업이 일어나는 장소가 어디냐에 따라, 영어 수업 자료를 효율적으로 제시할 수 있는 기자재가 있느냐 없느냐에 따라, 학급의 규모 및 영어 수업 시간 수에 따라 영어 수업의 효율성과 효과성은 달라진다.

여기서는 영어 수업을 성공적으로 이끄는 성공 요인들을 살펴보도록 하겠다. 영어 수업을 성공적으로 이끄는 요인들에는 상호작용성, 교수 요인, 학습 요인, 교재 요인, 환경 요인이 있다.

1.4.1 상호작용성

영어 수업은 영어라는 언어를 매개로 학생들의 영어 의사소통 능력을 신장시키는 것을 목표로 한다. 다시 말하면, 영어 수업은 학생들이 영어를 정확히 이해하고 영어를 사용하여 자신의 생각을 분명히 전달할 수 있도록 영어라는 언어를 습득시키는데 그 초점을 둔다. 그런데 언어의 습득과 발달은 언어 상호작용이 활발할 때 촉진된다. Seliger(1977)는 그의 논문에서 상호작용에 적극 참여한 학생들이 언어사용에 있어서 실수를 적게 하며, 언어 습득을 빨리 하는 것으로 결론지었다. 이러한 Seliger의 연구는 교실 수업 중 상호작용이 언어습득 및 발달을 돕는다는 것을 지지해준다. 그 밖에도 학생들의 상호작용이 활발하게 일어날수록 외국어 습득에 도움이 된다는 많은 연구 결과들이 있다(Doughty & Pica, 1986; Gass & Varonis, 1985; 이재관, 2000). 여기서 알 수 있는 사실은 영어 수업에서는 타 교과 수업에 비해 교사와 학생 사이, 학생과 학생 사이의 언어 상호작용이 더욱더 강조된다는 것이다. Richard와 Lockhart(1994)도 제2언어 학습을 고도의 상호작용 과정이라고 정의한 바 있고, Ellis(1985)도 수업에서 사용된 발화를 연구한 결과, 성공적인 언어 학습은 수업에 적용한 교수법보다는 수업에서 일어나는 상호작용의 유형에 더 영향을 받는다고 하였다. 궁극적으로 영어 수업에서의 상호작용은 학생들의 영어 학습에 상당한 영향을 끼치게 되며 성공적인 영어 학습을 위해서는 활발한 상호작용이 일어나야 함을 알 수 있다.

1.4.2 교수 요인

교사라면 누구나 가르치는 일이 쉽지 않음을 안다. 교사는 교사 나름대로 열심히 가르치지만 실제 좌절과 회의를 겪는 경우도 많다. 지금 이 글을 읽고 있는 독자가 만약 교사라면 어떻게 가르칠 것인가? 어떻게 가르치는 것이 잘 가르치는 것일까? 잘 가르치는 방법이 무엇인가? 잘 가르칠 수 있는 기술이라도 있는 것일까? 라는 의문을 끊임없이 가져 보았을 것이다. 따라서 교사는 어떻게 하면 좀 더 능률적인 수업을 할 수 있을까, 효과적인 수업전략은 무엇일까, 학습이해를 극대화시키는 비법은 무엇일까 등을 연구하게 되고 그 방법을 터득하기 위해 노력을 하게 된다. 성공적인 영어 수업을 위해서 우선 교사는 전문가가 되어야 한다. 영어 교사라면 당연히 영어를 유창하게 구사할 수 있어야 하고, 영어 교과에 대한 지식과 효과적인 영어 수업 기술을 갖추어야 한다. 그리고 학생들에게 언제든 다가가고 학생들이 편하게 다가오는 친밀하고 돈독한 유대 관계를 형성해야 한다. 이는 영어 수업의 분위기를 좌우하는 중요한 요소이기 때문이다. 성공적인 영어 수업을 위해 갖추어야 할 교사의 전문성에 대해 구체적으로 살펴보기로 하자.

전문성이란 영어 교사의 자질과 지식, 기능 및 교수 기술 등의 전문성을 의미한다. 단순히 교사가 영어에 관한 지식을 가지고 있다고 해서 영어 수업이 가능한 것이 아니다는 말이다. 영어 교사의 전문성을 김덕기(1987)는 '자기가 가르치려는 기능의 보유, 자기가 가진 영어 사용 기술을 학생들에게 효율적으로 전수할 수 있는 교수 기술, 자기가 아는 영어의 질을 높이고, 자기가 사용하는 교수 기술에 대한 확신을 가지며 질적 향상을 기하기 위한 영어와 영어교육에 관한 이론적 지식의 보유' 등이라고 했다. 즉, 영어 교과의 지도는 영어에 관한 고도의 전문적 지식과 기능을 갖춘 교사에 의해서만 가능하다. 영어 교사는 언어를 잘 이해하고 구사하는 능력이 있어야 하며 교실 수업을 잘 이끌어 나가는 기술이 있고, 교수 요목이나 교재, 시설에 관한 지식 및 활용 능력이 있어야 한다(이계순, 1983). 영어 교사는 영어의 효율적 교수를 위하여 교수 방법에 대한 지식과 이를 활용할 능력이 있어야 하므로 영어교수와 학습에 대한 전문적 지식과 기능을 보유하여야 한다. 이를 구체적으로 살펴보자.

가. 교사의 영어 실력

우리나라 영어교육이 안고 있는 문제점 중 하나는 유창한 영어를 구사하는 교사가 부족(김충배, 신명신, 1988)하다는 것이다. 교실에서 교사가 영어로 유창하게 수업을 진행하면 학생들은 더 많은 영어를 듣는 효과를 얻을 수 있으므로 교사가 영어로 영어 수업을 진행하는 것은 당연한 일이다. 그러나 영어를 담당하는 교사들의 영어 구사력은 영어로 수업을 진행하기에는 충분하지 못한 것이 현실이다. 김영태와 김수진(2003)의 초등교사의 영어 구사능력에 대한 설문조사 결과를 보면, 65%가 '중', 26%가 '하'인 것으로 나타났다. 즉 교사들의 영어 구사능력은 '중' 이하가 91%로 나타났다. 마찬가지로 영어 수업 시 영어와 우리말의 사용 정도를 묻는 설문 결과를 보면, 50% 정도 사용하는 교사가 44.8%, 가끔 영어를 사용하는 교사가 43.5%였으며, 우리말만 사용하는 교사도 5.8%로 나타났다. 연구결과, 대부분의 교사들의 영어 구사능력이 부족하다는 것을 유추해볼 수 있다. 영어 교사는 일반적으로 영어를 어느 정도 유창하게 말할 수 있는 능력이 있어야 함(배두본, 1997)에도 불구하고 여전히 수업을 영어로 진행할 수 있을 정도의 구사력을 갖춘 영어 교사를 찾아보기 힘든 것이 현 실정이고 교사의 영어 숙달도 및 구사력은 성공적인 영어 수업의 전제조건으로서 현재 우리 영어교육계가 가장 시급히 풀어야 할 과제라 해도 과언이 아니다. 대부분의 사람들은 영어 교사 자격증을 취득하였다고 해서, 교사 임용고시에 합격하였다고 해서 영어 실력을 갖춘 영어 교사가 된 것으로 생각하지만, 엄밀한 의미에서 이들이 영어로 수업 진행이 가능한 유창한 구사력을 가진 영어교사가 된 것이라고 보기는 힘들다. 여기서 영어의 유창성(proficiency)이란 영어 사용에 관한 지식, 영어에 관한 학문적, 인지적 지식도 포함한다. 교사 영어 능력의 유창도 수준은 기능별로 다르지만 기본적으로 학생들의 모범이 될 수 있는 정도여야 한다.

교사의 영어 구사 능력에 대해 Finocchiaro와 Bonomo(1973)는 다음과 같은 기준을 제시하고 있다.

① 정상 속도의 영어를 이해하는 능력
(understand the foreign language spoken at normal tempo)
② 알기 쉽고, 의미가 명료하게 영어를 말하는 능력
(speak the language intelligibly)
③ 영어를 즉각적으로 읽고 이해하는 능력
(read the language with immediate comprehension and without translation)
④ 명확하고 정확하게 영어를 쓰는 능력
(write the language clearly and correctly)
⑤ 영어에 관한 지식
(understand the nature of language)

영어 교사는 적어도 영어 원어민들의 대화를 이해할 수 있고, 표현하고자 하는 바를 정확하게 전달할 수 있으며, 영어로 된 글을 읽으면 즉각적으로 이해하고, 명확하고 정확하게 글을 쓰는 능력을 갖추어야 한다. 더불어 영어의 언어적 구조, 소리, 의미 등에 관한 지식과 사용에 관한 지식 등을 갖추어야 한다.

미국의 사례를 살펴보면, 미국의 FLES(Foreign Language in Elementary Schools) 프로그램에서는 외국어 교사의 능력 기준으로 높은 언어 기능, 특히 능통한 구술 능력을 중요하게 고려하고 있다. 반면, FLEX(Foreign Language Experience) 프로그램은 외국어 교사에게 고도의 유창성을 요구하지는 않으나 기본적인 유창성과 해당 외국어와 외국어 교수에 대한 적극적이며 열렬한 태도를 요구하고 있다. FLES와 FLEX 프로그램의 외국어 교사가 구비해야할 외국어 유창도 기준을 언어 기능별로 구분하면 다음 <표 1-1>과 같다. 여기서 우리는 우리나라 영어 교사의 영어 유창도 기준이 어느 정도가 되어야 하는가에 대한 기준을 시사 받을 수 있다.

〈표 1-1〉 영어 교사의 유창도 기준

언어기능	유창도
듣기 능력	영어 사용 원어민의 정상적인 대화를 듣고 이해할 수 있는 정도
말하기 능력	현저한 구문상의 오류를 범하지 않고 영어를 사용하는 원어민과 일상생활에 관한 대화를 할 수 있는 정도
읽기 능력	영어로 쓰인 신문이나 잡지 등에 수록된 일반적인 자료의 내용을 즉시 읽어 이해할 수 있는 정도
쓰기 능력	약간의 오류는 있지만 편지, 보고서, 요약문 등을 쓸 수 있고 문체에 관한 지식을 약간 가지고 있는 정도

우리나라에서도 조명원(1979)과 배두본(1997)이 초등학교와 중 · 고등학교 영어 교사의 언어 능력 기준을 다음 <표 1-2>와 같이 제시하고 있다. 표를 보면 그 기준이 PBT TOEFL(Paper Based Test TOEFL)로 제시되므로 그 정도를 쉽게 측정할 수 있다. 이는 절대적인 기준을 제시한 것이 아니라 교사가 가져야 할 최소한의 기준을 상대적으로 제시한 것임을 알아두자. 또 TOEFL 점수가 꼭 영어 교사의 구어 능력 유창도와 일치하지만은 않는다는 것을 고려하면서 보기 바란다. 참고로 PBT TOEFL을 CBT TOEFL(Computer Based Test TOEFL), IBT TOEFL(Internet Based Test TOEFL)로 환산한 점수도 제시해두었다.

〈표 1-2〉 영어 교사의 기본 영어 능력 기준표

TOEFL 점수			중등학교 영어 교사 능력 기준 (조명원)	초등학교 영어 교사 능력 기준 (배두본)
PBT	CBT	IBT		
600 이상	250 이상	100 이상	재직 중 교사	교사 지도자 과정
550~600	213~250	80~100	연수 또는 대학원 과정 사대 4학년 과정	연수 또는 대학원 과정
450~550	133~213	45~80	사대 3, 4 학년 과정	교대 4학년 과정
350~450	63~133	20~45	사대 1, 2학년 과정	교대 2, 3학년

영어 교사들의 영어 구사 능력을 향상시키기 위해서는 사실 영어 교사 양성기관에서부터 교실영어와 생활영어 정도는 부담 없이 구사할 수 있는 교사를 배출하도록 해야 한다. 따라서 영어 교사 양성기관에서 영어 구사 능력 향상을 위한 교육 여건을 강화하는 방안이 강구되어야 할 것이다. 그 외에도 현직 영어 연수

프로그램의 개선과 지속적인 교사 영어연수를 강화해야할 것이다. 그런데 영어 교사들이 영어로 수업을 할 수 있을 정도의 영어 구사능력을 갖추는 데에는 상당한 시간이 걸릴 것이기 때문에, 현행 방학 중에 이루어지는 영어연수 외에도 6개월 이상의 장기간 합숙 연수 같은 형태의 연수가 확대될 필요가 있다. 노정자(2002)의 연구에 따르면 교사들은 이론적인 것 보다 현장에서 더 많은 실질적 도움을 얻을 수 있는 영어연수를 요구하였으며, 앞으로 다양한 영어연수 기회가 제공되면 적극 참여하겠다는 긍정적 반응을 보였는데, 이를 근거로 영어 원어민을 활용하여 교사의 영어 구사 능력을 기를 수 있는 기회 및 실제적인 개인별 회화 실습 기회 등을 학기 중에도 제공한다면 교사의 영어 구사 능력은 놀라울 정도로 향상되리라 생각되며 영어로 진행하는 수업이 가능할 것이다.

나. 교사의 영어 교과에 대한 지식과 수업 기술

교육의 질은 교사의 질을 넘어설 수 없고, 수업의 효과는 교사의 영어 교과에 대한 전문 지식과 수업기술에 달려 있다. 영어 교사가 영어 수업을 성공적으로 이끌기 위해서는 영어 교과에 대한 포괄적이고 체계적인 지식을 소유하고 있어야 하고, 학생들의 학습을 용이하게 하는 적합한 교수 방법과 기술을 도입, 적용, 변형해야 한다.

성공적인 영어 수업은 영어에 관한 고도의 전문적 지식을 갖춘 교사에 의해서만 가능하기 때문에 영어 교사는 영어교육 이론이나 교육과정, 교수방법 및 교재에 관한 지식뿐만 아니라 영어 발음, 문법, 영어 표현의 의미와 기능 등에 대한 실질적인 지식 그리고 대조 분석의 방법을 통하여 한국어와 영어의 유사점과 차이점을 등을 알아야 한다. 또한 영어 교사는 영어권 문화에 대한 지식을 갖추어야 한다. 배두본(1997)은 영어를 가르치는 교사가 구비해야 할 영어 교과에 대한 지식을 다음 <표 1-3>과 같이 기술하고 있다.

〈표 1-3〉 영어 교사의 영어 교과에 대한 지식

영어 교과 지식	최저	의사소통 기능, 발음과 문법 유형, 국어와 영어의 차이점 이해에 관한 이론과 실제에 관련된 지식
	우수	의사소통 기능, 언어 습득과 학습 이론, 영어 문화권과의 차이점 등을 알아 이를 수업에 활용할 수 있는 능력

한편, 학생들의 입장에서 영어 교사의 모습을 진단한 이길영(2000)의 연구에 의하면, 학생들이 영어 교사의 수업 방식에 대한 불만과 교사의 수업 스타일에 대한 느낌을 지루하다 혹은 지겹다고 한 응답이 과반수가 넘으며, 가장 큰 원인으로는 교사의 수업 방법 및 기술이 적절하지 못한데 있다고 한다. 영어 교사들이 여러 종류의 방안을 가지고 그 중에서 가장 알맞은 방법을 선택하여 수업을 잘 할 수 있다면, 이러한 영어 교사를 수업기술이 좋은 교사라고 말할 수 있으나, 여전히 많은 영어 교사들은 옛날 자신의 선생님들이 가르치던 방법을 모방하여 자신의 수업 기술로 활용하곤 한다. 또 교사양성기관에서 배운대로 가르치는 교사도 있고, 교사가 되고 난 후 동료교사들의 수업을 참관하거나 그들의 지도조언에 따라 새로운 수업기술을 배우는 교사도 있다. 그러나 영어 수업의 효과는 영어 교사가 실제 영어 수업에서 수업 내용과 학생의 특성에 따라 적절한 수업 방법과 기술을 선택하여 사용할 때 높아진다. 따라서 영어교사는 여러 가지 자료나 책을 통해서 새로운 수업방법이나 수업기술을 스스로 학습하여 숙달시켜야 하고 영어 수업에 다양한 수업 방법과 기술들을 적용해보아야 한다.

미국의 Modern Language Association의 중등학교 외국어 교사 자격 요건을 살펴보면 언어 교사의 수업 기술과 관련하여, 교수 방법과 기술에 관한 지식을 교수 상황에 적용할 수 있는 교사는 양호한 교사이며 인정받고 있는 교수 방법에 정통하며, 새로운 방법을 실험하고 평가하는 교사는 우수한 교사라고 제시되어 있다. 배두본(1997)도 우리나라 영어교육 목표와 성격에 비추어 영어를 가르치는 교사가 구비해야 할 수업기술을 다음 <표 1-4>와 같이 요약하고 있다. 영어 수업 기술에는 듣기와 말하기의 지도 기술, 영어 교재를 평가하여 학생 수준과 능력에 맞게 적용하는 능력, 시청각 보조 교구의 제작과 활용 등이 포함된다.

〈표 1-4〉 영어 교사의 수업 기술

영어 수업 기술	최저	언어 기능별, 의사소통 기능, 노래, 게임, 시청각 자료 등을 이용하여 효과적으로 교수하는 방법의 이해와 적용
	우수	교수 방법과 기술에 관한 충분한 지식을 가지고 이를 교수 상황에 적용할 수 있는 능력

아무리 훌륭한 교수 방법이라도 천편일률적이면 학생들은 권태감을 쉽게 느낀다. 따라서 교사는 변화감을 줄 수 있는 다양한 교수 기법과 방법을 구사하여야 할 것이다. 계속해서 학습 의욕을 자극하고 다음에 일어날 것에 대한 기대감에

부응하여 적극적인 참여를 유도해야한다. 이런 변화감을 주기 위해서 교사는 시청각 자료 등 여러 가지 보조 자료를 활용할 수 있다. 그러나 이들은 어디까지나 보조 자료로서 교사의 교수 행위를 도와주는데 그친다는 것을 잊어서는 안 된다. 또 교사 자신이 기존에 갖고 있던 영어 수업 방법과 기술만을 고집하지 않고 항상 변화에 대해 개방적인 태도를 갖고 다양한 교수법이나 수업 기술을 익히기 위해 영어 교사 간 동료장학이나 수업 정보 및 자료, 수업 기술의 공유를 위해 교과 협의회 및 영어 교사 모임의 참여 등 전문성 개발을 위한 노력을 아끼지 않아야 할 것이다.

참고로 미국의 North Carolina 주에서 제시한 초등학교와 중학교 외국어 교사가 갖추어야 할 자질 목록(Curtain & Pesola, 1994)을 우리 영어교육 현실에 맞게 수정하여 제시하여 본다. 이 글을 읽고 있는 독자는 각 항목별 10점씩 부여하여 총 항목 100점을 기준으로 몇 점이 나오는지에 계산하여 스스로 영어 교사로서의 자질을 평가해 볼 수 있겠다.

① 한국어 발달과 영어 습득과의 관계에 대한 이해
② 영어 교육에 적합한 교육 방법에 대한 지식
③ 영어 교육에 적합한 교육 자료에 대한 지식
④ 영어 교육에 적합한 교육 평가에 대한 지식
⑤ 한국어 문어 기능(literacy skill)을 습득한 학습자에게 영어의 읽기와 쓰기를 가르칠 수 있는 능력
⑥ 성장기 학생의 욕구와 흥미에 적합한 영어 문화와의 친숙도 및 문화의 제측면을 가르칠 수 있는 능력
⑦ 영어 교육과정, 내용 영역 간의 관계에 대한 지식과 영어로 교육 과정 내용을 가르치고 강화할 수 있는 능력
⑧ 영어 학습에 도움이 되는 정의적·물리적 환경을 만드는 능력
⑨ 영어에 대한 언어 능력
⑩ 학생 발달에 대한 지식

언제 어디에서 이 모든 특성을 완벽하게 갖춘 영어 교사는 많지 않을 것이다. 위에서 제시한 사항들을 구비한 영어 교사는 유능한 영어 교사가 될 수 있을 것이며 영어 수업을 성공적으로 이끌 것이다.

다. 수업 중 교사의 태도

교사의 태도는 교사의 교육철학과 관련이 된다. 교사가 학생을 바라보는 관점에 따라 수업 시 학생을 대하는 태도가 다르고 교사가 학생과 인간관계를 어떻게 형성하고 발전시키느냐에 따라 영어 수업의 성취도와 분위기는 달라진다.

성공적인 영어 수업을 위해서 영어 교사는 영어 수업에 대한 열정과 함께 학생에 대한 예민한 동정심과 융통성을 발휘해야 한다. 물론 뛰어난 유머 감각도 겸비하면 금상첨화라 할 수 있겠다. 영어 학습의 효율성은 교사가 학생들에게 인간적으로 접근하여 동정적으로 대해주면 그 효과가 높아진다고 한다. 특히 영어 교사는 학생들이 영어를 발화할 때 실수를 두려워하거나 말하기를 부끄러워하거나 소극적인 태도를 보일 때, 학생들이 안정감을 갖도록 해주면서 그들을 격려해 주고 허용해주며 언어 발화의 기회를 많이 제공해주어야 한다. 그런 측면에서 교사는 학생들에게 언제든 다가가고 학생들이 편하게 다가오는 친밀하고 돈독한 유대 관계를 형성해야 한다. 다른 한편으로 영어 교사는 수업 중에 적재적소에 학생들에게 적합한 활동을 도입하는 융통성을 발휘하며, 학생들이 영어 학습이나 활동에 흥미를 느끼지 못하거나, 비협조적일 때 유머를 사용하여 학습 분위기를 전환하고 학생들이 재미있게 협조적으로 활동할 수 있도록 유도할 수 있어야 한다. 성공적인 영어 수업을 위해 영어 교사는 학생들에 대한 기대감과 신뢰감을 가지고 학생들이 영어 학습에 대한 흥미와 적극성을 갖도록 도와주고 격려해주어야 한다.

이상으로 성공적인 영어 수업을 위한 교수 요인을 살펴보았다. 대부분의 사람들은 영어 교사 자격증을 취득하였다고 해서 영어 교사가 된 것으로 생각하지만, 엄밀한 의미에서 자질 있는 영어 교사가 된 것이라기보다는 자질 있는 영어 교사가 되어가는 과정이 시작되었다고 보아야 할 것이다. 성공적인 영어 수업을 이끄는 훌륭하고 이상적인 영어 교사가 되기 위해서는 영어가 유창하여야 한다는 점이 개인적으로 가져야 할 최소한의 자질이고, 영어 교과에 대한 지식 및 수업 기술과 교재에 대한 창조적 적용 능력을 갖추어야 한다. 더불어 학습자에 대한 예민한 판단과 평가 능력, 긴밀하고 돈독한 유대 관계를 형성해야 한다. 그랬을 때, 상호작용이 활발하게 일어나는 개방적이고 활발한 수업이 실현될 수 있기 때문이다. 또한 유능한 영어 교사는 교수 상황에 따른 자신의 역할을 알고, 수업 관찰 및 분석을 통해 영어 수업의 경향과 발달을 인식하여 전문가적인 안목을 가져야 하며, 영어 수업의 효율성을 증진하는데 부단한 노력을 해야 한다.

1.4.3 학습 요인

Hofstede(1991)에 따르면 한국 학생들은 보편적으로 불확실성에 대한 회피(uncertainty avoidance), 집단주의적 성향(collectivism)을 가지고 있다고 한다. 불확실성에 대한 회피란 한 문화에 속한 구성원들이 불확실하고 알려지지 않은 상황에 대해 느끼는 위협으로 인해 그 문화를 알기 위한 자발적인 노력과 도전적인 자세를 회피하려는 것이다. 불확실성에 대한 강한 회피를 느끼는 학생들에게서 몇 가지 공통점을 발견할 수 있는데, 이 학생들은 첫째, 구조화, 정형화된 수업을 기대하고 둘째, 교사를 전능한 전문가로 생각하며 셋째, 주관성이 아닌 사실에 근거를 두고 문제를 해결하려 하고 넷째, 교사의 의견을 필수적, 압도적인 것으로 생각하며 그 의견에 동의하지 않는 것은 무례한 것으로 여긴다. 이상의 네 가지 범주는 대체로 한국 학생들의 특성에 들어맞는다고 볼 수 있다.

이런 면에서 볼 때, 실제 일제식의 전통적 교실 수업 방식에 길들여진 수동적인 학생들에게 활발한 상호작용과 의사소통 활동이 많은 영어 수업을 전개해 나가는 것은 쉽지 않은 일이다. 성공적인 영어 수업을 창출하기 위해서는 불확실성에 대한 적당한 모험을 시도하고 영어에 대한 긍정적인 태도와 동기가 부여되어 자신감 있고 적극적으로 영어 수업에 참여하는 의욕적인 학생들이 요구된다. 또 한편으로 영어 수업이 성공하기 위해서는 학생들 간의 언어 능력 차이를 고려한 수준별 영어 수업이 이루어져야 한다.

이 절에서는 성공적인 영어 수업을 위한 학습 요인들을 살펴보기로 하겠다. 앞 절에서 살펴보았듯이 영어 수업에 영향을 미치는 학생의 학습 변인에는 지적 요인과 정의적 요인이 있다. 학생의 지능, 언어 적성, 선수 학습의 정도와 같은 지적 요인들은 영어 수업에서 학생들 간의 개인차와 능력별 수준차를 발생시킨다. 성공적인 영어 수업을 위해서는 학생의 지적 변인들 간의 차이로 발생하는 개인차를 고려한 수준별 영어 수업이 이루어져야 한다. 여기서는 우선 성공적인 영어 수업을 위한 수준별 영어 수업에 대해 살펴본 후, 학생들의 태도, 동기, 자신감, 모험심과 같은 정의적 측면에서 논의될 수 있는 성공적인 영어 수업을 설명하도록 하겠다.

가. 학생의 개인차를 고려한 수준별 영어 수업

일반적인 수업에서 학생들의 성취도를 결정하는 중요한 요인으로 지능을 이야기한다. Jakobovits(1971)는 외국어 학습에 지능이 미치는 영향은 약 20% 정도라고 추정하였다. 이것은 지능이 언어 학습에 영향을 끼치는 요인이라는 것을 분명히 말해주는 근거가 되지만, 지능이 영어 학습에 어떻게 작용하는지는 아직 분명하게 밝혀지지 않고 있다. 또한 지능에 관계없이 인간은 누구나 최소한의 외국어 학습 능력을 가지고 있다. 따라서 성공적인 영어 수업에 지능이 끼치는 영향은 사실상 없다고 봐야 한다. 반면에 영어 수업에 있어서 학생의 언어 적성은 무엇보다도 학생의 성취에 매우 중요한 영향을 끼친다. 언어 적성에 따라 학생들이 영어 학습 과제를 이해하고 처리하는 속도가 달라지고, 언어 적성에 따라 학생들은 영어 수업에서 개인차를 나타낸다. 이 때 교사는 학생의 언어 적성 능력 범위와 개인차를 고려하여 다양한 활동들을 제공하고 학생 각자가 가장 적합하게 활동을 성취할 수 있도록 지도할 때 성공적인 영어 수업을 이끌 수 있다.

언어 적성 외에도 해외 영어권 국가에서의 영어 학습 경험이라든지 사교육을 통한 영어 학습을 해 온 학생들은 선수 학습에 있어서 각각 다른 수준의 영어 능력을 보인다. 영어 선수 학습 역시 학생들 간의 개인차를 발생시키는 요인이 되는데 여기에서 중요한 것은 영어 교사는 개별 학생이 지금 어느 정도의 수준인지를 확실하게 파악하고 그에 맞는 지도를 해야 한다는 것이다. 예를 들면, 영어 교사가 한 번도 영어를 들어보지 않은 학생에게 무리한 말하기를 기대한다거나 알파벳을 본 적 없는 학생에게 쓰기를 기대한다면 영어 수업의 효과를 기대하기 어렵다. 반대로 해외 영어권 국가나 사교육 등 영어 학습 경험이 있는 학생들에게 처음부터 다시 알파벳을 가르친다면 그 학생들 대부분은 영어 수업에 흥미를 잃거나 노력을 하지 않게 될 것이다. 학생들의 현재 수준을 모르고 수업이 진행되거나 선수 학습 경험이 같다고 전제한 후 획일적으로 수업을 진행한다면 그것은 비효율적인 영어 수업이 될 것이다. 따라서 실제 영어 수업에서 교사는 학생들의 언어 적성, 선수 학습 경험의 상태를 파악하고 이에 대한 개인차를 고려하여 수업을 수행하여야 보다 효율적인 영어 수업이 될 수 있다.

여기서 학생들의 개인차를 고려한 수준별 수업이란 학생의 개인차를 인정하고 언어 수준이나 학습 능력 따라 학생들에게 알맞은 수업을 제공하는 것을 말한다. 현재 우리의 초·중·고등학교 영어 교육 현장은 학생 개개인의 능력에 따른 적절한 수준별 수업이 실시되지 못하고 있다. 특히 영어의 경우는 타 교과에 비해 학생들 간 개인차가 보다 심해서 개인의 능력 수준에 적합한 수업 방법과 내용을 학생들에게 적절하게 제공할 필요가 있는데 말이다. 성공적인 영어 수업을 위해 영어 교사들은 학생들의 개인차를 간과해서는 안 된다. 그리고 학생들의 영어 능력의 차이에 따라 입력의 양과 방법을 달리하고 전체 학생을 영어 성적에 따라 상반과 하반으로 나누어 편성하기도 하고 학급 내에서 개인별 능력을 고려하여 좌석을 배치하여 소집단으로 나누어 학습을 하기도 해야 한다. 과제나 과업제시에 있어서도 학생 개개의 수준별 능력을 고려하여 제시하여야 한다.

이러한 수준별 학습을 통해서 실제 수업 상황에서 영어 능력이 우수한 학생들은 학습에 대한 적극적인 의욕과 도전의식을 가지고, 보다 더 높은 성취동기를 가질 수 있을 것이다. 뿐만 아니라, 학습 능력이 다소 부족한 학생들은 획일적인 수업에서 경험하던 학습 활동에서의 소외감과 의욕 상실을 극복하고, 수준에 맞는 학습 내용과 방법으로 영어 학습에 대한 자신감을 회복할 수 있을 것이다. 비록 여전히 수준별 수업의 개념이 모호하고, 수준별 수업을 뒷받침할 수 있는 여건 마련이 충분치 못한 한계는 있지만, 학생들의 언어 능력과 수준에 적합한 영어 수업의 내용과 방법을 달리함으로써 적극적으로 학습활동에 참가할 수 있는 계기를 마련한다면 성공적인 영어 수업이 이루어 질 것이다.

나. 영어와 영어권 문화에 대한 긍정적인 태도를 가진 학생

정의적인 면에서 학생의 태도는 영어 수업과 상관관계가 있다. 학생이 가지고 있는 영어, 교사, 교수법, 영어사용 국민, 영어권 문화에 대한 태도는 영어 수업의 성공 여부에 영향을 준다. Oller(1981)는 학생의 태도와 언어 습득 성공 가능성 간의 관계에 대해 여러 차례 연구를 하였는데, 그 결과 언어와 그 언어권 문화 및 언어 사용 집단에 대한 긍정적인 태도가 언어 구사력을 향상시키는 것으로 나타났다. 만약 학생들이 영어나 영어권 문화 및 영어권 사람들에 대해 긍정적인 태도를 가지고 있다면 영어 수업에 흥미를 가지고 적극적으로 참여할 가능성이 높음을 유추해 볼 수 있다. 왜냐하면 영어 및 영어가 사용되는 문화에 대해 긍정적 태도를 갖고 있는 경우, 학생들은 높은 동기를 갖고 학습에 임하게 되고 수업에 적극적으로 참여하며 지속적으로 영어를 학습하게 되기 때문이다. 반면에 영어를 배우는 학생이 영어나 영어를 사용하는 민족 또는 그들의 문화에 대하여 부정적인 태도를 가지면 성공적인 영어 수업이 이루어질 수 없다. 즉, 영어를 배우기 위해서는 학생들이 우선 영어나 영어 사용자 및 그들의 문화에 대해 호의적이고 긍정적인 태도를 갖는 것이 중요하다. 따라서 영어를 가르칠 때는 긍정적인 태도를 심어 줄 수 있는 여러 방법이 모색 되어야 할 것이다. 특히, 초등학생과 같은 어린 학생들의 경우는 영어 및 영어 문화에 대한 태도를 확고하게 정립한 상태가 아니기 때문에 영어 수업 중 교사의 역할이 크다. 영어 교사는 태도라는 것이 고정된 것이 아니라 항상 변할 수 있다는 점을 인식하고 학생들이 긍정적 태도를 계속 유지할 수 있도록 노력해야 할 것이다.

다. 학생의 동기가 유발되는 영어 수업

영어 학습에 대한 동기가 강한 학생들은 영어를 성공적으로 습득한다. 영어 수업의 성패를 결정짓는 가장 중요한 요소는 학생들에게 영어에 대한 동기를 부여하는 것이라고 해도 지나치지 않다. 교사가 동기유발에 성공하기만 하면 그 수업은 거의 성공적으로 끝날 수 있다. 왜냐하면 학생들은 동기유발과 동시에 적극적, 능동적으로 수업 활동에 참여하게 되기 때문이다.

성공적인 영어 수업을 위해 교사들이 학생들의 동기를 유발시키는 방법은 크게 네 가지로 생각해 볼 수 있다. 첫째, 학생들과 직접 관련되는 내용을 제시함으로써 수업에 대한 관심을 불러일으키는 방법이다. 둘째, 학생들이 재미있어하는 수업 방법을 사용하는 경우이다. 셋째, 주어진 과제를 적절히 수행했을 때 보상을 줌으로써 동기를 유발하는 경우이다. 넷째, 학생들에게 수준에 맞는 내용을 제공하고 성취할 수 있는 기회를 제공함으로써 영어 학습에 대한 성취욕을 충족시켜 주는 방법, 즉 자발적인 학습에 대한 동기를 부여하는 방법이다. 이상에서 제시된 4가지의 동기 유발 방법에서도 알 수 있듯이 성공적인 영어 수업은 학생들의 내적, 외적 동기가 적절하게 자극되었을 때 일어난다. 그리고 학생들의 동기를 유발시키기 위해서는 학생으로 하여금 영어 학습에 강한 동기를 느낄 수 있는 환경 조건을 조성해 줄 필요가 있는데, 영어 교사는 수업이 시작되기 전에 거의 의무적으로 학생들에게 학습동기를 부여할 수 있는 방법을 꾸준히 개발하고 활용해야 한다. 또 수업의 시작에서부터 끝까지 학습자의 동기나 태도에 깊은 관심을 가지고 다양한 교수기술과 학습 활동으로 끊임없는 동기를 부여하도록 해야 한다. 보통 성공적인 영어 수업은 수업이 시작되자마자 5분 간 먼저 동기유발을 위한 활동부터 한다. 교사는 학생들에게 흥미 있을 만한 짧은 이야기, 토픽뉴스, 학급 학생에 관한 이야기, 노래, 게임, 그림 등으로 학생들에게 동기를 부여할 수 있다.

라. 모험을 시도하는 자신감

적절한 모험시도와 자신감은 영어 수업의 성공을 결정짓는다. 영어 수업에서 자신감을 가진 학생이 그렇지 않은 학생과 비교해서 성공할 수 있는 가능성이 훨씬 많은 것은 당연한 사실이다. 따라서 학생들이 영어에 대한 불안감을 낮추고 친숙감과 자신감을 갖도록 하는 것은 중요하다. 또 성공적인 영어 수업을 위해서 학생들은 다소 도전적인 면이 있어야 하고, 언어에 대한 감각을 가지고 기꺼이 자신감 있게 시도해 보고, 잘못에 대한 시도를 기꺼이 할 수 있어야 한다. 만약 영어 수업 시간에 불편함이나 불안함, 두려움을 느끼면 학생들은 모험을 덜 하게 되고 소극적으로 된다. 영어 수업 시간에 모험을 하지 않는 학생은 수업에서 자발적 참여가 부족하고 그 결과 영어의 정확성과 유창도에 부정적인 영향을 준다. 성공적인 영어 수업을 위해서 과감히 자신 있게 모험을 시도하는 학생상이 요구되며 영어 교사는 이를 적극 격려해주어야 한다.

이상으로 성공적인 영어 수업을 위한 학습 요인들을 살펴보았다. 요약하면, 학생들의 지적인 변인은 영어 능력의 개인차를 가져오고 성공적인 영어 학습을 위해 수준별 영어 수업의 필요성을 요구한다. 학생들의 정의적인 변인은 영어 학습에 참여하려는 의욕에 영향을 주며 영어 학습에의 참여도는 영어의 유창성에 영향을 준다(Ely, 1986). 마지막으로 Rubin(1975)이 제시한 훌륭한 영어 학습자의 조건을 참고로 제시하면 다음과 같다.

① 추측하려고 하는 의지가 높고 정확하게 추측하는 능력
(are willing to guess and guess accurately)
② 의사소통을 하려는 높은 동기
(want very much to communicate)
③ 자기 방어가 약하고 모험을 시도하려는 경향
(are uninhibited and risk making mistakes)

④ 언어 형식에의 초점
(pay attention to form)
⑤ 지속적인 연습
(practice)
⑥ 원어민의 표준 발화와 자신의 발화 비교 검토
(monitor their production and compare it to native standards)
⑦ 상황 속에서의 의미 파악
(pay attention to meaning in its social context)

1.4.4 교재 요인

언어 입력을 제공하는 영어 교재의 개발은 정책으로 결정된다. 학교에서 사용되는 영어 교재를 국정 도서로 제작하느냐, 검인정 도서로 제작하느냐, 교재의 종류는 몇 가지로 하느냐, 어떤 보조 교구를 포함해야 하느냐 등의 문제는 정책적으로 결정된다. 우리나라의 경우 현재 초등 영어 교과서는 국정 도서이며, 중등 영어 교과서는 검인정 도서이다. 그러나 교육과정 개편 안에 따르면 향후 초등 교과서는 검인정 도서로, 중·고등학교에서는 영어교과서 외에 워크북의 개념인 영어 학습 활동책이 제작된다. 각 영어 교과서마다 보조 교구로서 멀티미디어 CD-ROM 타이틀을 제공하고 있다. 그런데 만약 국가의 재정적 지원이 부족하여 교재가 학생들의 흥미와 동기를 유발하지 못하고, 소재와 내용 또한 전문가들로부터 질적 검증을 받지 않아 교육 목표와 유리된다면 영어 수업은 성과를 거둘 수 없을 것이다.

성공적인 영어 수업을 위해서는 학생의 발달과 수준에 적합한 교재를 사용해야 하며, 다양하고 흥미 있는 자료를 제시하여 학생들의 적극적인 참여와 활동을 유도해야 한다. 영어 수업의 궁극적인 목표가 의사소통 능력을 기르는 것인 만큼 교사와 학생들의 상호작용은 물론 교사, 학생, 교재의 상호작용을 극대화할 수 있는 교재가 활용되어야 한다. 여기서는 성공적인 영어 수업을 위해 교재가 갖추어야 할 요건 및 활용 측면을 살펴보도록 하겠다.

가. 교과서와 학습 활동책의 활용

영어 수업의 내용을 대표하는 것은 영어 교과서이다. 실제 많은 교사들은 영어 교과서의 모든 내용을 반드시 가르쳐야 한다는 강박관념을 가지고 있다. 이것은 영어 교과서가 영어 수업에 가지는 절대적인 영향력을 잘 보여주는 사례이다. 사실 성공적인 영어 수업을 위해서는 영어 교과서가 영어 수업의 목표와 수준을 결정하는 유일한 잣대라는 생각을 버리고 교과서는 최소한의 수업 내용과 목표라는 관점에서 접근해야 한다. 다시 말해서 진정 효율적인 영어 수업을 위해서는 교과서에 대한 관점의 변화가 필요하다. 실제 교과서를 바라보는 관점에 따라 교과서의 활용 방식은 달라질 수 있는데 위의 사례처럼 교사들이 영어 교과서를 수업에서 절대적인 학습 자료로 인식하고 교과서에 제시된 내용과 방식으로만 수업을 이끌어 갈 수도 있지만, 이와는 반대로 학습을 이끌어주는 여러 학습자료 중의 하나로 인식하여 다양한 학습 자료를 이용하는 영어 수업을 이끌어 갈 수도 있다. 성공적인 영어 수업을 하는 교사들은 주로 후자의 관점에서 교과서를 인식하고 각종 자료들을 활용하여 교과서를 독자적이면서도 창의적인 방식으로 제시하는 데 주력한다.

교과서에 대한 관점의 변화도 중요하지만 교재로서 교과서 내용이 학생들의 수준에 맞고 흥미로우며 상호작용이 활발히 일어나는 활동들이 제시될 때 성공적인 영어 수업을 할 수 있다. 그러나 일부 측면에서 교과서의 문제들이 지적되고 있으며 개선이 요구되고 있는 실정이다. 교과서의 문제 및 개선점으로 지적되는 사항은 첫째, 영어 교과서의 많은 경우가 학생들의 관심과 정서에는 동떨어진 주제와 소재를 다루고 있으며, 개작된 것이 많아 흥미 뿐 아니라 문화적인 이해를 증진시키는데 부족함이 많다는 점이다. 따라서 교과서의 내용이 학생들의 흥미와 수준에 부합하는가의 문제를 생각해 볼 필요가 있다. 둘째, 교과서 내에 있는 문장이 실제 영미문화권에서 사용하고 있는 살아있는 표현과 거리가 있는 경우가 간혹 있다. 셋째, 교과서에 제시한 활동 중에 어떤 활동은 한 시간 동안 수행해도 완수하기 어려운 경우가 있다. 넷째, 각 단원마다 똑같은 틀로 구성된 활동을 제시하고 있어 교사나 학생 모두에게 내용에 대한 기대나 가치를 부여하기가 어렵다. 다섯째, 다양한 수준을 포함한 교과서의 필요성이 지적되고 있다. 현재 검정을 통과한 교과서들은 출판사별로 나누어진 선택의 범위일 뿐이며, 수준에 따른 교과서의 구분이 없다. 다시 말하면 중·고등학교 학생들의 경우 학생들의 영어 학습 능력이 우수한 학교와 부족한 학교의 학생들이 선택할 수 있는 교과서의 범위가 동일하다는 말이다. 지역이나 학교마다 학생들의 수준이 현재 교과서의 수준보다 낮거나 높은 수준을 요구하는 경우가 많은데도 불구하고 말이다. 학생들의 요구와 수준에 따라 선택할 수 있는 다양한 내용과 형태의 교과서가 필요하다.

성공적인 영어 수업을 하기 위해서는 이와 같은 교과서의 문제들이 개선되고 해결되어야 한다. 이를 위해서는 교과서의 개정이 필요하지만, 이는 국가의 정책적 사안이므로 시일이 걸리며 개정된다고 하더라고 역시 모든 학교와 학생들의 요구와 수준에 부응할 수 없다. 따라서 단위 영어 수업에서 교과서는 다음과 같이 활용될 필요가 있다. 첫째, 교과서 내용의 수준을 학생들의 수준에 맞게 난이도를 조정하거나 분량을 조정해서 사용한다. 둘째, 내용을 효과적으로 전달하기 위해 학생들이 선호하는 방식으로 제시 방법을 재구성한다. 셋째, 교과서에 제시된 주제에 관한 보다 확장된 내용과 활동을 제시한다. 교과서가 교사와 학생들의 요구에 적합하지 않다 하더라도 영어 교사의 재구성 능력으로 얼마든지 다양한 수업형태가 이루어질 수 있다는 사실을 염두에 두자. 영어 교사로서 교과서 내용을 학생들에게 적합한 수준과 양으로 독자적으로 가르치는 교재의 재구성 노력이 필요하다. 마침 7차 교육과정을 부분 개정한 새로운 교육과정에서는 영어 교과서 외에 학습 활동책이 학생들의 수준에 따라 제작되고, 다양한 내용과 활동을 제시하고 있어 영어 교과서를 보완하는 역할을 할 것이다. 영어 교과서, 학습 활동책, 그 외 부교재, 보충 교재 등이 학생들의 수준과 관심에 맞고 상호작용을 일으키는 다양한 양질의 활동으로 구성되어 있다면 영어 수업에 효과적으로 활용되어 성공적인 영어 수업이 이루어질 것이다.

나. 다양한 활동 자료 및 교구의 활용

외국어로서의 영어 사용 능력은 단순히 영어 사용에 필요한 언어적 지식과 표현 학습을 통해 습득되는 것은 아니다. 상황에 맞는 적절하고 올바른 영어 사용을 위해서는 영어를 사용하는 영어권 국가의 문화에 대한 이해와 간접적인 경험이 필요하다. 그러므로 제한된 공간과 시간 내에 학생들에게 이러한 요구를 충족시켜주기 위해서는 교사가 효율적으로 다양한 자료를 제시해 줄 수 있어야 한다. 이렇듯 영어 교과가 외국어라는 특성을 감안했을 때 영어 기능 자체와 영어 사용 국가의 문화까지도 학습 내용으로 포함하게 되므로 자료의 범위는 동영상에서부터 사진, 그림 등 방대하고 그 종류도 다양하다. 다양한 자료와 교구들을 활용함으로써 성공적인 영어 수업이 이루어진다고 볼 때, 영어 수업에서는 각종 실물, 그림, 사진 등의 자료들 뿐 아니라 다양한 멀티미디어 자료들이 모두 사용되어야 한다. 다양한 자료들은 학생들의 이해를 돕고 학생들에게 구체적인 다양한 경험을 제공하고 학습 동기 유발을 유도하기 때문이다. 그러나 현 실태는 학교에 구비된 자료가 시대에 뒤떨어지거나 부족한 경우가 많고, 자료 제작이나 구입에 대한 재정적 지원이 부족한 실정이다. 이러한 문제를 극복하기 위해서 우선 영어 수업에 필요한 자료 및 교구에 대한 재정적 지원이 있어야 한다. 동시에 인터넷이 발달한 우리나라의 상황을 잘 활용할 수 있어야 한다. IT 강국인 우리나라에서는 인터넷을 이용하여 각종 자료를 찾아낼 수 있다. 온라인에 넘쳐나는 각종 멀티미디어 자료들을 수업의 효과를 높이기 위한 자원으로 잘 활용할 수가 있어야 할 것이다. 교과서의 보조 교구인 CD-ROM을 사용하는 것에 그칠 것이 아니라 인터넷을 통하여 다양한 자료들을 추출하고 이 자료들을 영어 수업에서 재구성을 통하여 활용한다면 수업의 효과를 높일 수 있을 것이다. 참고로 김정렬(2000)은 학습자들이 활용할 자료와 교구는 어디까지나 학습의 질을 높이기 위한 보조 자료이지, 학습 그 자체의 목적은 아니라고 주장하였다. 영어 수업에서 다양한 자료와 교구를 활용하는 목적은 학생들의 관심과 흥미, 동기 유발을 시키기 위해서이며, 학생들의 학습 활동을 보다 더 촉진시키기 위해서라는 점을 유의하며 다양한 학습 자료와 교구를 효과적으로 활용하여 성공적인 영어 수업을 이끌어 가야할 것이다.

1.4.5 교육 환경 요인

가. 영어 교과 교실의 확보와 선진 기자재의 활용

EFL 상황에서 영어를 습득할 수 있는 환경은 가정이나 사회가 아닌 교실이 공식적으로는 유일한 환경이 된다. 그러나 우리의 교실 여건은 영어 사용 능력을 향상시키는데 필수적인 과업 중심, 활동 중심의 수업을 하기에는 어려움이 많다. 게다가 영어 수업 시간에 활발한 의사소통이 일어날 수 있는 활동을 할 경우 소음으로 인해 옆 반에 방해가 될 수도 있다. 교실의 책상 배열이나 형태 역시 의사소통을 위한 활동에 용이하지 않다. 또한 수업 자료의 효율적인 비치와 활용에도 일반 교실에서는 어려운 점이 많다. 영어 수업을 위해 교사들은 부족하고 열악한 교실 시설을 최대한 활용하려고 노력하고 있지만, 사실 우리의 교실 여건이나 교육 환경은 영어 교사들이 의도된 대로 영어 수업을 진행하기에는 시설이나 지원에 있어서 미흡한 점이 많다.

성공적인 영어 수업을 이끌기 위해서는 그에 맞는 교육시설이 필수라고 할 수 있다. 우선적으로 영어 교과 교실과 같은 영어 수업 전용 교실이 필요하다. 영어 교과 교실을 확보한 후에도, 확보된 영어 교과 교실이 제구실을 하기 위해서 필요한 기자재나 시설의 지원을 해 주어야 한다. 여기에 필요한 시설이나 자료는 여러 가지가 있겠지만 활동에 용이하도록 설계된 탁자와 프로젝션 TV, 컴퓨터, 터치스크린, 캠코더 등의 선진화 기자재 및 사전을 비롯한 영어 관련 서적, 다양한 시청각 자료 등을 들 수 있겠다. 더욱이 영어 교과 교실은 영어 수업 시간 외 점심시간이나 방과 후 English Zone으로 운영되어 학생들에게 영어 학습을 할 수 있는 공간으로 활용될 수 있을 것이다.

나. 학급당 인원 수 감축

효율적인 영어 수업을 위해서는 교사 1인당 지도하는 학생 수가 많지 않아야 한다. 학생들이 동료 학생들과 영어로 상호작용을 하며 직접 참여해보는 활동이 많은 영어 수업의 특성상 소그룹 활동, 짝 활동, 개별 활동이 많다. 학급 당 학생 수가 많으면 소그룹 및 개별 활동 조직이 어렵고, 수준별 개별화 학습 및 교사가 학생들의 활동을 도와주고 피드백 해 주기가 힘들다.

현재 우리나라의 학급당 학생 수는 대도시와 수도권 신도시 등 일부지역에서 아직도 40명이 넘는 등 지역에 따라 편차는 있으나 학급당 학생수를 35명으로 감축하는 정책이 교육부에 의해 진행 중이다. 그러나 2006년 OECD 교육 지표에 따르면 우리나라 학급당 학생 수는 초등학교 33.6명, 중학교 35.5명으로 OECD 평균 각각 21.4명, 24.1명 수준에 비해 여전히 높다. 특히 초등학교의 경우 독일(22.1명), 미국(23.1명), 영국(24.3명) 등에 비해서도 10여명이 많다. 따라서 성공적인 영어 수업을 위해서 학급 당 학생 수의 감축이 필요하다. 영어 수업의 특성 상 소수 인원의 학급이 적절하다고 할 수 있는데, 우선적으로 학급 당 학생 수가 현재보다 적은 20~30명 선이 되어야 효율적인 영어 수업이 가능할 것이다.

다. 영어 수업 시간 수의 증대

영어는 국제어로 인정되어 각종 국제회의와 행사에서 사용되고 있으며, 통신망은 물론 정치, 경제, 사회, 문화, 과학, 기술, 학술 분야의 서적과 논문, 잡지들이 대부분 영어로 출판되고 있다. 우리나라에서도 이러한 실용성을 고려하여 영어를 가장 중요한 외국어로 가르치고 있다. 하지만 영어교육에서 당장 문제가 되는 것은 부족한 수업 시수라 할 수 있다. 언어라는 특성상 영어는 자주 접하고 반복적으로 학습해야 그 효과가 있음을 감안할 때 영어 수업 시수는 턱없이 부족함을 인정하지 않을 수 없다. 현재의 학년별 주당 1시간에서 4시간의 영어 시수로는 영어에 노출되는 시간이 너무 적고 기본적인 의사를 영어로 표현하는데 불충분하기 때문에 성공적인 영어 수업을 기대할 수 없다. 더욱이 모든 일상생활을 한국어로 하는 EFL 상황에서 영어 수업의 효과를 얻기 위해서는 영어 수업 시수가 충분히 확보되어야 한다. 전병만 외(2006)에 따르면 특히 우리나라 초등학교의 영어 수업 시수가 비영어권 국가에 비해 크게 부족하다고 한다. 국가별 영어 수업 시수를 보면, 중국은 초등 1~2학년 75~105시간, 3~6학년은 105시간에 달하고, 홍콩 초등학교 1~6학년은 연간 135~165시간이고, 말레이시아도 초등 1~3학년 116시간, 4~6학년 136시간으로 조사됐다. 우리나라 초등학교 3~4학년의 연간 34시간, 5~6학년의 68시간에 비하면 월등히 많은 영어 수업이 이루어지고 있음을 알 수 있다. 김정렬(2002)도 초등학교 3학년부터, 중학교, 고등학교까지 10년간에 걸쳐 이루어지고 있는 800시간 남짓한 영어교과의 시수를 적어도 영어의 기본적인 소양을 갖추는데 필요한 2,500시간까지 늘려야 영어에 대한 기본적인 소통능력이 마련될 수 있다고 보고 있다. 성공적인 영어 교육을 위해서는 학생들이 충분한 언어입력 및 출력 기회를 가질 수 있도록 영어 수업 시수의 증대가 이루어져야 할 것이다.

성공적인 영어 수업이 이루어지려면 수업 내적 변인들의 상호작용도 중요하지만, 수업 외적으로 영어 교과 교실과 같은 물리적 학습 환경이 갖추어져야 하고 학급 당 학생 수 감축, 영어 수업 시수의 증대가 이루어져야 한다.

제 2 장 영어과 수업관찰

우리는 1장에서 영어수업의 개념과 특징에 대하여 알아보았다. 그 내용을 토대로 2장에서는 교사들의 수업 향상을 위해 가장 많이 활용되는 방법인 수업관찰에 관하여 설명하도록 하겠다. 먼저 수업관찰의 보편적인 의미를 파악하기 위해서 모든 과목에 동일하게 적용되는 수업관찰의 개념과 목적을 제시한 후에 영어과 수업에서 수업관찰이 필요한 이유를 살펴보도록 하겠다. 이와 같이 수업관찰의 필요성을 인지하고 나면 우리에게 '수업관찰은 실제로 어떻게 하는 것일까'라는 의문이 생길 것이다. 영어과에 도입할 수 있는 수업관찰의 방법들은 매우 다양하며, 크게 양적 접근법과 질적 접근법으로 분류할 수 있다. 본 장에서는 두 접근법의 개념과 특성 등에 관해 간단히 소개하고자 한다. 각각의 접근법에 대한 구체적인 내용과 분석 방법은 3장에서 다루도록 한다.

또한 수업관찰에 필요한 기록 방법에는 어떤 것들이 있는지 알아보고, 일반적으로 쓰이고 있는 영어과 수업관찰지를 통하여 수업관찰의 형식 또한 살펴보도록 하겠다. 우리는 2장을 통해 영어과에서 수업관찰을 위한 객관적이고 타당한 양적 · 질적 분석 도구들이 요구되어지는 이유를 알게 될 것이다.

2.1 수업관찰의 개념과 목적

수업관찰은 수업을 분석하고 진단하기 위하여 자료를 수집하는 제반행위를 말한다. 즉, 관찰자로 하여금 미리 준비된 관찰도구와 방법 및 절차에 의거하여 교사의 행동, 학생의 행동, 교사와 학생 간의 상호작용, 수업전개 양태, 자료의 활용 등 수업활동 전반을 체계적으로 기록하도록 하는 것을 의미한다(주삼환, 이석열, 김홍운, 이금화, 이명희, 1998).

수업관찰의 궁극적인 목적은 교사의 교수방법 개선이라고 할 수 있다. 학습자들의 학습 성공 여부는 각 학급에서 이루어지는 수업의 질에 달려 있으며, 수업의 질은 교사가 그 수업을 어떻게 이끌어 가느냐에 따라 달라지기 때문이다. 교사가 자신의 수업의 질을 향상시키기 위해서는 새로운 수업이론의 지식도 습득해야 하고, 성공적으로 실시된 타인의 수업을 자주 관찰하는 경험도 가져야 한다. 그러나 무엇보다 자신의 수업이 어떻게 이루어지고 있는가를 정확하게 되돌아보는 기회를 가지는 것이 매우 중요하다. 자기 수업에 대한 과학적이고 정확한 분석과 평가를 통해 수업의 장점과 단점이 무엇인가에 관해 정확한 피드백을 받음으로써 더 나은 수업을 창조할 수 있게 되기 때문이다. 따라서 수업을 실제적으로 관찰하고 분석하는 수업관찰은 교사의 전문성 신장에 필수적인 활동일 것이다.

2.2 영어과 수업관찰의 필요성

앞에서 언급한 것처럼 수업관찰은 자신의 수업을 향상시키고자 하는 모든 교사에게 매우 유용하며, 그것은 교과를 막론하고 보편적으로 해당되는 사항이다. 그러나 특히 영어과에서는 객관적이고 체계적인 수업관찰이 더욱 강조되는 실정이다. 영어과 수업관찰의 필요성을 정리하면 다음과 같다.

첫째, 우리나라와 같은 EFL 상황에서의 영어 학습은 학교 수업을 중심으로 이루어지기 때문에 교실 수업의 역할이 중요하다고 할 수 있다.

제7차 영어과 교육과정에서 밝히고 있는 것처럼, 우리나라의 영어교육은 궁극적으로 영어로 의사소통하는 능력의 신장에 그 목표를 두고 있다. 영어로 의사소통하는 능력이란 영어로 표현된 상대방의 말을 정확히 이해하고 또한 영어를 사용하여 자신의 메시지를 성공적으로 전달하는 능력을 일컫는다. 이러한 영어 의사소통 능력은 상대방과 영어로 상호작용함으로써 효과적으로 길러질 수 있다. 하지만 영어를 외국어로 배우는 우리나라 상황에서, 사람들과 영어로 상호작용할 수 있는 기회를 일상생활 속에서 찾기란 쉽지 않다. 물론 많은 학습자들이 학원이나 개인과외 등의 사교육으로 학교 밖에서도 영어 공부를 하고 있지만, 우리나라의 모든 학습자들을 대상으로 한다면 여전히 학교 영어 교육의 비중을 무시할 수 없을 것이다. 그러므로 영어를 가르치고 배우는 교실수업은 교사·학생 간의 상호작용을 통하여 학습자가 실제로 영어를 이해하고 구사할 수 있는 장으로의 역할을 해야 한다. 따라서 외국어 습득에 있어 '교실'이라는 환경은 매우 중요한 의미를 가진다. van Lier(1989)는 외국어 교실 연구란 외국어 교실에서 일어나는 일을 관찰하는 것으로서, 언어 교육에서의 실질적인 향상은 교사와 학습자에 의해 실시된 수업 관찰을 통해서만 얻어질 수 있다고 하였다. 이는 검증된 수업관찰 도구를 활용하여 영어수업을 관찰, 분석하는 것은 반드시 행해져야 함을 보여준다.

둘째, 영어는 언어 그 자체가 수단이면서 목표가 되는 언어 학습이기 때문에 수업관찰과 분석을 통해서 객관화시킬 필요가 있다.

영어과 수업은 학습자들로 하여금 영어라는 언어를 다루고 그것을 익히게 하는 시간이다. 과학과 수업에서는 실험이나 관찰 대상이 존재하고, 사회과에서는 사회현상이나 역사적 사실, 수학과는 수학의 개념과 수학 공식 등 단위 수업에서 학습목표와 배울 내용이 뚜렷하지만 영어과에서는 언어 자체가 학습의 수단이자 대상이라는 것이다. 이는 영어과에서 교사와 학습자 간, 혹은 학습자와 학습자 간에 일어나는 의사소통이 학습의 중요한 영역을 차지하고 있음을 의미한다. 그러나 언어란 즉시성과 비정형성의 성질을 가지고 있기 때문에 그 순간이 지나면 기록으로 남지 않고 사라져 버린다. 따라서 수업촬영 및 전사 등의 수업관찰 방법을 통해 해당 수업시간에 일어난 모든 의사소통을 분석하는 것은 의미 있는 활동이라고 할 수 있다.

셋째, 영어 교사들에게는 수업관찰을 통하여 영어실력 및 수업기술에 대한 자기 계발이 요구된다.

교사가 갖추어야 하는 기본적인 자질은 두 가지로 함축될 수 있다. 하나는 자신의 전공과 관련된 분야의 충분한 내용적인 지식이고, 또 하나는 가르칠 내용을 중심으로 학생들과 효과적으로 상호작용할 수 있는 방법적인 전문성이다. 이러한 두 가지 능력 중에서도 일반적으로 볼 때 전자는 임용과정에서 충분히 검증하는 과정을 거쳤으므로 교사들 간에 비교적 차이가 크지 않은데 반하여, 후자는 교사에 따라 그 차이가 크다고 볼 수 있다. 특히 영어과에서는 교사의 영어 실력 자체가 전문성에 직결되는 큰 요인이다. 언어 학습 상황에서 교사의 발언은 학생들이 배우고 있는 외국어 입력의 주된 역할을 담당하고(Nunan, 1995) 교사와 상호작용하는 동안 학생들이 얻게 되는 언어적 경험은 교실 밖에서 외국어로 의사소통할 수 있는 기반이 되기 때문이다. 즉, 교실수업에서의 상호작용은 학생들의 외국어 학습에 상당한 영향을 끼친다는 것이다(Ellis, 1985). 그러므로 효과적인 영어교육을 위해서는 무엇보다도 교육 활동의 주체가 되는 교사가 자기 계발에 대한 필요성을 느끼고 끊임없는 노력을 통해 전문가로서의 자질을 갖추도록 해야 한다. 교사의 전문가로서의 노력은 수업의 효율화를 위한 이론과 지식의 바탕 위에 실제로 수업을 효과적으로 수행할 수 있는 기술을 숙달시키는 것이다. 이는 앞에서 말했듯이 수업관찰을 통한 구체적인 자료나 정보에 의해서 자기 수업의 분석할 기회를 많이 가짐으로써 가능해진다.

마지막으로, 영어 교과의 중요성에 비해 지금까지 영어과에 관하여 수업관찰이 이루어진 사례가 매우 적다는 점이다.

현대 사회에서 영어가 명실상부한 세계 공용어로 자리매김하면서 영어 실력을 갖추는 것은 이제 선택이 아닌 필수가 되어가고 있다. 이러한 현상에 의해 학교 현장이나 사교육 현장에서도 영어 교육에 대한 열의가 점점 높아지는 실정이다. 보다 많은 영어 교사들이 효과적으로 수업을 이끌어가기 위해서는 훌륭한 영어 수업의 예시와 영어과 수업기술에 대한 연수 및 안내, 양질의 학습 자료들에 대한 정보 공유가 이루어져야 할 것이다. 그러나 지금까지는 타 교과에 비해서 교실에서 일어나는 실제 영어과 수업에 대한 관찰 및 분석 자료나 수업방법이 거의 제공되지 않았으며, 수업장학 또한 영어과를 대상으로 이루어진 예가 부족하다. 따라서 미래의 영어교육을 전망해볼 때 영어과의 수업관찰이 다양한 관찰도구와 분석 기법을 통해 이루어짐으로써 좋은 정보 제공의 통로가 되어야 할 것이다.

2.3 수업관찰의 접근방법

본 장에서는 수업관찰을 어떤 방법으로 하는가에 관하여 설명하고자 한다. 수업관찰의 접근방법은 두 가지로 구분할 수 있다. 하나는 수업 중에 일어나는 사건들을 계량화하여 관찰하는 양적 접근법이며, 또 하나는 눈에 보이는 사건들이 왜 발생하는가에 대한 이면의 해석을 추구하는 질적 접근법이다. 이 두 가지 방법의 개념과 특성, 유형을 먼저 이해한 후에 영어과 수업관찰에서 어떻게 활용될 수 있는지 알아보도록 하겠다.

2.3.1 양적 접근법

앞서 설명한 바와 같이 자신의 수업 혹은 타인의 수업을 관찰하는 것은 뚜렷한 목적을 가지고 있다. 수업관찰을 통해 그 교사가 가진 수업기술의 강점과 약점을 찾아서 강점은 더욱 개발하고 약점은 보완 및 개선하고자 하는 것이다. 이러한 활동은 결국 수업의 질을 높여서 궁극적으로 학습자들의 학습 성공으로 귀결될 것이다. 따라서 수업관찰을 하되 올바른 방법, 즉 신뢰도와 타당도를 담보할 수 있는 방법을 활용하는 것은 매우 중요하다.

양적 접근법이란 수업에서 일어나는 일들을 계량화하여 분석함으로써 수업현상을 객관적으로 설명하려는 방법이다. 양적 접근법은 20세기의 교육 연구 방법론에서 시작되었다. 이 시기의 연구방법론은 19세기 프랑스 철학자 콩트의 견해를 바탕으로 한다. 그는 인간의 사고가 목적적 단계, 형이상학적 단계, 실증적 단계의 3가지 단계를 거치면서 발전하며, 따라서 체계적 관찰과 분석을 통해서 한 사건과 다른 사건과의 관계를 밝히면 인간의 사회적 행동을 예측할 수 있다고 보았다. 이를 수업관찰에 적용해 보면 수업을 객관적으로 관찰하고 기록한 후에 각 활동 간의 관계를 분석하여 수업에서 일어나는 현상을 설명할 수 있다는 것이다.

이러한 이론을 바탕으로 Stevens(1912)는 수업관찰에서 체계적인 양적 접근법을 활용하였다. 그는 교사들이 여러 과목에서 사용하는 발문에 초점을 맞추어 100개의 수업을 임의로 추출하여 관찰한 결과, 수업 시간의 64%는 교사가, 34%는 학생이 말하고 있다는 사실을 밝혀내었다(Wragg, 1994). 또한 교실 수업관찰에서 교사와 학생 간의 상호작용이 중요한 이슈로 떠오름에 따라서 교사와 학생이 사용하는 대화의 종류에 따른 범주체계를 세우는 연구들이 활발하게 이루어졌다. 그 중 대표적인 학자는 Flanders(1970)로서, 그는 10개의 범주로 구성된 Flanders 상호작용분석법(Flanders Interaction Analysis Categories: FIAC)을 개발하여 교사와 학생 사이의 상호작용을 양적으로 관찰하고 분석할 수 있도록 하였다. FIAC을 포함한 여러 가지 양적관찰 분석도구에 대해서는 3장에서 자세히 다루기로 하겠다.

가. 양적 접근법의 특성

양적 접근법은 수업형태의 분류나 교사와 학습자 간의 상호 커뮤니케이션 과정의 분석, 교사의 교수 기술의 향상과 같은 연구에 주로 활용된다. 양적 접근법의 특성은 다음과 같다.

첫째, 수업에서 일어나는 많은 일들을 체계적으로 분석하기 위해서 미리 정해진 범주를 가진다는 것이다. 계량적인 관찰은 관찰자가 무엇을, 얼마만큼, 어떻게 관찰할 지 정확하게 계획해 둔 상황에서 이루어질 수 있기 때문이다.

둘째, 관찰 결과를 수치화하여 교사에게 정확한 피드백을 제공할 수 있다. 수업을 관찰하고 난 후 관찰자가 '참 좋았습니다.'라는 식의 일반적이고 추상적인 말을 하는 것은 올바른 수업관찰이라고 할 수 없다. 이는 그 수업이 긍정적으로 나아갈 수 있는 방향을 제시하고 있지 못하기 때문이다. 양적 접근법은 수업을 보다 세부적으로 관찰하게 하는 유의미한 작업이라 할 수 있다.

셋째, 객관성을 중시하는 양적 접근법은 관찰 범주와 기준, 방법이 체계적이고 자세하게 안내되기 때문에 어느 관찰자가 수업을 관찰하더라도 비슷한 결과를 도출할 수 있다는 장점을 가지고 있다. 반면, 수업을 수치화하기 때문에 수업현상에 영향을 미치는 이면의 원인들에게는 접근하기 어렵다는 단점도 있다. 그러나 영어과 수업은 교과 특성상 수업 당시에 눈으로 관찰할 수 있는 언어적 상호작용과 학습자 활동들이 수업의 많은 비중을 차지한다. 따라서 양적 접근법은 영어과 수업을 관찰하기에 적합한 방법이라고 볼 수 있으며, 부족한 부분은 이후에 설명할 질적 접근법을 함께 도입함으로써 보완될 수 있을 것이다.

양적 분석을 통해서 우리는 수업에서 일어나는 다양한 항목들을 분석할 수 있다. 관찰자는 이 모든 항목을 다 관찰할 수도 있고, 때로는 자신이 특별히 관심을 가지고 있는 항목만을 선별하여 집중적으로 관찰하는 것도 효율적일 것이다. 아래 항목은 이 책의 3장에서 제시하는 양적관찰 분석도구들로 관찰할 수 있는 항목이다.

(1) 언어적 측면: 교사와 학생, 학생과 학생 사이의 상호작용, 발문, 답변, 대화 내용 등
(2) 정서적 측면: 교사의 감정, 학생의 감정, 수업의 전체적인 분위기 등
(3) 환경적 측면: 좌석 배치에 따른 학생들의 수업 태도 등
(4) 도구적 측면: 학습자료, 멀티미디어 매체 활용, 판서 방법 등
(5) 활동적 측면: 학생의 과업 집중, 수업 중 학생 행동, 수업 중 교사의 동선

이외에도 주삼환 외 4인(1998)은 개인적 특성(교사의 특성 또는 학생의 특성), 비언어적 상호작용(움직임, 제스처, 얼굴 표정), 관리(교사가 학생의 행동을 관리하는 방법, 자원의 활용, 집단 또는 개인 과제의 조직), 인지적 측면(수업에서의 사고 수준 및 특성), 사회적 측면(역할, 규준, 규범, 사회적 배경 · 지위 · 권력의 영향 등) 등을 관찰하고 분석할 수 있다고 하였다.

나. 양적 접근법의 유형

양적 관찰 방법으로는 여러 가지가 있지만 대표적으로 평정척도, 범주체계, 시간표집을 들 수 있다. 여기에서는 이 세 가지 접근법의 유형에 대해 알아보도록 하겠다.

1) 평정척도

평정척도는 수업관찰에서 흔히 사용되고 있는 방법 중의 하나로써 어떤 대상을 어떤 특성에 비추어 일정한 표준에 따라 판단하도록 되어 있는 척도를 말한다. 평정척도의 방법에는 3점 척도, 5점 척도, 7점 척도, 9점 척도 등이 사용된다. 그러나 일반적으로 가장 많이 사용되는 방법은 5점 척도와 7점 척도이며, 몇 점 척도를 이용하는가 하는 것은 관찰자의 변별능력과 관찰 목적에 따라 변화시킬 수 있다. 평정척도의 종류에는 평정의 각 단계를 숫자로 표시하는 숫자평정척도, 간단한 문장으로 표시하는 기술평정척도, 둘의 장점을 합친 기술도표척도의 세 가지가 있다. 각각에 대해 주삼환 외 4인(1998)이 제시한 예를 아래의 표와 같이 정리해 보았다.

〈표 2-1〉 평정척도의 종류(주삼환 외 4인, 1998; pp. 50-51)

종류	방법	예
숫자평정척도	평정의 단계를 점수로 표시	예) 학생의 책임감은? 1 2 3 4 5
기술평정척도	평정의 단계를 간단한 문장으로 표시	예) 주의의 지속 ☐ 오랫동안 주의가 지속된다. ☐ 대체로 주의하고 있다. ☐ 보통이다. ☐ 때때로 주의가 산만한다. ☐ 아주 주의가 산만한다.
기술도표척도	숫자평정척과 기술평정척을 합한 것.	예) 사회적 적응성 (평정척도) ☐ 안심감: 사회관계에 있어서 안심감을 가지는 것 같으며 소속하고 있는 집단에 받아들여지고 있다. 5 ☐ 불안감: 소속하고 있는 집단에 받아들여지기는 하지만 사회관계에서 일종의 불안감을 가지는 듯하다. 4 ☐ 중간적: 집단 속에서 일정한 역할을 가질 것을 바라고는 있으나 대체로 집단 관심의 대상이 되지 못하고 있다. 3 ☐ 비사교적: 그의 존재를 집단의 완전한 성원으로 취급해주지 않고 낮추어 보고 있다. 2 ☐ 반사회적: 그의 존재를 성원으로서 받아들이지 않기 때문에 반감을 보이고 있다. 1

평정척도는 양적인 결과를 도출할 수 있는 방법이긴 하지만 평정자의 주관에 따라 시행되기 때문에 여러 가지 오류의 가능성을 가지고 있다. 따라서 이러한 오류를 최소화할 수 있도록 평정자에게 평정의 목적과 기준을 명확하게 인지시키고, 관찰을 하기 전에 평정방법을 충분히 훈련해두는 것이 좋다. 또한 여러 명의 평정자를 두거나 한 명이 여러 번을 시행함으로써 신뢰도를 높이는 것도 필요하다.

2) 범주체계

범주체계는 학생의 행동을 몇 가지 영역으로 구분한 후, 해당영역에서 나타날 수 있는 행동특성들을 기술함으로써 범주로 체계화시키는 것이다. 이때 체계화된 범주는 빈도별로 수량화하여 학생과 교사의 활동을 분석할 수 있다. 평정척도가 관찰자의 주관적인 판단을 상당 부분 허용하는 것에 반해 범주체계는 관찰자가 수업에서 발생되는 사태를 상세히 기록할 것을 요구한다.

구체적인 범주체계를 세우기 위해서는 명확한 초점이 필요하다. 이때 명확한 초점이란 관찰자의 의도를 명확하게 하여 범주체계를 구성해야 한다는 것이다. 예를 들어 외국어 수업에서 교사와 학생의 상호작용을 보기 위해 아래와 같이 범주체계를 세운다고 가정해 보자.

(예 1)

a : 교사는 모국어를 사용한다.
a': 교사는 외국어를 사용한다.
b : 학생은 모국어를 사용한다.
b': 학생은 외국어를 사용한다.

(예 2)

a : 교사는 모국어로 질문한다.
a': 교사는 외국어로 질문한다.
b : 교사는 모국어로 설명한다.
b': 교사는 외국어로 설명한다.
c : 학생은 모국어로 질문한다.
c': 학생은 외국어로 질문한다.
d : 학생은 모국어로 답변한다.
d': 학생은 외국어로 답변한다.

위의 두 가지 예를 봤을 때 보다 객관적이고 자세한 관찰이 일어날 수 있는 범주체계는 (예 2)일 것이다. 특히 양적 접근법은 서술형이 아니기 때문에 관찰 전에 세워둔 범주에 대한 관찰 결과만을 도출할 수 있다. 즉, 범주를 어떻게 세우는가 하는 것이 분석 결과에 직결되기 때문에 신중히 생각해야 할 사항이라는 것이다. 범주가 너무 간단하면 관찰 결과가 빈약해지고, 범주가 복잡할수록 관찰이 힘들어지는 문제가 생긴다. 따라서 관찰자는 먼저 관찰하고자 하는 목표를 분명히 한 후에 그에 적절한 범주체계를 세우도록 해야 한다.

3) 시간표집

시간표집은 일정한 시간 간격으로 잠시 동안의 행동을 관찰하여 그 결과를 기록하는 방법이다. 관찰자는 범주기록의 횟수를 정해야 하는데 일반적으로 시간단위 표집, 고정 표집, 자연 표집의 3가지 방법이 있다.

시간단위 표집은 짧게는 3초, 길게는 5분 단위로 하여 해당 단위 시간 내에 일어난 현상을 기록하는 것이다. 수업 흐름의 변화가 신속하다면 활동이 세분화될 것이므로 단위 시간을 짧게 하여 기록하는 것이 좋다.

고정 표집은 일정한 시간 간격으로 일어나는 현상을 기록하는 것이며 일반적으로 시간의 간격은 분 단위를 많이 활용한다. 예를 들어 한 남학생의 행동 변화를 관찰하고자 할 때 3분, 6분, 9분이 되는 시점의 행동변화를 기록하는 것이다. 이는 수업에서 발생하는 현상의 순서를 파악할 수 있으며 다른 표집법에 비해 쉽게 분석할 수 있다는 장점이 있다. 그러나 단위 시간 사이에 발생하는 중요한 사건이나 현상은 기록할 수 없다는 단점이 있다.

자연 표집은 시간의 간격을 미리 정하지 않고, 수업의 흐름에 따라 중요한 사건이나 활동의 변화를 단위로 하여 기록하는 것이다. 예를 들어 교사가 본 차시의 학습목표를 성취하기 위해서 30분 동안 3가지 활동을 했다면 각각의 활동들이 관찰자에게 자연적인 표집 단위가 된다.

다. 영어과에서의 양적 접근법

우리는 앞에서 양적 접근법의 개념과 특성, 유형에 대하여 알아보았다. 그렇다면 영어과 수업관찰에서는 이러한 양적 접근법을 그동안 어떻게 활용하고 있었을까? 영어과에서 가장 대표적으로 활용되는 양적 수업관찰 분석도구로서는 Flanders 상호작용분석법(Flanders Interaction Analysis Categories: FIAC)과 COLT(Communicative Orientation of Language Teaching)를 들 수 있다. 이 두 가지 방법은 언어 수업이 일어나는 교실의 관찰을 목적으로 개발되었기 때문에 관찰목적과 범주체계가 영어과 수업에 가장 적합하다. FIAC과 COLT에 관하여 간략히 소개하면 다음과 같다. 상세한 설명은 3장에서 각 분석도구를 다룰 때에 제시하도록 하겠다.

1) Flanders 상호작용분석법

Flanders 상호작용분석법은 영어 교수 · 학습 과정의 본질적인 부분인 교사와 학생 사이의 상호작용을 관찰하고 분석하는 방법이다. Flanders(1970)는 언어적 상호작용과 비언어적 상호작용은 높은 상관관계가 있으므로 언어적 상호작용만 분석하여도 수업형태분석으로는 충분하다고 보고, 교사와 학생 간의 언어 상호작용에 초점을 두어 수업 시간에 사용된 언어를 10개의 범주로 나누었다.

그는 언어적 상호작용을 크게 교사 발언, 학생 발언 그리고 침묵 · 혼란으로 구분하였다. 교사의 발언은 다시 비지시적 영향과 지시적 영향으로 나누었는데, 비지시적 영향은 감정의 수용, 칭찬이나 격려, 학생의 아이디어를 수용 또는 사용, 질문을 포함한다. 반면에 지시적 영향은 강의, 지시, 학생 비평 또는 권위 정당화를 포함하고 있다. 학생의 발언은 반응과 주도, 두 가지 범주로 나누어진다.

Flanders는 그가 개발한 분석도구를 사용하여 수업을 분석해본 결과 '3분의 2' 규칙을 발견했다고 한다. 즉 수업시간의 3분의 2는 교사 혹은 학생의 발언에 사용되고, 이 중 3분의 2 동안은 교사가 말을 하며 교사 발언의 3분의 2는 지시적 영향을 위해 사용된다는 것이다. Flanders의 '3분의 2' 규칙은 교실 내 언어 상호작용의 많은 부분을 교사가 차지하고 있음을 보여주고 있다.

2) COLT 분석법

COLT 분석법은 가장 대표적으로 활용되고 있는 관찰 도구로서, 교실에서 일어나는 모든 종류의 의사소통적 상호 작용을 기술하기 위한 목적으로 개발되었다. 이는 의사소통능력 신장을 중시하는 제7차 영어과 교육과정의 방향성과 일치하므로 우리나라 교실 수업의 관찰 도구로 활용하기에 적합한 모델이라고 할 수 있다.

COLT 분석법은 '의사소통'에 중심을 두어 관찰 도구가 구성되었다. 이 관찰 도구는 두 개의 부로 나누어져 있다. 먼저 1부는 연구자가 교실에 직접 참여하여 관찰하는 부분으로 교실 참여, 수업 내용, 학습되는 여러 언어 기술, 학습 자료로 구성되어 있다. 연구자는 교실 활동의 내용과 시간을 먼저 상세히 기술한 후, 각각의 활동들이 앞서 소개한 여러 부분 중 어디에 해당하는지 표시하는 형식으로 수업을 관찰하게 된다. 2부는 녹음된 내용을 바탕으로 수업 후에 이루어지는 관찰로서, 교실에서 일어나는 교사와 학습자의 언어적 상호 작용의 양상을 구체적으로 확인할 수 있다.

COLT는 이미 국내외에서 영어수업 분석 연구를 위한 관찰 도구로 많이 활용되었다. 해외에서는 COLT를 활용하여 서로 다른 영어 교실에서의 교육적 활동과 절차를 기술한 후, 각 교실에서 발견된 차이가 학습자의 학습 결과에 미치는 영향을 알아보는 연구가 있었다(Spada & Lightbown, 1989). 일본에서는 영어 교육에서 장려되는 의사소통적 기술과 실제의 교실 활동이 얼마나 일치하는가를 살펴본 연구에서 COLT를 분석 도구로 적용한 예가 있다(Suwa, 1994). 한국에서 시행된 사례로는 신경아(1998)의 연구를 들 수 있다. 그는 한국의 초등영어 교육에서 몰입 프로그램과 EFL 프로그램의 효과를 비교하기 위하여 COLT의 항목에 따라 수업 관찰을 실시하였고, 분석 결과 진정한 의사소통능력을 기르는 데에는 몰입 프로그램이 더욱 효과적이라는 의견을 표명하였다.

이상으로 영어과에서 보편적으로 사용되는 양적관찰 도구인 Flanders 상호작용 분석법과 COLT 분석법을 간단히 살펴보았다. 그러나 이것은 대표적인 케이스에 불과하며, 관찰하고자 하는 목적과 대상에 따라 더 다양한 양적 관찰 방법이 요구된다. 따라서 3장에서는 영어과에 적용할 수 있는 좀 더 다양한 양적 관찰법을 알아보도록 할 것이다.

2.3.2 질적 접근법

교실 수업 장면은 하나의 사회라고도 말할 수 있다. 그 속에는 바깥 세계에서와 마찬가지로 한 마디로 단정 짓기 어려운 이면의 의미들과 관계들이 존재한다. 이러한 이면의 의미들을 찾아내고 이해하기 위해서는 눈에 보이는 것의 계량적인 측정만으로는 부족하며 맥락적인 차원에서의 이해, 교사와 학생 각각의 입장에서의 이해, 환경적인 문제 등 복합적인 측면에서의 접근이 필요하다. 질적 접근 방식은 이와 같이 미리 정해진 범주와 기준에 맞추어 수량적으로 측정하고 분석하는 양적 접근 방식에서는 불가능한, 일어나는 일련의 흐름과 사태에 대한 해석을 가능하게 해 주는 것이라고 할 수 있다.

질적 연구는 구체적인 대상의 분석을 통해서 사회 현상을 심층적으로 분석함으로써 다른 연구 방법에서 흔히 간과하기 쉬운 구체적이고 상세한 사실을 깊이 있게 분석할 수 있는 기회를 제공한다. 질적 연구는 상황적 맥락에서 행동이나 사건을 이해하려 하기 때문에 연구자는 그 상황에서 독립적인 존재가 아니다. 따라서 질적 연구에서는 연구자나 연구 대상과 관련하여 본질적으로 주관적이며, 질적일 수밖에 없다(조영달, 2001). 그래서 흔히 '질적 연구는 주관성이 강하다'는 비판을 받는 이유도 바로 여기에 있다.

수업관찰에 대한 질적 접근 방법은 교실생활의 의미, 교실생활에 대한 해석과 설명, 교실생활의 중요성 및 영향을 파악하기 위해서 수업사태의 이면을 면밀히 조사하려는 접근법이다(주삼환 외 4인, 1998). 질적 접근법과 양적 접근법은 '어느 방법이 더 좋다, 나쁘다'의 개념이 아니라 상호보완적인 면을 갖고 있으므로 연구의 주제나 관찰의 목적에 따라 더 적합한 접근 방식이 정해질 것이다. 교실 수업에서는 교실 상호작용, 교실 수업 현상 이면에 감추어진 가치, 신념, 기제 등을 찾는 데에 질적 연구가 많이 사용된다.

조영달(1999)은 질적으로 교실수업을 분석하고 이해하는 중요한 개념으로 수업조직(Mehan, 1979), 대화방향의 이동 유형(Erickson & Mohatt, 1982), 사회적 참여구조(Erickson, Florio & Schultz, 1982), 학습주제 전환(Schulman, 1987)을 들어서 교실수업 연구의 동향을 정리하기도 하였다. '대화방향의 이동'은 교실수업의 언어적 흐름에 있어 인식될 수 있는 기본단위로서 수업상호작용의 기본요소이며, '사회적 참여구조'는 누가, 무엇을, 누구에게, 언제 말하여야 하는가에 관한 권리와 의무를 내포하고 있는 수업흐름의 표현이다. '학습주제의 전환'은 교사에게 나타나는 교수법과 학습주제(내용)의 독특한 결합 양식을 의미한다. '수업의 조직'은 이러한 학습주제의 전환 양식을 바탕으로 한 대화의 이동양식과 사회적 참여구조에 더하여 전개되는 교실수업의 단계를 말한다. 이러한 개념들은 피상적인 수업분석에서 벗어나 교실수업의 이해에 질적으로 깊이를 더할 수 있다.

가. 질적 접근법의 특성

질적 관찰은 관찰자가 일반적으로 미리 정해진 범주를 가지고 교실 수업에 대한 관찰과 면담을 하는 것이 아니다. 관찰자는 일반적인 초점을 가지고, 또는 전혀 초점이 없이 학급에 들어가서 사태가 일어나는 대로 기록한다. 그 사태들은 구체적인 범주에 맞추게 되어 있지 않으며, 측정되지도 않는다. 사태를 기록한 이후에 관찰자는 자신이 관찰한 것을 주제에 따라 다시 정리한다. 이러한 관찰 기록은 도구의 이용을 허용하지 않는다. 대신에 질적 관찰은 학급 생활의 복잡성을 기록한다

(Glickman, 1990). 교실 현장에서 수업 과정에 참여 관찰하여 교사와 학생들의 입장에서 교실 수업의 의미를 이해하고 기술함으로써 구체적으로 파악하게 된다.

양적인 관찰은 교사의 질문과 진술의 양과 비율을 나타내며, 질적인 도구는 교사 질문, 진술 그리고 관계의 성격을 나타낸다. 두 관찰 결과는 모두 정확하다. 그러나 한 관찰 방법은 정보의 양을 고정된 범주 속에 맞추어 넣으며, 다른 관찰 방법은 폭넓게 기술하고, 나중에 공동의 새로운 주제에 따라 편집한다는 점에서 차이가 있다(Glickman, 1990).

수업 관찰 중에 이루어지는 기록을 '필드 노트(field notes)'라고 하는데 수업의 어느 한 특정한 측면 위주로 기록하는 것과 수업의 전반적인 흐름과 분위기, 일어나는 사태들을 기록하는 방식으로 나누어질 수 있다(Hopkins, 2002). 이 '필드 노트'는 수업의 질적 관찰 분석에서 가장 중요한 자료 수집의 원천이다.

Wragg는 이러한 질적 관찰을 할 때에 관찰자가 지켜야 할 네 가지 사항을 아래와 같이 제시하였다(Wragg, 2000, pp. 65-66).

첫째, 관찰의 목적을 분명히 해야 한다. 관찰자들은 자신들이 수업의 질에 대한 개인적인 판단을 하고 조언을 주거나 수업 기술 향상을 위한 도움을 주기 위함인지, 아니면 어떤 연구 프로젝트에 의해서 수업의 질에 대한 개인적인 가치 판단을 하는 것이 아니라 단순히 추후의 분석을 위해 그냥 기록만 하는 것인지 수업 교사에게 분명하게 알려야 한다.

둘째, 수업의 질과 효과성의 본질에 대한 숙고가 필요하다. 관찰자는 효과적인 교수에 대한 자신의 견해에 대해 생각해야 하며 자신의 시간뿐만 아니라 종종 수업의 질에 있어서는 여러 의견이 있을 수 있음을 인지할 필요가 있다.

셋째, 수업의 질 향상과 논의에 대한 다양한 방식이 있다. 수업 관찰 후에는 종종 교사와 관찰자 사이에 수업의 질에 대한 대화가 있기 마련이다. 하지만 그 대화가 어떻게 조직될지 정해져야 한다. 예를 들면 교사와 관찰자 중 누가 주도할 것인지, 어떤 측면에서 논의될지, 그리고 안건을 누가 정할지 등이다.

넷째, 수업 기록의 본질이 파악되어야 한다. 만약 관찰과 동시이거나 나중에 기록한다면 무엇을 기록해야 하는가? '학급 운영', '인간관계'와 같이 어떤 미리 정해진 제목에 따라서 기록하는가, 아니면 단순히 사태가 일어나는 대로 자유롭게 기록하는가? 기록의 초점이 교사인가, 학생인가, 아니면 둘 다인가? 아니면 기록의 초점이 개인적 특성인가, 사건인가, 책략인가, 과정인가, 아니면 결과물인가? 또한 진술은 얼마나 평가적이어야 하는가? 등에 대한 명확한 인식이 관찰자에게 있을 때 올바른 관찰이 이루어질 수 있다.

질적 관찰법은 양적 관찰법과 달리 교실 수업 장면 이면에 깔려있는 의미를 포착해 내고 해석하는 큰 장점을 갖춘 대신, 철저한 준비와 훈련이 없이 임할 경우에 수업에 대한 일반적인 인상이나 느낌을 기술하는 것에 그치는 경우가 많다. 따라서 질적 관찰 시에는 유의해야 할 점들이 몇 가지 있다.

첫째, 수업 관찰의 목적과 초점에 따라 적절한 관찰 방법을 선택해야 한다. 어떤 특정한 기법이 새롭거나 단지 사용 가능하다고 해서 무조건적으로 사용한다는 것은 본래의 관찰 목적과 의도와는 어긋나 버릴 수도 있다. 예를 들어 어떤 수업 관찰의 목적이 칭찬의 빈도를 아는 것일 경우에 범주화된 빈도수 측정이 더 적합할 것이다. 또한 관찰의 목적이 학생들이 가장 흥미로워 하는 활동들을 정하는 것이라면 양적 관찰 방식도 조금은 유용하겠지만 몇 가지 활동만 집중적으로 질적 관찰하는 초점 질문 관찰이 더욱 유용할 것이다(Glickman, Gordon, Ross-Gordon, 2001).

둘째, 관찰자는 기술과 해석의 구분을 명확히 해야 한다. 섣부른 가치 평가는 교사가 자신의 수업을 제대로 바라보는 데에 방해요인이 될 수 있다. 수업을 펼쳐지는 그대로 기술할 경우에는 주관적인 생각, 느낌이 배제된 비평가적이고 객관적인 어투와 표현을 구사하여야 한다.

셋째, 체크리스트나 평정하는 방법이 아니므로 구체적으로 상세히 기술하지 않으면 자료로써 크게 도움이 되지 않을 수가 있다. 따라서 다소 어려운 점이 있더라도 자세히 기술하는 것이 바람직하다.

나. 질적 접근법의 유형

수업의 질적 관찰은 대부분 전사 기록(verbatim)을 통하여 이루어진다. 또한 질적 관찰 시에 양적 관찰의 효과를 병행하고 싶을 때는 질적 관찰한 내용을 계량화하여 분석해보는 것도 도움이 될 수 있다. 따라서 본 장에서는 전사 기록과 질적 관찰의 계량화에 관해 알아보도록 하겠다.

1) 전사 기록

전사 기록은 교실에서 이루어지는 모든 언어적 상호작용을 기록하는 것으로서 교사나 관찰자로 하여금 수업 중에 일어나는 상호간의 행동 양식을 규명할 수 있게 한다. 그러나 시간 절약을 위해 축약어를 쓰거나 의미 없는 말들을 제외시키는 등의 노력을 하더라도 관찰자가 매 순간 기록한다는 것은 매우 고된 일이며 다른 상황들에 관심을 둘 수가 없다. 따라서 대안적인 방법으로 선택적 전사 기록이 있다. 이는 교사와 관찰자가 수업 시작 전에 동의한 특정한 초점과 관련한 상호작용만 기록하는 방법이다. 선택적 전사 기록의 한 예로서 다음과 같은 글을 소개한다(Glickman, Gordon, Ross-Gordon, 2001, p. 263).

C = 크리스 D. *10:20*
T = 교사

T. 크리스, 정부의 3개 연방은 무엇이지?
C. 대통령, 하원, 상원
T. 대통령은 어느 연방의 대표일까?
C. 아, 모르겠는데요..
T. 대통령은 최고 ....?
C. 행정! 행정부요!
T. 하원, 상원은 둘 다 어느 부의 일부이지?
C. 입법부요.
T. 입법부, 하지만 둘 다 같은 것을 의미해. 행정부와 입법부이지.
그렇다면 세 번째 부은 무엇일까?
C. 법원이요.
T. 어느 부가 대법원과 연방법원으로 구성되어 있을까?
C. 사법부요.Judicial
T. 그래!

위의 예는 학생이 처음에 틀린 답이나 부분적으로 정확하지 않은 답을 말했을 경우 교사의 반응에 초점을 맞춘 선택적 전사 기록의 일부분이다.

2) 질적 관찰 내용의 계량화

수업의 질적 관찰은 근본적으로 관찰 내용에 대한 수량화를 전제로 하지 않으며, 그 점이 양적 관찰 분석과 차별화된 의미와 결과를 가져올 수 있는 부분이다. 하지만 간혹 몇몇 연구자들은 계량화의 시도를 하기도 하는데, 관찰자가 전사한 기록의 각 줄에 번호를 부여하여서 분석하고자하는 범주에 해당하는 상호작용이 얼마나 나오는지 그 범례를 찾아서 분류하고 계량화하는 방식이다. '수업 프로토콜(lesson protocol)'의 전사기록에 각 행별 일련번호를 붙여서 계량화한 예를 다음과 같이 제시한다(Wragg, 2000, pp. 78-80).

프로토콜	1	학교	미드타운 기초학교
연구자	BCW	교사	K(보조교사 M)
날짜	개학날	관찰	오전 8:30 부터
배경	대면식 미드타운 단지내 미드타운 기초학교 교실 2 23명(남자 12, 여자 11)의 새로운 학생들이 입학 학생들을 위한 6개의 테이블, 교구들이 놓여있는 두 개의 테이블, 교사의 책상		

많은 근로자들이 살고 있는 단지 한가운데에 있는 3세에서 8세의 아동들을 위한 대규모의 보육 기초학교이다. 오전 8시 30분부터 혼자서, 둘 셋씩, 여럿이서, 때때로 부모와 동반하지 않은 채 아동들이 도착한다. 전 가족이 등장한다. 어머니, 할머니, 할아버지, 입학하는 아동, 종종 어린 동생이다. 가끔은 한 명은 유모차에 태워져서 두 명의 동생이 오기도 한다. 심지어 개도 등장하는데 큰 가족 행사이다. 9시까지 대부분의 아동은 학교에 도착하고 밖의 거리에는 가끔 행인이나 지각생 이외에는 사람들이 거의 없다. 현재까지 K 교사의 학급은 약 3분의 2가 출석했다. K 교사는 의자에 앉고 아동들은 그녀의 발치에 앉아 있다. 그들은 저녁 식사, 교실 규칙, 누가 누구를 아는지, 어디에 앉아야 하는지 등에 관하여 이야기를 나눈다. 5분마다 학부모가 아동을 데리고 교실 문에 나타난다. 보조교사는 지각생을 직접 지도해야 한다. 9시 30분까지 학급 전원이 출석한 듯 하며 아동들은 몇 가지 가능성 중에 자신들이 선택한 테이블을 배정 받는다. 10시 20분에 복도에서 귀청이 찢어질 듯한 소리가 들린다. 마지막 지각생이 나타났다. 그 아이는 학교에 올 생각이 전혀 없어 보이며 "싫어요, 엄마. 나는 학교에 가고 싶지 않아요."라는 그 아이의 외침 "엄마가 티타임 시간에 데리러 올게." "학교에 가야 돼, 엄마를 힘들게 하는구나."라는 엄마의 타이름. 보조교사 M은 교실 밖에서 부모와 아이를 달래기 위해 노력한다. "이름이 뭐니? 티나? 자, 티나야, 나와 함께 가자. K 선생님 교실로 데려다 줄게." 티나는 보조교사의 정강이를 거칠게 걷어찬다. 보조교사는 티나와 티나 어머니를 교실로 데려 온다. 보조교사는 티나를 테이블에 앉히고 조각그림 맞추기 놀이를 시작한다. "선생님은 K 선생님에게 할 말이 있어요. 금방 돌아올게요." 그 사이에, 티나의 어머니는

살짝 교실을 빠져 나간다. 보조교사와 M 교사는 약 10초 정도 대화하는데, 보조교사는 티나를 조각 그림 맞추기 놀이를 하게 했다고 말한다. M교사는 테이블로 돌아와 허리를 구부리고, "아, 잘했어요. 티나는 조각그림 맞추기를 잘 하는구나." 티나는 "나는 집으로 곧 돌아 갈 거야."라고 혼자 중얼거리면서 교실을 나간다. 잠시 후 K 교사는 티나에게 놀이를 다시 시킨다. "티나는 조각그림 맞추기를 거의 끝냈구나, 아주 잘했어요. 여기에 벽돌쌓기 상자가 있는데 티나가 얼마나 멋지게 쌓았는지 보자. 그때 선생님이 다시 와서 살펴볼게요." 그날 하루 내내 티나는 교실 한 옆에서 부지런히 벽돌쌓기를 하였다. 조금 수줍어하기는 하는데 다른 아이들로부터 특별히 튀지는 않았으며, 티나는 벽돌쌓기를 하고, 점심을 먹고, 휴식시간에 운동장에서 놀았다. M 교사는 티나가 어떻게 하고 있는지 돌아보기 위해 잠깐 돌아왔다. 그러나 그때까지 티나는 벽돌쌓기 놀이에 열중하고 있었고, M 교사를 쳐다보지도 않았다. 3시 15분에 티나는 K 교사의 말을 주의 깊게 들었다. K 교사는 학생들에게 이야기를 읽어 주고, 착한 행동을 한 학생들을 칭찬했으며, 내일 다시 만나자고 말했다. 3시 30분에 학교가 끝나는 종이 울렸고, 부모들은 자녀들을 데려가기 위해서 교실 밖으로 몰려왔다. 티나의 어머니가 들어와 창백한 얼굴로 걱정스럽게 어떻게 지냈는지를 물었다. "훌륭했어요. 티나야 내일 보자."라고 K 교사가 말했다. 그때 티나는 울기 시작했다. 티나의 어머니는 티나가 고통 속에서 하루를 보냈다고 확신했을 수도 있다. 그러나 다음 날 티나는 제시간에 학교에 도착했고, 외견상으로는 평온해 보였으며 학교에 대한 표면적인 고통의 흔적은 없었다.

위와 같이 완성된 수업 프로토콜을 읽으면서 관찰자나 교사가 원하는 방향에 따라 중요한 측면을 이끌어 낼 수 있다. '교사의 효과성 차원', '학생 행동', '인간관계' 등이 있을 수 있다. 예를 들어, '교사에 대한 폭력'을 하나의 범주로 간주한다면 '티나는 보조교사의 정강이를 거칠게 걷어찬다.'는 라인 22를 체크할 것이다. 효과성 측면에서 접근한다면 라인 23-24, 라인 28-30을 체크하여 '학생을 과업에 참여시키기'와 같은 범주체계를 유도할 수 있다. 그 다음 모든 문장 라인을 체크하여 '학생을 과업에 참여시키기'가 일어났는지 조사한다. 그 방법으로 아래와 같이 7점 척도를 이용할 수 있다. 그 과정을 통해서 효과적인 수업에서는 산만한 학생의 수업 참여가 더 잘 일어난다던지, 교사로부터의 온정이 많은지, 질책이 많은지 등을 파악할 수 있다.

〈표 2-2〉 수업 프로토콜에 따른 관찰 척도

학생의 참여	1	2	3	4	5	6	7
온 정	1	2	3	4	5	6	7
질 책	1	2	3	4	5	6	7

이러한 계량화 시도는 수업 사태에 대한 기술적 내용을 구체화시키고 객관성을 제공해 준다는 장점이 있다. 그러나 가장 큰 단점으로 관찰자가 기록한 정교하며 자세한 자료에서 나온 귀중한 증거를 범주화와 부호화로써 훼손시킬 수 있다는 것을 들 수 있다.

다. 영어과에서의 질적 접근법

앞에서 기술된 수업의 질적 관찰의 유형은 교사의 학급 운영의 전반적인 측면에서부터 각 교과별 수업에 모두 적용이 될 수 있다. 여기서는 영어 수업을 관찰할 때 수업 내용을 녹화하여 전사한 후 수업을 분석한 질적 접근법의 사례를 알아보겠다.

1) 초등학교 학생들의 영어 발화 오류 분석

송인희(2003)는 초등학교 학생들의 영어 발화 오류에 관한 질적 연구에서 참여관찰법을 주된 관찰 기법으로 하여 초등학교 학생들의 영어 발화 오류를 연구하였다. 학습자의 오류를 살펴보고 이를 통해 언어가 어떻게 학습되고 습득되는지, 어떤 유형의 오류가 나타나는지 그리고 그 원인은 무엇인지를 분석하였다.

연구자 본인이 직접 수업을 하였고, 담임으로서 아동들과 함께 생활하며 수업뿐만 아니라 하루 일과를 전반적으로 함께 하며 관찰하였으므로 참여관찰 형태라고 하였다. 그 이외에도 녹음 및 녹화, 질문지, 면담 등의 방법을 사용하였는데 수업을 녹음 및 녹화하고 추후에 기록하여 분석의 자료로 삼았다. 관찰의 초점이 발화 오류였으므로 기록은 교사와 학생, 학생과 학생 사이의 대화와 상호작용 위주로 이루어졌다.

2) 교사와 학생 간 상호작용 분석

박광노(2005)는 초등 영어수업에서의 교사와 학생 간 상호작용의 참가유형 분석에서 교사와 학생간의 상호작용이 학생들에게 의사소통할 기회를 제공하는지를 알아보았다. 이를 위해 먼저 영어수업에서 이루어지는 교사와 학생 간 상호작용 유형과 이들에게 서로 의사소통할 기회가 제공되는지 살펴보았다. 다음으로 교사의 신념, 태도, 교수 스타일 등과 같은 관찰하기 어려운 요인들이 교사와 학생의 언어적 상호작용에 어떻게 영향을 미치는가를 알아보았다. 즉 초등 영어수업 현상에 대한 문화기술학적 연구를 통하여 초등 영어 교수-학습 과정에 대한 이해를 높이고, 초등 영어수업 문화를 이해하고자 하였다.

연구자는 참여관찰을 통하여 필드 노트를 작성하고, 수업 장면을 녹화하였다. 교사와 학생 간 상호작용에 내재된 교사의 신념, 스타일, 태도 등을 분석하기 위하여 교사 질문지와 심층면담을 이용하였다. 필드 노트의 구성은 관찰 날짜, 수업 시간, 학생 수, 비디오와 연구자의 위치, 관찰 단원과 차시, 학습목표, 수업이 진행되면서 각 단계의 시간, 교사와 학생 간 상호작용 참가 유형, 비고 등으로 이루어졌다. 이렇게 기록된 필드 노트와 녹화된 수업을 전사한 자료를 바탕으로 상호작용 참가유형을 분석하고, 교사 질문지와 심층면담을 통해 교사와 학생 간 상호작용의 참가유형에 내재된 교사의 태도, 신념 등을 찾았다.

이상은 영어과에서 활용할 수 있는 수업의 질적 관찰법의 예이다. 3장에서는 보다 다양한 질적 관찰법과 분석도구를 알아보도록 하겠다.

2.4 영어과 수업관찰 기법

수업관찰 기법은 관찰자가 수업을 관찰할 때에 어떤 기록 방법을 사용하는가를 의미하며, 관찰하고자 하는 대상에 따라 다양한 기법이 사용된다. 외국어 수업의 가장 대표적인 관찰 대상은 언어의 상호작용이 어떻게 일어나는가 하는 것이다. 또한 교사와 학생의 활동 양상도 중요한 관찰 대상이라고 할 수 있다. 즉, 영어과에서는 언어의 흐름과 교사와 학생의 행동을 잘 관찰할 수 있는 기록 방법을 선택해야 한다는 것이다.

이러한 맥락에서 Acheson과 Gall(1992)이 제시한 수업관찰 기법을 영어과에 도입할 수 있다. 그들은 수업관찰 기법을 크게 3가지로 분류하였다. 첫 번째 방법은 교실에서 일어나는 언어적 상호작용을 서술식으로 기록하는 선택적 축어식 기록법이고, 두 번째 방법은 비언어적 상호작용의 패턴을 알아보기 위해서 좌석표를 이용하는 관찰기록법(Seating Chart Observation Records: SCORE)이다. 이 두 가지 방법은 교사와 학생의 특정 행동을 관찰하기 위한 기법이다. 마지막으로, 광각렌즈를 이용한 관찰기록법(Wide-Lens Techniques)이 있는데, 이 방법은 앞의 두 가지 방법과 달리 교실에서 일어나는 교사와 학생의 전체적인 활동에 초점을 둔다.

본 장에서는 위의 3가지 수업관찰 기법에 대하여 알아보도록 하겠다. 이 3가지 기록법은 4장에서 제시할 영어과 수업분석 방법에서 각 방법의 특색에 따라 적절하게 사용될 것이다.

2.4.1 선택적 축어식 기록법

교수 · 학습 환경은 교사와 학생의 언어적, 비언어적 상호작용에 크게 영향을 받는다. 따라서 교사들은 상호작용의 패턴을 규명해 볼 필요가 있는데, 언어적 의사소통의 패턴을 분석함으로써 교사들은 교실 내의 역동성뿐만 아니라 수업의 효과도 알아볼 수 있다. 선택적 축어식 기록법은 교실 수업의 특정한 언어 상호작용, 예를 들면 질문 행동, 교사의 피드백, 교사의 지시 등을 선택하여 서술식으로 기록하는 방법이다.

선택적 축어식 기록법은 정확하게 상호작용 패턴을 기록해야 하는데, 만약 교사가 질문형태에 관심이 있다면 관찰자는 수업 중에 행해진 모든 질문을 기록해야한다. 만약 교사가 지시의 명확성, 간결성을 보고자 한다면 관찰자는 교사의 수업 중 지시발언을 모두 기록해야 한다. 만약 교사가 학생에게 행하는 언어적 피드백에 대해 더 깊이 있는 이해를 하고자 한다면 관찰자는 피드백의 모든 경우를 기록해야 한다. Acheson과 Gall(1992)에 따르면 선택적 축어식 기록법은 교사의 언어행동에 대해 객관적인 자료 즉, 개인적 판단이 배제된 언어 행동의 문자 그대로를 반영한 기록을 제공한다. 이 관찰법은 단순히 펜과 종이만 있으면 되지만, 수업이 빠르게 진행될 때는 특정 언어행동을 빠짐없이 기록하기 어려운 관계로 관찰자는 기록지에 선이나 화살표 등으로 기록하지 못한 시간 격차를 표시해주어야 한다.

2.4.2 좌석표를 이용한 관찰기록법

선택적 축어식 기록법이 언어 행동에 초점을 두는 반면, 좌석표를 이용한 관찰기록은 비언어적 상호작용의 패턴, 즉 언어의 흐름 방향, 수업 참여 정도, 교사/학생의 움직임, 교실이동, 과업집중행동을 기록한다. 좌석표를 이용한 관찰기록법은 좌석표를 이용하기 때문에 학생의 주의집중도, 참여도, 과업집중, 교사의 학생에 대한 시간 할애 및 주의도, 교사의 움직임 패턴, 교사의 아이 콘택트 등의 자료를 교사들이 객관적이고 쉽게 해석할 수 있게 한다.

관찰자는 좌석표에 각 학생의 이름과 관련 되는 특성(예: 성) 등을 기입한 후 수업 중 행동을 화살표, 선, 체크표, 다른 기호 등을 이용하여 기록한다. 기록할 수 있는 수업 중 행동은 다양한데, 특히 교사 자신이 발견하지 못하는 광범위한 교실 행동을 기록할 수 있다. 좌석표를 이용한 관찰 기록법을 통해서 교사는 좌석에 대한 편견, 예를 들면 교실 왼쪽과 앞쪽에 앉은 아이들에게 더 많은 주의를 기울이는 것, 특정 학생에 대한 선호, 예를 들면 여학생보다 남학생을 더 자주 호명한다든지, 여학생보다 남학생에게 더 많은 피드백을 해 준다든지, 똑똑한 학생들에게 더 많은 칭찬을 한다든지 등의 편견을 발견할 수 있다. 또한 좌석표를 이용한 관찰법은 교사와 학생의 과업 중 움직임 패턴, 교실이동양식의 편견을 보여주는데, 교사들은 자신들이 항상 교실 한 쪽에 머무는지 또는 이리저리 왔다 갔다 하는지 등을 발견할 수 있다. 이 관찰기록법은 학생들의 행동 즉, 읽고 있는지, 쓰고 있는지, 질문에 답하는지, 문제해결 · 협력학습을 하고 있는지 등도 표시해준다.

좌석표를 이용하여 효과적으로 관찰기록을 하기 위해서는 관찰자는 모든 학생들이 잘 보이는 곳에 앉아서 일정 시간 간격을 두고 체계적으로 기록해야 하며, 관찰자는 한 장의 종이에 교실행동의 중요한 측면들을 간략하게 정리 요약해야 한다. 좌석표를 이용한 관찰기록법은 학급 전체의 활동을 관찰하는 동시에 학급 내의 학생 개개인, 교사의 특정 행동에 초점을 맞출 수 있는 이점이 있다.

예를 들어 언어의 흐름 분석법은 좌석표를 이용하는 관찰기록법의 하나로써, 좌석표를 이용한 관찰기록법이 갖는 이점을 그대로 가진다. 즉, 학급의 좌석표를 이용하여 교사와 학생의 언어흐름을 단 한 장의 종이에 관찰 기록할 수 있고, 사용과 해석이 쉬우며 교사와 각 학생의 언어 상호작용을 집중적으로 관찰할 수 있고 동시에 학급 전체의 언어 흐름을 관찰할 수 있다.

이 분석법은 학급 좌석표에 수업 중 주로 누가 누구에게 말하느냐를 집중적으로 관찰 기록하여 의사소통의 송신자와 수신자를 확인하고, 언어 상호작용 즉 교사의 질문, 학생의 대답, 교사의 칭찬, 학생의 질문 등을 기록한다. 언어의 흐름 분석 결과의 한 예로, 교사들은 일반적으로 학급의 전면이나 중앙, 자신과 가깝게 자리 잡고 있는 학생과 더 많이 이야기하려는 경향이 있다고 한다.

이처럼 언어 흐름 분석법은 교사로 하여금 자기 자신에 있어서의 편견을 발견할 수 있도록 도와준다. 다시 말하면, 교사가 특정한 학생에게 언어적 상호작용을 집중하는지, 가까운 자리에 있는 학생들에게 더 많이 말하는지, 성별에 따른 차이는 어떠한지 등 학습 내의 언어행동에 있어서 교사의 편견을 볼 수 있게 한다. 교사가 긍정적인 언어 반응을 많이 하는지, 부정적인 언어 반응을 많이 하는지, 학생들 중 누가 적극적으로 상호작용에 참여하는지도 발견할 수 있도록 도와준다 (변영계, 1997).

2.4.3 광각렌즈를 이용한 관찰기록법

선택적 축어식 기록법이나 좌석표를 이용한 관찰기록법은 교사와 학생의 특정 행동에 초점을 두는 반면, 광각렌즈를 이용한 관찰기록법은 교사와 학생의 광범위한 행동에 초점을 두고 기술한다. 광각렌즈를 이용한 관찰기록법에는 일화기록과 녹음 및 녹화기록 방법이 있다. 광각렌즈를 이용한 관찰기록법은 수업에 있어서 무엇이 중요하고 효과적인가에 대한 가정을 하기보다는 되도록 많은 교사와 학생의 행동을 기술한다. 따라서 방어적인 교사나 특정 교수행동이 아직 형성되지 않는 초보 교사의 수업장학에 이용하면 좋다. 광각렌즈를 이용한 관찰을 통해 얻은 데이터를 분석, 검토하게 되면 교사들은 이후의 수업 관찰에 있어서 좀 더 구체적인 행동에 초점을 맞출 수 있게 된다.

이 관찰 기법은 융통성 있게 이용될 수 있다. 예를 들어, 관찰자는 자신의 의도에 맞게 학급 전체 또는 그룹 활동에 초점을 맞추어 일화 및 녹화기록을 할 수도 있고, 동시에 교사, 특정 한 명의 학생, 교실의 한 부분만 일화기록 및 녹음·녹화 기록을 할 수 있다. 즉, 관찰자는 광범위한 교실 활동, 행동들을 기록할 수 있으며 동시에 관찰자가 관심을 가지고 밝혀보고 싶은 교실양상들을 관찰 기록할 수 있다.

실제로 광각렌즈의 사용은 앞에서 제시한 선택적 축어식 기록법이나 좌석표를 이용한 관찰 기록법에서도 도움이 될 수 있다. 가령 관찰자가 수업시간에 일어나는 교사와 학생의 모든 언어 상호작용을 빠짐없이 기록하고자 한다면 관찰과 발화 기록을 동시에 하기란 매우 어려운 일일 것이다. 또한 어떤 학생이 무슨 발언을 했는지를 기억하는 것은 불가능하다고 볼 수 있다. 이런 경우 수업을 녹화하였다가 수업이 끝난 후 녹화된 것을 다시 보면서 교사와 학생의 발화를 전사하면 오류 없이 관찰 및 분석이 가능할 것이다.

다음 표는 수업 중 집중적으로 관찰하고자 하는 내용에 알맞은 관찰기법들을 나타내준다.

〈표 2-3〉 초점 질문/적절한 자료수집 기법(Stoller, 1996, p. 9)

초점 질문	적절한 자료 수집 기법
교사의 지시가 명확한가?	· 선택적 축어식 기록법: 교사의 지시 기록
교사는 학생에게 어떤 형태의 질문을 하는가?	· 선택적 축어식 기록법: 교사의 질문 기록
교사의 교실영어 사용실태는 어떠한가?	· 선택적 축어식 기록법: 교사의 발화 기록
교사는 모든 학생들에게 공평한 기회를 주었는가?	· 좌석표를 이용한 관찰기록법: 교사가 누구에게 말하고 답했는지 표시
수업 중 교사의 발화, 학생의 발화 분포가 어떠한가? 학생들의 참여도는 어떠한가?	· 좌석표를 이용한 관찰기록법: 누가 말하는지를 표시
어떤 종류의 언어적, 비언어적 피드백이 이루어지고 있는가? 교사는 학생에 따라서 여러 가지 형태의 피드백을 하는가?	· 선택적 축어식 기록법: 언어적, 비언어적 피드백 기록 · 좌석표를 이용한 관찰기록법: 언어적, 비언어적 피드백을 받는 학생 기록
학생들은 얼마나 자주 교사에게 질문하고 학급 전체를 대상으로 발표하는가?	· 좌석표를 이용한 관찰기록법: 수업 중 누가 누구에게 말하는지 기록
칠판을 효과적으로 이용하는가?	· 선택적 축어식 기록법: 칠판에 쓰인 항목들을 기록
교사는 학생들의 질문에 얼마나 잘 대답해주고 있는가? 교사의 대답 수준이 적절한가?	· 선택적 축어식 기록법: 학생의 질문과 교사의 대답 기록
교사의 수업 속도는 대다수의 학생에게 적절한가?	· 좌석표를 이용한 관찰기록법: 학생들이 수업속도를 잘 따라가고 있는지, 혹은 수업 속도가 너무 느려 학생들이 지루해하지 않는지 또는 너무 빨라 따라가지 못하는지를 기록
교육과정을 잘 이행하고 있는가?	· 광각렌즈를 이용한 관찰기록법: 일화기록, 녹음 또는 녹화
교실에서 일어난 뜻밖의 사건에 대해 잘 대처하는가?	· 광각렌즈를 이용한 관찰기록법: 일화기록, 녹음 또는 녹화

2.5 영어과 수업관찰의 형식

본 장에서는 수업을 관찰할 때에 어떤 형식에 준하여 진행할 것인지에 관해 논하고자 한다. 학교에서 수업관찰이 행해질 때 보편적으로 사용되는 것은 일정한 기준을 가지고 제작된 수업관찰지이다. 이러한 수업관찰지는 누가 수업을 분석하느냐에 따라서 관찰하는 목적과 내용이 결정된다. 또한 평정척도형이냐, 서술형이냐, 선택형이냐 등으로 그 형식이 결정된다. 여기서는 학생들이 활용할 수 있는 수업관찰지와 교사나 장학사 등의 교육자들이 활용할 수 있는 수업관찰지로 분류한 후, 다양한 형식의 수업관찰지를 제시하였다. 다만 본 교재는 영어과 수업의 관찰에 초점을 맞추고 있기 때문에 교과 공통용으로 제작되었던 기존 수업관찰지의 영역이나 항목을 부분적으로 영어과에 적합하게 수정하였다. 이는 독자들이 교재에 실린 자료들을 영어수업 관찰에 바로 활용할 수 있도록 하기 위한 배려이다. 영어과 수업을 위해 제작한 관찰지는 다른 관찰지에 비해 영역의 분류나 항목의 선택에서 언어 교과의 특징을 부각하였고, 의사소통과 상호작용의 관찰을 중시하며, 학습자들의 활동에도 비중을 두고 있다. 이렇게 다양한 관찰지들을 알아보고 비교 분석하여 본인의 목적에 적합한 관찰지를 선택하거나, 혹은 필요한 항목들만 취사선택하여 직접 수업관찰지를 제작해보는 훈련은 영어 교사들에게 유익한 경험이 될 것이다.

2.5.1 학생들이 활용할 수 있는 수업관찰지

학생들이 영어 수업을 관찰할 때에는 다음과 같이 간단한 체크리스트를 만들어 학생들에게 배부하고 기록하게 한 후 수집하여 분석할 수 있다.

가. 학생 관찰 조사

아래는 학습자가 교사를 관찰할 때에 활용할 수 있는 숫자평정척도 관찰지의 예이다. 9개의 항목을 살펴보면 교사의 성품(1-2번), 영어 교과에 대한 전문적인 지식(3-4번), 수업기술(5-6번), 영어 수업에 대한 학습자들의 기대감(7-9번) 등으로 분류된다. 학습자들은 해당 수업과 교사에 대한 자신의 의견을 수치화하여 나타낼 수 있다.

〈표 2-4〉 학생 관찰 조사지

영어 수업에 대한 학생의 평가

선생님 이름 ______________　　<해당란에 ○표>
교 과 명 ______________　　선생님 성별 : 남, 여
학 교 명 ______________　　나의 성별 : 남, 여
　　나의 학년 : 3, 4, 5, 6, 7, 8, 9, 10, 11, 12

각각의 질문에서 4 가지 중 한 가지에만 ○표 하시오.
⓪ 아주 아니다. ① 아니다. ② 그렇다. ③ 아주 그렇다.

⓪ ① ② ③ 1. 학생에게 항상 친절하다.
⓪ ① ② ③ 2. 종종 유쾌하고 낙관적이다.
⓪ ① ② ③ 3. 영어 과목에 대하여 지식이 풍부하다.
⓪ ① ② ③ 4. 교사는 학생의 예기치 않은 질문에 당황하지 않는다.
⓪ ① ② ③ 5. 때때로 과제를 정할 때에 학생에게 선택권을 준다.
⓪ ① ② ③ 6. 어떤 결정을 내리기 전에 학생들의 의견을 묻는다.
⓪ ① ② ③ 7. 수업이 무미건조하지 않고 싫증이 나지 않는다.
⓪ ① ② ③ 8. 재미있고 영어에 흥미를 가질 수 있게 가르친다.
⓪ ① ② ③ 9. 학생들이 영어 수업을 많이 기대한다.

경기도교육청(2005a, p. 71)을 영어과에 맞게 부분 수정하여 제시함.

나. 교사 이미지 질문지

교사 이미지 질문지는 주로 중학생과 고등학생에게 적용하기 위하여 개발된 것이다. 수업시간에 드러나는 교사의 지적인 이미지와 정서적인 이미지에 관해 전체적인 항목이 구성되어 있다. 학생들이 각 질문에 대하여 응답한 자료를 백분율로 나타내어 분석할 수 있다.

〈표 2-5〉 교사 이미지 질문지

준 거	평정기준				
	가	양	미	우	수
1. 영어 교과에 대한 지식이 풍부한가?					
2. 교실 영어를 활용하여 발문을 명확하게 하는가?					
3. 학생들을 대하는 태도가 공정한가?					
4. 학급을 잘 통솔하는가?					
5. 학생에 대해 허용적인가?					
6. 영어에 대한 학생의 흥미를 자극하는 데 성공적인가?					
7. 가르치는 것에 열의를 보이는가?					
8. 학생의 생각에 대해 허용적인가?					
9. 학생의 영어 구사와 수업 참여를 격려하는가?					
10. 유머 감각이 풍부한가?					
11. 학생의 수준에 맞게 과제 부여가 적당한가?					
12. 용모가 단정한가?					
13. 솔직 담백한가?					
14. 자기 자신을 잘 통제하는가?					
15. 사려 깊은 태도를 보이는가?					
16. 수업 효과는 증진되었는가?					

변영계와 김경현(2005, p. 299)을 영어과에 맞게 부분 수정하여 제시함.

다. 수업 활동에 대한 학생 평가 관찰지

영어 수업 시간에 교사가 가르친 활동에 대하여 초등학교 학생들에게 평가 체크리스트 분석 자료로 적용할 수 있는 도구는 다음과 같다. 관찰 항목은 교사의 지적, 정서적, 수업기술적인 측면 등으로서 타 관찰지와 비슷하되, 초등학생들이 잘 이해할 수 있도록 질문을 쉽고 자세하게 제공하였다.

〈표 2-6〉 교사의 수업활동에 대한 학생 평가 관찰지

교사의 영어수업 활동에 대한 학생들의 평가도구					
다음은 이번 시간에 선생님이 가르친 활동에 대해 여러분들이 어떻게 생각하고 있는지 알아보기 위하여 마련된 질문들입니다. 평가항목을 잘 읽고 자신의 생각과 가장 일치하는 곳에 '○'표 하십시오.					
평 가 항 목	매우 그렇다	그렇다	보통이다	아니다	전혀 아니다
1. 선생님은 우리들이 영어를 알기 쉽게 가르쳐 주신다.					
2. 선생님은 우리들이 이해하지 못한 것을 다시 가르쳐 주신다.					
3. 선생님은 수업 시간에 영어와 한국어를 알맞게 섞어서 사용하신다.					
4. 선생님은 우리들이 자유롭게 질문하고 발표하도록 격려해 주신다.					
5. 선생님은 우리들의 질문에 친절하게 대답하신다.					
6. 선생님은 공부시간에 칭찬이나 격려를 많이 하신다.					
7. 선생님은 공부시간에 골고루 발표할 기회를 주신다.					
8. 선생님의 목소리는 알아듣기 쉽고 친근감이 있다.					
9. 선생님은 공부시간에 여러 가지 자료를 활용하신다.					
10. 선생님의 영어 글씨는 잘 알아볼 수 있다.					
11. 선생님은 수업 시간에 배운 표현과 관련된 숙제를 알맞게 내 주신다.					
12. 선생님은 공부한 내용을 잘 요약 정리해 주신다.					
13. 선생님은 우리들이 공부한 내용을 얼마나 알고 있는지 확인하신다.					
14. 선생님의 용모와 복장은 단정하시다.					
합 계					

이윤식(1999, p. 390)을 영어과에 맞게 부분 수정하여 제시함.

2.5.2 교육자들이 활용할 수 있는 수업관찰지

아래에 제시한 3가지 종류의 영어수업 관찰지는 관찰자가 장학담당자 혹은 교사일 때 장학 대상자의 수업행동 관찰기록을 위해 만든 체크리스트 내용이다.

가. 문답식 수업의 관찰지 분석

문답식 수업의 관찰지는 교사가 묻고 학생이 답하는 식의 활동이 주로 이루어지는 수업에서 활용할 수 있다. 일반적으로 영어과 수업은 학습자 중심의 활동이 많아야 좋은 수업이라는 평을 받는다. 물론 초등학교 영어 수업은 거의 대부분이 재미있는 활동과 노래, 놀이 등으로 진행되는 것이 사실이다. 그러나 문법과 독해, 영문학까지 영어의 광범위한 영역을 다루는 상위학교에서는 학습 목표에 따라 문답식 수업이 더 효과적일 때가 있을 것이다. 이 관찰지는 그러한 수업을 관찰할 때에 활용하면 유익하다.

문답식 수업의 관찰지는 교사행동에 대하여 3가지 항목으로 구성된다.

첫째 항목은 영어 수업에 학생 참여를 증가시키려는 교사의 행동에 관한 체크리스트이다. 문답식 수업에서는 자발적으로 활동에 참여하는 학생을 지명하는 경우도 있지만, 비자발적인 학생을 지명하여 학습의 주도권을 제공해 주어 수업활동에 참여를 높여주는 것이 중요하다. 또한, 똑같은 질문을 여러 학생들에게 지명하여 제시함으로써 영어에 자신이 없는 학생도 다른 친구의 발표를 듣고 반복하여 답할 수 있도록 하여 학생의 참여를 증진시킬 수 있으며, 학생의 대답에 대하여 칭찬하는 것은 학생이 자신의 대답이 가치가 있다고 느낄 수 있도록 도와주는 방법이 된다.

둘째 항목은 교사 수업의 인지적 수준에 해당하는 것이다. 사려 깊은 행동을 이끌어내기 위하여 고도의 인지적 질문을 하고 있는가, 질문 후 즉각적인 답변보다는 질문 내용에 대하여 학생들이 생각할 수 있는 시간을 제공해 주는가, 탐색적인 질문을 통하여 추가적인 아이디어를 생각할 수 있도록 유도하는가에 대한 체크리스트이다.

앞에서 살펴본 첫째 항목과 둘째 항목은 교사가 해야 할 행동을 요구하는 질문인 반면, 셋째 항목은 해서는 안 될 질문에 해당된다. 즉, 학생 질문에 부정적인 반응을 나타낸다거나, 학생이 이해하지 못하는데도 교사가 영어로 질문을 반복하는 행위, 한 번의 질문에 두 가지 이상의 복수 질문을 하는 것, 자신의 질문에 스스로 답하는 경우, 학생의 대답을 반복함으로써 수업 시간을 낭비하고 학생들을 혼란에 빠뜨리게 하는 행위는 교사가 수업 활동에서 해서는 안 되며, 이러한 부정적인 항목에 대한 체크리스트이다. 체크리스트의 맨 밑 두 가지 항목은 수업의 강점과 교사가 개선해야 할 필요가 있는 영역에 대한 자유기술을 할 수 있도록 마련한 것이다.

〈표 2-7〉 문답식 수업의 관찰지

학생의 참여를 증가시키는 행동 1. 비자발적인 학생을 지명하여 발표해보도록 한다. 2. 같은 대화나 질문을 다른 학생에게 반복해서 한다. 3. 표현의 정확성보다 유창성에 비중을 두고 학생의 반응을 칭찬한다. 4. 영어 표현에 관한 학생의 주도적인 질문을 환영한다. **사려 깊은 행동을 끌어내는 행동** 1. 고도의 인지적 질문을 한다. 2. 질문한 다음 3-5초 기다린다. 3. 첫 응답에 대하여 탐색 질문을 한다. **부정적인 행동** 1. 학생의 질문에 부정적으로 반응한다. 2. 이해하지 못하는데도 계속 영어로 반복하여 질문한다. 3. 한 번에 두 가지 이상의 질문을 한다. 4. 자신의 질문에 스스로 대답한다. 5. 학생의 대답을 반복한다. **수업의 강점** **개선을 위한 제안**	

경기도교육청(2005a, p. 74)을 영어과에 맞게 부분 수정하여 제시함.

나. 강의-설명식 수업의 관찰지 분석

강의-설명식 영어 수업 역시 초등학교보다 중학교나 고등학교에서 많이 행해진다. 이러한 수업의 관찰지는 크게 두 부분으로 구분하여 분석된다. 첫 번째 부분은 수업 중에 유의미한 수업내용과 학생 참여 행동들이 관찰될 때마다 숫자를 기록한 후에 빈도를 계산하여 분석하는 것이다. 두 번째 부분은 수업자가 수업 내용을 조직하고 전달하는 방법에 대해 하위 요소를 두고 관찰을 통하여 체크할 수 있도록 구성되어 있다. 이들 영역 중 교사의 수업 기술과 관련된 하위 요소가 많은 것은 강의-설명식 수업이 주 매체로써 언어를 사용하기 때문이다. 이러한 관찰 결과를 통해 교사는 자신의 수업 방식을 깨닫고, 보다 명확하고 군더더기 없는 수업 진행을 위해 노력할 수 있다.

〈표 2-8〉 강의-설명식 수업의 관찰지

집계될 행동					
<u>유의미한 내용</u>					
① 수업내용을 학생이 이미 알고 있는 영어 표현이나 사전 지식과 관련시킨다.					
② 문법 개념이나 단어의 뜻을 설명하기 위해 예를 든다.					
③ 학습한 내용의 일반화나 의견에 대하여 예를 제시한다.					
<u>학생 참여</u>					
① 학생에게 수업 내용에 관하여 질문이 있는지 묻는다.					
② 학생에게 수업 내용에 관하여 질문한다.					
③ 학생이 흥미를 가지고 영어 학습에 몰두하게 한다.					
평정할 행동					
내 용	좋음				개선필요
<u>조직</u>					
① 수업 내용이 분명히 조직되고 계열화되어 있다.	5	4	3	2	1
② 수업 내용을 구조화하기 위하여 유인물, 칠판을 이용한다.	5	4	3	2	1
③ 수업 내용에서 기억할 것을 학생에게 이야기한다.	5	4	3	2	1
④ 중요한 점을 반복하고 끝에 가서 중요한 점을 요약한다.	5	4	3	2	1
⑤ 중심내용에서 이탈하지 않는다.	5	4	3	2	1
<u>전달</u>					
① 천천히 그리고 분명하게 영어로 말한다.	5	4	3	2	1
② 수업을 영어로 진행하는 데에 열의를 보인다.	5	4	3	2	1
③ 강의노트를 보며 읽지 않는다.	5	4	3	2	1
④ "알았지"와 같은 말은 사용하지 않는다.	5	4	3	2	1
⑤ 학생과 눈을 마주치는 등의 긍정적인 신체 언어를 활용한다.	5	4	3	2	1
⑥ 수업과 관련된 적절한 유머를 사용한다.	5	4	3	2	1

경기도교육청(2005b, p. 76)을 영어과에 맞게 부분 수정하여 제시함.

다. 일반적으로 활용되는 수업 참관록

영어과에서 일반적으로 사용하는 수업 참관록에는 평정척도형과 서술형 참관록이 있다. 여기서는 두 종류의 참관록에 관하여 설명하고, 평정척도 형식으로 되어 있는 수업 참관록 3개와 서술형 수업 참관록 1개를 예시로 신도록 하였다.

1) 평정척도형 수업 참관록

영어 수업뿐만 아니라 모든 교과에서 공통적으로 가장 빈번히, 그리고 손쉽게 활용되는 것이 평정척도로 구성된 수업 참관록이다. 이것은 분석영역을 5-6개의 대영역으로 구성한 후에 각 영역 내에서 다시 세부항목으로 구분하고, 각각의 세부항목에 5점에서 1점의 점수를 부여하는 방법을 적용한다. 일반적으로 분석영역은 수업의 흐름에 따라 단계적으로 구분하는 경우도 있고, 교사, 학습자, 학습자료, 평가 등과 같이 한 차시의 수업을 구성하는 주요 요소들에 따라 구분하기도 한다.

관찰자는 수업을 관찰할 때에 참관록의 항목을 중점적으로 관찰하고 자신의 주관에 따라 점수를 표시한다. 그리고 수업이 끝난 후에 전체 점수를 합산하여 수업의 성공 여부를 평가하게 된다. 또한 각 대영역 별로 점수를 합산하면 수업자가 특히 부족한 영역이 무엇인지 판가름할 수 있는 자료가 된다. 다음 페이지의 4개의 수업 참관록은 평정척도를 활용하여 영어 수업을 관찰하기 위해 제작한 것이다.

이렇게 평적척도를 이용한 수업 참관록의 장점은 우선 수업 중이나 수업 직후에 바로 관찰 결과를 기록할 수 있어서 시간이 적게 걸리고 손쉽게 할 수 있다는 점, 그리고 점수로 처리하기 때문에 관찰 결과를 수치화할 수 있다는 점을 들 수 있다. 그러나 관찰자마다 점수에 대한 기대 정도가 다르기 때문에 여러 관찰자의 수업관찰 결과를 모았을 때 동일한 결과가 나올 것이라고 예상하기 어렵다는 단점이 있다. 또한 각 항목에 따라 객관적으로 뒷받침할 수 있는 분석 과정을 거친 것이 아니라 관찰자의 주관에 따른 점수의 기입이기 때문에 그 수업의 평가가 얼마나 정확한 지에 대해서는 의문을 가지게 될 수 있다. 따라서 참관록을 작성하기 전에 작성 방법에 대한 설명이 선행되어야 한다.

예시로 제공한 3개의 참관록을 간단히 살펴보면 다음과 같다.

첫 번째 참관록은 분석영역을 수업구성능력, 교실영어 사용능력, 교수학습활동, 자료 활용, 평가로 나누었고, 각각에 세부 기준을 두어서 관찰자가 분석하도록 하였다. 영어교과이다 보니 다른 참관록과는 달리 교실영어 사용능력이라는 영역이 등장하고 있음을 알 수 있다. 세부 기준에 관하여 5점에서 1점으로 평점을 부여하도록 되어 있으며, 영역별로 소계하거나 전체 평점을 소계하여 자신의 수업을 평가해 볼 수 있다.

〈표 2-9〉 영어과 수업 참관록 1

순	영역	분석 기준	평점				
1	수업 구성 능력	· 교수 · 학습 과정안은 체계적으로 구성되어 있는가?	5	4	3	2	1
		· 목표를 명확하게 제시하고, 각 활동이 목표를 중심으로 일관성을 유지하는가?	5	4	3	2	1
		· 각 수업 단계가 연계성을 갖고 치밀하게 구성되어 있으며 흐름이 자연스러운가?	5	4	3	2	1
		소 계					
2	교실 영어	· 학습자의 수준에 맞는 교실영어를 사용하며, 교실영어와 우리말 사용 비율이 학습자의 언어 능력 수준을 고려할 때 적정한가?	5	4	3	2	1
		· 학습자의 교실영어 이해를 돕기 위해 몸짓, 표정 등의 비언어적 요소와 보조 자료 등을 효과적으로 사용했는가?	5	4	3	2	1
		· 교실영어를 사용한 수업 진행이 자신감 있고 자연스럽게 전개되었는가?	5	4	3	2	1
		· 발화 구성이 문법에 맞고, 발음이 정확하며, 상황에 맞추어 유창하게 말하는가?	5	4	3	2	1
		· 학생의 영어 표현에 대해 적절하고 정확하게 반응하는가?	5	4	3	2	1
		· 발문 형태가 다양하고 적합하여 사고를 확장할 수 있도록 유도하는가?	5	4	3	2	1
		· 잘못된 발음과 언어 구조 등을 명확하게 찾아 적절하게 지적하고 수정하는가?	5	4	3	2	1
		· 지도안의 문장 구성이 문법적으로 정확하고 알맞은 어휘로 기술되어 있는가?	5	4	3	2	1
		소 계					
3	교수 학습 활동	· 학습자의 동기와 흥미를 효과적으로 유발시키는가?	5	4	3	2	1
		· 활동에 따라 학습자를 전체, 소그룹, 짝 활동, 개별 활동 등으로 조직하여 적절히 운영하는가?	5	4	3	2	1
		· 교사 · 학습자/학습자 · 학습자의 상호작용이 활발하게 일어나는가?	5	4	3	2	1
		· 교수 · 학습지도 활동 내용이 학습목표 구현에 적절하며 학습자의 영어 사용 활동(듣기와 말하기) 기회를 충분히 제공하는가?	5	4	3	2	1
		· 활동 유형이 다양하고, 정적인 활동과 동적인 활동으로 균형있게 운영되는가?	5	4	3	2	1
		· 활동 특성에 따라 수업 속도가 조절되며, 수업 속도와 아동의 이해 정도가 적절히 유지되는가?	5	4	3	2	1
		소 계					
4	자료 활용	· 학습 목표 달성에 적절한 자료(용도, 내용, 크기 및 디자인, 제시 시기 등)를 적절하게 사용했는가?	5	4	3	2	1
		· 학습 자료 적용 활동 전개가 창의적이며 현장 적용 가능한가?	5	4	3	2	1
		소 계					
5	평가	· 활동 중간에 아동의 이해를 매우 적절하고 다양한 방법으로 확인하는가?	5	4	3	2	1
		· 형성평가 후 학습 결손 보충을 위한 Feed Back을 단계별로 적절히 실시하였고, 목표 도달 확인을 명료하게 하는가?	5	4	3	2	1
		소 계					
합 계							

경기도교육청(2005a, p. 330)

두 번째 참관록은 수업설계, 교수행위, 학습활동, 자료 활용, 평가 영역으로 나누고, 마찬가지로 하위 항목을 두었다. 앞의 참관록이 교수행위와 학생활동을 하나의 영역으로 묶고 교실영어 영역을 따로 제시한 것을 제외하면 두 참관록은 비슷한 구성을 가지고 있다.

〈표 2-10〉 영어과 수업 참관록 2

참관자 (인)

학교명		학년 반	교시	교 사				
단원명		수업 참관일	년 월 일	수 준				
학습목표								
영역	요소	분석관점	평점					특기사항
			5	4	3	2	1	
수업설계	1.목표의 진술	· 수업목표가 목표 수준에 맞으며 진술원칙에 부합되고 실현가능성이 있으며 가치가 있는가?						
	2.교재 내용의 구조화	· 학습과제의 난이도를 고려하여 상하 위계 조직을 밝히는 학습구조인가?						
	3.지도계획	· 본 차시의 계획이 적절한 과정계획인가?						
	4.평가계획	· 진단, 형성, 총괄평가가 수업목표 도달을 위하여 계획적인가?						
	5.지원계획	· 학습의 효과를 올릴 수 있는 자료의 제시 및 활용이 계획적이며 자료제작이 용이하여 일반화가 가능한가?						
교수행위	1.교사발언	· 교사의 교실영어 활용 수준이 학습자의 학습활동 조성을 위해 적절한가?						
	2.교수기술	· 학습 동기유발 방법 및 학습과제의 제시방법이 적절한가?						
	3.영어로 수업 진행하기	· 교실영어와 목표언어의 적절한 사용으로 TEE '영어로 영어수업 진행하기가 어느 정도 가능한가?						
	4.개별화지도	· 학생의 지적차이, 인성차이를 고려한 개별지도인가?						
	5.수업 과정의 준수	· 계획된 대로 과정이 진행되고 시간 조절이 적절한가? · 판서의 시기, 양, 위치 내용, 기술이 적절한가?						
	6.학습모형	· 교과 성격에 적합한 교수-학습모형을 알고 있는가?						
학생활동	1.학생의 발언	· 발화에 자신감 있게 적극적으로 발표에 참여하는가?						
	2.의욕과 참여	· 학생들이 자발적이고 흥미롭게 학습에 참여하는가?						
	3.학습 방법의 훈련	· 목표수준별로 협의, 조사, 발표, 토론, 필기 등의 훈련이 되어 있는가?						
	4.학습 자료의 활용	· 학습효과를 높이는 자료이며, 활용시기가 적절하고 활용능력 등이 목표에 맞는가?						
	5.자기평가	· 스스로 자기평가 활동을 하며 학습목표에 접근하고 있는가?						

<table>
<tr><td>학교명</td><td></td><td>학년　반</td><td>교시</td><td colspan="3">교　사</td><td colspan="3"></td></tr>
<tr><td>단원명</td><td></td><td>수업 참관일</td><td>년　월　일</td><td colspan="3">수　준</td><td colspan="3"></td></tr>
<tr><td>학습
목표</td><td colspan="9"></td></tr>
<tr><td rowspan="2">수업
분위기</td><td>1.수업분위기</td><td colspan="2">· 물리적, 심리적 학습 분위기가 조성되어 있으며, 교사와 학생간의 상호작용이 잘 이루어지고 있는가?</td><td></td><td></td><td></td><td></td><td></td><td rowspan="2"></td></tr>
<tr><td>2.학습안내</td><td colspan="2">· 학습과 관련된 적절한 학습안내인가?</td><td></td><td></td><td></td><td></td><td></td></tr>
<tr><td rowspan="2">정리
발전</td><td>1.학습정리</td><td colspan="2">· 본시학습 내용의 환류 및 정리가 적절한가?</td><td></td><td></td><td></td><td></td><td></td><td rowspan="2"></td></tr>
<tr><td>2.차시예고</td><td colspan="2">· 차시학습예고 및 발전적인 과제를 제시하는가?</td><td></td><td></td><td></td><td></td><td></td></tr>
<tr><td colspan="4">총 평점</td><td colspan="5"></td><td></td></tr>
<tr><td>종합
의견</td><td colspan="9">좋은 점:
개선할 점:</td></tr>
</table>

임양수(2004, p. 12)

다음의 수업 참관록은 교과 공통으로 사용되는 참관록의 항목을 영어과에 맞게 수정한 것이다. 전체 영역이 수업 전의 계획과 도입, 전개, 정리 단계의 4가지 영역으로 구성되어 있다. 관찰영역이 수업의 흐름에 따라 제시되고 분량이 적절하여 관찰하기에 편리하기 때문에 학교 현장에서 연구수업을 참관하면서 바로 기록하기에 유용하다. 전 영역에 대한 평점을 합하여 수업을 평가해도 되고, 특히 취약한 분야를 발견하기 위해서는 각 분야별로 평점 합계를 알아볼 수도 있다.

〈표 2-11〉 영어과 수업 참관록 3

수업 참관록							
1. 수업일: 년 월 일 요일 2. 수업과목: 3. 수업대상: 학년 반 4. 수업자: 5. 평가자: (자신, 동료교사, 장학담당자)							
영역	평가내용	평점					특기사항
		5	4	3	2	1	
Ⅰ. 수업계획	1. 영어과 교육과정에 의한 학년목표에 접근된 지도 계획인가?						
	2. 학습 환경 구성이 잘 짜여져 있는가?						
	3. 학습자의 사전학습 결손 내용이 잘 파악되었는가?						
	4. 자료 수집 및 지도 시기가 적절하게 계획되었는가?						
	5. 학습자의 발달 단계와 본시 학습 목표에 맞는 교수법을 바탕으로 수업이 구성되었는가?						
	합계						
Ⅱ. 도입단계	6. 선수 학습 개념의 파악에 유의하고 있는가?						
	7. 본시 학습 목표를 인식시키고 학습을 전개하는가?						
	8. 교사는 교실영어를 적절하게 활용하는가?						
	9. 교사의 발문이 부드럽고 지적 호기심과 학습동기 유발이 효과적으로 이루어지고 있는가?						
	10. 학습 목표를 달성하는 데 적절한 자료를 수시로 사용하고 있는가?						
	합계						
Ⅲ. 전개단계	11. 학습자와 교사, 학습자와 학습자 사이에 상호작용이 활발하게 이루어지는 수업인가?						
	12. 소재에 따라 전체, 모둠, 개인 활동이 잘 이루어지는가?						
	13. 학습자들의 수준차를 고려하여 수업을 진행하는가?						
	14. 영어 발화를 적극 권장하고 있는 수업인가?						
	15. 발문 방법이 설득력 있는 수업인가?						
	16. 영어에 흥미와 관심을 가지도록 유도하는가?						
	17. 모든 학생에게 균등한 학습 기회를 부여하는 수업인가?						
	18. 학습목표에 맞게 다양한 학습 자료와 매체를 활용하는가?						
	19. 교사가 단원 내용에 철저한 지식을 가지고 지도에 임하는가?						
	20. 교사의 영어 구사력이 수업을 진행하기에 충분한가?						
	합계						
Ⅳ. 정리단계	21. 본시 학습의 결과를 명료하게 정리하였는가?						
	22. 본시 학습목표를 달성하였는가?						
	23. 타당한 평가도구로 올바른 평가가 이루어졌는가?						
	24. 수준에 따라 보충 및 심화학습 기회를 부여하였는가?						
	25. 다음 차시 예고와 과제 제시가 적절하였는가?						
	합계						
	※ 본시 학습에서 잘된 점 총계						
	※ 본시 학습에서 개선이 요구되는 점						

이윤식(1999, pp. 377～378)을 영어과에 맞게 부분 수정하여 제시함.

2) 서술형 수업 참관록

서술형 수업 참관록은 말 그대로 수업에서 일어나는 현상을 관찰자가 임의로 서술하는 것이다. 그러나 서술형 참관록에도 관찰영역과 기준은 주어진다. <표 2-12>의 수업 참관록은 10개의 범주에 대하여 각각의 관찰 내용들을 제시하고 관찰자가 관찰한 것을 자유롭게 서술하도록 제작된 것이다.

〈표 2-12〉 영어과 수업 참관록 4

Categories	Observation contents	Observation results (Good points & needed improvements)
Environment	seating, sight-lines, space, air, warmth, light, white board, equipment, classroom atmosphere, etc	
Lesson plan	objectives, contents, time allotment, amount, learning activities, materials, assessment, feedback	
Objectives	appropriateness of statement	
Stage	▶ authentic use : meaning, real-life, communications, fluency, pleasure ▶ restricted use : form, practice, accuracy, testing, display ▶ clarification and focus : telling, showing, helping, finding, reading	
Learner activities	motivation, interest, interaction, spontaneous participation	
Teacher aids	equipment, materials	
Teacher activities and management	strategies, activities, teaching skills and techniques, questions moment-by-moment, decision making, teacher talk, dealing with unexpected problems, classroom English, action taking, writing, giving instructions, grouping, teacher's role, praise, error correction, time allotment, personal qualities	
T-Ss classroom interaction	▶ questions : whole, small group, individual (who, position) ▶ time	
Assessment	methods, appropriateness, contents, amount, specification	
Feedback	methods, appropriateness, teacher responses, correcting, ignoring, encouraging	

경기도교육청(2005a, p.329)

위와 같은 서술형 형식의 참관록은 평정척도와 같이 점수로 기록할 수 없는 수업의 이면적인 부분에 대해서 보다 상세히 묘사할 수 있다는 장점이 있다. 그러나 관찰의 객관성을 담보할 수 없다는 단점 또한 지니고 있다. 따라서 보다 과학적이고 객관적으로 영어 수업을 관찰하고 분석할 수 있는 양적분석 방법과, 수업의 내면을 좀 더 자세하고 상세히 들여다 볼 수 있는 질적 분석방법이 동시에 요구된다. 우리는 3장에서 제시될 여러 가지 수업분석 기법에 대한 자세한 논의에서 그러한 방법들을 보게 될 것이다.

제 3 장 영어과 수업관찰을 위한 분석법

1장과 2장이 수업관찰, 특히 영어과 수업관찰 및 분석에 대한 이론적인 내용이었다면 3장은 영어과 수업 관찰에 대한 실제적인 내용을 다루고 있다. 3장에서는 영어 수업을 관찰할 때 유용하게 활용할 수 있는 다양한 분석 방법을 소개하고자 한다. 2장에서 수업관찰 접근법을 양적 접근법과 질적 접근법으로 나누어 설명한 바와 같이, 여기서도 영어과 수업관찰을 위한 양적 분석방법과 질적 분석방법으로 구분하여 살펴보도록 하겠다. 지금부터 등장하는 분석방법들을 잘 숙지하고 적절하게 사용한다면 자신의 영어 수업을 올바르게 평가하고, 평가 결과에 따라 수업을 개선하는 데에 많은 도움을 얻을 수 있을 것이다.

3.1 양적 분석방법

본 장에서는 영어과 수업관찰에 유용하게 활용할 수 있는 16개의 양적 분석 도구와 각각의 분석 방법들을 제공하고자 한다. 본문에서는 분석 방법들을 병렬식으로 나열하겠지만, <표 3-1>을 참고하여 대략의 특징을 간략히 소개하면 다음과 같다.

〈표 3-1〉 영어과 수업관찰에 활용할 수 있는 양적 분석법 목록

1. Flanders 상호작용분석법
2. FLint 분석법
3. TALOS 분석법
4. COLT 분석법
5. FOCUS 분석법
6. 질의응답 분석법
7. 수업분위기 분석법
8. 과업집중도 분석법
9. 언어 흐름 분석법
10. 이동 양식 분석법
11. 교사 발문 분석법
12. 학생 발언 분석법
13. 학생 행동 분석법
14. 학습자료 활용 분석법
15. 멀티미디어 매체사용 분석법
16. 판서 분석법

1-5번으로 제시한 FIAC, FLint, TALOS, COLT, FOCUS는 외국어 수업의 관찰을 목적으로 개발된 분석 도구이다. 그 중에서도 FIAC과 FLint는 교사와 학생의 언어적 상호작용을 집중적으로 관찰하기 위한 방법이며, TALOS, COLT, FOCUS는 언어적 상호작용 이외에도 수업의 전반적인 활동, 프로그램, 교재 등을 관찰하는 데에 사용될 수 있다.

6번부터 16번까지의 분석 도구는 수업에서 관찰하고자 하는 특정 대상을 선정

하여 집중적으로 관찰할 때 그 대상에 맞게 활용할 수 있도록 세분화한 것이다. 가령 관찰자가 각 학습자들이 수업시간에 주어지는 학습활동을 열심히 하는지를 알아보고 싶다면 전체 수업을 관찰하는 것보다 8번의 과제집중도 분석법에 따라서 관찰하는 것이 바람직하다. 또한 교사가 학습목표와 연관성이 큰 학습 자료를 사용하는지, 그것들을 활동 단계에 맞게 적절히 제시하는지 등을 알아보고 싶다면 14번의 학습자료 활용 분석법을 선택하면 효율적일 것이다.

1번에서 5번의 분석법은 본래 외국어 수업 관찰을 위한 것이므로 그대로 영어과 수업관찰에 활용할 수 있다. 다만 이 도구들이 1980년대에 개발되었기 때문에 현재 우리나라의 실정에 맞게 약간의 수정을 거쳤다. 6번에서 16번까지의 분석도구는 모든 교과에 공통적으로 사용되는 방법이다. 그러나 본 교재는 영어과 수업관찰을 목적으로 하고 있기 때문에 각 분석 도구들의 항목과 분석 방법을 언어수업의 관찰에 맞게 수정 및 보완함으로써 보다 쉽고 적절하게 활용할 수 있도록 하였다.

3.1.1 Flanders 상호작용분석법

교수·학습 과정이란 교사와 학생 간의 지적·정의적 상호작용 과정이라고 할 수 있다. 즉 교실에서 교사는 학생들과 언어적·비언어적인 방법으로 의사소통을 하며 이런 의사소통을 통해 교사는 교수 활동을 이끌어가고 학생들은 학습을 하게 된다. 따라서 교수·학습 과정인 수업의 질은 교사와 학생 간의 언어적·비언어적 상호작용의 결과에 달려 있다고 할 수 있다. 특히 영어 의사소통 능력의 신장을 목표로 하는 영어 수업에서 교사와 학생 간의 상호작용은 영어를 사용한 의사소통의 과정이자 결과이다. 교사 또는 다른 학생과의 상호작용을 통해서 학생들은 영어로 의사소통하는 방법을 학습하는 것이다.

Flanders 상호작용분석법은 영어 교수·학습 과정의 본질적인 부분인 교사와 학생 사이의 상호작용을 관찰하고 분석하는 방법이다. 영어 수업에서 교사와 학생 간의 영어 또는 한국어를 통한 상호작용이 어떤 수업활동 형태를 통해 이루어지는지를 분류항목을 사용하여 관찰하고 그 결과를 분석하는 것이 바로 Flanders 상호작용분석법이다. 이 분석 방법은 1960년에 미네소타대학교의 교수인 Flanders가 교실수업관찰을 토대로 개발한 수업분석도구를 영어수업 관찰에 적용시킬 수 있도록 수정·보완한 것이다.

Flanders는 언어 상호작용과 비언어 상호작용은 높은 상관관계가 있으므로 언어 상호작용만 분석하여도 수업형태분석으로는 충분하다고 보고, 교사와 학생 간의 언어 상호작용에 초점을 두어 수업 시간에 사용된 언어를 10개의 범주로 나누었다. 여기서 설명하고 있는 Flanders 상호작용분석법은 Flanders가 개발한 10개의 범주를 기본으로 하였으나, 영어 수업과의 관련성을 높이기 위해서 일부 범주를 수정하고 각 범주 마다 하위 분류항목을 첨가하였다.

지금부터 영어 수업에서 Flanders 상호작용분석법이 왜 필요한지 살펴보고 구체적인 수업관찰 및 분석방법을 제시해보도록 하겠다.

가. 이론적 배경

앞에서 말했듯이 수업의 대부분을 차지하고 있는 교사와 학생 간의 언어 상호작용은 언어를 매개체로 하고 있는 영어 수업에서 더 큰 중요성을 지닌다. Nunan(1995)은 교사의 발언은 학생들이 받을 수 있는 목표어 입력의 주요한 원천이기 때문에 언어 습득의 측면에서 교사의 발언은 중요하다고 말한다. 그에 따르면, 주로 수업시간의 70% 또는 80%를 차지하는 교사 발언의 적절성과 양은 여러 가지 요소들을 고려하여 결정되어야 한다고 한다. 고려해야 할 요소로는, 첫째 발화가 일어나는 수업 시점, 둘째 교사의 발언이 미리 계획되었는지의 여부, 셋째 교사 발언이 학생들의 언어습득을 위해 잠재적으로 유용한 입력인지의 여부이다. 그는 교사에 의한 목표어와 모국어 간의 언어 전환과 그것이 학생들의 발언에 가지는 효과도 중요함을 언급했다.

이렇게 중요성을 가지는 교실 내 상호작용을 Flanders 상호작용분석법을 사용하여 관찰하고 분석하는 목적은 크게 두 가지이다. 첫째, 상호 작용 분석을 통해 영어 교사의 교수 행위에 대한 정보를 제공해주고 궁극적으로 교수 방법을 개선시키기 위함이다. 이 상호작용 분석의 결과는 교실 상황에서 교사가 학생들과 상호작용하면서 나타나는 교사의 교수 행위에 대한 과학적이고 객관적인 정보를 제공해준다. 교사 또는 학생의 발언이 전체 수업 시간에서 차지하는 비율, 교사 또는 학생의 영어 사용 비율, 교사의 발언 중 비시지적 영향이 차지하는 비율 등과 같이 수치화된 정보는 교사가 수업 전에 세웠던 수업계획 및 수업의도가 실제 수업에서 제대로 실행되었는지를 확인할 수 있도록 도와준다. 또한 교사의 수업방법이 실제 수업에서 학생들의 적극적인 수업 참여를 이끌어내지 못할 때 그 수업방법의 약점이 어디에서 비롯되었는지도 상호작용분석 결과를 통해 알아볼 수 있다.

Flanders(1970)는 교사가 자신의 수업방식에 대해서 잘 알고 있을 때 수업 전의 교사 수업 의도와 실제 수업 실행과의 간격을 줄일 수 있기 때문에 교사는 자신의 수업에 대해 가능한 많이 알아야 한다고 말했다. 또한 그는 교사가 자신의 교수 행위에 대해서 알아보는 것은, 적절한 지원과 기회가 주어진다면 교수의 양상이 변화될 수 있기 때문에 보람된 일이라고 덧붙였다. Murphy(2001) 역시 반성적인 교사는 언어학습 교실에서 학생들 간의 상호작용뿐만 아니라 교사와 학생 간 상호작용의 특수한 패턴을 조사해야 한다고 말했다.

Flanders 상호작용분석법을 통해 수업을 관찰 분석하는 두 번째 목적은 영어 수업 방법들 간의 차이점과 효과성을 밝히기 위함이다. 영어교사는 학생들의 영어 의사소통을 신장시키기 위해 영어교육 분야 연구자들이 개발한 기존의 영어 교수법을 그대로, 혹은 수정·보완하여 실제 수업에 적용해본다. 교사가 사용한 교수방법이 어떤 점에서 효과가 있으며 어떤 점에서 다른 교수방법과 다른지를 효과적으로 검증하기 위해 Flanders 상호작용분석법이 사용될 수 있다. 또한 교사가 학생들의 언어학습을 증진시킬 수 있는 새로운 수업방법을 개발하여 실제 수업에 그 방법을 사용했을 때 그 방법의 성공 혹은 실패 이유를 이 분석법을 통해 점검해 볼 수 있다. Allwright(1988)는 많은 연구자들에 의해 어떤 수업 스타일이 더 효과적인지를 조사하기 위해, 즉 교수 방법을 서로 비교하기 위해 수업관찰이 사용되었음을 지적한 바 있다. Flanders 상호작용분석법은 영어 교수법의 연구 도구로서 효과적으로 사용될 수 있다.

나. 활용방법

앞서 설명한 것처럼, 여기서 설명하고 있는 Flanders 상호작용분석법은 우리나라 영어수업 분석에 적합하도록 Flanders(1970)가 개발한 상호작용 분류항목 <부록 1> 중 일부를 수정하고 각 항목을 세분화시킨 것이다. 이 분석법을 활용하는 구체적인 방법을 분류항목, 수업관찰과 기록, 수업분석과 해석이라는 세 단계로 나누어 살펴보면 다음과 같다.

1) 분류항목

Flanders 상호작용분석법은 교실에서 일어나고 있는 상호작용을 크게 교사발언, 학생발언, 기타행동의 세 가지 영역으로 나누고 있다. 이 세 영역은 총 10개의 기본 항목을 가지고 있으며, 각 기본항목은 각각 하위항목을 가지고 있다. Flanders 상호작용분석법의 분류항목을 기본항목과 하위항목으로 나누어 살펴보고자 한다.

가) 기본항목

10개의 기본항목은 크게 교사발언, 학생발언, 기타행동으로 나누어진다.

(1) 교사발언

기본항목을 구성하는 첫 번째 영역은 수업의 주요 변인 중의 하나인 교사의 발언을 다루고 있다. 교사 발언은 교사가 학생들의 정의적 측면을 고려하는 정도에 따라, 다시 지시적 영향과 비지시적 영향으로 구분된다. 비지시적 영향은 학생들의 적극적인 수업 참여를 최대한 보장하고 격려해주는 교사의 발언을 말하는데, 학생들의 감정을 수용하는 발언(항목1), 학생들에게 칭찬하거나 격려하는 발언(항목2), 학생들의 아이디어를 수용 또는 사용하는 발언(항목3) 그리고 질문(항목4)이 포함된다.

반면에 지시적 영향은 학생의 정의적 측면과는 관계없는 수업 내용이나 절차와 관련 있는 교사 중심의 발언을 가리킨다. 교사가 수업을 통해 가르치고자 하는 내용과 관련된 발언(항목5), 학생들로 하여금 책을 펼치거나 문제를 풀어보도록 하거나 하는 등의 수업이 이루어지는 절차와 관련된 발언(항목6), 학생들에게 주의집중을 요구하거나 좋지 못한 행동을 바른 행동으로 바꾸기 위한 교사의 말, 즉 훈육과 관련된 발언(항목7)이 지시적 영향에 해당된다. Flanders(1970)는 비시적 영향이 긍정적인 학습 분위기를 조장한다고 보고, 학생들의 학업성취를 돕기 위해서 비지시적 영향이 중요함을 강조했다.

(2) 학생발언

교사 발언에 이은, 두 번째 영역은 학생 발언으로서, 이것은 다시 학생의 반응(항목8)과 학생의 주도(항목9)로 나누어진다. 여덟 번째 항목인 학생의 반응은 교사의 단순한 질문에 대한 학생의 단순한 답변을 가리키는데, 학생이 답변하도록 교사가 먼저 유도하는 경우와 학생들이 예측 가능한 단순한 답변을 하는 경우가 여기에 해당된다. 한편, 학생의 주도는 학생이 자발적으로 또는 교사의 발문에 의해서 자신의 아이디어를 표현하는 경우이다. 학생의 반응 항목과 달리, 학생의 주도에 의한 발언은 예측 가능한 단순한 발언이 아니며 학생들의 자발적인 질문 혹은 자신의 아이디어의 발표 등이 여기에 해당된다. 학생들이 주도한 발언이 많은 수업은 탐구력, 창의력, 비판력, 종합력 같은 고등정신기능의 함양에 도움이 되는 수업이라고 할 수 있다.

(3) 기타행동

마지막 영역은 교사발언이나 학생발언으로 분류될 수 없는 상황, 즉 침묵과 혼란(항목0)을 가리킨다. 즉 교사와 학생 사이의 언어적 의사소통이 일어나지 않는 상황인 침묵과 관찰자가 교사와 학생간의 의사소통과정을 이해할 수 없는 혼란의 과정이 여기에 해당된다.

나) 하위항목

Flanders 상호작용분석법은 기본적으로 위에 제시한 열 개의 항목으로 구성되어 있다. 각 항목들은 영어수업의 특성을 세부적으로 나타내주는 하위항목을 가지고 있다. 이 하위항목들은 원래 Flanders가 개발한 분류항목에는 나타나지 않는 것으로서, 영어수업을 구체적으로 분석하기 위하여 Flanders의 분류항목에 덧붙인 것이다.

(1) e/k

교사발언이나 학생발언이 영어로 이루어졌는지, 한국어로 이루어졌는지를 구분하기 위해 사용하는 하위항목이 e/k이다. 이 항목은 교사발언과 학생발언을 나타내는 항목1부터 항목9까지 9개의 기본항목과 결합하여 나타난다. 예를 들어, 교사가 영어로 질문한 경우는 5e로 분류되고, 학생이 한국어로 단순 답변을 한 경우는 8k로 분류된다.

(2) w/g/i

교사발언과 학생발언을 나타내는 9개의 기본항목은 하위항목 e/k 뿐만 아니라, 교사 또는 학생의 말이 학급전체, 소그룹 또는 개인을 대상으로 했는지를 표시해주는 하위항목 w/g/i를 포함한다. w는 발언이 학급전체를 대상으로 한 경우를 나타내고, g는 소그룹을 대상으로 한 경우, i는 개인에게 말을 한 경우를 가리킨다. 이 항목은 하위항목 e/k와 결합하여 함께 사용된다. 예를 들어, 교사가 학급전체를 대상으로 영어로 칭찬을 했으면 2ew로 분류되고 개별 학생이 한국어로 교사에게 질문을 했다면 9ki로 분류된다.

(3) t/n/c

침묵 또는 혼란을 나타내는 마지막 항목0는 교사와 학생의 언어적 상호작용이 나타나지 않거나 관찰자가 이해할 수 없는 경우이므로 하위 항목 e/k, w/g/i를 사용할 수 없다. 따라서 항목0 침묵·혼란은 하위항목 t/n/c로 나누어진다. t는 침묵의 상황 중에서 학생들이 교사의 지시에 따라 손을 들거나 몸을 움직이는 것, 또는 시청각 자료를 보거나 듣는 것 등의 과제 지향적인 침묵(task-oriented silence)을 가리킨다. n은 과제와 상관없이 단순히 침묵이 흐르는 경우(non-task-oriented silence)를 나타낸다. 마지막으로 c는 교실 내 상호작용을 관찰할 수 없는 혼란스러운 상황(confusion)을 나타낼 때 사용된다. 예를 들어, 교사와 학생들이 말없이 VCR를 통해 영화의 일부분을 보고 있는 경우는 0t로 분류되고, 교사가 잠시 자리를 비운 사이에 학생들의 교실이 난장판이 된 경우는 0c로 분류된다.

지금까지 논의한 Flanders 상호작용분석법의 분류항목을 정리하면 <표 3-2>와 같다. 여기서 항목의 숫자는 척도를 암시하는 것이 아니라 단지 분류를 위한 것이다. 즉 관찰하는 동안 이 숫자를 쓰는 것은 판단이 아닌 척도상의 위치만을 열거하는 것임을 알아둘 필요가 있다.

〈표 3-2〉 분류항목

구분		분류항목
교사발언	비지시적 영향	**1 e/k w/g/i 감정의 수용:** 비위협적인 방법으로 학생의 감정적 색조나 태도를 수용하거나 명료화한다. 감정은 긍정적이거나 부정적일 수 있다. 감정을 예측하고 회상하는 것도 포함된다.
		2 e/k w/g/i 칭찬 또는 격려: 학생을 칭찬하거나 격려한다. 학생의 기분을 상하지 않게 하는 수준에서, 긴장을 완화시키는 농담을 한다. 고개를 끄덕이거나 "으흠", "그렇지"라는 말 등이 포함된다.
		3 e/k w/g/i 학생의 아이디어를 수용 또는 사용: 학생이 제안한 아이디어를 명료화하여 다시 말하거나 학생의 아이디어에 기반을 두고 교사가 덧붙여 이야기한다. 교사가 자신의 생각을 더 많이 덧붙인 경우에는, 항목5로 분류된다.
		4 e/k w/g/i 질문: 학생이 대답할 것을 기대하고 교사가 수업내용이나 절차에 관하여 질문한다.
	지시적 영향	**5 e/k w/g/i 내용관련발언:** 교사가 수업을 통해 가르치고자 하는 내용에 관한 정보를 제공한다. 수업내용과 관련된 사실, 의견을 구체적으로 제시한다.
		6 e/k w/g/i 절차관련발언: 학생들로 하여금 책을 펼치거나 문제를 풀어보도록 하거나 하는 등의 수업이 이루어지는 절차와 관련된 발언이 여기에 해당된다.
		7 e/k w/g/i 훈육: 학생들에게 주의집중을 요구하거나 좋지 못한 행동을 바른 행동으로 바꾸기 위한 교사의 말, 즉 훈육과 관련된 발언이 여기에 해당된다.
학생발언		**8 e/k w/g/i 반응:** 교사의 단순한 질문에 대한 학생의 단순한 답변을 가리키는데, 학생이 답변하도록 교사가 먼저 유도하는 경우와 학생들이 예측 가능한 단순한 답변을 하는 경우가 여기에 해당된다.
		9 e/k w/g/i 주도: 학생 자발적으로 또는 교사의 발문에 의해서 학생이 자신의 아이디어를 표현하는 경우이다. 학생의 반응 항목과 달리, 학생의 주도에 의한 발언은 예측 가능한 단순한 발언이 아니며 학생들의 자발적인 질문 혹은 자신의 아이디어의 발표 등이 여기에 해당된다.
기타행동		**0 t/n/c Silence or confusion** · 과제지향적 침묵(0t): 교사와 학생이 비언어적 동작을 사용하여 의사소통하거나 시청각 매체를 사용하는 동안 교사와 학생 간의 언어적 침묵이 흐르는 경우를 가리킨다. · 비과제지향적 침묵(n): 과제와 상관없이 단순히 침묵이 흐르는 경우를 말한다. · 혼란(c): 교실 내 상호작용을 관찰할 수 없는 혼란스러운 상황은 여기에 해당된다.

e : 영어 k : 한국어 w : 학급전체 g : 소그룹 i : 개인

다) 상호작용 분류 예시

다음은 교실에서 일어날 수 있는 교사와 학생간의 대화이다. 각 발언이 어떤 항목에 포함되는지가 괄호 속에 표기되어 있다.

Teacher: What is the title of lesson 10? (4ew)

Students: A story of two seeds. (8ew)

Teacher: That's right. Good. (2ew)

Chulsu, what does 'seed' mean in Korean? (4ei)

Chulsu: 씨앗입니다 (8ki)

Teacher: You're right. (2ei)

'Seed' is 씨앗 in Korean. (3ew)

Younghee: 선생님, 그러면 'A story of two seeds'는 '두 씨앗 이야기'라고 해석 하면 되나요? (9ki)

Teacher: Right. (2ei)

Everyone, open your textbook to page 100. (6ew)

2) 수업관찰과 기록

Flanders의 분류항목에 따라 교실에서 이루어지는 교사와 학생의 언어는 3초 단위로 표시하게 되어 있다. 수업관찰자가 수업관찰과 동시에 각 3초에 해당되는 항목을 표시하는 것이 불가능하지 않으나 항목 표기의 정확성과 차후 확인 작업을 위해서 비디오 녹화된 자료 분석이 권장된다. 동료교사나 장학사가 수업관찰자가 되어, 특정 교사의 수업을 비디오로 녹화한 후에 그것을 분석하여 그 결과를 알려주거나 교사가 자신의 수업을 녹화한 후 스스로 녹화자료를 분석하여 자신의 수업에 대한 개선사항을 파악할 수 있다.

교사와 학생의 발언은 일어나는 순서대로 해당하는 항목이 기록되어야 한다. 예를 들어 교사가 30초 동안 수업 내용과 관련된 발언을 학급전체를 대상으로 영어로 30초 동안 한 경우, 5ew를 10번 표기해야 한다. <표 3-3>은 수업 중 이루어진 교사와 학생의 수업언어를 3초의 시간 흐름에 따라 기록하기 위한 양식표이다.

〈표 3-3〉 분류항목 기록표

m/s	3	6	9	12	15	18	21	24	27	30	33	36	39	42	45	48	51	54	57	60
1																				
2																				
3																				
4																				
5																				
6																				
7																				
8																				

m/s	3	6	9	12	15	18	21	24	27	30	33	36	39	42	45	48	51	54	57	60
9																				
10																				
11																				
12																				
13																				
14																				
15																				
16																				
17																				
18																				
19																				
20																				

교실수업을 관찰하여 교사와 학생의 상호작용을 기록하기 전에, 발언을 어떤 항목으로 분류할 지를 결정하는 데 도움을 줄 기본 준칙을 확립해 놓는 게 바람직하다. 실제로 각 발언의 항목을 기록하다보면 여러 가지 의문이 생긴다. 예를 들면 2번으로 해야 할지 3번으로 해야 할지 망설여지는 경우라든가, 3초 동안에 두 가지 이상의 언어행동이 나타난 경우에는 어떻게 기록할 것인지를 결정해야 한다. 이 경우 Flanders가 제안한 다음 기본 준칙을 적용시키도록 한다. 물론 교실에서 일어나는 상호작용이 복잡하고 각 분류 항목의 설명과 아래의 기본 준칙이 관찰자가 직면하게 되는 범주화의 모든 문제들을 다 포괄하지는 못한다. 하지만 기본 준칙은 관찰자가 수업 중 나타난 상호작용을 바른 항목으로 분류하는 데 도움을 줄 것이다.

- 교사나 학생의 언어가 둘 이상의 분류항목 중 어느 것으로 하면 좋을지 확실하지 않고 망설여질 때는 항목5로부터 멀리 떨어진 항목을 선택한다.
- 교사와 학생의 언어를 분류하는 것은 3초마다 한 번씩 하기로 되어 있는데, 만일 3초 동안에 하나의 분류항목 이상이 나타나면 나타난 분류항목을 모두 기록하도록 한다. 즉 분류항목이 변할 때마다 기록하도록 한다.
- 어떤 질문을 하고 이 질문에 답변할 학생을 지명하면 제 4항목으로 분류된다.
- 만일 3초 이상에 걸쳐서 침묵이 계속되거나, 웃거나 또는 혼동된 상태 하에 교사와 학생의 언어 상호작용이 분명치 않으면 각 3초마다 0을 기록한다.
- 교사의 질문에 대하여 여러 학생이 한꺼번에 답변을 하면 이 답변은 8에 해당한다.

3) 수업분석과 해석

<표 3-3>의 분류항목 기록표에 수집된 데이터는 크게 세 가지 방식으로 분석될 수 있다. 하나는 분류항목 기록표에서 각 항목 빈도를 구하여 분석하는 방법이며, 다른 하나는 빈도 행렬표를 작성하여 분석하는 방법, 세 번째는 특정 지수를 산출하여 분석하는 방법이다.

가) 분류항목 기록표를 통한 분석

앞에서 작성한 분류항목 기록표에서 각 항목이 나타난 횟수를 계산하고 그것을 백분율로 환산하여 수업에 대한 분석을 할 수 있다.

먼저, 분류항목 기록표에서 각각의 기본항목과 하위항목이 관찰된 횟수를 계산하여 <표 3-4>를 작성한다. 예를 들어, '감정의 수용'이라는 항목1의 빈도는 분류항목 기록표에서 1이라는 숫자가 나타난 횟수를 가리킨다. '감정의 수용'의 영어 빈도는 1이라는 숫자 뒤에 e라는 하위항목이 덧붙여져 있는 횟수를 가리킨다. 반면에, '감정의 수용'의 한국어 빈도는 그 중에서 k라는 하위항목이 덧붙여진 경우의 빈도를 말한다. '감정의 수용'의 학급전체대상빈도, 소그룹대상빈도, 개인대상빈도는 1이라는 숫자가 각각 w, g, i가 결합되어 있는 빈도를 말한다.

〈표 3-4〉 분류항목별 빈도

<table>
<tr><th colspan="3">항목</th><th>빈도</th><th>영어 빈도</th><th>한국어 빈도</th><th>학급전체 대상빈도</th><th>소그룹 대상빈도</th><th>개인 대상빈도</th></tr>
<tr><td rowspan="7">교사발언</td><td rowspan="4">비지시적 영향</td><td>1. 감정의 수용</td><td></td><td></td><td></td><td></td><td></td><td></td></tr>
<tr><td>2. 칭찬 또는 격려</td><td></td><td></td><td></td><td></td><td></td><td></td></tr>
<tr><td>3. 학생 아이디어 수용 · 사용</td><td></td><td></td><td></td><td></td><td></td><td></td></tr>
<tr><td>4. 질문</td><td></td><td></td><td></td><td></td><td></td><td></td></tr>
<tr><td rowspan="3">지시적 영향</td><td>5. 내용관련발언</td><td></td><td></td><td></td><td></td><td></td><td></td></tr>
<tr><td>6. 절차관련발언</td><td></td><td></td><td></td><td></td><td></td><td></td></tr>
<tr><td>7. 훈육</td><td></td><td></td><td></td><td></td><td></td><td></td></tr>
<tr><td colspan="2" rowspan="2">학생발언</td><td>8. 반응</td><td></td><td></td><td></td><td></td><td></td><td></td></tr>
<tr><td>9. 주도</td><td></td><td></td><td></td><td></td><td></td><td></td></tr>
<tr><td colspan="2" rowspan="3">기타행동</td><td>0t. 과제지향적 침묵</td><td></td><td colspan="5" rowspan="3"></td></tr>
<tr><td>0n. 비과제지향적 침묵</td><td></td></tr>
<tr><td>0c. 혼란</td><td></td></tr>
<tr><td colspan="3">계</td><td></td><td></td><td></td><td></td><td></td><td></td></tr>
</table>

둘째, 위의 <표 3-4>를 바탕으로 <표 3-5> 분류항목별 백분율을 작성한다. 이것은 각 항목이 수업에서 차지하는 비율을 한눈에 볼 수 있게 해준다. 항목2 '칭찬 또는 격려'에 해당하는 백분율은 그 항목 빈도를 모든 기본항목 빈도의 총합으로 나눈 다음 100을 곱하여 구할 수 있다. 항목2의 영어 백분율은 항목2의 영어 빈도를 항목2의 빈도로 나누어 100을 곱하여 구한다. 항목2의 한국 백분율도 같은 방법으로 구하는데, 같은 항목의 영어 백분율과 한국어 백분율의 합은 당연히 100이 된다. 학급전체대상 백분율, 소그룹대상 백분율, 개인대상 백분율도 한국어 백분율과 같은 방법으로 구하면 되고, 셋의 합도 100이 되어야 한다.

〈표 3-5〉 분류항목별 백분율 (단위: %)

항목			백분율	영어 백분율	한국어 백분율	학급전체 대상 백분율	소그룹 대상 백분율	개인 대상 백분율
교사발언	비지시적 영향	1. 감정의 수용						
		2. 칭찬 또는 격려						
		3. 학생 아이디어 수용·사용						
		4. 질문						
	지시적 영향	5. 내용관련발언						
		6. 절차관련발언						
		7. 훈육						
학생발언		8. 반응						
		9. 주도						
기타행동		0t. 과제지향적 침묵						
		0n. 비과제지향적 침묵						
		0c. 혼란						
계								

나) 빈도행렬표 작성을 통한 분석

교사와 학생 사이의 상호작용의 주요 흐름과 유형을 알기 위해서는 10x10 빈도행렬표를 작성하여 수업을 분석할 수 있다. 그 방법은 다음과 같다.

먼저, <표 3-3>의 시간 순으로 기록된 항목을 다음과 같이 쌍으로 만든다.

4ew 8ew 2ew 4ei 8ki 2ei 3ew 9ki 2ei 6ew ...

위의 항목을 쌍으로 묶으면 (4ew, 8ew) (8ew, 2ew) (2ew, 4ei) (4ei, 8ki) (8ki, 2ei) (2ei, 3ew) (3ew, 9ki) (9ki, 2ei) (2ei, 6ew)가 된다.

다음으로, 이 쌍들을 <표 3-6> 빈도 행렬표에 다음과 같이 기록한다. 처음의 쌍은 (4ew, 8ew)이므로 4행과 8열이 합쳐진 칸에 그 빈도를 기록하고 다음 쌍 (8ew, 2ew)는 8행과 2열이 합쳐진 칸에 그 빈도를 표시한다.

〈표 3-6〉 빈도 행렬표

열 \ 행	1	2	3	4	5	6	7	8	9	0	sum
1											
2											
3											
4											
5											
6											
7											
8											
9											
0											
sum											

<표 3-6>의 빈도 행렬표는 교사와 학생의 상호작용을 100가지로 분류한 셈이다. 행은 선행행동이고 열은 뒤이어 일어난 후속행동을 의미한다. 행렬표의 오른쪽 맨 아래 칸은 각 항목의 빈도수의 합을 나타내는데 각 쌍의 뒷부분이 다음 쌍의 앞부분과 중복되기 때문에, 각 항목 빈도수의 총계는 관찰 기록된 전체 분류항목 수보다 1이 적다. 즉 10분(600초)의 수업을 3초 간격으로 관찰하여 200개의 관찰결과를 얻었다면, 행렬표의 오른쪽 맨 아래 칸 빈도수 총계는 199가 된다.

이 빈도 행렬표의 각 칸에 나타난 수치들은 총계를 분모로 하여 백분율로 계산되어 사용될 수 있다. 백분율 수치는 100가지의 교사와 학생 간 상호작용이 수업에서 얼마나 높은 비율을 차지하고 있는지를 보여준다.

빈도행렬표는 다양한 방법으로 해석될 수 있다.

첫째, (1, 1) (2, 2) (3, 3) (4, 4) (5, 5) (6, 6) (7, 7) (8, 8) (9, 9) (10, 10)칸은 불변동상태칸(steady state cell)이다. 어떤 행동이든 그것이 3초 이상 지속되면 이곳에 기록된다. 이 불변동 상태칸의 빈도를 통해서 어떤 행동이 3초 이상 연속해서 나타났는지를 알 수 있다.

둘째, 불변동 상태칸을 제외한 다른 모든 칸들은 두 가지 서로 다른 행동이 결합한 모습을 나타내는데, 이러한 칸을 전이칸(transition cell)이라고 한다. 예를 들어 (4, 8)칸의 빈도는 교사의 질문 후에 학생의 단순답변이 얼마나 있었는지를 보여준다. 전이칸의 빈도를 살펴봄으로써 교사나 학생의 특정 행동 직후 어떤 행동이 따라왔는지를 알 수 있다.

셋째, <표 3-7>의 A부분과 B부분은 학생 발언에 대한 교사의 반응이 어떻게 나타나고 있는지를 보여준다. A부분은 학생의 발언에 이은 교사의 비지시적 영향을 의미하고 B부분은 지시적인 영향을 의미한다. 이 두 부분의 빈도를 비교해보면 학생의 말이 끝난 후에 교사의 반응이 어떠했는지를 알 수 있다.

넷째, <표 3-7>의 C부분은 교사의 발언이 끝난 후에 학생이 반응을 보인 비율을 보여주고 있다. C부분의 왼쪽 7칸은 교사발언에 대해 학생들이 단순반응을 보인 경우이고, 오른쪽 7칸은 교사발언에 이어 학생들이 자신들의 의견을 발표하거나 질문을 한 경우이다. 이 빈도를 서로 비교함으로써 교사발언에 대한 학생들의 반응 양상을 알 수 있다.

〈표 3-7〉 교사 · 학생의 상호작용 영역

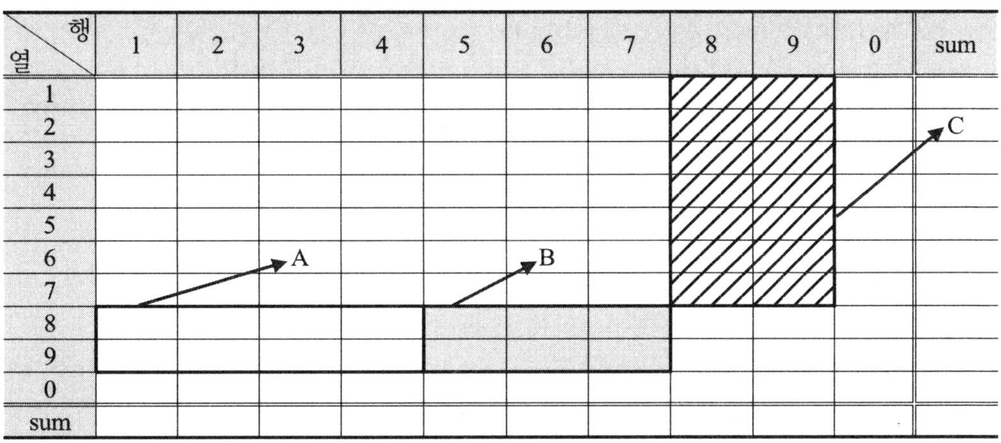

다) 지수의 산출을 통한 분석

세 번째로 활용 가능한 분석방법은 분류항목별 빈도를 사용하여 각종 지수를 산출하고 그 지수가 가지는 의미를 해석하는 방법이다. 기본항목과 관련된 지수와 그 지수의 산출 공식은 <표 3-8>과 같다.

〈표 3-8〉 기본항목 관련 지수 산출 공식

지수	지수 산출 공식
수업의 교사발언 비율	$\frac{\text{항목1, 2, 3, 4, 5, 6, 7 빈도의 합}}{\text{모든 항목 빈도의 합}} \times 100$
교사·학생발언 중 교사발언비율	$\frac{\text{항목1, 2, 3, 4, 5, 6, 7 빈도의 합}}{\text{항목1, 2, 3, 4, 5, 6, 7, 8, 9 빈도의 합}} \times 100$
교사의 지시적 발언비율	$\frac{\text{항목5, 6, 7 빈도의 합}}{\text{항목1, 2, 3, 4, 5, 6, 7 빈도의 합}} \times 100$
수업의 학생발언 비율	$\frac{\text{항목8, 9 빈도의 합}}{\text{모든 항목 빈도의 합}} \times 100$
학생의 주도적 발언 비율	$\frac{\text{항목 9 빈도}}{\text{항목8, 9 빈도의 합}} \times 100$

<표 3-9>는 e/k, w/g/i, t/n/c와 관련한 지수의 산출 공식을 보여주고 있다.

〈표 3-9〉 하위항목 관련 지수 산출 공식

지수	지수 산출 공식
교사의 교실영어사용 비율	$\frac{\text{항목1e, 2e, 3e, 4e, 5e, 6e, 7e 빈도의 합}}{\text{항목1, 2, 3, 4, 5, 6, 7 빈도의 합}} \times 100$
학생의 교실영어사용비율	$\frac{\text{항목8e, 9e 빈도의 합}}{\text{항목8, 9 빈도의 합}} \times 100$
교사의 학급전체 대상 발언비율	$\frac{\text{항목1w, 2w, 3w, 4w, 5w, 6w, 7w 빈도의 합}}{\text{항목1, 2, 3, 4, 5, 6, 7 빈도의 합}} \times 100$
학생의 학급전체 발언비율	$\frac{\text{항목8w, 9w 빈도의 합}}{\text{항목8, 9 빈도의 합}} \times 100$
침묵의 과제지향 비율	$\frac{\text{항목0t 빈도}}{\text{항목0의 빈도}} \times 100$

이상 Flanders 상호작용분석법의 사용방법을 알아보았다. 이 분석법을 활용하여 영어 수업을 실제로 분석한 예는 4장에 수록해 두었다.

이와 같이 Flanders 상호작용분석법은 교사와 학생 간의 교실 내 상호작용을 일정한 분류체계에 따라 기록하고 분석하는 객관적 분석도구이다. 이 분석법은 영어 교사의 교수 행위 개선에 그 목적을 두고 있으며 또한 이것은 다른 영어수업 교수방법들의 차이점과 효과성을 밝히는 연구도구로서도 사용된다.

그러나 이 분석법을 사용하여 수업을 관찰할 때 염두에 두어야 할 사항이 있다. Flanders 상호작용분석법으로 수업을 분석하여 그 결과가 바람직하게 나왔다고 해서 그 수업이 곧 잘된 수업이라고 단정할 수는 없다는 것이다. 좋은 수업이란 내용과 형태가 모두 좋아야 하는데 이 분석법은 내용면은 다루지 못하기 때문이다. 따라서 이 방법에 의하여 수업을 관찰하고 그 결과를 기록하되 항상 내용면과 수업의 전체적인 흐름에 유의하여 결과를 해석해야 한다. 효과적이고 유용한 수업분석을 위해서는 이같은 양적 분석뿐만 아니라 수업의 전반적인 흐름과 수업 내용에 대한 질적 분석도 함께 이루어지는 게 바람직하다.

3.1.2 FLint(Foreign Language interaction) 분석법

FLint 분석법은 우리나라 영어 교실수업과 같이 외국어를 가르치고 배우는 수업을 관찰·분석하여 수업 개선에 도움을 주기 위해 개발된 수업분석방법 중 하나이다. 이 분석법은 Flanders(1970)가 개발한 상호작용분석법을 Moskowitz(1976)가 외국어 수업 분석에 적합하도록 수정·보완한 것이다. 즉 Flanders 상호작용분석법이 특정 교과에 상관없이 모든 수업에서 일어나는 교사와 학생의 언어적 상호작용을 분석하는 방법이라면, FLint 분석법은 외국어를 교수·학습하는 교실에서 나타나는 상호작용을 세분화된 분류항목을 사용하여 관찰·분석하는 방법이다. 교실수업의 의존도가 높은 우리나라 영어교육 현실에서, FLint 분석법의 적절한 활용은 영어 교사의 수업개선에 기여하고 궁극적으로 학습자의 영어 의사소통능력 신장에도 도움이 되리라 본다.

이 글에서는 3.1.1에서 소개한 Flanders 상호작용분석법을 근간으로 이루어진 FLint 분석법의 필요성 및 Flanders 상호작용분석법과 차별화된 특징을 먼저 살펴보고자 한다. 그리고 FLint 분석법을 실제로 어떻게 활용하는지 그 방법을 구체적으로 제시해보도록 하겠다.

가. 이론적 배경

앞서 설명한 Flanders 상호작용분석법은 특정 교과에 관계없이 수업에서 일어나는 상호작용을 관찰하는 방법인 반면에, FLint 분석법은 외국어 교수·학습과정에 국한하여 사용할 수 있는 수업분석방법이다. Moskowitz(1976)는 Flanders 상호작용분석법의 틀을 그대로 유지하되 외국어 수업분석에 적절하도록 분류항목을 더 세분화하여 FLint 분석법을 발표했다. 따라서 FLint 분석법과 Flanders 상호작용분석법은 여러 면에서 공통점을 가진다.

첫째, 두 분석방법은 공통적으로 교실수업에서 일어나는 상호작용 분석에 초점을 두었다. 교사발언, 학생발언이 분석의 주요 대상이 된다.

둘째, Flanders 상호작용분석법처럼 FLint 분석법은 3초 단위로 기록한 분류항목 자료를 사용하고 각 항목이 나타난 빈도를 바탕으로 수업과 관련한 각종 지수를 계산하여 분석한다.

셋째, FLint 분석법 역시 수업분석 결과를 바탕으로 교사의 수업행동 개선을 목적으로 한다. Moskowitz(1976)는 예비교사 교육에서 FLint 분석법으로 얻은 수업분석 결과를 수업 개선의 지침으로 활용하도록 하였다(Allwright & Bailey, 1991).

반면 FLint 분석법은 다음과 같은 점에서는 Flanders 상호작용분석법과 차이를 보인다.

첫째, Flanders 상호작용분석법은 언어 상호작용만을 분석하지만, FLint 분석법은 비언어적인 요소도 분석의 대상으로 포함시킨다.

둘째, FLint 분석법은 Flanders 상호작용분석법과 달리, 교사발언 혹은 학생발언이 모국어 혹은 외국어로 행해졌는지를 분류한다. 이는 외국어 수업에서 외국어로 의사소통하는 기회가 가지는 중요성을 반영한 결과이다.

셋째, FLint 분석법은 Flanders 상호작용분석법의 분류항목보다 더 세분화된 항목을 포함한다. 이는 외국어 수업의 효과적인 분석을 위해 Flanders의 분류항목 중 일부를 더 세분화한 결과이다.

이상에서 살펴본 것처럼, FLint 분석법은 일정한 분류 체계에 따라 외국어를 학습하는 교실수업을 과학적으로 관찰하는 수업분석방법이다. FLint 분석법을 사용하여 영어수업을 관찰하고 분석하는 주된 목적은 현직교사 혹은 예비교사에게 그들 수업에 대한 객관적인 피드백을 제공해줌으로써 궁극적으로 수업의 개선을 가져오기 위함이다.

나. 활용 방법

FLint 분석법은 일정한 분류체계에 따라 교실에서 일어나는 상호작용을 관찰·기록하고 그 결과를 분석·해석하는 방법이다. FLint 분석법의 구체적인 활용방법을 분류항목, 수업관찰과 기록, 수업분석과 해석이라는 세 단계로 나누어 살펴보면 다음과 같다.

1) 분류항목

FLint 분석법은 교실에서 일어나고 있는 상호작용을 크게 세 가지 영역으로 나누고 있다. 첫 번째 영역은 교사의 발언을 다루고 있고, 두 번째 영역은 학생의 발언이 해당된다. 마지막 영역은 교사발언이나 학생발언으로 분류될 수 없는 기타 상호작용을 다룬다.

가) 교사발언

수업 중 교사가 하는 말은 학생들의 정의적 측면을 고려하는 정도에 따라 다시 비지시적 영향과 지시적 영향으로 구분된다. 비지시적 영향은 학생들의 적극적인 수업 참여를 최대한 보장하고 격려해주는 교사의 발언을 말하는데, 감정을 다룸(항목1), 칭찬 또는 격려(항목2), 농담(항목2a), 학생들의 아이디어 사용(항목3), 학생들의 대답을 반복(항목3a), 질문하기(항목4)가 해당된다. 한편, 지시적 영향은 학생들의 정의적 측면에 대한 고려 없이 수업을 진행시키는 데 사용되는 통제적이고 교사중심적인 발언을 가리킨다. 정보제공(항목5), 거부감 없이 교정하기(항목5a), 지시하기(항목6), 반복연습 지시하기(항목6a), 학생행동 비평하기(항목7), 학생대답 비평하기(항목7a)가 여기에 해당된다.

나) 학생발언

수업을 통하여 학생이 한 말은 세 가지 항목으로 분류된다. 예측 가능한 단순한 답변을 개별 학생이 하는 경우는 개별학생의 단순반응(항목8)으로, 그러한 답변을 전체 학급 또는 학급의 일부가 함께 말하는 경우는 전체학생의 단순반응(항목8a)으로 분류된다. 학생들이 자신들의 아이디어나 의견을 자발적으로 발표하거나 상호작용을 먼저 시작하는 경우는 학생주도의 자유로운 반응(항목9)에 해당된다.

다) 기타

교사발언이나 학생발언으로 분류될 수 없는 기타 상호작용은 7개의 항목으로 나누어진다. 먼저 교사와 학생 간의 언어 상호작용이 관찰되지 않는 침묵상황은 단순히 침묵이 흐르는 경우(항목10)과 녹음기와 같은 시청각 매체의 사용으로 인해 교사와 학생 간의 언어적 상호작용이 일시 중단된 경우(항목10a)로 구분된다.

두 명 이상의 학생들이 동시에 말하고 있어서 그 상호작용을 기록할 수 없는 혼란상황은 학생들이 주어진 과제와 관련하여 열성적으로 참여하여 혼란스러운 경우(항목11)와 주어진 과제와 무관하게 학생들이 무질서하게 행동하는 경우(항목11a)로 나누어진다.

또한 교사, 학생 개인, 혹은 학급 전체가 웃는 경우는 항목12로 분류된다.

남은 두 개의 항목은 한국어 사용(항목k)과 비언어 사용(항목n)이다. 이 항목들은 다른 20개의 항목과 달리 독립적으로 사용될 수 없고 항목1부터 항목9까지의 총 15개의 분류항목과 결합하여 사용된다. 교사나 학생이 수업 내 의사소통을 할 때 목표언어인 영어를 쓰지 않고 모국어인 한국어를 사용한 경우에 교사발언과 학생발언을 나타내는 항목에 k가 덧붙여진다. 교사가 영어로 농담한 경우는 2a로 분류되고, 교사가 한국어로 농담을 하는 경우에는 2ak로 분류되는 것이다. 한편, 항목n은 교사발언과 학생발언에 해당하는 총 15개의 행동이 말없이 동작이나 얼굴표정 등으로 이루어질 때 덧붙여진다. 예를 들어, TPR 상황에서처럼 교사의 지시에 의해서 학급 전체가 같은 동작을 하는 경우는 8an으로 분류된다.

이처럼, FLint 분석법은 독립적으로 사용할 수 없는 항목k와 항목n을 포함하여 총 22개의 분류항목을 가지고 있다. 각 항목에 대한 자세한 설명은 <표 3-10>과 같다.

〈표 3-10〉 FLint 분석법의 분류항목

교사발언	비지시적영향	1. **감정을 다룸:** 비위협적인 방법으로 학생들이 과거 · 현재 · 미래에 대해 가지는 감정을 수용하거나 언급한다. 또는 그런 감정에 대해여 이야기를 나눈다.
		2. **칭찬 또는 격려:** 칭찬을 하거나 학생들이 한 행동이 왜 가치가 있는지 말해준다. 학생들이 계속 말하도록 격려하고 그들에게 자신감을 심어준다. 학생들의 대답이 맞음을 확인해준다.
		2a. **농담:** 의도적인 농담을 한다. 학생들을 무시하는 일 없이 유머를 사용한다. 비의도적인 유머는 이 항목에 포함되지 않는다.
		3. **학생들의 아이디어 사용:** 학생들의 아이디어를 명료화하거나, 해석 · 요약해준다. 학생들의 아이디어는 교사에 의해 다른 말로 다시 말해지나 여전히 학생들의 아이디어로서 받아들여진다.
		3a. **학생들의 대답을 반복:** 학생들이 한 말을 그대로 반복해서 말한다.
		4. **질문하기:** 답을 예측할 수 있는 질문을 한다. 수사의문문은 이 항목에 포함되지 않는다.

구분		항목
교사발언	지시적 영향	**5. 정보 제공:** 정보, 사실, 의견이나 아이디어를 전달하거나 강의한다. 또는 수사의문문을 사용하여 질문한다.
		5a. 거부감 없이 교정하기: 비난 어린 단어나 어조의 사용 없이 실수를 한 학생에게 바른 대답을 말해준다.
		6. 지시하기: 학생들이 따라줄 것을 기대하고 지시 · 요청하고 명령한다.
		6a 반복연습 지시하기: 학생들이 똑같이 반복하도록 지시하거나 학생들로 하여금 대체연습 또는 변형연습을 하도록 지시한다.
		7. 학생 행동 비평하기: 학생의 행동을 받아들이지 않는다. 좋지 못한 학생의 행동을 바꾸려고 하거나 그것에 대한 화, 불쾌함, 불만족을 표현한다.
		7a. 학생 대답 비평하기: 학생들의 대답이 옳지 않음을 말해주고 불쾌함을 드러내거나 짜증어린 어투로 말한다.
학생발언		**8. 개별학생의 단순반응:** 교사가 미리 정한 범위 내에서 교사의 질문에 대하여 개별 학생이 반응한다.
		8a. 전체학생의 단순반응: 전체 학급 또는 학급의 일부가 함께 예측가능한 반응을 한다.
		9. 학생주도의 자유로운 반응: 학생들이 자신들의 아이디어, 의견을 바탕으로 교사에게 반응한다. 학생들은 가능성 있는 다양한 대답 중에서 하나를 선택하여 말한다. 그리고 자발적으로 대화에 참여한다.
기타		**10. 단순 침묵:** 상호작용의 중단, 즉 언어적 상호작용이 일어나지 않는 침묵을 가리킨다.
		10a. 시청각 매체로 인한 침묵: 녹음기와 같은 시청각 매체를 사용하는 동안의 교사와 학생 간의 언어적 침묵을 가리킨다.
		11. 과제지향적인 혼란: 두 명 이상의 학생들이 동시에 말하고 있어서 그 상호작용을 기록할 수 없다. 학생들은 주어진 과제와 관련하여 열성적으로 참여하고 반응한다.
		11a. 비과제지향적인 혼란: 두 명 이상의 학생들이 동시에 말하고 있어서 그 상호작용을 기록할 수 없다. 학생들은 교사의 의도와는 다르게 무질서하게 행동하며 그 행동들은 주어진 과제와는 관계가 없다.
		12. 웃음: 학급 전체, 학생 개인 혹은 교사가 웃는 것을 가리킨다.
		k. 한국어 사용: 교사 또는 학생이 한국어를 사용하여 말한다. 이 항목은 항상 항목 1부터 9까지와 결합하여 사용된다.
		n. 비언어 사용: 교사 또는 학생이 비언어적 동작 또는 얼굴 표정을 사용하여 의사소통한다. 이 항목은 항상 항목 1부터 9까지와 결합된다.

2) 수업관찰과 기록

수업관찰자가 위의 22개 분류항목을 숙지한 후 실제로 수업을 관찰하고 교사와 학생 간의 상호작용을 기록해야 한다. 수업관찰자가 수업관찰 현장에서 모든 상호작용을 기록할 수도 있으나, 기록의 편리성과 정확성을 위하여 수업을 비디오 녹화하여 그것을 체계적으로 정확하게 분석하는 것이 권장된다.

FLint 분석법에 의해 상호작용을 관찰 · 기록하는 구체적인 방법은 다음과 같다.

먼저, <그림 3-1>과 같은 수업관찰지를 준비한다. 이 관찰지는 관찰자 · 관찰일시와 같은 관찰정보, 수업자 · 수업일시 · 수업학교 · 수업학년과 같은 수업정보와 분류항목 기록표를 포함하고 있다.

수업관찰지

관찰자	______________	관찰일시	______________
수업자	______________	수업일시	______________
수업학교	______________	수업학년/학급	______________
교과서	______________	단원/차시	______________

분류항목 기록표

m/s	3	6	9	12	15	18	21	24	27	30	33	36	39	42	45	48	51	54	57	60
1																				
2																				
3																				
4																				
5																				
6																				
7																				
8																				
9																				
10																				
11																				

〈그림 3-1〉 수업관찰지

둘째, 수업관찰에 앞서 수업관찰지에 관찰정보와 수업정보를 기재한다. 이것은 구체적으로 수업을 분석 · 해석하는데 기본적인 정보를 제공해준다.

셋째, 교실에서 일어나는 상호작용을 3초 단위로 관찰하고 <표 3-10>의 분류항목 중 어느 것에 해당하는지를 수업관찰지의 분류항목 기록표에 시간순서대로 기록한다. 예를 들어, 교사가 한국어로 15초간 질문을 했다면 4k를 다섯 번 기록하면 된다. 만약에 3초 동안에 하나 이상의 분류항목이 나타나면 나타난 분류항목을 모두 기록하면 된다. 3초 동안에 교사의 영어로 된 질문과 학급전체의 영어로 된 단순답변이 둘 다 나타났다면 4와 8a를 둘 다 기록하면 된다.

위의 방법으로 작성된 수업 관찰지는 수업을 분석하고 해석하는데 기초 자료가 되기 때문에 수업관찰자는 신중하고 정확하게 기록해야 한다.

3) 수업분석과 해석

수업을 관찰한 이후에는 작성된 수업 관찰지를 바탕으로 결과를 분석하고 해석해야 하는데 그 방법에는 세 가지가 있다. 수업관찰지의 분류항목 기록표를 통한 분석, 빈도 행렬표 작성을 통한 분석, 특정 지수의 산출을 통한 분석이 바로 그것들이다.

가) 분류항목 기록표를 통한 분석

앞에서 작성한 분류항목 기록표를 이용하여 관찰한 수업에 대한 분석을 할 수 있다. 먼저, 분류항목 기록표에서 항목1부터 항목 12까지 총 20개의 항목이 각각 나타난 빈도를 구하여 <표 3-11>의 '항목별 빈도'란에 기재한다. 그리고 항목별 백분율을 다음과 같은 방법으로 구한다.

$$\text{항목별 백분율(\%)} = \frac{\text{각 항목의 빈도}}{\text{모든 항목 빈도의 합}} \times 100$$

항목별 백분율은 그 항목이 수업에서 나타난 비율을 보여준다. 예를 들어, 항목5 정보제공이 50회 관찰되었고, 모든 항목 빈도의 합이 500이라면 항목5의 항목별 빈도는 50이고 항목별 백분율은 10%이다.

다음으로, 수업에서 한국어가 얼마나 사용되었는지를 알아보기 위해서 각 항목별로 항목k가 나타난 횟수를 구하여 <표 3-11>의 '한국어빈도'란에 기록한다. 항목별 한국어 백분율은 다음과 같은 방법으로 구한다.

$$\text{항목별 한국어 백분율(\%)} = \frac{\text{각 항목 k의 빈도}}{\text{각 항목의 빈도}} \times 100$$

이 백분율 수치는 교사 또는 학생이 어떤 말을 할 때 한국어를 더 많이 사용하였는지를 보여준다. 예를 들어, 항목5의 빈도가 50회이고, 그 중 10회가 한국어였다면 교사가 수업내용을 전달할 때 20%를 한국어로 말했다.

마지막으로, 분류항목 기록표에 나타난 각 항목별 비언어 빈도를 구한다. 다음 공식을 이용하여 항목별 비언어 백분율을 구할 수 있다.

$$\text{항목별 비언어 백분율} = \frac{\text{각 항목 n의 빈도}}{\text{각 항목의 빈도}} \times 100$$

비언어 백분율은 교사 또는 학생이 어떤 의사를 전달하기 위해서 비언어적 행동을 사용했는지를 나타내준다. 예를 들어, 항목5의 빈도가 50회이고, 그 중 5회가 동작이나 표정으로 행해졌다면 항목5의 비언어 백분율은 10%가 된다.

〈표 3-11〉 **분류항목별 빈도와 백분율**

분류항목			항목별 빈도	항목별 백분율	한국어 빈도	한국어 백분율	비언어 빈도	비언어 백분율
교사발언	비지시적 영향	**1.** 감정을 다룸						
		2. 칭찬 또는 격려						
		2a. 농담						
		3. 학생들의 아이디어 사용						
		3a. 학생들의 대답을 반복						
		4. 질문하기						
	지시적 영향	**5.** 정보 제공						
		5a. 거부감 없이 교정하기						
		6. 지시하기						
		6a. 반복연습 지시하기						
		7. 학생 행동 비평하기						
		7a. 학생 대답 비평하기						
학생발언		**8.** 개별학생의 단순반응						
		8a. 전체학생의 단순반응						
		9. 학생주도의 자유로운 반응						
기타		**10.** 단순 침묵						
		10a. 시청각 매체로 인한 침묵						
		11. 과제지향적인 혼란						
		11a. 비과제지향적인 혼란						
		12. 웃음						
계								

나) 빈도 행렬표 작성을 통한 분석

앞의 분류항목 기록표 외에도 수업을 보다 자세하게 분석하기 위해 20x20 행렬표를 작성하여 수업의 전반적인 흐름과 교사와 학생 사이의 상호작용의 유형을 해석하는 방법이 있다. 구체적인 방법은 다음과 같다.

첫째, <표 3-12>와 같은 20x20 행렬표를 준비한다. 행과 열이 나타내는 숫자와 기호는 분류항목 1부터 12까지를 의미한다.

둘째, 관찰기록된 전체 분류항목을 다음 예와 같이 쌍으로 만든다.

4 8a 2 4 4 8k 8k 3ak 3ak 12 ...

위의 항목을 쌍으로 묶으면, (4, 8a), (8a, 2), (2, 4), (4, 4), (4, 8k), (8k, 8k), (8k, 3ak), (3ak, 3ak), (3ak, 12)가 된다.

셋째, 쌍으로 묶인 위의 항목들이 나타난 빈도를 <표 3-12>의 빈도행렬표에 기록한다. 처음의 쌍은 (4, 8a)이므로 4행과 8a열이 합쳐진 칸에 그 빈도를 기록하고 다음 쌍 (8a, 2)는 8행과 2열이 만나는 칸에 그 빈도를 표시한다.

위의 방법으로 작성된 빈도 행렬표는 교사와 학생의 상호작용을 400가지로 분류한 셈이다. 행은 선행행동이고 열은 후속행동을 의미한다. 예를 들어 (4, 8a)칸의 빈도가 48회라면, 이것은 교사의 질문에 대한 전체학생의 단순반응이 48회 있었음을 의미한다. 또한 (8a, 2)칸은 학생들의 전체답변 후에 교사의 칭찬이나 격려가 뒤따라온 횟수를 나타낸다.

〈표 3-12〉 빈도 행렬표

	1	2	2a	3	3a	4	5	5a	6	6a	7	7a	8	8a	9	10	10a	11	11a	12	합
1																					
2																					
2a																					
3																					
3a																					
4																					
5																					
5a																					
6																					
6a																					
7																					
7a																					
8																					
8a																					
9																					
10																					

	1	2	2a	3	3a	4	5	5a	6	6a	7	7a	8	8a	9	10	10a	11	11a	12	합
10a																					
11																					
11a																					
12																					
합																					

아래 <표 3-13>을 통해 수업의 전반적인 흐름과 교사와 학생 간의 상호작용의 유형을 알아볼 수 있는데, 다음과 같은 방법으로 분석된다.

첫째, 빈도 행렬표에서 교사발언에 해당하는 항목 12개와 학생발언에 해당하는 항목 3개가 맞물리는 칸은 교사와 학생 사이의 상호작용을 나타낸다. 그 칸들 중에서 빈도수가 가장 높은 칸은 교사와 학생 간 상호작용의 주된 흐름을 나타낸다. 예를 들어, (4, 8a)칸의 빈도가 가장 높다고 하면 수업의 주된 상호작용은 주로 교사의 질문에 이은 전체학생의 단순반응이라고 분석할 수 있다.

둘째, A부분은 같은 행동이 3초 이상 지속되는 빈도를 보여준다. 예를 들어 (5, 5)칸은 교사가 3초 이상 수업내용에 대한 정보를 계속적으로 제공한 빈도를 보여주고 (9, 9)칸은 학생의 주도적인 반응이 3초 이상 지속되는 빈도를 나타낸다. A부분의 빈도를 살펴봄으로써, 수업에서 어떤 행동이 지속되고 있는지를 알아낼 수 있다.

셋째, B부분은 교사의 질문 후에 학생의 반응이 어떻게 나타났는지를 보여준다. (4, 9)칸의 빈도가 (4, 8)칸이나 (4, 8a)칸의 빈도보다 높은 경우에는 교사의 질문에 대해 학생들이 자발적으로 그들의 아이디어를 표현하는 비율이 예측 가능한 단순한 답변을 하는 비율보다 높다고 분석할 수 있다.

넷째, 빗금 친 C부분은 교사의 지시적 발언이 학생들의 어떤 반응을 유도했는지를 보여준다. (6a, 8a)칸은 교사와 학생의 상호작용 중에서 교사가 반복연습을 지시하여 학생들이 다 함께 반응한 경우를 보여준다. 따라서 이 칸의 빈도를 통해 교사가 학생들로 하여금 반복연습을 어느 정도 시켰는지를 알 수 있다.

다섯째, D부분은 학생의 발언에 대한 교사의 비지시적 영향을 의미하고 반면에 E부분은 교사의 지시적인 영향을 의미한다. 이 두 부분의 빈도를 비교해보면 학생의 말이 끝난 후에 교사의 반응이 어떠했는지를 알 수 있다. 예를 들어, D부분 빈도의 합이 50이고 E부분 빈도의 합이 10이라면 학생의 발언에 대한 교사의 반응이 비지시적이었다고 말할 수 있다.

〈표 3-13〉 빈도행렬표의 해석영역

	1	2	2a	3	3a	4	5	5a	6	6a	7	7a	8	8a	9	10	10a	11	11a	12	합
1	A																				
2		A																			
2a			A																		
3				A											B						
3a					A																
4						A															
5							A											C			
5a								A													
6									A												
6a										A											
7				D					E		A										
7a												A									
8													A								
8a														A							
9															A						
10																A					
10a																	A				
11																		A			
11a																			A		
12																				A	
합																					

다) 지수의 산출을 통한 분석

세 번째로 활용 가능한 분석방법은 분류항목기록표나 빈도행렬표를 통해 얻어낸 분류항목별 빈도를 사용하여 각종 지수를 산출하고 그 지수가 가지는 의미를 해석하는 방법이다.

(1) 교사발언 관련 지수

교사의 발언과 관련된 지수의 종류와 지수 산출 방법은 다음과 같다.

〈표 3-14〉 교사발언 관련 지수 산출 공식

지수	지수 산출 공식
수업의 교사발언 비율	(항목1, 2, 2a, 3, 3a, 4, 5, 5a, 6, 6a, 7, 7a 빈도의 합) / (모든 항목 빈도의 합) ×100
교사·학생발언 중 교사발언 비율	(항목1, 2, 2a, 3, 3a, 4, 5, 5a, 6, 6a, 7, 7a 빈도의 합) / (항목1, 2, 2a, 3, 3a, 4, 5, 5a, 6, 6a, 7, 7a, 8, 8a, 9 빈도의 합) ×100
교사의 지시적 발언비율	(항목5, 5a, 6, 6a, 7, 7a 빈도의 합) / (항목1, 2, 2a, 3, 3a, 4, 5, 5a, 6, 6a, 7, 7a 빈도의 합) ×100
교사의 한국어 발언비율	(항목1, 2, 2a, 3, 3a, 4, 5, 5a, 6, 6a, 7, 7a 중 k 빈도의 합) / (항목1, 2, 2a, 3, 3a, 4, 5, 5a, 6, 6a, 7, 7a 빈도의 합) ×100
교사의 비언어 행동비율	(항목1, 2, 2a, 3, 3a, 4, 5, 5a, 6, 6a, 7, 7a 중 n 빈도의 합) / (항목1, 2, 2a, 3, 3a, 4, 5, 5a, 6, 6a, 7, 7a 빈도의 합) ×100
교사의 한국어 지시적 발언비율	(항목5, 5a, 6, 6a, 7, 7a 중 k 빈도의 합) / (항목5, 5a, 6, 6a, 7, 7a 빈도의 합) ×100
교사의 비언어 지시적 행동비율	(항목5, 5a, 6, 6a, 7, 7a 중 n 빈도의 합) / (항목5, 5a, 6, 6a, 7, 7a 빈도의 합) ×100

(2) 학생발언 관련 지수

학생발언에 해당하는 분류항목에는 개별학생의 단순반응, 전체학생의 단순반응, 학생주도의 자유로운 반응이 있다. 이와 관련하여 구할 수 있는 지수와 그 지수의 산출 공식은 다음과 같다.

〈표 3-15〉 학생발언 관련 지수 산출 공식

지수	지수 산출 공식
수업의 학생발언비율	(항목8, 8a, 9 빈도의 합) / (모든 항목 빈도의 합) ×100
교사·학생발언 중 학생발언 비율	(항목8, 8a, 9 빈도의 합) / (항목1, 2, 2a, 3, 3a, 4, 5, 5a, 6, 6a, 7, 7a, 8, 8a, 9 빈도의 합) ×100
학생의 단순반응비율	(항목8, 8a 빈도의 합) / (항목8, 8a, 9 빈도의 합) ×100
학생의 주도적인 발언비율	(항목9 빈도) / (항목8, 8a, 9 빈도의 합) ×100
학생의 한국어발언비율	(항목8, 8a, 9 중 k 빈도의 합) / (항목8, 8a, 9 빈도의 합) ×100
학생의 비언어사용비율	(항목8, 8a, 9 중 n 빈도의 합) / (항목8, 8a, 9 빈도의 합) ×100

(3) 침묵 · 혼란 · 웃음 관련 지수

교사발언이나 학생발언에 포함되지 않는 기타 상호작용에 대해서는 다음과 같은 방식으로 지수를 산출할 수 있다.

〈표 3-16〉 **침묵 · 혼란 · 웃음 관련 지수 산출 공식**

지수	지수 산출 공식
수업의 침묵비율	$\frac{\text{항목10, 10a 빈도의 합}}{\text{모든 항목 빈도의 합}} \times 100$
침묵 중 시청각 매체사용비율	$\frac{\text{항목10a 빈도}}{\text{항목10, 10a 빈도의 합}} \times 100$
수업의 혼란비율	$\frac{\text{항목11, 11a 빈도의 합}}{\text{모든 항목 빈도의 합}} \times 100$
혼란 중 과제지향혼란비율	$\frac{\text{항목11의 빈도}}{\text{항목11, 11a 빈도의 합}} \times 100$
수업의 웃음비율	$\frac{\text{항목12의 빈도}}{\text{모든 항목 빈도의 합}} \times 100$

이상에서 논의한 FLint 분석법은 외국어학습 교실에서 일어나는 교사와 학생 사이의 상호작용을 22개의 분류항목을 사용하여 관찰하고 기록한 후 그 결과를 분석하고 해석하는 수업분석방법이다. FLint 분석법의 특징을 세 가지로 요약하면 아래와 같다.

첫째, FLint 분석법은 Flanders 상호작용분석법과 달리, 우리나라의 영어수업과 같은 외국어수업을 분석하는 데 필요한 분류항목을 포함하고 있다. 교사와 학생의 교실영어 사용 정도는 영어수업을 분석하는 데 중요한 척도 중 하나이다. 또한 동작이나 얼굴표정을 통한 비언어적 행동 역시 의사소통하는 방법 중 하나이므로 학생들의 영어표현능력이 낮은 초등학교 저학년 영어수업에서 비언어적 상호작용 요소를 관찰하는 것은 필요하다. FLint 분석법은 이 두 가지 요소에 대한 분류항목을 포함하고 있다. 아울러 영어수업에서 자주 나타나는 반복연습, 학생들의 전체반응, 시청각 매체를 사용한 침묵상황, 과제를 수행하기 위해 학생들이 만들어내는 혼란 상황 등을 분류할 수 있는 항목을 통하여 FLint 분석법은 영어수업의 특징을 효과적으로 관찰할 수 있도록 하고 있다.

둘째, 수업분석 결과는 과학적이고 객관적인 방법으로 분석되고 해석된다. FLint 분석법은 교사발언, 학생발언을 포함한 교실 내 상호작용을 그 내용에 따라 22개로 분류하고 이를 수량화하여 해석한다. 구체적인 방법으로는 세 가지가 있다. 먼저 교사나 학생의 특정 행동이 수업 중에 나타난 횟수가 계산되고 수업에서 차지하는 비율이 계산된다. 다음으로, 수업 중 나타난 상호작용이 빈도행렬표로 정리되어, 교사와 학생 사이의 상호작용의 유형을 파악할 수 있다. 마지막으로 교사의 지시적 발언비율, 교사의 한국어사용비율, 학생의 주도적 발언비율 등과 같은 지수를 산출하여 수업을 분석할 수 있다.

셋째, FLint 분석법은 교사의 수업을 개선하는 데 유용한 피드백을 제공해준다. 수업관찰자가 이 분석법에 따라 수업을 관찰·분석한 후 수업자에게 그 결과를 제공하거나 교사가 자신의 수업을 녹화하여 스스로 분석하여 그 결과를 알 수 있다. 교사가 본인 수업의 장·단점을 객관적으로 알고 있어야 장점을 키우고 단점을 극복하는 방향으로 수업을 개선시킬 수 있다.

FLint 분석법을 사용하여 영어수업을 관찰·분석할 때 다음 두 가지 사항을 반드시 유념해야 한다.

첫째, 수업관찰자는 수업관찰에 앞서 22개의 분류항목을 숙지해야 한다. 분류항목을 잘 알고 있어야 객관적으로 수업행동을 분류할 수 있다는 것은 당연한 사실이다. 수업관찰자가 선입견 없이 수업행동을 분류항목에 따라 분류하여야 객관적인 결과를 얻을 수 있다.

둘째, FLint 분석결과는 교사발언이나 학생발언의 질적인 가치를 분석하지는 못하는 한계가 있다. FLint 분석법은 교사가 문법적으로 잘못된 영어를 구사하지는 않았는지 또는 수업내용에 잘못된 부분이 있지는 않은지와 같은 질적 가치를 분석해내지 못한다. 따라서 수업관찰자는 수업의 전반적인 흐름과 분위기, 수업 내용 적합성에 대한 질적 분석 결과가 뒷받침 될 때 FLint 분석법이 가진 한계를 극복할 수 있음을 명심해야 한다. 교사는 FLint 분석결과가 바람직하게 나왔다고 해서 자신의 수업이 성공적이었다고 자만해서는 안 된다. 교사발언의 질적 가치를 높이기 위해서 교사는 유창하고 정확하게 영어를 말하도록 노력해야 하며 수업내용에 오류가 없도록 교과지식 측면에서도 빈틈이 없도록 부단히 노력해야 한다.

위의 두 가지 사항을 유념하여 FLint 분석법을 효과적으로 영어수업현장에 적용한다면 영어교사의 수업개선에 긍정적인 영향을 미치리라 본다. 영어수업 개선이 추구하는 궁극적인 목표가 학생의 영어 의사소통능력 신장이라는 점에서 미루어볼 때, 우리나라 영어교육이 지향하는 목표 달성을 위해서 FLint 분석법의 효과적인 사용이 적극 권장된다.

3.1.3 TALOS

TALOS(Target Language Observation Scheme)는 Ullman과 Geva(1982)가 제안한 수업관찰도구로서, 정교하고 세련된 분석범주를 바탕으로 외국어 교수·학습과정을 객관적이고 과학적으로 관찰하고 분석하는 양적 접근의 수업분석방법이다. TALOS는 실시간으로 수업을 관찰하고 기록하는 저추론(low-inference) 분석법과 수업관찰 후에 실행하는 고추론(high-inference) 분석법으로 구성되어 있다.

이 글에서는 먼저 TALOS를 통한 영어수업 분석의 필요성을 살펴보고, 저추론 분석법, 고추론 분석법에 대해 개괄적으로 살펴보고자 한다. 다음으로 TALOS의 구체적인 활용방법에 대해 알아보도록 하겠다.

가. 이론적 배경

수업관찰이란 수업에서 나타난 교사와 학생 간의 상호작용, 학습활동, 교수방법 등의 수업 현상에 관한 심층적인 정보를 모으는 것이다. 수업관찰을 통해서 얻은 정보는 효과적인 교수, 학습방법을 개발하고 그에 맞는 수업자료를 수집하는데 밑바탕을 이룬다. 실제로 교실에서 일어나는 현상을 알아야지만 더 효과적인 수업을 위한 전략도 세울 수 있는 법이다. 수업관찰의 필요성에 대해서는 Bakeman과 Gottman(1986)이 주장한 부분도 있다. 이들의 의견은 우리가 수업을 관찰하지 않는다면 교실에서 일어나는 상황에 대해 알 수가 없고, 이에 대해 알 수 없다면 교실 수업 안의 행동양식을 확인할 수 없으며, 그 행동양식을 확인할 수 없다면 이론을 생성해낼 수 없다는 것이다. 이러한 이유로 교실 수업을 관찰해야 하고, 관찰에 임할 시에는 적극적이고 추진력을 가지고 해야 한다는 것이다. 또한 수업관찰을 통해 얻어진 정보나 자료는 관찰한 수업이 가진 문제점과 그 원인을 파악하는 데 도움을 준다. 수업자가 자신의 수업이 가진 문제점을 알게 되면 수업을 바람직한 방향으로 개선하기 위해 무엇을 해야 하는지도 알게 된다. 수업관찰은 수업개선을 위한 밑바탕이 되는 것이다.

TALOS는 외국어 교수·학습과정에서 나타나는 상호작용, 학습활동, 언어, 교수방법 등에 관한 깊이 있는 정보를 얻는 데 유용한 방법이다. 학생들의 외국어 학습을 증진하도록 수업을 진행하려면, 교사는 자신의 실제수업과 계획한 수업목표 사이의 괴리를 파악하고 그 원인이 어디에 있는지 파악해야 한다. 문제점 파악이 이루어질 때 수업개선을 위한 전략도 세울 수 있는 것이다. 저추론 분석법, 고추론 분석법 두 가지를 이용한 TALOS는 외국어 수업에 관한 심층적인 정보를 제공해준다. 따라서 우리나라의 영어수업을 이 분석법에 의해서 관찰하고 분석한다면 교사는 효과적인 영어 교수, 학습을 위한 자료를 얻고 영어수업을 더 효율적으로 진행할 수 있게 될 것이다.

1) 저추론 분석법과 고추론 분석법

TALOS는 두 부분으로 구성되는데, 하나는 저추론 분석법이고 다른 하나는 고추론 분석법이다. 저추론 분석이란 수업관찰자가 교사나 학생의 행동 이면에 있는 의도나 전략을 파악하지 않고 수업 중에 나타난 행동을 있는 그대로 관찰하고 분석하는 것이다. 예를 들어, 교사의 질문 직후 몇 명의 학생이 손을 들었는지는 수업관찰자의 추론이나 판단이 요구되지 않는다. 수업관찰자는 손을 든 학생의 수만 헤아리면 되는 것이다. 이렇게 저추론 분석에서는 수업관찰자의 추론이 그다지 요구되지 않는 수업행동들을 실시간으로 관찰・기록한다.

반면에 고추론 분석이란 수업 중 교사나 학생의 행동 하나하나를 분석하기보다는 그 행동 이면에 있는 의도나 전략을 파악하고 그것이 수업 진행이나 분위기에 어떠한 영향을 미쳤는지를 고찰하는 것으로, 수업관찰자의 판단과 추론이 많이 요구된다. 예를 들어, 수업이 얼마나 과제 지향적이었는지의 여부는 수업에 나타난 여러 현상을 바탕으로 수업관찰자가 판단하여 결정해야 한다. 즉, 고추론 분석에 해당하는 항목들에 관한 정보를 얻기 위해 수업관찰자는 수업관찰이 끝난 후에 수업에 나타난 행동을 바탕으로 판단을 해야 한다.

Chaudron(1988)은 저추론 분석과 고추론 분석에 대하여 다음과 같이 말하였다.

> 연구자들은 보통 저추론적 범주를 선호한다. 이 저추론적 범주는 행동의 특성이라는 용어로 충분히 전달될 것이다. 즉 학생들이 손을 든다든지 칠판에 판서되어 있는 글을 본다든지 하는 등의 실제 부호화 상황에 있는 관찰자들이 높은 동의를 표하거나 높은 신뢰도를 보이는 것이라 할 수 있다. 반면에 고추론적 범주들은 특정한 행동이 지니는 의미나 그 행동의 기능에 대해 판단을 해야 하는 것이다. 이러한 고추론 분석은 종종 학생들의 전략, 교사들의 의도, 교실수업 분위기에 관한 정보를 모으기 위해 쓰이는 관찰방법에 포함된다. 고추론적 범주는 '교사의 격려'나 '학생이 결론을 이끌어

내기' 등을 포함하고 있는데, 고추론에 속하는 범주들은 범주들의 신뢰도를 높이기 위해 잠정적으로 관찰자가 될 사람이나 전사 기록자들을 교육을 하는데 더 많은 노력을 쏟아야 한다(Chaudron, 1988, pp. 19-20).

TALOS는 저추론 분석과 고추론 분석을 둘 다 포함하고 있다. 저추론 분석법을 수업관찰도구로 사용할 경우에는 관찰자가 충분히 그 기법에 익숙해야 하고, 수업의 여러 부분을 놓치지 않기 위해 여러 관찰자가 필요하다. 그러나 이러한 관찰과정 자체가 수업 분위기를 해칠 수 있다. TALOS는 이러한 저추론적 분석법이 가진 단점을 보완하기 위해, 수업의 비디오 녹화와 민속학적(ethnographic) 접근 방법인 전사를 사용하여 수업을 관찰하고 분석한다. 이를 통해서 자연스럽게 진행되는 수업을 관찰할 수 있고 동시에 실제 교실의 상호작용에서 쓰인 담화들을 최대한 놓치지 않고 관찰할 수 있게 된다. 아울러 녹화된 자료의 반복적인 관찰을 통해 오류를 최소화하는 효과를 얻을 수 있고 질적인 자료를 보충할 수 있게 된다.

나. 활용 방법

TALOS는 두 부분으로 구성된다. 그 중 하나는 실시간으로 관찰하며 기록하는 것으로 저추론 TALOS 분석표이다. 이 분석표에서는 교사의 교수 행위와 학생의 행동 모두가 관찰 범위 안에 들어가며, 교실 활동, 언어의 요소, 언어기능 등을 분석한다. 다른 하나는 관찰 후에 실행하는 고추론 TALOS 분석표이다. 고추론 TALOS에서는 교실에서 관찰한 특정한 행동이 지니는 의미나 그 행동의 기능과 관련된 판단을 하게 된다.

여기서는 TALOS의 분석표를 확인하고 분석 방법 및 각 항목의 기준에 대해 살펴보겠다.

1) 관찰의 기본 정보

수업을 분석하기에 앞서 관찰할 수업에 대한 전반적인 정보가 필요하다. 수업의 전반적인 정보는 크게 두 개의 부분으로 나누어 볼 수 있다. 우선, 수업에 대한 기본적인 정보로 수업 관찰자가 누구인지, 관찰 일자가 어떻게 되는지, 몇 번째 관찰이 이루어지고 있는지, 수업이 진행되는 장소는 어디인지, 수업을 담당하고 있는 교사는 누구인지, 수업의 대상이 되는 학생들은 몇 학년인지 등의 정보를 나타낸다. 다음은 수업 환경에 대한 정보이다. 여기에는 수업의 시작 시간과 끝나는 시간, 영어 수업이 진행되는 교실의 형태, 영어수업시간에 원어민이 있는지의 여부가 있으며, 추가적으로 수업을 관찰한 후 교사와 학생이 많이 쓴 언어를 확인할 수 있다. 이러한 내용은 아래 <표 3-17>로 나타낼 수 있다.

〈표 3-17〉 관찰의 기본 정보

1. 관찰자					
2. 관찰일자					
3. 관찰	1st	2nd	3rd	4th	
4. 관찰수업 학교명					
5. 관찰학년					
6. 영어교사 이름					
7. 수업 시작 시간					
8. 수업 끝나는 시간					
9. 영어 교실의 형태	일반교실	멀티미디어실	영어전용교실		
10. 영어 원어민 교사	네	아니오			
11. 교사의 언어	영어	영어>한국어	영어＝한국어	영어<한국어	한국어
12. 학생의 언어	영어	영어>한국어	영어＝한국어	영어<한국어	한국어

2) 저추론 TALOS

저추론 TALOS는 수업을 실시간으로 관찰하며 교사나 학생의 행위 및 발화를 기록하는 것으로 교사와 학생으로 나누어서 관찰하도록 되어있다. 세부적인 항목들은 아래의 <표 3-18>에 제시하였으며, 하나의 발언이 하나의 항목에만 해당되는 것이 아니라, 발언에 따라 여러 범주의 특성을 동시에 가질 수 있다.

<표 3-18> 저추론 TALOS

발언	교사														학생																	
	교수 행위												언어사용		발언의 대상					발언의 유형							질문의 유형				언어사용	
	문형반복연습	지시/안내	설명	토론	대답	메타발화및질문	인지적질문	단순질문	수정	강화	일상적발화	훈육	한국어	영어(목표어)	전체	모둠	짝꿍/동료	교사	기타	발음	단어	구절	문장	담화	비언어적	무반응	메타발화및질문	인지적질문	단순질문	일상적질문	한국어	영어(목표어)
1																																
2																																
3																																
4																																
5																																
6																																
7																																
…																																

가) 각 항목의 기준

TALOS를 활용하기 위해서는 각 항목이 의미하는 바와 그 적용 기준이 무엇인지를 정확하게 파악하는 것이 우선적으로 필요하다. 다음은 저추론 TALOS의 범주별 세부항목에 대한 설명과 기준이다.

(1) 발언

분석의 객관성 및 타당도를 높이기 위해 질적 분석인 전사의 방법을 보태기로 하겠다. 따라서 분석에 앞서 실제 교실수업에서 발생하는 교사와 학생들의 발화를 전사하고 이를 확인하여 분석표에 표시하기로 한다.

전사기록은 발화하는 순서대로 1, 2, 3, 4… 번호를 써서 별도의 표에 기록하고 저추론 TALOS 분석표에는 발언을 숫자로 표기해 표의 복잡도를 낮춘다. 그리고 각 발언이 교사의 발언인지 학생의 발언인지를 구분한다. 전사기록표는 아래 <표 3-19>와 같다.

〈표 3-19〉 교실 수업 시간의 발언 전사

발언순서	발언자		발언의 내용
	교사의 발언	학생의 발언	
1			
2			
3			
4			
5			
…			

(2) 교사

(가) 교수 행위

교수 행위는 학생들을 대상으로 하는 교사의 모든 행동이나 발화를 말한다. 여기에는 교사가 학생들에게 내용을 전달하는 방식, 학생들의 질문이나 응답에 대한 반응 등이 해당된다. 교수 행위는 <표 3-18>과 같이 여러 하위 범주로 구성되며, 교사의 발화가 어떤 속성을 띠는지를 제시된 항목에서 찾아 표시한다. 각 세부 항목별 기준은 다음과 같다.

- 문형반복연습

  문형반복연습은 반복을 통해 한 두 가지의 언어형태(문법적 또는 음운적 구조)를 집중적으로 다루어 정확한 반응이 즉각적으로 일어날 수 있게 하는 교수기법이다. 반복연습을 지시하거나 이끄는 교사의 발언들이 이 항목에 속하게 된다. 즉, 별다른 문법·규칙의 설명 없이 문장 반복연습 시키기, 따라 읽게 하기, 주어진 대화를 암기하도록 하기 등의 교사의 발언들이 여기에 속한다. 예를 들어, 교사가 먼저 *The cat is in the hat.*이라고 하면, 학생은 교사가 말한 문장을 똑같이 *The cat is in the hat.*라고 따라한다. 이 경우의 교사발언이 문형반복연습에 속한다.

- 지시, 안내

  수업 진행이나 절차의 지시 및 안내를 나타내거나, 학생의 활동에 관한 지시나 다음 활동을 안내하는 경우이다. 예를 들어, *Open your book to page 20*나 *Next activity is "Bingo"* 등이 있다.

- 설명

  교사와 학생들이 이미 학습한 내용 혹은 제시된 그림, 신호카드, 대화, 담화,

무언극 등에 대해 해설해 주는 것을 말한다. 또한 교사가 어떠한 개념이나 상황을 좀 더 자세하게 묘사하거나 관련된 사실들을 보여줌으로써 학생들에게 명확하게 평서문으로 전달해 주는 것도 역시 설명의 범주이며, 그 외에 실제로 동화나 일화 등을 이야기 해 주는 것도 이에 속한다고 본다. 예를 들어 아이들이 부엌에서 요리를 하고 있는 그림을 보여주고, 이 그림에 대해 *They are in a kitchen, and they try to cook.*이라고 말해 주는 것이 설명에 속한다고 볼 수 있다.

■ 토론

토론은 특정 주제에 대해 자신의 의견을 다른 사람들과 나누는 것으로 보통 집단단위로 이루어진다. 교사가 토론을 유도하거나 토론의 사회자로서 참여하거나, 토론을 주도하면서 하는 발언들이 이에 속한다. 예를 들어, 토론을 시작하며 *Let's talk about aesthetic surgery.*라는 말을 하거나, 아니면 토론에 참여하여 *I think it's also one kind of self-contentment.*처럼 직접 자신의 의견을 밝히 는 것도 토론에 해당하는 발언이라 할 수 있다.

■ 대답

교사가 학생의 질문에 대답해주는 것을 말한다. 예를 들어 학생이 *Where can I find the meaning of this word?*라고 물었을 때 교사가 *Why don't you check the dictionary?*라고 답을 하는 것과 아니면 학생이 *Are you interested in fashion?*이라고 물어보는 것에 답을 하는 것이 이 범주에 포함된다고 볼 수 있다.

■ 메타발화 및 질문

메타발화 및 질문은 학생들의 발언에 대해 명시적으로 올바른 형태를 제공하지 않고, 올바른 언어 형태에 관한 첨언을 하거나 질문의 형식을 취하는 것이다. 메타발화란 일반적으로 학생들의 발화에 오류가 있을 때 오류를 직접 수정해주지 않고 자신의 발화에 오류가 있음을 알리는 것이고, 메타질문은 학습자의 오류의 특성에 대해 지적을 하는 것으로써 학습자로부터 무엇이 잘못되었는지에 대한 정보를 이끌어내기 위한 것이다. 이 두 가지의 예를 알아보자. 메타발화는 *Can you find your error?*와 같은 것이다. 메타질문은 학생이 *We look at the people yesterday.*라고 말을 했을 때 교사가 *What's the ending we put on verbs when we talk about the past?*라고 한다면 이러한 교사의 발언이 메타질문에 속한다.

■ 인지적 질문

교사가 이미 알고 있는 정보를 학생에게서 이끌어 내려하는 질문이나 질문에 대한 답이 예측가능하거나 한정적인 것으로, 학습자들의 학습 내용 이해 정도를 파악하기 위한 질문이다. 예를 들어, 교사가 책을 손에 들고 *Is this a calendar?*이라고 물어본다면, 이는 인지적 질문에 속하는 것이다. 또한 *What's this?*와 같이 학생이 알고 있어야 대답할 수 있는 교사의 질문도 인지적 질문에 포함된다고 할 수 있다.

■ 단순 질문

Yes, No로 대답할 수 있는 비교적 쉽고 단순한 질문으로 질문에 답을 하기 위해서 학습과 관련된 인지적 사고가 크게 요구되지 않는 것이 이에 해당한다. 예를 들어, *Do you remember the last lesson?, Are you done?* 등이 있다.

■ 수정

학습자는 여러 가지 변인으로 인하여 잘못된 목표어를 사용할 수 있는데 교사가 이러한 학생의 오류에 대해 명시적으로나 묵시적으로 수정을 해주는 것을 말한다. 통사 구조상 오류와 담화 상에서 빚어지는 오류로 의미 전달이 바르게 되지 않을 때 뿐 아니라 의미 전달은 되지만 발화의 일부분이 잘못되었을 경우 이를 수정해주는 것도 포함한다. 예를 들어, 학생이 *The dog run 'fastly'*라고 발화를 했을 때 교사가 *Fastly doesn't exist. 'Fast' does not take-ly. That's why I picked 'quickly'.*라고 피드백을 해 주는 경우 이는 명시적으로 학생의 발화를 수정해 주는 것이라 볼 수 있다.

■ 강화

긍정적인 강화는 학생들의 행위를 유지·지속시킬 목적으로 학생의 발화에 대해 언어적으로나 비언어적으로 긍정적인 피드백을 주는 것을 말한다. 교사의 칭찬이나 격려가 이에 속한다. 예를 들어, *You did a good job!*같은 것이 있다. 부정적인 강화는 이와는 반대로, 학생의 특정 행위의 단절이나 소멸을 목적으로 부정적인 피드백을 주는 것이다. 학생에게 벌을 준다던지, 꾸중을 하는 것이 이에 속한다. 예를 들어, *Don't do that. It's mean.* 같은 것이 있다.

■ 일상적 발화

일상적인 발화는 수업 중에 일어나는 분석적이지 않은 발화들을 말한다. 교사가 학생들과 의사소통을 하기 위해 하는 질문들이 여기에 속한다. 예를 들어, 수업 시작 단계에서 *How are you?* 등과 같은 인사말 등 학생들과 나눌 수 있는 가벼운 대화들이 여기에 속한다.

■ 훈육

학생들이 규칙에 따르도록 꾸중을 하거나 벌을 주는 등의 통제적인 발화 및 행동이 여기에 속한다. 또한 활동 중간에 주의집중과 관련하여 지적을 하는 것과 바르지 못한 행동들을 지적하는 것들도 여기에 포함된다. 예를 들어, *Don't do that, Look at me!, Listen carefully* 등과 같은 것이 있다.

(나) 언어 사용

■ 한국어

교사가 수업 중에 한 발언이 한국어로 이루어짐을 뜻한다.

■ 영어(목표어)

교사가 수업 중에 한 발언이 영어(목표어)로 이루어짐을 뜻한다.

(3) 학생

(가) 발언의 대상

■ 전체

학생의 발언이 전체 학급을 대상으로 하거나 비교적 큰 범위의 동료집단을 대상으로 했을 경우를 말한다.

■ 모둠

모둠활동이 진행되는 동안이나 모둠별 토론이 진행될 때, 학생의 발언이 미치는 범위가 비교적 작은 동료집단을 대상으로 했을 경우를 말한다.

■ 짝꿍, 동료

짝 활동을 할 때, 학생의 발언이 짝꿍을 대상으로 하는 경우거나, 한두 명 정도의 학급 동료를 대상으로 하는 경우이다.

■ 교사

학생이 교사에게 질문을 하거나 교사의 질문에 대답하는 경우를 말한다.

■ 기타

위에서 제시한 이외의 대상에게 학생들이 발화하는 경우를 말한다.

(나) 발언의 유형

■ 발음

학생의 발언이 하나의 단어를 구성하지 못하는 소리 단위의 발화를 하는 경우를 말하며, 특정 분절음을 발음 할 경우도 이에 포함된다.

■ 단어

학생들의 발언이 단순한 발음 단위를 넘었으나, 단어 수준에서 그친 발언일 경우를 말한다.

■ 구절

학생들의 발언이 단어 수준을 넘고 있으나, 하나의 완전한 문장으로 이루어지는 것이 아니라 문장의 일부분만을 발화하는 경우를 말한다.

■ 문장

학생들의 발언이 하나의 문장 단위로 표현되는 경우를 말한다. 학생들의 발언이 문법적으로 옳은지 그른지에 상관하지 않고 문장 단위의 표현일 경우를 이를 문장 단위의 발화로 인정한다.

■ 담화

학생들이 발화하는 것이 일관성과 연속성이 있는 비교적 긴 담화로 발화를 통해 감정을 전달하는 것에서부터 정보를 전달하는 것까지 넓은 범위의 발화를 말하는 것이다.

■ 비언어적

학생들이 자신의 의사나 감정을 표시하되, 그 방법이 몸짓, 표정 등 비언어적으로 나타나는 경우를 뜻한다.

■ 무반응

교사의 질문이나 유도에 언어적으로든 비언어적으로든 반응하지 않음을 뜻한다.

(다) 질문의 유형

■ 메타발화 및 질문

학생들이 모르는 표현이나 어휘, 혹은 발음이나 문법 같은 것들에 대해 질문을 하거나 그 질문에 대해 자신들이 아는 것을 이야기하는 것을 말한다. 예를 들어, *How do I pronounce this word?, How does this sentence translate like this?* 와 같은 것들이 있다.

■ 인지적 질문

학생들이 학습내용의 이해를 돕기 위해 동료나 교사에게 묻는 질문의 유형이다.

예를 들어, 장소를 나타내는 전치사를 학습하기 위한 활동 중에 *Where is the bank?*와 같은 질문이나, 사물의 명칭을 알기 위해 *What is this?*라고 묻는 것이 인지적 질문에 속한다고 볼 수 있다.

■ 단순 질문

인지적 질문 이외에 학생들이 동료나 교사를 대상으로 건네는 질문들이다. 비교적 간단한 사실들을 물어보는 것으로써 *Yes, No* 혹은 단답형으로 쉽게 대답할 수 있는 질문도 여기에 속한다. 예를 들어, *Is it right?*이나 *Do you like English?*와 같은 것이 있다.

■ 일상적 질문

학생의 일상적인 질문은 교사의 일상적인 발화와 같은 맥락의 것으로 보아도 좋겠다. 이는 수업 중에 일어나는 분석적이지 않은 발화들을 말하며, 동료나 교사와의 의사소통을 위한 질문들이 이에 속한다. 예를 들어, *How are you?*같이 수업 시작 단계에서 나눌 수 있는 가벼운 인사말들이 여기에 속한다.

(라) 언어 사용

■ 한국어

학생이 수업 중에 한 발언이 한국어로 이루어짐을 뜻한다.

■ 영어(목표어)

학생이 수업 중에 한 발언이 영어(목표어)로 이루어짐을 뜻한다.

나) 분석방법

저추론 TALOS의 분석방법에 대해 관찰기록과 결과분석 및 결과해석으로 나누어서 알아보겠다.

(1) 관찰기록

저추론 TALOS는 교실에서 수업을 관찰하며 기록한다. 기록방법은 다음과 같다.

(가) 교사나 학생의 각 발언을 <표 3-19>에 기술하고 <표 3-18>의 '발언'란에 발언의 번호를 기록한다.

(나) 발언을 확인하여 그 발언에 해당하는 항목을 저추론 TALOS에서 찾아 표시한다.

관찰기록의 예를 보여주면 다음과 같다. 아래 표는 발언을 전사한 예이다.

〈표 3-20〉 교실 수업 시간의 발언 전사의 예

발언순서	발언자		발언의 내용
	교사의 발언	학생의 발언	
1	V		What did you do last weekend?
2		V	I did study at library.
3	V		Oh, good!
4		V	I help my parents at home.
5	V		Oh, you helped your parents at home. Good.

전사한 각각의 발언을 저추론 TALOS의 항목 중에서 적합한 곳에 기록한다.

〈표 3-21〉 저추론 TALOS의 예

발언	교사														학생																	
	교수 행위												언어 사용		발언의 대상					발언의 유형							질문의 유형				언어 사용	
	문형반복연습	지시/안내	설명	토론	대답	메타발화및질문	인지적질문	단순질문	수정	강화	일상적발화	훈육	한국어	영어(목표어)	전체	모둠	짝꿍/동료	교사	기타	발음	단어	구절	문장	담화	비언어적	무반응	메타발화및질문	인지적질문	단순질문	일상적질문	한국어	영어(목표어)
1							V				V			V																		
2															V			V					V									V
3										V				V																		
4															V			V					V									V
5									V	V				V																		

(2) 결과분석 및 결과해석

모든 발언에 대한 세부항목 표시를 마치면 항목마다 전체 수를 합산하여 항목별 결과를 분석한다. 이러한 결과를 분석하기 위한 방법에 대해 알아보겠다.

(가) 저추론 TALOS 결과분석을 위한 표

다음 표는 저추론 교사가 사용하는 TALOS의 결과분석 표이다.

〈표 3-22〉 저추론 TALOS 결과분석표(교사)

교사	세부항목	항목의 합	항목의 비율	
			비율	과정
교수행위	문형반복연습			
	지시/안내			
	설명			
	토론			
	대답			
	메타발화 및 질문			
	인지적 질문			
	단순 질문			
	수정			
	강화			
	일상적 발화			
	훈육			
영역합				
언어사용	한국어			
	영어(목표어)			
영역합				

아래의 표는 저추론 TALOS의 결과를 학생이 기록할 때에 사용하는 결과분석표이다.

〈표 3-23〉 저추론 TALOS 결과분석표(학생)

학생	세부항목	항목의 합	항목의 비율	
			비율	과정
발언의 대상	전체			
	모둠			
	짝꿍/동료			
	교사			
	기타			
영역합				
발언의 유형	발음			
	단어			
	구절			
	문장			
	담화			
	비언어적			
	무반응			
영역합				

학생	세부항목	항목의 합	항목의 비율	
			비율	과정
질문의 유형	메타발화 및 질문			
	인지적 질문			
	단순 질문			
	일상적 질문			
영역합				
언어사용	한국어			
	영어(목표어)			
영역합				

(나) 표 해석 및 기록 방법

저추론 TALOS 결과분석표는 교사와 학생 두 부분으로 나뉜다. 우선, 교사의 분석표는 교사의 교수행위와 언어사용으로 나뉘고 각 범주별로 세부항목을 가진다. 다음, 학생의 분석표는 발언의 대상, 발언의 유형, 질문의 유형, 언어사용으로 나뉘고 각 범주별로 세부항목을 가진다.

'항목의 합'에는 <표 3-21>에서 확인할 수 있는 세부항목별 세로줄의 ∨수를 세어 기록한다. 이 항목의 합을 전부 더한 것이 '영역의 합'이 된다.

'항목의 비율'은 전체 항목의 합(영역 합)에 대한 각 세부항목의 비율을 나타낸다. 항목의 비율을 구하기 위해서 다음의 식을 이용한다.

항목의 비율을 구하는 식(단위 %)

$$\frac{\text{구하고자 하는 항목의 합}}{\text{전체 항목의 합}} * 100$$

이 분석방법을 통해 교사의 저추론 TALOS 결과를 분석한 예를 제시하면 다음과 같다.

〈표 3-24〉 저추론 TALOS 결과분석의 예(교사)

교사	세부항목	항목의 합	항목의 비율	
			비율	과정
교수행위	문형반복연습	0	0	·
	지시/안내	0	0	·
	설명	0	0	·
	토론	0	0	·
	대답	0	0	·
	메타발화 및 질문	0	0	·
	인지적 질문	1	20%	(1/5)*100=20
	단순 질문	0	0	·
	수정	1	20%	(1/5)*100=20
	강화	2	40%	(2/5)*100=40
	일상적 발화	1	20%	(1/5)*100=20
	훈육	0	0	·
영역합		5	100%	100
언어사용	한국어	0	0	·
	영어(목표어)	3	100	(3/3)*100=100
영역합		3		

아래의 표는 학생의 저추론 TALOS 결과를 분석한 예이다.

〈표 3-25〉 저추론 TALOS 결과분석의 예(학생)

학생	세부항목	항목의 합	항목의 비율	
			비율	과정
발언의 대상	전체	2	50%	(2/4)*100=50
	모둠	0	0	·
	짝꿍/동료	0	0	·
	교사	2	50%	(2/4)*100=50
	기타	0	0	·
영역합		4	100%	100
발언의 유형	발음	0	0	·
	단어	0	0	·
	구절	0	0	·
	문장	2	100%	(2/2)*100=100
	담화	0	0	·
	비언어적	0	0	·
	무반응	0	0	·
영역합		2	100%	100

학생	세부항목	항목의 합	항목의 비율	
			비율	과정
질문의 유형	메타발화 및 질문	0	0	·
	인지적 질문	0	0	·
	단순 질문	0	0	·
	일상적 질문	0	0	·
영역합		0	0	·
언어사용	한국어	0	0	·
	영어(목표어)	2	100%	(2/2)*100=100
영역합		2	100%	100

(다) 결과해석

저추론 TALOS에서는 교사와 학생의 행위가 어떠한 속성을 가진 것인지를 분석한다. 하지만 이 단계에서 그치는 것이 아니다. 하나하나의 행위에 대한 분석을 통해 도출된 결과를 보고 왜 이러한 결과가 나왔는지에 대한 논의가 이루어져야 한다. 분석표를 이용한 분석은 결과만을 보여주기 때문에 왜 이러한 결과가 나왔는지에 대한 설명을 해 줄 수 없기 때문이다. 마지막으로 결과를 해석할 때에는 수업의 목적을 고려해야 한다. 같은 수업 결과에 대해서도 수업 목적에 따라 달리 해석 될 수 있기 때문이다.

3) 고추론 TALOS

고추론 TALOS는 수업 관찰을 마친 후에 실행한다. 이 분석표는 교실에서 관찰한 특정한 행동이 지니는 의미나 그 행동의 기능과 관련된 판단을 필요로 한다. 고추론 TALOS는 크게 교사, 학생, 프로그램의 세 범주로 나누져 있다. 여기서는 관찰자의 시각에서 교사, 학생, 프로그램의 전반적인 태도 및 구성을 확인하는 것이다. 관찰을 통해 큰 범주에 속해있는 각 세부항목의 5단계의 평정척도 '매우 낮음-낮음-보통-높음-매우 높음' 중 하나에 표시한다.

〈표 3-26〉 고추론 TALOS

교사	매우 낮음	낮음	보통	높음	매우 높음
한국어 사용 정도	0	1	2	3	4
영어(목표어) 사용 정도	0	1	2	3	4
교사 발화시간	0	1	2	3	4
수업구조의 명시성	0	1	2	3	4
과제 지향성	0	1	2	3	4
명확성	0	1	2	3	4
문제해결의 주도성	0	1	2	3	4
질문과 첨언의 개별화 정도	0	1	2	3	4
긍정적 강화	0	1	2	3	4
부정적 강화	0	1	2	3	4
수정	0	1	2	3	4
진도의 적절성	0	1	2	3	4
시청각 자료의 사용	0	1	2	3	4
몸짓	0	1	2	3	4
유머	0	1	2	3	4
적극성	0	1	2	3	4
학생					
과제에서 한국어 사용 정도	0	1	2	3	4
과제에서 영어(목표어) 사용 정도	0	1	2	3	4
과제에서 학생의 발화시간	0	1	2	3	4
문제해결의 주도성	0	1	2	3	4
이해	0	1	2	3	4
집중도	0	1	2	3	4
참여도	0	1	2	3	4
질문과 첨언의 개별화 정도	0	1	2	3	4
긍정적인 효과	0	1	2	3	4
부정적인 효과	0	1	2	3	4
과제에서의 학생 간 상호작용	0	1	2	3	4
프로그램					
언어의 적절성	0	1	2	3	4
내용의 적절성	0	1	2	3	4
심도	0	1	2	3	4
다양성	0	1	2	3	4
듣기기능 중심	0	1	2	3	4
말하기기능 중심	0	1	2	3	4
읽기기능 중심	0	1	2	3	4
쓰기기능 중심	0	1	2	3	4
형식적 특색	0	1	2	3	4
기능적 특색	0	1	2	3	4
교양과목과의 통합 정도	0	1	2	3	4

가) 각 항목의 기준

고추론 TALOS의 항목은 교사, 학생, 프로그램으로 나누어진다.

(1) 교사

■ 한국어 사용 정도

수업을 진행하는 동안 교사의 한국어 사용 정도가 어느 정도인지를 관찰을 통해 확인하여 표시하는 것으로 이 정보는 <표 3-17>관찰의 기본정보에서 '교사의 언어' 와도 연결되는 것이다.

■ 영어(목표어) 사용 정도

수업을 진행하는 동안 교사의 영어(목표어) 사용 정도가 어느 정도인지를 관찰을 통해 확인하여 표시하는 것으로 이 정보는 <표 3-17> 관찰의 기본정보에서 '교사의 언어'와도 연결되는 것이다.

■ 교사 발화시간

수업을 진행하는 동안 교사의 발화량 및 발화시간이 어느 정도 되는 지를 관찰을 통해 확인하여 표시한다.

■ 수업구조의 명시성

수업 단계가 명시적으로 잘 드러나 있는지, 수업이 구조적으로 잘 짜여 있고 유기적으로 잘 연결되어 있는지, 수업 중에 발생하는 과제들이 체계적인지 등을 관찰을 통해 확인하여 표시한다.

■ 과제 지향적

수업이 교사의 설명에 의해 주도되는지 아니면 학습과제 중심으로 진행되는지를 관찰을 통해 확인하여 표시한다.

■ 명확성

수업을 진행하는 동안 교사가 얼마나 명확하게 학습내용을 전달하는지를 관찰을 통해 확인하여 표시한다.

■ 문제해결의 주도성

수업 중에 발생하는 특정문제에 대하여 교사가 얼마나 학생들을 잘 이끌어 문제를 해결할 수 있도록 하는지를 관찰을 통해 확인하여 표시한다.

■ 질문과 첨언의 개별화 정도

수업 중에 교사가 학생들에게 개별적인 질문이나 첨언을 얼마나 하는지를 관찰을 통해 확인하여 표시한다.

■ 긍정적 강화

수업을 진행하는 동안 교사가 학생들의 발화에 대해 긍정적인 피드백을 주는 정도를 관찰을 통해 확인하여 표시한다.

■ 부정적 강화

수업을 진행하는 동안 교사가 학생들의 발화에 대해 부정적인 피드백을 주는 정도를 관찰을 통해 확인하여 표시한다.

■ 수정

수업을 진행하는 동안 교사가 학생들의 오류에 대해 얼마나 피드백을 제공해 주고 오류 수정을 해주는지를 관찰을 통해 확인하여 표시한다.

■ 진도의 적절성

교사의 수업 진행 속도가 느린지 적당한지 빠른지를 관찰을 통해 확인하여 표시한다.

■ 시청각 자료의 사용

수업을 진행하는 동안 교사의 시청각 자료의 사용량이 적당하였는지를 관찰을 통해 확인하여 표시한다.

■ 몸짓

수업을 진행하는 동안 교사의 언어적 행위 이외에 비언어적 행동인 몸짓, 어조, 얼굴 표정 등을 관찰하여 그 사용정도를 표시한다.

■ 유머

수업을 진행하는 동안 교사가 정의적 수업분위기를 만들기 위해 얼마나 해학적이고 유머가 있는 발화를 하였는지를 관찰을 통해 확인하여 표시한다.

■ 적극성

교사가 수업을 얼마나 열의를 갖고 의욕적으로 이끌었는지를 관찰을 통해 확인하여 표시한다.

(2) 학생

■ 과제에서 한국어 사용정도

수업이 진행되는 동안 혹은 과제를 수행하는 동안 학생들의 한국어 사용 정도가 어느 정도인지를 체크하는 것이다. 이 정보는 <표 3-17>관찰의 기본정보에서 '학생의 언어'와도 연결된다.

■ 과제에서 영어(목표어) 사용정도

수업이 진행되는 동안 혹은 과제를 수행하는 동안 학생들의 영어(목표어) 사용 정도가 어느 정도인지를 체크하는 것이다. 이 정보는 <표 3-17>관찰의 기본정보에서 '학생의 언어'와도 연결된다.

- 과제에서 학생의 발화시간

  수업이 진행되는 동안 혹은 과제를 수행하는 동안 학생들의 발화량 및 발화 시간이 어느 정도 되는 지를 체크하는 것이다.

- 문제해결의 주도성

  수업 중에 발생하는 특정 과제나 문제를 해결하기 위하여 학생들이 얼마나 적극적이고 협력적으로 해결해 나가는지를 관찰을 통해 확인하여 표시한다.

- 이해

  수업 중 학습 내용에 대해 학생들이 얼마나 잘 이해하고 있는지를 관찰을 통해 판단하여 표시한다.

- 집중도

  수업이 진행되는 동안 혹은 과제를 수행하는 동안 학생들이 얼마나 교사의 설명이나 활동에 주의를 기울이고 과업에 열중하고 있는지를 관찰을 통해 확인하여 표시한다.

- 참여도

  수업이 진행되는 동안 혹은 과제를 수행하는 동안에 학생들이 가만히 앉아 있다든지 옆 사람과 이야기를 나눈다든지 장난친다든지 하지 않고 얼마나 잘 참여하는 지를 관찰을 통해 확인하여 표시한다.

- 질문과 첨언의 개별화 정도

  수업이 진행되는 동안 학생들이 학습 내용에 관하여 교사나 동료들에게 개별적으로 질문을 하거나, 아니면 교사나 동료의 질문과 답에 추가적으로 자신의 의견을 말하는 정도를 관찰하여 표시한다.

- 긍정적인 효과

  수업 중 학생들의 발화에 교사가 피드백을 해준 후에, 학생 행동이 얼마나 긍정적으로 변하였는지를 학생들의 반응을 관찰하여 표시한다.

- 부정적인 효과

  수업 중 학생들의 발화에 교사가 피드백을 해준 후에, 학생 행동이 얼마나 부정적으로 변하였는지를 학생들의 반응을 관찰하여 표시한다.

- 과제에서의 학생 간 상호작용

  수업 중 과제가 주어졌을 때 학생들끼리의 상호작용은 얼마나 활발하게 일어나는지를 관찰하여 표시한다.

(3) 프로그램

■ 언어의 적절성

수업 진행을 위해 교사가 선택한 프로그램에 사용된 언어가 적절하였는지를 관찰을 통해 확인하여 표시한다.

■ 내용의 적절성

수업 진행을 위해 교사가 선택한 프로그램 내용이 적절하였는지를 관찰을 통해 확인하여 표시한다.

■ 심도

수업 진행을 위해서 교사가 선택한 프로그램이 깊이 있는 내용으로 구성되었는지를 관찰을 통해 확인하여 표시한다.

■ 다양성

수업 진행을 위해서 교사가 선택한 프로그램이 선택폭이 다양한 것들이었는지 아니면 학생들의 선택의 기회 없이 교사의 선택에 의해 주어진 획일된 것이었는지를 관찰을 통해 확인하여 표시한다.

■ 듣기기능 중심

수업 진행을 위해 교사가 선택한 과제가 듣기기능을 주로 요구하는 것이었는지를 관찰을 통해 확인하여 표시한다.

■ 말하기기능 중심

수업 진행을 위해 교사가 선택한 과제가 말하기기능을 주로 요구하는 것이었는지를 관찰을 통해 확인하여 표시한다.

■ 읽기기능 중심

수업 진행을 위해 교사가 선택한 과제가 읽기기능을 주로 요구하는 것이었는지를 관찰을 통해 확인하여 표시한다.

■ 쓰기기능 중심

수업 진행을 위해 교사가 선택한 과제가 쓰기기능을 주로 요구하는 것이었는지를 관찰을 통해 확인하여 표시한다.

■ 형식적 특색

수업 진행을 위해 교사가 선택한 프로그램이 형식적으로 고유한 특징을 가지고 있었는지 아니면 두루 쓰이는 형식의 것이었는지를 관찰을 통해 확인하여 표시한다.

■ 기능적 특색

수업 진행을 위해 교사가 선택한 프로그램이 기능적으로 특별한 목적이나 의도를 가지고 있는 것이었는지 아니면 특별한 목적 없이 흥미를 돋우기 위한 것이었는지를 관찰을 통해 확인하여 표시한다.

■ 교양과목과의 통합 정도

수업 진행을 위해 교사가 선택한 프로그램이 해당 수업의 목표만을 지향하는 것이었는지 아니면, 다른 일반과목과의 통합을 지향하였는지를 관찰을 통해 확인하여 표시한다.

나) 분석방법

고추론 TALOS의 분석방법을 관찰기록과 결과분석 및 결과해석으로 나누어 알아보겠다.

(1) 관찰기록

고추론적 TALOS는 교실수업 관찰을 마친 후에 실시한다. 기록방법은 다음과 같다.

(가) 교사, 학생, 프로그램의 범주로 나누어져있는 여러 세부항목들을 확인한다.

(나) 수업관찰에서 파악한 것을 각 세부항목의 0부터 4까지 평정척도 중 하나에 표시한다.

(2) 결과분석

고추론 TALOS는 결과 분석 기준 및 방법을 세우는 것이 쉽지 않다. 특히, 고추론 TALOS에서 '매우 높음'을 가리키는 숫자 4는 항상 긍정적인 의미만을 가지는 것이 아니므로 단순히 표시한 평정척도의 합으로 수업을 평가하는 것은 위험하다. 따라서 평정척도의 합으로 양적인 수치를 내는 것은 적당하지 않은 방법이라고 생각한다.

여기에서는 결과분석을 위해, 교사범주와 학생범주의 관련된 항목은 표로 나타내어 교사와 학생의 수업행위를 비교하여 분석하겠다. 그리고 교사범주와 학생범주의 비교외 항목과 프로그램범주에 대해서는 특별한 분석방법을 쓰지 않고, <표 3-26>의 결과를 분석하여 전반적인 평가 및 해석을 하도록 하겠다.

(가) 고추론 TALOS 결과분석을 위한 표

고추론 TALOS에서 교사와 학생의 비교항목은 다음과 같이 나타낼 수 있다.

〈표 3-27〉 고추론 TALOS 결과분석

비교항목	교사	학생
한국어 사용 정도		
영어(목표어) 사용 정도		
발화시간		
적극성 및 참여도		
문제해결의 주도성		
질문과 첨언의 개별화 정도		
긍정적 강화 및 효과		
부정적 강화 및 효과		

(나) 표 해석 및 기록 방법

고추론 TALOS 결과분석표는 교사와 학생 두 부분으로 나뉘며 관련 항목끼리 비교한다. 이 비교를 통해 수업 중의 교사와 학생의 행위를 비교분석할 수 있다. <표 3-26>의 교사와 학생란에는 <표 3-26>에서 표시한 평정 값을 '매우 낮음-낮음-보통-높음-매우 높음'으로 표시한다.

이 분석방법을 통해 고추론 TALOS 결과분석의 예를 제시하면 다음과 같다.

〈표 3-28〉 고추론 TALOS 결과분석의 예

비교항목	교사	학생
한국어 사용 정도	낮음	낮음
영어(목표어) 사용 정도	높음	낮음
발화시간	높음	낮음
적극성 및 참여도	보통	보통
문제해결의 주도성	보통	보통
질문과 첨언의 개별화 정도	낮음	낮음
긍정적 강화 및 효과	높음	보통
부정적 강화 및 효과	낮음	높음

위 표와 같이 결과가 나왔을 경우, 언어의 사용을 봤을 때 교사는 한국어보다는 영어를 많이 사용하며 발화시간이 길게 나타났지만 학생의 경우 교사와 달리

한국어와 영어 모두 사용 정도가 낮았고 발화한 시간이 거의 없음을 알 수 있다. 그러므로 이 같은 수업에서는 학습자의 절대적인 발화량을 높일 수 있는 활동이 필요하며 학생들의 발화 시간을 늘리기 위한 방법을 강구해야 한다는 결론을 내릴 수 있다.

(다) 결과해석

저추론 TALOS와 고추론 TALOS는 분석의 방향이 다르다. 고추론 TALOS는 교사와 학생의 행위에 대한 전반적인 태도를 평가함과 동시에 수업에 사용된 과제의 타당성을 확인하기 위한 분석이라 할 수 있다. 따라서 여기에서는 위의 분석 결과표를 해석하는 단계로 교사와 학생의 수업에 대한 전반적 행위를 비교하여 해석할 수 있다. 또한 교사와 학생의 행동 하나하나를 분석하기 보다는 교사와 학생 행동 이면의 의도나 전략을 파악하고 그것이 수업 진행이나 분위기에 어떠한 영향을 미쳤는지에 초점을 두어 해석해야 한다.

이상으로 영어 수업의 문제점을 발견하고 이를 개선하여 효율적인 수업을 행하기 위한 도구로써 객관적 분석법인 TALOS에 대해 알아보았다. 이처럼 TALOS 분석법을 사용하는 것은 교사로 하여금 자신의 수업을 되돌아보는 기회를 갖게 해 준다. 또한 교사는 자기 수업에 대한 과학적이고 정확한 관찰 및 평가를 통해 수업을 분석하여 강점과 약점을 파악하고 이에 대한 피드백을 받을 수 있다. 자신의 수업을 개선하고 효율적인 수업을 하기를 원하는 영어 교사에게 TALOS 분석법은 좋은 지침이 될 수 있을 것이다.

3.1.4 COLT 분석법

우리나라와 같은 EFL 환경의 학습자들은 일상생활에서 목표어를 자연스럽게 접촉하기에 어려움이 있다. 따라서 제2언어 습득에 있어 '교실'이라는 환경은 매우 중요한 의미를 가진다. van Lier(1989)는 제2언어 교실 연구란 제2언어 교실에서 일어나는 일을 조사하는 것으로서, 언어 교육에서의 실질적인 향상은 교사와 학습자에 의해 실시된 수업 관찰을 통해서만 얻어질 수 있다고 하였다. 그렇다면 우리에게 필요한 것은 타당도와 신뢰도 높은 교실 관찰 도구일 것이다. 올바른 분석 도구를 사용해야만 유의미한 연구 결과를 획득할 수 있기 때문이다. 또한 신효원(2006)에 따르면 교실 관찰 도구의 장점을 세 가지로 제시할 수 있다. 첫째, 객관적이고 체계적인 교실 연구가 가능하다. 둘째, 서로 다른 교수법을 적용한 수업을 비교, 관찰하고자 할 때 동일한 도구를 활용할 수 있다. 셋째, 관찰 도구에 의해 도출된 결론은 신규 교사 교육이나 현직 교사의 재교육 등 교사의 자기 장학에 도움이 된다는 점이다.

영어 교육에서는 이러한 교실 연구의 필요성을 인식한 후 1960년대부터 다양한 교실 관찰 도구가 개발되어 왔으며, 이를 통해 많은 교실 연구가 이루어졌다. 그 중 COLT 분석법은 가장 대표적으로 활용되고 있는 관찰 도구로서, 교실에서 일어나는 모든 종류의 의사소통적 상호 작용을 기술하기 위한 목적으로 개발되었다. 이는 의사소통능력 신장을 중시하는 제7차 영어과 교육과정의 방향성과 일치하기 때문에, 우리나라 교실 수업의 관찰 도구로 활용하기에 적합한 모델이라고 할 수 있다.

COLT 분석법에 관해서는 2장에서 이미 간략하게 소개한 바 있다. 따라서 본 장에서는 COLT 분석법의 개발 배경과 특징을 통해 이 분석법의 필요성을 인식한 후에, COLT 분석법에 등장하는 각 항목들의 개념과 분석기준, 분석방법을 구체적으로 알아보도록 하겠다.

가. 이론적 배경

COLT는 Allen과 Fröhlich, Spada(1984)에 의해 처음 제작되었다. 그들이 COLT를 개발한 이유는 'Development of Bilingual Proficiency'(DBP)라는 연구를 위한 객관적인 관찰 도구가 필요했기 때문이다(Spada & Fröhlich, 1995).

DBP 프로젝트는 교실에서 일어나는 제2언어 숙달도의 발달이 가진 특징과 그 원인을 조사하는 데에 초점을 둔 연구였다. 그러므로 DBP 연구의 주요 목적은 교육적 변수가 학습 결과에 미치는 영향을 알아보는 것이라 할 수 있다. 이 연구의 또 하나의 핵심은 보다 의사소통 중심적인 교육이란 어떤 것인지, 의사소통의 비중에 차이를 두었을 때 제2언어 발달에 어떠한 영향을 미치는지 알고자 하는 것이었다. 위의 두 가지 연구 목적을 위해서는 서로 다른 제2언어 교실에서의 활동과 절차를 체계적으로 비교하고 설명할 필요가 있었다. 즉 교실에서 일어나는 교육적 변수와 의사소통 중심적 활동의 유무를 상세히 기술하여 그 관계를 밝힐 수 있는 교실 관찰 도구가 필요했던 것이다.

DBP 연구가 시행되었던 시점은 1970년대부터 1980년대 사이에 이미 개발된 다양한 교실 관찰 도구들이 활용되고 있는 상태였다. 그러나 이 도구들은 의사소통에 초점을 두지 않았기 때문에 DBP 연구에서는 활용할 수 없었다. 따라서 1980년대 초, 의사소통중심의 제2언어 교육에서의 차이점을 끌어내고 학습 결과에 미치는 영향을 검토할 수 있는 관찰 도구인 COLT의 개발이 시작되었다.

앞서 설명한 것처럼 COLT는 교실 참여, 수업 내용, 학습되는 여러 언어 기술, 학습 자료 등 수업의 전체 상황을 관찰할 수 있는 1부 관찰 도구와 교사와 학습자의 언어적 상호 작용의 양상을 확인할 수 있는 2부 관찰 도구로 구성되어 있다. 따라서 COLT 분석법은 의사소통활동을 중심으로 교실 수업 내용과 언어적 상호 작용의 전반적인 모습까지 두루 살펴볼 수 있다는 장점을 가지고 있다. Nunan(1996) 또한 "COLT는 언어 교육 분야와 심리 언어학적인 이론에 바탕을 두고 개발된 매우 흥미로운 관찰 도구이며, 지금까지 개발된 교실 관찰 도구 중 가장 포괄적인 분석 시스템의 하나이다."라고 말함으로써 COLT에 대한 긍정적인 평가를 내린 바 있다. 특히 의사소통능력 신장을 가장 중요한 과제로 삼고 있는 우리나라 영어 교육의 현 상황을 고려했을 때, 의사소통활동에 중심을 둔 COLT의 분석법은 교실 수업 관찰을 위한 적절한 도구로 사용될 수 있다.

나. 활용 방법

COLT는 교실에서의 활동과 학생 및 교사의 행동을 관찰하는 1부와 의사소통의 형태와 양상을 관찰하는 데 초점을 맞춘 2부로 구성되어 있다.

1) COLT 1부 활용방법

활용방법은 관찰항목, 항목별 기준, 분석방법의 순서로 제시하였다. 관찰항목은 수업을 체계적으로 관찰할 수 있도록 고안된 세부적인 항목이며, 항목별 기준은 각 항목들의 의미와 준거가 되는 사항으로 한다. 분석방법에는 수업을 분석하는 순서와 기록방법, 해석의 예시를 간략히 기술하였다.

가) 관찰항목

1부는 활동의 유형, 참여자의 조직, 활동의 내용, 학생들의 행동의 양상, 교실에서 사용되는 자료의 5개 항목으로 크게 구분하여 관찰하게 되어 있으며 세부항목은 아래 표와 같다.

〈표 3-29〉 COLT 1부

<table>
<tr><th rowspan="4">시간</th><th rowspan="4">활동</th><th colspan="7">참여자들의 조직</th><th colspan="12">내용</th><th colspan="5" rowspan="2">학생들의 양상</th><th colspan="10">자료</th></tr>
<tr><th colspan="3">학급 전체</th><th colspan="2">그룹</th><th colspan="2">혼합</th><th colspan="2">경영</th><th colspan="4">언어</th><th colspan="3">기타 주제</th><th colspan="3">주제의 통제</th><th colspan="4">유형</th><th colspan="3">출처</th><th colspan="3">이용</th></tr>
<tr><td rowspan="2">교사와 학생</td><td rowspan="2">학생과 학생</td><td rowspan="2">학생 낭독</td><td rowspan="2">동질 과제</td><td rowspan="2">이질 과제</td><td rowspan="2">개별</td><td rowspan="2">그룹/개별</td><td rowspan="2">절차</td><td rowspan="2">규율</td><td rowspan="2">형식</td><td rowspan="2">기능</td><td rowspan="2">담화</td><td rowspan="2">사회 언어학</td><td rowspan="2">협의적 주제</td><td rowspan="2">제한적 주제</td><td rowspan="2">광의적 주제</td><td rowspan="2">교사</td><td rowspan="2">교사와 학생</td><td rowspan="2">학생</td><td rowspan="2">듣기</td><td rowspan="2">말하기</td><td rowspan="2">읽기</td><td rowspan="2">쓰기</td><td rowspan="2">기타</td><td colspan="2">교재</td><td rowspan="2">청각</td><td rowspan="2">시각</td><td rowspan="2">교육적</td><td rowspan="2">유사 교육적</td><td rowspan="2">개방적</td><td rowspan="2">통제적</td><td rowspan="2">유사 통제적</td><td rowspan="2">개방적</td></tr>
<tr><td>최소</td><td>확장</td></tr>
<tr><td></td><td></td><td></td><td></td><td></td><td></td><td></td><td></td><td></td><td></td><td></td><td></td><td></td><td></td><td></td><td></td><td></td><td></td><td></td><td></td><td></td><td></td><td></td><td></td><td></td><td></td><td></td><td></td><td></td><td></td><td></td><td></td><td></td><td></td><td></td><td></td></tr>
<tr><td></td><td></td><td></td><td></td><td></td><td></td><td></td><td></td><td></td><td></td><td></td><td></td><td></td><td></td><td></td><td></td><td></td><td></td><td></td><td></td><td></td><td></td><td></td><td></td><td></td><td></td><td></td><td></td><td></td><td></td><td></td><td></td><td></td><td></td><td></td><td></td></tr>
<tr><td></td><td></td><td></td><td></td><td></td><td></td><td></td><td></td><td></td><td></td><td></td><td></td><td></td><td></td><td></td><td></td><td></td><td></td><td></td><td></td><td></td><td></td><td></td><td></td><td></td><td></td><td></td><td></td><td></td><td></td><td></td><td></td><td></td><td></td><td></td><td></td></tr>
<tr><td></td><td></td><td></td><td></td><td></td><td></td><td></td><td></td><td></td><td></td><td></td><td></td><td></td><td></td><td></td><td></td><td></td><td></td><td></td><td></td><td></td><td></td><td></td><td></td><td></td><td></td><td></td><td></td><td></td><td></td><td></td><td></td><td></td><td></td><td></td><td></td></tr>
</table>

나) 항목별 기준

COLT를 활용하기 위해서는 각 항목이 의미하는 바와 그 적용 기준을 명확하게 인지하는 것이 우선적으로 요구된다. 다음은 1부의 세부 항목들에 대한 설명과 관찰 기준이다.

(1) 시간

각 활동이 시작되는 시각을 기록한다.

(2) 활동

수업 중에 일어나는 활동들을 기록하는 것으로서, 일정한 소항목이 정해져있지 않고 관찰하면서 직접 기술하도록 한다. 예를 들면 구문 연습하기, 토론하기, 게임 등이 각각 다른 활동으로 구분될 수 있다. 또한 대화문 연습이라는 성격으로 묶일 수 있는 활동이라도 교사의 선창을 학생이 반복하는 것, 학생끼리 낭독하는 것, 교사와 함께 하는 것은 조금씩 차이점이 있으므로 낱개의 활동으로 구분하도록 한다.

(3) 참여자들의 조직

활동 시 이루어지는 기본적인 조직 유형을 말하며, 학급 전체, 그룹, 혼합형 조직으로 구분할 수 있다.

(가) 학급 전체

활동 시 교사가 하나의 활동을 주도하며 진행하면 교사와 학생 항목에 해당된다. 이때 교사는 학급 전체 혹은 각 학생들과 상호 작용한다. 학생과 학생의 활동 시 학생이 하나의 활동을 주도하며 진행한다. 학생들은 수업의 일부 또는 수업과 직접적인 관련이 없는 일상생활의 이야기로 상호 작용한다. 예를 들면, 한 그룹이 역할극을 하고 나머지 학생들은 그것을 보는 활동이 여기에 속할 수 있다. 학생 낭독은 학급 전체 또는 몇몇 학생들이 교사나 교과서에 제시된 모델을 따라서 함께 읽는 활동을 의미한다.

(나) 그룹

동질과제는 모든 그룹이 동일한 과제를 수행하는 것을 의미하며 이질과제는 그룹들이 각각 다른 과제를 수행함을 의미한다.

(다) 혼합

개별과제의 경우 학생 모두 자신만의 과제를 한다. 이 때 과제는 서로 같거나 각기 다르다. 그룹/개별 과제의 경우 몇몇 학생들은 그룹 활동을 하고, 나머지는 각자의 과제를 한다.

(4) 내용

각 활동의 주제를 기술한다. 즉, 교사와 학생들이 무엇을 이야기하고, 읽고, 쓰고, 듣고 있는가에 관한 것을 기록한다. 이 항목은 경영, 언어, 기타 주제, 주제 통제의 4가지 소항목으로 분류되며 상세한 설명은 아래와 같다.

(가) 경영

절차는 활동의 순서와 방법을 설명하는 것을 의미하며, 예를 들어 게임을 할 때 학생들에게 게임 순서와 방법을 지도하는 내용이 여기에 속한다. 규율은 학생들을 통제하고 수업 분위기를 환기시키는 데 필요한 내용들을 말한다.

(나) 언어

형식항목의 경우 문법, 어휘, 발음 등의 언어의 형식에 초점을 맞춘 내용이 제공되며, 기능항목에는 제안하기, 사과하기, 설명하기 등 의사소통 행위에 초점을 둔 내용이 제공된다. 담화 항목에는 문장을 일관성과 연속성이 있는 것으로 결합하는 것에 초점을 둔 내용이 제공되며 사회언어학 항목에는 특정한 상황에 맞는 적절한 발화가 이루어지는가에 초점을 맞춘 내용이 제공된다.

(다) 기타주제

이 항목은 (가) 항목과 같이 실제적인 수업 경영이나 (나)번 항목에서처럼 언어 기능에 명시적으로 초점을 맞춘 내용은 아니지만, 교실 담화에서 다루어질 수 있는 내용을 기록한다. 기타주제는 그 범위에 따라 분류할 수 있다. 협의적 주제는 교실 내에서 일어날 수 있는 매우 형식적인 대화를 의미한다. 예를 들면 'Good morning? How are you? What day is it?' 등과 같은 것으로서, 상대방의 진정한 의사를 묻는다기보다 기계적인 반복이라 할 수 있다. 제한적 주제는 개념적으로는 제한되었으나 교실을 벗어나는 범위의 내용이다. 영화, 취미, 휴일, 특별활동 등과 관련된 주제 혹은 학생들의 개인적인 가족사, 거주지, 형제자매의 수 등과 같은 내용을 말한다. 광의적 주제 공간적으로는 교실 밖을 훨씬 넘어서며 개인의 직접적인 경험의 차원 이상의 내용을 다룬다. 사회 이슈나 세계적인 사건들, 추상적인 아이디어, 재구성된 정보, 수학, 지리와 같은 화제를 포함한다.

(라) 주제의 통제

활동 주제를 누가 선택하고 주도하는가에 관한 항목이다. 활동에 관한 주제를 교사가 선택하면 교사 항목에 체크하면 된다. 활동에 관한 주제를 교사와 학생이 함께 선택할 경우 교사와 학생 항목에 해당된다. 활동에 관한 주제를 학생이 선택할 경우 학생 항목에 해당된다.

(5) 학생들의 양상

이 항목은 교실에서 일어나는 다양한 활동에 수반되는 언어 기능들을 분류하여 기록하는 것이다. 초점은 학생들에게 있으며 학습자가 듣기 활동을 하는지, 말하기 활동을 하는지 파악, 쓰기 활동을 하는지 파악한다. 듣기, 말하기, 쓰기 4가지 항목 외의 활동은 기타에 해당된다. 예를 들면 그리기, 시범 보이기, 연기하기, 정리하기 등이 기타에 포함된다.

(6) 자료

(가) 유형

여기서의 교재는 문서로 제작된 자료를 의미하며, 그 성격에 따라 최소 교재와 확장 교재로 구분할 수 있다. 최소 교재는 학습한 최소의 내용을 확인하는 자료를 말하며, 빈칸 채워 넣기, 단어 리스트, 기본적인 문형 연습 등을 예로 들 수 있다. 확장 교재는 배운 내용을 과제 중심의 활동으로 연습할 수 있는 자료이다. 이야기, 대화문, 연결된 단락들이 여기에 속한다. 청각교재는 듣기 테이프 등의 청각 자료가 사용되었을 때 기록한다. 시각교재는 그림 카드, 인터넷이나 비디오 등 화면을 통한 시각 자료가 사용될 때 이 항목에 기록한다. 이때 소리가 삽입된 자료라면 '청각' 항목에도 함께 기록한다.

(나) 출처

제2언어 교육을 위해 특별히 고안된 자료를 교육적 자료라고 한다. 모국어 자료나 실물 또는 실생활에서 접하는 자료를 잘 개조하여 제2언어 교육용 자료로 사용하는 것은 유사교육적 자료를 의미한다. 실제적 자료는 모국어 교육을 위해서 또는 학교 교육이 아닌 다른 목적으로 고안된 자료를 말한다.

(다) 이용

교재의 원래 목적에 맞게 사용하면 통제적 이용에 해당되고, 때때로 교재가 가지는 목적 이상으로 확장하여 활용하면 유사통제적 이용에 해당된다. 개방적 이용은 교재가 대화를 가능하게 하는 출발점의 역할만 할 뿐이며, 그 이상의 넓은 범위의 주제들까지도 포함한다.

다) 분석방법

분석방법은 관찰한 것을 기록하는 방법과 그에 대한 예를 통해 알아보도록 한다.

(1) 관찰기록

COLT 1부는 교실에서 수업을 관찰하면서 바로 기록할 수 있다.

(가) 각 활동의 시작 시간을 표기한 후, 활동의 내용을 기록한다. 이때 한 가지 주제나 목적을 가지고 1분 이상 지속되는 것을 하나의 활동으로 본다. 예를 들면, 학습지를 풀기 전에 교사가 학생들에게 학습지의 내용 및 학습지를 푸는 요령을 설명하는 것을 하나의 활동으로, 학생들이 개별적으로 또는 조별로 학습지를 푸는 것을 다음 활동으로 본다.

(나) 각 활동이 진행되는 동안 활동의 내용, 사용되는 학습자료, 학생들의 행동양상 등을 1부의 각 항목에 따라 체크한다.

(다) 기록이 끝나면 각 항목이 차지하는 시간의 비율을 산출하여 활동과 학생 및 교사의 행동을 파악한다.

아래는 원어민 교사가 지도하는 초등 1학년 몰입학급 수업의 일부를 관찰 기록한 예이다.

〈표 3-30〉 몰입학급 수업의 예

시간	활 동
8:45 활동 1	*분반 및 주의집중 - 학급 전체가 모여서 간단한 인사 및 하루 일과 안내를 받은 뒤 a, b 그룹으로 각각 나누어져 수업을 한다. - 몰입 수업을 하는 그룹은 원어민 교사 앞에 모여 앉아 “Good morning to you.”라는 노래를 부른다.
8:47 활동 2	* Big Book 읽기 - ‘Who took the cookie from the cookie jar?’라는 수학적 내용을 담고 있는 그림 동화를 읽는다. 교사가 통독한 후, 책의 내용에 관해 학생들에게 질문을 하기도 하고, 그림책의 쿠키를 세어보게도 한다. - Big Book을 학생과 교사가 함께 소리 내어 읽는다.

다음의 표는 위의 관찰 내용을 COLT 1부 관찰기록표의 항목에 따라 기록한 것이다.

<table>
<caption>〈표 3-31〉 COLT 1부 관찰기록의 예</caption>
<tr><th rowspan="4">시간</th><th rowspan="4">활동</th><th colspan="7">참여자들의 조직</th><th colspan="12">내용</th><th colspan="5" rowspan="2">학생들의 양상</th><th colspan="10">자료</th></tr>
<tr><th colspan="3">학급 전체</th><th colspan="2">그룹</th><th colspan="2">혼합</th><th colspan="2">경영</th><th colspan="4">언어</th><th colspan="3">기타 주제</th><th colspan="3">주제의 통제</th><th colspan="4">유형</th><th colspan="3">출처</th><th colspan="3">이용</th></tr>
<tr><td rowspan="2">교사와학생</td><td rowspan="2">학생과학생</td><td rowspan="2">학생낭독</td><td rowspan="2">동일과제</td><td rowspan="2">이질과제</td><td rowspan="2">개별</td><td rowspan="2">그룹/개별</td><td rowspan="2">절차</td><td rowspan="2">규율</td><td rowspan="2">형식</td><td rowspan="2">기능</td><td rowspan="2">담화</td><td rowspan="2">사회언어학</td><td rowspan="2">협의적주제</td><td rowspan="2">제한적주제</td><td rowspan="2">광의적주제</td><td rowspan="2">교사</td><td rowspan="2">교사와학생</td><td rowspan="2">학생</td><td rowspan="2">듣기</td><td rowspan="2">말하기</td><td rowspan="2">읽기</td><td rowspan="2">쓰기</td><td rowspan="2">기타</td><td colspan="2">교재</td><td rowspan="2">청각</td><td rowspan="2">시각</td><td rowspan="2">교육</td><td rowspan="2">유사교육</td><td rowspan="2">비교육</td><td rowspan="2">통제적</td><td rowspan="2">유사통제적</td><td rowspan="2">개방적</td></tr>
<tr><td>최소</td><td>확장</td></tr>
<tr><td>45</td><td>1</td><td>√</td><td></td><td></td><td></td><td></td><td></td><td></td><td>√</td><td></td><td></td><td></td><td></td><td></td><td>√</td><td></td><td></td><td>√</td><td></td><td></td><td>√</td><td>√</td><td></td><td></td><td>√</td><td></td><td></td><td>√</td><td></td><td>√</td><td></td><td></td><td>√</td><td></td><td></td></tr>
<tr><td>47</td><td>2</td><td>√</td><td></td><td></td><td></td><td></td><td></td><td></td><td></td><td></td><td></td><td></td><td></td><td></td><td>√</td><td></td><td></td><td>√</td><td></td><td></td><td>√</td><td>√</td><td>√</td><td></td><td></td><td></td><td></td><td></td><td>√</td><td>√</td><td></td><td></td><td>√</td><td></td><td></td></tr>
<tr><td></td><td></td><td></td><td></td><td></td><td></td><td></td><td></td><td></td><td></td><td></td><td></td><td></td><td></td><td></td><td></td><td></td><td></td><td></td><td></td><td></td><td></td><td></td><td></td><td></td><td></td><td></td><td></td><td></td><td></td><td></td><td></td><td></td><td></td><td></td><td></td></tr>
<tr><td></td><td></td><td></td><td></td><td></td><td></td><td></td><td></td><td></td><td></td><td></td><td></td><td></td><td></td><td></td><td></td><td></td><td></td><td></td><td></td><td></td><td></td><td></td><td></td><td></td><td></td><td></td><td></td><td></td><td></td><td></td><td></td><td></td><td></td><td></td><td></td></tr>
</table>

(2) 분석방법의 예

COLT 1부는 5개의 대항목별로 나누어서 분석하게 된다. 즉 각각의 대항목에 속해 있는 소항목들이 차지하는 시간의 비율을 산출하여 그 양상을 알아보는 것이다.

관찰한 수업에서 참여자들의 조직에 관하여 알아보고 싶다면 관찰기록을 합산한 후 <표 3-32>와 같이 분석할 수 있다. 예를 들어 결과가 아래의 수치로 나왔다면, 본 학급은 교사와 학급 전체가 함께 하는 활동이 큰 비중을 차지하며 그에 비해 개인 학습이 매우 적다는 결론을 도출할 수 있을 것이다. 나머지 4개의 대항목 또한 동일한 방법으로 분석할 수 있다.

〈표 3-32〉 참여자들의 조직 (단위: %)

참여 조직	학급 전체	그룹	혼합	합계
빈도	65	25	10	100

2) COLT 2부 활용방법

COLT 2부의 활용방법 역시 의사소통 양상에 대한 관찰항목, 항목별 기준, 분석방법의 순서로 제시하였다.

가) 관찰항목

2부는 목표어의 사용, 정보의 차, 담화가 지속되는가 아니면 단절적이고 분절되는가의 여부, 앞서 입수한 내용을 화자나 청자가 자신의 발화에 활용하는가의 여부, 담화의 시작을 학습자가 할 기회가 있는가의 여부, 교사가 학습자의 발화의 형태를 제한하는가 아니면 제한하지 않는가의 여부를 관찰하도록 되어 있다.

〈표 3-33〉 COLT 2부

교사발화분석																			학생발화분석																			
의사소통요소			사용언어		정보차				발화의지속성		반응	발화 지속의 양태						전체낭독	사용언어		발화의 시작	정보차				발화의 지속성			형태 제한			반응	발화 지속의 양태					
					정보 제공		정보 요구															정보 제공		정보 요구														
침묵	과업	비과업	제1언어	제2언어	예상가능정보	예상불가정보	확인질문	정보질문	짧음	지속	명시적언어형식	무시	반복	바꿔말하기	첨언	확장	상세화		제1언어	제2언어		예상가능정보	예상불가정보	확인질문	정보질문	최소	짧음	지속	금지/제지	제한됨	허용	명시적언어형식	무시	반복	바꿔말하기	첨언	확장	상세화

나) 항목별 기준

1부와 동일한 맥락에서 2부의 세부 항목들에 대한 설명과 관찰 기준을 제시하면 아래와 같다.

(1) 의사소통요소

화자의 질문에 청자가 아무런 반응이 없을 때 침묵에 표시하고 과업이 일어날 때 과업에 표시한다. 이때 과업이란 학습자가 주도하여 유의미한 결과를 창출하는 활동을 지칭한다. 교사의 설명이나 안내, 교사의 주도 하에 이루어지는 반복연습 등 과업을 제외한 모든 의사소통은 비과업에 포함된다.

(2) 사용언어

교사와 학습자가 모국어를 사용할 때 제1언어에 표시한다. 교사와 학습자가 외국어를 사용할 때 제2언어에 표시한다.

(3) 정보차

이 항목은 교사와 학습자가 서로 제공 또는 요구하는 정보의 예측할 수 없는 정도, 즉 사전에 알지 못하는 정도를 말한다.

(가) 정보 제공

예상 가능 정보는 화자가 청자에게 쉽게 예상할 수 있는 정보를 주는 것을 의미한다. 예를 들어 화자가 "나는 사과를 영어로 이렇게 표현하고 싶어요. 으음…" 이라고 말한다면, 청자는 화자가 정보를 제공하기 전에 이미 'red, round, fruit' 등의 단어를 예상할 수 있다. 그러므로 이러한 유형은 제공할 수 있는 정보가 매우 제한적이다. 예상 불가 정보는 주어질 수 있는 정보의 폭이 넓어서 쉽게 정보를 예상할 수 없는 경우이며, 여러 가지의 답변이 가능하다. 예를 들어 "내가 어젯밤 꿈을 꿨는데…"라고 화자가 이야기를 시작한다면 그 꿈의 내용이 무엇인지 청자는 예상하기 어렵다.

(나) 정보 요구

확인 질문은 화자가 질문에 대한 답을 이미 알면서 질문하는 경우를 말한다. 예를 들어 교사가 "What date is it today?"라고 묻는 것은 오늘이 며칠인지 진심으로 알고 싶어서가 아니라 학습자의 발화를 끌어내려고 하는 것이다. 정보 질문은 화자가 요구하고 있는 정보를 알지 못하는 경우를 말한다. 상대방의 취미 혹은 가족사항이 정말 궁금해서 묻는 것과 같다.

(4) 발화의 지속성

최소 발화는 한 단어로 구성된 발화를 말하며, 학생의 말일 때만 여기 표시한다. 짧음은 하나의 절 또는 문장으로 구성된 발화를 말한다. 교사의 경우에는 한 단어일지라도 이곳에 표시한다. 지속은 한 문장보다 길거나 최소한 2개 이상의 주절로 구성된 발화를 말한다.

(5) 반응

발화에서 언어 형태에 초점을 맞추어 교정이나 명시적 반응이 행해질 때 이 항목에 표시된다.

(6) 발화 지속의 양태

무시는 바로 전의 발화에 대한 재반응이나 피드백이 없는 경우를 말한다. 반복은 전의 발화를 부분적으로 또는 전체적으로 반복하는 경우를 말하며 바꿔 말하기는 전의 발화를 완성하거나 재형성하는 것을 말한다. 첨언은 전의 발화에 대한 긍정적 혹은 부정적인 조언을 뜻하는데 교정은 아니다. "Okay, Good job!" 등을 예로 들 수 있다. 확장의 경우, 관련된 정보를 덧붙임으로써 전의 발화의 내용을 확장한다. 상세화는 계속되는 발화의 주제들과 관련된 더 깊이 있는 정보를 요구한다.

(7) 발화의 시작

학습자가 자발적으로 의사소통을 시작하는 경우의 빈도수를 측정하기 위해 표시한다. 이 항목에 표시되지 않은 문장은 교사가 발화를 시작하였음을 의미한다.

(8) 형태 제한

금지/제지는 전환적이거나 대용적인 반복연습과 같이 특정한 한 가지 형태만이 생산되거나 조정되는 경우를 말하고, 제한됨은 하나의 언어 형태 이상을 선택할 수 있으나 그 선택의 폭이 매우 좁다. yes/no question을 예로 들 수 있다. 허용에서는 특정한 언어적 형태가 요구되거나 예상되지 않는다. 자유롭게 대화하거나 구두보고, 개인적인 일기 쓰기와 같은 것을 말한다.

다) 분석방법

분석방법은 1부와 마찬가지로 관찰 기록 방법과 그에 대한 예를 통해 알아보도록 하자.

(1) 관찰기록

COLT 2부는 교실 관찰 중 교사와 학생의 발화를 녹음한 뒤 수업이 끝난 후 녹취하여 기록한다. 기록방법은 다음과 같다.

(가) 전체 발화 내용을 문장 단위로 나눈다. 접속사(and, or, but)로 연결된 문장은 하나로 인식한다.

(나) COLT 2부의 대항목마다 각 문장이 해당하는 소항목에 표기하고, 항목 선택이 모호할 경우에는 아래의 내용을 참고한다.

- 날씨나 인사에 대한 대답은 교실에서 사용되는 것이 한정되어 있기 때문에 제한됨으로 간주한다.
- 통제를 위한 말은 '정보요구' 중에서 확인 질문으로 간주한다.
  예) Look at me. Quiet, please.
- 교사의 발화 중 활동에 관한 'Let's-' 등의 청유문은 '정보요구' 중에서 정보 질문으로 간주하지만, 노래나 챈트를 하자는 발언은 반응이 정해져 있으므로 확인 질문으로 간주한다.
- 교사가 알아듣지 못했거나 재확인을 위해 다시 질문하는 경우에는 확인 질문으로 간주한다.
- 노래, 책 읽어주기, 반복적인 학습내용 읽기(학생들이 따라 읽지 않을 경우) 등 의미 전달이나 학생의 직접적인 반응을 요구하지 않는 발화의 경우에는 기록하지 않는다.
- 교사 발화의 경우 '주어+동사' 이상의 문장만 '지속'으로 간주한다.
- 교사의 발화 중 발음의 교정이나 어휘 학습은 '교정'으로, 학습자가 알아듣지 못할 때 잘 알아듣게 하기 위한 되풀이 발화는 '반복'으로 간주한다.
- 이전 발화를 되풀이 또는 반복하는 말은 정보차가 없으므로 정보차 항목에는 표시하지 않는다.
- 교사와 학생들이 합창으로 읽는 것은 분석할 때에 이중으로 계산되는 것을 막기 위해 학생의 항목에만 표시한다.
- 교사가 학생에게 질문하도록 시켜서 질문하는 것도 학생 발화의 시작에 포함한다.
- 영어로 말한 내용을 이해를 돕기 위해 한국어로 다시 설명할 때는 정보제공에서 '예상 가능 정보'이며 발화 지속의 양상에서는 '바꿔 말하기'로 간주한다.

(다) 전체 문장의 표기가 끝나면 항목마다 전체 수를 합산한 후에 대항목 별로 비율을 내어 결과를 해석하도록 한다.

〈표 3-34〉 교사와 학생의 의사소통의 예

① -------	T: What do you like, 정례?
② -------	S: 짜장면
③ -------	T: What do you like?
④ -------	In English because I can't understand.
⑤ -------	S: Noodles
⑥ -------	T: Noodles!
⑦ -------	정례, noodles.
⑧ -------	You say noodles.
⑨ -------	Here you are.

<표 3-34>는 원어민에 의해서 진행된 초등학교 1학년 몰입학급의 수업시간에 일어난 의사소통의 일부분을 기록한 것이다. 이 내용을 COLT 2부에 기록하면 <표 3-35>와 같다.

〈표 3-35〉 COLT 2부 관찰기록의 예

교사발언분석

	의사소통요소			사용언어		정보차				발화의지속성		반응	발화 지속의 양태					
	침묵	과업	비과업	제1언어	제2언어	정보제공		정보요구		짧음	지속	명시적언어형식	무시	반복	바꿔말하기	첨언	확장	상세화
						예상가능정보	예상불가정보	확인질문	정보질문									
①				√					√		√							√
②																		
③				√					√		√			√				
④				√							√					√		
⑤																		
⑥				√		√				√								

학생발언분석

	전체낭독	사용언어		발화의시작	정보차				발화의지속성			형태제한			반응	발화 지속의 양태					
		제1언어	제2언어		정보제공		정보요구		최소	짧음	지속	금지/제지	제한됨	허용	명시적언어형식	무시	반복	바꿔말하기	첨언	확장	상세화
					예상가능정보	예상불가정보	확인질문	정보질문													
①																					
②		√				√			√				√							√	
③																					
④																					
⑤			√			√			√				√					√			
⑥																					

(2) 분석방법의 예

COLT 2부도 1부와 마찬가지로 대항목별로 나누어 분석한다. 가령 교사의 사용언어에 관하여 분석하려 한다면 모국어와 외국어 발화 횟수와 전체 발화 문장과의 비율을 구하여 <표 3-36>과 같이 분석할 수 있다. 학생 역시 같은 방법으로 분석한다. 예를 들어 <표 3-36>의 수치가 산출되었다면 교사는 거의 영어로 발화하는 반면 학생은 상대적으로 한국어의 발화 비율이 더 높다는 것을 알 수 있다. 그러므로 본 수업에서는 학습자의 외국어 발화 비율을 보다 높이기 위한 방법을 강구해야 한다는 결론을 내릴 수 있다.

〈표 3-36〉 교사와 학생의 사용 언어 (단위: %)

	영어	한국어	합계
교사	99	1	100
학생	70	30	100

이상으로 교실 수업 관찰 도구로서 대표적으로 활용되고 있는 COLT의 개발 배경과 특징, 분석방법을 알아보았다. COLT는 제2언어 학습이 일어나는 교실에서 의사소통적 상호 작용을 증진시키기 위한 모델로 특히 유용하며, 1부와 2부로 나누어지는 분석방법 또한 매우 체계적이고 치밀하여 수업에 대한 양적 분석이 잘 이루어지게 함을 알 수 있다.

이처럼 COLT 분석법을 활용하는 것은 교사로 하여금 자신의 수업의 장점과 단점을 올바로 평가하도록 함으로써 향후 수업에 대한 귀중한 자료와 준거가 될 수 있다. 영어 수업의 전문가가 되고자 하는 열정 있는 교사에게 이러한 수업 관찰 도구의 활용은 작은 해답을 제공할 수 있을 것이다.

3.1.5 FOCUS 분석법

언어수업에 적용된 최초의 체계적인 수업 관찰 도구는 앞에서 소개한 Flanders의 상호작용분석법이었다. 그 후, Flanders 분석법의 범주체계를 좀 더 언어교실 상황에 맞게 수정 보완한 Moskowitz의 FLint, 1970년대 중반 Fanselow에 의해 개발된 FOCUS, 1980년대 중반 Allen, Fröhlich, Spada에 의해 개발된 COLT 등이 대표적인 언어수업 관찰도구로 이용되고 있다. 이 관찰 도구들은 범주체계로 구성되어 있으며 언어수업에서 교사-학생간의 언어 상호작용을 정량적으로 분석하여 객관적인 언어 교수학습활동의 정보를 제공해 준다.

그런데 현재 우리나라 영어교육에서 Flanders의 상호작용분석법이나 COLT에 대한 연구는 비교적 많이 이루어지고 있고 이 도구들이 영어수업 관찰에 활용되고 있으나, FOCUS에 대한 구체적인 개념 및 범주체계에 대한 연구나 수업에 활용되는 사례를 찾아보기는 힘든 상황이다.

따라서 이 장에서는 문헌자료를 통해 FOCUS의 개발 배경, 개념 및 특징을 알아본 후 FOCUS의 구체적인 범주체계, 즉 의사소통의 5가지 특성들과 각 특성의 하위 항목들이 가지는 의미와 분석기준, 분석방법을 구체적으로 제시함으로써 FOCUS의 활용방법을 알아보도록 한다.

가. 이론적 배경

여기서는 먼저 문헌자료를 통해 FOCUS의 개발 배경, 개념 및 특징을 알아보고 FOCUS를 활용한 선행연구를 살펴보겠다.

1) FOCUS의 개발 배경 및 특징

FOCUS는 1977년 Fanselow가 TESOL Quarterly에 게재한 그의 논문, 「Beyond Rashomon-Conceptualizing and describing the teaching act」에 처음으로 소개된다. Fanselow(1977)는 일본영화 Rashomon에 등장하는 인물들이 같은 사건에 대해 서로 상반되고 애매모호한 설명들을 하는 것을 예로 들면서, 같은 언어수업을 관찰한 교사나 장학사, 연구자들도 영화의 인물들과 같은 행동을 보임을 지적하였다. Fanselow는 우리가 만약 같은 현상을 봤다면 누구나 그것에 대해 비슷하게 설명할 수 있어야 한다고 말한다. 그러한 맥락에서 그는 같은 수업을 관찰하였다면 그 수업을 관찰한 교사나 장학사, 연구자 누구나 수업내용 및 방법에 대해 애매하거나 상반되는 진술이 아닌 비슷한 진술을 할 수 있어야 한다고 생각했다. Fanselow는 의사소통이 일어나는 상황을 객관적이고 기술적으로(technical) 관찰하고 설명하는 도구 개발의 필요성을 인식하였고, 그리하여 FOCUS가 탄생하게 되었다. FOCUS는 Foci Observing Communications Used in Settings의 약자로 교실뿐만 아니라 교실 밖 집, 직장, 공항, 가게, 식당 등 의사소통이 일어나는 모든 상황을 개인의 판단이 배제된(non-judgemental) 기술적인 언어(technical language)로 관찰하고 분석할 수 있는 유용한 관찰 도구이다.

FOCUS에서는 의사소통이 일어나는 상황이 강조된다. 따라서 상황의 전후관계가 상세하게 기술되며, 의사소통을 패턴화된 사태(patterned events)의 연속으로 본다. 둘 또는 그 이상의 사람이 말, 몸짓, 소리 또는 글과 같은 매체를 이용하여 내용을 제시, 설명, 검토, 평가, 해석하는 등의 의사소통을 한다. 말의 의미, 개인적인 감정 또는 교실 수업절차 등이 의사소통의 내용이 될 수 있으며, 의사소통은 구조화, 요청, 응답, 반응과 같은 의사소통 행위로 나타난다. 이상에서와 같이 FOCUS 분석법에서는 의사소통의 특성을 5가지로 구분하는데 다음과 같다: 언어자료의 제공자와 수신자, 매체, 사용, 내용, 의사소통 행위.

이 5가지 특성은 관찰자가 의사소통이 일어나는 상황과 말의 목적 및 의도 등을 부호화할 수 있는 중요한 정보를 제공한다. 예들 들어, "How much is a ticket to Chicago?"라는 질문은 언어교실상황에서 실생활을 재현해보는 시뮬레이션으로 이용될 수도 있지만 문법 연습에도 이용될 수 있다. 이것은 언어를 가르치는데 있어서 다른 목적들을 나타내주는데 FOCUS 기법은 이러한 차이를 부호화하여 의사소통의 중요한 정보를 제공해준다. FOCUS도 Flanders의 상호작용분석법을 비롯한 Moskowitz의 FLint처럼 정량적(quantitative)으로 수업을 관찰, 기술, 분석하지만 FIAC과 FLint는 교사와 학생의 언어행동을 분리시키는 반면 FOCUS는 교사와 학생 행동을 분리시키지 않고 상호 연관하여 기술하며, 언어행동뿐만 아니라 비언어적인 행동도 함께 기술한다. FOCUS에서 교사-학생간의 언어적인 혹은 비언어적인 상호작용을 분리시키지 않는 중요한 이유는 Mehan(1979)의 말에서 그 이론적인 근거를 찾을 수 있는데, Mehan은 '교사-학생간의 언어적 비언어적 상호작용을 연관하여 진술하는 것은 교실생활에서 교사와 학생 간에 일어나는 모든 범위의 활동들을 포착하기 위해서 필요하다.'고 지적한 바 있다.

FOCUS의 장점은 관찰을 통해 기록된 부호화된 자료를 보고 누구나가 의사소통이 일어난 상황을 다시 구성하여 기술할 수 있고 의사소통의 특성을 세분화하여 기록하기 때문에 여러 각도에서 분석을 할 수 있다는 것이다. 하지만 이 분석법은 너무 세분화되고 복잡하여 연구자나 수업관찰자가 자료를 부호화하는데 시간이 너무 많이 걸리고 숙련된 기술이 필요하다는 단점이 있다. 이에 대한 해결책으로 Fanselow(1997)는 특별한 행위의 관찰에 초점을 맞추어 효과적으로 수업행위를 관찰할 수 있다고 제안하는데 예를 들면 관찰자가 의사소통의 내용에 초점을 두고자 한다면 5가지 특성의 의사소통 범주 모두를 분석하는 대신에 내용범주와 관련 범주 한 두개를 추가하여 자료를 분석할 수 있음을 제시하고 있다. 따라서 FOCUS 분석법은 수업관찰 목적에 맞춰 일정한 범위를 정해서 사용하는 것이 편리하다(우충환, 1997).

2) FOCUS를 활용한 선행연구

FOCUS는 외국에서 언어수업 관찰도구로 많이 활용되어왔으나 우리나라에서 활용된 사례는 전무한 실정이다.

FOCUS를 관찰도구로 활용한 해외의 연구를 살펴보면, Shapiro(1979)의 뉴욕시 소재 초등학교 스페인어반 교사들의 언어 행동 연구, Hines(1983)의 교사의 행동과 학생의 언어학습 사이의 관계를 알아보기 위한 연구 등이 있다. 위에서 언급된 연구들에서 알 수 있는 점은 FOCUS는 교실에서 일어나는 의사소통의 다각적인 측면을 세분화하여 관찰 분석할 수 있기 때문에 해외에서 교사와 학생간의 언어적 상호작용뿐만 아니라 교사의 행동, 과제에 따른 상호작용, 그룹 형태에 따른 상호작용, 담화 영역 등 다양한 영역을 분석하는 데에 활용되고 있음을 알 수 있다.

Gebhard(1984)는 그의 논문에서 언어수업 관찰도구의 필요성을 언급하면서 FOCUS를 활용하고 있는 교사의 말을 다음과 같이 인용하고 있다.

> 내 경험에 비추어, 관찰도구를 이용하여 수업을 분석하는 것은 교수행위의 여러 가능성에 대한 풍부한 인식을 가능하게 한다. 한 예로 일선의 한 교사가 내게 이렇게 말했다. "제가 FOCUS를 활용해서 수업을 관찰 분석하였을 때, 다른 교사들의 교수관점 뿐만 아니라 나 자신의 교수관점 및 수업의 개선점 등에 관해 놀라울 만큼 많은 정보를 얻을 수 있었어요."(p. 165)

위의 인용문에서 추측할 수 있는 바는 FOCUS는 해외에서 연구가들의 연구를 위한 분석도구로 활용될 뿐만 아니라 언어교실의 현장교사들에 의해서도 활용되고 있음을 알 수 있으며, 교사로 하여금 다른 교사들의 교수 관점, 교사 자신의 교수 관점, 이들 간 차이점을 인식하게 하고 교사 자신의 교수 방법의 변화를 가져오게 하는 등 놀랄만한 양의 다양한 정보를 제공해줌을 알 수 있다.

국내에서 FOCUS가 활용된 사례는 한예석(1984)의 연구가 유일하며, 이밖에 우충환(1999)의 현장 영어교육을 위한 체계적인 관찰도구 및 기법에 관한 연구에서 FOCUS는 FIAC과 COLT와 함께 간단히 소개되고 있을 뿐이다.

한예석(1984)의 연구는 FOCUS를 활용하여 영어수업 중 교사의 교수행위를 비교 분석한 국내 유일한 연구로써, 그는 FOCUS가 언어수업 관찰도구로서 과연 실제로 적용성이 있으며 타당한 결과를 제시하여 주는가를 살펴보려고 시도하였다.

그는 동질 집단 두 학급을 선정하여 두 교사의 교수행위를 FOCUS를 활용하여 분석한 뒤 그 결과를 비교하였다. 그의 연구 결과, FOCUS 분석 방법은 교수 행위를 기록하여 관찰자에게 객관적인 판단 및 평가를 할 수 있는 자료를 제시할 수 있으며 수업에 참여한 교사에게도 자신의 교수행위를 제 3자의 입장에서 검토하고 개선을 모색하는데 도움이 될 수 있음이 판명되었다.

나. 활용방법

앞서 언급한 바와 같이 FOCUS는 5개의 일반적인 범주(source, move-type, medium, use, content)로 구성되어 있고, 이 범주들은 교실 상황뿐만 아니라 다양한 의사소통 상황을 분석하는데 적용할 수 있도록 고안되었다. 본 장에서는 FOCUS의 범주체계 즉, 의사소통의 5가지 특성들과 각 특성의 하위 항목들이 가지는 의미와 분석방법을 구체적으로 제시하겠다.

1) 범주 체계

FOCUS의 관찰 범주는 의사소통의 5가지 특성으로 구성되며, 크게 언어자료 제공자와 수신자, 의사소통 행위, 매체, 사용, 내용으로 구분되며 각 범주들은 하위 범주들로 세분화된다.

가) 언어자료 제공자와 수신자

누가 누구에게 의사소통 하는가를 나타낸다. 교실 상황의 수업 활동의 경우 교사, 개별학생, 그룹, 학급전체가 언어 자료의 제공자와 수신자가 될 수 있다.

나) 의사소통의 행위

의사소통의 행위를 나타내는 항목으로써 FOCUS에서는 의사소통 행위를 구조화, 요청, 응답, 반응으로 구분하여 분류한다.

(1) 구조화

듣기 활동 전 그림보기, 묵독, 게임을 위해 책상을 정리하는 등 뒤이어 이어질 행동, 과제, 활동을 위해 사전준비의 성격을 띠는 의사소통 행위를 구조화라고 한다.

(2) 요청

과제를 내거나 질문을 하는 의사소통 행위를 요청이라고 한다.

(3) 응답

과제의 수행, 질문에 답하는 의사소통 행위를 응답이라고 한다.

(4) 반응

이전의 행위를 수정, 변경하거나 평가하는 의사소통 행위, 이전 행위에 의해 야기되어지는 의사소통 행위를 통틀어 반응이라고 한다.

다) 매체

만약 두 개의 반이 위의 두 범주 항목, 언어자료 제공자와 의사소통 행위의 유형에서 비슷한 빈도수를 보인다고 하더라고 두 반의 수업이 비슷하게 진행되었다고 볼 수 없다. 예를 들어 두 반의 각 교사가 200번의 요청을 했지만, 한 반에서는 단어를 구두로 반복 연습했을 수도 있고 다른 반은 단어를 베껴 쓰기를 했을 수도 있다. *apple* 사진을 보여줄 수도 있지만, 실제 *apple*을 보여줄 수도 있으며, *apple*을 발음해 볼 수도 있고, 공책에 따라 쓸 수도 있다. 따라서 의사소통 중 어떤 매체가 이용되고 있는가가 기록될 필요가 있다. 의사소통 시 매체의 종류를 기록함으로써 상황의 구체적인 정보와 의미를 알 수 있다. 매체는 언어적인 것과 비언어적인 것, 준언어적인 것으로 구분된다. 각 하위범주들은 다시 청각적, 시각적, 기타 매체, 세 가지의 하위항목으로 나누어질 수 있다.

(1) 언어적 매체

의사소통은 말과 글이라는 언어적 매체를 통해 표현된다. 의사소통은 말이라는 음성기관에 의해 발성되는 음성에 의해 표현될 수도 있고 글이라는 문자로 표현될 수도 있다.

(가) 청각적

메우는 요소(filler), 개별 글자, 단어, 문장, 소리, 음절 등

(나) 시각적

■표의기호: $, # 등

■음성표기: 억양, 강세, 단어, 소리 등

■문자표기: 문자로 인쇄된 개별 글자, 단어, 콤마, 마침표 등

(다) 기타

점자, 글자 베껴 쓰기, 강세기호 표시하기 등

(2) 비언어적 매체

그림, 사물, 음악 등이 비언어적 매체에 해당한다.

(가) 청각적

종소리, 박수치기, 콧노래, 음악, 소음·소란·잡담, 가볍게 두드리기 등

(나) 시각적

■실물: 음식, 생물, 물건, 사람, 발음기관, 후두, 움직이는 물건 등

■조작물: 만화, 그림, 스케치, 인형 등

■도식: 도형·도해, 선, 지도, 밑줄 긋기, 지우기, 등

■상징물: 집을 나타내는 막대 등

(다) 기타

옷, 가구, 온도·기온 등

(3) 준언어적 매체

제스처, 움직임, 접촉과 같은 신체언어가 준언어적 매체에 해당한다.

(가) 청각적

울음, 웃음, 침묵, 목소리 톤, 성량 등

(나) 시각적

■실제: 얼굴색, 얼굴표정, 응시, 제스처, 움직임, 자세 등

■상징: 여름을 나타내는 제스처 등

(다) 기타

춤, 접촉 등

라) 사용

이 범주 항목은 매체가 내용을 전달하는데 어떻게 사용되고 있는가를 보여준다. 사용 항목에서는 매체가 내용을 제시하고 있는지, 특징을 파악하고 있는지 등을 알 수 있다. 주의집중, 특징 파악, 제시, 관련, 재 제시 5개의 세부항목으로 이루어지는데 자세한 설명은 다음과 같다.

(1) 주의집중

모든 수용활동이 주의집중에 해당한다. 듣기, 묵독, 사물의 감촉 느끼기, 맛보기, 냄새 맡기, 내용이해 활동 등이 주의집중 항목에 포함된다.

(2) 특징 파악

발화 활동에는 특징 파악과 제시의 두 범주가 있는데, 이 둘을 구분하기 위해서는 말, 글, 그림과 같은 매체가 내용에 관해서 또는 내용 자체에 대해 설명하고 있는가 아닌가를 따져볼 필요가 있다. 매체가 어떤 것에 대해 설명하고 있다면 특징 파악 항목으로 분류한다. 공통점과 차이점, 옳고 그름, 참과 거짓 구분하기, 단어의 특성을 살펴봄으로써 단어 정의하기, 단어의 음절 수 찾기, 분류된 카테고리 명칭 부여하기 등과 같은 활동이 특징 파악 항목에 포함된다.

(가) 구별

같은 것과 다른 것 구분

(나) 평가

옳고 그름, 참 거짓에 관한 규정, 예/아니요 또는 양자택일의 질문에 대한 대답

(다) 검토

음절이나 단어의 수세기, 특정 단어의 위치 찾아내기, 강조, 문장 도식화하기, 크기, 모양에 대한 정보

(라) 설명

항목 특성 나타내기, 가치중립판단

(마) 분류

단어의 품사 말하기 또는 특정 항목 그룹의 명칭 부여

(3) 제시

만약 의사소통의 매체가 내용을 설명하기보다 내용 자체를 제시하는데 쓰인다면 제시 항목으로 분류된다. 지시 및 안내, 질문하기, 대상 확인, 반의어, 유의어 제시, 구두로 읽기, 받아쓰기, 생활 또는 주제 관련 내용 제시 등이 제시 항목에 포함된다.

(가) 단어 부르기
(나) 매체 바꾸기
(다) 질문하기
(라) 진술하기

(4) 관련

주의집중, 특징 파악, 제시 항목 이외에 의사소통 행위가 이유를 설명하거나 일반화시키거나 추측, 추론하는 것이라면 관련 항목에 속한다.

(가) 설명
일반화, 규칙이나 이유 설명, 이 외의 명시적 관련 등
(나) 해석
추론, 새로운 규칙 생성, 이 외의 암시적 관련 등

(5) 재 제시

다른 사람이 먼저 했던 말이나 글을 바꾸어 말하거나 쓰는 경우, 대체하여 말하거나 쓰는 경우 등이 재-제시 항목에 해당된다. 베껴 쓰기, 모방하기, 바꾸어 말하기, 문장 내 단어 대체하여 쓰기, 문장 내 단어의 배열 바꾸기 등의 예가 있다.

(가) 결합하기
(나) 모방하기
(다) 바꾸어 말하기/쓰기
(라) 바꾸지 않고 대체하기
(마) 바꾸어 대체하기
(바) 변형하기

마) 내용

의사소통을 할 때 의사소통의 내용은 다양하다. 여기서 의사소통의 내용은 4개의 하위 영역으로 나누어지며 상세한 설명은 다음과 같다.

(1) 언어

만약 영어 수업 중 영어의 언어적 측면이 내용으로 다루어질 때 언어로 분류한다. 예를 들어, "Give me a match"라는 문장에서 give 또는 match의 단어의 뜻을 테스트한다든지 match의 ch 발음을 연습한다든지의 내용은 언어로 분류될 수 있다. 언어범주는 7가지의 하위항목으로 분류될 수 있다.

(가) 문맥

연어, 함축, 문화, 세부내용과 중심생각, 언어사용역, 상황 등

(나) 문법

기능어, 문장형식, 어형변화, 축약형, 단어, 배열 등

(다) 문학

심상, 분위기, 문체 등

(라) 의미

비유적, 문법적, 역사적, 유머적, 관용적, 역설적, 문자 그대로의 의미 등

(마) 쓰기 기술

펜 잡는 법, 대문자 쓰는 법, 문장의 첫 글자 대문자 쓰기, 구두점, 철자 등

(바) 소리

■분절음: 모음, 자음, 자음군, 분철법 등

■초분절음: 억양, 리듬, 강세 등

(사) 발음 생성

혀의 위치, 후두의 떨림 등

(2) 생활

만약 어떤 사람이 담뱃불이 필요해서 "Give me a match"라고 말했을 때, 이것은 생활로 분류된다. 인사와 같은 일상에서 자주 쓰는 상투적인 표현이나 상상의 반영, 개인의 감정, 개인적인 정보 또는 역사적인 날, 차의 가격, 시사 등 일반적인 지식 등이 생활의 내용에 포함될 수 있다.

(가) 상투적 표현

인사말, 작별 인사 등

(나) 상상

만약 무엇이 일어난다면....? 등

(다) 개인생활

감정, 느낌, 정보 등

(라) 공공생활

인물, 장소, 사물, 종교와 같은 일반적 지식

(마) 기능

요리, 육상경기, 타이핑, 공부 등

(바) 사회 이슈

인구문제, 편견 등

(3) 절차

절차는 의사소통 내용의 세 번째 범주항목으로써 출석 부르기, 훈계, 언어 및 활동에 대한 지시, 설명 등이 절차 영역에 해당된다.

(가) 관리

출석 부르기, 수업 시작 인사, 확인질문-이해했습니까?, 활동 전환-오케이, 음…, 되묻는 질문-억양을 올리며 되묻기 등

(나) 교실 내 사회적 행동

훈계, 훈육, 징계, 처벌 등

(다) 지시 및 설명

과제 제시, 활동 방법 지시 및 설명 등

(라) 교수학습의 이론적 근거

특정 활동에 대한 이유 설명, 방법이나 절차에 대한 지지 등

(4) 주제

언어, 생활, 절차 이외의 의사소통 내용은 주제로 분류된다. 만약 뜨개질 방법 또는 학교에서 배우는 역사, 생물, 수학 같은 교과목, 또는 수표를 현금으로 바꾸기, 임대차 계약 읽기와 같은 생존기술 등의 내용은 주제 영역에 해당된다.

(가) 교과목

　생물, 수학, 역사 등

(나) 생존 기술

　예산 짜기, 임대차 계약 이해하기 등

다음 <표 3-37>은 FOCUS의 범주체계를 나타낸 것이다. 구체적인 세부 하위범주들과 예시는 <부록 2>에 제시하였다.

〈표 3-37〉 FOCUS의 범주체계

1. 언어자료 제공자와 수신자 (source/target)	2. 의사소통 행위 (move-type)	3. 매체 (medium)	4. 사용 (use)	5. 내용 (content)
	구조화 to structure		1 주의집중 attend	
				언어 language
교사 teacher		언어적 linguistic		
			2 특징 파악 characterize	
	요청 to solicit			생활 life
개별학생 individual student				
		비언어적 non-linguistic	3 제시 present	
그룹 group of students				
	응답 to respond			절차 procedure
			4 관련 relate	
		준언어적 para-linguistic		
학급전체 whole class				
				주제 subject matter
	반응 to react		5 재-제시 re-present	

2) 분석 방법

FOCUS는 교실에서 수업을 관찰하면서 바로 기록하기에는 범주가 너무 세분화되어 있기 때문에 오디오 녹음이나 비디오 녹화 후 수업 내용을 전사하여 분석해야 하며, 자료를 부호화하는데 시간이 많이 걸리므로 특별한 행위의 관찰에 초점을 맞추어 효과적으로 수업 행위를 관찰할 수 있다. 여기서는 FOCUS의 관찰 기록방법과 분석 방법을 알아본다.

가) 관찰 기록

(1) 녹음이나 녹화된 수업의 언어적·비언어적 의사소통 행위를 전사한다.
(2) 의사소통 행위가 나타내는 구체적인 세부내용을 각 범주별로 기록한다. 이 때, FOCUS의 세분화된 모든 범주를 기록할 필요는 없다. 관찰 목적에 맞게 범주를 취사선택할 수 있고 범주의 관찰범위를 좁힐 수 있음을 알아둘 필요가 있다.
(3) 기록이 끝나면 관찰한 항목이 차지하는 비율을 산출하여 의사소통 양상을 파악한다.

아래는 영어 수업의 일부를 전사한 내용이다.

교사(t): Say something about this.
(Holds up an old, torn umbrella.)
학생1(s1): It's for the water.
학생2(s2): It's ugly.
학생3(s3): I like it.
학생4(s4): It is just like mine.
교사(t): Feel this.
(Gives student a candle.)
학생(s): (Student feels candle.)
교사(t): Is it rough or smooth?
학생(s): Smooth.
교사(t): (Shakes head up and down.)

교사가 학생에게 Say something about this라고 말했다면 언어자료의 제공자는 교사(teacher: t)가 되고 수신자는 학생(student: s)이 된다. 교사는 학생에게 요청(soliciting: sol)하고 있으며 청각적 언어 매체-구두(linguistic aural medium: la)로 말하고 있다. 언어의 의미(language meaning)를 묻고 있으며, 진술(state)의 형태로 묻고 있다. 위의 전사한 의사소통 행위를 FOCUS 관찰기록표에 기록하면 다음과 같다.

〈표 3-38〉 FOCUS 관찰기록의 예

의사소통 행위	언어자료 제공자/수신자	의사소통 행위	매체	사용	내용
1. Say something about this. (Holds up an old, torn umbrella.)	t/c	sol	la nv	pres: state	language: meaning
2. It's for the water.	s1/c	res	la	char: illustrate	language: meaning
3. It's ugly.	s2/c	res	la	char: illustrate	language: meaning
4. I like it.	s3/c	res	la	char: evaluate	language: meaning
5. It is just like mine.	s4/c	res	la	char: differentiate	life
6. Feel this. (Gives student a candle.)	t/c	sol	la nv	pres: state	language: meaning
9. (Student feels candle.)	s	res	nv	attend	language: meaning
10. Is it rough or smooth?	t/c	sol	la+nv	pre: question	language: meaning
11. Smooth.	s/t	res	la	char: evaluate	language: meaning
12. (Shakes head up and down.)	t/c	rea	pv	char: evaluate	language: meaning

교사 t, 학생 s, 특정개별학생 s1, s2..., 학급 c, 구조화 str, 요청 sol, 응답 res, 반응 rea, 언어매체(청각, 시각, 기타) l(la, lv, lo), 비언어적 매체(청각, 시각, 기타) n(na, nv, no), 준언어적 매체(청각, 시각, 기타) p(pa, pv, po), 제시 pres, 특성기술 char

나) 분석방법의 예

FOCUS는 관찰 기록표에 코드화된 기록 자체만 보고서도 그 수업이 어떻게 진행되었는지 다시 구성할 수 있을 만큼 항목들이 세분화되어있고 복잡하다. 따라서 의사소통의 특성을 세분화하여 기록하기 때문에 여러 각도에서 의사소통의 양상을 분석을 할 수 있다. 각각의 범주에 속해 있는 하위항목들이 차지하는 빈도수의 비율을 산출하여 수업의 의사소통 양상을 알아볼 수 있다.

관찰자가 수업에서 교사의 언어자료 제공/수신 양상과 교사의 의사소통 행위에 관하여 알아보고 싶다면 각각의 관련 항목을 합산한 후 <표 3-39>와 같이 분석할 수 있다.

〈표 3-39〉 교사의 언어자료 제공/수신 양상과 의사소통 행위(단위: %)

언어자료 제공자/수신자		교사의 의사소통 행위	
교사/학급(t/c)	90	구조화(str)	10
		요청(sol)	90
교사/개인(t/s)	10	응답(res)	0
		반응(rea)	0
합계	100	합계	100

예를 들어 결과가 위의 수치로 나왔다면, 이 학급은 교사의 전체를 대상으로 하는 발언이 큰 비중을 차지하고 있으며, 그에 비해 개별학생을 대상으로 하는 발언이 아주 적다는 결론을 얻을 수 있다. 또 이 교사는 대부분 전체 학생에게 요청하고 있으나 학생과의 상호작용이 일어나지 않고 있음을 알 수 있다. 왜냐하면 학생의 응답에 대한 반응이 전혀 없다. 또 교사의 응답이 0%인 것으로 보아 학생들의 요청이 일어나지 않았거나 있었다고 하더라도 교사가 응답하지 않은 것을 알 수 있다.

<표 3-40>은 나머지 의사소통의 3가지 특성, 매체, 사용, 내용에 대한 항목을 분석하기 위한 것이며, 관찰 목적에 따라 각 항목의 하위범주를 더 세분화하여 분석할 수도 있음을 알아두자. 각각의 범주를 분석해보면 그 결과 수업의 전체적인 의사소통의 양상을 알아볼 수 있다.

〈표 3-40〉 의사소통 매체 · 사용 · 내용 (단위: %)

매체		사용		내용	
언어적	70	주의 집중	10	언어	30
비언어적	20	특징 파악	40	생활	5
준언어적	10	제시	40	절차	5
		재-제시	10	주제	60
합계	100	합계	100	합계	100

예를 들어 결과가 위의 수치로 나왔다면, 이 수업은 구두 전달과 같은 언어적 매체(70%)가 주를 이루며 사용되고 있다. 또 그림이나 실물 자료와 같은 비언어적 매체(20%)나 교사의 제스처, 동작 등과 같은 신체 언어(10%)가 의사소통의 이해를 돕는 매체로 사용되었음을 알 수 있다. 이 수업의 특이한 점은 내용범주의 주제 영역(60%)의 비율이 높게 나타나는 동시에 언어 영역(30%)의 비율도 비교적 높게 나타나고 있는 것인데, 이 수업이 다른 교과 내용과 통합된 영어수업이라는

것을 추측할 수 있다. 의사소통의 내용을 제시 하는 항목(40%)과 의사소통의 내용에 관한 특징을 파악하는 항목(40%)이 고르게 나타나며, 주의 집중 항목, 재-제시 항목이 10%의 비율을 나타내고 있는데 이 항목들의 구체적인 내용을 분석하기 위해서는 하위범주를 세분화하거나 FOCUS 관찰기록표에 부호화된 자료를 참조하여 분석을 할 수 있음을 알아두자.

참고로 FOCUS 분석법은 너무 세분화되고 복잡하여 자료를 부호화하는데 시간이 많이 걸리고 숙련된 기술이 필요하다는 단점이 있다. 따라서 대부분의 경우 FOCUS 분석법을 활용할 때, 관찰자는 특정 행위의 관찰에 초점을 맞추어 관찰목적에 맞게 범주를 취사선택하고 범주의 관찰범위를 좁혀서 수업을 관찰한다.

예를 들면 관찰자가 의사소통의 매체에 초점을 두고자 한다면 5가지 특성의 의사소통 범주 모두를 분석하는 대신에 매체 범주와 관련 범주 한 두개를 추가하여 자료를 분석할 수 있다. 만약 어떤 관찰자가 영어수업 1, 2, 3, 4차시에 따라 의사소통의 내용이 어떻게 다르게 나타나는가를 비교한다고 한다면 의사소통 내용의 하위범주-언어, 생활, 절차, 주제-를 관찰하면 된다. 만약 관찰자가 수업에서 가장 빈번히 의사소통되는 언어 범주의 하위영역들을 보고자 한다면, 언어범주의 하위영역-문맥, 문법, 문학, 의미, 쓰기 기술, 소리, 발음생성-을 관찰하면 된다.

FOCUS 관찰 기록표에 코딩된 자료를 통해 분석 가능한 내용은 매우 다양하며 그 중 일부 예를 살펴보면 다음과 같다.

(1) 언어제공자는 주로 누구이며 수신자는 누구인가?
(2) 교사는 전체 학생에게 질문을 많이 하는가, 개별학생에게 질문을 많이 하는가?
(3) 구조화, 요청, 응답, 반응 중 교사의 행위는 어느 항목의 빈도가 높은가, 학생의 행위는 어느 항목의 빈도가 높은가?
(4) 의사소통 내용에는 언어에 관한 것이 많은가 생활에 관련된 내용이 많은가, 절차와 주제가 차지하는 비중은 어느 정도인가?
(5) 청각적 매체가 많이 활용되는가, 시각적 매체가 많이 활용 되는가?

위에 예시한 바와 같이 관찰하고자 하는 항목을 추출하여 관찰할 수 있다.

지금까지 FOCUS를 활용한 영어수업분석을 알아보았다. 이를 통해 얻은 결론은 첫째, FOCUS는 교수행위를 객관적으로 관찰, 기술, 분석할 수 있는 도구이다. 둘째, FOCUS는 언어학습에서 나타나는 의사소통의 다양한 측면을 분석 가능하게 해준다. 셋째, 교사나 장학사, 연구자들에게 발전적인 수업의 대안을 고려하도록 돕고, 수업 중 발생한 문제를 기술하고 원인을 규명하여 수업을 개선시킬 수 있게 해준다.

이상의 결론은 FOCUS가 영어수업관찰 도구로써 높은 활용 가치를 지님을 잘 나타내준다. 우리 교사들은 개인적인 판단과 단정을 피하고 FOCUS를 활용하여 의사소통 행위의 과정을 있는 그대로 기술함으로써 대상을 좀 더 객관적이고 신뢰성 있게 관찰할 수 있을 것이다. 또 FOCUS의 범주 즉, 의사소통 특성들 간의 관계를 규명하여 수업 중 효과적인 매체의 사용, 내용 등을 분석할 수 있을 것이다.

마지막으로 FOCUS 분석법을 적용할 때 주의할 점이 있다. FOCUS 분석법은 너무 세분화되고 복잡하여 자료를 부호화하는데 시간이 많이 걸리고 분석하는데 숙련된 기술이 필요하다. FOCUS를 활용하는데 있어 초보자임을 감안하여 FOCUS의 세분화된 모든 범주를 기록하기 보다는 특정 행위의 관찰에 초점을 맞추어 관찰 목적에 맞게 범주를 취사선택하고 범주의 관찰범위 좁혀서 수업을 관찰하는 것이 편리하다는 것을 알아둘 필요가 있을 것이다.

3.1.6 질의응답 분석법

수업활동의 관찰·분석 기법 중에서 질의응답 분석법은 수업 중 질의응답작용을 구조화(structuring), 요청(soliciting), 응답(responding), 반응(reacting)의 네 가지 언어유형으로 구분하여 제시된 수업 중 질의응답 분석표를 통하여 교사와 학습자가 주고받는 질의응답의 의사소통 유형을 알아보고 분석하는 방법이다. 대부분의 수업은 교사와 학생 사이의 질의응답을 통해서 진행된다. 그러므로 교사 학생간의 질의응답 활동을 통하여 학습자의 수업참여 형태를 알고 수업전략이 무엇이며 수업의 잠재된 계획이 무엇인지 암시받을 수 있다.

가. 이론적 배경

Bellack, Kliebard, Hyman, Smith(1966)는 교실에서 이루어지는 대화를 기술하고 4가지 언어 영역을 제시하였다. 다음은 교사 학생간의 대화를 기록하고 4가지 언어 영역으로 분류한 예시이다.

<제목 : What's a conductor?>
교사 : OK. Now. A conductor.(**Structuring**) What's a conductor?(**Soliciting**) 학생 : A conductor is the people who is boss in the in the em(inaudible) for example, in music.(**Responding**) 교사 : OK.(**Reacting**)

Long(1980, p. 30)

Bellack 외 3인(1966)에 따르면 구조화는 질문을 하거나 학생이 해야 할 과업을 정하기 전에 수업 계획에 대해 알려주는 언어이고, 요청은 교사가 학생에게 하는 질문이며, 응답은 학생이 과업을 수행하면서 교사가 한 질문에 대하여 답을 하는 것이고 반응은 평가적인 피드백으로써 주로 교사에 의하여 이루어지며 수업 상황이 아닌 일상에서는 기대할 수 없는 언어 형태로 분류하였다.

Hyman(1975)은 질의응답 분석법을 통하여 수업 중 교사와 학습자가 주고받는 의사소통 유형을 알아보고자 하였으며 Bellack 외 3인(1966)이 제시한 네 가지 교사 학생 언어 유형을 활용한 분석 방법을 제시하였다.

첫째, 구조화 언어는 수업의 진행을 위해 사용하는 언어로써 교사와 학생 사이의 상호작용을 시작하거나 중지하고 주제를 제시하는 행위 혹은 이와 관련된 설명 등을 포함하며 일련의 행동을 하기 위한 상황을 조성하는 역할을 한다. 교사는 수업시간 중이나 수업을 시작할 때 토의되어야 할 주제에 대해 주의를 집중시키기 위해 흔히 구조화 언어를 사용한다. 구조화 행위의 예를 들면, *Let's listen to the story. They are talking about Peter's sister. Let's review today's lesson.* 등이 있다.

둘째, 요청 언어는 대답 또는 특정 행동을 요구하는 언어로써, 언어반응을 이끌어내고 격려하여 학습자가 어떤 일에 동참하게 하거나 신체적인 반응을 유도하는 것 등이 포함된다. 모든 질문은 요청하는 언어이며, 명령, 지시, 부탁하는 언어도 포함된다. *What do they want to do? Make a circle with your right hand.* 등은 요청 언어에 해당된다.

셋째, 응답 언어는 요청에 대한 응답 언어로써 요청 언어와는 상대적인 관계이며, 요청 언어와 관련지어서만 나타난다. 이것의 교육적 기능은 요청 언어의 기대를 만족시키는 것으로 질문에 대해 답하는 언어는 응답으로 분류된다. 응답 언어의 예를 들면, *Yes/No. Tomorrow. It's 7 o'clock.* 등이 있다.

넷째, 반응 언어는 앞서 말한 것을 수정(설명, 종합, 보충), 평가하는 언어로써 구조화 언어, 요청 언어, 응답 언어 혹은 그 앞의 반응 언어에 의해 발생하지만 이러한 것들에 의해서 직접적으로 도출되지 않는 경우도 있다. 반응 언어는 응답 언어와는 달리 다양한 선행동작에 따라 자발적으로 일어난다. *I agree with him. Good job. OK. That's right.* 등이 반응 언어에 해당된다.

Bellack 외 3인(1966)에 의하면 교실대화의 1/3은 질문으로 이루어지며, 질문의 86%는 교사들에 의해 행해진다. 그만큼 교사의 질문은 수업에서 가장 핵심적인 역할을 한다. 또한 교사는 학생과의 상호작용을 하면서 많은 질문을 하고 학생의 반응에 대응하고 구조화하는 행동을 한다. 교사는 대화를 요약하고 정교화하고 윤곽을 제시하며, 핵심사항에 초점을 맞추기도 한다. 그래서 교사의 질문, 구조화 및 대응은 설명식 강의와 암송에 포함되어 있는 그것과는 매우 다르다.

첫째, 의사소통을 이끌어 가는 교사는 학생들에게 질문을 하는 것 이상의 것을 한다. 교사는 학생들의 응답을 다시 표현함으로써 응답과 반응을 요약하고 좀 더 정교화 한다. 교사는 학생들이 응답한 내용의 핵심사항에 대해 자세히 살펴본다.

둘째, 교사는 말하고 싶어 하는 학생을 호명하고 앞서 언급된 내용에 대해 응답할 것을 요구한다. 이것은 마치 교통경찰과 같은 역할을 의미하며 핵심적인 토의 기술을 요구한다.

셋째, 교사는 그의 질문에 대해 항상 정확한 응답을 기대하는 것은 아니다. 교사는 학생들이 여러 측면의 응답을 하도록 격려해준다. 교사는 질문 이외의 활동을 하기 때문에 학생들이 아이디어를 산출해 내도록 하기 위해 단지 발문에만 의존하지 않는다. 아이디어는 학생들의 응답과 교사 자신의 언어를 통해서도 나온다. 교사가 정확한 대답을 가지고 있지 않은 질문을 하는 것은 교실 상황에 활기를 부여하고 교사가 학생들에게 계발시키고자 하는 비판적 사고와 창의적 사고를 한 층 강화시킬 것이다.

교사는 학생에게 한 질문이 때때로 혼란을 일으키거나 이해하기 어려울 수도 있다는 것을 명심해야 한다. 학생들은 어떤 질문에 응답해야 할지를 모를 가능성이 많으며 심지어 아주 길고 여러 특징을 지닌 부분으로 이루어진 단일 질문조차 혼란을 가져올 수 있다. 그러므로 혼란을 방지하기 위한 수단으로서 한 번에 하나씩 복잡하지 않은 질문을 하는 것이 학생들의 이해를 위하여 바람직하다. 완곡한 질문 또한 학생들에게 혼란을 야기할 수 있다. 학생은 질문의 생략된 부분이 무엇인지를 이해하지 못할 수도 있다. 만일 교사가 완곡한 질문을 한 후에 학생들의 당황하고 혼란스러운 모습을 접했다면 학생들이 응답하는 것을 돕기 위해 완전한 형식으로 질문을 다시 하는 것이 바람직하다.

교사들이 질문과 관련하여 직면한 큰 과제는 학생들로 하여금 질문하도록 자극하는 것이다. 학생들은 교사의 의존에서 벗어나기 위해서는 응답은 물론 질문하는 방법을 배워야 한다(Smith, 1967). 또한 교사는 학생들이 질문하도록 직접 이끌어 가야 한다. 그러나 그것 이상으로 교사는 학생들이 질문을 하는데 편안함을 느낄 수 있는 분위기를 만들어야 한다. 학생들이 제기하는 질문은 주제와 다른 참여자의 입장을 이해하고자 하는 욕구에서 비롯된 것이어야 한다. 또한 학생들은 다른 학생들의 비난을 받지 않기 위해서 마지못해 침묵을 지키고 있다고 느끼지 말아야 한다.

학생들이 질문을 하도록 격려하는 가장 좋은 방법은 교사 스스로 학생들이 모방할 수 있는 모델의 역할을 하는 것이다. 그러기 위해서 교사는 여러 유형의 질문을 하는데 신중을 기하고 학생들이 제기한 질문에 존중을 표시하고, 질문자를 칭찬하고, 그리고 불분명한 질문 또는 논의에서 벗어난 질문을 다시 구성하도록 할 수 있는 기회를 학생에게 주도록 해야 한다.

교사가 복잡한 사고 조작을 요하는 질문을 할 때, 학생들은 얼마 동안 침묵을 지킬 수도 있다. 학생들 중 누구도, 심지어 질문을 분명히 이해하고 있음에도 불구하고 진지하게 질문에 답하려 하지 않을 수도 있다. 이 경우에 교사는 질문이 어렵다는 것을 시인하고 빨리 대안을 제시하는 것이 더 바람직하다. 만일 교사가 학생들이 아직 말할 준비가 되어 있지 않음을 인정하면서 차분히 기다리면 대부분의 경우 학생들에게서 의미 있는 응답을 얻을 수 있다. 한 질문에 관한 연구(Rowe, 1969) 자료를 보면 보통 교사들은 학생들에게 한 요청에 응답할 시간을 겨우 1초 허용하였다고 한다. 만일 학생들이 1초 내에 응답하지 않으면, 교사들은 보통 질문을 반복하거나 또는 다른 학생을 호명하여 응답하게 하였다는 것이다. 또한 학생들이 응답하였을 때, 교사들은 보통 그 응답에 반응하거나 혹은 또 다른 질문을 하거나 혹은 새로운 화제를 제시하기에 앞서 2초 정도도 기다리지 못했다. 교사가 3초에서 5초 정도 기다리는 시간을 증가시켰을 때 학생들의 응답시간이 증가하고 정확한 응답의 수가 증가하였으며 학생들이 제기하는 질문의 수가 증가했다는 연구 결과가 나타났다. 즉, 수업 중 기다림은 미덕이라는 결론을 얻을 수 있다.

Hyman(1975)은 질의응답 분석 결과를 통하여 교육적 상호작용에서 가장 흔히 나타나는 일반적 유형을 여섯 가지 목록으로 다음과 같이 제시하였다.

① 요청 → 응답 → 반응
② 요청 → 응답
③ 요청 → 응답 → 반응 → (추가)반응
④ 요청 → 응답 → (여러)반응 → (추가)응답 → (추가)반응
⑤ 요청
⑥ 구조화 → 요청 → 응답 → 반응

수업 중에 이루어지는 교사와 학생간의 질의응답의 유형은 다양한 것을 암시한다.

첫째, 수업 중 질의응답은 학생의 참여형태를 암시한다. UCLA에서 행한 연구에 따르면, 67개 학교의 150여 개의 수업에서 5% 외에는 모두 하나의 상호 작용 형태가 지배하고 있다고 하였다. 상호작용 활동은 수업 중 교사가 질문을 하고, 학생은 한두 단어나 짧은 구절로 맞게 응답하고, 교사는 학생의 응답이 맞다고 인정한다. 수업의 다양성과 개별화에 대한 요구가 있음에도 불구하고 대부분의 교사는 규칙적으로 이러한 참여형태를 유지하고 있다. 질의응답 분석법을 통하여 어떠한 상호작용의 유형이 진행되고 있는지를 파악하여 수업 중 교사와 학생의 역할 및 참여 형태에 대한 객관적인 자료를 얻을 수 있으며 수업의 다양성과 개별화에 대한 요구를 충족하는지에 대한 정보를 제공한다.

둘째, 수업 중 질의응답은 학생의 수업 중 참여정도를 암시한다. 즉 학생들이 수업에 얼마나 적극적으로 참여하고 있는지 또는 학생들이 전혀 참여하지 않는지에 대한 정보를 제공한다. 주의 깊게 듣고 있는 학생은 능동적으로 주어진 수업에 참여하고 있다고 할 수 있다. 반면에 수업 상호작용에서 전혀 말을 하지 않거나 거의 하지 않는다면 그 학생이 수업에 적극적으로 참여하고 있는지 극히 의심스럽다. 수업 중 질의응답 작용의 양은 수업의 참여 정도를 결정한다. 예를 들면, 교사가 계속적으로 수업에서 95%의 말을 한다면 학생들은 전혀 참여하고 있지 않다고 추론해도 별 무리가 없을 것이다. 극단적으로 이 경우 학생들은 수업하는 장소에 없는 것이나 마찬가지인 것이다.

셋째, 수업 중 질의응답은 사용된 수업전략을 암시한다. 서로 다른 수업전략은 각기 다른 수업활동을 요구한다. 따라서 수업의 상호활동을 검토함으로써 사용된 수업전략이 무엇인지 알 수 있다. 어떤 경우에는 실제로 사용된 전략이 교사가 처음에 의도했던 것이 아닐 수도 있다. 혹은 수업시간에 사용된 전략은 교사가 의도한 것이든 아니든 간에 수업자료에서 설계한 것과 다를 수 있다. 수업 중 질의응답 작용은 이러한 것을 보다 객관적으로 보여 준다.

넷째, 수업 중 질의응답은 부분적으로 잠재된 계획(hidden agenda)을 암시한다.

수업을 할 때에는 계획에 따라 어떤 사실을 명시적으로 가르치지만 말없이 묵시적으로 가르치는 경우도 있다. 어떤 것은 계획되어 있을 수 있지만 대부분은 계획되지 않으며 모르고 지나치는 경우가 많다. 예를 들면, 교사가 끊임없이 학생들에게 질문을 하고 설명을 하며, 학생들은 교사의 질문에 답하고 설명을 듣는 것 외에 다른 일을 하지 않는다면, 교사는 '이 수업에서 질문을 할 수 있는 사람은 나밖에 없고 너희들은 나의 질문에 답하고 설명만 들으면 된다'는 묵시적인 메시지를 주고 있다고 할 수 있다. 즉, 이것은 학생들 스스로 궁금한 것을 교사에게 묻거나 다른 학생들에게 묻는 것을 못하도록 하는 잠재된 계획이라고 할 수 있는 것이다. 따라서 수업 중 질의응답 내용을 분석해 보면 부분적이라고 할지라도 몇몇의 중요한 묵시적인 메시지가 수업시간에 은연중에 전달될 수 있음을 추론할 수 있다.

나. 활용 방법

수업 중 질의응답분석법은 교사와 학생간의 대화의 언어 유형을 중심으로 분석지에 해당 항목을 체크하여 그 결과를 분석한다. 네 가지 언어 유형의 특징을 충분히 숙지하여 관찰에 임하여야 한다. 특히 수업 관찰시 주의 깊게 관찰하여야 할 준거는 ① 누가 주로 구조화의 역할을 하는가? ② 누가 주로 요청을 하는가? ③ 누가 주로 응답을 하는가? ④ 누가 주로 반응하는가? 이며 이를 토대로 분석하여 수업 중 교사와 학생의 역할이 일반적으로 무엇인지 검토할 수 있다. 구체적인 분석 절차는 다음과 같다.

첫째, 수업 중 무엇을 중심으로 관찰할 것인가에 따라 10-15분 정도의 참관계획을 세워서 관찰한다.

둘째, 수업을 관찰하면서 교사와 학생의 언어를 네 가지 질의응답 언어 유형으로 각각 분류하고 영어는 e, 한국어는 k, 전체를 대상으로 한 경우는 w, 그룹은 g, 개인은 i 로 구분하여 다음에 제시되는 분석지에 체크하고 그 빈도를 기록한 후에, 교사와 학생 각각의 언어 유형에 따른 비율을 계산하여 수치화한다.

〈표 3-41〉 수업 중 질의응답 분석지

번호	교 사				학 생			
	응답	구조화	반응	요청	응답	반응	요청	구조화
1								
2								
3								
합계								

1) 교사가 행한 구조화 언어의 비율= $\frac{\text{교사의 구조화 언어 총량}}{\text{구조화 언어 총량}} \times 100$

수업 중 일어나는 총 구조화 언어 행위 중에서 교사가 행한 구조화 언어 행위의 비율을 알아봄으로써 구조화 언어 행위가 교사에 의해서 얼마나 주도되었는지 파악할 수 있다.

2) 구조화 언어 중 영어 사용 비율= $\frac{\text{(교사/학생)영어 구조화 언어 총량}}{\text{(교사/학생)구조화 언어 총량}} \times 100$

구조화 언어 중에서 교사나 학생이 영어로 행한 구조화 언어의 비율을 알아본다.

3) 교사가 행한 요청 언어의 비율 = $\frac{\text{교사의 요청 언어 총량}}{\text{요청 언어 총량}} \times 100$

수업 중 일어나는 총 요청 언어 행위 중에서 교사가 행한 요청 언어 행위의 비율을 알아봄으로써 요청 언어 행위가 교사에 의해서 얼마나 주도되었는지 파악할 수 있다.

4) 요청 언어 중 영어 사용 비율 = $\frac{\text{(교사/학생)영어 요청 언어 총량}}{\text{(교사/학생)요청 언어 총량}} \times 100$

요청 언어 중에서 교사나 학생이 영어로 행한 요청 언어의 비율을 알아본다.

5) 학생이 행한 응답 언어의 비율 = $\frac{\text{학생의 응답 언어 총량}}{\text{응답 언어 총량}} \times 100$

수업 중 일어나는 총 응답 언어 행위 중에서 학생이 행한 응답 언어 행위의 비율을 알아봄으로써 응답 언어 행위가 학생에 의해서 얼마나 주도되었는지 알아볼 수 있다.

6) 응답 언어 중 영어 사용 비율 = $\frac{\text{(교사/학생)영어 응답 언어 총량}}{\text{(교사/학생)응답 언어 총량}} \times 100$

응답 언어 중에서 교사나 학생이 영어로 행한 응답 언어의 비율을 알아본다.

7) 교사가 행한 반응 언어의 비율 = $\frac{\text{교사의 반응 언어 총량}}{\text{반응 언어 총량}} \times 100$

수업 중 일어나는 총 반응 언어 행위 중에서 교사가 행한 반응 언어 행위의 비율을 알아봄으로써 반응 언어행위는 교사에 의해서 얼마나 주도되었는지 알아볼 수 있다.

8) 학생이 행한 반응 언어의 비율 = $\frac{\text{학생의 반응 언어 총량}}{\text{반응 언어 총량}} \times 100$

수업 중 일어나는 총 반응 언어 행위 중에서 학생이 행한 반응 언어 행위의 비율을 알아봄으로써 반응 언어 행위에 학생이 얼마나 참여하였는지를 알아볼 수 있다.

9) 반응 언어 중 영어 사용 비율 = $\frac{\text{(교사/학생)영어 반응 언어 총량}}{\text{(교사/학생)반응 언어 총량}} \times 100$

반응 언어 중에서 교사나 학생이 영어로 행한 반응 언어의 비율을 알아본다.

셋째, 완성된 분석표를 통하여 어떤 상호작용 유형이 자주 등장하는지 알아본다. 즉 Hyman(1975)이 제시한 수업 중 교사 학생간의 6가지 상호작용 유형별 비율을 수치화시켜서 분석해 볼 수 있다.

10) 유형별 상호작용 비율 = $\frac{\text{유형별 상호작용 형태 총량}}{\text{상호작용 형태의 총량}} \times 100$

넷째, Hyman(1975)이 제시한 수업 중 교사 학생간의 6가지 상호작용 유형 이외의 다른 상호작용 유형이 있는지 살펴보고 기록하고 추가로 기록할 말이 있으면 자유롭게 서술한다.

우리는 지금까지 질의응답 분석법의 이론적 배경과 활용방법에 관해 알아보았다. 질의응답 분석법을 통해 영어 수업을 관찰하고 분석하게 되면 수업과 교사 및 학생의 역할에 대한 개선 및 연구 방향을 아래와 같이 모색해 볼 수 있다.

첫째, 수업의 다양성과 개별화를 위하여 교사와 학생의 질의응답의 획일화된 상호작용의 형태에서 벗어나 학생 중심의 다양한 상호작용의 형태를 모색해 볼 수 있다.

둘째, 교사 주도적인 수업에서 탈피하기 위하여 학생의 참여 정도를 알아보고 참여 정도가 낮을 경우 교사와 학생간의 상호작용이 타당한지 또는 어떤 문제가 있는지를 점검할 수 있으며 문제에 대한 원인 규명과 개선 방안을 살펴 볼 수 있다.

셋째, 교사가 의도한 수업 계획과 실제 수업과 어떤 차이가 있는지 객관적으로 점검할 수 있다. 또한 수업 분석을 통하여 교사가 의도하지 않은 암묵적 메시지를 파악할 수 있는 계기가 될 수 있다.

넷째, 학습자들의 응답 언어 및 반응 언어 비율을 통하여 교사의 요청 언어의 수준이나 적절성 여부를 점검할 수 있다.

다섯째, 학습자의 구조화 및 반응 비율이 높은 학생 주도적 수업이 되게 하기 위한 연구의 기초 자료로 활용될 수 있다.

이와 같이, 질의응답 분석법은 수업 중 누가 주로 어떠한 행동을 했는지, 교사와 학생이 어떤 역할을 했는지를 검토하고 교사와 학생간의 의사소통, 질의응답 유형이 타당한가, 그렇지 않은가를 찾아내고, 타당하지 않은 상호작용 유형이라면 수업 후 그 원인이 무엇인지 밝혀내어 다음 수업에 반영하는 것이 목표이다.

질의응답 분석법은 언어 유형의 구분이 명확하고 관찰 및 분석 방법이 비교적 용이하여 누구나 쉽게 사용하고 분석할 수 있다는 장점을 가지고 있으며 강의식 수업이거나 실험이나 실습수업이 아닌 교사와 학습자들 간에 상호작용이 이루어지는 수업을 분석하는데 훌륭한 수업분석 도구가 될 수 있을 것이다.

3.1.7 수업분위기 분석법

학생의 학업 성취나 수업의 효과에 영향을 미치는 요소는 다양하나 가장 강력한 요소는 교사가 만들어 내는 수업분위기이다. 수업분위기란 일반적으로 '수업 중 교사와 학생이 서로에 대하여 가지는 전반적인 태도'로 정의되어지며 이는 교사와 학생의 상호작용을 통하여 생겨나게 된다. 이렇게 만들어진 수업분위기는 수업의 효과나 학습자의 학업성취에 직접적인 영향을 미치기 때문에 긍정적인 방향으로의 개선이 요구되는 것은 두말할 필요가 없다. 이는 "긍정적인 분위기 속에서 수행된 교육이 바람직하다."라고 한 Hyman(1975)의 의견에서도 알 수 있다.

수업분위기를 분석하는 가장 주요한 목적은 교실에서 최대한 학습에 도움이 되는 긍정적인 분위기를 만들기 위함이다. 이는 긍정적인 분위기가 학생들 사이의 유익한 상호작용 조장하고 학생과 교사간의 경험을 명료화하며 향후 학습활동을 촉진하는 충분한 동인이 되어줄 뿐만 아니라 교사와 학생 간 이해를 촉진해 주기 때문이다.

가. 이론적 배경

1930년대 Lewin(1939)이 기초를 마련한 초기 수업 부위기 분석법은 주로 이분법적인 기준으로 이루어졌으나 Tuckman(1976)이 보다 구체적인 수업 분위기 분석법의 틀을 제시하여 실질적인 교육현장 적용에의 초석을 다졌다.

1) Kurt Lewin의 수업분위기 분석법

1930년 Iowa 대학의 Lewin(1939)은 수업 분위기를 민주형(혹은 통합형) 그리고 권위주의형(혹은 지배형)으로 이분화 하였다. 이는 아주 명료한 분류여서 그 구분은 확실하나 현장의 수업분위기를 충분히 다루지는 못하는 단점이 있었다.

민주형 혹은 통합형 수업분위기는 학생의 아이디어를 수용하고 칭찬과 격려를 주로 사용하며 수업 시 결정이 필요할 때 학생의 참여를 권장하는 개방적이고 온화한 분위기이다. 그러므로 학생들과 교사 사이의 친근감이 자연스럽게 발생한다. 이에 반해 지배형 혹은 권위주의형 수업분위기에서의 학생은 칭찬과 격려보다는 거부와 꾸중, 무시를 받는 경향이 있으며 수업 시 결정은 교사에 의해 주로 이루어지며 그 방향만을 제시받는 역할을 한다. 이 수업 분위기는 주로 폐쇄적이고 냉정하여 학생과 교사의 거리가 멀고 동 떨어진다.

Lewin(1939)은 사회적 그룹에 관심이 아주 많았는데, 특히 사회적 구조와 구성원의 행동 속에 나타나는 리더십의 양식에 더욱 관심을 보였다. 그는 리더십 모델을 세 가지로 나누어 구분하였는데, 이는 민주적인 리더십, 독재적 리더십, 그리고 자유방임적 리더십이다. 각 그룹에서의 리더십 유형은 특정 그룹의 사회분위기를 결정하는 주요한 역할을 한다. 민주적인 지도자는 창조적이고, 우호적이고 공통된 목적의 실현을 위해 노력하는 그룹의 분위기를 조성하고, 이에 반해 독재적 지도자와 자유방임형 지도자는 공격적이고, 적대적이며 구성원들 서로의 희생을 요구하는 그룹분위기를 조성한다. 그의 그룹 다이내믹스에 대한 견해는 그룹간 상호작용을 강조하는 교육에서도 시사하는 바가 커 그룹 내 지도자로서의 교사가 조성할 수 있는 수업 분위기의 중요성을 말해주고 있다.

2) Ryans의 교사 특성 평가

Ryans(1960)은 Lewin(1939)의 이분법적 분석법을 넘어 평정척도의 개념을 사용하였다. 평정척도는 오랜 전부터 수업관찰에 흔하게 사용되어 왔으나 관찰자가 특정한 척도의 사용법을 확실하게 익히지 못할 시에는 효과적으로 사용될 수 없다는 취약점을 가진다. 이에 평정척을 사용하는 교사에 대한 훈련과 보완책이 필요하다.

그는 교사의 특성을 평가하는 과정에서 교실에서의 '성공'과 연관되는 것으로 간주되는 다음과 같은 특성을 사용하였다.

온화함	**1 2 3 4 5 6 7**	냉담함
활기참	**1 2 3 4 5 6 7**	지루함
조직적임	**1 2 3 4 5 6 7**	비조직적임

이는 Tuckman(1976)이 제시한 4가지 수업분위기 측정 영역과 흡사하며 수업분위기 관찰지에 보다 세부적인 특성을 가진 28쌍의 형용사로 묘사된다.

3) Bruce Tuckman의 수업분위기 분석법

Rutgers 대학의 Tuckman(1976)은 Lewin(1939)의 이분법적 수업분위기 분류를 보다 세밀화하면서 타당하고 신뢰로운 도구를 개발하였고, 이 도구의 신뢰도 계수(α)는 .7435-.7967로 높다. 그는 수업 분위기 관찰을 위한 관찰지를 개발하였고, 관찰지의 체크 결과를 점수로 환산하여 창의성, 온화성, 활기성, 치밀성의 4가지 영역에서 수업 분위기를 측정할 수 있도록 하였다.

창의성 있는 수업분위기는 독창성, 개방성, 융통성, 자율성, 모험성, 대담성을, 활기성 있는 수업분위기는 능동성, 진취성, 활기성, 자신감, 적극성, 활동성, 외향성을 권장하며 치밀성 있는 수업분위기는 체계적, 계획적, 객관성, 일관성, 신중한 분위기를, 온화성 있는 수업분위기는 수용적, 공정함, 우호적인 분위기를 권장한다.

4가지의 항목이 직관적으로 측정이 되는 것이라고 하나 영어 교과와 연관하여 생각해볼 때 각 항목에 영향을 미치는 요소는 크게 목표 설정, 동기유발 전략, 교수·학습 방법과 교수·학습 전략, 평가 계획등과 같을 것이다. 이 요소들은 한국교육학술정보원이 제공하는 창의적 수업설계를 위한 연수프로그램 속의 창의적 수업설계를 위한 하위요소들이다.

창의성은 동기유발 전략과 교수·학습 전략에서 특히 두드러지게 나타날 수 있는 특성이다. 마술을 이용하여 학습자의 호기심을 자극하는 것과 같은 새로운 시도에 두드러지게 나타나는 데 교사는 학습자의 주의를 끌기 위해 교사의 행동이나 프로그램을 다양화 하거나 테크닉을 다양화 할 수 있다. 또한 교사의 교실수업 운영의 방법, 학습자에게 제시하는 자료의 새로운 시도 등에서 바람직하게 형성될 수 있다.

교수·학습 전략은 교수 전 활동, 정보 제시, 연습 및 피드백, 시험, 추수 활동들을 포함한다. 이러 전략들은 현대 학습 이론, 학습 연구 결과, 교수 매체의 특성, 가르칠 내용특성, 학습자 특성에 바탕을 두어야 한다. 또 이러한 특성들은 교수 자료를 개발하거나, 자료를 선정하거나, 상호작용적 교실 수업을 위한 전략 개발에 활용된다. 이러한 전략들이 교사의 계획에 따라 실제 교실 수업에 얼마나 적용되었는지의 여부가 치밀성을 결정지을 수 있다. 치밀성을 높이기 위해 교사는 적절하고 구체적인 학습목표를 제시하고, 이용 가능한 다양한 실례를 준비하며, 학생활동과 판서를 계획하고 수업자료의 이용시기와 방법도 사전에 결정할 수 있다. 이러한 계획에 따라 수업의 각 단계가 논리적으로 배열될 수 있고, 가장 효과적인 교실 수업의 그룹 구성도 나타날 수 있는 것이다.

활기성과 온화성은 교사와 학습자 간 발문의 형태와 상호작용의 측면에서 나타날 수 있는 특성으로 교사의 발문에 대한 학습자의 반응도, 학생의 반응에 대한 교사의 태도, 일관성 등에 의해 결정된다. 이에 교사는 수업의 목표에 알맞은 수업분위기를 조성하기 위해 노력해야 할 것이다.

4) 수업분위기와 제2언어 습득

최근 학습자들의 상호작용이 활발하게 일어날수록 외국어 습득에 도움이 된다는 많은 연구 결과들이 있다(Doughty & Pica, 1986; Gass & Varonis, 1985; 이재관, 2000). 학습자의 상호작용이 일어나기 위해서는 이해 가능한 입력어와 함께 입력어를 통해 형성된 가설을 내재화하기 위한 유미한 언어사용의 기회가 있어야 한다.

유의미한 언어사용의 기회는 단지 양적인 기회가 증가되는 의미도 있지만, 학습자의 정의적 요인과도 상당한 관련이 있다. 즉 학습자 스스로가 자신감을 가지고 실수를 두려워하지 않고 수업에 임할수록, 주도적이고 모험적으로 자신의 의견을 피력할수록 교실상황 속에서의 유의미한 언어사용의 기회가 증가하고 그 당연한 결과로써 제2언어 습득이 가능해 지는 것이다. 이러한 관점에서 보면 학습자의 유의미한 언어사용 기회의 창출을 위해 긍정적인 수업분위기가 갖는 영어교육적 의미는 크다고 할 수 있다.

나. 활용 방법

Tuckman(1976)의 수업분위기 분석법은 크게 3단계에 따라 이루어진다. 먼저 수업 분위기 관찰지를 체크하고, 그 다음 관찰지로부터 점수를 환산한다. 마지막으로 환산된 점수를 좌표로 찍어 수업 분위기 특성도를 작성한다.

1) 수업 분위기 관찰지

수업 분위기 관찰지는 총 28쌍의 형용사를 창의성, 온화성, 치밀성, 활기성이라는 네 개의 범주로 나누어 구별한다. 각 형용사는 5점, 4점, 3점, 2점, 1점과 같은 5단계 평정척을 사용하여 점수를 줄 수 있으며 수업 분위기 관찰지를 사용할 수 있는 적정한 수업의 길이는 40-45분이다. Tuckman(1976)이 개발한 수업 분위기 관찰지는 아래와 같다.

〈표 4-42〉 수업 분위기 관찰지

	5	4	3	2	1	
1. 독창적인						상투적인
2. 참을성 있는						성미가 급한
3. 냉정한						온화한
4. 권위적인						상냥한
5. 창의적인						모방적인
6. 통제가 많은						자율성이 많은
7. 개방적인						폐쇄적인
8. 부드러운						딱딱한
9. 불공정한						공정한
10. 변덕스러운						일관성 있는
11. 겁이 많은						모험적인
12. 엉성한						치밀한
13. 고립적인						우호적인
14. 확실한						애매한
15. 소극적인						적극적인
16. 융통적인						획일적인
	5	4	3	2	1	
17. 산만한						체계적인
18. 능동적인						수동적인
19. 수용적인						비판적인
20. 조용한						시끄러운
21. 진취적인						보수적인
22. 계획적인						즉흥적인
23. 경솔한						신중한
24. 활기찬						무기력한
25. 객관적인						주관적인
26. 내성적인						외향적인
27. 자신감 있는						망설이는
28. 소심한						대담한

관찰지의 각 항목별 특성을 살펴보자. 창의성에서의 1, 5, 7, 16문항 점수가 높고 6, 11, 28문항 점수가 낮을수록, 즉 수업분위기가 독창적이고, 창의적이고, 개방적이며, 융통적일수록, 자율성이 많을수록, 모험적일수록, 대담할수록 창의적인 수업분위기를 만들 수 있다. 그렇다면 교사는 학습자들이 독창적인 의견을 두려워하지 않고 모험적으로 표현할 수 있도록 개방적이며 하나의 답이 정해져 있지 않은 자율적이고 융통적인 수업분위기를 조성해 주어야 한다.

활기성과 연관된 18, 21, 24, 27문항의 점수가 높고 15, 20, 26문항의 점수가 낮을수록, 능동적이고, 진취적이며, 활기차고, 자신감 있고, 적극적이며 외향적인 수업분위기를 만들 수 있다. Learning by doing을 강조하는 경험주의 이론을 근거로 하여 볼 때 활기찬 수업분위기는 학습자가 갖는 경험의 폭을 넓혀준다. 정적이고 침체된 수업이 아니라 직접 움직이고, 만지고, 느끼는 활동을 통해 제2언어 습득의 기회를 보다 넓혀 주어야 하는 것이 교사의 역할이라 할 수 있다.

치밀성과 연관된 14, 22, 25문항의 점수가 높고 10, 12, 17, 23문항의 점수가 낮을수록 수업분위기가 확실하고 계획적이며 객관적이고, 일관성 있고, 치밀하며 체계적이고 신중한 수업이 된다. 학습자가 유의미한 언어사용의 기회와 경험의 폭을 넓혀 주기 위해 교사는 수업 단계를 체계적이고 신중하게 설계하고 계획할 필요가 있고, 수업자료 역시 학습목표를 달성하기 위해 일관성 있게 준비되어져야 할 것이다.

온화성과 연관된 2, 8, 19문항의 점수가 높고, 3, 4, 9, 13의 점수가 낮을수록 부드럽고, 수용적이며, 온화하고 상냥한 수업분위기를 만들 수 있다. 온화한 수업분위기는 학습자들의 정의적 필터를 낮추고 학습자의 의견을 자유롭게 표현하여 유의미한 언어사용의 기회를 증가시키고 그 결과 학습자의 상호작용을 통한 제2언어 습득에 기여할 수 있을 것이다.

2) 점수 환산

수업 분위기 관찰지를 체크하고 난 후에는 점수를 환산한다. 점수 환산을 위해서는 <표 3-43>와 같은 환산공식이 있는데 환산과정에 11과 17을 두는 것은 음수의 점수가 나오지 않기 위함이다. 따라서 각 항목의 최저점은 0점, 최고점은 28점이 되는 것이다.

〈표 3-43〉 점수 환산 공식

Ⅰ. 창의성
문항 (1 + 5 + 7 + 16) - (6 + 11 + 28) +11=
Ⅱ. 활기성
문항 (18 + 21 + 24 + 27) - (15 + 20 + 26) + 11=
Ⅲ. 치밀성
문항 (14 + 22 + 25) - (10 + 12 + 17 + 23) + 17=
Ⅳ. 온화성
문항 (2 + 8 + 19) - (3 + 4 + 9 + 13) + 17=

3) 수업분위기 특성도 작성

각 항목에 대한 점수가 나왔으면 아래 <그림 3-2>와 같은 좌표에 해당 점수를 표시하여 마름모꼴의 형태로 수업자의 수업분위기 특성도를 만들어야 한다. 아래 특성도를 보면 알 수 있는 것은 생기는 마름모꼴의 사각형이 크면 클수록 보다 긍정적인 수업분위기가 만들어 진다는 것이다.

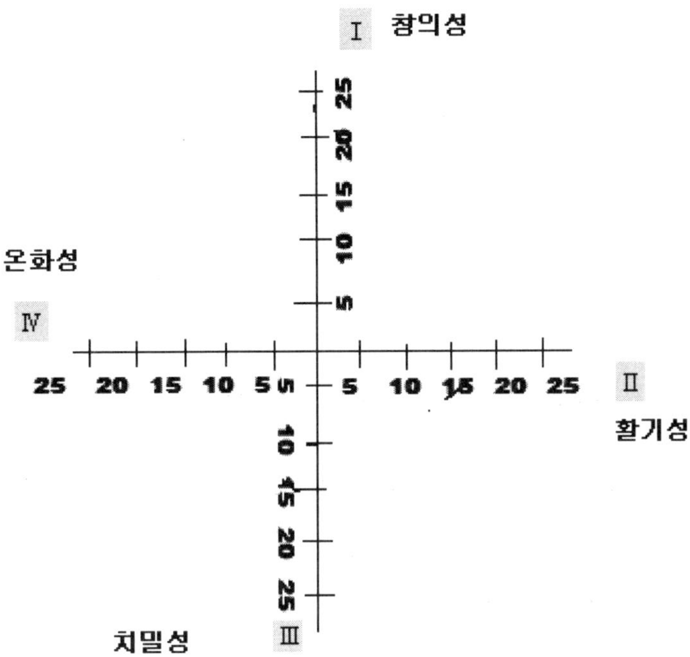

〈그림 3-2〉 수업 분위기 특성도

학습자 간 상호작용이 중요한 영어수업의 경우 역시 학습자의 자율적이고 독창적인 반응이 많았다는 창의성의 점수가 높을수록 바람직하다고 할 수 있다. 언어 습득이 이해영역과 표현영역을 모두 아우르는 것이므로 수업분위기의 활기성 점수가 높을수록 학습자의 학습참여도가 높았음을 알 수 있다. 또한 교사의 역량이 중요시 되는 치밀성과 온화성 역시 그 점수가 높으면 높을수록 학습자의 학습단계에 알맞은 체계적인 학습이 온화하고 평화로운 분위기 속에서 수행되었다고 말할 수 있다.

변영계와 김경현(2005)은 이러한 수업분위기 분석을 보다 쉽게 하기 위하여 수업분석 3.0이라는 프로그램을 개발하였다. 이 프로그램 상에서 분위기 관찰지를 작성하면 각 항목의 점수와 수업분위기의 특성도가 자동으로 만들어진다. 특히 이 프로그램의 특성은 교사의 경력에 따라 수업분위기 관찰지를 작성할 수 있어 최종의 결과를 교사의 경력에 따라 비교 분석할 수 있다는 점이다. 이 때의 교사 경력은 10년 미만, 10년 이상~20년 미만, 20년 이상, 교감 혹은 교장 혹은 장학사, 기타 일반으로 나누어진다.

이상으로 수업분위기 분석법에 대하여 알아보았다. '수업 중 교사와 학생이 서로에 대하여 가지는 전반적인 태도'로 정의되어지는 수업분위기는 학생들의 직접적 학습의 효용성에 상당히 중요한 영향을 미친다. 따라서 긍정적인 수업분위기를 조성하기 위해 교사의 부단한 노력이 필요하다. 그러나 전반적으로 수업분위기가 좋다, 혹은 나쁘다고 하는 것은 개선의 방향성을 제시하지 못하기 때문에 우리는 체계적인 수업분위기 분석법을 필요로 하고 이러한 점에서 Tuckman(1976)의 수업분위기 분석법은 의미가 있으며 실제 교육 현장에서도 효과적으로 사용될 수 있을 것이다.

실제로 Bruce Tuckman(1976)의 수업분위기 분석법은 긍정적인 수업분위기를 형성하는데 바람직한 한 방법이 되고 있다. 따라서 자신의 수업분위기를 알아보고 개선하고 싶은 교사들은 이 분석 방법을 사용하여 수업 관찰과 분석 결과의 피드백을 도출하여 유의미한 자료로 활용할 수 있을 것이다.

3.1.8 과업집중 분석법

교사와 학생의 행동을 관찰하는 여러 가지 방법 중 대표적인 방법은 좌석표를 이용하는 것으로, 이러한 방법을 좌석표에 의한 관찰 기록(Seating Chart Observation Records: SCORE)이라고 한다. 이 방법은 각 연구자 혹은 교사의 관심에 따라 다양하게 이용될 수 있으며, 학생들의 주의력 수준과 각 학생들에 배분되는 시간과 같이 학습 활동의 다양한 측면을 파악할 수 있게 한다. 이 장에서는 좌석표에 의한 관찰 기록법의 한 가지인 과업 집중 분석법에 대한 이론적 배경과 활용방법을 살펴본다.

가. 이론적 배경

과업 집중 분석 방법은 SCORE 방식을 이용한 대표적인 분석 방법으로, 1960년대 스탠포드 대학의 Frank McGraw가 개발하였으며, 학생들이 학습 활동에 집중하는 시간이 증가할수록 학생들의 학습 효과 역시 높아질 것이라는 전제를 가지고 고안되었다(Brophy, 1988). 과업 집중 분석법은 원격조정이 가능한 카메라를 이용한 수업 관찰 체제를 고안한 것인데, 교실의 전방 코너에 설치된 카메라가 광각렌즈를 사용하여 매 90초마다 전 학급의 사진을 찍고, 촬영된 수업 사진을 제공받아 수업을 분석하여 수업에 다양한 결과를 얻게 된다.

실제 촬영된 사진에서는 학생들이 책상 앞에 바른 자세로 앉아 있다가 차차 책상 앞에 머리를 대고 자는 자세로 옮겨가거나, 다시 앉는 자세로 되돌아오거나, 주의집중 하는 것 같은 자세 등이 관찰될 수 있다. 또한 학생들이 중요하지 않는 과제를 열심히 하고 있거나, 자리를 떠나서 옆자리에 가서 잡담하고 있거나 혹은 교사가 부적당하다고 생각하는 행동을 보여주기도 한다. 사진으로부터 얻은 자료는 교사가 각 학생을 이해하는 데 가치가 있지만, 경비가 비싸고 시간이 많이 소비되기 때문에 대안적 방법을 사용하게 되었다.

이에 대한 대안적 방법으로 지필 분석법이 개발되어 카메라와 거의 같은 자료를 얻을 수 있도록 하였는데, 이것을 과업집중 분석법이라 한다. 이 방법은 앞서 언급한 것처럼 학생이 교사가 제시하는 과업에 주의를 많이 집중하면 할수록 더 많이 배울 것이라는 것을 전제로 개발되었다. 그러나 실제 과업 집중 행동과 학습과의 상관관계가 완전하지는 않은 경우도 다수 발견되었다. 어떤 학생들은 교사의 강의에 귀를 기울이고 학습에 주의를 기울이지만 수업이 끝난 후 수업내용을 완전히 이해하지 못할 수도 있고, 어떤 학생은 부과된 학습을 열심히 하지만 잘못된 방법으로 문제를 이해하여 학습에 실패할 수도 있기 때문이다.

그렇지만 대개의 경우 학생이 과업에 집중하고 있으면 학습이 원활히 일어나고 있다고 볼 수 있기 때문에 학생의 과업집중행위와 학습 사이에는 비교적 높은 상관관계가 있다고 할 수 있다. 따라서 과업집중 분석법은 수업을 관찰하는 데 유용한 방법 중 하나이다.

다음은 과업 집중 분석법을 사용하기 위해 관찰자가 일반적으로 밟아야 할 단계이다(변영계와 김경현, 2005).

1) 교실 내 학생의 좌석형태와 같은 좌석표를 만든다.
2) 관찰자는 모든 학생을 관찰할 수 있는 좌석표를 만든다.
3) 좌석표에 성별과 각 학생의 특성을 나타내 주는 식별 표시를 한다.
4) 관찰할 과업행동과 부적절한 행동의 각 형태를 나타내는 범례를 만든다.
5) 학생이 과업에 집중하고 있는지, 교사가 알맞다고 생각하는 일을 하고 있는지 알기 위하여 각 학생의 행동을 체계적으로 살펴본다.
6) 관찰된 행동을 지시해 주는 문자범례에 의거하여 3-5분 간격을 두고 6단계의 일을 반복한다.
7) 관찰시각을 좌석표의 적당한 곳에 표시한다.

나. 활용방법

과업 집중 정도를 분석하기 위해서는 분석에 사용할 기준이 설정되어야 하며, 설정된 기준을 근거로 관찰할 결과를 처리하는 과정이 필요하다. 이 장에서는 분석 기준 설정과 분석 결과 처리, 두 가지 과정에 대해 살펴보도록 한다.

1) 과업 집중 분석 기준의 설정

과업 집중 분석법의 큰 장점 중 하나는 수업의 분석자인 연구자 혹은 교사가 분석의 목적에 따라 분석 기준을 유동적으로 설정할 수 있다는 점이다. 기존 선행연구에서 사용되었던 분석 기준을 살펴보면 크게 과업중(on-task)과 과업 이탈(off-task)에 해당하는 기준이 포함되어 있으며, 연구의 목적에 따라 두 분류를 좀 더 세분화 하고 있다. 다음 <표 3-44>와 <표 3-45>는 선행 연구에서 사용된 과업 집중 분석 기준의 예이다.

먼저 <표 3-44>는 연극 지도 시간에 학생들의 과업 집중도를 살펴본 Bonnie (1999)의 연구에서 사용된 분석 기준으로 크게 '과업 집중'과 '바람직하지 않은 행동', '기타 행동'의 3가지 기준을 설정하였다.

〈표 3-44〉 과업 집중 분석 기준의 예 (Bonnie, 1999)

A. On-task observations
B. Misbehaving observations
C. Neither on task nor misbehaving

다음 <표 3-45>는 변영계와 김경현(2005)이 제시한 분석 기준으로 '과업 집중' 부분은 '과업 중'과 '과업 중(교사와)'의 두 개의 분류가 있는 반면, '과업 이탈'에 해당하는 기준은 '자리이탈', '잡담', '공상', '장난'의 네 가지로 분류로 좀 더 세분화한 모습을 보여주고 있다.

〈표 3-45〉 과업 집중 분석 기준의 예 (변영계와 김경현; 2005, p.255)

A. 과업중	B. 과업중(교사와)
C. 자리이탈	D. 잡담
E. 공상	F. 장난

하지만 위에서 볼 수 있는 것과 같은 선행 연구의 분석 기준의 예들은 대부분은 수업 분석 및 수업 장학과 관련된 교육학 분야나 타 교과의 연구에서 사용된 것들이며, 영어 교과에 특화된 과업 집중 분석 기준은 거의 찾아 볼 수가 없다. 영어 혹은 외국어 교육 부분의 수업 분석에 관한 연구들은 대부분 교사 혹은 학습자가 사용한 언어의 분석이나 교실내 상호작용의 분석에 집중되어 있으며, 수업 중 학생들의 행동 측면을 살펴보는 과업 집중 측면에 관한 연구는 거의 찾아볼 수 없었다. 그 중 과업 집중 분석법을 사용한 연구로는 Nunan(1992)과 Peacock(1998)의 연구가 있는데, 이 둘 모두 단순히 과업 집중과 과업 이탈의 두 가지 기준만을 사용하고 있었다.

여기에서는 기존 연구에서 단순하게 사용되고 있는 과업 집중 분석 기준을 보다 영어 교과 수업에 적합하도록 수정하였다. 먼저 과업 집중 부분은 언어의 4 기능인 '듣기', '말하기', '읽기', '쓰기'로 보다 세분화하였으며 최근 활동 중심의 영어 교육이 강조되고 있는 것을 고려하여 '활동' 기준을 추가하였다. 다음으로 과업 이탈 부분은 '수동적인 모습', '수업과 관련 없는 것을 하기', '주위 동료와 잡담하기', '동료 방해하기', '놀기'와 같이 과업에 집중하지 않았을 경우 발생할 수 있는 행동을 유형화하여 과업에 이탈한 원인을 밝혀낼 수 있게 하였다. 여기에서 얻어진 정보는 과업에서 이탈한 학생들을 다시 집중할 수 있게 하는 진단적 정보를 교사에게 제공할 수 있는 수단으로 사용될 수 있을 것이다.

위와 같은 과정을 통해 영어 수업에서 활용할 수 있는 과업 집중 분석 기준을 아래 <표 3-46>과 같이 설정하였다.

〈표 3-46〉 영어 수업을 위한 과업 집중 분석 기준

A: on task, listening/watching
B: on task, speaking
C: on task, reading
D: on task, writing
E: on task, hands-on activity
F: off task, passive
G: off task, doing work irrelevant to the class
H: off task, talking to each other
I: off task, disturbing others
J: off task, playing

2) 과업 집중 분석 결과의 처리

위에 제시된 분석 기준을 이용하여 관찰된 학생들의 과업 집중 성향은 다음과 같은 절차를 통하여, 전반적인 과업 집중도와 듣기, 읽기 등과 같은 각 언어 기능별에 할당된 비율, 표현/이해 기능에 할당된 비율 등을 살펴볼 수 있다. 분석에 이용될 수 있는 공식들을 정리해 보면 다음 <표 3-47>과 같다.

〈표 3-47〉 과업 집중 분석에 사용될 수 있는 공식

· 과업에 집중한 비율 = A+B+C+D+E / A+B+C+D+E+F+G+H+I+J × 100
· 과업에 집중하지 않은 비율 = F+G+H+I+J / A+B+C+D+E+F+G+H+I+J × 100
· 과업 중 듣기에 집중한 비율 = A / A+B+C+D+E × 100
· 과업 중 말하기에 집중한 비율 = B / A+B+C+D+E × 100
· 과업 중 읽기에 집중한 비율 = C / A+B+C+D+E × 100
· 과업 중 쓰기에 집중한 비율 = D / A+B+C+D+E × 100
· 과업 중 구어(spoken language)에 집중한 비율 = A+B / A+B+C+D+E × 100
· 과업 중 문어(written language)에 집중한 비율 = C+D / A+B+C+D+E × 100
· 과업 중 이해 기능에 집중한 비율 = A+C / A+B+C+D+E × 100
· 과업 중 표현 기능에 집중한 비율 = B+D / A+B+C+D+E × 100

지금까지 살펴본 바와 같이 과업 집중 분석법은 학생들이 수업에 몰두하는 정도를 살펴볼 수 있게 한다. 특히 장기간에 걸쳐 이루어질 경우 수업 진행에 따른 학생들의 집중도 변화나 학생들이 수업 중 수행하는 언어 기능의 분표 등을 파악하는데 유용한 도구로서 활용될 수 있다.

하지만 기존에 과업 집중 분석법을 염두에 두지 않고 촬영된 수업 동영상을 이

용하여 분석할 경우에는 모든 학생들의 행동을 관찰할 수 없고, 목적에 부합하는 관찰을 하기가 쉽지 않을 경우가 많다. 이에 과업 집중 분석법은 실제 수업이 이루어지는 교실 현장에서 관찰자가 실시간으로 분석하는 것이 최선의 방법으로 보이며, 동영상 촬영을 할 경우에는 관찰에 목적에 부합하는 영상물을 얻을 수 있도록 촬영이 이루어져야 한다.

3.1.9. 언어흐름 분석법

언어의 흐름 분석법은 언어의 흐름, 누가 누구에게 말하느냐를 집중 관찰하는 분석법으로써 교사와 학생 간에 언어적 상호 작용이 많은 수업을 분석하기에 적당하다. 영어라는 언어를 배우고 다룬다는 점에서 영어 수업은 타 교과에 비해 언어적 상호작용이 활발하다. 특히 영어 수업에서 상호작용은 매우 중요하며, 의사소통의 핵심이 된다(Brown, 2000). 따라서 영어수업 분석시 언어 흐름 분석법을 활용한다면 교사와 학생의 언어 상호작용 측면에서 수업 개선을 위한 많은 시사점을 얻을 수 있다.

가. 이론적 배경

언어의 흐름 분석법은 2.4에서 설명했던 Acheson과 Gall(1992)의 수업관찰 기법 중 좌석표를 이용하는 관찰기록법의 하나로써, 좌석표를 이용한 관찰기록법이 갖는 이점을 그대로 갖는다. 즉, 학급의 좌석표를 이용하여 교사와 학생의 언어흐름을 단 한 장의 종이에 관찰 기록할 수 있고, 사용과 해석이 쉬우며 교사와 각 학생의 언어 상호작용을 집중적으로 관찰할 수 있고 동시에 학급 전체의 언어 흐름을 관찰할 수 있다.

이 분석법은 학급 좌석표에 수업 중 주로 누가 누구에게 말하느냐를 집중적으로 관찰 기록하여 의사소통의 송신자와 수신자를 확인하고, 언어 상호작용 즉 교사의 질문, 학생의 대답, 교사의 칭찬, 학생의 질문 등을 기록한다. 언어의 흐름 분석 결과의 한 예로, 교사들은 일반적으로 학급의 전면이나 중앙, 자신과 가깝게 자리 잡고 있는 학생과 더 많이 이야기하려는 경향이 있다고 한다.

언어 흐름 분석법은 교사로 하여금 자기 자신에 있어서의 편견을 발견할 수 있도록 도와준다. 다시 말하면, 교사가 특정한 학생에게 언어 상호작용을 집중하는지,

가까운 자리에 있는 학생들에게 더 많이 말하는지, 성별에 따른 차이는 어떠한지 등 학습 내의 언어행동에 있어서 교사의 편견을 볼 수 있게 한다. 교사가 긍정적인 언어 반응을 많이 하는지, 부정적인 언어 반응을 많이 하는지, 학생들 중 누가 적극적으로 상호작용에 참여하는지도 발견할 수 있도록 도와준다(변영계, 1997).

이러한 언어의 흐름 분석법의 필요성을 영어수업 분석의 측면에서 살펴보면 첫째, 수업 중 교사의 언어행동이 특정 학생, 특정 성별(남, 여)의 학생, 특정 좌석에 편중되어 있지 않은지를 잘 나타내주는데, 이러한 발견을 통해서 영어 교사는 미처 인식하지 못했던 자신의 문제, 즉 특정 좌석 또는 특정 학생, 특정 성별 학생 등에 대한 편견을 개선시킬 수 있다.

둘째로 언어의 흐름 분석법은 누가 수업 중 언어활동에 활발히 참여하고 누가 더 활발히 참여할 필요가 있는지 등 학생들의 차이를 잘 나타내주는데, 이 분석법을 통해 영어교사는 활발히 참여하지 않는 학생들에게 더 많은 의사소통의 기회를 부여할 할 수 있다.

셋째, 교사들의 칭찬과 격려 같은 긍정적인 언어 피드백이 비판과 같은 부정적인 언어 피드백보다 학습자의 정서적 측면에 기여(Nunan, 1988)를 한다는 점에서 언어의 흐름 분석법을 영어수업 분석에 활용할 수 있다. 언어의 흐름 분석법은 교사의 긍정적, 부정적 언어 피드백의 정도를 표시하여 주는데 교사는 자신의 언어반응 즉, 긍정적인 언어 피드백과 부정적인 언어 피드백의 정도를 객관적으로 바라보고 개선시킬 수 있다.

나. 활용방법

실제 수업 관찰에 들어가기에 앞서 수업자와 관찰자는 수업 시 관찰할 사항에 대한 논의를 하여야 한다. 언어의 흐름 분석법도 수업 관찰에 들어가기에 앞서 언어행동범주, 관찰 기록 방법 및 분석 결과 해석 방법에 대한 충분한 사전 논의가 필요하다.

1) 언어행동범주

언어의 흐름 분석법은 언어 상호작용의 범주를 크게 교사의 언어행동범주, 학생의 언어행동범주로 나누는데, 교사의 언어행동범주에는 칭찬 또는 격려하는 말,

비평 또는 부정적인 말, 개인에 대하여 교사가 한 질문, 학급 전체에 대하여 교사가 한 질문, 그 외의 기타 교사의 말이 포함된다. 교사의 칭찬 또는 격려하는 말은 교사의 긍정적인 언어반응에 해당되고 비평 또는 부정적인 말은 교사의 부정적인 언어반응에 해당된다. 또 교사의 질문에는 학급 전체를 대상으로 하는 질문과 학생 개인을 대상으로 하는 질문으로 나누어지며, 이 외의 교사의 언어행동은 기타 교사의 말로 분류하였다.

학생의 언어행동범주에는 학생의 적절하거나 정확한 반응, 부적절하거나 틀린 반응, 학생의 질문, 학생이 학급 전체에 대해 한 말, 기타 학생의 말이 포함된다. 학생의 적절하거나 정확한 반응은 교사의 질문이나 기타 말에 대한 정확한 답이나 긍정적인 호응 등을 나타내며, 부적절하거나 틀린 반응은 교사의 언어행동에 대한 틀린 답이나 부정적이 반응을 가리킨다. 학생의 말에는 질문과 질문이 아닌 학급 전체를 대상으로 하는 말로 나누어지며, 그외 교사와의 개인적인 말, 학생간의 개인적인 말 등은 기타 학생의 말로 분류하였다. 다음 <표 3-48>는 교사의 가능한 언어행동범주와 학생의 언어행동범주를 기호와 함께 나타내고 있다.

〈표 3-48〉 교사의 언어행동 / 학생의 언어행동

교사의 언어행동		학생의 언어행동	
↓ +	교사의 칭찬 또는 격려하는 말	↑ +	학생이 적절하거나 정확한 반응을 함
↓ -	교사의 비평 또는 부정적인 말	↑ -	학생이 부적절하거나 틀린 반응을 함
↓ ?	개인에 대하여 교사가 한 질문	↑ ?	학생의 질문
↓ !	학급 전체에 대하여 교사가 한 질문	↑ !	학생이 학급 전체에 대해 한 말
↓	기타 교사의 말	↑	기타 학생의 말

그런데 이 분석법은 관찰 전 언어행동범주에 관한 충분한 논의가 없으면 관찰자의 주관적인 기록이 될 수 있다는 점을 유의해야 한다. 또 너무 많은 언어행동 범주를 만드는 것은 언어 흐름을 기록하고 해석하는데 어려움이 있으므로(변영계와 김경현, 2005) 어떤 언어행동 범주를 관찰할 것인가를 신중히 결정하여야 한다.

2) 수업관찰과 기록

언어의 흐름을 관찰하기 위해서는 먼저 학급 좌석표를 만든다. 학급 좌석표의 하나의 네모 칸은 각 학생을 나타내는데, 그 안에는 학생의 이름이나 성별(남/여), 언어 또는 비언어적 특성, 성적(상 · 중 · 하), 언어숙달도(상 · 중 · 하) 등의 특성을 기입한다. 아래 예시의 <그림 3-3>은 20명(남10 명, 여 10명)의 학생들로 구성된 한 학급의 좌석표를 나타낸다. 각 학생을 나타내는 네모 칸에는 학생의 이름과 성별, 언어숙달도 상 · 중 · 하가 표시되어 있다.

언어 상호작용 흐름을 표시하는 데 화살표가 사용되는데 화살표의 밑은 언어 상호작용을 보내는 사람을 표시하고 화살표의 머리는 언어를 받는 사람을 가리킨다. <그림 3-3>과 같이 교사가 교실 앞면에 위치하고 있을 경우, 머리가 아래를 향하는 화살표(↓)는 교사→학생, 머리가 위를 향하는 화살표(↑)는 학생→교사로의 언어 상호작용 흐름을 나타낸다.

수업자와 관찰자 사이에 언어행동범주에 관한 논의 후 관찰할 언어행동범주를 결정하고 여기까지 준비가 되면 실제 수업관찰에 들어간다. <그림 3-3> 언어흐름표의 예시는 수업분석에 있어 초보자임을 감안하여 5개의 언어행동범주, $\overset{\downarrow}{?}$:교사의 개인 질문, $\overset{\uparrow}{+}$:학생의 긍정적 반응, $\overset{\uparrow}{-}$:학생의 부정적 반응, $\overset{\downarrow}{+}$: 교사의 긍정적 반응, $\overset{\downarrow}{-}$: 교사의 부정적 반응으로 기록한 예이다. 아래의 흐름표에 보이는 바와 같이 교사의 질문에 대해 특정 학생 2명 이상이 동시에 대답한 경우에는 원으로 표시하고, 일어난 순서(Occurring sequence)대로 번호를 부여하면 된다.

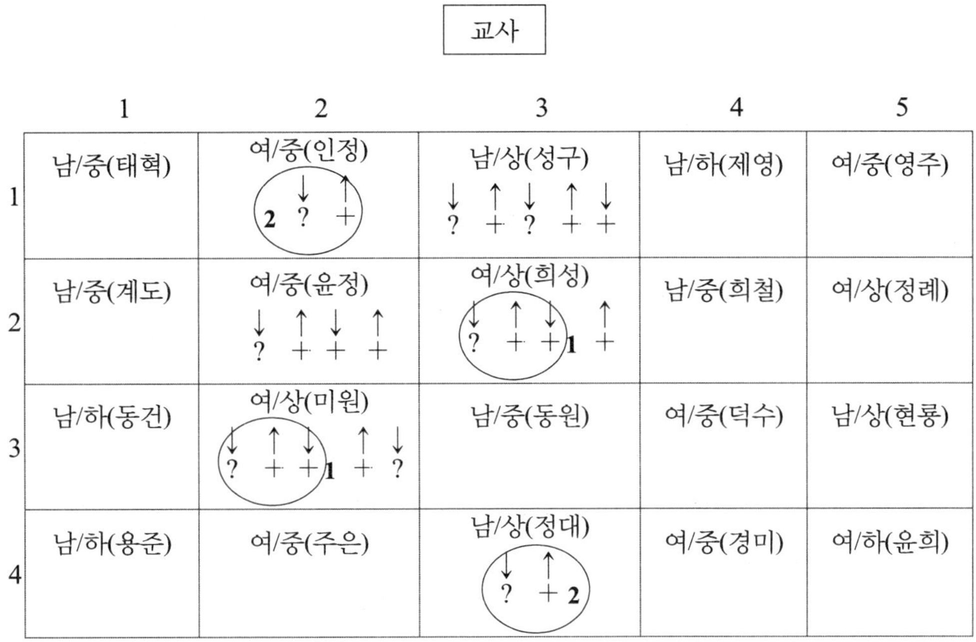

〈그림 3-3〉 언어의 흐름표 예시

3) 수업관찰 분석과 해석

언어의 흐름표를 통해서 얻어진 자료는 여러 가지 관점에서 분석될 수 있는데 크게 교사의 좌석에 대한 선호, 교사의 학생에 대한 선호, 학생의 참여도, 교사의 언어 반응 측면에서 분석될 수 있다.

좀 더 구체적인 정보를 얻기 위해서 지수의 산출 공식을 적용해 볼 수 있는데, 수업 중 교사의 특정 좌석 선호도, 특정 성별(남, 여) 학생 선호도, 학생의 언어숙달도에 따른 선호도 등은 다음과 같은 지수 산출 공식을 통해 알아볼 수 있다. 물론 지수의 산출을 위해서는 <그림 3-3>과 같이 언어의 흐름표에 기록된 빈도수들이 사용된다.

가) 교사의 좌석에 따른 선호

교사의 좌석 선호도는 전체 좌석에 대해 교사가 특정부분의 좌석에 더 주의를 기울이는지를 보여준다. 다음의 공식을 이용하여 지수를 산출할 수 있는데 교실 앞, 뒤, 왼쪽, 오른쪽, 중간 좌석 등으로 좌석 위치를 구분할 수 있다.

$$\text{교사의 좌석 선호도(\%)} = \frac{\text{지명을 받은 학생의 위치별 좌석수}}{\text{전체 좌석수}} \times 100$$

<그림 3-3>의 언어흐름표를 보고 교사의 좌석 선호도를 분석한 결과를 살펴보자.

교사의 좌석 선호도	4/20* 100 (앞좌석) = 20% 2/20* 100 (뒷자석) = 10% 3/20* 100 (왼쪽좌석) = 15% 0/20* 100 (오른쪽좌석) = 0% 3/20* 100 (중간좌석) = 15%

어떤 교사는 특정부분의 좌석에 더 주의를 기울인다. 이 현상은 위의 결과에도 분명히 나타나 있다. 교사는 뒷자석(10%)보다는 앞좌석(20%)에 오른쪽 좌석(0%)보다는 왼쪽 좌석(15%)에 대한 선호가 높다. <그림 3-3>의 언어 흐름표를 보면 교사가 자기 시선의 방향에 곧바로 앉은 2열과 3열 첫째 둘째 줄 학생에게 대부분의 질문을 했음을 알 수 있다. 이 교사는 가능한 한 변두리에 앉아 있는 학생에게도 질문을 해야 한다는 것을 시사 받을 수 있다.

나) 교사의 학생에 대한 선호

교사의 학생에 대한 선호도는 특정 성별 및 언어숙달도에 따른 선호도로 나누어 살펴볼 수 있는데 이를 공식화하면 다음과 같다.

$$\text{교사의 성별에 따른 학생 선호도(\%)} = \frac{\text{성별 지명 빈도수}}{\text{전체 지명 빈도수}} \times 100$$

$$\text{교사의 언어숙달도에 따른 학생 선호도(\%)} = \frac{\text{언어 숙달도별 지명 빈도수}}{\text{전체 지명 빈도수}} \times 100$$

<그림 3-3>의 언어흐름표를 보고 교사의 학생에 대한 선호도를 분석한 결과를 살펴보자.

교사의 성별에 따른 학생 선호도	5/8* 100 (여) = 63% 3/8* 100 (남) = 37%
교사의 언어숙달도에 따른 학생 선호도	6/8* 100 (상) = 75% 2/8* 100 (중)= 25% 0/8* 100 (하)= 0 %

위 <그림 3-3>의 언어흐름표 예시에서 보면 20명의 학생 중에서 이 교사는 성구, 희성, 미원, 윤정이라는 학생에게 집중적으로 질문하였음을 알 수 있다. 이들 4명 중 3명이 여학생이다. 교사가 남학생보다 여학생을 선호한다는 것을 알 수 있는데 이는 지수 산출 결과에서도 잘 드러난다. 교사는 총 8번의 질문 중에서 여학생에게 5번(63%), 남학생에게 3번(37%) 질문하였다. 교사가 질문을 한 학생 대부분(75%)이 언어숙달도가 상에 해당하는 학생이며, 특히 언어숙달도 상에 해당하는 성구와 미원은 2번의 질문을 교사에게 받은 것으로 보아 이 교사는 언어능력이 높은 학생에게 더 많은 질문을 하는 것을 볼 수 있다.

다) 학생의 참여도

학생의 참여도는 특정 성별 및 언어숙달도에 따른 참여도로 나누어 살펴볼 수 있는데 이를 공식화하면 다음과 같다.

$$\text{성별에 따른 학생 참여도(\%)} = \frac{\text{성별 언어 상호작용 참여 학생수}}{\text{언어 상호작용 참여 학생수}} \times 100$$

$$\text{언어숙달도에 따른 학생 참여도(\%)} = \frac{\text{언어숙달도별 언어 상호작용 참여 학생수}}{\text{언어 상호작용 참여 학생수}} \times 100$$

<그림 3-3>의 언어흐름표를 보고 학생의 참여도를 분석한 결과를 살펴보자.

성별에 따른 학생 참여도	4/6* 100 (여) = 67% 2/6* 100 (남) = 33%
언어숙달도에 따른 학생 참여도	4/6* 100 (상) = 67% 2/6* 100 (중) = 33% 0/6* 100 (하) = 0%

여학생의 언어 상호작용 참여도(67%)가 남학생의 참여도(33%)에 비해 2배 높은 수치를 보이고 있는데 이는 <그림 3-3> 언어 흐름표에서도 잘 나타난다. 윤정, 미

원, 희성, 성구의 적극적인 참여가 두드러지는데, 한 눈에 여학생이 남학생 보다 수업 참여도가 높다는 것을 알 수 있다. 언어능력이 높은 학생들이 수업에 적극적인 참여(상: 67%, 중: 33%, 하: 0%)를 하고 있으며 발화기회를 독점하고 있음을 알 수 있다. 언어 숙달도가 상인 미원이의 경우, 교사가 희성에게 질문 했으나 희성과 같이 동시에 질문에 답했으며 교사의 긍정적 반응에 대해 다시 자발적으로 적절한 반응을 보이는 적극성을 보이고 있다.

이러한 분석을 통해서 교사는 언어 상호작용에서 소외되고 있는 언어숙달도 '하' 집단의 학생들과 일부 중, 상 학생들에게 더 많은 질문해야 한다는 것을 시사 받을 수 있고 이를 통해 모든 학생들이 영어수업의 목표점 행동에 도달할 수 있도록 노력해야 할 것이다.

라) 교사의 언어 반응

교사의 언어반응은 긍정적 반응과 부정적 반응으로 나누어 볼 수 있는데 교사의 긍정적 언어 반응도는 다음과 같이 공식화 할 수 있다.

$$\text{교사의 긍정적 언어 반응도(\%)} = \frac{\text{교사의 긍정적 언어 반응수}}{\text{교사의 총 언어 반응수}} \times 100$$

<그림 3-3>의 언어흐름표를 보고 교사의 언어 반응을 분석한 결과를 살펴보자.

교사의 긍정적 언어 반응도	4/4* 100 = 100%

교사가 사용한 부정적 언어 반응과 긍정적 언어반응을 비교해 볼 수 있는데 교사의 언어적 반응 4회 가운데 긍정적 언어반응은 4회(100%)로 긍정적 언어행동을 사용했음을 알 수 있다. 이는 교사가 비판이나 비평과 같은 부정적인 언어 반응보다는 긍정의 대답, 칭찬과 격려를 사용하고 있음을 알 수 있다.

이상에서 언어의 흐름 분석법의 이론적 배경과 특성, 활용방법에 대하여 알아보았다. 언어의 흐름 분석법은 교사의 특정 좌석에 대한 선호, 특정 학생에 대한 선호, 학생의 참여도, 교사의 언어반응 등을 언어흐름도와 지수 산출을 이용하여 양적으로 분석하는 객관적인 분석법이다.

영어수업에서 영어 교사는 적극적이고 편협하지 않은 언어적 상호작용, 학습에의 적극적인 참여를 북돋우는 수업, 긍정적 피드백을 통한 긍정적 수업분위기를 조성하기 위해 언어 흐름 분석법을 영어수업에 활용할 수 있을 있을 것이다.

마지막으로 언어 흐름 분석법을 적용할 때 주의할 점이 있다. 한 번의 수업 관찰 결과만으로 교사·학생의 언어행동을 판단해서는 안 되며, 적어도 2~3번의 수업 관찰 후 일관적으로 발견되는 교사·학생의 언어행동을 도출해내야 한다. 예를 들어, 교사가 학급의 앞에 있는 학생들과 뒤에 있는 학생들을 달리 대한다고 하더라도 그 다음날 그 반대로 다루어진다면 염려할 필요가 없으며 마찬가지로 남학생과 여학생을 다루는 방식이 다르다고 할지라도 그 형태가 다음날 반대로 달라지거나 우연히 생겨난 일시적인 현상이라면 염려할 필요가 없다는 것을 유의하여야 할 것이다.

3.1.10 이동 양식 분석법

교사는 거의 매 시간마다 학생들 사이를 돌아다닌다. 그는 학생들에게 무엇인가를 설명할 때, 학생의 발표를 들을 때, 학생들이 과제를 수행하고 있을 때 등 무슨 활동을 하건 학생들 곁으로 다가간다. 교과서 내용을 설명할 때도 책을 들고 학생들 사이에 서서 설명을 하고 그 내용을 이해했는지를 전체 학생이 아닌 구체적인 학생을 지명하여 다가가서 묻는다. 그 학생은 수업 중에 한눈을 파는 학생일 수도 있고, 학습이 부진한 학생일 수도 있고, 소극적인 학생일 수도 있다. 학생이 발표할 때 그는 일부러 발표하는 학생 곁으로 다가간다. 그렇게 함으로써 한편으로는 다른 학생의 시선을 발표하는 학생에게 이끌고, 다른 한편으로는 발표하는 학생이 자신감을 가지고 말하도록 한다. 학생들이 각자 과제 활동을 수행할 때는 학생들이 과제를 수행하는 모습을 하나하나 살펴보고, 어려워하는 학생이 있으면 다가가서 자세히 설명해준다. 학생들은 교사가 다가오기를 기다렸다가 질문하거나 도움을 요청하기도 한다.

영어과 수업에 있어서는 활동위주의 학습형태가 이루어져 짝 활동, 그룹 활동, 교사와 학생 개인 간의 상호작용이 활발히 나타난다. 또한, 학생들의 수준차가 존재하고 있으므로 교사가 수업 중에 학생들 하나하나에 관심을 가지고 격려하고 배려하는 일은 중요한 일이다. 게임과 챈트, 역할극 등 다양한 활동 중심의 교수방법은 학습자의 참여도를 높이고 학습한 언어 내용을 장기간 기억하게 한다는 결과가 있다. 또한 학습자의 흥미를 유발하여 정의적 여과를 낮춤으로써 외국어의 습득을 촉진할 수 있다. 따라서 영어 수업 중에 다양한 학습자 중심의 활동을 전개해야 하는데 이러한 학습 형태에서는 필연적으로 학생의 동선이 풍부해지게 된다. 또한, 다양한 수준이 존재하는 교실에서 학생의 발화나 활동 등을 개별적으로 듣고 확인하자면 교사도 부지런히 움직여 개개인의 학습활동을 촉진시켜 줄 필요가 있다. 그리하여 하위 수준의 학습자의 누적된 결손을 어느 정도 해소하고 성취도 향상을 가능하게 하며 상위권 학습자에게도 수준에 맞는 활동을 스스로 선택 학습하게 함으로써 현 단계에서 더 높은 수준까지 발전이 가능하다. 또한 중간정도 수준의 학습자들에게는 흥미롭고 다양한 활동의 제공으로 동기유발은 물론 성취도 향상에도 많은 효과가 있을 것이다. 교사가 수업 중에 학생들 사이를 자주 돌아다니면서 학생의 학습 정도를 살피고 개별적으로 지도할수록 교사의 관심과 배려 정도는 더욱 높아지고, 그에 따라서 학생의 학습 성취도도 향상된다. 따라서 수업 중 교사의 동선과 개별 학생과의 상호작용 방식을 보면 교사가 어느 정도로 개별 학생에게 관심을 두고 배려하는지 알 수 있다.

따라서 본 장에서는 수업 시간에 일어나는 교사와 학생의 이동 양식을 분석하는 방법에 관해 알아보고자 한다. 이동 양식 분석법에 대한 이론들을 알아본 후에 활용방법과 관찰 내용을 어떻게 해석하는지 설명하도록 하겠다.

가. 이론적 배경

교사의 이동 양식은 SCORE를 이용하여 분석할 수 있다. 이동양식 분석에서 수업 평가자가 하는 일은 주어진 시간 동안 교사와 각 학생이 교실의 한 부분에서 다른 부분으로 어떻게 움직이는지를 기록하는 것이다.

일반적으로 수업상황에서는 교실 내 교사의 위치에 대한 결정을 교사가 할 수 있다. 예를 들면, 휴식시간이 끝난 다음 학생들이 교실에 들어올 때 교사는 출입문 옆, 책상 옆 또는 다른 곳에 서서 기다릴 것인가를 결정할 필요가 있다. 학생들이 자기 자리에서 혼자서 공부하거나 집단과제를 하고 있을 때, 교사는 교사용 책상에 머물러 있을 것인지 아니면 학생들 공부를 확인하면서 교실 내를 이동할 것인지 결정해야 한다.

교사의 이동 양식은 흔히 교사의 교실 순회 지도를 통해 나타나며 이는 학급통제와 학생의 주의력에 영향을 주게 된다. 학생들에게 말하는 동안 항상 한 자리에만 서 있는 교사는 강조점을 주기 위해서 이동하거나 칠판이나 괘도 위에 개념을 설명하고 있는 교사보다 효과적으로 학생들 주의를 모으기 어렵다.

교사는 또한 이동양식에 있어서 계속적인 어떤 편파성을 보일지 모른다. 어떤 교사는 아마 특정 학생이 위치하고 있기 때문에 교실의 어떤 한 부분을 더 좋아하고 있을지도 모른다. 어떤 교사는 학급 전체에서 말하는 동안 학생 자리에서 얼마만큼 떨어진 거리에 계속 서 있는 수도 있다. 이것은 잘 보거나 들을 수 없는 학생에게 곤란을 주고, 또 학생들이 주의 집중하지 않게 하는 원인이 되기도 한다.

학생들이 과업에 집중하지 않을 경우는 지시된 과업을 회피하거나 과제를 수업시간보다 일찍 끝냈을 때 생긴다. 이런 때 학생들은 얘기할 친구를 찾아서 또는 다른 활동을 찾아서 빙빙 돌아다니게 된다. 이동양식 분석 방법은 수업상황이 교실을 움직일 가능성이 있을 때 가장 유용하다. 반대로, 영화를 보는 수업이나 문답수업에서는 교사와 학생의 기록할 만한 움직임이 별로 없으므로 이동양식을 분석하는 것은 무의미하다.

1) 수준별 집단과 교사의 순회

교육현장에서 사실 교사는 학급 전체를 대상으로 가르치면서 많은 학생들이 제대로 따라오는지를 확인하지 못한 채 교육과정과 교과서에 제시된 진도 나가기에 급급한 수업을 하는 경우가 많다. 이러한 수업에서는 많은 학생들이 능동적으로 참여하지 못하고 소외되게 된다. 특히 학습 결손이 누적되어 수업의 내용을 따라잡지 못하는 학생들은 수업의 내용을 이해하지 못하여 수업에 참여하지 못하고, 또 우수한 학생들은 이미 잘 알고 있는 내용이므로 수업에 참여하지 않게 된다. 이처럼 우리 학교에서 학생들의 교육에 대한 수준 차가 존재하고 있음에도 불구하고 수업에서는 이러한 학생들 간의 차이를 반영하여 개별화된 혹은 집단의 특성에 알맞은 수업 처치를 제대로 해주지 못한 것이 사실이었다. 수준별 교육과정의 도입은 바로 학생 개개인이 자신에게 알맞은 수준에서 학습을 하게 함으로써 학생 각자에게 유의미한 교육을 하도록 하자는 것이다. 다시 말하여 우리 학교의 교과 수업에서 진도 나가기가 중요한 것이 아니라 그 시간을 통해 학생들 개개인이 얼마나 유의미한 학습을 했느냐가 중요한 것이다.

영어과 수업에서도 학생들의 수준을 고려하지 않은 채 획일화된 수업을 하게 되면 하위 집단의 수업 결손은 더욱 커지고 상위 집단은 수업에 대한 흥미를 잃기

십상이다. 따라서 비슷한 수준의 학생들끼리 학급을 편성하여 그들의 수준에 맞도록 재구성된 교재와 자료를 가지고 학습하는 수업의 필요성은 아무리 강조해도 지나치지 않는다. 단위 시간 내에서 효율적인 수준별 학습을 진행하려면 교사의 역할이 그 어느 때보다 중요하다 하겠다. 학생 개개인의 학습 능력과 선수학습 수준을 보다 세밀하게 파악해야할 것이다. 학습내용의 철저한 분석과 재구성을 하여 그에 따른 적절한 학습 방법을 택하여 실시해야 할 것이다. 학생의 수준과 학습내용의 파악을 전제로 교사가 먼저 대 집단 학습의 형태로 학습의 목표를 뚜렷하게 제시하고 학습 과정에 대한 충분한 안내를 해야 한다.그 다음 교사가 한 소집단씩 집중적으로 지도를 하는 동안 다른 집단의 학생들은 개별학습이나 협력학습을 학생들끼리 해나가도록 하는 것이다. 이 때 개인차를 반영하여 집단의 구성원을 정하고 기본과제 이외에 심화과제와 자유 선택과제들을 제세하여 수준별 역할분담을 통하여 문제를 해결해 나가도록 유도하는 것이 중요하다.

2) 학습자들이 능동적으로 참여하는 수업 운영

이돈희(1998)는 학생 중심 교육이란 “학생의 잠재력과 가능성, 성장의 배경과 전망, 예상되는 삶의 세계에 비추어 제공되는 교육”이라고 규정하면서 학교에서 이루어지는 모든 교육 활동의 초점을 학생의 능력, 배경, 그리고 현재와 미래의 삶에 두려는 것으로 정리한 바 있다. 수업의 운영에서도 이러한 원리를 반영하여 학생들의 잠재력과 최대한의 성장 가능성을 지원해 줄 수 있도록 해야 한다.

학습자는 학습 내용에 대한 능동적인 의미의 구성자이고, 교사는 학습 활동의 안내자로서 역할을 수행하기 때문에 학습 환경 구성은 학습자가 학습 내용과 의미 있는 상호 작용을 이룰 수 있도록 해야 한다. 이를 위해 교사와 학생의 관계를 단순한 지식의 전달자와 수용자간의 관계가 아니라 탐구를 위한 상호 협력적인 동반자적 관계로 전환해 나가야 한다. 그러기 위해서는 교사가 부지런히 학생들 사이를 돌아다니며 학습자들을 살피고 격려하여 학생들이 능동적으로 수업에 참여하도록 격려해 주어야 한다.

3) 영어수업에서 피드백과 교사의 순회

의사소통 중심 접근법에서 학생들은 다양한 과제 발표 및 토론하기, 학습지 풀기, 수행과제 작성하기, 역할놀이 하기, 조사활동 하기, 게임하기 등을 수행하고 있다. 언어 학습에서 이러한 활동이 중요한 이유는 이것이 실제 의사소통을 위한 일련의 행동들과 공통점이 많기 때문이다. 다시 말하면, 이러한 활동들은 말을 교환하는데 있어서 목적을 제공해 준다. 의사소통은 목적이 있고 이를 달성하기 위해서는 피드백이 있어야 한다. 이 피드백은 상호 작용이라고 바꾸어 말 할 수도 있겠다.

학생 중심의 자기 주도적 학습이 강조된 이후로 이러한 학생들의 활동이나 과제 수행은 더욱 많아졌다. 그런데 중요한 것은 그러한 학생들의 수행 결과에 대해 교사들이 검토하고 피드백을 주어야 한다는 것이다. 그러한 과정을 거쳐야만 학생들을 자신의 부족한 점을 정확히 인식하고 다음 단계의 학습을 할 수 있을 것이기 때문이다.

대부분의 학교 수업에서 이러한 학생들의 수행에 대한 피드백이 부족하다. 학생들은 주어진 과제를 수행하되 그것에 대한 교사의 적절한 반응을 받지 못하면 학습 흥미도 줄어들고 학습의 효과도 낮아질 것이다. 교사는 자연히 학생들 곁으로 다가가 면대면 하여 학생들의 과제 수행에 대해 피드백을 제공해야 할 것이다.

4) 과제 중심 활동에서 교사의 순회

초등학교 학생들은 지적 성장 단계로 보아 대개 언어를 쉽게, 빨리 잊어버리는 특성이 있다. 그러나 흥미 있게 언어를 배우면 그 기억이 오래 갈 수 있으므로 학습자의 활동을 장려할 수 있는 과제중심 교수방법 등을 적용하여 수업하는 경우가 많다. 이는 단위 학습 시간에 학습자들의 실생활과 관련된 사실적인 언어 자료를 활용하여 실제 의사소통 활동을 통하여 언어를 익히게 하는 방법이다. 즉 언어 학습을 위한 활동이 아니라 활동을 통하여 언어를 사용하는 기능을 익히게 하는 방법이다. 과제 중심 언어 교육은 실제상황과 거의 비슷한 학습을 하도록 해준다. 과제 중심의 활동을 하기 위해서는 소그룹 활동을 활용하는 경우가 많이 있다. 소그룹 활동에 대한 장점을 살펴보면 교사가 학습을 주도해 나가는 것이 아니고 학생과 교사가 서로 논의하거나 소그룹으로 나누어진 학생들끼리의 상호 관계에 의해서 학습이 이루어진다고 믿는다.

과제 중심의 활동에서 교사는 한 학급을 주도하는 사람이기 보다는 오히려 자원으로서의 역할을 갖는다. 그러나 초기 소그룹 활동이 성공적으로 이루어지기 위해서는 교사의 적절한 통제와 계획은 여전히 필요하다. 유능한 교사는 그룹 사이를 이동하면서 학생들의 말을 들으며 의견과 평가를 하기도 한다. 학생들이 그룹별로 활동할 경우에는 실수를 해도 수정해 주는 사람이 없기 때문에 자칫하면 잘못된 영어를 수정해주는 사람 없이 사용하여 화석화되는 경향이 있다. 또한, 과제중심의 소그룹 활동에서는 학생들이 영어를 사용하기보다는 모국어를 사용한다는 단점이 있는데 이 때 교사가 다가가서 좀 더 상세하게 모둠원들 각자가 해야 할 일들을 좀 더 상세히 설명해 준다면 모국어의 사용을 줄일 수 있게 된다.

5) 수업 중 효율적인 순회지도

이윤호(1994)는 수업 중 순회 지도는 언제, 어떻게 하는 것이 효과적인가 하는 문제는 학생 개개인의 수준과 수업 절차에 따라 적절히 고려되어져야 한다고 하였다.

일제지도는 아직까지도 다인수 학급의 상황에서 많이 활용되고 있는데 일제지도의 주된 단점은 학생 하나하나를 충분히 이해하기가 어렵고 수업에서의 학생 하나하나의 특성을 살리기가 힘들다. 또한, 능력차, 진도 차에 따른 알맞은 지도를 하기가 무척 어렵다. 일제식 수업에서는 교사가 중심이 되기 때문에 학생들은 수동적인 형태를 벗어나기 힘들다. 이러한 단점을 보완하고, 학생 하나하나를 상대로 학습상황이나 심리상태를 교사가 되도록 정확하게, 그리고 많이 이해하고 파악하면서 지도를 하려면 아무래도 순회 지도가 더없이 중요한 지도 기술의 하나가 된다.

구체적으로 순회 지도에 포함되어야 될 내용으로는 아동의 학습결함, 학습걸림돌 등을 찾아 조언하기, 이해가 뒤쳐지는 학생을 지원하기, 개별적으로 질문을 받아 조언하기, 노트의 지속적인 점검 실시, 개별적으로 과제를 해결하는 학생을 격려해 주기, 학습에서 이탈하거나 흥미를 잃거나, 학습태도가 좋지 않은 학생은 주의를 주는 등 격려하면서 계속 학습의욕을 갖고 분발하도록 하기 등 학생과 교감하면서 정의적인 관계를 형성하는 데 초점을 맞추어야한다.

이와 같이 순회지도의 방법은 반드시 목적을 정하고 나서 실시하여야 하며 찬스를 놓치지 않도록 기회 포착에 유의하여야 한다. 또한, 학생 한 사람 한사람에게 알맞은 지도, 조언이 전제 되어야겠고 어느 특정 아동에게 치우치는 일이 없이 공평하게 기회가 닿아야 한다. 영어수업 전개에서 순회 지도가 가장 필요할 때를 살펴보면 주로 전개 활동이나 정리 활동에서이다. 수업 전개 중에는 짝 활동이나 그룹 활동을 하고 있을 때, 수준별 집단으로 이동시켰을 때, 학습 활동지를 해결하고 있을 때, 역할 놀이 발표를 준비하고 있을 때, 컴퓨터실에서 CD-ROM등을 활용하여 수업을 하고 있을 때, 알파벳 쓰기나 단어, 문장 쓰기 등의 노트를 시켰을 때 교사의 순회지도가 필요할 것이다. 정리·발전단계에서는 필요에 따라 아주 짧은 시간을 정하고 살피는 것이 좋으며, 판서한 것을 노트에 옮길 때, 학습한 내용을 정리하고 있을 때 주로 교사의 순회 지도가 이루어진다.

나. 활용방법

수업 중 교사와 학생의 움직임을 분석하는 방법에는 여러 가지가 있겠으나 <그림 3-4>와 같이 좌석표가 들어간 교실 구조도에 동선을 형태를 달리하여 나타내는 방법이 있을 수 있으며 <그림 3-5>와 같이 교사의 동선만을 별도로 분석하기에 편리한 자동 분석 프로그램을 활용하는 방법이 있다.

움직임의 유형에 따른 분석을 위해서는 <표 3-49>와 <표 3-50>의 체크리스트에 교사와 학생의 움직임 목적을 살펴보고 빈도 및 비율을 측정하여 기록하고 해석하는 방법이 있을 수 있다.

1) 주삼환(2003)의 이동양식 기록 방법

SCORE도구에서 사용되는 좌석표는 흔히 좌석이 붙어있는 네모 칸으로 그려지기도 한다. 이동양식을 기록하기 위하여 각 학생과 교사는 독립된 이어진 네모 칸으로 표시된다. 또한 좌석표는 통로와 책상 또는 학생들이 모이는 테이블을 포함하여 교실의 모든 물리적 배열을 나타낸다.

아래의 <그림 3-4>는 이동양식 자료를 기록하기 위하여 사용된 좌석표를 보여준다.

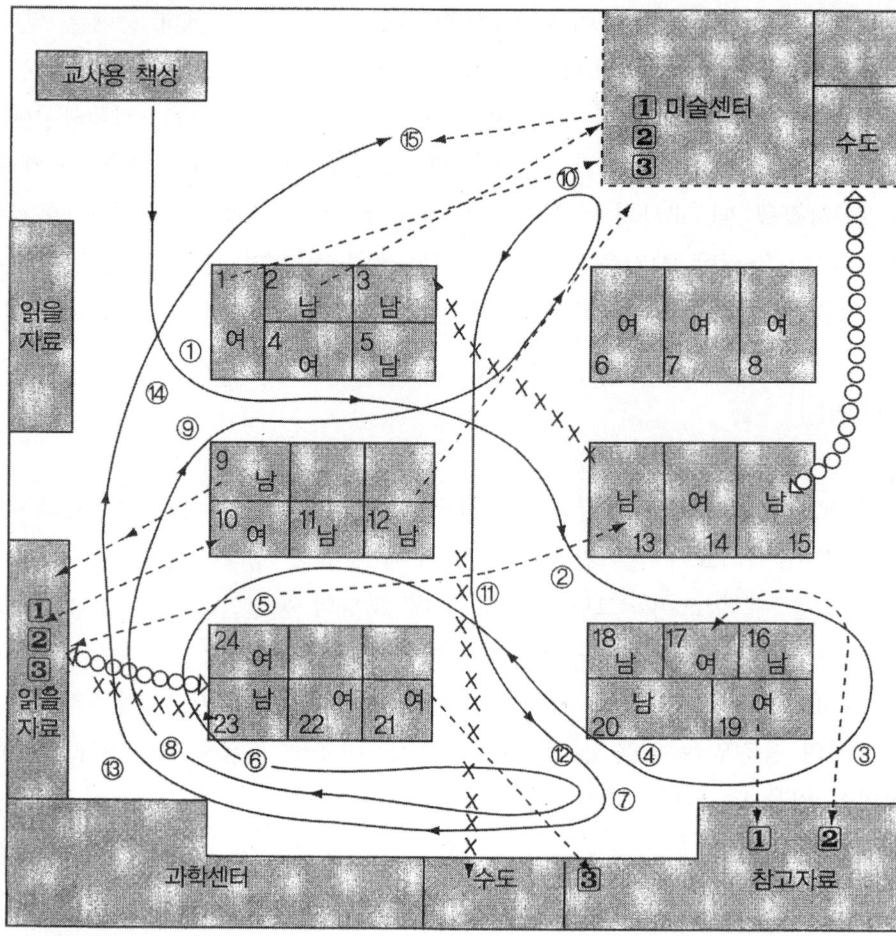

이동범례

◄ X X 지시된 학생 움직임

- - - - - - 학생의 유목적적 움직임(지시되지 않은)

——— 교사의 순회(화살표는 방향표시)

○ ○ ○ 학생의 무목적적 움직임　　① 교사 – 학생협의(숫자는 시차적 순서를 가리킴)

〈그림 3-4〉이동양식 기록의 예

<그림 3-4>의 표에서는 교실의 한 지점에서 다른 지점으로의 교사 또는 학생의 움직임은 이어지는 선으로 표시된다. 각 선은 수업 관찰자가 관찰을 시작할 때의 각 사람의 교실 내 위치에서부터 시작된다. 교사와 학생은 한 지점으로부터 다른 지점으로 옮겨 가다 잠시 멈추기도 하고, 그리고 다시 다른 곳으로 옮겨 간다. 또한, 정지 지점을 숫자가 들어 있는 원 (예:⑮)을 사용하였다. 이 물리적 이동표는 교사가 교실의 전면에 서서 수업을 시작하여 네모칸 1(여)로 지정한 학생 쪽으로

이동하고 이어서 학생13(남)으로 나아갔다는 것을 보여준다. 그리고 각 학생이 자기책상에서 다른 위치로 갔다가 다시 자기 책상으로 되돌아왔을 경우는 원모양을 이은 형태의 선(ooooo→)이 사용된다.

수업을 다른 방법으로 이동양식을 표시하고자 할 목적으로 여러 색의 색연필을 사용하는 것도 좋을 것이다. 예를 들면, 처음 첫 10분은 노란색으로 다음 10분은 초록색으로 기록하면 될 것이다. 만일 교사가 수업을 다른 활동으로 분리하는 것으로 계획한다면, 이것은 색깔을 달리하여 나타낼 수 있다. 예를 들면, 첫 활동은 교사가 지시를 하고, 이어서 소집단 과제활동이 따르고, 다음에 전 학급의 문답식 수업일 경우 각 활동 중의 움직임을 다른 색연필로 기록할 수 있다. 이 방법은 교사가 수업의 각 단계에 따라 나타나는 이동양식을 분석하는데 도움이 될 것이다.

활동적인 수업에서는 너무나 많은 학생들이 교실에서 빙빙 돌아다니기 때문에 교사는 이들의 이동을 모두 기록하기가 어려울 것이다. 이럴 때 잠시 동안 자료 기록을 멈출 필요가 있다. 이 때 관찰자는 이동양식표의 어디에서 멈추었는지 표시해 두어야 한다. 또 다른 가능한 방법은 교실 내의 일정학생만 제한하여 해당 학생들이 교실에서 돌아다니는 것을 관찰할 수도 있다.

2) 자동 분석 프로그램을 이용한 교사 동선 분석

교사의 동선 분석만을 좀 더 간단하고 쉽게 알기 위해서는 수업장학과 수업분석(변영계, 김경현, 2005)에 제공된 "수업분석 3.0" 프로그램 <그림 3-5>를 활용하면 수업 중 교사의 동선을 쉽게 파악할 수 있다.

교사 주도의 설명식 수업이거나 학생의 활동이 제한된 수업의 형태에서는 학생의 움직임에 대한 관찰은 의미가 없으므로 교사의 동선만을 분석하면 되는데 이런 경우 자동 분석 프로그램을 활용하면 교사가 주로 머무른 위치별 비율이나 이동한 동선을 실시간대 별로 파악할 수 있다. 교사 동선 분석 프로그램을 활용하면 간단한 조작으로 단위시간 동안의 교사의 움직임을 전부 포착할 수 있으며 개인별 소집단별 책상배치 형태에 따라 교실모형을 변형하여 동선을 나타낼 수 있는 장점이 있다. 아래 프로그램은 다음과 같은 순서로 조작하여 활용할 수 있다.

첫째, 수업 분석 프로그램을 실행시킨다.

둘째, 자리이동에 관한 분석 프로그램을 실행시킨다.

셋째, 자동그리기와 수동그리기 중 교실의 실정에 맞는 항목을 설정한다. 이 때, 자동 그리기를 선택하면 자동적으로 학생의 수와 위치를 표시해주며, 수동 그리기를 선택하면 현재 교실 상황에 맞게 학생의 수와 위치를 표시하여 사용할 수 있다.

넷째, 녹화단추를 클릭하여 교사의 이동 지점에 클릭을 해 주면 자동적으로 교사의 이동지점과 그 경로가 표시되며 원 안의 숫자에 따라 그 순서를 확인할 수 있다.

다섯째, 이 때 원에 마우스를 가져가면 교사가 이동한 시간과 한 장소에 머무른 시간이 표시된다.

여섯째, 화면의 오른쪽 상단에는 전체 교실을 9개 부분으로 나누고 각 부분에 교사가 어느 정도 머물렀는지를 비율로 표시해 준다.

일곱째, 관련 분석이 끝나면 정지 버튼을 누르고 출력을 하거나 그 상태를 그림 캡처 프로그램을 이용하여 저장할 수 있다.

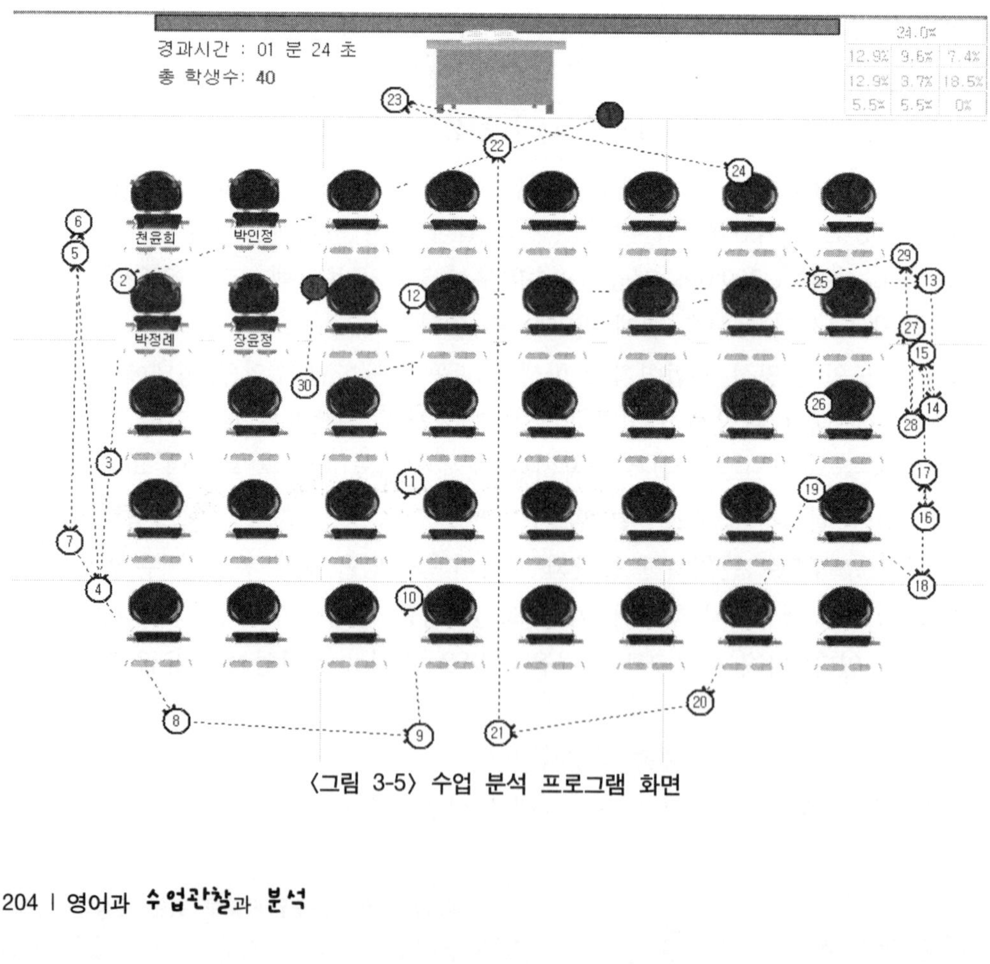

〈그림 3-5〉 수업 분석 프로그램 화면

이 프로그램의 특징은 해당 학생을 나타내는 아이콘 위에 마우스를 대고 오른쪽 버튼을 클릭하면 학생의 속성을 지정해 줄 수 있다는 것이다. 즉, 아이콘에 성별과 이름을 표시할 수 있어 교사가 어느 학생에게로 접근하였는지를 해석하는 데 편리하다. 그러나 학생의 움직임은 분석할 수 없고, 분석되어진 결과를 바로 출력할 수 없는 점 등은 개선해야 할 필요가 있다.

3) 체크리스트를 이용한 교사, 학생 움직임 분석

교사 및 학생의 움직임이 유목적적인 움직임인지, 아니면 무목적적 움직임인지 아래의 <표 3-49>, <표 3-50>과 같이 세부 영역을 구분하여 움직임의 빈도와 비율을 표시하면 수업 후 움직임의 종류와 편중을 극복하여 수업 개선 자료로 활용할 수 있다. <표 3-49>는 교사의 움직임을 체크리스트로 기록한 것이다.

〈표 3-49〉 교사의 움직임 기록표

<table>
<tr><td colspan="2" rowspan="2">움직임 목적 / 관찰 대상</td><td colspan="7">유목적적 움직임</td><td colspan="3">무목적적 움직임</td><td colspan="9">위치별 이동 비율
A1 A2 A3
B1 B2 B3
C1 C2 C3</td></tr>
<tr><td>개별지도</td><td>소그룹지도</td><td>주의지도</td><td>자료배분</td><td>매체조작</td><td>과제진행확인</td><td>기타</td><td>무목적순회</td><td>외부연락</td><td>기타</td><td>A1</td><td>A2</td><td>A3</td><td>B1</td><td>B2</td><td>B3</td><td>C1</td><td>C2</td><td>C3</td></tr>
<tr><td rowspan="2">교사</td><td>빈도수</td><td></td><td></td><td></td><td></td><td></td><td></td><td></td><td></td><td></td><td></td><td></td><td></td><td></td><td></td><td></td><td></td><td></td><td></td><td></td></tr>
<tr><td>비율 (%)</td><td></td><td></td><td></td><td></td><td></td><td></td><td></td><td></td><td></td><td></td><td></td><td></td><td></td><td></td><td></td><td></td><td></td><td></td><td></td></tr>
</table>

<표 3-50>은 학생의 움직임을 기록한 것이다.

〈표 3-50〉 학생의 움직임 기록표

관찰대상 \ 움직임 목적		유목적적 움직임							무목적적 움직임		
		짝 활동	소그룹 활동	수준별 이동	역할극 발표	조사 활동	개별 질문	기타	단순 산만	사물함 이동	기타
학생	빈도수										
	비율 (%)										

가) 교사 동선의 분석 방법

(1) 교사의 유목적별 이동 비율 = $\frac{\text{유목적별 이동횟수}}{\text{전체 유목적 이동 횟수}} \times 100$

수업 중 일어나는 교사의 동선 중 교사가 이동목적을 가지고 이동한 전체 이동횟수에 대한 움직임 목적에 따른 비율을 알아봄으로써 단위 시간 내에 어떤 이유로 교사가 주로 움직였는지를 파악할 수 있다.

(2) 교사의 유/무목적별 이동 비율 = $\frac{\text{유/무목적별 이동횟수}}{\text{전체 이동 횟수}} \times 100$

수업 중 교사의 유/무목적적인 움직임이 전체 움직임 중에서 차지하는 비율을 산출하여 무목적적 움직임을 줄이고 계획되고 의도적인 움직임의 비율을 높여갈 수 있다.

(3) 교사의 위치별 이동 비율 = $\frac{\text{위치별 이동 횟수}}{\text{전체 이동 횟수}} \times 100$

교실 전체를 9개로 등분하고 수업 중 교사가 어느 곳에 주로 머물러 있으며 어느 곳으로 이동하는지 경향을 영역별 비율을 산출하여 알아볼 수 있으며 교사 자신이 이동할 때 움직임의 편중을 극복할 수 있다.

나) 학생 움직임의 분석 방법

(1) 학생의 유목적별 이동 비율 = $\frac{\text{유목적별 이동횟수}}{\text{전체 유목적 이동횟수}} \times 100$

수업 중 일어나는 학생의 움직임을 목적별로 분석하면 역할극이나 조사하기 활동 등 활발하게 활동하는 학생과 그렇지 못한 학생을 파악하여 소극적인 학생에게 교사가 좀 더 세심한 배려를 해줄 수 있는 단서를 얻을 수 있다.

(2) 학생의 유/무목적별 이동 비율 = $\frac{\text{유/무목적별 이동횟수}}{\text{전체 이동횟수}} \times 100$

수업중 학생의 유/무목적적인 움직임이 전체 움직임 중에서 차지하는 비율을 산출하여 무목적적으로 움직이는 학생을 파악하고 지도할 수 있다.

이상에서 우리는 이동양식 분석법에 관하여 알아보았다. 교사는 학생이 학습 과정에 능동적으로 참여하도록 하며 학습 과정에서의 개인차를 고려해야 하고, 주로 학생들의 과제 수행 상의 어려움 등을 도와주는 활동을 하면서 학생들의 자발적, 능동적 활동을 위한 학습의 안내자, 조력자의 역할을 해야 한다. 그러기 위해서는 순회 지도가 꼭 필요한데, 단위 수업 시간 내에 교사의 움직임은 때론 산만하거나 의도되지 않은 움직임으로 기록되는 경우가 있다. 수업 후 교사 자신이 스스로 자신의 움직임을 분석해 보고 학생 개개인에게 고르게 계획적으로 지도가 이루어졌으며 수준과 개인차를 고려한 피드백이 이루어졌는지를 성찰하는 것은 다른 여러 요인들과 더불어 성공적인 수업을 통한 수업 전문가로 성장하기 위한 교사의 자기 계발 영역이 될 것이다.

이동양식 분석법을 통해 나타나는 교사의 동선은 주로 개별 혹은 소집단별 지도를 위한 순회 지도의 목적으로 나타나며, 순회지도 시 계획적이고 의도적으로 움직임의 계획을 세워 지도하는 것은 수업 중 수준 차나 소극적 성격 등으로 소외받기 쉬운 학생들을 격려하고 자극하여 그들을 활동 중심의 영어수업으로 불러들일 수 있을 것이다. 학생의 동선은 조사하기 활동이나 역할극 등의 발표를 위한 이동 시 활발하게 나타나게 된다. 평소 습관적으로 산만한 학생들은 교사의 시선을 피해 무의식중에 수업과 무관하게 돌아다니는 경우를 관찰할 수 있는데 저학년일수록 이런 현상은 흔한 일이다. 이동양식 분석법을 통해 이러한 특정 학생의 움직임에 대해 관찰하는 것은 무목적적인 그릇된 움직임의 원인을 찾아내어 교정하여 주고 그들을 수업에 집중하게 할 방책을 강구할 수 있게 해줄 수 있다.

3.1.11 교사 발문 분석법

교사 발문 분석법이란 수업 시간에 행하여지는 교사의 모든 발화를 10가지 스캐폴딩 유형(지시·안내, 시범·예시, 설명 제공, 단순 질문, 이해 확인, 사실 확인, 태도 확인, 칭찬·격려, 주의·훈육, 참여유도)으로 나누고, 이를 다시 인지적, 확인적, 정의적 발문으로 묶어 각 유형별 발문의 빈도수를 분석하고, 그에 따른 개선점을 찾고자 하는 분석하는 방법이다. 수업에서 교사의 발문 방식과 내용에 따라 학습자들에게 끌어낼 수 있는 반응에는 많은 차이가 있으며 의사소통이 많이 일어나는 영어 수업에서는 그 중요성이 더욱 크다고 할 수 있다. 지금부터 교사 발문 분석법의 이론적 배경과 활용방법을 알아보자.

가. 이론적 배경

발문이란 질문과는 다른 개념이다. 질문은 특정의 내용에 대하여 모르는 사람이 아는 사람에게 던지는 물음을 가리키는 것으로 일상생활에서 광범위하게 사용되는데 반하여, 발문은 교수학습의 과정에서 사용되는 것으로 학습자들에게 던져지는 문제 제기를 말한다. 질문은 답을 얻게 되면 그것으로 충분하지만, 발문은 그것을 계기로 학습자의 사고를 자극하고 유발하여 새로운 논의를 추구하게 한다는 특징이 있다.

교사의 발문 분석 유형에 대한 여러 학자들의 연구를 살펴보자.

1) 인지적 사고능력이 요구되는 수준에 따른 발문의 유형

인지적 사고능력이 요구되는 수준에 따라 발문들을 분류한 체계로 자주 언급되는 것이 Bloom(1956)의 교육목표 분류학에 기초한 발문의 유형이다. Bloom은 인지적 영역에서 사고행동의 수준을 지식, 이해, 적용, 분석, 종합, 평가의 6가지 수준으로 구분하였는데, 이러한 인지적 목표 체계에 따라 발문의 성격을 구분하는 방식은 가장 일반적인 발문의 분류체계로 받아들여지고 있으며, 이후 많은 학자들의 발문분류체계의 바탕이 되었다. Bloom의 교육목표분류에 따르면 각각의 인지수준들은 어느 정도 위계적인 사고수준의 성격을 지니고 있어서 앞 단계의 인지수준에 대한 발문에 대답이 가능한 사람만이 다음 단계의 인지수준의 발문에 대답할 수 있다는 점이 가정으로 도출된다. 그리하여 인지적 교육목표의 유형별로 요구되는 사고유형에 따라 발문의 유형을 분류할 수 있다. Bloom과 비슷하게 Sanders(1966)도 발문의 유형을 사고행동의 수준에 따라 기억, 번역, 해석, 적용, 분석, 종합, 평가의 7가지로 분석하였다.

Sinatra와 Annacone(1984)은 Bloom의 인지적 목표분류체계를 바탕으로 교과학습 목표에 따라 학습자에게 주도적으로 요구되는 사고력 수준을 고려하여 낮은 수준의 발문과 높은 수준의 발문으로 구분하였다. 그들은 지식, 이해, 적용은 학습자의 주도적 사고력이 발휘될 기회가 적은 낮은 수준의 발문으로 학습자의 주도적인 자기 판단을 필요로 하는 분석, 종합, 평가를 높은 수준의 발문으로 구분하였다.

또한 Bank(1990)는 Bloom의 분류체계를 기준으로 하여 Bloom의 분류법에 따른 각 영역이 각기 다른 수준의 발문으로 구성되어야 한다고 주장하였다. 그는 Bloom의 분류 중 지식과 이해는 낮은 수준의 인지적 목표이고 적용, 분석, 종합, 평가는 높은 수준의 목표로 정하고, 이러한 수준에 따른 인지적 목표와 관련하여 낮은 수준의 발문과 높은 수준의 발문으로 나누어 발문함으로써 수업 목표를 효과적으로 달성할 수 있다고 설명하였다.

Ellis(1991)는 높은 수준의 발문과 낮은 수준의 발문으로 구분했는데, 독창성을 요하지 않거나 정답을 요하는데 중점을 두거나 자료에 입증된 대답을 추구하는 발문 등을 낮은 수준의 발문이라 하였다. 이와 달리 독창적인 생각을 요구하고 학습자들의 생각과 조사에 기초한 대답을 요구하거나 체계를 분석하고 평가하는 사고활동을 추구하는 발문을 높은 수준의 발문이라고 하였다.

Kinsvatter(1988)도 Bloom의 인지적 교육목표체계를 바탕으로 발문이 요구하는 학습자들의 사고 폭에 따라서 수렴적 발문과 확산적 발문으로 나누고, 이들 각각을 다시 하위 수준과 상위 수준으로 나누었다. 그들에 따르면, 수렴적 발문은 학습자들이 기본적인 정보를 알고 있는지를 확인하는 발문으로 정답이 제한되어 있으며 지식과 이해력 수준의 인지적 사고능력을 요구하는 낮은 수준의 인지적 발문이다. 확산적 발문은 학습자에게 다양한 대답을 이끌어내기 위한 발문으로 학습자들에게 고도의 사고능력을 요구하는 높은 수준의 인지적 발문이다.

한편, Blosser(1973)는 발문을 크게 교수적 발문, 관리적 발문, 수사적 발문으로 분류하고, 이 중 수업에서 핵심적 역할을 하는 교수적 발문을 사고유형에 따라 폐쇄적 발문과 개방적 발문으로 구분하였다. 폐쇄적 발문은 정답이나 반응이 제한되어 있는 발문이고, 개방적 발문은 정답이나 반응이 제한되어 있지 않고 다양하고 다수인 발문을 말한다. 그리고 폐쇄적 발문은 다시 인지·기억적 발문과 수렴적 사고 발문으로 나누어지며, 개방적 발문은 확산적 사고 발문과 평가적 사고 발문으로 나누어진다.

앞의 여러 학자들의 발문의 분류를 검토해 보면, 발문을 통하여 학습자에게 이끌어내고자 하는 사고활동의 유형에 따라 발문의 유형을 분류할 수 있으며 특히 지식, 이해, 적용, 분석, 종합, 평가와 같은 목표별 수준에 따라 요구되는 인지적 사고능력 수준이 달라지고 그 결과로 발문의 유형도 달라짐을 알 수 있다.

2) 사고과정에 따른 발문의 유형

학생들의 사고력을 촉진할 수 있도록 돕기 위해서는 인간이 사고하는 방식으로 발문을 해야 한다. 다시 말해, 교사의 발문은 학습자들이 거쳐야 하는 사고과정에 따라 분류해야 한다는 것이다.

이러한 관점에 따라 Hyman(1979)은 인지과정에 따라 발문의 유형을 정의적 발문, 경험적 발문, 평가적 발문, 형이상학적 발문으로 구분하고 있고, 특히 수업에서 정의적 발문, 경험적 발문, 평가적 발문의 3가지 유형이 자주 사용되고 있다고 강조하였다. 그러나 이들 사이에는 Bloom의 분류와 달리 위계적 질서가 있는 것이 아니다. 정의적 사고의 질문이 경험적 사고보다 낮은 수준의 질문은 아니며 또한 각 유형 내에서도 질문간의 위계적 관계는 찾아볼 수 없다. 이러한 Hyman의 발문 유형 분류를 정리하면 <표 3-51>과 같다.

〈표 3-51〉 Hyman(1979)의 발문 분류

발문의 종류	내용
정의(定意)적 발문	학습자가 어떠한 단어, 용어 또는 구에 대하여 정의를 내려야 하는 발문
경험적 발문	학습자가 자신의 감각적 지각에 근거하여 대답하는 발문
평가적 발문	학습자가 자신의 개인적인 가치판단을 요구하는 발문
형이상학적 발문	학습자가 자신이 가지고 있는 형이상학적 신념이나 종교적 신념을 진술하게 하는 발문

Hyman과 같이 Minnis와 Shrable(1970)도 학습자의 사고유형에 주목하여 '인지적 언어 상호작용 분석 모형'을 제시하였다. 이 체계는 발문하고 응답하는 과정을 사고활동의 작용과정으로 보고, 정보 회상적 발문, 추론적 발문, 적용적 발문으로 분류하였는데, 질문자와 응답자의 상호작용을 염두에 두고 발문의 유형을 분류했다는 것이 주목할 만한 점이다. Minnis와 Shrable의 발문 유형 분류를 정리하면 다음 <표 3-52>와 같다.

〈표 3-52〉 Minnis와 Shrable(1970)의 발문 분류

발문의 종류	내용
정보 회상적 발문	학습했던 내용이나 경험한 사실을 알아보기 위한 것으로 단순한 지식과 사실, 방법과 원리의 재생하기, 열거하기, 계산하기 등에 의한 발문
추론적 발문	학생들이 지식이나 정보 등을 비교, 대조, 구분, 분석, 종합하여 응답하게 하는 발문
적용적 발문	학생들의 확산적 사고를 계발하기 위하여 새로운 사태에 적용, 예언 또는 가설을 설정하도록 하는 발문

Wolf(1987)는 발문에 응답을 하는 학습자의 사고과정에 따라 발문을 분류하여 추론적 발문, 이해적 발문, 전이적 발문, 가설적 발문, 성찰적 발문으로 분류하였는데 그의 분류에서는 단순한 지식의 회상이나 기억을 요구하는 사고유형을 요구하는 발문이 없다는 점이 특징이다. 이러한 Wolf의 발문 유형 분류를 정리하면 다음 <표 3-53>과 같다.

〈표 3-53〉 Wolf(1987)의 발문 분류

발문의 종류	내용
추론적 발문	학습자가 어떤 사실이나 현상에 대한 정보나 단서를 추론하도록 하는 발문
이해적 발문	학습자가 어떤 사실이나 정보를 이해하여 깨우치도록 하는 발문
전이적 발문	학습자가 획득한 지식을 다른 범주로 전이시키는 발문
가설적 발문	학습자가 어떤 내용을 예측하게끔 하는 발문
성찰적 발문	학습자가 획득한 지식이나 정보에 대해 다시금 생각하도록 하는 발문

이와 같은 발문의 유형들은 학습자가 거치는 사고과정에 따라 분석하는 방법이므로 인간의 사고과정을 다양한 면에서 탐색할 수 있고, 학습자들은 교수자의 질문에 응답하는 과정을 통하여 교수자의 질문이 요구하는 사고과정을 개발할 수 있다.

3) Scaffolding 발문 분석

외국어 교육에 의사소통능력 및 의사소통중심교수법(CLT)의 개념이 도입되면서 상호작용의 역할은 중요한 의미를 지니게 되었다. 제7차 교육과정을 보면 상호작

용을 위한 교사의 역할을 상호작용의 촉진자, 의사소통의 스캐폴더로 명시하고 있다. Vygotsky의 스캐폴딩의 개념을 바탕으로 교사의 스캐폴딩 발문분석을 알아보자.

가) 스캐폴딩의 개념

건물을 건축하거나 수리할 때 인부들이 작업을 하거나 재료를 운반할 수 있도록 만든 지지 판을 비계(飛階), 즉 스캐폴더라 한다. 스캐폴딩이라는 용어는 Vygotsky의 근접 발달 영역 이론을 바탕으로 Wood, Bruner와 Ross(1976)에 의해 소개된 개념으로 건물을 지을 때 비계를 설치하는 것과 마찬가지로 근접 발달 영역 내에서 성인이 학습자와의 상호 작용 중 도움을 적절히 조절하며 제공하는 것을 의미한다고 하였다. 한편, Sigel(1982)은 스캐폴딩을 '도움 활동 거리 두기'라는 용어로 표현하였으며, 교사의 도움 활동 거리 두기는 낮은 수준에서 높은 수준으로 단계적으로 진행되어야 한다고 주장하였다. 이는 학습자와의 상호 작용의 정도를 조절하는 전략으로 학습자들이 점차 능력을 갖추게 됨과 동시에 도움의 양을 점진적으로 줄이는 형태로 사회적 중재를 하는 것을 의미한다. 또한 Collins(1990)는 스캐폴딩의 개념과 관련하여 Vygotsky(1978)의 이론에 기초한 수업 모형을 개발하고 이를 '인지적 도제'라고 칭하였다. 이와 비슷한 맥락에서 Rogoff(1990)도 '안내된 참여'라는 용어를 사용하면서, 학습자의 인지적 성장을 자극하기에 효과적으로 보이는 사회적 경험의 유형을 중재하는 것이라고 언급하였다.

이들을 토대로 교육적 상황에서의 스캐폴딩이란 학습자가 지금 스스로는 성취할 수 없지만, 현재의 발달 수준보다 조금 높게 설정된 과제를 성인이나 또래의 도움을 받아 해결함으로써 학습자의 발달에 긍정적인 영향을 가져오도록 하는 성인과 학습자, 혹은 학습자와 학습자간의 교수 전략 혹은 상호 작용 방법이라 할 수 있다. 즉, 문제 해결 과정에서 학습자의 능력 수준에 맞추어 상호 작용을 하는 교사나 또래의 조력 행동 혹은 도움 체계를 말한다(최희선, 2002).

나) 스캐폴딩의 유형

스캐폴딩의 유형은 연구자에 따라 조금씩 차이가 있지만 그 유형면에서는 유사하다. 다음 <표 3-54>는 여러 가지 스캐폴딩의 유형을 소개한 것이다. 학자들이 효과적이라고 분석한 스캐폴딩의 유형들을 살펴보면 근본적으로 상호작용을 통해 아동이 스스로 문제를 해결해 나갈 수 있는 능력 조절에 초점을 맞춘 스캐폴딩이 이루어져야 한다는 점이 일치하고 있다.

〈표 3-54〉 스캐폴딩에 관한 선행연구

학자	스캐폴딩 유형
Wood (1976)	① 보충 (recruitment) ② 단순화 (simplification of the task) ③ 방향유지 (direction maintenance) ④ 중요한 특성 표시하기 (marking critical features) ⑤ 좌절을 조절 (frustration control) ⑥ 시범 (demonstration)
McNaughton & Leyland (1990)	① 방향유지 (direction maintenance) ② 과제지향 (task orientation) ③ 과제완성 (task completion)
Portes & Cuentas (1991)	① 메타인지적 안내 (metacognitive guidance) ② 모델링 (modeling) ③ 피드백 (feedback) ④ 강화 (reinforcement) ⑤ 질문 (question) ⑥ 과제 지향 (task orientation)
Berk & Winsler (1995)	① 공동 문제 해결 ② 상호 주관성 ③ 따뜻함과 반응 ④ 아동을 근접 발달 영역에 머물게 하기 ⑤ 자기 조절을 증진시키기

(김정호, 2001, p. 45 재인용)

앞에서도 언급한 바와 같이 제7차 교육과정에서 교사의 역할을 '상호 작용의 촉진자', '의사소통의 스캐폴더'라고 명시하고 있는 것으로 보아, 교사 발문 분석의 기준을 스캐폴더의 유형들을 근거로 하여 설정한다면 더 효과적인 발문분석이 될 것이다. 최지선(2004)은 스캐폴딩의 유형이 교사에게는 교수 · 학습 상황에서 구체적으로 스캐폴딩을 적용하여 실천할 수 있는 방법이 되며, 효과적인 교수 · 학습 현상을 연구하는 연구자들에게는 관찰의 기준이 된다고 언급한 바 있다. 다음은 영어과에 적용될 수 있는 교사 발문 분석 기준을 알아보겠다.

다) 스캐폴딩 유형에 따른 교사 발문 분석

교사의 스캐폴딩 발문 분석을 위한 기준은 이재근 · 이동한(2004)이 제시한 기준을 참고하여 재구성하였다. 이들은 '상호작용의 촉진자', '의사소통의 스캐폴더'로서의 교사의 바람직한 발문이 그 근거가 되어야 하므로 앞서 여러 학자들이 제시한 다양한 스캐폴딩 유형들 중에서 공통적이고 우리나라의 영어 교육 상황에 적용해 볼만한 몇몇 유형들을 선택하여 이를 발문 분석의 기준으로 삼았다. 기준은 크게 인지적, 확인적, 정의적 측면의 발문으로 나누고, 총 10가지의 스캐폴딩 유형들을 기준으로 정립하였다. 스캐폴딩 유형에 따른 교사 발문의 분석 기준은 다음 <표 3-55>와 같다.

〈표 3-55〉 스캐폴딩 유형에 따른 교사 발문의 분석 기준

발문유형			유형별 설명	유형의 예
인지적 발문	1	지시, 안내	학생의 활동에 관한 지시와 다음 활동을 안내하는 경우	Listen carefully and repeat. Open your book to page 8.
	2	시범, 예시	교사가 직접 행동으로 시범을 보이면서 설명하거나 예를 들어줄 경우	Go straight this way. For example ...
	3	설명 제공	교과와 관련된 내용을 교사가 평서문으로 설명할 경우와 학생의 질문에 교사가 대답할 경우	They are in the playground.
	4	단순 질문	Yes, No로 대답할 수 있는 모든 질문으로 어려운 문장을 쉽게 바꾼 경우도 포함하며 단답형으로 쉽게 대답할 수 있는 질문의 경우도 해당됨	Do you remember the last lesson? Are you done? Is this your cap?
확인적 발문	5	이해 확인	활동 중 이해했는지 확인할 경우	Can you understand? Are you with me?
	6	사실 확인	교과 내용과 관련된 내용에 관한 질문을 할 경우	What's Paul doing? What will Paul do this summer?
	7	태도 확인	감정과 관련된 표현을 할 경우와 수업 시작과 끝에 할 수 있는 활동으로 안부 묻기, 인사하기 등 포함	How are you today? How's the weather today? See you tomorrow.
정의적 발문	8	칭찬, 격려	학생의 발화에 대한 교사의 반응으로 학생의 발화가 정답이든 오답이든 긍정적인 피드백을 줄 경우	You did a good job! Not bad. Let's listen one more time and find the answer.
	9	주의, 훈육	활동 중간의 주의집중과 잘못된 행동을 지적할 경우	Look at me. Clap your hands 3 times. Don't do that!
	10	참여 유도	학생의 참여를 이끄는 경우	Any volunteer? Anything else?

여기에서 참고할 점은 하나의 발문이 두 세 개의 스캐폴딩 유형에 공통적으로 속할 수도 있다는 사실이다. 그 이유는 스캐폴딩의 유형들이 서로 간에 유사한 속성을 지니고 있는 경우가 있기 때문이다. 예를 들면, 유형 4(단순 질문)와 유형 6(사실 확인)의 경우, 사실 확인을 위한 질문을 *Yes, No*로 대답할 수 있도록 단순화하는 것이 가능하다. 따라서 스캐폴딩 유형 간 이러한 유사성, 공통성으로 인해 교사의 발문이 여러 스캐폴딩 유형에 동시에 속한다고 판단될 경우에는 보다 더 근접하다고 판단되는 스캐폴딩 유형으로 분류하면 되겠다. 또한 <표 3-55>의 발문 유형에 해당되지 않는 발문이 있거나 더 추가할 필요가 있을 경우에는 재구성하여 분석을 할 수 있겠다.

나. 활용방법

스캐폴딩 유형에 따른 교사발문 분석 기준을 이용하여 어떻게 실제 수업을 분석할 수 있는지 알아보겠다. 다음은 스캐폴딩 유형에 따른 교사발문분석에 대한 절차 설명이다.

1) 교사의 발문을 교사발문 기록칸에 ①번부터 순서대로 번호를 매기면서 문장 단위로 기록한다.

2) 분석표 해당란에 해당하는 번호로 기록한다.
   예) ① *What's Peter doing?* ⇒ 사실 확인
   ② *Very good!* ⇒ 칭찬, 격려
   ③ *He is playing basketball.* ⇒ 설명 제공

3) 수업단계는 도입, 전개, 정리처럼 간단하게 구분하고, 시간 경과는 활동이 바뀔 때마다 표시한다.

4) 교사발문의 기록과 구분을 다 한 후에는 각 항목별 개수를 계산하여 항목계에 표시하고, 각 항목에 따른 비율을 계산한다. 인지적, 확인적, 정의적 발문으로 나누어 영역별 합을 표시하고, 전체 발문에서 몇 %를 차지하고 있는지 계산하여 영역비율에 표시한다.

가) 항목계 : 교사가 사용한 발문별로 수를 기록한다.

나) 항목비율 : 각 발문이 전체에서 어느 정도 차지하는지 기록한다.

예) $\text{이해확인} = \dfrac{\text{이해확인교사발문수(발문유형5)}}{\text{전체교사발문수}} \times 100$

교사의 전체발문 중에 각 유형별로 차지하는 비율을 알 수 있다.

다) 영역계 : 인지적, 확인적, 정의적 발문으로 나누어서 그 합을 기록한다. 각 발문별 유형은 <표 3-55> 스캐폴딩 유형에 따른 교사발문의 분석기준 참고한다.

예) 인지적 발문 : 발문유형 1~4번의 합
인지적 발문의 합=지시안내+시범예시+설명제공+단순질문
확인적 발문 : 발문유형 5-7번의 합
확인적 발문의 합=이해확인+사실확인+태도확인
정의적 발문 : 발문유형 8~10번의 합
정의적 발문의 합=칭찬격려+주의훈육+참여유도

라) 영역비율 : 전체에서 인지적, 확인적, 정의적 발문이 각각 어느 정도 차지하는지 기록한다.

예) $\text{인지적발문} = \dfrac{\text{인지적발문의합}}{\text{전체교사발문수}} \times 100$

교사의 전체발문 중에서 인지적 발문이 차지하는 비율을 알 수 있다.

$\text{확인적발문} = \dfrac{\text{확인적발문의합}}{\text{전체교사발문수}} \times 100$

교사의 전체발문 중에서 확인적 발문이 차지하는 비율을 알 수 있다.

$\text{정의적발문} = \dfrac{\text{정의적발문의합}}{\text{전체교사발문수}} \times 100$

교사의 전체발문 중에서 정의적 발문이 차지하는 비율을 알 수 있다.

5) 결과를 토대로 교사의 발문을 분석한다. 어느 유형의 발문이 교사의 발문 중 높은 비율을 차지하는지를 분석하고, 다음 수업을 위한 개선점을 찾아본다.

〈표 3-56〉 스캐폴딩 유형에 따른 교사 발문의 분석표 (예시)

수업단계	시간경과	인지적 발문				확인적 발문			정의적 발문			교사 발문
		지시안내	시범예시	설명제공	단순질문	이해확인	사실확인	태도확인	칭찬격려	주의훈육	참여유도	
전개	5′						①					①What's Peter doing?
									②			②Very good!
				③								③He is playing basketball.
		④										④Then, open your book to page 5.
항목계		1		1			1		1			
항목비율		25%		25%			25%		25%			
영역계		2				1			1			
영역비율		50%				25%			25%			

효과적인 교육을 위해서는 무엇보다도 교육 활동의 주체가 되는 교사가 수업 개선에 대한 필요성을 느끼고 끊임없는 노력을 통해 전문가로서의 자질을 갖추도록 해야 한다. 교사의 수업 기술 개선을 위한 수업장학의 방법 중의 하나가 위에서 살펴본 교사의 발문 분석이다. 영어 교사들은 수업을 녹화하여 자신의 발문 유형을 분석해봄으로써 자신의 발문이 학습자의 참여를 유도하고 있는지, 학습자 중심으로 이루어지고 있는지, 활발한 상호작용을 일으키는지, 사고활동을 촉진시키는지, 칭찬, 격려를 많이 하고 있는 지 등의 피드백을 받을 수 있다. 이를 통해 효과적인 발문 방식과 발문 내용을 영어 수업에 적용한다면 학습자들은 영어 수업에 더욱 적극적으로 반응할 것이며 활발한 의사소통이 일어나는 영어 수업이 될 수 있을 것이다.

3.1.12 학생 발언 분석법

수업에서 이루어지는 발화는 대화 참여자들이 그들의 발화를 수정하고, 좀 더 해석적인 활동을 수행하는 협동적인 과정이라고 할 수 있다. Ellis(1985)는 수업에서 사용된 발화를 연구한 결과, 성공적인 언어 학습은 수업에 적용한 교수법보다는 수업에서 일어나는 상호작용의 유형에 더 영향을 받는다고 하였다. 또한, Allwright(1984)가 지적하듯 상호작용은 상호 표현이므로, 교사와 학생들은 교사와 학생간의 상호작용을 이끌어 나가는 데 책임을 져야하고, 학습에 책임을 져야한다고 할 수 있다. 이런 점에서 수업에서 교사 뿐 아니라 학생들이 적극적으로 수업에 참여해야 한다. 즉, 학습자에게 반응을 요구하는 교사 중심의 전통적인 학습 관점은 학습자 중심의 학습으로 바뀌었다고 할 수 있다(박광노, 2005).

위의 논리에서 볼 때 언어를 학습하는 영어과 수업에서 학생의 발언이란 매우 중요한 관찰 대상이 될 수 있을 것이다. 학생 발언 분석에 관한 이론적 배경 및 필요성을 고찰해 본 후에 학생 발언 분석법의 활용방법을 알아보도록 하자.

가. 이론적 배경

수업 관찰에서 학생의 발언 분석이 필요한 이유는 다양하겠지만 여기서는 아래의 세 가지를 설명하고자 한다.

1) 교실의 요소

교실을 구성하는 주요 요소는 교사, 학생, 건물, 그리고 학습 자료이다. 교실에서는 교사가 학생들에게 질문을 하고, 새로운 개념을 설명하고, 학생들이 서로 이야기하고, 규칙을 어긴 학생들이 처벌을 받고, 어떤 학생들은 무시를 당하고 하는 등의 많은 일이 일어난다. 교실의 수업은 수업의 주체자인 교사와 학생이라는 변인에 따른 변화뿐만 아니라 수업의 장소나 배열, 교과서나 장비의 변인에 따라서도 달라질 수 있으므로 관찰자는 교실 수업 관찰시 무엇에 주의를 기울여야 하는지 그 초점을 잡아야 한다(최승현과 배은주, 2005). 이러한 교실을 구성하는 요소들 중에 가장 중요한 것 중 하나가 학생이며, 이 학생들의 발언 및 행동을 분석하는 것은 교실수업 향상을 가져올 수 있다.

2) 학생의 발언 및 행동에 대한 논의

학생들의 발언 및 행동은 학생들의 모국어 습득 단계와 그 발달 정도를 보여주는 지표이며, 교실 수업의 진행에 중요한 영향을 미치는 요소이기도 하다. 이와 같은 이유로 교실 수업에서의 학생들의 발언과 이 발언에 미치는 요소에 관한 연구가 계속해서 이루어지고 있다. Chaudron(1988)은 학습자의 발언에 대해서 다음과 같이 이야기하였다.

> "…앞서 말한 내용 또한 학습자의 행동에 관한 연구 목표를 지향하고 있다. 교사의 행동에 관한 연구에서, 제2언어 연구자는 다소 한정적으로 교사의 언어적이고 교육적인 발화를 연구하는 경향을 띠는 반면에, 학습자들에 관한 연구는 좀 더 넓은 시각으로 보고 있다. 학습자들의 언어적인 행동뿐 아니라 학습자들의 학습 전략과 다른 학습자들과의 사회적 상호작용 역시 연구의 목표가 된다. 교사의 발화의 경우에서처럼, 제2언어 학습자에 의해 교실상황에서 나타난 행동들을 연구하고, 제2언어 학습의 결과에 있어 어떠한 범위가 이러한 것들이 관련이 있는지도 연구한다.
>
> 또한, 교사들은 궁극적으로 효과적인 결과를 촉진시키기 위해 학습자들을 위한 학습 환경을 구성하는데 관계가 있기 때문에, 어떠한 연구에서는 어떠한 요인(예를 들면, 학급 내 집단구성이나 과제들)들이 최적의 학습 행동을 촉진시키는 지에 관한 질문들에 역점을 두어 다루고 있다. 이 연구 분야에서 더 주목할 만한 논제는 어떠한 학습자가 자신들의 학습을 주도적으로 하고 있는지를 보여주는 정도와 관계있다. 즉, 몇몇의 연구자들은 교실활동의 수행에 관한 교사의 정보나 세세한 설명의 수동적인 흡수보다는, 교실수업에서 학습자 자신의 주도, 생산성, 그리고 전략이 학습의 근원인지를 찾는데 큰 강조점을 둔다."(p. 7)

3) 발언 분석의 필요성

영어 교육에서 발언 분석의 필요성을 언급하기에 앞서, 학습자 발언의 역할 및 필요성에 대해 알아보고자 한다. 학습자가 학습활동을 맥락으로 수행하는 발언, 즉 수업에서 학습자가 학습과제나 교사의 발문에 반응하는 것을 학습자 발언라고 할 수 있다. 이러한 학습자의 발화는 학습자가 학습내용을 이해했는지의 여부와 현재 학습자의 언어체계의 발달 정도를 확인할 수 있는 척도로써의 역할을 한다.

교육이 이루어지는 동안 학습자는 학습자의 인지적 구조 안에서 학습한 내용을 내재화시킨다. 하지만 학습자가 학습한 내용을 내재화 과정을 통해 이해하였다는 것은 명시적으로 드러나지 않는 것이기 때문에 그 상태로는 학습의 이해여부를 확인하기 어렵다. 우리는 학습자의 이해의 표현이라고 할 수 있는 학습자의 발화를 통해 이를 확인할 수 있는데, 즉 학습자가 학습내용에 대해 이해를 했는지 또 올바른 개념이 형성이 형성되었는지를 확인 할 수 있으며, 동시에 이해한 내용을 적절하게 표현할 수 있는지의 여부를 확인할 수 있다. 그리고 이러한 표현 통해서와 발화에서 나타나는 오류를 통해서 현재 학습자의 언어 발달 단계를 파악할 수도 있다.

여기서 살펴보고자 하는 것은 학생의 발언을 분석하는 방법이다. 앞서 언급했듯이 학생의 발언은 수업에서 학습자가 학습과제나 교사의 발문에 반응하는 것으로, 학습자의 발언은 발언의 방법과 수업에의 참여도의 관찰을 통해 분석된다. 이러한 학습자의 발언분석을 통하여 우리는 수업의 효과성을 관찰하고 분석할 수 있으며, 분석결과를 통해 체계적이고 과학적인 피드백이 이루어질 수 있다. 또한 이 학생의 발언분석은 실제로 발화된 학생들의 발화관찰을 통해 이루어지는 것이므로 학습자가 학습한 것을 어떻게 표현하는지와 어떻게 응용하여 사용하는지를 파악할 수 있다. 더불어 분석도구를 통해 이끌어낸 결과로 학습자들이 수업에 얼마나 적극적으로 참여하고 있는지를 확인할 수 있고, 나아가 학생의 발언이 교실 상호작용에 어떠한 영향을 미치는지에 대한 연구도 가능하게 해 준다. 그리고 이렇게 누적된 관찰 자료들을 통해 학습자 개인별 발화 참여도를 확인 할 수 있으며, 이는 이후에 학생들의 수행평가로도 활용 가능하다. 따라서 교실에서 일어나는 교사와 학생 간 상호작용에서 학생의 발언을 연구하는 것은 유의미하다고 볼 수 있다.

나. 활용방법

학생 발언 분석은 수업 중에 학생의 발언 방법이나 수업에의 참여 정도를 관찰하여 분석하는 것으로, 관찰 분석의 방법은 다음과 같다.

1) 발언기록

학생 발언 분석을 위해서 발표참여도, 발언방법, 대답, 발언자, 발언개요의 범주로 나누어 분석하고자 한다. 그리고 모든 발언분석을 위한 수업관찰시간은 5분단위로 하여 표시한다.

가) 발표참여도

발표참여도란 발표를 한 학생과 발표를 시도한 학생의 수를 합한 것을 의미하는 것으로 이 발표참여도의 평정척은 1, 2, 3, 4, 5로 나누는데, 1은 발표에 참여한 학생 수가 전체의 1/5(20%)임을, 2는 2/5(40%)임을, 3은 3/5(60%)임을, 4는 4/5(80%)임을, 5는 5/5(100%)임을 의미한다.

나) 발언방법

관찰기록지의 '발언방법'란에 표시하는 것이다. 우선, 학생들의 발언 순서를 1, 2, 3, 4··· 번호로 나타낸다. 그리고 발언자가 발언한 방법을「거수지명/지명/자발」인지를 판단한 후, 각 발언이 영어/한국어(e/k)인지, 개인/그룹/전체(i/g/w)인지를 구분하여 해당 칸에 발언 순서대로 표시한다.

다) 대답

앞서 표시한 학생들의 발언이 옳은지 그른지를 판단하여 '대답'란에 표시하는 방법이다. 학생들의 발언이 정답일 경우 ○를, 오답일 경우 ×를, 애매한 답일 경우 ?를, 무슨 말인지 알아들을 수 없는 경우나 자신감 없이 중얼거리는 대답일 경우 ~로 구분하여 나타낸다.

라) 발언자와 발언 개요

발언자는 학생들의 좌석 배치를 확인하여 학생의 이름을 대신하여 앞서 발언방법에서 표기한 발언 순서대로 A, B, C··· 문자를 사용하여 표에 나타낸다. 발언 개요는 학생들의 발언이 무엇이었는지를 확인할 수 있을 정도로 적는다.

2) 학생 발언 분석표

<표 3-57>은 학생 발언을 관찰한 후에 기록하는 학생 발언 분석표이다. 표를 해석하는 방법은 다음과 같다.

〈표 3-57〉 학생 발언 분석표

수업 단계	시간 경과	발표참여도					발언방법(e/k, i/g/w)			대답		발 언 자	발언 개요
		① 20%	② 40%	③ 60%	④ 80%	⑤ 100%	거수 지명	지명	자발				
…	…	…	…	…	…	…	…	…	…	…		…	…
항 목 계				①				③		○ × ? ~	⑤	⑦	
항목 비율 계%				②				④		○ × ? ~	⑥	⑧	

가) 굵은 선으로 표시된 ①구역은 발표참여도를 나타내는 20, 40, 60, 80, 100%의 각 항의 ∨를 세어 그 총 수를 기록한 것이다.

나) 굵은 선으로 표시된 빗금 쳐진 ②구역은 ①의 각 항에 나타난 결과를 백분율로 변환시킨 것으로 ①에서 구한 총 합을 전체에 대한 비율로 나타낸 것이다.

다) 음영으로 표시된 ③구역은 각 발언방법별로 발언자의 수와 발언의 성질에 대해 기록한 것은 세부내용은 다음과 같다. 첫 번째 가로 줄은 각 발언방법으로 발언한 발언자 수를 기록한 것이고, 두 번째 줄은 그 발언이 영어인지 한국어인지를 기록한 것이고, 셋 째 줄은 그 발언이 개인이 한 것인지 집단(다수)별로 한 것인지 학급전체가 한 것인지를 확인하여 그 수를 헤아려 기록한 것이다. 하지만 이 표의 ③구역은 칸이 좁아 발언방법별 수치를 한눈에 파악하도록 나타내기 어렵다. 또한 이 표만으로는 해석상 어려움이 따를 것으로 예상되어, 다음에 나올 결과 분석에서 자세히 다루도록 하겠다.

라) 음영으로 표시된 빗금 쳐진 ④구역은 ③의 각 항에 나타난 결과를 백분율로 변환시켜 기록한 것이다. 같은 이유로 다음의 결과분석에서 자세히 다루도록 하겠다.

마) 굵은 점선으로 표시된 ⑤구역은 학생의 발언이 옳은지 그른지 애매한지 명확한지를 판단하여 항목별로 그 수를 표에 기록한 것이다. 즉, 학생의 발언이 옳은 경우의 전체 수를 헤아려 ○에 기록한다. 학생의 발언이 옳지 않을 경우의 전체 수를 세어 ×에 기록한다. 학생의 발언이 이말 저말 중복되거나 애매한 경우에는 그 수를 세어 ?에 기록한다. 학생의 발언이 무슨 말인지 잘 알아들을 수 없거나, 작은 소리로 말하거나, 중얼거리듯 발언을 하는

경우에는 그 수를 세어 ～에 기록한다.

바) 굵은 점선으로 표시된 빗금 쳐진 ⑥구역은 ⑤의 각 항에 나타난 결과를 백분율로 변환 시켜 기록한 것이다. 위 표의 ⑤, ⑥구역은 결과분석의 '발언결과 정·오답 비율'항에서 하나의 표로 나타내도록 하겠다.

사) 음영으로 표시된 ⑦구역은 개인(i)이 발언에 참여한 수를 헤아려 기록한 것이다.

아) 음영으로 표시된 빗금 쳐진 ⑧구역은 ⑦의 결과를 전체학생에 대한 백분율로 변환시켜 기록한 것이다.

3) 결과분석

학생의 발언분석 필터에 따라 결과를 분석할 때는 다음 사항을 계수하여 나타낸다.

가) 발언율

발언횟수에 상관없이 발언에 참여한 학생 수를 말하며 A라는 학생이 5번 발표를 했어도 1회로 간주한다.

$$\text{발언율} = \frac{\text{발언에 참여한 학생의 수}}{\text{전체 수업참여자 수}} \times 100$$

나) 발언횟수별 인원분석표

발언자를 기록한 것을 참고로 하여, 발언자 중에서 개인의 발언 횟수를 세어 표에 기록한다. 예를 들어, 총 30명의 학생으로 구성된 학급을 관찰하였다고 가정할 경우, 총 A라는 학생이 5번, B학생이 3번, C학생이 4번, D학생이 1번, E학생이 3번 발언을 하였다면, 1번 발언한 학생이 1명, 2번 발표한 학생은 없고, 3번 발언한 학생은 2명, 4번은 1명, 5번은 1명, 한 번도 개인으로 발언하지 않은 학생은 25명이다. 이를 표로 나타내면 아래와 같다.

〈표 3-58〉 발언횟수별 인원분석 기록표

발언횟수	0	1	2	3	4	5	6	7	…
인 원	25	1	0	2	1	1	0	0	…

다) 발표 참여도

발표 참여도는 발표참여도별 비율과 전체 발표 참여도로 구할 수 있다.

(1) 발표 참여도별 비율

예를 들어, 총 30명의 학생으로 구성된 학급을 관찰하여 발표참여도를 분석할 경우에, 교사의 질문이나 요구에 발표를 하려는 의사를 표시한 학생(손을 든다)이 20명 정도였고, 이 중 한 명이 발표하였다고 한다면, 이 경우의 발표참여도를 30명 중 20명으로 계산해야 하며, 30명 중 한명이라고 계산하지 말아야 한다. 즉, 발표참여도가 약 70%(20/30×100)가 된다.

발표 참여도별 비율을 구하는 공식

$$\frac{\text{발표를 하거나 발표를 시도한 학생의 수}}{\text{전체 학생 수}} \times 100$$

(2) 전체 발표 참여도

위의 '발표 참여도별 비율'은 각 발표참여도의 상대적인 관계를 계수화 하여 나타낸 것이다. 여기서는 전체 학생 수에 대한 발표에 참여한 학생의 비율을 말하는 '전체 발표 참여도'에 관해 알아볼 것이다. 이를 백분율로 나타내기 위해서는 아래와 같은 과정이 필요하다.

전체 발표 참여도 비율을 구하는 공식

$$\frac{\begin{array}{c}(20\%\times 20\%\text{발표참여도의 수})+(40\%\times 40\%\text{발표참여도의 수})+\\(60\%\times 60\%\text{발표참여도의 수})+(80\%\times 80\%\text{발표참여도의 수})+\\(100\%\times 100\%\text{발표참여도의 수})\end{array}}{100\times\text{총 발표 참여 수}} \times 100$$

예를 들어, 20%에 해당하는 발표참여도의 수가 5, 40%에 해당하는 발표 참여도의 수가 2, 60%에 해당하는 발표 참여도의 수가 4, 80%에 해당하는 발표 참여도의 수가 2, 100%에 해당하는 발표 참여도의 수가 1이라고 가정하자. 이 경우의 발표 참여도를 구해보면 다음과 같다. [(20×5)+(40×2)+(60×4)+(80×2)+(100×1)] / (100×14) ×100 ≒ 49% 즉, 전체 학생 수에 대한 발표 참여도는 약 49% 임을 알 수 있다.

라) 발언방법별 내용분석

학생 발언 분석표에서 음영으로 표시된 ③, ④구역에 해당하는 것으로, 아래 표는 앞서 말한 발언방법별 내용의 수와 비율을 하나의 표로 나타낸 것이다.

〈표 3-59〉 발언방법별 내용의 수

구 분		수	비 율
발언방법	거수지명	①	①′
	지 명	②	②′
	자 발	③	③′
언 어	e	④	④′
	k	⑤	⑤′
집 단	i	⑥	⑥′
	g	⑦	⑦′
	w	⑧	⑧′

(1) ①, ②, ③(①′, ②′, ③′)은 발언방법별 수와 비율을 기록하는 것으로, 학생들의 발언이 거수지명에 의한 것인지, 지명에 의한 것인지, 자발적으로 이루어진 것인지를 나타낸다. ①에는 발언방법의 구분 중에서 거수지명의 수를 헤아려 기록하고, ①′에는 ①의 비율을 나타낸다. ②에는 발언방법의 구분 중에서 지명의 수를, ②′에는 ②의 비율을 나타낸다. ③은 자발의 수를 헤아려 기록하고, ③'에는 그 비율을 나타낸다.

(2) ④, ⑤(④′, ⑤′)는 언어별 수와 비율을 나타내는 것으로, 학생들의 발언이 영어로 이루어졌는지, 한국어로 이루어 졌는지를 나타낸다. ④에는 그 발언이 영어로(English)된 경우의 수를 헤아려 기록하고, ④′에는 그 비율을 나타낸다. ⑤에는 모국어(Korean)로 발언한 경우의 수를 헤아려 표시하고, ⑤′에는 그 비율을 나타낸다.

(3) ⑥, ⑦, ⑧(⑥′, ⑦′, ⑧′)은 집단별 발언의 수와 비율을 나타내는 것으로, 학생들의 발언이 어떠한 형태로 나타났는지 즉, 개인 발언하였는지, 2명이상의 다수 혹은 집단별로 발언하였는지, 전체학생들이 발언하였는지를 나타낸다. ⑥에는 개인(Individual)이 발언을 한 경우의 수를 헤아려 기록하고, ⑥′에는 그 비율을 나타낸다. ⑦에는 집단(Group) 혹은 다수가 발언 한 경우의 수를 헤아려 기록하고, ⑦′에는 그 비율을 나타낸다. ⑧에는 전체 학생들(Whole class)이 발언한 경우의 수를 헤아려 기록하고, ⑧′에는 그 비율을 나타낸다.

비율을 나타낼 때는 아래의 식을 이용한다.

발언 방법별 비율

$$\frac{\text{각 발언방법별 횟수}}{\text{전체 발언 횟수}} \times 100$$

예를 들어, 전체 발언 수가 20회였고, 그 중 거수지명이 10회, 지명이 4회, 자발이 6회로 나타났다고 하자. 발언 중에 영어로 발화된 경우가 15번, 한국어로 발화된 경우가 5번 나타났고 그 발언 중 개인으로 발화된 것이 4번, 집단으로 발화된 것이 12번, 학생전체가 발화한 경우가 4번이라고 하자. 앞서 발언방법 기록에서 발언방법은 발언한 순서대로 1,2,3…번호로 표시하고, 언어는 영어일 경우 e, 한국어일 경우는 k로 나타낸다. 또 그 발언이 개인으로 발언된 경우 i, 집단으로 발언된 경우 g, 전체 발언의 경우는 w로 표시하기로 하였다. 이를 임의로 기호를 사용하여 표시하면 다음과 같다.

(예) 1kg, 2ei, 3ew, 4ei, 5ew, 6eg, 7ei, 8eg, 9kg, 10eg, 11ew, 12eg, 13eg, 14eg, 15kg, 16eg, 17ki, 18kw, 19eg, 20eg.

아래의 표는 (예)를 학생발언의 내용분석에 따라 기록한 것이다.

〈표 3-60〉 내용분석의 기록 예

구 분		수	비 율	
발언방법	거수지명	10	50%	10 / 20 * 100
	지 명	4	20%	4 / 20 * 100
	자 발	6	30%	6 / 20 * 100
언 어	e	15	75%	15 / 20 * 100
	k	5	25%	5 / 20 * 100
집 단	i	4	20%	4 / 20 * 100
	g	12	60%	12 / 20 * 100
	w	4	20%	4 / 20 * 100

마) 발언결과 정 · 오답 비율

학생들의 발언결과를 판단하여 기록하는 것으로 옳은 답(○), 그른 답(×), 애매한 답(?), 중얼거림(~)으로 구분하여 그 수를 헤아려 표의 '수'란에 기록한다. 또 아래의 식을 이용하여, 각 발언결과를 전체발언에 대한 백분율로 변환하여 표의 '비율'란에 기록한다.

발언결과 정 · 오답 비율 구하는 공식

$$\frac{\text{각 발언결과의 수}}{\text{전체 발언 수}} \times 100$$

예를 들어, 전체 20회의 발언 중에서 옳은 답이 8회, 그른 답이 5회, 애매한 답이 3회, 중얼거림이 4회 일 경우 다음 표와 같이 그 수를 기록할 수 있다. 또, 전체 발언에 대한 각 발언을 백분율로 변화하여 '비율'란에 기록한다.

〈표 3-61〉 발언결과 정 · 오답 수와 비율 기록표

구분	수	비 율	
○	8	40%	8 / 20×100
×	5	25%	5 / 20×100
?	3	15%	3 / 20×100
~	4	20%	4 / 20×100

4) 결과해석

마지막으로 발언내용의 분석을 통하여 종합적인 해석이 필요한데, 결과해석은 사전에 교재내용의 파악, 학생의 발달 수준, 학생과 학급의 집단분위기 등을 상세히 살펴보고 학습이론도 충분히 연마한 후 실시하는 것이 좋다. 그리고 다른 분석과 관련지어 해석해야 한다.

이상에서 살펴본 바와 같이 학생들의 발언을 분석하기 위해서는 학생발언 분석법을 이용할 수 있다. 학습자의 발언분석을 통해 수업의 효과성을 알아볼 수 있으며, 체계적이고 과학적인 피드백이 이루어질 수 있다. 학생의 발언은 학습 과제나 교사의 발문에 반응하는 것으로, 실제로 발화된 학생들의 발화 관찰을 통해 이루어진다. 학생발언 분석법은 학습자가 학습한 것을 어떻게 표현하는지와 어떻게 응용하여 사용하는지 등의 학생들의 발언 방법과 학습자들이 수업에 얼마나 적극적으로 참여하고 있는지의 수업에의 참여도를 파악할 있게 해 준다. 나아가 교실 상호작용에 어떠한 영향을 미치는지에 대한 연구도 가능하게 해 준다. 그리고 누적된 관찰 자료들을 통해 학습자 개인별 발화 참여도의 변화 정도를 확인 할 수 있다. 이러한 측면에서 학생의 발언을 분석하는 것은 영어 수업에서 학습자들의 활발한 발언을 이끌어내기 위한 유의미한 정보를 제공해 줄 수 있을 것이다.

3.1.13 학생 행동 분석법

본 장에서 알아보고자 하는 분석 방법은 수업 시간에 일어나는 학생의 행동을 어떻게 관찰할 것인가 하는 것이다. 영어과 수업은 학습자 주도적인 학습으로 이루어지는 것이 바람직하기 때문에 학생의 행동이 어떠한가는 수업의 성패에 중요한 영향을 미친다. 또한 학생 행동 분석을 양적 수업관찰방법으로 살펴보게 되면 학생이 얼마나 적극적으로 수업에 참여했는지를 객관적인 자료에 의해 살펴볼 수 있다. 지금부터 학생 행동 분석법의 이론적 배경과 활용방법을 설명하도록 하겠다.

가. 이론적 배경

교사가 하는 수업과 학생이 수업을 통해 학습을 하는 양상에 대해 대체로 3가지 정도의 양상을 상정해 볼 수 있다. 이에 대해 변영계(1999)는 다음과 같은 모형을 제시하고 있다.

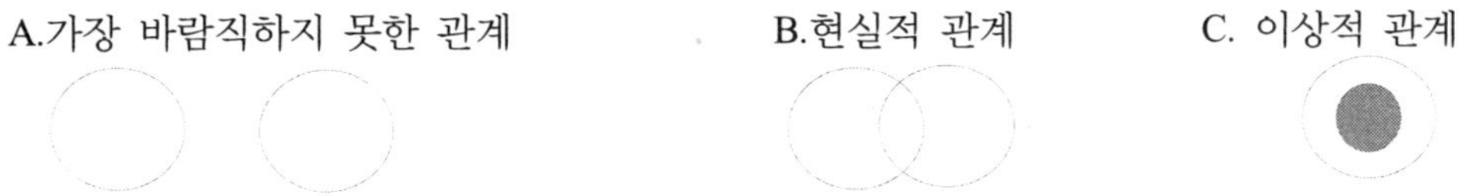

〈그림 3-6〉 학습과 수업의 관계

A: 수업자가 일정한 내용을 수업했지만 학습자는 전혀 그 내용을 학습하지 않은 경우.
B: 수업과 학습의 관계에서 가장 현실적으로 일어나는 유형
C: 수업자가 수업한 내용을 하나도 빠뜨리지 않고 학습자가 완전히 학습한 경우.

수업과 학습의 관계가 이상적인 형태가 아닌 현실적인 형태로 일어나는 원인에 대해서 변영계(1999)는 다음과 같이 제시하고 있다.

첫째, 학습이 반드시 수업의 결과로만 발생하지 않는다는 것이다. 정도의 차이는 있지만 학습은 수업이 없이도 환경과의 상호작용을 통해서 발생할 수 있다.

둘째, 수업과 학습이 이루어지기까지의 전 과정이 얼마나 충실했는가의 문제이다. 즉 교육과정부터 교수설계, 그리고 수업과 학습에 이르는 과정의 충실도에 따라 수업의 양상은 다르게 나타난다.

셋째, 수업과 학습상황에서 계획에 없는 돌발사태가 발생할 수도 있다는 점으로서, 이 때문에 수업이 의도했던 대로 이루어지지 않거나 수업 준비 시에 상정했던 학습자의 상태가 변화하거나 수업 상황이 돌발적으로 변화할 수도 있다.

이와 같이 수업의 양상은 크게 3가지 양상으로 나타날 수 있다.

좋은 수업은 대다수의 학생들이 수업에 적극적으로 참여할 때, 그리고 교사가 의도한 수업내용을 거의 이해할 때 이루어질 수 있다. 따라서 학생들이 그 수업에 어떻게 참여하고 있는지는 수업을 분석하는 중요한 판단기준이 되어야 한다. 여기서는 수업 관찰을 두 가지 측면 즉, 교사 측면 그리고 학생 측면의 관찰방법 중 학생행동을 중심으로 분석하는 방법을 논의하고자 한다.

나. 활용방법

학생행동의 분석방법에는 일화적 관찰, 학생들의 수업시간 사용분석, 학생응답분석, 언어흐름분석, 정량적 관찰도구로서 학생행동분석표에 의한 관찰법 등이 있

다. 각각의 분석틀은 나름대로 관찰 초점이 있으며, 그 중에서 일화적 관찰방법과 학생행동분석표에 의한 관찰방법은 상호보완적인 측면을 가지고 있고 다른 분석 방법에 비해 비교적 어렵지 않게 관찰할 수 있다는 장점이 있다.

1) 학생행동분석표에 의한 관찰방법

학생 행동에 의한 수업의 관찰 분석은 학생의 행동을 적극적 수업반응(A), 소극적 수업 반응(a), 도피적 수업 반응(b), 완전 도피적 수업 반응(B)으로 구분하여 관찰 분석하는 것이다. 관찰자는 학생들의 행위양식의 범주를 4개의 카테고리로 분류한 다음 시간 경과에 따라 학생들이 특정한 행동을 할 때마다 체크리스트에 표시한다. 그리고 이렇게 이루어진 체크리스트를 가지고 학생들의 학습참가도를 도출하게 된다.

가) 4가지 유형의 반응형태

학생행동분석에서 범주화하는 학생행동의 유형은 다음과 같다.

(1) 적극적 수업 반응(A)
학습에 관계있는 사람이나 사물에 깊은 관심을 나타내고 과업을 수행하거나 거수나 발언 등 수업 관련 행동 반응을 포함한다.

(2) 소극적 수업 반응(a)
가벼운 흥미나 관심을 표시하는 행동반응으로서 수업활동에 참여는 하고 있으나 소극적 수업반응을 보이는 것을 말한다.

(3) 도피적 수업 반응(b)
사고활동을 하지 않거나, 학습에 흥미가 없는 무관심(휴식)상태를 나타내는 행동 반응을 포함한다.

(4) 완전 도피적 수업 반응(B)
학습활동과 전혀 관계없는 행동을 하거나 학습과제 이외의 것에 흥미를 나타내는 것을 말한다.

나) 분석 방법

학생행동분석을 위해서는 먼저 대상 학생을 선정해야 한다. 선정 방법은 관찰 대상 학생을 상, 중, 하로 구분하여 실시하거나 학급 전체를 수준별로 구분하여 관찰할 수 있다. 관찰의 목적에 따라 관찰 대상 아동의 선정이 달라질 수 있다.

개별 학생을 추출하여 관찰할 때는 미리 관찰대상을 정하여 관찰표에 기입한 후 관찰한다. 행동개요는 관찰 순간의 행동 상태의 개략을 기록한다. 반응상태를 점선 위에 찍어 나타내면 관찰 대상 학생의 학습반응 프로파일로 표시할 수 있다.

다) 계수화 방법

학습 참가도는 전체관찰 횟수 중에서 적극적 수업반응과 소극적 수업반응의 합이 차지하는 비율이다. 단위는 %으로 나타낸다. 반응도의 공식은 다음과 같다.

학습 참가도를 구하는 공식

학습참가도= {(A+a)/관찰횟수} × 100
【 A: 적극적 수업반응 a: 소극적 수업반응 】

학습 참가도를 도출하기 위해서 <표 3-62>와 같이 학생행동분석표를 구안하여 활용할 수 있다(변영계, 김경현, 2005). 아래 표에서 학습 참가도는 전체관찰횟수가 20회인 경우를 가정하여 산출한 것이다.

〈표 3-62〉 학생행동분석표 (예시)

<table>
<tr><td rowspan="3">수업 단계</td><td rowspan="3">시간 경과</td><td colspan="5">㉮</td><td colspan="5">㉯</td><td colspan="5">㉰</td></tr>
<tr><td colspan="4">행동반응</td><td rowspan="2">행동 개요</td><td colspan="4">행동반응</td><td rowspan="2">행동 개요</td><td colspan="4">행동반응</td><td rowspan="2">행동 개요</td></tr>
<tr><td>A</td><td>a</td><td>b</td><td>B</td><td>A</td><td>a</td><td>b</td><td>B</td><td>A</td><td>a</td><td>b</td><td>B</td></tr>
<tr><td></td><td></td><td></td><td></td><td></td><td></td><td></td><td></td><td></td><td></td><td></td><td></td><td></td><td></td><td></td><td></td><td></td></tr>
<tr><td></td><td></td><td colspan="5">{(7+3)/20}
×100=50%
7: 적극적 수업반응
3: 소극적 수업반응
20: 전체 관찰 횟수</td><td colspan="5">{(7+8)/20}
×100=75%
7: 적극적 수업반응
8: 소극적 수업반응
20: 전체 관찰 횟수</td><td colspan="5">{10+7)/20}
×100=85%
10: 적극적 수업반응
7: 소극적 수업반응
20: 전체 관찰 횟수</td></tr>
</table>

학습 참가도를 도출하여 3가지 기준에서 학생들의 수업양상을 살펴볼 수 있다.

(1) 각 학생별 학습 참가도

<표 3-62>에서 ㉮, ㉯, ㉰ 학생 각각의 학습참가는 ㉮는 50%, ㉯는 75%, ㉰는 85%이다. 단순하게 살펴보면 ㉰학생의 학습참가도가 가장 높고, ㉮학생의 학습참가도가 가장 낮다.

(2) 학생 간 참가도 비교

<표 3-62>에서 보면 학생㉰가 85%의 학습 참가도를 보여 가장 적극적으로 수업에 참여하고 있음을 보여주고, 학생㉮의 학습참가도가 가장 저조하다.

㉮학생과 ㉰학생의 학습 참가도를 비교하면 ㉮ / ㉰ × 100 으로 계산하여 ㉮학생의 학습 참가도는 ㉰학생의 59%정도밖에 되지 않는다고 파악할 수 있다.

관찰 대상을 중위권 학생으로 정한다면 보통의 학생들이 어떻게 수업에 참여하고 있는지를 살펴봄으로써 수업의 역동성을 파악해낼 수 있다.

(3) 수업단계별/시간대별 관찰대상 학생 학습참가 추이도

개별학생을 두고 학습참가도 공식을 수업단계별로 그리고 시간대별로 적용할 수도 있다. 이 수치를 가지고 학생들이 수업단계별로 나타내는 수업반응 양상을 살펴볼 수 있다.

수업단계를 도입, 전개, 정리로 구분한다면 다음과 같이 세 단계의 학습 참가도를 도출할 수 있다.

도입단계 학습참가도 = {(A+a)/도입단계 관찰횟수}× 100
전개단계 학습참가도 = {(A+a)/전개단계 관찰횟수}× 100
정리단계 학습참가도 = {(A+a)/정리단계 관찰횟수}× 100

이와 같이 학습 참가도를 수업 단계별로, 시간대별로 살펴보게 되면 학생들의 수업참여양상을 세부적으로 살펴볼 수 있다. 그리고 수업자는 각 수업단계의 학습참여도를 보고 수업의 역동성을 보다 정밀하게 파악할 수 있다. 그러나 제시된 학생행동분석방법은 학생의 행동을 양적으로 기록하기 때문에 구체적인 행위 양상을 파악하기가 어렵다. 따라서 수업 중 한 학생의 수업 중 행동 양상을 구체적으로 살펴보기 위해서는 일화적 관찰방법을 적용할 수 있다.

2) 일화적 관찰방법

학생들에 대한 일화적 관찰은 그 학생에 대해서 많은 것을 말해 준다. 수업 시간에 보이는 한 학생의 행동을 계속해서 관찰하면 그 학생의 변화를 파악할 수 있다. 또, 국어 수업 시간의 행동과 사회 수업 시간의 행동을 비교함으로써 교과가 달라질 때 학생의 수업 태도에 어떤 반응이 나타나는지를 파악하고 그 원인을 규명할 수도 있다. 이를 통해서 학생의 수업태도나 생활 지도와 관련된 매우 중요한 정보를 얻을 수 있다.

가) 관찰 방법

5분에서 15분 단위로 계속해서 학생의 행동을 관찰하고 행동의 변화를 일화적인 형태로 기술한다. 이런 일화적 관찰은 교사가 수업 중에 관찰을 하기는 어렵기 때문에 다른 관찰자가 필요한 경우가 보통이다. 이 경우 관찰자는 관찰 대상 학생이 관찰 당하고 있는 사실을 개의치 않을 정도로 래포를 형성하는 것이 필요하다.

그 학생의 행동을 관찰할 때 다른 학생이나 혹은 교사의 수업 행위도 동시에 관찰하여 기록함으로써 수업의 맥락 속에서 학생의 행동을 이해할 수 있도록 한다. 그리고 관찰이 끝난 후에는 가능하면 학생과 인터뷰를 해서 그 내용도 기록하는 것이 좋다.

〈표 3-63〉학생 행동에 대한 일화 관찰 기록지

<table>
<tr><td colspan="3">0. 관찰 대상 학생 이름:
0. 관찰 날짜와 시간:
0. 관찰 목적: 특정한 학생의 태도나 활동을 조사하기 위함
0. 관찰 장소에 대한 일반적 묘사:</td></tr>
<tr><td>시 간
(5분~15분 간격)</td><td>관찰대상 학생의 행동</td><td>교사나 동료 학생의 행동</td></tr>
<tr><td></td><td></td><td>교사: 학생들에게 조용히 하라고 말함</td></tr>
<tr><td>8:30-8:35</td><td>동료와 이야기를 나눔</td><td>학생: 대부분의 학생이 떠들고 있음</td></tr>
<tr><td>8:35-8:45</td><td>문장을 영어로 번역-소리 냄</td><td>교사: 어제 내준 퀴즈 문제를 푸는 학생들 도와줌</td></tr>
<tr><td>8:45-8:50</td><td>책상에 머리를 숙이고 있음</td><td></td></tr>
<tr><td>8:50-9:00</td><td>동료와 이야기를 함</td><td>교사: 관찰 대상 학생에게 꾸중을 함</td></tr>
<tr><td>9:00-9:10</td><td>다른 사람이 문장을 읽는 것을 들음</td><td>학생: 문장을 번갈아가면서 읽음</td></tr>
<tr><td>9:10-9:20</td><td>머리를 숙이고 책을 읽는 시늉을 함</td><td>교사: 학생들에게 책을 소리 내지 않도록 지시함</td></tr>
<tr><td colspan="3">1.관찰 의견: 학생들이 보인 태도를 대략적으로 요약해서 적음.
2: 학생과의 인터뷰 기록: 관찰 내용과 관련하여 학생과 인터뷰한 내용을 기록함.</td></tr>
</table>

나) 활용

시간 간격에 크게 구애됨이 없이 학생 행동을 관찰하고 그것을 주위 상황과 비교해서 해석할 수 있기 때문에 문제 학생의 행동을 추적 조사하는데 유용하게 활용할 수 있다. 일화적인 기록은 구조화된 관찰 척도에 적게 의존한다는 점에서 학생들의 행동을 보다 자연스런 맥락에서 관찰하여 문제 행동과 그것을 유발한 원인을 탐색하고 그것에 대한 적절한 대응책을 세우는데 활용할 수 있다.

이상에서 수업 시간에 일어나는 학생의 행동을 관찰하고 분석하는 학생 행동 분석법에 관하여 알아보았다. 학생의 행동이 어떠한가는 수업의 성공에 중요한 영향을 미치는 요소로서, 학생 행동을 양적 수업 관찰 방법으로 분석해보면 학생이 얼마나 적극적으로 수업에 참여했는지를 객관적인 자료에 의해 살펴볼 수 있다. 이 분석법을 통해 관찰 대상 학습자가 수업시간에 얼마나 학습에 집중하는지, 또한 집중할 때에 얼마나 적극적으로 참여하는지, 아니면 집중하되 소극적인 참여만 보이는지를 알 수 있다. 더불어 일화적 관찰 방법을 함께 활용한다면 학생 행동분석 계수표에서는 밝힐 수 없는 이면적인 부분까지 학생의 행동 양상을 관찰할 수 있다. 이 학생행동 분석법을 통하여 교사는 수업 시간에 보다 능동적이고 자발적으로 참여하는 학습자들을 길러낼 수 있을 것이다.

3.1.14 학습 자료 활용 분석법

수업 시간에 사용되는 모든 자료들은 다 학습 자료라고 할 수 있다. 이러한 자료를 활용하는 목적은 학습 활동을 보다 더 촉진시키기 위한 것이고 이를 통한 자료 활용 분석의 목적은 수업 시간의 자료 활용 분석을 통하여 수업 개선에 필요한 자료들을 추출하고, 이를 바탕으로 보다 효과적인 수업을 위한 개선 자료로 활용하는 것이다. 학습 자료 활용 분석은 수업 중에 사용된 자료를 누가(교사 또는 학생) 사용하는가, 수업 중에 사용된 자료의 내용은 무엇인가, 그 자료를 왜 사용하는가, 또 어떻게 사용하는가와 그에 관련된 활동 내용 및 반응에 관하여 관찰하고 분석하는 것이다. 학습 자료 활용 분석법에 관하여 알아보자.

가. 이론적 배경

수업 관찰 분석을 하기 위한 학습 자료는 수업 시간에 사용하는 모든 자료들, 즉 교과서와 노트, 보충교재, 학습카드, 지도, 시청각교재, 사본자료, 안내서, 설문지 및 학교시설, 평가 등을 모두 포함시킨다(주삼환 외 4인, 1998). 최근의 교수-학습 자료는 단순한 한 가지 유형의 자료 형태에서 탈피하여 복합적인 형태를 갖추고 있다. 즉 소리 자료로 구성한 것이 아닌 소리와 그림을 동시에 활용하여 제작한다든지, 혹은 텍스트만이 아닌 텍스트와 그림을 같이 제공하는 형태의 복합적인 유형이 교수-학습 자료를 구성하고 있다. 또 하나의 새로운 경향은 종이, 테이프 등의 아날로그 형태에서 컴퓨터에서 편집과 저장이 가능한 디지털 형태로 갖추어가고 있다(백영균, 정재엽, 윤성철, 2006).

이와 같이 수업 중에 활용된 다양한 학습 자료들을 관찰 분석하는 학습 자료 활용 분석은 자료 사용의 목적을 교사와 학생의 입장에서 분석하고 자료의 내용과 사용횟수, 사용목적, 취급 방법 등을 관찰하여 분석하는 것이다. 수업 중에 사용된 자료를 누가(교사 또는 학생) 사용하는가, 수업 중에 사용된 자료의 내용은 무엇인가, 그 자료를 왜 사용하는가, 또 어떻게 사용하는가와 그에 관련된 활동 내용 및 반응에 관하여 관찰하고 분석한다.

그렇다면 학습 자료 활용 분석의 목적은 무엇일까?

수업 시간에 다양한 교구들을 사용하는 목적은 학생들의 학습활동을 보다 더 촉진시키기 위한 것이므로 수업 교구 분석은 수업 중에 사용된 교구가 적절하였는지를 파악하는 것이다(주삼환 외 4인, 1999).

또한 다양한 학습 자료 활용의 목적은 학습자들로 하여금 관심과 흥미 그리고 보다 활발한 동기 유발을 시키기 위함이며, 교사 또한 인적 자료로서 늘 연구하는 자세로서 수업의 능률을 도모할 수 있는 노력을 비롯하여 자신의 모습에서도 새롭고 다양한 변신이 요구되어야 하는 것은 물론이다(이경숙, 2000).

그렇다면 영어 지도에 있어서 학습 자료 활용 분석은 어떻게 할 것인가 생각해 보고자 한다. 김정렬(2000)은 학습자들이 활용할 자료는 어디까지나 학습의 질을 높이기 위한 보조 자료이지, 학습 그 자체의 목적은 아니라고 주장하면서 영어과 교수 · 학습 활동에서 ICT를 잘 활용하기 위해서는 학습과 관련된 모든 것을 재구성해야 하며 이는 학습을 위한 모든 활동을 철저히 따져보고 재구성하는 일로부터 출발해야 하며 교과서와 교실이라는 매개수단, 암기, 반복이라는 학습 방법에서 과감히 탈피할 것이 요구된다고 하였다. 또한 ICT를 활용하여 표현하고자 하는 것이 학습에 연결되고, 자신의 창의성을 높이는 데에 효과적으로 활용되어야 하며 교사는 이런 모든 자료들을 잘 활용하기 위해서는 연수활동에 적극 참여하고, 학습에 적용할 때에는 어떤 점들을 유의해야 하며, ICT 자료 활용을 통한 자기 주도적 학습의 효과를 배가시키기 위한 교수·학습 방법들을 꾸준히 연구해야 한다고 하였다.

영어를 가르치는데 다양한 자료들을 잘 활용하기 위해서는 위에서 살펴본 바와 같이 학습과 관련된 모든 것을 철저히 재구성하여야 하고, 그런 상황에서 자료들을 활용하여야만 학습의 효과를 높일 수 있는 것이다. 따라서 영어를 가르치는데 있어서 학습 자료 활용 분석의 가장 궁극적인 목적은 영어 수업 시간의 자료 활용 분석을 통하여 수업 개선에 필요한 자료들을 추출하고, 이를 바탕으로 보다 효과적인 수업 개선을 위한 자료로 활용하는 것이라고 할 수 있다.

나. 활용방법

변영계와 김경현(2005)은 학습 자료 활용 분석을 하기 위하여 다음에 제시된 표를 사용하였으며, 다음과 같은 분석 방법을 제시하였다.

첫째, 동기는 누구(교사 혹은 학생)의 필요에 의해 학습 자료가 제시되었는가를 관찰 분석한다.

둘째, 학습 자료의 내용은 도표, 인쇄물, 사진, 파일, 슬라이드, 영화, 동영상 등으로 구분하여 관찰 분석한다.

셋째, 활동 내용 및 반응은 교사와 학생의 활동 내용을 적고 학생들의 반응 상태를 기록한다.

넷째, 자료의 규격, 글씨, 내용, 학생의 반응 등을 다각적으로 분석하여 다른 분석 필터와 유기적인 관련을 갖고 해석하여야 한다.

〈표 3-64〉 변영계, 김경현(2005)이 제시한 학습 자료 활용 분석표

수업단계	시간경과	동기		자료의 내용	사용 목적				취급 방법				활동 내용 및 반응
		교사	아동	내용	문제제시	흥미	이해	문제해결	지식	의문	설명	해석	
도입	2:00 2:17	√		그림 카드	√						√		그림에 대한 설명
	3:12	√		숫자 카드				√	√				숫자 맞추기

본 연구에서는 변영계와 김경현(2005)의 학습 자료 활용 분석표를 모델로 설정하였고, 그것을 바탕으로 영어 지도에서 학습 자료 활용 분석에 필요한 사항들을 변형 보충하여 <표 3-65>에 제시된 분석표로 재구성하였다. 이것은 단순히 자료의 분석에 그치는 것이 아니라 자료를 활용하는 것의 분석에 초점을 맞추고 있다.

〈표 3-65〉 재구성한 학습 자료 활용 분석표

수업단계	시간경과	사용자		자료의 내용	제작자	사용 목적				취급 방법					활동 내용 및 반응 (i/g/w)
		교사	아동	내용 (k/e)		문제제시	흥미	이해	문제해결	지시	의문 (질문)	대답 (반응)	설명 (해석)	제시	
도입	2:18 2:25	√		날씨 그림 카드	에듀엠	√					√				날씨에 관한 질문 (w)
	2:50 3:05	√		요일 카드 (e)	교사	√					√				요일에 관한 질문 (w)
	4:36 4:50	√		달력 융판 (e)	에듀엠	√					√				날짜에 대한 질문 (w)
	5:36 6:12	√		CD ROM (e)	교육부			√						√	아동에게 들려주기 (w)

1) 기록방법

수업 분석표 순서대로 기록하는 법을 살펴보면 다음과 같다.

수업단계는 전체 수업의 진행 단위를 의미하며, 간단히 도입, 전개, 정리 혹은 과제 전, 과제, 과제 후 등으로 표시한다.

시간 경과는 수업 진행 중 자료 사용의 시작 시각과 끝 시각을 분:초 단위(숫자)로 나타낸다.

자료의 사용자는 누가 주체가 되어서 자료를 사용하는가를 살피고 자료 사용의 주체가 된 사용자 칸에 √표시로 나타낸다.

자료의 내용은 사용된 자료의 내용별로 해당 칸에 그 내용을 기록하고 영어가 사용되었으면 (e), 한국어가 사용되었으면 (k)를 자료의 내용 밑에 기록한다. 언어가 포함되지 않는 비언어 학습 자료에는 e/k를 표시하지 않는다.

제작자는 누가 자료를 만들었는가를 알아보고 기록한다. 상업적으로 만들어진 자료는 회사 이름을, 교사가 만들었을 경우에는 교사, 교육인적자원부에서 제공되는 것은 교육부 등으로 기록한다.

사용 목적을 기록할 때는 우선 자료가 어떤 목적으로 사용되었는가를 수업 흐름에서 살펴보아야 한다. 자료가 문제 제시로써 사용되었을 때는 문제 제시에, 제시된 문제를 해결하기 위해 사용되었을 때는 문제 해결에, 흥미를 유발하기 위해 사용되었을 때는 흥미에, 학습 이해를 목적으로 사용되어질 때는 이해에 √ 표시를 한다.

취급 방법에서는 자료가 어떻게 사용되어졌는가를 살펴보고 각 문항의 해당되는 곳에 √표시를 한다. 교사가 어떠한 것을 찾으라는 등의 지시를 위해서 자료가 사용되어졌을 때 지시 칸에, 질문을 위해서 사용할 때는 의문(질문) 칸에, 그에 대한 대답이나 반응으로 사용될 때는 대답(반응) 칸에, 설명이나 해석을 위해 자료가 사용될 때는 설명(해석) 란에, CD-ROM을 잘 들어 보라는 등의 제시에 사용될 때는 제시 칸에 √표시를 한다.

활동 내용 및 반응은 교사와 학생의 수업 활동 내용을 적고 학생들의 반응 상태를 기록하며 개인, 그룹, 단체(i: individual, g: group, w: whole class)의 활동인가를 기록한다. 그 활동 내용이 전체에 해당되는 경우에는 (w), 그룹에 해당되는 경우는 (g), 개인적으로 이루어지는 활동일 경우에는 (i)를 활동 내용 및 반응을 기록한 것에 덧붙인다.

2) 분석 방법

위와 같이 기록한 관찰 내용을 토대로 다음의 9가지 항목에 관해 분석할 수 있다.

가) 수업 단계별 자료의 사용 정도

도입, 전개, 정리 등의 수업단계와 수업 시간 중 사용 시작 시간과 사용 종료시간을 기록하여 살펴본다. 이는 어느 단계에서 자료를 가장 많이 사용하였고 그것이 적절한가를 살펴보기 위한 것으로써, 단계별 사용 횟수를 더한 다음, 전체 자료 사용 횟수로 나눈 후, 백분율(%)을 구하여 분석한다.

$$\text{단계별 자료 사용율} = \frac{\text{각 단계별 사용 횟수}}{\text{전체 자료 사용 횟수의 총합}} \times 100$$

나) 자료의 교사/학생 점유율

누구(교사 혹은 학생)의 필요에 의해 학습 자료가 제시되었는가를 관찰 체크한다. 교사나 학생의 자료 사용 정도를 통해 학습 형태나 상황에 의한 자료의 사용 주체 정도를 가늠함으로써, 좀 더 나은 수업 개선의 방향을 찾아보려는데 그 목적이 있다. 교사/학생의 자료 사용 횟수를 더한 다음 전체 횟수로 나눈 후 백분율을 구하여 점유율을 파악한다.

$$\text{사용자별 자료 점유율} = \frac{\text{교사/학생별 자료 사용 횟수}}{\text{교사/학생의 자료 사용 횟수의 총합}} \times 100$$

다) 자료의 내용별 사용 정도

학습 자료의 내용은 도표, 인쇄물, 사진, 파일, 슬라이드, 영화, 동영상 등으로 구분하여 관찰 분석하며, 그 내용별 사용 정도가 학습 목표 도달에 효과적인가를 살펴본다. 자료의 내용별로 사용 횟수를 더한 후, 전체 자료 사용 횟수로 나눈 후, 백분율을 구한다.

$$\text{자료의 내용별 사용율} = \frac{\text{각 내용별 자료 사용 횟수}}{\text{내용별 자료 사용 횟수의 총합}} \times 100$$

라) 언어 자료/비언어 자료별 사용 정도

사용되는 자료를 분석함에 있어 언어가 사용되는가, 사용되어지지 않는가를 구분하기 위하여 언어가 사용되는 것은 언어 자료로 구분한 후 영어(e), 한국어(k)의 사용된 언어를 분석하여 기록하며, 언어가 전혀 사용되지 않는 자료는 비언어 자료로 구분한 후, 내용별로 분석한다.

$$\text{언어 자료/비언어 자료별 사용율} = \frac{\text{언어 자료/비언어 자료별 사용 횟수}}{\text{자료별 사용 횟수의 총합}} \times 100$$

마) 각 언어별 사용 정도

언어 자료에 사용되는 언어가 한국어 또는 영어(k: Korean, e: English)로 이루어졌는지 기록한다. 이는 영어 학습 자료 중 언어 자료에 사용되는 언어가 무엇인가를 살펴보고, 그 사용 정도의 적절성을 살펴봄으로써, 자료 언어의 사용 정도에서 좀 더 나은 수업의 개선 방향을 찾고 수업의 효과를 높이고자 하는데 그 목적이 있다. 분석 방법은 각 언어별 자료 사용 횟수를 더한 후, 언어별 자료 사용 횟수의 총합으로 나누고 백분율을 구한다.

$$\text{각 언어별 사용율} = \frac{\text{각 언어별 자료 사용 횟수}}{\text{언어별 자료 사용 횟수의 총합}} \times 100$$

바) 제작자별 사용 정도

자료가 누구에 의해 제작되었는가를 기록한다. 수업에 사용되는 자료가 누구에 의해 제작되었는가를 관찰하고 그 사용 정도를 살펴봄으로써, 그것이 수업에 효과적인가를 살펴본다. 예를 들면 숫자카드를 사용할 때, 시간을 절약하기 위해 교육부에서 제공되는 교재의 카드를 사용하는 것이 좋은지, 아동들이 직접 숫자 카드를 영어로 세어가면서 만들어 사용하는 것이 효과적인지를 관찰하고 분석하여 수업의 효과를 높이기 위해 자료 제작의 주체가 누가 적절한가를 판단하는데 그 목적이 있다. 자료의 제작자별 횟수를 더하고 전체 자료의 제작자 수를 나눈 후 백분율을 구하여 분석한다.

$$제작자별\ 사용율 = \frac{각\ 사용\ 자료의\ 제작자별\ 횟수}{제작자별\ 자료\ 사용\ 횟수의\ 총합} \times 100$$

사) 사용 목적별 비율

자료의 사용 목적을 문제 제시, 흥미, 이해, 문제 해결로 나누어 어느 곳에 해당하는 가를 체크한다. 수업 시간에 그 자료가 어디에 목적을 두고 사용되었는가를 살펴보고 그 사용 정도를 살펴봄으로써, 자료의 사용 목적에 대한 적절성과 사용 비율을 분석하여 수업의 효과를 높이는 개선 방향의 자료로 사용한다. 목적별 횟수를 더하고 전체 목적별 자료 사용 횟수로 나눈 후 백분율을 구하여 분석한다.

$$사용\ 목적별\ 비율 = \frac{각\ 사용\ 목적별\ 자료\ 사용\ 횟수}{목적별\ 자료\ 사용\ 횟수의\ 총합} \times 100$$

아) 취급 방법별 비율

자료를 취급하는 방법으로 지시, 의문(질문), 대답(반응), 설명(해석), 제시로 구분하여 관찰하여 체크한다. 이 기록을 통해 방법별 비율을 분석하여 가감할 취급 방법을 찾아 수업의 효과를 높이는데 그 목적이 있다. 방법별 사용 횟수를 더하고 전체 취급 방법 사용 횟수로 나눈 후 백분율을 구하여 분석한다.

$$취급\ 방법별\ 비율 = \frac{각\ 취급별\ 자료\ 사용\ 횟수}{취급별\ 자료\ 사용\ 횟수의\ 총합} \times 100$$

자) 집단별 사용 정도

활동 내용 및 반응은 교사와 학생의 활동 내용을 적고 학생들의 반응 상태를 기록하며 개인, 그룹, 단체(i: individual, g: group, w: whole class)의 활동인가를 기록한다. 내용에 따라 집단별로 어느 정도 사용되었는가를 살펴봄으로써, 집단별 사용 정도가 적절한가를 관찰하고 개선되어야 할 활동 상황 등을 파악한다. 분석 방법은 활동 내용 및 반응 중 집단별(개인/그룹/단체) 자료 사용 횟수를 더하고 모든 자료 집단별 사용 횟수를 나눈 후 백분율을 구하여 분석한다.

$$\text{집단별 사용율} = \frac{\text{각 집단별 자료 사용 횟수}}{\text{집단별 자료 사용 횟수의 총합}} \times 100$$

<표 3-66>은 학습 자료 활용 분석에 관한 측정 항목과 계산식을 정리한 것이다.

〈표 3-66〉 학습 자료 활용 분석 측정표

Type of ratio	Calculation
수업 단계별 자료의 사용 정도	$\frac{\text{각 단계별 사용 횟수}}{\text{전체 자료 사용 횟수의 총합}} \times 100$
자료의 교사/학생 점유율	$\frac{\text{교사/학생별 자료 사용 횟수}}{\text{교사/학생의 자료 사용 횟수의 총합}} \times 100$
자료의 내용별 사용 정도	$\frac{\text{각 내용별 자료 사용 횟수}}{\text{내용별 자료 사용 횟수의 총합}} \times 100$
언어 자료/비언어 자료별 사용 정도	$\frac{\text{언어 자료/비언어 자료별 사용 횟수}}{\text{자료별 사용 횟수의 총합}} \times 100$
각 언어별 사용 정도	$\frac{\text{각 언어별 자료 사용 횟수}}{\text{언어별 자료 사용 횟수의 총합}} \times 100$
제작자별 사용 정도	$\frac{\text{각 사용 자료의 제작자별 횟수}}{\text{제작자별 자료 사용 횟수의 총합}} \times 100$
사용 목적별 비율	$\frac{\text{각 사용 목적별 자료 사용 횟수}}{\text{목적별 자료 사용 횟수의 총합}} \times 100$
취급 방법별 비율	$\frac{\text{각 취급별 자료 사용 횟수}}{\text{취급별 자료 사용 횟수의 총합}} \times 100$
집단별 사용 정도	$\frac{\text{각 집단별 자료 사용 횟수}}{\text{집단별 자료 사용 횟수의 총합}} \times 100$

지금까지 영어 수업을 관찰할 때 학습 자료를 어떻게 활용하는지에 관한 학습 자료 활용 분석법을 알아보았다. 수업 시간에 사용되는 모든 자료들은 다 학습 자료라고 할 수 있으며 이러한 자료를 활용하는 목적은 학습 활동을 보다 더 촉진시키기 위한 것이다. 학습 자료 활용분석법의 목적은 수업 시간의 자료 활용 분석을 통하여 수업 개선에 필요한 자료들을 추출하고, 이를 바탕으로 보다 효과적인 수업 개선을 위한 것이다. 학습 자료 활용 분석은 수업 중에 사용된 자료를 누가 사용하는가, 수업 중에 사용된 자료의 내용은 무엇인가, 그 자료를 왜 사용하는가, 또 어떻게 사용하는가와 그에 관련된 활동 내용 및 반응에 관하여 관찰하고 분석한다.

영어수업을 비롯한 모든 수업의 효과를 높이기 위해서는 학습과 관련된 모든 것을 철저히 재구성하여야 하고, 그런 상황에서 자료들을 잘 활용하여 학습의 효과를 높여야 한다. 특히 영어 수업에서는 학습자들의 흥미와 동기를 유발하는 자료를 찾아야 하고 의사소통 능력 향상을 위한 자료를 적절히 사용해야 하며, 가능하면 학습자들이 많이 활용할 자료를 추출해야 한다. 또 수업의 효과를 극대화하기 위해서는 ICT 등을 이용한 다양한 자료의 추출과 활용이 필요하다. 학습 자료 활용 분석법은 학습 자료의 내용, 사용자, 사용 목적, 방법, 시간의 적절성, 활동 내용 등 학습 자료의 유기적인 해석을 바탕으로 최적화한 수업 개선의 방향을 찾는데 도움이 될 것이다.

3.1.15 멀티미디어 매체 사용 분석법

미래의 고도 정보사회는 멀티미디어와 초고속 정보 통신망과의 결합이 우리 사회의 전반적인 발전을 주도하게 될 것이며 교육 분야에 있어서도 멀티미디어의 활용은 학습자들의 다양한 상호 작용을 가능하게 할 것이다. 과거로부터 계속되어 온 하드웨어의 발전과 더불어 멀티미디어의 사용은 다양한 교수 · 학습 방법을 가능하게 하였으며 교실 수업에서도 새로운 기술의 발전에 힘입어 과거와는 다른 교수법 및 교육 내용의 전달에 있어서 멀티미디어가 차지하는 비중은 매우 크다고 할 수 있다.

초고속 정보통신망의 구축 및 다양한 소프트웨어와 멀티미디어 기자재의 발전으로 인해 다양한 학습 자료의 제작 및 활용이 가능해지고 구체적으로는 그림이나 컴퓨터, 그래픽, 음악, 특수음향, 소리, 사진, 영상 등 다양한 전달 매체를 학습

내용의 표현과 전달에 적절하게 사용함으로써 기존의 칠판과 교사의 개인 역량에만 의존하던 전통적인 학습방법보다는 내용 전달과 학생들의 흥미 유발 등의 교육 효과 측면에서 우수한 결과를 가져오게 되었다.

이러한 상황에서 수업 중 활용되는 다양한 멀티미디어의 종류를 구체적으로 확인해 보고 그에 따른 수업 분석을 통해 수업의 질적 우수성을 확보하고 멀티미디어의 효율적 활용 방안을 모색하는 일은 매우 중요한 일이라고 할 수 있을 것이다. 또한 이러한 수업 분석 기법의 활용을 통해 교사들은 다양한 멀티미디어 요소의 특성에 따라 학급 및 학생 실정에 맞는 멀티미디어 기반 수업을 실시할 수 있게 될 것이다.

가. 이론적 배경

멀티미디어 매체 사용 분석법에 대해 알아보기 전에 먼저 멀티미디어 활용과 관련된 교수·학습 이론을 알아보고, 학습 매체로서 멀티미디어가 왜 필요한지 알아보고자 한다. 또한 교수 매체를 분류하는 것과 수업 사태에 따라서 어떤 요소들을 관찰해야 할지 생각해본 후에 활용방법으로 들어가도록 하겠다.

1) 멀티미디어 교수·학습 이론

멀티미디어를 활용하여 외국어를 교수하려는 시도는 1980년 후반부터 시작되었다고 볼 수 있다. 멀티미디어를 활용한 언어 학습과 연관되는 대표적인 학습 이론으로는 프로그램 학습이론, 구성요소 제시이론, 상호 작용적 발견 학습 이론, 입력 가설, 참여이론 등을 들 수 있다.

멀티미디어 영어 교육 이론은 기존의 언어 습득 이론이나 모델에 뿌리를 두고 있으므로 이것들과 분리하여 설명할 수는 없다. 기존의 언어 습득 이론은 인지주의 이론에 기저를 두고 행동주의 이론에 대립하여 그 위상을 과시했을 뿐만 아니라 현장 연구를 통하여 입증된 사항들이 많다. 이러한 언어 습득이론은 멀티미디어 매체를 도입하게 되어 한층 과학적인 방법으로 실험이 가능해 졌고, 이 때문에 교수방법도 매우 다양하게 개발되었다고 볼 수 있다. 영어 교육에 있어 멀티미디어 매체의 도입 역시 튼튼한 이론에 바탕을 두고 행해졌을 때에 효과를 기대할 수 있는 것이므로 이론적 배경을 살펴보는 것이 멀티미디어 영어 교육 연구에 대한 선행 조건이 된다고 본다.

가) 프로그램 학습 이론

프로그램 학습이론은 행동주의적 학습 이론으로서 영어 학습자에게 새로운 언어 자료를 투입하고 그에 대한 기계적인 연습과 훈련을 통하여 새로운 언어적 습관을 형성시킬 수 있다는 이론에 근거한다. 프로그램 학습이론은 형태, 어휘, 통사 부분과 같이 언어의 구체적이고 형식적인 분야를 각각의 단계로 나누어 제시했으므로 학생들은 자기 수준에 맞는 학습 속도를 결정할 수 있다.

나) 구성요소 제시 이론

Merrill(1994)이 개발한 구성요소 제시 이론은 CAI와 교수 설계에 적용되는 이론으로 효과적인 교수·학습이 이루어지기 위해서는 교육 목표와 수업, 평가간의 일관성이 있어야 하며, 각 내용 요소들의 특성이 적절하게 제시되어야 한다고 했다. Merrill은 학습 내용을 개념, 절차, 원리로 분류하고 학습자들이 도달해야 할 수행 수준을 사례나 원리를 기억, 발견, 활용의 세 가지로 분류하였다. Merrill의 내용 요소 제시 이론은 1990년대 개인교수형 프로그램, 탐험형 프로그램, 시뮬레이션 프로그램 등의 프로그램 개발에 많은 영향을 미쳤다.

다) 상호 작용적 발견 학습

상호 작용적 발견학습은 컴퓨터의 상호 작용적 기능을 살리고 통제적 발견학습을 통하여 언어 개념과 의미, 사용 규칙 등을 습득하고 생성하는 과정을 스스로 체험하면서 학습할 수 있다는 데 근거를 둔다. 상호 작용적 발견학습은 인지적인 측면에서의 문제 해결력과 자료 및 정보의 수집, 분류와 변형 등의 학습 능력과 정의적인 측면에서의 영어 개념과 원리 및 사용 규칙 등을 습득해 가는 탐구적 자세와 관계를 인식하는 태도를 길러줄 수 있다(김정렬, 1999).

라) 입력가설 이론

1970년대 Krashen(1989)의 제2언어 습득이론은 컴퓨터의 보급이 본격화되면서 컴퓨터를 언어학습에 활용하고자 하는 시도가 본격화 되었다는 점에서 주요한 이론적 근거를 제시해 주었다. Krashen의 입력 가설에 따르면 학습자의 학습을 최대로 효율적으로 만들기 위해서는 제공되는 학습물의 수준이 학습자의 현재 수준(i)보다도 한 단계 높은 수준(i+1)이어야 한다는 주장을 한다. 컴퓨터 언어 학습은 언어 학습을 한 단계로 제공하지 않고, 점진적으로 제시하여 학습자가 학습 경로를 따라 가면서 학습할 수 있도록 되어 있다. 컴퓨터 학습 프로그램에서는 학습자들의 학습 수준을 고려하여 쉬운 문제부터 어려운 문제로 단계별로 학습내용을 구성시킬 수 있기 때문에 학습자는 현재의 수준보다도 약간 높은 수준(i+1)이 가능하게 되고 학습의 효과를 높일 수 있다. 정의적 여과 가설(Affective Filter Hypothesis)도 역시 적절하다. 컴퓨터 학습 프로그램 내에서 학습자는 타인의 감시 눈길에서 보호를 받기 때문에 실수나 잘못된 학습에 대하여 심리적인 불안감을 가질 필요가 없다. 따라서 학습자는 자신이 어렵다고 생각하는 문제는 몇 번이고 반복할 수 있는 학습 환경 덕분에 학습을 효율적으로 할 수 있다.

마) 참여이론

참여이론은 인터넷 학습 원리를 규명하기 위해 Kearseley와 Shneiderman(1999)에 의해 고안된 학습이론이다. 이들에 의하면, 구성주의 학습 원리에 근거를 두고 있는 참여이론은 상황학습, 체험 학습, 협동과 팀 학습이론을 토대로 형성된 새로운 학습 이론이라고 볼 수 있다. 참여이론의 핵심은 학습자는 유의한 과업에 적극적으로 참여함으로써 효과적인 학습이 일어날 수 있다는 주장에 뿌리를 두고 있다. 이것은 학습자가 스스로 디자인하고, 계획하고, 문제를 해결하고, 평가하고, 결정을 하고 토론에 참여를 하면서 배운다는 것을 의미한다.

인터넷을 활용하여 학습자의 참여를 높이고, 학습자간에 또는 학습자와 교사간에 상호작용을 높일 수 있으며, 실제적인 상황에서 협동하여 문제를 해결해 내는 학습을 가능하게 해줌으로써 학습의 효율성을 높일 수 있다.

2) 학습 매체로서의 멀티미디어 필요성

매체란 라틴어의 'medius'에서 유래된 말로, 정보의 원천과 수신자 사이에서 정보를 전달하는 수단이나 방식을 일컫는다. 따라서 교육매체란 교수・학습 과정에서 송신자인 교사와 수신자인 학습자 사이에 정보를 전달하여 상호간의 의사소통을 가능하게 하는 수단과 방법을 말한다. 전통적으로 교육매체는 교재나 자료 등의 구체적인 교육과정의 매개체, 즉 하드웨어를 의미하는 것이었으나, 오늘날에는 기술의 확대와 더불어 교수・학습 과정에서 하드웨어를 이용하는 방법과 계획, 설계, 실행, 그리고 평가 기능까지를 포함하는 광범위한 개념으로 변화하게 되었다.

멀티미디어는 인간이 살아가면서 감각적으로 보고, 듣고, 읽고, 느낄 수 있는 여러 가지 매체들을 컴퓨터를 통해서 동시에 제공하는 것이다. 이들을 통합적으로 관리하고 제시하여 학습자들의 학습효과를 극대화하고자 하는 것이 멀티미디어를 이용한 영어 수업의 목적이다. 이를 효과적으로 달성하기 위해서는 여러 가지 다른 매체들이 서로 어울려서 제시하고자 하는 내용의 전달을 보다 정확하고 빠르게 할 수 있도록 해주어야 한다.

멀티미디어의 교육적 활용은 문자, 그림, 사진, 애니매이션, 음성, 동영상 등을 이용하여 학습 현장을 보다 생생하게 학생들이 접할 수 있고, 특히 언어 학습 상황에서는 보다 사실적인 언어 사용 상황을 묘사해 낼 수 있다. 사실적인 상황의 학습이 파지에 깊은 영향을 준다는 것은 Heinich, Molenda와 Russel(1989)에서 잘 알 수 있다. 그에 따르면, 인간이 기억할 수 있는 양의 차이를 직접 경험한 것은 90%, 보고 들은 것은 50%, 보기만 한 것은 30%, 듣기만 한 것은 20%, 읽기만 한 것은 10% 정도 장기 기억 속에 저장된다고 말했다. 따라서 가장 좋은 학습 상황은 학습자들 스스로 경험해 보도록 해주는 것인데, 사실 교실 상황에서 사실적인 학습 환경을 구사해내는 것이 용이하지 않다. 따라서 멀티미디어를 이용해서 최대한 사실적인 학습 환경을 구현해 볼 수 있고, 이처럼 구성된 사실적 학습 환경에서 학습한 내용은 훨씬 오래 파지할 수 있다.

또한 멀티미디어 활용교육은 구성주의와 그 맥락을 함께 하고 있다고 볼 수 있다. 1990년대에 들어서면서 본격적으로 제시된 구성주의는 기존의 객관주의에 입각한 교육이 가지는 많은 문제점들을 상당 부분 해결할 수 있다고 믿어지고 있다. 구성주의의 기본 가정은 실재란 외부에 독립적으로 존재하는 것이 아니라 학습자의 마음 속에 존재한다고 주장한다. 학습자는 그의 경험에 바탕을 두고 실재를 구성하며, 따라서 각 개인의 경험이 다르듯이 구성된 실재의 모습이나 의미도 다르다고 본다. 여기서 지식은 경험으로부터 구성되어지는 것이며 객관적으로 존재하는 것이 아니다. 극단적인 구성주의자들은 세상에 공유되는 실재는 없으며 학습은 세상에 대한 극히 개인적인 이해라고 한다.

교육에서 구성주의를 실현하기 위해서는 무엇보다도 학습 환경의 조성이 중요하다. 구성주의 학습에서 교사가 해야 할 일 중 가장 중요한 것은 학습자가 스스로 지식을 구성해 나갈 수 있도록 다양한 자료를 제공하고, 외부 환경과 끊임없이 상호작용을 할 수 있고, 실생활 또는 그와 유사한 환경에서 스스로 보고 느끼고 행하면서 배울 수 있는 학습 환경을 만들어 주는 것이다. 교육에서 구성주의가 제대로 실현되기 위해서는 학습자가 자료를 얻는데 시·공간의 장애가 극복되어야 한다. 기존의 매체들은 자료를 제공하는데 극히 제한적이어서 구성주의를 실현하는데 부족한 점이 많았다. 그러나 멀티미디어는 컴퓨터를 이용하여 매우 빠르게 다양한 형태의 자료를 지원할 수 있을 뿐만 아니라, 네트워크로 연결하면 외부의 다른 정보와 실생활을 연결할 수 있고 학습자가 정보를 거의 무한대로 얻을 수가 있어서 구성주의를 실현하는데 최적의 매체로 여겨지고 있다. 인터넷 등의 첨단 멀티미디어 매체가 학습현장에 사용될 경우 학습자들은 상호 교류의 기회가 많아지면서 다른 사람들에게 좀 더 개방적이고 우호적이 된다. 이는 상호간에 협동연구에 참여할 분위기가 조성되어 자신의 학습뿐만 아니라 다른 사람의 학습에도 어느 정도 책임을 느끼며, 자신들이 이미 알고 있는 내용을 가지고 서로에게 도움을 줌으로써 좀 더 나은 학업성취를 위해 상호노력하게 된다는 것을 의미한다. 이렇게 서로 돕는 협동학습의 과정에서 가장 중요한 이점은 학습자들은 학습에 대해 좀 더 높은 동기를 갖게 된다는 것이다. 학습자들이 서로 의견을 교환하고, 질문을 하고, 정보를 공유하고, 그리고 토론에 참여함으로써 학습 그 자체에 대해 긍정적인 태도를 가진다는 것이다.

가) 수업 매체와 객체에 따른 분석 요소 선정

교수·학습의 효율적인 운영과 교육목표의 효과적인 달성을 위해서는 각각의 교육매체를 이해하고 그 속성에 따라 최적의 교수매체를 선택하는 것이 중요하다. 또한 멀티미디어를 활용한 수업에 있어서 수업의 질적 우수성을 확보하기 위해 멀티미디어 요소를 선정하고 그에 따른 분석을 통해 최선의 수업 분석을 실시해야 할 필요가 있다.

(1) 일반적인 교수매체의 종류

교수-학습에서 사용되는 방법, 전략, 도구, 수단으로서의 매체는 수없이 많으며 일반적인 교육 매체의 종류로는 실물, 청각자료, 시각자료, 시청각자료, 멀티미디어 자료 등 수많은 자료들을 열거할 수 있다.

(가) 실물자료

교육 프로그램에서 학습 성취도를 높이기 위하여 일반적으로 추천되는 사항은 학습이 실제 환경 속에서 일어나도록 하는 것이다. 학습자가 실제와 아주 비슷한 조건에서 과제를 학습하도록 하는 것은 전체적인 학습시간을 단축시켜 주고 학생들이 학습한 내용을 환경에 따라 전이시켜야 할 필요성을 감소시켜준다.

(나) 청각자료

청각자료는 수업내용에 경제적이고 편리하게 사용될 수 있다. 청각자료는 적절히 계획되고 준비되어 잘 사용된다면 상대적으로 낮은 개발비용이 든다.

(다) 시각자료

시각은 모든 감각 중에서 가장 강력하다. 사람들은 깨어있는 시간 동안은 계속적으로 시각정보를 입수하며, 보는 것에 크게 의존하여 주변의 세계를 인식한다. 수업전략을 세우고 교재를 개발할 때 실패하지 않으려면 시각 기관을 고려해야 한다.

(라) 시청각 자료

시각자료는 다시 정적 시각매체와 동적 시각매체로 구분된다. 대부분의 동적 시각매체는 청각요소를 포함하고 있으므로 시청각 매체로 분류된다. Sampath와 Pannerselvam, Santhanam(1990)의 연구결과에 따르면, 학습자들의 감각기관별 정보의 기억량을 상대적 비율로 분석하였는데, 귀로만 들은 정보의 20%, 눈으로 본 것은 30%, 눈으로 보고 귀로들은 정보의 50%, 말한 정보의 80%, 말하고 직접 체험한 정보의 90%를 기억한다고 한다.

(마) 멀티미디어자료

멀티미디어자료는 시청각자료로 분류될 수도 있지만 상호작용의 가능성과 시간의 변화에 따른 학습이 가능하다는 점에서 차별화 될 수 있다.

3) 교수매체의 분류

많은 교육공학자들이 이러한 교육매체를 체계적으로 분류하려는 연구를 진행하였으며, 이들 매체는 여러 차원에서 분류될 수 있다. 정보의 저장이나 재생의 방식, 정보를 받아들이는 인간의 감각, 그리고 매체의 형태 등의 기준에 따라 여러 가지 분류 모형이 제안되어 왔다. 교육매체 분류방법의 고찰은 교육매체의 변화 상황을 이해하고, 멀티미디어라는 새로운 교육매체의 특성을 알아보기 위하여 이루어졌다.

가) Glaser(1965)의 교육매체 분류

Glaser는 매체가 학습에서 어떠한 기능을 수행하느냐에 따라 크게 자극기능으로서의 교육매체와 반응장치로서의 교육매체로 분류하고, 이를 하위 개념으로 분류하였다.

〈표 3-67〉 Glaser의 교육매체 분류

자극기능				반응장치	
시각적	청각적	시청각적	촉각적	자료처리장치	자료모집장치
모형 등사기 정지필름 투영기	라디오 연설 녹음테이프	영화 텔레비전 비디오테이프	점자	주판 타자기 계산기	정보 수집 장치 자동채점기 방송 기자재

나) Bretz(1971)의 교육매체 분류

Bretz는 인간의 시각, 청각 활동을 고려하여 교육매체를 일곱 가지 수준으로 분류하였다.

〈표 3-68〉 Bretz의 교육매체 분류

청각적/동적/시각적	청각적/정적/시각적	청각적/반동적	동적/시각적	정적/시각적	청각적	인쇄
TV VTR	유성사진 슬라이드	기록된 전산인자	무성영화	인쇄물 그림	라디오	전신타이프

다) Heinich, Molenda, Russel(1989)의 교육매체 분류

Heinich, Molenda, Russel 등은 교육매체를 보다 포괄적으로 비투사매체, 투사매체, 청각매체, 영상매체, 컴퓨터 매개 수업, 컴퓨터 등으로 분류하였다.

〈표 3-69〉 Heinich의 교육매체 분류

비 투사매체	투사매체	청각매체	영상매체	컴퓨터기반매체	통합 매체
사진, 도표 그림, 그래프등	슬라이드, 필름 OHP, 스트립등	카세트, CD등	비디오 필름	시뮬레이션 게임	멀티미디어 하이퍼미디어

라) Romiszowski(1989)의 교육매체 분류

Romiszowski는 교육매체를 감각통로와 교사가 이를 통제하는 정도에 따라 다음과 같이 정리하였다. 이 분류는 다른 분류법에 비해 정교화 된 모습을 보여준다.

〈표 3-70〉 Romiszowski의 교육매체 분류

	감각채널			
	청각	청각/시각	시각	촉각/운동감각
교사가 제시하는 매체	원격회의 언어학습	비디오	칠판, 실물, 사진	실제장비 실물크기모형
교사가 관리하는 매체	라디오, 방송 테이프 레코더	상호작용 비디오 비디오디스크	데이터베이스 CD-ROM	시뮬레이터

4) 수업사태에 따른 분석 요소 선정

멀티미디어 매체의 발전은 다양한 교수-학습 방법의 개발을 가능케 하여 왔다. 멀티미디어를 통하여 되돌아보기, 목표 제시, 사전준비활동, 동기유발, 설명, 탐구적 활동 유발, 창의적 활동 유발, 내용정리 등의 구체적 수업활동을 실시할 수 있다.

가) 되돌아보기

멀티미디어 매체와 객체는 매 차시 별로 되돌아보기를 통해 학습자의 현재 학습 상태를 점검해 보는 데에 유용하게 사용될 수 있다. 우선 되돌아보기는 이전에 학습한 것 중에서 본 차시의 학습 내용과 관련이 깊은 내용을 제시하여 학생의 호기심을 유발하는 활동으로 볼 수 있는데 멀티미디어 매체나 객체는 이미 파지하고 있는 내용을 쉽게 기억하게 하고 흥미와 호기심을 갖고 수업을 시작하도록 하는데 가장 적합한 매체라고 할 수 있다. 또한 수업의 마지막 부분에 이루어지는 형성 평가의 경우에도 이러한 멀티미디어는 학생의 수준에 따라 스스로 부족한 부분을 확인해 보는 데에 일반적인 평가 방법보다 거부감이 덜 하므로 매 수업 시 이러한 되돌아보기에 멀티미디어 요소를 활용하는 것은 바람직한 일이라 할 수 있다.

나) 목표 제시

목표 제시 단계에서는 새롭게 학습 하게 될 언어 요소와 그 의미, 그것이 사용되는 방법을 보여주는 것이라고 할 수 있다. 새로운 목표 언어를 효과적으로 전달할 때는 파워포인트의 슬라이드를 통해 일목요연하게 제시해 주는 방법도 있고 그러한 언어 요소가 적절하게 사용 되는 상황이나 맥락의 제시를 통해 학생들이 해당 단원이나 차시의 목표를 예상해 보게 할 수도 있다. 이러한 단계에서 그림이나 사진 혹은 동영상등을 통해 관련이 있는 장면이나 상황을 제시해 줄 수도 있다. 따라서 기존에 교사에 의해 일방적으로 진술되어지는 목표의 제시보다는 멀티미디어 요소를 통해 가장 효과적으로 학습목표를 제시해 줄 수 있다.

다) 사전 준비 활동

영어라는 과목의 특성상 학생들의 자발적인 참여와 내재적 동기유발이라는 측면은 매우 중요하다고 할 수 있다. 특히 영어로 진행하는 수업의 효과가 입증이 되어 있고 향후 영어로 진행하는 영어 수업이 보편화 될 것이므로 학습자들이 영어 자체에 대한 흥미를 갖도록 하고 즐겁게 수업 활동에 참여하도록 유도하려면 이러한 사전 준비 활동(Ice Breaking, Warming-Up)등은 중요한 학습 단계라고 할 수 있다. 이를 위해서는 수업의 전체적인 개요를 학습자의 수준에 맞게 제시하고 그를 통해 학습자의 주목을 이끌어 내는 것이 중요한데 학습자는 다양한 멀티미디어 요소를 활용한 챈트나 노래 등을 통해 재미있게 수업에 참여할 수 있게 되며 현재 이와 관련된 다양한 모듈자료 등도 개발이 되어 있다.

라) 동기 유발

학습자의 동기 유발을 시킬 수 있다는 것이다. 컴퓨터는 학생들이 상호작용적이고 적합한 학습을 하도록 돕는다. 여러 연구들은 학생들이 컴퓨터 기술의 통합에 의해 적극적으로 동기화 된다는 결론을 제시하고 있다. 학생들이 컴퓨터를 통해 공부를 즐기고, 그로 인해 장시간 학습과제에 집중하게 되는 것은 가치 있는 장기적 이점이 될 수 있다. 멀티미디어 수업과 전통적 수업의 효과성에 의미 있는 차이가 있는가의 여부를 떠나서, 공학중심의 프로그램을 이수한 학생들이 학습 과제에 대한 자신감이 증대되었다는 상당한 증거들이 있다. 이처럼 학생들의 긍정적인 지각은 동기 유발에 도움을 줄 수 있고 학생들의 노력의 낭비를 감소시켜 준다(Rachal, 1993). 연역적 구성으로 학습자로 하여금 시행착오를 통해 문제해결을 하도록 하는 교수방식이다. 이를 통해 수업내용에 대한 깊은 이해를 목적으로 한다. 발견학습은 학습자가 문헌조사 혹은 컴퓨터자료 등 경험적 지식을 바탕으로 발견해 내는 것을 기본 규칙으로 한다. 멀티미디어 교수매체는 학습자들의 탐구심과 호기심을 증진하는데 도움을 준다. 학습자들에게 높은 동기를 고취시킬 수 있는 가장 좋은 방법은 학습자들이 배우고 있는 학습 내용을 현실 생활과 연결시켜 주는 것이며 그리고 배운 내용을 실제 일상생활 속에서 사용할 수 있는 특정 질문과 과제물을 부과한다면 학습자들은 적극적이고 창의적으로 학습활동에 참여한다.

마) 설명

학습자에게 구체적인 학습단계 및 활동과제의 제시는 원활한 수업의 진행은 물론 학습자에게 수업의 내용 및 활동 방법을 명확하게 해 준다는 점에서 의미 있는 활동이라고 할 수 있다. 이러한 경우 교사의 설명 등을 통해서 제시하는 것 보다는 멀티미디어를 활용하여 명확하고 간결하게 제시하는 것이 보다 효율적이라고 할 수 있다.

바) 탐구적 활동 유발

영어 수업에서 탐구활동은 일반 교과 개념의 내용 이해를 통해 언어 학습을 강화한다. 활동들은 아동의 일반 능력과 언어 능력에 따라 조정하여 사용할 수 있으며 탐구활동에서 필요한 언어와 교과 내용의 통합은 우리나라 영어 교육 현장에서 적용가능성이 높다고 할 수 있다. 탐구학습은 수용적 학습과는 달리 역동적이고 인지적인 과정을 경험하게 하여 학습자가 학교를 떠나서도 필요한 지식을 습득하여 활용할 수 있게 함으로써 지식과 생활이 통합되기도 한다. 하지만 탐구활동 중심으로 수업을 설계할 경우에는 과제나 활동의 등급화 기준이 어려우므로(Nunan, 1988) 탐구활동을 중심으로 영어교육을 구성하기 보다는 주제 중심의 통합을 먼저 실시한 후에 알맞은 탐구활동을 구성하는 것이 적합하다고 할 수 있다. 따라서 다양한 탐구활동 과제를 계획하고 그룹이나 개인별로 해당 과제를 수행하게 할 때 멀티미디어요소를 투입하거나 학습자가 스스로 활용하게 하는 것이 바람직하다고 할 수 있다.

사) 창의적 활동 유발

7차 영어과 교육과정이 실시되면서 영어 학습 과정에서 창의적인 언어사용에 비중을 두고 있다. 영어를 구사하는 과정에서 여러 가지 자료를 활용하고 새로운 것을 생성함으로써 최근의 영어교육의 목표인 의사소통의 기능적인 면을 강조할 수 있어 창의적 사고 과정을 바탕으로 한 학습이 이루어질 수 있는 지도방법이 이루어져야 함을 인식하게 되었다.

창의성 교육은 곧 독창성, 유연성, 정교성, 민감성, 개방성, 탐구성을 기르는 활동을 그 주된 내용으로 한다고 볼 수 있다. 지금까지 개발된 여러 창의성 검사들에서는 이것을 더욱 선명하게 보여준다. 즉 독창성, 유연성, 유창성, 정교성, 민감성 등을 각기 언어적인 것과 형상적인 것으로 구분해서 평가하는데, 그것은 어느 정도 창의성 교육에서의 내용구성의 기본 틀을 시사한다.

창의력 신장을 돕는 영어과에서의 멀티미디어의 사용 및 교수 · 학습 원리를 살펴보면 다음과 같다.

첫째, 수업 분위기는 허용적인 열린 수업 형태이어야 하며 학생들은 자신들이 가지고 있는 배경지식을 여러 가지 학습 활동에서 부담 없이 동원할 수 있어야 한다.

둘째, 학습자의 능력에 적합한 수준별 학습 자료를 이용하여 획일적인 설명식 수업보다는 개별학습 및 소집단학습 등을 융통성 있게 운영하여 협력학습이 이루어지도록 계획하는 것이 필요하다. 따라서 멀티미디어의 모듈자료 등을 개별 학습자의 수준에 맞게 적용할 수가 있으며 그를 통한 창의성 신장 역시 극대화 될 수 있을 것이다.

셋째, 한 가지 질문에 대한 정답은 하나가 아닐 수 있다는 점을 주지시켜 발표하거나 토의하는 과정에서 다른 사람과 견해를 달리할 경우에도 논리적인 근거와 함께 제시된다면 이를 적극 수용하여 자신감을 가지고 능동적으로 참여하도록 격려해야 한다.

넷째, 학습의 필요성을 스스로 느껴, 능동적이며 주도적으로 할 수 있도록 가급적 실생활과 밀접한 관련된 소재를 다루는 것이 좋다. 이러한 점에서 간단하지만 학습자의 생활과 밀접한 관련이 있는 사진이나 그림 자료 등을 다양한 멀티미디어 기자재 등을 통해 제시할 수 있다.

다섯째, 멀티미디어 자료와 실물자료를 활용하고 학습자들이 아이디어의 생성, 창출에 집중하도록 한다.

아) 내용 정리

내용의 정리 단계는 해당 단원이나 차시에서 배운 언어적 학습 요소를 다시 한 번 확인해 볼 수 있는 단계이다. 멀티미디어를 통한 피드백의 제시 및 형성평가의 실시에 따른 프로그램 및 관련 웹 사이트는 다양하게 개발되어 있으며 교육과정과 직접적인 관련이 없더라도 다양한 심화 보충단계의 활동을 해 볼 수 있도록 계획된 학습 사이트도 매우 다양하게 마련되어 있다. 이러한 내용들이 학습의 효과를 높일 수 있도록 잘 조직되고 투입된다면 멀티미디어를 통한 학습의 정리는 매우 효과적일 수 있을 것이다.

나. 활용방법

멀티미디어 매체 사용 분석법은 수업 전 분석, 수업 중 분석, 수업 후 분석법으로 나누어 활용할 수 있다.

1) 수업 전 분석표

수업 전 멀티미디어 매체와 객체의 투입 여건 및 교실 상황 등 전반적인 상황을 분석 해 볼 필요가 있다. 특히 활용 될 각 멀티미디어 요소들이 수업의 효과성, 효율성을 높이기 위해 공헌할 수 있는지를 파악하기 위한 단계로서 필수적이라고 할 수 있다.

〈표 3-71〉 수업 전 분석표

분석의 관점항목	평점 (평균)
1. 인터넷 접속은 원활하게 이루어졌는가?	
2. 프로젝션 TV의 화면 및 음량 조절은 잘 되어있는가?	
3. 각종 기자재의 사용 방법은 숙달되어 있는가?	
4. 멀티미디어의 투입시기를 숙지하고 있는가?	
5. 각종 기자재 및 매체가 적절한 장소에 배치되었는가?	
6. 각종 매체가 학습자의 수준을 고려하고 있는가?	
7. 교수목적에 맞는 멀티미디어 요소를 준비하였는가?	
8. 학습과제 및 학습 유형에 적합한 매체 사용계획이 수립되었는가?	

2) 수업 중 분석표

수업 중 이루어지는 멀티미디어 요소의 사용과 관련하여 무엇보다 멀티미디어 요소를 세분화하여 분석을 실시할 필요가 있다. 멀티미디어의 특성상 각 매체 혹은 객체에 따른 학습 효과가 달라질 수 있으므로 분석 이전에 특성에 따라 분류된 각 매체와 객체의 특성을 숙지해 둘 필요가 있다.

가) 멀티미디어 객체에 따른 분류

실제 교실 수업 상황에서는 다양한 수업 자료들이 학습 목표 달성 및 학생의 수업활동을 촉진하고 장려하기 위해서 사용된다. 따라서 이러한 다양한 수업 자료들 특히 그 중에서도 멀티미디어와 관련이 있는 수업 객체들의 종류에 따른 구체적인 특징을 살펴보고 수업에 활용하는 분석 작업은 매우 중요한 일이라고 할 수 있다.

(1) 객체(object)에 따른 분류

객체에 대한 사전적인 정의는 해당 분야에 따라 다양하다고 할 수 있다. 멀티미디어 요소 활용 분석에서는 그 정의를 수업을 진행하는데 활용되는 구체적이고 독립적인 학습 자료이며 그 각각이 전체의 수업을 구성하는 수업 자료라고 보는 것이 좋을 것이다.

(가) 사진 (P: Photo)

스캐너를 이용하여 실제 사진을 디지털 코드로 바꾼 후 컴퓨터의 주기억장치로 불러 들여와 활용하기도 하고, 직접 디지털 카메라를 통하여 실제 사물의 모습, 책이나 사진에서 제시된 이미지를 직접 촬영 후 메모리칩에 저장하여 별도의 선을 활용하여 컴퓨터 주기억장치로 간편하게 저장하여 활용한다. 그림보다는 실제 현상을 표현한 것으로 학습자들의 이해도를 높이는데 용이하게 활용된다.

(나) 그림 (PI: Picture)

텍스트 다음으로 자주 사용되는 미디어로서, 정지되어 있는 영상으로 표시되며 사진자료와 함께 많은 정보를 함축적으로 표현할 수 있다. 멀티미디어 개발을 위한 저작 도구인 일러스트나 포토샵과 같은 그림 전용 프로그램을 이용하여 그린다.

(다) 애니메이션 (A: Animation)

애니메이션은 움직이는 그림을 의미하는데 영화나 비디오 영상의 원리를 이용하여 계열적인 정지 영상을 빠른 속도로 제시함으로써 연속된 동작을 만든다. 애니메이션은 기존의 정지된 이미지에서는 볼 수 없는 시간과 동작 그리고 활동 등을 제시하여 개념설명을 보다 효과적으로 할 수 있을 뿐만 아니라 학습자의 동기를 유발시키고, 기억을 촉진시키며 상상력과 창조력을 증진시켜 학습자들의 학습효과를 높이고 주의 집중을 높이는 데 효과적이다. 단 제작하는 과정이 까다롭고 시간과 경비가 많이 소모되어 제작하는데 어려움이 있다. 동영상 촬영이 불가능하거나 물체의 움직임을 상세하게 표현할 때 좋은 수단이다.

(라) 모듈 (M: Module)

멀티미디어 모듈 프로그램이란 최소 학습단위를 끊어서 시뮬레이션화한 것이다. Finch(1979)는 이것을 목표를 숙지할 수 있도록 계획하고 설계 되어진 학습 경험을 포함하고 있는 자체 완비된 일련의 패키지라고 정의하였다. 구체적으로는 차시단위나 학습 요소 단위에 따라 개발되어 교사가 수업 중 필요한 경우 즉각적으로 사용할 수 있는 교수・학습용 프로그램을 말한다.

(마) 소리 (V: Voice)

음성은 동기를 강화하며 정보를 제시하면서 주의를 끌고자 할 때 효과적인 매체이다. 사운드보드를 통해 음성이나 음향을 디지털 코드로 변환시켜 컴퓨터 주기억 장치에 저장한다. 소리정보는 학습자들에게 교수할 내용이나 전달하고자 하는 주제와 관련된 소리를 제시할 수 있어서 학습자들의 주의집중 및 흥미를 불러일으키는데 용이하게 활용할 수 있다. 일반적으로 확장자는 .wav 나 .mp3를 갖고 있다.

(바) 동영상 (MO: Movie)

연속된 여러 개의 장면들을 빠른 속도로 제시함으로써 움직이는 영상을 얻을 수 있다. 다양한 요소 중 가장 강력한 현대적 학습매체라고 할 수 있다. 그러나 많은 저장용량을 요구한다는 단점이 있고 제작하는 시간과 경비가 많이 들고 제작과정이 어렵다는 것이다. 요즘은 간단하게 동영상을 압축하여 편집하는 압축보드들이 개발되어 동영상 및 소리, 정지화상을 프로그램에 맞게 다양하게 편집되어 CD-ROM 한 장에 72분 정도의 동영상을 저장할 수 있게 되었고, 현재 DVD의 개발로 한 장의 DVD 공 CD에 2시간까지 저장할 수 있고 더욱더 선명하고 깨끗한 음질로 멀티미디어 프로그램을 제작할 수 있게 되었다.

(사) 슬라이드 (S: Slide)

슬라이드의 특성은 교육수단으로서 영화와 비교될 때 더욱 뚜렷해진다. 영화가 동적인 표현을 하는 데 대해 슬라이드는 정적이며, 화면을 정상으로서 투영하여 표현하는 특색이 있다. 따라서 사물의 세부나 구조를 잘 관찰하게 하여 정확하고도 효과적으로 인식시키는 것이 슬라이드의 특징이다. 또 슬라이드는 영화와 같은 시간적인 제약을 받지 않고, 보는 사람이 필요에 따라 임의로 선택하여 관찰할 수 있으며, 교사는 자유롭게 해설할 수 있다. 멀티미디어를 통한 교육에서는 최근 파워포인트의 각 장면 하나하나를 일컫기도 한다.

(2) 매체에 따른 분류

미디어는 어떤 지식이나 작용을 다른 쪽으로 전달하는 역할을 하는 것으로 생각될 수 있다. 일반적으로 대중매체나 매개체 등의 개념으로 사용되고 있으나 교실 수업에서는 학습 목표의 효율적 달성을 위해 제작되거나 수집된 다양한 자료의 효율적인 전달 방식의 개념으로 보는 것이 좋으며 학습자의 특성이나 실제적인 교실환경과 밀접한 관련을 맺고 투입되게 된다고 볼 수 있다.

(가) 인터넷 (I: Internet)

통신망과 통신망을 연동해 놓은 망의 집합을 의미하는 인터네트워크(internetwork)의 약어인 internet과 구별하기 위해 Internet 또는 INTERNET과 같이 고유명사로 표기한다. 랜(LAN) 등 소규모 통신망을 상호 접속하는 형태에서 점차 발전하여 현재는 전 세계를 망라하는 거대한 통신망의 집합체가 되었다.

(나) 오디오자료 (A: Audio)

소리자료는 스피커를 통해서 들을 수 있는 정보를 제공하여 준다. 따라서 별도의 사운드 하드웨어 장치가 필요하며 이 때 사람이 직접 표현 할 수 없는 자연의 소리나 사람의 목소리, 연주음 등 2개 이상의 소리자료가 동시에 제공되면 구별이 쉽지 않은 특징이 있다.

(다) 비디오자료 (V: Video)

변화하는 그림들이 연속적으로 들어 있는 소리라고 생각하면 쉽다. 주로 카메라를 사용하여 움직임을 연속적으로 촬영했다고 이해될 수 있다. 특히 다른 자료들에 비해 용량이 크므로 자료의 전송이나 저장 시 특정한 압축 프로그램을 필요로 하게 된다. 또한 이에 따라 다양한 하드웨어 장치나 소프트웨어 장치가 필요하다.

(라) OPAQUE 프로젝터 (OP: OPAQUE Projector)

반사광을 이용하여 스크린 위에 책 같은 불투명한 물체를 투영하는 기계이다. 텔레비전 방송에서 자막, 사진, 이중 인화용 문자 등을 75×100mm의 카드에 사진 식자, 카드를 투사하는 장치로서 비점 주사기(FSS) 또는 프롬비콘, 비디콘 등으로 촬상한다. 오페이크 투사에 카드를 합성수지 카드 홀더에 넣어 촬상한다.

(마) 응용 소프트웨어 (A: Application software)

멀티미디어 관련 소프트웨어는 크게 각종 하드웨어들의 사용 환경을 제어하거나 설정해 줄 수 있는 소프트웨어와 멀티미디어 내용을 보고 들을 수 있게 해 주는 소프트웨어로 구별해 볼 수 있다. 멀티미디어 환경을 제어하는 프로그램으로는 무엇보다 윈도우 환경 아래의 제어판을 들 수 있는데 멀티미디어의 사용 환경을 사용자별로 최적화 해 줄 수 있도록 다양한 기능을 해 주고 있다.

멀티미디어 관련 소프트웨어는 다음과 같이 몇 가지 종류로 구별해 볼 수 있다.

- 그래픽 작업 관련 : 포토샵, 일러스트레이터, 페인트샵 등
- 모듈 작업 관련 : 플래쉬, 디렉터, 파워포인트
- 소리 작업 관련 : 골드웨이브, Switch
- 동영상 작업 관련 : 윈도우무비메이커, 프리미어, 캄타시아 등
- 텍스트 작업 관련 : 워드프로세서, MS-Word 등
- 기타 데이터베이스 (Access, mysql 등) 및 스프레드시트 (MS-Excel, 훈민시트 등)

(바) 두상(頭上) 투영기 (OH: OHP)

교육기기의 일종으로, 교육자가 자기의 머리 너머 뒷면에 있는 스크린에다 교재를 제시할 수 있다는 데서 이런 명칭이 붙었다. 두상 투영기는 스크린에 비친 반사가 강해서 밝은 장소에서도 사용할 수 있으며 교사가 학생과 대면하고 그 반응을 관찰하면서 지도할 수 있는 특징이 있다. 또한 교재를 제작하거나 제시하기가 간단하여 학생에게 직접 참가할 기회를 줄 수 있으며 투명한 모형 등을 놓고 조립하거나 이동시키면서 움직임을 표현할 수도 있다. 제시 중인 교재에 직접 써 넣거나 지울 수 있으며 의도적으로 교재를 겹쳐서 복잡한 내용을 표현하거나, 거꾸로 겹친 것을 떼어 내면서 단순화시킬 수도 있다.

(사) 비디오 카메라 (VC: VIDEO CAMERA)

비디오 무비라고도 한다. 비디오 카메라에서 광학렌즈를 통과한 피사체의 영상은 촬상면 전면에 광학상으로 결상되는데, 이 광학상은 광전변환에 의해 촬상면의 후면에서는 광학상의 밝기에 상응한 전하상이 된다. 이 때 텔레비전에서와 마찬가지로 전자빔이 촬상면을 주사하는데, 이에 따라 전하상에 비례하는 전류가 발생하여 이 전류의 변화가 한 영상을 나타내는 비디오 신호가 된다. 이 비디오 신호를 규격신호(NTSC)에 맞게 처리하여 비디오 테이프 리코더(VTR) 및 모니터 텔레비전에 연결하면 피사체의 영상이 재현된다. 비디오 카메라에서는 촬상 장치가 가장 중요한 부분으로, 촬상 장치의 종류 및 방식에 따라 종류를 구분하며 성능과 가격이 결정된다.

(아) 디지털 카메라 (DC: Digital Camera)

스캐너를 이용해 이미지를 생성하려면 피사체를 카메라로 촬영한 후 이것을 현상한 슬라이드 필름이나, 인화지에 인화한 후 만들어진 사진을 스캔하여야 한다. 디지털 카메라는 카메라와 스캐너의 역할을 대체할 수 있는 장치이다. 즉, 현실의 장면을 필름에 기록하지 않고 디지털 카메라에 내장된 디지털 저장 매체에 저장하여 스캐너를 통하지 않고 직접 컴퓨터에 디지털 이미지를 입력할 수 있다. 보통의 카메라는 영상을 아날로그 량으로 기록하지만 이 카메라는 영상을 비트맵으로 분할하고, 각각의 휘도를 디지털 량으로 기록한다. 퍼스널 컴퓨터의 화상 데이터와 호환성이 높아 편집 및 수정이 간편하다. 일반 카메라와 같은 구조로 되어 있어 휴대할 수 있다. 촬영한 영상을 내부기억장치(하드디스크 또는 메모리 카드)로 저장할 수 있으며, 외부 컴퓨터와 연결하여 찍은 영상을 전송할 수도 있다.

(자) 프로젝션 TV (TV: TV Projector)

30인치 이상의 브라운관 형태로 대형화면을 고선명 브라운관을 이용하여 투사방식으로 화면을 재현한 TV이다. 이전에는 일반 텔레비전 화면을 거울과 광학(光學) 렌즈를 이용하여 스크린에 투사시키는 방법을 응용하여 대형 화면을 실현시킬 수 있다. 그러나 이 방식은 화면의 밝기와 선명도가 떨어지는 단점 때문에 널리 이용되지 못하며, 이러한 단점을 개선하기 위해서 적・녹・청색의 각각 독립된 단색 브라운관과 3개의 렌즈 및 알루미늄막이 도포된 스크린을 이용하여 밝기와 선명도를 향상시킨 제품으로 볼 수 있으며 이러한 특징 상 교실 어디서나 선명한 시청이 가능하다.

(차) 전자칠판 (E: Electronic blackboard)

전자펜으로 쓸 수 있는 전도체성 칠판을 말한다. 표면이 전도성을 띤 평판으로 전기 펜으로 필기가 가능하다. 레이저 센서 방식으로 정교하고 빠른 판서기능을 제공하며 마우스보다 정교하고 편리한 전자펜을 이용하여 컴퓨터를 조작할 수 있다. 컴퓨터와 전자칠판의 빠른 양방향 통신환경과 각종 응용 프로그램으로 다양한 수업 환경을 구축할 수 있다는 특징이 있다.

또한 윈도우, 각종 문서 프로그램, 이미지, 동영상등 수업과 관련된 응용 소프트웨어 위에 직접 판서와 저장을 할 수 있으며 강의 및 프리젠테이션 내용을 저장, 재생할 수 있으며, 진행자의 진행모습 및 음성을 저장할 수도 있는 최신의 기술을 직접 수업에 응용할 수도 있다.

(카) 터치보드 (T: Touch Board)

컴퓨터의 모든 프로그램을 화면에서 직접 터치하여 강의를 할 수 있는 최신의 장비라고 할 수 있다. 기존의 전자칠판에 인터넷 방송 기능, 강의 내용의 압축저장, 판서 및 구체적인 상호작용 수업활동을 위한 구체적인 메뉴를 포함하고 있다.

특히 최근 개발되어 적용되고 있는 터치 보드의 한 종류인 웹스터 보드는 그 크기가 약 108인치까지 개발이 되어 교실의 칠판크기와 동일하기 때문에 어학실이나 정보 자료실 등에 널리 보급되어 가고 있다. 기존의 다양한 입력 및 출력 기능을 하나로 통합한 종합 멀티미디어 시스템이라고 볼 수 있으며 무선 LAN전송 기능도 가능하게 되었다. 또한 별도의 프로젝터가 없이도 수업시간에 바로 사용이 가능하다.

(타) 개인 휴대용 정보 단말기 (P: PDA)

휴대용 컴퓨터의 일종으로 집이나 사무실에 있는 컴퓨터로 작성한 문서 파일을 집어넣으면 이동하면서도 계속 작업이 가능하고, 전자수첩과 마찬가지로 개인 정보 관리나 일정 관리가 가능한 휴대용 개인정보 단말기를 말한다. 초기에는 계산이나 일정 관리 등 제한된 용도로만 사용되다가 정보통신 기술이 급속도 발전하면서 '포스트 PC'의 대표적인 정보통신 수단으로 각광받고 있다. 손으로 쓴 정보를 직접 입력할 수도 있고, 컴퓨터를 통한 정보 교류는 물론, 온라인 주식거래나 전자상거래 등 무선인터넷의 모든 기능을 활용할 수 있다. 또 이동 전화와 결합해 각종 교통정보를 알 수 있으며, 팩시밀리 기능도 수행하는 등 다양한 기능을 가지고 있다.

(파) 휴대폰 (M: Mobile phone)

본래 '움직일 수 있는'이라는 뜻으로, 휴대폰과 휴대용 개인정보단말기(PDA) 등과 같이 이동성을 가진 것들을 총칭한다. 손으로 들고 다니므로 가볍고 작은 것이 특징이다. 하지만 입력장치와 디스플레이 기능이 떨어지는 점과 확장성이 부족하고, 전력 공급이 원활하지 않다는 약점이 있다. 21세기 초부터 휴대폰을 인터넷에 접속하여 입출금 등의 은행 업무를 보는 모바일 뱅킹, 온라인 게임을 하는 모바일게임, 영화를 실시간으로 보는 모바일영화 등 다양한 서비스가 제공되고 있다. 또한 휴대폰과 PDA, 노트북 컴퓨터 등의 장점을 이용한 제품이 개발되고 있으며, 모바일 비즈니스와 모바일 마케팅, 모바일 전자화폐, 모바일 전자정부 등 새로운 모바일 서비스가 생겨나고 있다.

(3) 수업 사태에 따른 분류 (i:개인별/g:그룹별/w:전체 대상)

(가) 되돌아보기 (R: Review)

의사소통 중심의 교수・학습 모형에서 수업 초기에 이루어지는 활동으로 이미 학습한 것 가운데 본 차시와 관련이 있는 내용을 제시하여 학생의 호기심을 유발하는 단계이다.

수업의 정리 단계로써 그날의 핵심 내용을 재빨리 복습하는 것도 좋은데, 복습이나 게임 등을 하고 있는 사이에 학생은 그날의 수업 내용을 잊어버리는 일이 있다. 수업을 기억나게 하기 위해서 교사는 학생에게 질문을 할 수 있고 익힌 표현을 말해 줄 수 있다. 만약 그날의 수업에서 배운 것을 아직 완전히 알지 못하는 학생이 있어도 다른 학생의 대답을 듣고 있는 중에 확실하게 외워버릴 것이다.

(나) 목표 제시 (IO: Introduction of objectives)

새로운 학습 목표에 대해서 여러 가지로 학생들이 생각해 보도록 동기 유발과 이전 단계의 지식을 동원할 수 있도록 한다. 이때 멀티미디어를 이용하여 새로운 학습 자료를 처음에는 소리 없이 정지화면이나 그림 혹은 사진을 중심으로 보여 주고, 점차로 매체를 입체적으로 증가시켜서 학습자들이 새로운 학습 목표에 대해서 먼저 내용이나 분위기를 전체적으로 파악할 수 있도록 하는 것도 좋은 방법이다.

(다) 사전준비활동 (IW: Ice-breaking/Warming-up)

수업을 시작하기 전에 학생이 흥미를 가지고 배울 수 있는 환경을 만드는 것은 매우 중요하다. 영어에 대한 흥미를 부추기는 그림이나 카드를 벽에 장식하는 것 뿐 만 아니라 심리적인 면에서도 학생에게 수업에 대한 기대를 가지도록 하는 것이다.

노래나 챈트, 짧은 게임 등을 이용해서 밝은 분위기를 만들어주고, 그날 가르칠 내용과 관련을 지을 수 있게 하는 것이 좋다. 예를 들면, 노래의 가사나 활동적으로 사용하는 단어를 수업에 나오는 단어로 바꾸는 것만으로도 좋다. 학생은 그것을 알아차리지 못하고 열심히 연습할 것이고 워밍업으로 즐겁게 연습하고 있으면 수업에서 사용할 때도 분명히 잘 될 것이다. 저학년 어린이들에게는 워밍업의 시간을 비교적 길게 잡고, 고학년 학생들에게는 가르칠 것이 많기 때문에 시간을 쪼개서 진도를 나가도록 한다.

(라) 동기유발 (M: Motivation)

멀티미디어가 갖고 있는 주요 기능 중의 하나는 주의를 집중시키는 동기유발 차원에서의 사용이다. 매체는 여러 가지 상징체계를 통하여 내적반응을 촉진시켜 주기 때문에 정보에 집중을 할 수 있게 해 준다. 초기의 행동주의 이론에서는 매체가 학습의 강화물 내지는 동기 유발체제로 간주되었다.

이에 반해서 인지주의 연구자들은 매체는 단순한 보조물이 아니라 체계적인 접근 과정의 한 요소로서 통합적인 교재로 다루어져야 한다고 주장한다. 즉 매체에 의한 외적인 자극과 내적인 인지과정 사이의 상호작용을 중시하였다.

Gagne(1985) 역시 수업설계를 하는데 있어 학습 사태를 구성하는 자극과 제시를 위한 수단으로서의 매체의 선정과 개발에 많은 관심을 가졌다.

동기유발은 학습자의 관심을 사로잡을 수 있는 흥미거리를 교수·학습에 반영할 때 일어나게 된다. 언어 학습은 다양한 멀티미디어 요소를 반영하여 학습 자료가 제시될 때 학습자의 관심을 모을 수 있는데 대표적으로 CD-ROM 타이틀의 게임, 챈트, 노래, 문제해결, 시뮬레이션 등의 기법을 들 수가 있다. 학습자는 자신의 학습을 자신이 통제하고 있다는 느낌을 가지고 있을 때 성취감을 느끼게 된다고 할 수 있다.

(마) 설명 (E: Explanation)

주어진 목표를 달성하는데 필요한 지식, 전략, 학습단계 등에 대한 구체적인 설명을 하는 단계이다. 전략에 대한 필요성과 중요성은 예화나 예제를 통하여 설명하며 주어진 목표를 달성하는데 필요한 지식, 전략 과정에 대한 구체적인 설명을 해준다. 새로운 개념이나 어휘나 단어의 특성 혹은 새로운 학습단계, 사용하게 될 게임의 규칙이나 절차 등에 대하여 교사가 상세하게 설명하여 학생이 정확한 지식을 토대로 학습할 수 있는 기반을 제공한다.

(바) 탐구적 활동 유발 (EA: Explorative Activity)

학습자의 주의를 끈 후에는 더욱 심화된 수준의 호기심을 유발 유지시키도록 하는데, 이는 학습자를 보다 탐구적인 과정에 몰입하게 함으로써 가능하게 된다. 여기에는 학습자 스스로에게 문제를 내어서 풀어보게 하는 등의 문제해결 활동을 구상하게 함으로써 학습자의 탐구적 환기를 돕는 것이다.

(사) 창의적 활동 유발 (CA: Creative Activity)

멀티미디어를 활용한 창의적 활용 유발 단계는 다음과 같은 특징이 있다.

첫째, 멀티미디어 자료를 통해 학습문제 해결에 필요한 정보를 수집한다. 정보 검색엔진을 이용하든 홈페이지 주소를 직접입력하든지 아니면 하이퍼링크를 이용하든지 학습문제 해결을 위한 주요 자료를 인터넷에서 수집한다.

둘째, 학습 문제 해결을 위해 찾아낸 자료를 창의적으로 재구성한다. 이를 위해 정보를 선별하는 능력과 정보를 분석하고 정리하고 종합하고 재구성하는 능력이 필요하다.

셋째, 학습문제 해결을 위해 인터넷의 기능을 이용한다. 웹서핑과 정보검색, 게시판, 대화방, 이메일, FTP 등 인터넷의 기능을 이용하여 정보를 수집하고, 서로간에 의사소통을 하며, 수집한 정보를 창의적으로 가공하여 보고서를 작성한다.

넷째, 교사와 학생의 역할이 새롭게 조명된다. 교사는 학습을 계획하고 안내하고 촉진하고 격려하고 도와주는 역할을 수행하며, 학생은 주도적으로 학습활동에 임하며 학습 결과에 책임을 져야한다. 학생은 학습문제 해결을 위한 전략을 세우고 학습문제 해결을 위해 능동적으로 정보를 수집하고 다른 사람과 협동하여 활발한 상호작용과 의사소통을 통해 학습 결과를 창의적으로 재구성해야한다.

(아) 내용 정리 (S: Summarizing)

본 차시에서 새롭게 배운 의사소통 표현을 심화시키고 파지를 지속시키기 위해 발전적 응용 활동에 적용시키는 전략이 필요하다. 정리 단계이므로 과제 수행의 본 활동과 같이 비중있는 활동으로 구성할 필요는 없으며, 짧은 시간 내에 밀도 있게 적용할 수 있는 간단한 전체 활동으로 계획하는 전략이 바람직하다. 가령, 주요 의사소통 표현을 노래 가사 바꿔 부르기에 응용하여 모둠별 이어 부르기를 한다든가, 응용적 게임 활동에 적용한다든가 하는 식으로 실생활로의 전이를 높이는 것이다.

나) 수업 중 분석의 활용방법

전체 수업 중 멀티미디어 매체가 사용된 경우 위의 분류와 시간을 이용하여 분류표를 작성한다.

〈표 3-72〉 수업 중 멀티미디어 사용 분류표 예시

구분 / 번호	①객체에 따른 분류							②매체에 따른 분류											③수업사태에 따른 분류(I/G/W)								시간 (D)
	P	PI	A	M	V	MO	S	I	A	V	OP	A	OH	VC	DC	TV	E	T	R	IO	IW	M	E	EA	CA	S	
1																											
2																											
계																											④

위의 표에 따른 구체적 분석 및 그에 따른 활용의 내용은 다음과 같다.

(1) 수업 중 멀티미디어 사용 비율 분석

수업 중 멀티미디어 사용의 비율을 알아보기 위해서는 우선 양적으로 얼마만큼의 멀티미디어 요소가 사용되었는지 알아볼 필요가 있다. 위에서 언급한 각 멀티미디어 매체 및 객체가 사용된 모든 시간(<표 3-72>맨 우측의 시간의 합)을 단위 소요시간(총 수업시간)에 따른 비율로 나타내어 멀티미디어의 사용 비율을 확인해 볼 수 있다.

$$\text{수업 중 멀티미디어 사용 비율} = \frac{\text{멀티미디어 사용 시간의 합계}}{\text{총 수업 시간}} \times 100$$

(2) 수업 중 각 멀티미디어 객체 사용 비율 분석

멀티미디어의 총 사용 시간만을 측정하는 것은 수업 중 사용된 멀티미디어 요소 분석의 본래 취지를 달성하는 데에 다소 미흡한 면이 있다. 특히 멀티미디어의 구체적인 객체 종류는 그 나름대로의 특징 및 각각의 장단점을 갖고 있으므로 수업의 어느 부분에 어떠한 이유와 방법으로 사용되었는지를 확인해 보는 것이 더욱 중요한 일이라고 할 수 있다. 위의 표 중 객체에 따른 분류표(①)의 각 요소의 사용시간을 총 멀티미디어 사용 시간(<표 3-72> 맨 우측의 시간의 합, ④)에 따른 비율로 나타낼 수 있다.

$$\text{각 멀티미디어 객체 사용 비율} = \frac{\text{각 객체 별 사용시간}}{\text{총 멀티미디어 사용 시간}} \times 100$$

(3) 수업 중 각 멀티미디어 매체 사용 비율 분석

멀티미디어는 매체는 그 종류가 매우 많으며 특히 기술의 진보에 따라 더욱 많은 신기술을 활용한 매체가 개발되어 현장에 사용되고 있다. 따라서 교사는 각 매체의 특성을 사전에 파악하여 효율적인 교수내용의 전달이 되도록 노력하고 이를 수업에 활용하며 분석된 내용에 따라 적절한 매체의 활용 비율을 조절해 나가도록 한다. 위의 표 중 매체에 따른 분류표(②)의 각 요소의 사용시간을 총 멀티미디어 사용 시간(<표 3-72> 맨 우측의 시간의 합, ④)에 따른 비율로 나타낼 수 있다.

$$\text{각 멀티미디어 매체 사용 비율} = \frac{\text{각 매체 별 사용시간}}{\text{총 멀티미디어 사용 시간}} \times 100$$

(4) 수업사태에 따른 멀티미디어 사용 비율 분석

멀티미디어는 전체 수업은 물론 수업의 각 상황에 따른 다양한 형태의 수업 활동을 조장하는 역할을 하기도 한다. 따라서 멀티미디어 요소의 활용이 단순한 수업 목표나 활동내용의 제시부터 학습자 스스로 창의적이고 탐구적인 활동을 할 수 있는 촉진적 역할까지 다양한 수업 활동에 기여할 수 있게 된다. 특히 멀티미디어 요소가 전체학생을 대상으로 하는지 , 각 그룹이나 모둠 혹은 객 개인을 대상으로 하는지를 확인해 보는 것은 영어 등 어학 학습과 멀티미디어가 상호 바람직하게 사용될 수 있는 다양한 활용 방안을 개발해 나갈 수 있게 할 것이다. 위의 표 중 매체에 따른 분류표(③)의 각 요소의 사용시간을 총 멀티미디어 사용 시간(<표 3-72> 맨 우측의 시간의 합, ④)에 따른 비율로 나타낼 수 있다.

$$\text{수업사태에 따른 멀티미디어 사용 비율} = \frac{\text{각 수업사태별 사용시간}}{\text{총 멀티미디어 사용 시간}} \times 100$$

3) 수업 후 분석표(참관 기록표)

다음 표는 수업 후에 멀티미디어 매체를 어떻게 활용했는지에 대하여 기록할 수 있는 체크리스트이다.

〈표 3-73〉 수업 후 분석표 예시

일 시	년 월 일 교시	교 과		수업 형태	
대 상	제 학년 반	단 원 (차시)		수 업 자	
본시 목표					

구분	참 관 관 점	평 정					수 업 매 체	
		1	2	3	4	5	수업매체종류	활용시간
계획	·수업매체의 선택 및 활용계획이 적절하였다.							
	·학습자 수준, 학습과제 등을 고려하였다.							
	·시청각기재의 설치와 조정이 사전에 이루어졌다.							
활용	·단위차시에 꼭 필요하고 유용한 수업매체였다.							
	·매체의 특성과 장단점을 충분히 고려하여 적절히 활용하였다.							
	·학생들의 환경을 고려하여 효율적으로 수업매체를 배치하였다.							
	·수업과정에서 적당한 시간에 활용하였다.							
	·학생의 탐구적 활동 및 자발적 참여를 촉진하는 매체를 활용하였다.							
조작	·교사의 수업매체(기재)의 조작 기능이 능숙하였다.							
	·각종 기자재의 사용 후 적절하게 분리 제거되었다.							
참관 소감								

이상에서 멀티미디어 매체 사용 분석법을 알아보았다. 거의 모든 교사에게 해당된다고 할 수 있을 정도로 교사들은 멀티미디어 매체의 활용과 멀티미디어를 직접 활용한 자료 제작의 어려움 사이에서 많은 고민을 하게 된다. 실제로 수업에서 다양한 멀티미디어 매체가 활용된다고 하여도 수업의 특성에 따른 교사의 재구성 노력은 보다 더 요구된다고 할 수 있다. 특히 영어과의 특성을 고려한다면 실제 의사소통의 기회를 부여하고 구체적인 과업을 수행함에 있어 다양한 발화의 기회를 가질 수 있는 도움이 되는 멀티미디어 매체의 활용이 필요하다. 그런 측면에서 멀티미디어 매체 사용을 분석해보는 것은 영어 수업에서 효율적인 멀티미디어는 무엇이고 어떻게 활용될 때 수업에 많은 도움이 되는지 알 수 있는 좋은 방법이라 볼 있을 것이다.

3.1.16 판서분석

학교 교육의 장면에서 영어과를 가르칠 때 수업자의 교수활동과 학습자의 학습활동은 칠판 위에 기술되는 판서에 의해서 집약적으로 나타난다. 따라서 교수의 핵심은 수업이고 교수활동의 중심은 판서라는 입장에서 수업의 질을 향상시키기 위한 판서 분석은 필요한 과정이라고 할 수 있다.

가. 이론적 배경

교실 현장에서 이루어지는 수업자의 교수활동과 학습자의 학습활동은 칠판 위에 기재되는 판서에 의해서 집약적으로 나타난다. 임재수(1991)는 판서가 개념의 시각화를 통해 학습자로 하여금 학습목표의 명료화 및 학습 내용의 이해와 학습 의욕을 촉진시켜 교수-학습의 효율성을 극대화시키는데 있어서 필수적인 교구활동기법이라고 보았다.

1) 판서의 의의

판서의 의의는 무엇보다도 교사가 학습내용을 칠판이라는 공간을 활용하여 학생들에게 명확하게 제시하여 궁극적으로 학생들의 학습력을 높이는데 그 의의가 있다고 하겠다. 이창용(1973)은 판서의 의의에 대하여 몇 가지로 말하고 있는데,

교수와 학습의 결정이며, 한 개의 칠판에 혈맥을 통하는 구조적인 사고활동이고, 교수와 학습과정의 통합된 흔적이며, 학습의 정리인 동시에 학생의 재생산적인 사고를 위한 자료로서 수업을 구조화한 계획 및 학습의 결과로 보았다.

2) 판서의 기능

판서의 기능은 무엇보다도 교재내용을 정리하여 제시해 주기 때문에 학습자에게 보다 효율적으로 학습내용을 정리할 수 있는 기능이 있다. 박완희(1986)는 판서의 기능에 대하여 학습내용의 통일과 학습자들의 주의를 칠판이라는 한 장소에 모아 학습내용에 대한 이해를 촉진시킨다고 하였다. 또한 판서의 내용은 학습자에게 기록되는 것이므로 장기 기억을 유도할 수 있으며 학습 시 자료로 사용될 수 있다고 하였다. 김재구(1970)도 판서가 학습내용을 정착시키는 것이 판서의 중요한 기능으로 보았다.

3) 판서 분석의 목적

교사가 수업을 진행하는데 다양한 수업 기자재 사용이 어려운 학교 현실에서 선택할 수 있는 가장 중요한 수업보조 매체는 칠판을 이용한 판서라고 볼 수 있다. 판서는 수업의 능률을 올릴 수 있는 중요한 수업기술이며, 학습자의 사고활동을 촉진하는 동기요인이라 할 수 있다.

판서는 수업내용을 구조화하여 수업내용의 특성과 학습자의 발달단계를 고려하여 이루어지는 수업의 과정이다. 그러므로 판서의 구조화 정도를 관찰하여 수업의 효과를 극대화하는 것이 목적이다(주삼환 외 4인, 1998).

4) 판서에 대한 견해

시각적 정보인 판서는 학습양식과 관련되는 문제로서 학자들의 견해를 살펴보면, 송순애(2003)는 판서가 그 시간의 수업목표를 제시해주고 수업의 과정과 절차를 보여주므로 학급당 학생수가 많고 학생간의 학력차가 커서 수업내용을 충분히 이해하지 못하는 학생이 많을수록 중요하며 또한 교사의 말을 잘 듣지 않고 주의가 산만한 학생이 많을수록 중요하다고 하였다. 또한 판서시 수업주제, 연구문제,

학생활동 절차는 꼭 판서해주어야 하며, 논리적으로 압축된 형태의 구조화된 판서를 하고, 빈칸을 이용한 판서로 흥미유발과 형성평가의 효과를 내며, 학생들의 발표를 교사가 정리해서 판서해야 한다고 주장하였다.

Hunt(1979)는 판서가 하나의 학습양식으로서 학생이 가장 잘 학습하게 되는 학습조건이나 상황이 될 수 있다에 대한 견해를 밝혔으며, Dunn과 Price(1975)는 판서가 정보를 획득하는 학습 환경이라고 하였다.

한편, Restak(1979)는 초등학교 5-6학년의 학생들은 시각적 학습자라고 주장하였는데, 이 주장에 따라 초등학교에서는 판서 후 설명이 설명 후 판서나 설명과 동시 판서방법 보다 더 효과적이라고 하였다. 대부분의 학습자들은 성장해 감에 따라 촉각적, 운동적 양상선호에서 시각양상 선호로, 다시 청각양상 선호로 변해간다는 Restak(1979), Price(1980), Carbo(1981)의 주장에 따라 중학교에서는 설명 후 판서가 판서 후 설명이나 설명과 동시 판서방법보다 더 효과적이라고 하였다. 그러나, 성인의 경우 40-60%의 학습자들은 학습양상의 어느 것에도 뚜렷한 선호가 나타나지 않는 감각 보편자라는 Price(1980)의 주장에 따라 고등학교 이상에서는 설명과 동시에 판서하는 것이 판서 후 설명이나 설명 후 판서방법보다 더 효과적이라고 본다.

5) 판서 시 유의해야 할 사항

판서 시 유의해야 할 사항은 여러 가지가 있지만, 가장 핵심은 계획적인 판서로 학생들에게 제시되어야 한다. 판서 시 유의해야 할 구체적인 사항에 대하여 강선보(1987)는 8가지로 정리하였다.

- 글자가 고르게 쓰여야 한다.
- 문자의 크기는 교실의 뒷줄에 앉은 학생들이 보는데도 불편이 없어야 한다. 대체로 교실 어느 곳에서나 잘 보이도록 하기 위해서는 글자의 크기가 6.5~7.5cm정도는 되어야 한다.
- 판서의 글자체는 해서체가 바람직하며 정성을 들여 쓰여야 한다. 특히, 저학년 학생들을 대상으로 하는 판서일수록 정성들여 쓰여야 한다. 왜냐하면 글씨체와 글씨 쓰는 태도가 잠재적 학습의 일면으로 학생들의 심리형성에 미치는 영향이 있기 때문이다.

- 판서는 조직적이고 계획적일 때 더욱 효과를 올릴 수 있다. 대부분의 교사들은 위나 밑으로 치우쳐서 글을 쓰게 되는데 이러한 잘못을 바로 잡기 위해서 판서를 시작하기 전에 칠판의 양쪽 끝에 점을 찍어서 그 줄에 맞추어 쓰도록 하면 더욱 효과적인 판서가 될 것이다.
- 판서는 나열식을 지양하고 구조화된 시각적인 판서를 해야 한다. 나열식은 학생들의 주의를 집중시키기 어려우며, 자칫하면 강의의 초점을 흐리게 할 수도 있다. 따라서 학생들의 관심과 주의집중을 위해서는 구조화된 시각적 판서를 함이 바람직하며, 강조할 사항이나 특기할 만한 사항은 색깔 있는 분필을 사용하는 것도 강한 인상을 줄 수 있다.
- 교사가 판서를 할 때 너무 오랫동안 학생들과 등지고 서 있지 않도록 유의해야 한다.
- 판서는 교사와 학생들이 공동으로 해야 한다.
- 노트와 관련 있는 판서를 한다.

나. 활용방법

영어 수업에서 나타나는 판서의 유형은 아래 <표 3-74>의 판서 유형표에서 살펴볼 수 있듯이 크게 내용에 따른 유형인 낱말형, 문장형, 기호형, 도표형, 도식형과 표시형태에 따른 유형인 병렬형, 대조형, 구조형, 귀납형, 연역형으로 나누어 볼 수 있다. 그리고 각 유형은 영어와 한국어의 구분, 대·소문자의 구분, 인쇄체와 필기체의 구분 및 비언어 자료에 대한 표시를 공통사항으로 포함한다. 여기서는 먼저 공통사항을 설명하고 판서의 유형별로 각각을 설명하겠다.

〈표 3-74〉 판서 유형표(예시)

판서의 내용에 따른 유형 (e/k)-(b/s)-(p/c) or (√)					판서의 표시형태에 따른 유형 (e/k)-(b/s)-(p/c) or (√)				
낱말형	문장형	기호형	도표형	도식형	병렬형	대조형	구조형	귀납형	연역형
e-b-p					e-b-p				
				k-s-p			k-s-p		
	e-s-c						e-s-c		

1) 영어 수업 시 판서의 유형 입력을 위한 공통사항

가) 영어와 한국어(e/k)

(1) 영어(e): 교사가 영어로 판서한 경우 판서분석표에 English의 (e)로 표시한다.
(2) 한국어(k): 교사가 한국어로 판서한 경우 판서분석표에 Korean의 (k)로 표시한다.

나) 대문자와 소문자(b/s)

(1) 대문자(b): 교사가 대문자로 판서한 경우 판서분석표에 big의 (b)로 표시한다.
(2) 소문자(s): 교사가 영어로 판서한 경우 판서분석표에 small의 (s)로 표시한다.

다) 인쇄체와 필기체(p/c)

(1) 인쇄체(p): 교사가 인쇄체로 판서한 경우 판서분석표에 printed의 (p)로 표시한다.
(2) 필기체(c): 교사가 필기체로 판서한 경우 판서분석표에 cursive의 (c)로 표시한다.

라) 그 외 비언어 자료(v)

숫자를 기록하는 경우와 같이 판서는 하였으나 가(영어와 한국어), 나(대문자와 소문자), 다(인쇄체와 필기체)의 항목에 모두 포함되지 않는 경우에는 (v)표시로 입력한다.

2) 영어 수업 시 판서의 내용에 따른 유형

영어 수업 시 판서의 내용에 따른 유형과 표시형태에 따른 유형으로 나눌 수 있다. 그렇다면, 먼저 판서의 내용에 따른 유형인 낱말형, 문장형, 기호형, 도표형, 도식형을 아래 <표 3-75> 판서의 내용에 따른 유형표에서 살펴볼 수 있는데, 영어 수업시간에 활용하는 예와 함께 살펴보도록 하자.

〈표 3-75〉 판서의 내용에 따른 유형표

판서의 내용에 따른 유형 (e/k)-(b/s)-(p/c) or (v)				
낱말형	문장형	기호형	도표형	도식형
e-b-p				
				k-s-p
	e-s-c			

가) 낱말형: 일정한 내용의 핵심이 되는 낱말, 용어 등을 제시하는 것이다. 이 경우에 학습자들은 그 낱말이나 용어에 대한 설명을 간단히 노트해야 하는 것이 보통이다.

예) 방학에 대하여 지도할 때, Vacation을 칠판에 적고 설명해 나간다.

나) 문장형: 문장의 요점을 간단히 적은 것으로서 가장 일반적인 형태이다.

예) 방학 때 있었던 일에 대하여 이야기를 나누는 내용을 지도할 때, How was your vacation?을 적고 설명한다.

다) 기호형: A, B, C 또는 가, 나, 다 등의 기호나 수식 등을 사용하여 표시한다.

예) 시간을 나타낼 때, A. past, B. present, C. future로 기호를 사용하여 나타낸다.

라) 도표형: 복잡한 내용을 이해하기 쉬운 표, 그림 또는 그래프 등으로 제시하는 것이다.

예) 날씨를 가르칠 때, 아래 <표 3-76>과 같이 나타낼 수 있다.

〈표 3-76〉 도표형의 예

맑은	흐린	비오는	눈오는
sunny	cloudy	rainy	snowy

마) 도식형: 상하, 전후 또는 시간적 계열 등의 관계를 도식화 한 것이다.

예) past → present → future

3) 영어 수업 시 판서의 표시 형태에 따른 유형

박완희(1986)는 판서의 표시 형태에 따른 유형인 병렬형, 대조형, 구조형, 귀납형, 연역형을 아래 <표 3-77> 판서의 표시형태에 따른 유형표에서 살펴볼 수 있는데, 다섯 가지로 나누고 다음과 같이 설명하고 있다.

〈표 3-77〉 판서의 표시형태에 따른 유형표

판서의 표시형태에 따른 유형 (e/k)-(b/s)-(p/c) or (v)				
병렬형	대조형	구조형	귀납형	연역형
e-b-p				
		k-s-p		
		e-s-c		

가) **병렬형:** 학습내용을 순서대로 그 요점을 간단하게 제시하는 판서유형이다.

예) 1. .... 1) ....

2. .... (1)...........

나) **대조형:** A, B, C 내용을 1), 2), 3) 기준에서 비교하고 서로 대조적인 것을 가지런히 써 내려가는 유형으로 다음과 같이 나타낼 수 있다.

예) A. B. C.

1)...... ....

2)...... ....

다) **구조형:** 교재내용을 계통화하고 체계화해서 수업의 요점을 구조화 하는 것으로서 다음과 같이 나타낼 수 있다.

예)

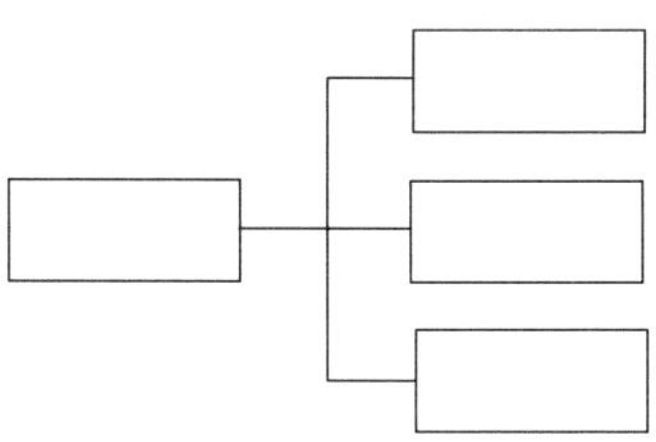

라) 귀납형: 부분을 묶어서 전체를 이해시키기 위하여 쓰는 방법으로 하나하나의 사례를 묶어서 결론을 적어가는 방법이다.

예)

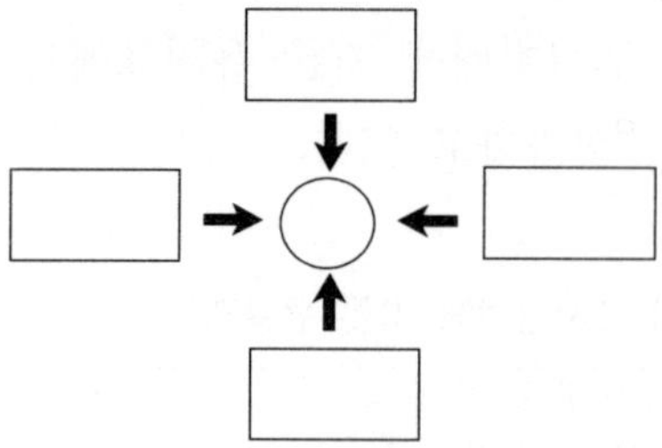

마) 연역형: 결론부터 적고 그에 따른 사례를 하나하나를 열거하는 방법으로 아래 그림과 같이 각각 2개씩의 형태로 나타낼 수 있다.

예)

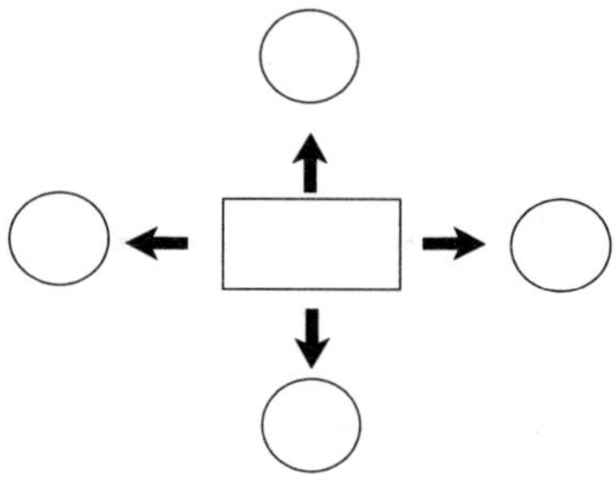

4) 판서의 내용

수업 단계별 판서의 내용은 다음과 같이 나타낼 수 있다.

가) 도입단계: 학습과제, 수업목표 등 교재의 개괄사항이나 문제사항 등이 제시된다.

나) 전개단계: 전체의 배치, 내용체계, 내용의 표현 등을 고려하여 학습의 핵심내용을 제시한다.

다) 정리단계: 형성평가, 차시 관련사항 등을 제시함.

5) 입력 강화 기법

학교 현장에서 교사가 판서를 할 때 학생들에게 입력을 강화할 필요들이 발생한다. 이러한 기법은 집중력이 낮은 초등학교 현장 뿐 만 아니라 중, 고등학교에서도 효과적이다. 이러한 목적으로 판서 시 여러 행동들을 취한다. 이러한 입력 강화 기법의 예로는 밑줄 긋기, 별표 표시하기, 색분필 사용하기, 선 긋기, 동그라미 하기, X 표하기, 별표하기, 지휘봉으로 가리키기, 두드리기 등 매우 다양한 형태로 나타날 수 있다.

6) 판서분석표

앞에서 언급한 판서의 위치, 교사의 시선과 설명방법, 영어 수업 시 판서의 유형, 입력 강화 기법의 요소들을 가지고 아래 <표 3-78> 판서분석표를 만들 수 있다. 이 판서분석표에서 분석 가능한 내용 및 분석 방법은 아래에서 구체적으로 나타내었다.

〈표 3-78〉 판서분석표(예시)

수업단계	경과시간	판서의 위치	교사의 시선과 설명방법	판서의 내용에 따른 유형 (e/k)-(b/s)-(p/c) or (v)					판서의 표시형태에 따른 유형 (e/k)-(b/s)-(p/c) or (v)					판서의 내용	입력강화기법
				낱말형	문장형	기호형	도표형	도식형	병렬형	대조형	구조형	귀납형	연역형		
도입	3:05 - 3:25	중-상	칠판-판서	e-b-p					e-b-p					단어 설명 하기	별표 표시
.															
전개	25:17-26:05	좌-상	학생-동시					k-s-p			k-s-p			게임 설명 하기	밑줄 긋기
.															
정리	37:35-38:03	우-하	학생-설명		e-s-c						e-s-c			내용 정리 하기	색분필로 구분 하기

가) 판서의 위치별 비율

판서의 위치별 비율의 분석은 교사의 계획적인 판서를 유도할 수 있기 때문에 중요하다. 판서의 위치별 비율은 다음 공식에서 분석해 볼 수 있다.

$$\text{판서의 위치별 비율} = \frac{\text{판서의 각 위치 수}}{\text{총 판서 수}} \times 100$$

예를 들면, 총 판서수가 10회 이고, 가운데 판서의 수가 4회 일 때 가운데 판서의 비율은 (4/10)×100=40%로 판서 시 가운데 사용이 높은 편임을 알 수 있다.

나) 판서 시 교사의 시선 비율

판서 시 교사의 시선 비율의 분석은 교사의 판서에 대한 습관을 파악할 수 있고, 바람직한 판서 즉 학생을 보면서 판서하는 습관을 유도할 수 있다. 판서 시 교사의 시선 비율은 다음 공식에서 분석해 볼 수 있다.

$$\text{교사의 시선 비율} = \frac{\text{교사의 각 시선 수}}{\text{총 교사의 시선 수}} \times 100$$

예를 들면, 판서 시 총 교사의 시선 수가 10회이고, 판서 시 학생에게 시선을 주는 수가 3회 일 때 판서 시 학생에게 시선을 주는 비율은 (3/10)×100=30%로 칠판을 보면서 판서하는 비율인 70%보다 훨씬 낮으므로, 학생에게 시선을 주는 비율을 높일 수 있도록 교사의 노력이 필요한 것을 알 수 있다.

다) 판서 시 교사의 설명방법 비율

판서 시 교사의 설명방법 비율의 분석은 교사의 판서 시 설명방법의 습관을 파악할 수 있다. 판서 시 교사의 설명방법 비율의 공식은 다음과 같다.

$$\text{판서 시 교사의 설명방법 비율} = \frac{\text{교사의 각 설명 수}}{\text{총 교사의 설명 수}} \times 100$$

예를 들면, 판서 시 총 교사의 설명수가 10회이고, 판서 후 설명하는 것이 5회일 때 판서 후 설명하는 비율은 (5/10)×100=50%로 설명 후 판서 또는 설명과 판서를 동시에 하는 두 방법보다 훨씬 높다는 것을 알 수 있다.

라) 판서 내용별 비율

판서 내용의 유형별 비율을 통해 교사가 주로 판서의 내용을 어떠한 유형으로 판서하는지를 알 수 있고, 더 나아가 판서내용의 다양한 유형 습득을 유도할 수 있다.

$$\text{판서 내용별 비율} = \frac{\text{판서 내용의 각 유형수}}{\text{총 판서내용의 유형수}} \times 100$$

예를 들면, 총 판서 내용의 유형수가 10회이고, 판서 내용의 낱말형 횟수가 4회 일 때 낱말형 비율은 (4/10)×100=40%로 다른 네 가지 유형(문장형, 기호형, 도표형, 도식형)보다 많이 사용하고 있는 것을 알 수 있다.

마) 판서 표시 형태별 비율

판서 표시형태별 비율을 통해 교사가 주로 판서 표시를 어떠한 형태로 하는지 알 수 있고, 판서 표시에 따른 다양한 형태의 습득을 유도할 수 있다.

$$\text{판서 표시형태별 비율} = \frac{\text{판서 표시형태의 각 유형수}}{\text{총 판서 표시형태의 유형수}} \times 100$$

예를 들면, 총 판서 표시형태의 유형수가 10회이고, 판서 표시형태가 병렬형인 횟수가 1회 일 때 병렬형의 비율은 (1/10)×100=10%로 다른 네 가지 유형(대조형, 구조형, 귀납형, 연역형)과 비교해서 적게 사용하고 있는 것을 알 수 있다.

바) 입력강화기법 비율

입력강화기법 비율을 통해서 교사가 얼마나 판서시 입력강화기법을 사용하는지와 어떠한 입력강화기법을 주로 사용하고 있는지를 분석할 수 있고, 또한 판서의 내용에 맞는 입력강화기법인지 반성해 볼 수 있는 장점이 있다. 따라서, 주로 사용되고 있는 입력강화기법을 기록해 보면 좋은 수업분석 자료가 될 수 있다.

$$\text{입력강화기법 사용 비율} = \frac{\text{입력강화기법 사용수}}{\text{총 판서수}} \times 100$$

예를 들면, 총 판서수가 10회이고, 입력강화기법 사용수가 7회 일 때 입력강화기법 사용 비율은 (7/10)×100=70%로 교사가 입력강화기법을 많이 사용하고 있는 것을 알 수 있다.

$$\text{입력강화기법별 비율} = \frac{\text{각 입력강화기법별 사용수}}{\text{총 입력강화기법 사용수}} \times 100$$

예를 들면, 총 입력강화기법 사용수가 10회 이고, 줄긋기 기법이 3회 일 때 줄긋기 강화기법 비율은 (3/5)×100=60%로 줄긋기 강화기법을 다른 기법에 비하여 많이 사용하고 있음을 알 수 있다.

사) 영어 · 한국어 사용 비율

영어 · 한국어 사용 비율을 통해서 판서 시 교사의 언어 사용 경향을 파악할 수 있고, 영어과 문자지도에 교사의 분석 자료로 활용할 수 있다.

$$\text{언어별 사용 비율} = \frac{\text{각 언어별 사용수}}{\text{영어 · 한국어 전체 사용수}} \times 100$$

예를 들면, 영어와 한국어 전체 사용수가 20회 이고, 영어 사용수가 12회 일 때 영어의 사용 비율은 (12/20)×100=60%로 한국어와 비교해서 교사가 영어를 조금 더 많이 사용되고 있음을 알 수 있다.

아) 대 · 소문자 사용 비율

대 · 소문자 사용 비율을 통해 판서시 교사의 대문자와 소문자의 사용 비율 및 실태를 파악할 수 있다. 이것은 교사의 영어과에서 실시하고 있는 문자 지도에 중요한 분석 자료로 활용될 수 있다.

$$\text{문자별 사용 비율} = \frac{\text{각 문자별 사용수}}{\text{대 · 소문자 전체 사용수}} \times 100$$

예를 들면, 대문자와 소문자의 전체 사용수가 20회 이고, 소문자 사용수가 16회 일 때 소문자 사용 비율은 (16/20)×100=80%로 대문자를 사용한 비율인 20%와 비교해서 압도적으로 소문자가 많이 사용되고 있음을 알 수 있다.

자) 인쇄체 · 필기체 사용 비율

인쇄체 · 필기체 사용 비율을 통해 판서시 교사의 인쇄체와 필기체의 사용 비율 및 실태를 파악할 수 있다. 이 사용 비율을 통하여 영어과의 문자 지도의 실태 및 경향을 파악할 수 있다.

$$\text{문자체별 사용 비율} = \frac{\text{각 문자체별 사용수}}{\text{인쇄체 · 필기체 전체 사용수}} \times 100$$

예를 들면, 인쇄체 · 필기체의 전체 사용수가 20회 이고, 인쇄체 사용수가 18회 일 때 인쇄체 사용 비율은 (18/20)×100=90%로 필기체를 사용한 비율인 10%와 비교해서 압도적으로 인쇄체가 많이 사용되고 있음을 알 수 있다.

7) 판서평가표

교사 자신의 판서에 대하여 스스로 평가를 해 볼 필요성이 있다. 왜냐하면 이러한 판서 평가를 통하여 자신의 판서에 대한 자신의 장점과 단점을 발견할 수 있고, 이러한 인식의 결과로 우수한 판서로 발전할 수 있는 계기가 되기 때문이다. 여기에서 주삼환 외 4인(1999)의 판서평가표를 영어교과에 맞게 수정하여 제시하였는데, 아래 <표 3-79> 판서평가표를 참고하도록 한다. 교사가 판서평가표를 통해서 자신의 수업을 평가요소로 평정하면, 판서에 대한 자신의 장점과 단점을 파악할 수 있고, 교사 스스로 판서의 평가요소에 대한 인식을 통해 우수한 판서로 발전할 수 있는 계기가 된다.

배점을 상 10점, 중 8점, 하 6점으로 하여 교사 자신의 판서에 대한 평가표를 다음과 같이 수치로 확인할 수 있다.

판서 평가표 점수= 상(10점×상 갯수)+중(8×중 갯수)+하(6×하 갯수)

판서 평가에 대한 등급= (A 등급: 90-100점, B 등급: 80-89점, C 등급: 79이하)

예를 들면, 상 7개, 중 2개, 하 1개 일 경우, 판서 평가에 대한 등급은 상(10점×7)+중(8×2)+하(6×1)=92점으로 A 등급이 된다. 이를 <표 3-79> 판서평가표 맨 아래 칸인 결과분석란에 종합적으로 기재한다.

〈표 3-79〉 판서평가표(예시)

평가요소	평정		
계획성 있게 판서한다.	상	중	하
대소문자와 인쇄체, 필기체를 쉽게 알아 볼 수 있다.	상	중	하
시각적 효과가 있도록 입력강화기법을 사용한다.	상	중	하
기록할 시간적 여유를 준다.	상	중	하
적당한 양의 판서를 한다.	상	중	하
판서하는 동안 몸으로 글씨를 가리지 않는다.	상	중	하
내용에 어울리는 판서의 유형을 가진다.	상	중	하
학생들이 판서의 내용을 잘 기록한다.	상	중	하
글자의 간격이 일정하다.	상	중	하
판서의 위치가 적절하다.	상	중	하
계			
결과분석			

이상으로 판서분석을 통하여 현장에서 이루어지고 있는 판서에 대하여 알아보았다. 수업활동은 칠판 위에 기술되는 판서에 의해서 집약적으로 나타난다. 판서는 교사가 학습내용을 칠판이라는 공간을 활용하여 학생들에게 명확하게 제시하여 궁극적으로 학생들의 학습력을 높이는데 기여하고, 무엇보다도 수업내용을 정리하여 제시해 주기 때문에 학습자들이 보다 효율적으로 학습내용을 정리할 수 있도록 도와준다. 즉, 판서는 수업의 능률을 올릴 수 있는 중요한 수업기술이며, 학습자의 사고활동을 촉진하는 요인이라 할 수 있다. 판서 분석을 통해 학습목표가 어떻게 명료화되고 수업 내용이 어떻게 시각화되어 학습자의 학습의욕을 촉진시켜 수업의 효율성을 극대화시키는지 알아볼 수 있다. 판서 분석 결과를 통하여 판서 항목에서 나타난 교사 자신의 취약점을 장점으로 개선시켜 보다 나은 영어 수업으로 나아갈 수 있을 것이다.

3.2 질적 분석방법

앞에서 우리는 영어과 수업관찰을 위한 양적 분석도구와 그에 따른 분석방법을 알아보았다. 여기에서는 영어과 수업관찰에 유용한 6가지의 질적 분석방법에 대해 설명하도록 하겠다. 질적 분석방법의 목록은 아래 <표 3-80>과 같다.

〈표 3-80〉 영어과 수업관찰에 활용할 수 있는 질적 분석법 목록

1. 중립적 개방적 이야기(detached open-ended narrative) 2. 참여관찰(participant observation) 3. 초점 질문 관찰(focused questionnaire observation) 4. 교육 비평(educational criticism) 5. 중요 사태 파악 접근법(critical events) 6. 신체 언어(body language)

위의 6가지 질적 분석법은 각각의 특성을 가지고 있지만 영어 수업 전체 혹은 일정 부분을 전사해서 분석한다는 공통점을 가지고 있다. 또한 양적 분석법에서는 각 분석 도구에 따라 관찰기준과 내용분석 방법이 다르고 매우 세분화되어 있는 반면, 질적 관찰은 방법들에 따라 다소 차이가 있기는 하지만 대체적으로 고정된 기준이나 관찰할 구체적 사항이 미리 정해져 있지 않다. 그러므로 본 장에서는 각각의 질적 분석도구를 소개한 후에 관찰된 내용을 분석하는 팁을 공통적으로 제시하도록 하겠다.

또한 4장에는 이러한 질적 분석법을 활용한 수업관찰의 예를 실어놓았다. 예시를 보면 알 수 있겠지만, 질적 분석법은 반드시 하나의 수업 관찰에서 한 가지 방법만 사용되지는 않는다. 4장에 수록된 예시에도 중립적 개방적 이야기와 초점 질문 관찰법을 함께 사용하고 있다. 따라서 지금부터 설명할 내용을 통하여 질적 분석법들의 개념을 명확하게 이해하고 나면, 자신이 하고자 하는 수업관찰의 목적에 맞게 한 가지 방법을 선택하거나 혹은 두 가지 이상의 방법을 통합하여 효과적으로 활용할 수 있을 것이다.

3.2.1 중립적 개방적 이야기

'중립적 개방적 이야기'라고 일컬어지는 이 방법은 주의를 끄는 모든 사람, 사건, 자료를 기록함으로써 이루어진다. 중립적이란 비평가적이고 객관적이라는 뜻으로서 수업 사태를 있는 그대로 기록함을 의미한다. 또한 개방적이란 교사나 학생의 말, 행동, 수업자료, 학습 사태 등 기록의 의미가 있다고 생각되는 것은 어떤 것이든지 기록함을 뜻한다. 주삼환 외 4인(1998)은 이 방법을 '제 3자로 자유기술하는 방법'이라고 표현하기도 하였다.

이 방법에서는 관찰자가 마음껏 기록할 수 있는 관찰지가 제공된다. 관찰지는 질문, 지표, 범주도 없이 비어 있다. 제목만이 아래와 같이 시작될 수 있다.

〈표 3-81〉 자유기술 관찰지(Glickman, Gordon, Ross-Gordon, 2001, p. 263)

개방적 이야기
관찰되는 교사 ____________ 시간 ____________ 관찰자 ________________
1
2
3
4
5
6
7
8
9
10
11
12
13
14
15
16
17
18
19
20
21
22
23
24
25

관찰자는 사태의 흐름에 따라 끊임없이 쓰기 시작하는데, 사실 학급에서 보거나 듣는 것을 모두 기록하는 것은 불가능하다. 그러므로 학급 전체를 계속적으로 훑어보고 무엇이 중요한지를 결정해야 한다. 다음은 초등학교 3학년 영어 수업을 관찰하고 중립적 개방적 이야기의 방법으로 기록한 예이다.

교사는 학생들에게 영어로 인사한 후 요일과 날씨에 대해서 묻고 대답한다. 학생들은 6명씩 모둠을 구성하여 마주보고 앉아 있다. 지난 시간에 배웠던 챈트를 화면으로 보여주고, 학생들과 함께 챈트를 하면서 수업 분위기를 조성한다.

지난 수업 내용을 복습하기 위해서 음식 카드를 활용하여 “Do you like ___________”? 묻고 “Yes, I do./No, I don't.”를 대답해 보도록 한다. 또한 학생들로 하여금 묻게 하고 교사가 대답한다. 교사와 학생끼리 연습한 후에는 전체 학생을 두 그룹으로 나누어 묻고 대답하기를 연습한다. 교사는 한국어를 거의 사용하지 않고 모든 발문과 대답을 영어로 진행한다. 수업 동기유발을 위해서 학생 한명이 교장 선생님에게 가서 좋아하는 음식과 싫어하는 음식을 인터뷰한 동영상을 보여준다. 동영상 내용을 바탕으로 오늘의 학습문제를 학생들에게서 끌어낸다.

첫 번째 활동은 말판놀이로서 짝활동이다. 실물화상기에 학습지를 올린 후 화면을 통해서 말판을 소개한다. 그리고 학생을 한 명 불러내어 교사와 함께 연습하는 장면을 보여줌으로써 학생들에게 활동 방법을 설명한다. 활동 후에 게임을 이긴 학생들에게 스티커를 준다.

지난 시간에 배웠던 표현들을 동영상을 통해 다시 한 번 본 후에 “Do you like apples?” 노래를 손동작과 함께 부른다. 아이들이 노래를 하는 동안 교사는 모둠별로 두 번째 활동에서 어떤 활동을 할 것인지를 표시하는 색깔 마크를 나눠준다.

두 번째 활동은 모둠별로 다른 활동이다. 활동 3가지(조사활동, 빙고 게임, 책 만들기)를 소개한 후에 각 활동을 간략하게 설명하고, 자기 모둠에 할당된 활동을 하도록 한다. 본 수업의 교사는 활동 안내까지도 모두 영어로 설명하며, 한국어로 부연 설명하지도 않는다. 대신 학생들의 이해를 돕기 위해서 화면을 통해 시각적인 설명을 함께 제공한다.

활동 중에 교사는 궤간 순시를 하면서 활동을 돕고, 다 끝난 모둠은 칠판에 결과물을 전시한다. 대부분의 모둠이 활동이 끝나가는 것 같으면 노래를 부르면서 자세를 바로잡는다. 교사는 칠판에 전시된 활동 결과물을 전체 학생들에게 하나씩 설명해 준다.

수업 마무리 단계에서 교사는 학생들에게 열심히 공부했다고 칭찬을 해준 후 오늘 어떤 내용들을 공부했는지 상기시킨다.

영어 수업에서는 이러한 중립적 개방적 이야기 분석법을 어떻게 활용할 수 있을까?

예를 들어 한 영어 교사가 수업을 더욱 잘하고 싶은 열망을 가지고 가정하자. 그렇다면 그는 먼저 성공적인 영어 수업의 전체적인 흐름이 어떠한지 알아야 할 것이다. 대부분의 수업 기술은 무에서 유를 창조하는 것이 아니라 훌륭한 선례들을 통해 팁을 얻고, 그것을 좀 더 보완해가는 과정에서 습득되기 때문이다. 따라서 성공적인 영어 수업을 촬영한 후 중립적 개방적 이야기 방법을 활용하여 전체 내용을 전사하고 관찰해 볼 수 있을 것이다. 또한 이러한 관찰방법을 통해서 평소에 자각하지 못했던 교사의 습관이나 개선할 점들을 발견할 수 있다. 가령 수업 시작 시 인사할 때에 항상 동일한 영어 표현만 사용한다든지, 수업할 때에 시선이 특정 학생에게만 계속 머문다든지, 혹은 특정 위치의 학생들에게 계속적으로 발표할 기회를 주고 있을지도 모른다. 중립적 개방적 이야기 방법을 통하여 우리는 이러한 문제점들을 찾아내고 다듬어가는 가운데 보다 나은 수업을 이끌어 갈 수 있을 것이다.

3.2.2 참여관찰

'참여관찰'이라고 일컬어지는 이 개념은 문화기술적 방법(ethnography)에서 사용되는 대표적인 방식으로 다른 방법들에 비해서 아주 독자적이며 방대한 학문적 바탕을 가지고 있다. 그만큼 관찰자에게 많은 노력과 전문성이 요구되기도 한다.

Spradley(1980)는 모든 인간들은 수많은 사회적 상황에서 일상적인 참가자로서 활동하고 있으나 우리가 무엇을 하고 있는가에 대해서는 별로 생각하지 않게 된다고 하였다. 반면 참여관찰자는 여러 측면에서 일상적인 참가자와 다르다고 하였는데 그 내용은 아래와 같다.

〈표 3-82〉 참여관찰자들에게 요구되는 자세

▪ 이중목적	상황에 적합한 활동에 참가하고, 그 상황에서 활동과 사람과 물적 측면을 관찰하기 위한 이중목적을 가지고 있다.
▪ 분명한 의식	일상적 참가자는 복잡한 사회생활 속에서 의식하지 않고 무슨 일이든 하게 되지만, 참여관찰자는 의식과 주의의 정도를 높이고, 보통 무시하던 것에 신경을 집중시키는 것이 요구된다.
▪ 광각 렌즈	의식을 높여야 함은 물론, 보다 넓은 정보망을 위해 광각 렌즈를 가지고 사회생활에 접근하여 광범위하고 넓은 관찰을 해야 한다.
▪ 당사자와 국외자의 경험	참여관찰자는 당사자(insider)이면서 동시에 국외자(outsider)로서 경험을 가진다. 주체(subject)로서 행동하며 동시에 자신을 대상(object)로 바라본다.
▪ 자기성찰	자기성찰은 객관적으로 보이지는 않겠지만, 새로운 상황을 이해하거나 문화적 규칙을 찾는 요령을 습득하는 데 사용되는 도구이다. 이로써 얻은 자료는 더 풍부해진다.
▪ 기록의 유지	객관적 관찰과 주관적 감정 모두를 자세히 기록해야 한다.

따라서 참여관찰자는 이중 목적을 유지하면서 다른 사람들이 당연시하는 일들에 관하여 스스로 분명히 의식하여야 한다. 당면한 활동에만 초점을 맞추는 것을 넘어서 광각 렌즈를 가지고 심중에 그림을 그리는 것이 중요하다. 사물에 대한

감정을 당사자와 국외자로서 동시에 체험하며 자기 성찰이 필요하다. 또한 보고 듣는 것을 기록해 둘 필요가 있다(Spradley, 1980).

참여하는 관찰자는 나중에 보다 자세히 쓸 수 있도록 수업 시간 동안에 간단한 기록을 한다. 빨리 쓴 메모는 관찰 시간이 끝난 후에 보다 충실히 기록할 상황을 관찰자에게 상기시켜 주는 역할을 하기 때문이다. 아래에는 초등학교 4학년 영어 수업 중에서 학생들의 모둠 활동을 돕는 동시에 수업을 관찰한 교생이 작성한 메모의 예를 실었다.

> 담임교사는 학생들에게 그룹을 만들고 각 조에게 주어진 활동들 중에서 하고 싶은 것을 선택하도록 지시하였다. 1조는 간단한 역할극을 준비하기로 했다. 아이들은 대본을 만들다가 모르는 표현이 나오면 내게 물어본다.
>
> 2조는 역할극 주제를 정하기 위해서 토론 중이다. 두 명의 남학생이 조 활동에 참여하지 않고 장난을 치고 있으나 나머지 조원들은 그들에게 신경을 쓰지 않고 있다(왜일까?).
>
> 3조는 영어 노래와 몸동작을 연습하고 있다. 조장인 ○○이가 활동을 이끌고 있으며 조원들을 잘 챙긴다. 재미있는 동작이 만들어지면 내게 와서 보여주고 소감을 묻는다.
>
> 4조는 커다란 책 만들기를 하는 중이다. 자료를 자르는 사람, 붙이는 사람, 글씨를 쓰고, 꾸미는 사람 등 각자 역할을 맡아서 열심히 활동하고 있다.
>
> 5조 역시 책 만들기를 하고 있다. 그러나 4조처럼 분업이 잘 되지는 않는다. 또한 모르는 영어 철자가 많아서 내게 도움을 청하면 글 쓰는 것을 도와준다. 책 만들기는 5조의 수준에 비해 어려운데 왜 이 활동을 선택했는지 모르겠다.
>
> 조별 활동이 끝나고 차례로 발표할 때에는 몇몇 학생을 제외하고는 다른 친구들의 발표에 집중하였다. 특히 3조의 발표가 인기 있다. 조원들이 협동하여 적극적으로 발표하니까 다른 아이들의 호응도 높다.

이것은 전체 수업을 메모한 것 중에서 학습자들의 모둠별 활동에 관한 일부분으로서 관찰자가 참여를 통해서 파악된 내용을 메모한 것이다. 조별 활동에 집중하지 않은 학생이나 활동이 원활하게 이루어지지 않은 조에 대한 설명은 추후에 자세히 보완한다.

참여관찰법은 그 특징에 따라 여러 가지 장점과 단점을 가지고 있다. 우선 장점을 생각해보면 다음의 세 가지로 간추릴 수 있다.

첫째, 언어표현이 불가능한 연구대상에 대한 연구가 가능하다는 것이다. 현재 우리나라는 초등학교 3학년부터 영어 교육을 도입하고 있으며 머지않아 1학년부터 도입하는 것에 대해서 고민하고 있다. 1학년의 영어 수업을 관찰할 때에는 질문지법이나 면접법 등의 방법은 시도하기 어렵기 때문에 이러한 참여관찰법이 자료를 수집하는 데에 도움이 될 것이다.

둘째, 연구자가 직접 수업에 참여하여 파악할 수 있으므로 오차의 개입이 적고, 연구대상들이 자신이 관찰되고 있다고 인식하여 행동의 유형이 달라져서 오차가 생기는 호오손 효과(Hawthorn effect)도 방지할 수 있다.

셋째, 연구대상은 자신들의 행동이 참여자에 의해 관찰된다는 사실을 모르기 때문에 관찰대상의 무의식적인 행동이나 외부에 표시되지 않은 내부적 사실까지도 파악이 가능할 수 있다.

반면 단점은 다음과 같다.

첫째, 한 명의 교사가 수업을 이끌고 가는 경우가 대부분인 우리나라 교실 상황에서 수업에 참여하는 동시에 관찰한다는 것은 잘 행해지는 방식은 아니다.

둘째, 연구대상의 집단에 참여하는 관찰자 자신이 집단 내부의 태도나 가치관에 동조되어 중립적으로 관찰하지 못하는 경우가 있을 수 있다. 또한 연구자가 연구대상과 함께 생활하면서 연구대상의 태도나 가치관을 변화시키게 되는 경우도 예상할 수 있다.

셋째, 참여관찰자는 자신의 신분을 밝히지 않은 상태에서 자료를 수집해야 하므로 연구대상이 인식하지 못하도록 기록해야 한다. 따라서 즉각적인 기록에 어려움이 있고, 자료가 기록될 때 누락되는 경우도 있을 수 있다.

따라서 영어과 수업에서 참여관찰법을 활용할 때에는 이러한 상황을 고려하여 관찰을 계획할 필요가 있다. 또한 기록의 누락을 막기 위해 수업을 촬영한 후에 녹화본을 보면서 수업에 참여했던 느낌을 되살려 관찰지를 작성하는 방안을 생각해볼 수 있겠다.

참여관찰법은 원어민 교사와 협동수업을 하는 모국인 영어 교사가 수업을 분석하고자 할 때 이용할 수 있다. 또한 위의 예와 같이 교생실습을 나가게 되면 담임교사의 수업을 참관하면서 활동을 돕게 되는 경우가 있다. 혹은 한 반에 여러 명의 교생들이 배치되어 4-6명의 학생들로 이루어진 조를 하나씩 맡기도 한다. 이럴 때 수업을 함께 하면서 자신이 맡은 조의 학생들의 수업태도 및 내면적인 원인 등을 관찰할 수 있을 것이다.

3.2.3 초점 질문 관찰

초점 질문 관찰법은 수업을 몇 가지 주제에 따라 관찰하는 방법으로서, 미리 정해진 주제에 관련한 질문에 대한 정보를 찾는 식으로 진행된다.

초점을 맞춘 질문지는 지시적인 수업, 협력 학습, 가치 탐구, 선조직자, 비지시적 학습과 같은 특정한 수업 모형을 근거로 할 수 있다. 어떤 특정한 모형 안에서 1-2개의 질문을 살펴보는 것과 같이 폭이 좁을 수도 있고, 한 모형에 대한 무수히 많은 질문을 포함하는 것과 같이 광범위할 수도 있으며, 여러 가지의 수업의 실제와 관련된 질문을 포함하는 식으로 일반적일 수도 있다(Glickman, Gordon, Ross-Gordon, 2001).

Harris(1975, pp. 364-376)는 '학급', '교사', '학생', '수업'을 주제로 관찰 질문지를 개발하였는데, 다음은 각 주제에서 발췌한 질문의 예이다.

〈표 3-83〉 초점 관찰 질문지의 예(Glickman, Gordon, Ross-Gordon, 2001, p. 266)

주제1: 학급 학급은 어떻게 매력적으로 만들어졌는가? 주제2: 교사 교사가 학생과 온정적이며 우호적인 관계를 맺고 있다는 것이 어떻게 드러나고 있는가? 주제3: 학생 학생들이 자신들이 무엇을, 왜 하고 있는지 알고 있다는 것이 무엇으로 드러나는가? 주제4: 수업 수업과 숙제에 지역 사회의 자원과 학생의 실생활이 고려되고 이용된다는 것이 어떻게 나타나고 있는가?

관찰자는 교실에 들어가서 수업을 관찰하며 위 질문들의 답이 되는 내용들을 찾는다. 예를 들어, 질문 '학급은 어떻게 매력적으로 만들어졌는가?'는 '학급은 새로 페인트를 칠하였고, 게시판에는 최근의 것이 붙어있다. 학생의 미술 작품은 액자에 넣어져 전시되어 있고, 고른 간격으로 붙어있다'와 같이 기술된다.

이러한 초점 질문 관찰 분석법으로 영어과 수업을 관찰할 때, 우리는 무엇에 초점을 맞추어야 할 지 고민해봐야 한다. 영어라는 언어적 특성 자체를 관찰하는 것 또한 영어과 수업 관찰에서는 중요할 것이다. 따라서 영어 수업에서 위의 4가지 항목에 따라 질문거리가 될 사항들을 골라보았다.

가. 학급

1) 책걸상 및 가구의 배치가 영어 학습에 적합하게 이루어져 있는가?
2) 학습 환경 조성이 영어 학습을 도울 수 있도록 되어 있는가?

나. 학생

1) 능동적으로 학습에 참여하는가?
2) 교사 혹은 동료 학습자와 의사소통이 활발히 이루어지는가?
3) 수업 중에 영어를 얼마나 사용하는가?

다. 교사

1) 학습자를 대하는 태도가 어떠한가?
2) 학습자의 개인차를 고려하고 있는가?
3) 교실영어를 얼마나 사용하는가?
4) 학습자에게 공평하게 학습 기회를 부여하는가?
5) 학습자의 동기와 흥미를 잘 유발하는가?

라. 수업

1) 전체 활동들이 학습목표에 도달하기 위해 일관성을 가지고 제공되는가?
2) 학습 자료가 학습 목표에 맞게, 적절한 시기에 제공되는가?
3) 실생활에서 접할 수 있는 실제적인 자료를 사용하는가?
4) 활동에 따라 그룹 조직이 전체 활동, 조별 활동, 짝 활동, 개인 활동 등으로 적절하게 이루어지는가?

이상의 질문들은 영어과 수업을 관찰할 때에 가질 수 있는 가장 기본적인 사항들이다. 이뿐만 아니라 대상 수업의 교수학습 모형에 따라, 관찰자의 관심과 흥미 분야에 따라, 수업의 학습주제에 따라서 관찰하고자 하는 초점은 자유롭게 개발할 수 있다. 앞에서도 말했듯이 질적 분석은 정해진 관찰 기준 하에 이루어지는 것이 아니기 때문에 관찰자가 선택의 폭을 넓게 가진다. 초점 질문 관찰법에서 중요한 것은 그 수업에서 내가 무엇을 보고자 하는가를 정하고, 그것을 세밀하게 관찰한 후에 유의미한 해석을 끌어내는 것이라고 할 수 있겠다.

다음 글은 초등학교 5학년 영어 시간에 길 안내하기 수업을 보고 교사와 학생의 활동에 초점을 맞추어 수업을 관찰한 예이다.

> 본 수업의 학습목표는 지난 시간에 배운 길을 안내하는 표현을 충분히 익히고 자연스럽게 말할 수 있도록 연습해보는 것이었다. 학습자들은 교사의 지도에 따라 적극적으로 수업에 참여했다. 교사가 질문을 할 때에 손을 들고 대답하려는 행동을 보였으며, 길 찾기 놀이를 할 때에도 대부분의 학생들이 친구들의 활동을 열심히 지켜보는 등 수업 집중도가 높은 편이었다. 의사소통 측면에서는 교사와 학생 사이의 의사소통은 활발했으나, 학생과 학생 간의 의사소통연습 기회는 적었다. 또한 교사와 학생 사이에도 교사가 일방적으로 질문하고 학생이 대답하는 식이었다. 학생들은 대부분의 대답을 영어로 하였으나 완벽한 문장을 구사하는 학생은 소수였고, 단어 또는 불완전한 문장으로 교사의 질문에 대답하는 모습을 보였다.
>
> 교사는 학습자들에게 발표 기회를 골고루 주려고 노력하였으며, 쉽거나 간단한 질문은 수준이 낮은 학생들에게, 어렵거나 긴 문장의 질문은 우수한 학생들에게 대답하도록 배려하는 모습을 보였다. 그러나 교실 영어는 수업 시작 시에 오늘의 기분과 날씨, 요일 등을 물을 때, 그리고 학습하고자 하는 의사소통 표현에서만 사용하였을 뿐, 수업 진행시에 필요한 말이나 활동 설명 등은 한국어를 많이 사용하였다. 수업 자료는 학생들이 좋아하는 만화 영화 캐릭터들을 적용하였다. 만화 주인공들이 자신의 짝을 찾기 위해 길을 묻는 식으로 시나리오를 구성하고 활동을 함으로써 학생들의 흥미와 관심을 불러일으키고 재미있으면서도 학습목표에 관련이 있는 자료들을 활용하였다. 그룹 조직은 전체 활동의 비중이 가장 높았으며 그 다음은 개별 활동이었고, 짝 활동과 모둠 활동은 배우 적은 비중을 차지하였다.

아래의 표는 초점 질문 관찰법에서 관찰 내용을 기록할 때에 사용하는 기록지이다. 관찰자는 학급, 학생, 교사, 수업의 각 항목에 자신이 관찰하고자 하는 질문거리를 적은 후에 관찰 내용을 기록할 수 있다. 이때 각 항목에서 1가지씩 질문을 만들어도 되고, 자신이 관심을 가진 항목에서만 여러 개의 질문을 만들어도 무방하다. 가장 선행되어야 할 일은 관찰자가 수업에서 무엇에 초점을 두고 관찰하고 싶은가를 명확하게 아는 것이다.

〈표 3-84〉 초점 질문 관찰에서 사용하는 기록지의 예

관찰수업 ______________________ 관찰일 ____________________

수업자명 ______________________ 관찰자명 ____________________

항목	질문	관찰내용
학급		
학생		
교사		
수업		

3.2.4 교육 비평

Elliott Eisner(1985)에 의해 개발된 '교육 비평'은 마치 음악, 미술, 문학, 무용 등을 감상하고 비평하듯이 수업을 비평하고 기록하는 방법이다. 이는 수업을 객관적·분석적으로만 보는 것이 아니라 수업에다 주관적이고 개인적인 의미를 부여하는 것으로 현상학, 해석학 관점과 일치한다(주삼환 외, 1998). Eisner에 의하면 교육 비평가는 학생과 교사의 시각에서 수업 환경, 사태, 상호작용의 영향을 보려고 하며, 수업의 숨은 의미를 참여자에게 알리고 그들이 동의하는 자를 알아보려고 한다. 따라서 이 기법은 작품을 읽고 그 작품의 표현 방법과 등장인물을 해석하는 것과 같은 문학적 비평에 비유될 수 있다.

교육 비평가는 거리를 둔 관찰자, 참여하는 관찰자의 역할을 모두 하며 정보를 기록한다. 수업과 거리를 유지하는 면에서 거리를 둔 관찰자, 수업에 대한 참여자의 시각을 좀 더 알기 위하여 학생과 교사가 서로 이야기하는 것을 듣는 면에서 참여하는 관찰자의 역할을 하는 것이다.

교육 감식안을 위한 자료는 많지만 가장 중요한 것은 교사와 교실 생활에 대한 관찰이라고 할 수 있다. 가르치는 것과 교실에 관한 안목은 학생들과 그들이 하고 있는 것에 관해 이야기하고 무엇이 일어나고 있는가에 관한 그들의 관점을 알아볼 뿐만 아니라 관찰을 통해 확인된다. 감식안은 복잡하고 미묘한 특징을 섬세하게 식별하는 능력을 말하며 감상의 기술이다. 감식안은 교육적인 실천을 포함하며, 특징, 의미 혹은 대상의 가치, 상황 그리고 행위가 일어나고 변화하는 모든 영역에서 나타난다(Eisner, 1998).

Eisner(1998)는 교육비평의 구조를 '기술', '해석', '평가', '주제화'의 네 가지 차원으로 규명하였다. 교육비평을 시도하기 위해서는 먼저 이것들의 구조를 명확히 알아야 한다.

'기술'은 수업 시간에 일어나는 모든 사태를 그대로 묘사하는 것을 말한다. 기술할 때에는 그 수업을 실제로 관찰하지 않은 사람조차도 글을 읽으면 교실의 장면이 마치 영화처럼 눈앞에 그려질 수 있도록 가능한 실감나게 하는 것이 중요하다. 그러다 보니 교육비평에서는 다른 수업관찰법에서 거의 사용되지 않는 비유나 은유적인 용어들이 허용되며, 때로는 권장되기까지 한다.

'해석'은 관찰자가 기술한 내용을 바탕으로 교실에서 이루어진 행위들의 의미를 설명하고자 하는 활동이다. 하지만 '기술'과 '해석'이 항상 명확하게 구분되지는 않는다. 실제로 수업관찰에서 전사된 자료를 보면 기술과 해석이 한 문장 안에서 함께 등장할 때도 있다. 예를 들어 '여학생은 수업이 지겨운 듯이 등받이에 몸을 기대고 앉았다.'라는 문장을 보면 학생이 뒤로 기대앉은 행위를 기술함과 동시에 그러한 행위가 일어난 의미를 '수업이 지겨워서'라고 해석하고 있음을 알 수 있다. 다만 '기술'과 '해석'의 분명한 차이점은 기술은 눈에 보이는 표면적인 현상을 묘사한 것인 반면, 해석은 내면적인 현상을 끌어낸 것이라는 데에 있다.

'평가'는 이렇게 기술되고 해석된 교실에서 일어난 사건들의 교육적 가치에 관한 논의를 하는 것을 말한다. 예를 들어 한 교사가 영어로 인사하는 표현을 가르친 후에 짝활동으로 서로 인사를 주고받으며 연습하도록 지도한다고 생각해 보자. 그런데 관찰자의 눈에는 그 활동이 뭔가 인위적이고 아이들도 흥미를 느끼지 못하는 것처럼 보일 수 있다. 이러한 상황일 때, 전통적인 연구방법을 쓰는 관찰자들은 교사의 수업진행에 대해 '좋다, 나쁘다'는 평가를 내리지 않는다. 물론 그들도 마음속으로는 어느 쪽이든 판단을 내릴지도 모른다. 그러나 어쨌든 겉으로는 표출하지 않도록 되어있다는 것이다. 하지만 교육비평에서는 관찰자가 자신의 의견을 분명히 드러내는 것을 권장한다. Eisner(1998)는 이것이 전통적인 연구방법과 교육비평의 큰 차이점이라고 하였다. 전통적인 교육방법에서는 관찰자가 항상 중립을 지키며 객관적인 기록을 남기는 것을 중시하지만, 교육비평에서는 관찰자의 주관적인 판단에 큰 의미를 부여한다는 것이다. 그는 기술과 해석만으로 끝나는 수업관찰은 수업 개선에 어떤 도움도 줄 수 없기 때문에 관찰자의 의견을 적극적으로 반영할 필요가 있다고 하였다.

마지막으로 '주제화'는 관찰자가 기술하고 해석하고 평가한 내용을 토대로 하여 하나의 결론을 제시하는 것이다. 예를 들어 어느 교사 초등학교 영어 시간에 의사소통을 연습하기 위해서 역할극을 자주 활용한다고 하자. 관찰자가 그 교사의 수업을 지속적으로 기술하고 해석해봤더니 역할극을 할 때마다 아이들의 표현력이 상승되고 능동적으로 수업에 참여하는 것을 볼 수 있었다. 그렇다면 관찰자는 '역할극이 초등학교 영어 수업에 효과적이다.'라는 결론을 내릴 수 있는데, 이것을 '주제화'라고 한다. 즉, '주제화'는 전통적인 연구방법에서의 '일반화'와 비슷한 의미라고 할 수 있다. 다만 전통적인 연구방법에서는 통계적인 절차를 따라서 도출된 결과를 일반화하는 반면, 교육비평에서의 주제화는 마치 삶 속에서 체득한 것을 다른 삶의 상황에도 대입해 보는 듯한 자연스러운 일반화를 이룬다는 차이점이 있다.

이상으로 교육비평을 구성하는 4가지 요소에 대하여 알아보았다. 한 가지 기억해야 할 사항은 수업관찰에서 이 4가지 요소가 모두 포함되어야 한다는 것은 아니며, 단지 풍성한 관찰결과를 위해서는 이렇게 하는 것이 바람직할 것이라는 차원에서 받아들이는 것이 좋다. 그리고 등장하는 순서도 반드시 '기술→해석→평가→주제화'를 따라야 하는 것은 아니다. 관찰자는 자신의 개성과 관찰 방식에 따라서 순서가 계속적으로 반복된다거나, 일정 부분 바뀔 수도 있는 자율권을 가진다.

아래에 제시된 예시는 초등학교 6학년 영어 수업 시간을 관찰하고 교육비평 방법을 적용하여 기록한 예의 일부분이다.

> 초등학생과 별 차이가 없는 자그마한 체구를 가진 여자 교사가 6학년 학생들을 앞에 두고 영어 수업을 펼쳐나가고 있다. 그러나 이 교사의 반짝거리는 눈빛과 마치 외국에서 살다온 것 같은 유창한 영어 발음, 학생들의 시선을 사로잡는 현란한 제스처는 수업에 자신이 있음을, 그리고 오늘 수업을 반드시 성공으로 이끌겠다는 열정에 가득 차 있음을 보여준다.
>
> 교사는 비교급 문장을 설명하기 위해서 쥐와 고양이 그림을 꺼내들었다. 그리고 누가 더 큰지 자신 있게 물었다. 물론 아이들은 교사가 의도한 대로 고양이가 더 크다고 대답한다. 그 다음 질문은 '누가 더 빠른가'였다. 그런데 아이들이 믿는 도끼로 발등을 찍으며 쥐가 더 빠르다고 대답한다. 예상치 못한 답변이었을 것이지만 교사는 당황한 기색을 보이지 않고 "쥐가 더 빠르다고? 고양이보다?"라고 재차 질문한다. 그러자 아이들의 입에서 "제리."라는 대답이 팝콘 튀듯이 튀어나온다. 과거 한 시대를 풍미했던 만화영화 '톰과 제리'가 갑자기 등장할 줄은 아마 상상도 못했을 것이다. 그러나 교사는 "톰과 제리는 그래. 하지만 일반적으로는 어떻지?"라고 질문을 살짝 변경하면서 학생들에게 올바른 답을 유도해낸다. 학생들은 장난기를 거두고 수업 분위기에 다시 몸을 싣는다.
>
> 새로 등장한 단어의 발음을 연습할 때에 교사는 독특한 방법을 사용했다. 예를 들어 'brother'의 발음을 배울 때에 먼저 'b'와 'v'의 발음을 직접 보여줌으로써 무성음과 유성음의 차이점을 확연하게 구분되도록 한다. 이렇게 중요한 설명을 할 때는 모름지기 학생들의 관심을 최대한 끌어당겨야 하는 법, 점수와 사탕이라는 달콤한 보상은 지금을 대비한 것이라고 할 수 있을 것이다. 'b'와 'v'의 발음이 학생들에게 익숙해지면 뒤의 철자부터 'er(어ㄹ)-ther(더ㄹ)-brother(브로우더ㄹ)' 식으로 조금씩 살을 붙이며 연습하

> 면서 정확한 발음을 익히도록 한다. 학생들은 무의식적으로 그 어렵다는 'b'와 'r' 발음을 훌륭하게 해내면서 원어민에 가까운 발음을 구사하고 있다. 단어 연습을 할 때에 학습자들의 반응은 크게 두 가지로 나뉜다. 한 부류는 이런 연습이 신기하고 재미있다는 표정으로 싱글벙글 웃으면서 발음을 따라한다. 다른 한 부류는 쓰다 달다 딱히 표현하지 않고 교사가 시키는 대로 따라한다. 그러나 공통적인 것은 거의 대부분의 학생들이 한눈을 팔거나 허튼 짓을 하거나 입을 다물고 있지 않고 발음 연습에 열심히 참여하고 있다는 사실이다. 아마도 이렇게 철저히 발음을 연습한 단어들은 두뇌 속이나 입술에서 쉽게 지우기 힘들 것이다.

우리는 위와 같은 방법으로 교육비평 분석방법을 활용할 수 있다. 특히 수치화된 양적 분석방법이 맞지 않거나, 질적 분석방법일지라도 정형화된 문체로 기록하는 것이 탐탁지 않은 교사에게는 이러한 교육비평을 작성해보는 것이 도움이 될 수 있을 것이다. 또한 교육비평을 작성할 때에는 Eisner가 제시한 아홉 가지 주의 사항을 잘 염두에 두고 하는 것이 좋다(박승배, 2006).

- 가능하면, 그리고 적절하다고 판단되면 직접인용을 많이 하라.
- 장점과 함께 약점도 인정하라. 세상에 모두 좋거나 모두 나쁜 것은 거의 없는 법이다.
- 그대의 기술 능력과 해석의 예리함이 그대가 작성하는 교육비평을 풍부하게 만든다는 사실을 잊지 말라.
- 그대가 작성한 글로부터 주제, 즉 요점이 무엇인지 분명히 부각시켜라.
- 논문을 작성할 때 기술하는 장과 해석하는 장을 따로 분리해도 된다는 것을 기억하라.
- 말하지 말고 보여주라.
- 그대가 내린 결론에 대한 증거를 제시하려고 노력하라.
- 해석을 할 때 숫자나 전문용어를 사용하는 것이 그대의 해석에 정확성을 높인다면 이를 사용하는 것을 주저하지 말라.
- 중언부언하지 말고 비유를 지나치게 많이 사용하지도 말라. 이는 그대가 작성하는 교육비평의 신뢰성에 해가 된다.

<표 3-85>는 교육비평에서 사용할 수 있는 비평문 기록지의 예시이다.

〈표 3-85〉 교육비평에서 사용하는 비평문

관찰수업 ______ 관찰일 ______ 관찰대상 ______ 관찰자 ______	
종류	내용
기술	
해석	
평가	
주제화	

3.2.5 중요 사태 파악 접근법

이 관찰 기법은 수업 중에 일어난 사태에 대한 본질을 파악하는 것으로서 수업 전체를 기록하기보다는 의미 있는 사태가 일어났을 경우 관련한 사항을 깊이 관찰하고 기록한다.

이 접근법은 'Critical Incidents Technique(CIT)'에 바탕을 두고 있다. CIT는 제2차 세계대전 중에 항공 심리 프로그램(Aviation Psychology Program)을 주도하고 있던 Flanagan에 의해서 1949년에 개발되었는데, 처음에는 비행사 훈련에서 높은 실패율의 원인을 훈련자들의 심리적 특성에서 찾게 되었다. 하지만 심리적 특성의 분석이 훈련 성공을 예측할 수는 없었다. 대안으로 Flanagan은 실제 성공과 실패의 사례들을 분석함으로써 긍정적이거나 부정적 결과를 가져오는 행동을 결정하였다(Fountain, 1999).

이 관찰 기법에서 관찰자는 교수방법이나 교수전략, 수업관리적인 측면에서 중요하다고 판단되는 수업사태에 대해서 아래의 양식에 따라 관찰하고 기록한다. 그리고 그 이유를 파악하기 위해 수업 후에 교사와 관련된 학생들과의 면담을 통해 일어난 일에 대한 생각을 다음과 같은 요령으로 물어볼 수 있다. 관찰자는 "왜 …하지 않았습니까?" 또는 "왜 …와 같이 했습니까?" 등의 유도성이 짙은 강한 질문보다는 "…에 대해 말씀해 주실 수 있겠습니까?"와 같은 중립적인 언어를 사용하여 질문하고 대답을 기록한다.

〈표 3-86〉 중요 사태 파악 접근법에 따른 관찰 양식(Wragg, 2000, p. 67)

중요 사태 발생 번호 ______	교사명 ______
학급 ______	날짜 ______
사태를 주도한 것은 무엇인가?	
발생한 사태는 무엇인가?	
결과는 무엇인가?	
참여자들과의 면담	

영어 시간에 볼 수 있는 중요 사태 파악 접근법의 예는 다음과 같다.

영어 수업시간에 관찰된 다음과 같은 중요한 사태는 학습자들의 수준을 정확하게 파악하고 그에 맞는 교수방법과 학습활동을 택하는 것이 얼마나 중요한가를 보여준다.

본 차시의 학습 목표는 지난 시간에 배운 소개하기 표현들을 활용하여 간단한 가족 신문을 만드는 것이었다. 가족사진과 4절지, 풀, 가위, 색지 등 여러 꾸미기 도구들은 이미 준비되어 있는 상태였고, 수업의 초반부에서 앞 차시에 공부했던 내용을 복습하는 활동도 무난하게 진행되었다. 중요한 사태는 실제 활동이 시작된 후부터 발생하였다. 교사가 가족 신문을 만들 것을 지시했으나 학생들은 어떻게 만들어야 할 지 잘 알지 못했다. 대부분의 학생들이 부모님의 직업을 영어로 표현하는 것에서 막히기 시작했고, 교사에게 계속적으로 자기 부모님의 직업을 영어로 어떻게 표현하는지 묻기 시작했다. 교사는 당황한 모습으로 학생들의 자리를 무질서하게 돌아다니면서 질문에 답해주었고, 교실 분위기는 점점 더 소란스럽게 변했다. 활동에 배당되었던 시간이 모두 흐른 후, 평소에 영어 실력이 뛰어난 소수 학생을 제외하고는 대부분의 학생들이 가족 신문이 미완성한 채로 활동을 종료하였다. 가족들에 대한 소개문을 썼다 하더라도 교과서에 나오는 문장을 그대로 옮겨 적은 경우가 많았으며, 몇몇 학생들은 사진만 붙인 채 그 이상의 활동을 진행하지 못했다.

수업이 끝난 후에 관찰자는 교사에게 다음과 같은 질문을 하였다. "학생들의 활동 시간에 발생한 사태에 관해서 말씀해 주시겠습니까?"("학생들이 언제 잘못된 행동을 했습니까?"라는 식으로 질문하지 않았다.) 교사는 작년까지 근무했던 학교에서 영어시간에 했던 방식을 비슷하게 적용한 것이라고 설명하였다. 또한 가족신문은 국어 시간에도 이미 만들어봤기 때문에 학생들이 쉽게 만들 수 있을 것이라고 생각했다고 말하였다. 그러나 교사는 지난 학교 학생들의 수준과 지금 근무하고 있는 학교 학생들의 수준차가 크게 날 수 있다는 사실을 고려하지 못했다. 실제로 지난 학교에서는 영어 학원을 다니는 등 사교육을 받는 학생들이 많았고 학교의 전체적인 분위기도 영어 교육에 관심이 많았지만, 현재의 학교는 영어 사교육의 비율이 낮고 학교가 중점적으로 추구하는 교육 목표 또한 다른 상황이었다. 게다가 학습자들이 국어 시간에 가족신문을 만들어 보기는 했지만 신문은 그 특성상 언어가 많이 등장하기 때문에 외국어를 사용할 때에는 훨씬 어려운 활동이 될 것이라는 사실을 짐작하지 못했다. 이처럼 중요한 사태 파악 접근법을 활용하여 수업을 관찰한 후에 교사와의 면담을 통해서 우리는 해당 교사가 학습자의 수준에 맞는 교수방법과 학습활동을 선택하지 못하여서 이러한 문제점에 직면한 것이라는 것을 알게 되었다.

위의 예 이외에도 영어 수업 중에는 여러 가지 사태들이 발생할 수 있다. 예를 들어 구체적 조작기인 초등학생들을 대상으로 CD-ROM 중심의 수업을 한다면 교사가 아무리 열정적으로 수업을 진행해도 학습자들의 흥미를 지속적으로 유발하기란 어려울 것이다. 혹은 의사소통활동을 하는데 학생들이 입을 다물고 한참을 버티기 시작하면 교사는 당황하게 된다. 역할극이나 재미있는 게임을 시도하려다가 수업이 난장판이 되고, 아무런 결과물 없이 한 시간을 마친 경험은 영어 교사라면 누구나 가지고 있을 것이다. 이와 같은 상황이 벌어졌을 때, 중요 사태 파악 접근법으로 수업을 관찰하고 분석하는 것은 교사에게 문제를 올바로 직시하고 가장 합리적으로 해결할 수 있는 방안을 제시해줄 수 있다. 타 교과에 비해 학습자들의 활동이 많은 영어과에서는 돌발적인 사태가 벌어질 가능성도 더 높기 때문에 이러한 분석방법은 유용하게 쓰일 수 있을 것이다.

3.2.6 신체 언어

수업 관찰에 있어서 비언어적인 측면에서의 접근은 교실에서 이루어지는 언어 활동에 대한 관찰과 기술만큼이나 중요하다. 수많은 의미들이 말이 아닌 다른 방식으로 표현되고 전달되어지기도 하기 때문이다. 수업관찰에서 일일이 모두 기록되지 않기도 하지만 관찰자로 하여금 어떠한 판단을 하게 하는 중요한 요소이다.

Wragg(2000)는 이러한 비언어적 교실행동의 측면은 자세, 움직임, 제스처, 얼굴 표정, 시선접촉을 포함한다고 하였으며 이들이 가지는 의미를 다음과 같이 설명하였다.

〈표 3-87〉 신체 언어의 종류

자세
자세는 즉각적인 행동을 취할 것 같은 신호이다. 예를 들어서 사람들은 누군가가 공격을 암시하는 자세변화를 본다면 자기도 모르게 움찔할 것이다. 교사들도 가끔 위협적인 어떤 자세를 취하는데, 예를 들어 잘못된 행동을 하고 있는 학생들을 향하여 빠르게 다가가는 경우이다. 비록 교사가 자신들을 때리지 않을 것이라는 것을 알고 있을지라도 물리적 거리를 단축시키는 이러한 빠른 움직임은 어떤 질책을 암시하기 때문에 학생들은 그들의 행동을 중단한다.
제스처
제스처는 의미의 상세화를 위해 사용되며 교사들은 다양한 목적으로 사용한다. 손가락을 이용하여 그래프의 선을 설명할 수도 있고 음악 리듬의 타이밍을 설명할 수도 있다. 화가 나거나 흥분된 학생들을 달래기 위해 사용할 수도 있으며 손가락으로 쿡 찌르거나 질책하는 표시를 함으로써 체벌의 의사를 나타내는데 사용할 수도 있다.
얼굴 표정
사회적으로 학습된 얼굴 표정들은 부가된 의미를 전달한다. 당혹감, 행복감, 염려, 경멸을 나타낼 수 있다.
시선 접촉
시선은 비언어적 의사소통과 언어적 의사소통에서 가장 중요한 요소 중의 하나이다. 교사들은 교실에서 일어나고 있는 일을 살펴보거나 개별 아동에게 집중하기 위해서 뿐만 아니라, 학생들이 무슨 생각을 하고 있는지 알아보기 위해서 시선접촉을 하기도 한다.
움직임
모든 교사, 학생의 동작들이 기록되거나 관찰자에 의해서 기억되는 것은 아니지만 교실생활에서 중요한 측면을 드러내는 경우에는 자세히 언급되어지기도 한다.

신체 언어에 대한 기술은 관찰자에 따라 상세하게 기술이 될 수도 있고 그렇지 않을 수도 있지만 중요한 관찰자의 판단 기준이 된다. 다음은 초등학교 3학년 영어 시간에 교사의 신체 언어를 관찰하고 기술한 예이다.

> 교사는 영어 노래를 부를 때 가사와 관련된 몸동작을 크게 하면서 학생들에게 따라하도록 한다. 그의 표정은 밝고 온화하며, 학생들에게 우호적이고 수용적인 태도를 보인다. 학생에게 개별적으로 질문할 때에 교사는 학습자와 눈을 마주보며 대화한다. 모둠별로 게임 활동을 할 때에는 궤간 순시를 하면서 학생들의 활동을 가까이에서 지켜본다. 활동을 잘 못하는 학생이 있으면 다가가서 직접 설명해준다.

특히 영어과에서는 언어를 사용한 의사소통뿐만 아니라 비언어적으로 이루어지는 의사소통 또한 중요한 영역을 차지한다. 외국어를 쓰는 사람의 제스처나 표정 등을 통해서 그가 전달하고자 하는 의도를 명확하게 파악할 수 있기 때문이다. 또한 초등학교 영어 수업에서는 교사와 학생, 학생과 학생, 조별로 활동이 많이 있기 때문에 신체 언어를 분석하는 것은 수업을 이해하는 데에 유용할 것이다.

아래 표는 신체 언어 분석법에서 활용할 수 있는 관찰지이다. 먼저 관찰하고자 하는 수업의 학년, 학반, 차시 등과 관찰날짜를 기록한다. 관찰대상은 교사 혹은 학생의 일정한 수로 정하도록 한다. 수업을 관찰할 때에는 수업 중에 이루어지는 신체 언어를 항목에 따라 기술하도록 하며, 항목에서 제외된 사항은 기타에 포함시키도록 한다.

〈표 3-88〉 신체 언어 분석법에서 사용하는 관찰지

<table>
<tr><td colspan="2">관찰수업 ____________ 관찰일 ____________
관찰대상 ____________ 관찰자 ____________</td></tr>
<tr><td>종류</td><td>관찰 내용</td></tr>
<tr><td>자세</td><td></td></tr>
<tr><td>제스처</td><td></td></tr>
<tr><td>얼굴 표정</td><td></td></tr>
<tr><td>시선 접촉</td><td></td></tr>
<tr><td>움직임</td><td></td></tr>
<tr><td>기타</td><td></td></tr>
</table>

3.2.7 질적 관찰의 내용 분석

"*Analyse qualitative records as soon as possible*"라고 말하며 Wragg(2000)는 일정 기간이 지나버리면 기록된 사태들에 대한 의미나 중요도 등이 퇴색되어버리고 토의나 분석에 들어갈 동기마저 줄어들게 되므로 그 즉시성의 중요성을 강조하였다.

수업 관찰 전에 이미 관찰하고 체크할 요소와 기준을 가지고 관찰에 임하는 양적 관찰과는 달리 질적 관찰은 방법들에 따라 다소 차이가 있기는 하지만 대체적으로 고정된 기준이나 관찰할 구체적 사항이 미리 정해져 있지 않다. 수업이 진행되는 현상 그대로를 관찰하고 기록하며 오히려 관찰 후 관찰 내용에 따라 구체적인 분석의 기준이나 범주가 정해져서 의미 있는 해석을 이끌어 낸다고 볼 수 있다. 물론 관찰자가 모든 수업 사태를 빠뜨리지 않고 다 기록할 수는 없을 것이다. 관찰자의 시선을 끌어서 기록이 되고 의미부여가 되는 것과 그렇지 않은 것은 관찰자가 관찰에 들어가기 전에 미리 마음속에 정해서 가는 일반적인 관찰의 초점이나 교육적 관점에 따라 달라질 것이다. 이러한 측면 또한 양적 관찰과의 큰 차이점 중에 하나이다.

수업 관찰 후 얻게 되는 필드 노트 및 전사는 비록 짧은 시간의 수업 시간이었더라도 굉장히 많은 분량일 경우가 많다. 이러한 세부적인 많은 분량의 기록을 분석하기 위해서는 관찰자의 목적에 따라 전략을 명확히 하는 것이 중요하다. Wragg(2000, p. 77)는 이러한 목적에 따른 전략들을 아래와 같이 제시하였다.

〈표 3-89〉 관찰 목적에 따른 관찰 전략

목적	조언이나 논의를 위한 수업의 핵심 규명
전략	기록의 가치가 있는 부분을 펜으로 표시해 가며 읽어 나가고 표시된 부분들을 적절한 제목으로 묶는다. 이러한 것은 수업한 교사와 토의할 때나 교실에서 일어나는 것에 대한 학생과 교사의 이해와 해석을 이끌어내기 위한 연구를 실행할 때 이루어질 수 있다.
목적	학습자가 특정한 내용을 학습하였는지 확인
전략	특정 주제가 논의된 부분의 기록을 찾는다. 예를 들어, 어떤 아이가 현재 진행되는 사건을 영어로 말할 때에는 동사 뒤에 '-ing'를 붙인다는 것을 모른다면 수업 중에서 현재진행형이 거론되었던 부분을 되짚어보고 제대로 설명이 되었는지 확인한다. 그럴 경우, 전혀 언급이 없었는지, 분명하지 않게 표현이 되었는지, 아니면 언급은 되었으나 그 학생이 듣지 않았거나 집중을 두지 않거나 혹은 이해하지 못했던 것으로 밝혀질 것이다.
목적	교사 구사 언어의 학습 주제나 학생들과의 적절성 정도
전략	기록 중에서 교사가 학생 개인이나 그룹에게 설명하는 부분의 예를 먼저 찾는다. 그리고 그 사용 어휘나 표현의 선택이 대상 학생이나 그룹에게 적절한지를 확인한다.
목적	교실에서 일어나는 개별 사건들이 아동들에게 미치는 영향
전략	교실에서 일어난 사태의 시작과 결말을 규명하고 대화를 따라가서 무슨 일이 일어났으며 어떻게 설명이 되는지 보고 해당 학생과 교사를 면담할 수 있다. 면담을 할 경우 실제 사용된 어휘에 대해 토의할 수 있으므로 교사와 학생의 논의를 확보할 수 있어 유용하다. 하지만 면담은 수업이 끝난 직후 가능한 빠른 시간에 이루어질 필요가 있다. 그렇지 않고서는 기억은 왜곡될 수 있으며 이것은 수업 기술을 모으고 다시 정렬하는 것이 오래 걸릴 경우에도 생길 수 있는 문제점이다.

지금까지 우리는 영어과 수업관찰에서 활용할 수 있는 질적 분석법들에 관하여 알아보았다. 양적 분석법과 달리 질적 분석법에서는 관찰자가 관찰하고자 하는 부분을 명확히 한 후, 가능한 객관적이고 자세하게 수업을 전사하고, 전사된 자료를 통하여 관찰자의 주관적인 해석을 끌어내는 것이 핵심이라고 할 수 있다. 4.2에서는 이러한 질적 분석법들을 활용하여 실제 수업을 관찰하고 분석한 예시를 알아보도록 하겠다.

제 4 장 영어과 수업관찰 분석의 실제

4장에는 3장에서 소개한 영어과 수업관찰을 위한 분석 방법들을 활용하여 실제로 영어 수업을 관찰하고 분석한 예시를 수록하였다. 본 장은 3장과 동일하게 양적 분석방법과 질적 분석방법으로 구조화하였다. 타인의 영어 수업을 관찰하거나 혹은 자신의 수업을 스스로 평가해보고 싶은데 무엇을 목표로 할지, 어떤 분석방법이 적합한지 잘 모를 때에는 본 장에 수록되어 있는 예시들을 먼저 정독하면 자신의 의도에 맞는 적절한 분석 방법을 선택하는 데에 많은 도움이 될 것이다. 또한 실제로 수업관찰에 임할 때 분석 방법을 오류 없이 잘 사용할 수 있을 것이다.

4.1 양적 분석방법의 실제

여기서는 3.1에 기록한 16개의 양적 분석방법들에 대한 각각의 예시를 제공하고자 한다. 순서는 3장과 동일하며 아래 표와 같다.

〈표 4-1〉 영어과 수업관찰에 활용할 수 있는 양적 분석법의 적용 예시

1. Flanders 상호작용분석법의 적용 예시 2. FLint 분석법의 적용 예시 3. TALOS 분석법의 적용 예시 4. COLT 분석법의 적용 예시 5. FOCUS 분석법의 적용 예시 6. 질의응답 분석법의 적용 예시 7. 수업분위기 분석법의 적용 예시 8. 과업집중도 분석법의 적용 예시 9. 언어 흐름 분석법의 적용 예시 10. 이동양식 분석법의 적용 예시 11. 교사 발문 분석법의 적용 예시 12. 학생 발언 분석법의 적용 예시 13. 학생 행동 분석법의 적용 예시 14. 학습자료 활용 분석법의 적용 예시 15. 멀티미디어 매체사용 분석법의 적용 예시 16. 판서 분석법의 적용 예시

4.1.1 Flanders 상호작용분석법의 적용 예시

본 절에서는 먼저 예시 수업에 관한 정보를 소개하고 Flanders 상호작용분석법을 사용하여 관찰하고 분석한 후, 그 결과를 이 분석법의 목적에 맞추어 해석해 보았다.

가. 수업관찰과 기록

Flanders 상호작용분석법을 사용하여 실제로 분석해 본 수업은 중학교 2학년 영어수업으로서, 2002년 영어 시범학교 연구보고서 발표일에 공개되었던 연구 수업의 하나이다. <표 4-2>는 Flanders 상호작용분석법을 적용해 본 예시수업에 대한 기본정보를 담고 있다.

〈표 4-2〉 예시수업

수업일	2002. 11
교사	박○○
학생	○○중학교 (부산) 2학년 학생 36명
교과서	Middle School English 2 (두산동아, 장영희 외 5인)
단원	Lesson 9 Do you Have a Scientific Mind?
차시	9 / 9
목적	1. Students can present their own lyrics to the tune of Uptown Girl. 2. Students can describe the characters in our songs using relative pronouns.

관찰자는 비디오로 녹화된 자료를 바탕으로 2006년 11월에 관찰 · 분석했다. 45분 동안의 1차시 분량의 전체 수업이 녹화되었으나, 수업이 시작되고부터 첫 20분 동안을 관찰하여 <표 3-2>에 제시된 분류 항목 기록표를 사용하여 자료를 수집하였다.

수업관찰 결과 완성된 분류 항목 기록표는 <표 4-3>과 같다. 여기에서 한 칸에 두 항목 이상 기록되어 있는 경우는 기본준칙에 따라서 3초 이내에 두 가지 언어 상호작용이 나타남을 보여주고 있다. 비디오 녹화된 수업을 관찰하여 분류항목 기록표를 작성하면서, 특정한 시간에 나타난 눈여겨둘 만한 교사발언 혹은 학생발언에 대해 아래처럼 간단히 적어두는 것이 좋다. 아래와 같은 노트는 수량화된 분석결과를 설명하는 데 유용한 자료로 사용될 수 있으며 분류 항목 기록이 바르게 이루어졌는지 재확인할 때 도움을 줄 수 있다.

1:27-1:36 PPT with sounds

2:42-2:54 Group work

3:12-3:36 Students are saying the meanings of given words. They are willing to talk, not just answering in response to teacher. (PPT used) At the same time, the teacher is talking

6:24-8:03 뿅망치 Game, students are singing while playing the game. The song is being played

8:24-12:30 Music Video is being played

15:54-16:27 Sound from PPT, recorded song sung by students, but the teacher plays it.

18:9-19:3 Presentation of one group using multimedia. their song recorded.

19:42-20:60 Live performance by one group

〈표 4-3〉 예시수업의 분류항목 기록표

m/s	3	6	9	12	15	18	21	24	27	30	33	36	39	42	45	48	51	54	57	60
1	1ew	8ew	2ew	2ew	8ew	6ew	8ew	1ew	2ew	2ew	8ew	2ew	6ew	2ew	6ew	6ew	6ew	6ew	6ew	6ew
2	6ew	6ew	6ew	0n	6ew	6ew	6ew	6ew	0t	0t	0t	0t	6ew	9kg	9kg	9kg	9kg	9kg	6ew	6ew
3	6ew	6ew	6ew	5kw 9kw	5kw 9kw	5kw 9kw	5kw 9kw	5kw 9kw	5kw 9kw	5kw 9kw	5kw 9kw	5kw 9kw	4ew	8eg	2eg	8eg	4ew	8ew	0n	7ew
4	6ew	5ew	4ew	8ew	5ew	5ew	5ew	6ew	5ew	4ew	8ew	8ew	4ew	8kw	8kw	5kw	5ew	5ew	5ew	5ew
5	9ew	4ew	8kw	8kw	5ew	5ew	5ew	5ew	5ew	5ew	4ew 8kw	5ew	5ew	0n	6ew	0n	4ew 8kw	6ew	0n	6ew
6	6ew	6ew	6ew	6ew	4ew	8ew	6ew	9ew	9ew	9ew	9ew	9ew	9ew	9ew	9ew	9ew	9ew	9ew	9ew	9ew
7	9ew	9ew	9ew	9ew	9ew	9ew	9ew	9ew	9ew	9ew	9ew	9ew	9ew	9ew	9ew	9ew	9ew	9ew	9ew	9ew
8	9ew	0n	5ew	5ew	6ew	0n	5ew	0t	0t	0t	0t	0t	0t	0t	0t	0t	0t	0t	0t	0t
9	0t	0t	0t	0t	0t	0t	0t	0t	0t	0t	0t	0t	0t	0t	0t	0t	0t	0t	0t	0t
10	0t	0t	0t	0t	0t	0t	0t	0t	0t	0t	0t	0t	0t	0t	0t	0t	0t	0t	0t	0t
11	0t	0t	0t	0t	0t	0t	0t	0t	0t	0t	0t	0t	0t	0t	0t	0t	0t	0t	0t	0t
12	0t	0t	0t	0t	0t	0t	0t	0t	0t	0t	5ew 8ew	6ew	4ew 8ew	3ew	5ew	5ew	5ew	5ew	5ew	5ew
13	0n	5ew	5ew	6ew	4ew 8ew	4ew 8ew	5ew	4ew	8ew	3ew	5ew	5ew	5ew	5ew	4ew	4ew	4ew	0n	8ei	8ei
14	8ei	2ei	3ew	5ew	0n	5ew	5ew	5ew	5ew	5ew	5ew	5ew	4ei 8ei	4ei	4ei	8ei	0n	8ei	8ei 2ei	0n
15	5ew	5ew	5ew	5ew	4ew 8ew	5ew	4ew 8ew	5ew	8ew	8ew	8ew	6ew	6ew	6ew	6ew	6ew	6ew	0t	0t	0t
16	0t	0t	0t	0t	0t	0t	0t	0t	0t	4ew 8ew	4ew	8ew	4ew	8ew	4ei	8ei	8ei	8ei	8ei	0n
17	5ew	5ew	2ew	5eg	4eg	9ei	0t	0t	0t	0t	0t	9ei	9ei	9ei	9ei	9ei	9ei	9ei	9ei	9ei
18	9ei	9ei	0t	0t	0t	0t	0t	0t	0t	0t	0t	0t	0t	0t	0t	0t	0t	0t	0t	0t
19	0t	5ew	6ew	6ew	4ew 8ew	4ew	8ew	8ew	9ew	3ew	4ew	8ew 6eg	5ew	9eg	9eg	9eg	9eg	9eg	9eg	9eg
20	9eg	9eg	9eg	9eg	9eg	9eg	9eg	9eg	9eg	9eg	9eg	9eg	9eg	9eg	9eg	9eg	9eg	9eg	9eg	9eg

나. 수업분석과 해석

작성된 분류항목 기록표를 바탕으로 예시 수업을 다음처럼 분석할 수 있다.

1) 분류항목 기록표를 통한 분석

위의 분류항목 기록표에서 각 항목이 나타난 횟수를 계산하면 <표 4-4>와 같다.

〈표 4-4〉 예시수업의 분류항목별 빈도

항목			빈도	영어 빈도	한국어 빈도	학급 전체 빈도	소그룹 빈도	개인 빈도
교사발언	비지시적 영향	1. 감정의 수용	2	2	0	2	0	0
		2. 칭찬 또는 격려	10	10	0	8	0	2
		3. 학생 아이디어 수용 · 사용	4	4	0	4	0	0
		4. 질문	29	29	0	24	1	4
	지시적 영향	5. 내용관련발언	63	54	9	62	1	0
		6. 절차관련발언	43	43	0	42	1	0
		7. 훈육	1	1	0	1	0	0
학생발언		8. 반응	45	37	8	32	2	11
		9. 주도	89	75	14	45	32	12
기타행동		0t. 과제지향적 침묵	123					
		0n. 비과제지향적 침묵	13					
		0c. 혼란	0					
계			422	255	31	220	37	29

위의 표를 보면, 10개의 항목 중 가장 빈도가 높은 것은 항목0t '과제지향적인 침묵'(123회)이었다. 교사의 발언 중 가장 자주 나타난 것은 항목5 '내용관련발언'(63회)이었으며 그 다음은 '절차관련발언'(43회)이었다. 학생의 주도적인 발언은 89회로서 학생의 반응보다 2배정도 많은 수치이다.

영어사용빈도를 살펴보면, 총 286회의 교사 · 학생발언 중 31회만이 한국어였고 나머지 255회는 영어로 이루어졌다. 교사의 경우, 한국어는 교사가 수업내용과 관련된 말을 할 때만 사용되었다.

학급전체 · 소그룹 · 개인 대상 발언빈도를 살펴보면, 교사의 질문 29회중 24회는 전체학생을 대상으로 한 질문이었다. 학생이 개별적으로 발언한 빈도는 학생발언 11회, 학생주도 12회로서 총 23회이다.

이런 항목별 빈도수를 총계로 나누면 각 항목에 대한 백분율을 얻을 수 있는데, <표 4-5>에 나타나 있다.

〈표 4-5〉 예시수업의 분류항목별 백분율(단위: %)

항목			백분율	영어 백분율	한국어 백분율	학급전체대상 백분율	소그룹 대상 백분율	개인 대상 백분율
교사발언	비지시적 영향	1. 감정의 수용	0.47	100	0	100	0	0
		2. 칭찬 또는 격려	2.37	100	0	80	0	20
		3. 학생 아이디어 수용 · 사용	0.95	100	0	100	0	0
		4. 질문	6.87	100	0	82.76	3.45	13.79
	지시적 영향	5. 내용관련발언	14.93	85.71	14.29	98.41	1.59	0
		6. 절차관련발언	10.19	100	0	97.67	2.33	0
		7. 훈육	0.24	100	0	100	0	0
학생발언		8. 반응	10.66	82.22	17.78	71.11	4.44	24.45
		9. 주도	21.09	84.27	15.73	50.56	35.96	13.48
기타행동		0t. 과제지향적 침묵	29.15					
		0n. 비과제지향적 침묵	3.08					
		0c. 혼란	0					
계			100	89.16	10.84	76.92	12.94	10.14

위의 표에서 항목별 백분율을 살펴보면, 교사발언 중에서 내용관련발언이 14.93%로서 수업에서 차지하는 비율이 가장 크다. 학생발언 중에서는 학생의 주도적 발언이 수업의 21.09%를 차지하여 교사의 내용관련 발언비율보다 훨씬 높은 비율을 보이고 있다. 한편, 과제지향적 침묵과 비과제지향적 침묵을 포함한 침묵비율은 수업의 32.23%로서 수업의 약 3분의 1을 차지하고 있다.

교사와 학생이 영어 혹은 한국어를 사용한 비율은 살펴보면, 교사가 한국어를 가장 많이 사용한 경우는 수업내용을 전달할 때(14.29%)로 나타났다. 교사가 수업절차와 관련된 말을 할 때는 한국어 사용이 한 번도 관찰되지 않았다. 학생의 경우는 교사의 발언에 대해 단순 반응을 할 때 한국어를 약 18% 사용했다. 교사발언과 학생발언의 한국어사용비율은 10.84%로서, 수업에서 영어사용비율이 상당히 높다.

위의 표의 오른쪽 세 칸에 나타난 결과를 보면, 교사는 대부분 학급전체를 대상으로 말을 하였으며, 학생 역시 주로 학급전체가 다함께 반응했음을 알 수 있다.

2) 빈도 행렬표 작성을 통한 분석

3장에서 제시한 방법을 사용하여 교사와 학생의 상호작용을 빈도 행렬표에 정리하면 <표 4-6>과 같다.

〈표 4-6〉 예시수업의 빈도 행렬표

행 \ 열	1	2	3	4	5	6	7	8	9	0	sum
1	0	1	0	0	0	0	0	1	0	0	2
2	0	2	1	0	1	2	0	3	0	1	10
3	0	0	0	1	3	0	0	0	0	0	4
4	0	0	0	3	0	0	0	**24**	1	1	29
5	0	1	0	9	**32**	4	0	2	11	4	63
6	0	1	0	4	4	25	0	1	2	6	43
7	0	0	0	0	0	1	0	0	0	0	1
8	1	5	2	8	7	6	0	12	1	3	45
9	0	0	1	2	8	1	0	0	**73**	3	88
0	0	0	0	2	8	4	1	2	1	**118**	136
sum	1	10	4	29	63	43	1	45	89	136	**421**

위의 빈도 행렬표를 분석하면 다음과 같은 사실을 알 수 있다.

첫째, 10개의 기본항목 중에서 3초 이상 지속비율이 가장 높은 것은 침묵 · 혼란이다. 그 빈도가 118회로서 빈도행렬표의 빈도총합이 421회라는 점을 감안할 때 침묵 · 혼란의 지속비율은 상당히 높다. 하지만 항목0 '침묵 · 혼란'은 과제지향적인 침묵을 포함하기 때문에 침묵 · 혼란 기간 동안 교수 · 학습활동이 일어나지 않았다고 평가해서는 안 된다. 그 다음으로 3초 이상 지속비율이 높은 것은 학생이 주도적으로 말을 한 경우이다. 이 빈도는 73회로서, 교사발언 중 가장 높은 지속비율을 보이는 '내용관련발언'보다 2배 이상 많은 수치이다.

둘째, 두 가지 서로 다른 행동이 결합하여 나타나는 전이칸 중에서 가장 빈도가 높게 나타난 것은 (4, 8)칸으로서 24회 관찰되었다. 즉 서로 다른 행동의 결합으로 나타나는 상호작용 중에서 교사의 질문에 이은 학생들의 단순 답변의 발생빈도가 가장 높았다. 이는 교사와 학생 간 상호작용의 주된 흐름이 '교사의 질문→학생의 반응'임을 의미한다.

셋째, 학생의 발언에 대한 교사의 반응은 다소 지시적이었다. <표 4-7>의 A부분은 학생의 발언에 대한 교사의 비지시적 영향을 나타내는 부분으로서 A부분 빈도의 합은 19회이다. 반면에, 학생의 발언에 대한 교사의 지시적 영향을 나타내는 B부분 빈도의 합은 22회이다. A부분과 B부분의 빈도의 차이가 크지는 않지만 학생의 발언에 대해 교사의 반응은 다소 지시적이었음을 알 수 있다.

넷째, 교사의 발언 직후 나타나는 학생의 발언 빈도는 총 55회로서, 교사의 발언에 대해 학생이 예측 가능한 반응을 보인 빈도가 그렇지 않은 빈도보다 높다. <표 4-7>의 C부분은 교사의 발언에 대한 학생의 반응을 나타내는 영역이다. C부분 중 왼쪽 7칸은 학생이 단순 반응을 보인 경우를 나타내는데 빈도의 합은 31회이다. 반면에 오른쪽 7칸은 학생이 자기주도적인 반응을 보인 경우를 나타내는데 빈도의 합은 24회이다. 따라서 교사의 발언에 이어 학생의 단순반응을 보인 비율이 그렇지 않은 비율보다 높음을 분석해낼 수 있다. 빈도행렬표의 총 빈도의 합이 422회인 것을 고려해보면 C부분 빈도의 합 55회는 수업의 13.03%에 해당하는 수치이다.

〈표 4-7〉 예시수업의 교사 · 학생 상호작용 영역

행 \ 열	1	2	3	4	5	6	7	8	9	0	sum
1								1	0		
2								3	0		C
3								0	0		
4								24	1		
5			A			B		2	11		
6								1	2		
7								0	0		
8	1	5	2	8	7	6	0				
9	0	0	1	2	8	1	0				
0											
sum											

3) 지수의 산출을 통한 분석

지금까지 예시수업을 분류항목 기록표와 빈도 행렬표를 사용하여 분석해보았다. 마지막으로 위의 두 방법에서 도출된 항목별 빈도를 바탕으로 영어수업과 관련된 지수를 산출하여 분석해볼 것이다. 10개의 기본항목과 관련된 지수와 e/k, w/g/i, t/n/c와 같은 하위항목과 관련된 지수를 나누어 살펴보고자 한다.

가) 기본항목 관련 지수

<표 3-8>의 공식을 적용하여 기본항목과 관련한 지수를 구한 결과는 아래 표와 같다.

〈표 4-8〉 예시수업의 기본항목 관련 지수

교사발언 관련 지수	백분율(%)
수업의 교사발언비율 (↔학생발언 · 기타행동비율)	36.02 (↔63.92)
교사 · 학생발언 중 교사발언비율 (↔학생발언비율)	54.14 (↔45.86)
교사의 지시적 발언비율 (↔비지시적 발언비율)	70.40 (↔29.60)
수업의 학생발언비율 (↔교사발언 · 기타행동비율)	31.75 (↔68.25)
학생의 주도적 발언 비율 (↔단순반응비율)	66.42 (↔33.58)

<표 4-8>은 관찰한 20분 동안의 수업 중 약 36%를 교사발언이 차지하고 있으며 그 중 지시적 발언비율은 70.40%임을 보여준다. 또한 수업의 약 32%가 학생발언에 할애되었으며 그 중에서 학생 주도에 의한 발언이 66.42%를 차지한다. <표 4-8>에 나타난 이러한 비율들을 영역별로 묶어서 정리하면 <표 4-9>와 같다.

〈표 4-9〉 예시수업의 영역별 기본항목 지수

<table>
<tr><th colspan="3">분류항목</th><th colspan="4">백분율</th></tr>
<tr><td rowspan="7">교사발언</td><td rowspan="4">비지시적 영향</td><td>1 감정의 수용</td><td>0.47</td><td rowspan="4">29.60</td><td rowspan="7">54.14</td><td rowspan="9">67.27</td></tr>
<tr><td>2 칭찬 또는 격려</td><td>2.37</td></tr>
<tr><td>3 학생 아이디어 수용 · 사용</td><td>0.95</td></tr>
<tr><td>4. 질문</td><td>6.87</td></tr>
<tr><td rowspan="3">지시적 영향</td><td>5. 내용관련발언</td><td>14.93</td><td rowspan="3">70.40</td></tr>
<tr><td>6. 절차관련발언</td><td>10.19</td></tr>
<tr><td>7. 훈육</td><td>0.24</td></tr>
<tr><td colspan="2" rowspan="2">학생발언</td><td>8. 반응</td><td>10.66</td><td>33.58</td><td rowspan="2">45.86</td></tr>
<tr><td>9. 주도</td><td>21.09</td><td>66.42</td></tr>
<tr><td colspan="2">기타행동</td><td>0. 침묵 · 혼란</td><td colspan="4">32.33</td></tr>
</table>

위의 표에 나타난 것처럼, 20분간의 수업 중 67.27%가 교사 혹은 학생의 발언에 할애되었고 나머지 32.33%는 침묵 혹은 혼란 기간이었다. 이를 통해 예시수업은 Flanders가 밝혀낸 수업의 '3분의 2' 규칙과 비슷한 결과를 보이고 있다는 것

을 알 수 있다. 언어적 상호 작용 중에서 교사의 발언이 차지하는 비율은 54.14%이고 학생의 발언이 차지하는 비율은 45.86%이었다. Flanders의 '3분의 2'규칙과 비교해 볼 때 학생의 발언이 차지하는 비율이 상당히 높은 편이다. 예시수업은 학생들의 말할 기회가 많고 학생들이 적극적으로 수업에 동참한 수업이었음을 간접적으로 알 수 있다. 특히 학생의 발언 중 학생주도 발언 비율이 약 66%를 차지하는 것으로 보아 학생의 주도적인 의사소통 참여율이 높다고 할 수 있다. 교사의 발언 중에서 지시적 영향은 70.40%를 차지하고 있는데 이는 Flanders의 '3분의 2'규칙과 일맥상통함을 보여준다.

나) 하위항목 관련 지수

이제 영어 수업에 대한 더 구체적인 정보를 제공해주는 e/k, w/g/i, t/n/c와 같은 하위 항목에 대한 지수 산출 결과를 살펴보겠다.

<표 4-10>은 <표 3-9>의 공식에 따라 하위항목에 대한 지수를 산출한 결과이다.

〈표 4-10〉 예시수업의 하위항목 관련 지수

지수	백분율(%)
교사의 영어사용비율 (↔한국어사용비율)	94.08 (↔5.92)
학생의 영어사용비율 (↔한국어사용비율)	83.58 (↔16.42)
교사의 학급전체대상 발언비율 (↔소그룹 · 개별학생대상 발언비율)	94.08 (↔5.92)
학생의 학급전체 발언비율 (↔소그룹 · 개별학생발언비율)	57.46 (↔42.54)
침묵의 과제지향비율 (↔단순침묵비율)	90.44 (↔9.56)

<표 4-10>을 통해 예시수업에 대해 세 가지 사항을 알 수 있다.

첫째, 교사와 학생은 수업 중 언어적 상호작용을 할 때 대부분 영어를 사용했다.

교사의 영어사용비율은 94%에 이른다. 실제로 교사는 단어의 우리말 뜻을 말할 때와 수업 목표를 설명할 때를 제외하고는 수업을 모두 영어로 진행했다. 그 결과 학생들의 영어 사용 비율도 85.82%로서 높은 편이다. 수업을 통하여 교사와 학생 간의 영어 의사소통이 많이 이루어졌음을 위의 수치로부터 알 수 있다.

둘째, 교사의 발언은 대부분 전체 학생을 대상으로 하고 있으며 학생의 측면에서도 소그룹 단위나 개별학생 단위 발언 비율보다 학급 전체가 다함께 발언한 비율이 높다. 교사가 전체학생을 대상으로 말을 한 비율은 94% 이상을 차지하고 있다. 학생의 학급전체 발언비율도 학생발언 비율의 57%이상을 차지하고 있다. 실제 예시수업에서 학생들의 자리배치는 소그룹 형태였으나 관찰한 20분의 수업 동안 학생들이 소그룹 활동은 시간상 길지 않았고 수업은 주로 학급전체를 대상으로 이루어졌다. 이런 사실이 위의 수치에 반영되어 있다.

셋째, 예시수업에 나타난 침묵의 대부분은 과제지향적이었다. 수업 중 침묵·혼란이 차지하는 비율은 32.33%이었다. 그 중 약 90%가, 학생들의 비언어적 의사소통으로 인한 침묵과 시청각매체 사용으로 인한 침묵을 포함한 과제지향적 침묵을 위해 할애되었다. 실제로 예시수업은 CD-Rom을 통해 팝송을 듣고 뮤직비디오를 감상하는데 많은 시간을 사용했다. 따라서 수업분석 결과 과제지향적 침묵의 비율이 상당히 높게 나왔다.

다. 논의

이상에서 예시수업을 분류항목 기록표, 빈도 행렬표, 지수 산출을 통하여 분석해 보았다. 그 분석결과를 토대로 하여 예시수업의 특징을 다음과 같이 기술할 수 있다.

첫째, 교사와 학생의 영어사용비율은 89.16%로서 상당히 높은 편이다. 이는 교사와 학생이 서로 영어로 의사소통한 정도를 보여주는 척도로서, 영어 의사소통 능력의 신장을 목표로 하는 영어수업에서 영어로 진행되는 영어수업은 고무적인 일이다.

둘째, 학생발언비율은 수업의 31.75%를 차지하고 교사·학생의 발언 중에서는 약 45%를 차지한다. 예시수업의 이 수치는 위에서 언급한 김종서와 김영찬(1983), Flanders(1970)의 연구결과에 비하여 높다. 또한 학생발언 중 학생주도 발언비율이 66.42%나 차지한다. 이것은 학생들이 적극적으로 수업에 참여했으며 교사가 학생들에게 의사소통에 참여할 기회를 많이 주었음을 의미한다. 영어수업을 통하여 학생들이 영어로 의사소통하는 기회를 충분히 가져야 한다는 사실을 고려할 때 높은 학생발언비율과 학생주도 발언비율은 영어수업이 지향하는 방향과 일치한다고 할 수 있다.

셋째, 관찰한 20분 동안의 예시수업은 학급전체를 대상으로 하는 일제식 수업의 경향을 보였다. 교사발언의 94%가 학급전체를 대상으로 하고 있었고 학생발언의 약 57%로 학급전체가 다함께 말한 경우였다. 이를 통해, 실제 예시수업의 자리배치가 소그룹 형태이었지만 관찰한 20분 수업 동안은 소그룹 단위의 활동이 그다지 많지 않았음을 알 수 있다. 우리나라처럼 다인수 학급에서 많은 학생들에게 영어로 말할 수 있는 기회를 주기 위해서는 짝활동이나 소그룹활동이 권장된다. 이런 점을 고려해볼 때 예시수업은 소그룹 활동을 다양화하는 방향으로 개선이 필요하다.

넷째, 예시수업은 교사발언이 지시적 경향을 보이고 있다는 점에서 다소 개선이 필요하다. 교사발언 중 지시적 영향 비율은 70%를 차지하고 있다. 교사의 비지시적 영향이 긍정적인 학습 분위기를 조장하고, 이는 학생들의 언어학습에 도움을 준다는 점을 감안할 때, 비지시적 영향 비율이 더 높아지도록 수업을 개선할 필요가 있다.

4.1.2 FLint 분석법의 적용 예시

Flint 분석법을 실제로 적용하여 분석해본 수업은 초등학교 6학년의 영어수업이다. 수업관찰·기록의 편리성과 정확성을 확보하기 위하여 수업을 녹화한 자료를 사용하였으며, 수업이 시작되고부터 첫 20분 동안을 FLint 분석법의 활용방법에 따라 관찰하고 분석하였다.

가. 수업관찰과 기록

먼저, 예시수업에 나타난 상호작용을 관찰·기록하여 수업관찰지를 작성하였다. <그림 4-1>은 작성된 수업관찰지이다.

〈그림4-1〉 예시수업의 수업관찰지

수업관찰지

관찰자	박○○	관찰일시	2006.12.20
수업자	천○○	수업일시	2006. 9.25
수업학교	대구 ○○초등학교	수업학년/학급	6학년 3반
교과서	Elementary School English 6	단원/차시	10. I'm stronger than you (3/4)

분류항목 기록표

m/s	3	6	9	12	15	18	21	24	27	30	33	36	39	42	45	48	51	54	57	60
1	1	4	4	4	8a 3a	8a 3a	8a 3a	8a 2	3a	2	2	5	5	5	5	5	4	9	5	4
2	8a 2	5	5	4 8a	4 8a	3a	4	2 3a	6	8a	3a	4	4	8a 4	8a 4	8a 4	8	4	4 8a	5a
3	5a	5a	5a	5k 4	8a 6	8a	4	4	8a	2	5	6a	6a	6a 8a	6a 8a	6a 8a	6a 8a	6a 8a	6a 8a	4
4	4	4	6	4	4 8a	2n	2	2	10	4 8a	2	6a	6a 8a	6a 8a	6a 8a	6a 8a	2	10	6a 8a	6a 8a
5	6ak 8a	6a 8a	6a 8a	5k	6a 8a	6a 8a	6a 8a	6a 8a	6a 8a	6a 8a	6a 8a	6a 8a	6a	8a	8a	8a	8a	8a	8a	8a
6	8a	8a	8a	8a	8a	8a	2	5	5n	5n	5n	5n	5	5	6	4 8a	4 8a	4 8a	4 8a	6
7	6	5	5k	5	4 8a	4 8a	2 4	8a 2	4 8a	4 8a	2	5	6a 8a	6a 8a	6a 8a	6a 8a	6a 8a	4	8a	6a 8a
8	6a 8a	6a 8a	6a 8a	6a	8a	6a 8a	10	4	4	8	3a k	6a	8a	6a 8a	6a 8a	2a	8	2a	8 3	6a 8a
9	6a 8a	6a 8a	6a 8a	6a 8a	6a 8a	6a 8a	4	8	2	2	6a 8a	6a 8a	6a 8a	6a	8a	8a	8a	8a	8a	8a
10	8a	8a	8a	8a	8a	2	8a	8a 3a	8a 3a	8a 3a	8a 3a	8a 2	4 8a	2	4 8a	4 8a	2	6	6	5k
11	10	4 8a	4	8a 2	4 8a	4 8a	4 8a	4 8a	10	10	10	5	5	5	5	5	5	6	5	5
12	5	8 2	5	5	5	5	5	5	5	6	5	5	5	5	5	5	2	4	4	4
13	9 4	8a 6a	6k	8a	4 9	6	8a	4	9	9	5a	8a	5	5	5	5	5	5	5 6n	4
14	8 4	4	11	11	11	4	8a 3a	4	4	4 8a	5	5k	4	8a 3a	5	5	5	5	5	4
15	9k	5k	6k	8a	3a	3a	6k	5	4	4	4	4	8a	4	4	11	6	9	9	3
16	4k	8a	3	2	10	6	6	5	5	5	5	9	5	5	9	9	9	9k	5	5 9k
17	5	6	6	6	9k	12	12	5	5	5	6	8a	8a	8a	6	8a	10	5	6	8a
18	2	12	12	5	6k 8a	12	6	12	5	5	6k	8a	4	8a	4	4	8a	8a	4 8a	4
19	11a	6	4k	8a n	4k	8a n	5a k	5a k	5a k	5a	9	11 a	5	5	5k	6k	8a	8a	9k	11 a
20	10	5	5	6k	6k	6	6	6k	6k	6k	6	6	6	10	4	4	4 8an	4 8an	2k	2

나. 수업분석과 해석

위 <그림 4-1>의 수업관찰지를 분류기록표, 빈도 행렬표, 그리고 지수 산출을 통해서 다음처럼 분석・해석하였다.

1) 분류기록표를 통한 분석

<표 4-11>은 수업관찰지를 바탕으로 분류항목별 빈도와 백분율을 계산한 결과이다.

〈표 4-11〉 예시수업의 분류항목별 빈도와 백분율

분류항목			항목별 빈도	항목별 백분율	한국어 빈도	한국어 백분율	비언어 빈도	비언어 백분율
교사발언	비지시적 영향	1. 감정을 다룸	1	0.20	0	0	0	0
		2. 칭찬 또는 격려	28	5.59	1	3.57	1	3.57
		2a. 농담	2	0.40	0	0	0	0
		3. 학생들의 아이디어 사용	3	0.60	0	0	0	0
		3a. 학생들의 대답을 반복	16	3.19	1	6.25	0	0
		4. 질문하기	79	15.77	3	3.80	0	0
	지시적 영향	5. 정보 제공	82	16.37	7	8.54	4	4.88
		5a. 거부감 없이 교정하기	9	1.80	3	3.33	0	0
		6. 지시하기	39	7.78	11	**28.21**	1	2.56
		6a. 반복연습 지시하기	53	10.58	1	1.89	0	0
		7. 학생행동 비평하기	0	0	0	0	0	0
		7a. 학생대답 비평하기	0	0	0	0	0	0
학생발언		8. 개별학생의 단순반응	7	1.40	0	0	0	0
		8a. 전체학생의 단순반응.	141	**28.14**	0	0	4	2.84
		9. 학생주도의 자유로운 반응	17	3.39	5	**29.41**	0	0
기타		10. 단순 침묵	11	2.20				
		10a. 시청각 매체로 인한 침묵	0	0				
		11. 과제지향적인 혼란	4	0.80				
		11a. 비과제지향적인 혼란	3	0.60				
		12. 웃음	6	1.19				
계			501	100	**32**	**6.71**	**10**	**2.10**

위의 표를 통하여 다음과 같은 사실을 알 수 있다.

첫째, 항목별 백분율을 살펴보면, 항목8a 전체학생의 단순반응비율(28.14%)이 가장 높은 비율을 차지하고 있는데, 이것은 항목8 개별학생의 단순반응비율과 항목9 학생주도의 자유로운 반응비율보다 훨씬 높다. 이는 학생들의 발언이 학생 주도적이기보다는 예측이 가능한 단순답변이었으며, 학생 개별적으로 반응하기보다는 학급 전체 혹은 여러 명의 학생이 함께 답하는 형태로 이루어졌음을 보여준다.

둘째, 교사의 발언 중 항목7과 항목7a에 해당하는 경우가 나타나지 않았다. 이는 교사가 학생들의 행동이나 답변에 대해서 비평하기보다는, 학생들을 칭찬하고 격려하는 형태로 수업을 이끌어갔음을 보여준다.

셋째, 수업 중 한국어가 나타난 빈도는 32회로서, 교사・학생 발언의 6.71%만을 차지하고 있다. 이는 수업의 대부분이 영어로 이루어졌음을 나타낸다.

넷째, 교사 발언 중 한국어 사용 비율이 가장 높은 것은 항목6 지시하기이고, 학생 발언 중에서는 항목9 학생주도의 자유로운 반응이다. 교사는 학생에게 지시・요청・명령할 때 한국어 의존도가 높다. 학생은 자신의 아이디어를 표현할 때나 교사에게 질문할 때 영어로 의사소통하는 능력의 부족을 보완하기 위해 한국어를 사용한 것으로 보인다.

다섯째, 교사나 학생이 비언어적 행동을 사용하여 상호작용한 빈도는 아주 낮다. 교사와 학생 사이의 상호작용의 대부분은 언어를 매체로 하여 이루어졌다.

2) 빈도 행렬표 작성을 통한 분석

분류항목 기록표를 바탕으로 예시수업의 빈도행렬표를 작성하면 <표 4-12>와 같다. 이 표를 통해 예시수업을 분석하면 다음과 같다.

첫째, 예시수업에서 나타난 교사와 학생 간 상호작용의 주된 흐름은 '교사의 반복연습 지시→전체학생의 단순반응→교사의 반복연습 지시'이다. 교사발언에 해당하는 항목 12개와 학생발언에 해당하는 항목 3개가 맞물리는 칸은 교실 내 상호작용을 보여주는 부분이다. 이 중에서 (6a, 8a)칸이 49회로서 빈도가 가장 높고 (8a, 6a)칸의 빈도도 42회로서 높기 때문에 이와 같은 결과를 도출할 수 있다.

둘째, 교사가 수업내용에 관한 정보를 3초 이상 지속적으로 제공한 빈도가 다른 행동의 지속 빈도보다 훨씬 높다. (1, 1) (2, 2) (2a, 2a) (3, 3) 등의 칸들은 같은 행동이 3초 이상 계속해서 나타난 빈도를 보여주는데, 그 중 (5, 5)칸의 빈도가 53회로서 가장 높다. 학생의 행동 중에는 (8a, 8a)칸이 27회로서 가장 높으나, 전체학생의 단순반응이 3초 이상 지속된 빈도는 교사의 정보제공 지속 빈도의 절반이다.

셋째, 교사의 질문에 대한 학생의 주된 반응은 예측 가능한 단순 답변을 학생들이 다함께 답하는 것이다. (4, 8) (4, 8a), (4, 9)칸은 교사의 질문에 대한 학생의 반응을 나타내는 부분인데, 그 중 (4, 8a)칸의 빈도가 44회로서, 나머지 두 칸의 빈도보다 훨씬 높다.

넷째, 항목5, 5a, 6, 6a, 7, 7a와 같은 교사의 지시적 발언에 대해서 학생들은 개별적으로 다양한 반응을 보이기보다, 전체적으로 다함께 같은 대답을 하는 경향을 보였다. 교사의 지시적 발언에 대해 학생들이 전체적인 반응을 보인 빈도를 살펴보면, (5a, 8a)칸이 1회, (6, 8a)칸이 11회, (6a, 8a)칸이 49회로서 총 61회이지만 학생이 개별적으로나 자기 주도적으로 반응한 경우는 총 6회밖에 되지 않는다. 특히 (6a, 8a)칸의 빈도가 월등히 높기 때문에 특정 언어 요소에 대한 반복연습을 하는 데 수업의 많은 부분이 할애되었음을 알 수 있다.

다섯째, 학생의 발언에 대해서 교사는 학생의 느낌, 아이디어를 받아들이거나 칭찬 · 격려하는 등의 비지시적 반응을 주로 보였다. <표 4-12>에서 행 8, 8a, 9와 열 1, 2, 2a, 3, 3a, 4가 맞물리는 총 18칸은 학생의 발언에 대한 교사의 비지시적 반응을 타나내는데, 총 빈도는 67회이다. 한편 행 8, 8a, 9와 열 5, 5a, 6, 6a, 7, 7a가 맞물리는 총 18칸은 교사의 지시적 영향을 나타내는데, 총 빈도는 57회로서 비지시적 반응보다 빈도가 낮다.

〈표 4-12〉 예시수업의 빈도행렬표

	1	2	2a	3	3a	4	5	5a	6	6a	7	7a	8	8a	9	10	10a	11	11a	12	합
1	0	0	0	0	0	1	0	0	0	0	0	0	0	0	0	0	0	0	0	0	1
2	0	5	0	0	2	6	6	0	1	2	0	0	0	1	0	3	0	0	0	1	27
2a	0	0	0	0	0	0	0	0	0	0	0	0	2	0	0	0	0	0	0	0	2
3	0	1	0	0	0	1	0	0	0	1	0	0	0	0	0	0	0	0	0	0	3
3a	0	1	0	0	1	3	1	0	2	1	0	0	0	7	0	0	0	0	0	0	16
4	0	1	0	0	0	21	0	0	1	0	0	0	4	**44**	5	0	0	2	1	0	79
5	0	1	0	0	0	8	**53**	0	12	3	0	0	1	0	3	1	0	0	0	0	82
5a	0	0	0	0	0	0	1	6	0	0	0	0	0	1	1	0	0	0	0	0	9
6	0	0	0	0	0	4	6	0	14	0	0	0	0	11	2	1	0	0	0	1	39
6a	0	0	0	0	0	0	0	0	1	3	0	0	0	**49**	0	0	0	0	0	0	53
7	0	0	0	0	0	0	0	0	0	0	0	0	0	0	0	0	0	0	0	0	0
7a	0	0	0	0	0	0	0	0	0	0	0	0	0	0	0	0	0	0	0	0	0
8	0	2	1	0	1	2	0	0	0	0	0	0	0	1	0	0	0	0	0	0	7
8a	0	17	1	2	12	27	3	2	3	**42**	0	0	0	**27**	1	3	0	0	0	1	141
9	0	0	0	1	0	1	5	1	1	0	0	0	0	0	5	0	0	0	2	1	17
10	0	0	0	0	0	4	3	0	1	1	0	0	0	0	0	2	0	0	0	0	11
10a	0	0	0	0	0	0	0	0	0	0	0	0	0	0	0	0	0	0	0	0	0
11	0	0	0	0	0	1	0	0	1	0	0	0	0	0	0	0	0	2	0	0	4
11a	0	0	0	0	0	0	1	0	1	0	0	0	0	0	0	1	0	0	0	0	3
12	0	0	0	0	0	0	3	0	1	0	0	0	0	0	0	0	0	0	0	2	6
합	0	28	2	3	16	79	82	9	39	53	0	0	7	141	17	11	0	4	3	6	500

3) 지수의 산출을 통한 분석

지금까지 예시수업을 분류항목 기록표와 빈도행렬표를 사용하여 분석해보았다. 마지막으로 위의 두 방법에서 도출된 항목별 빈도를 바탕으로 영어수업과 관련된 지수를 산출하여 분석해보고자 한다.

가) 교사발언 관련 지수

<표 3-14>의 교사발언 관련 지수 산출 공식을 이용하여 결과를 구하면 <표 4-13>과 같다.

〈표 4-13〉 예시수업의 교사발언 관련지수

교사발언 관련 지수	백분율(%)
수업의 교사발언비율 (↔학생발언과 기타비율)	62.28 (↔37.72)
교사·학생발언 중 교사발언비율 (↔학생발언비율)	65.41 (↔34.59)
교사의 지시적 발언비율 (↔비지시적 발언비율)	58.65 (↔41.35)
교사의 한국어 발언비율 (↔영어 발언비율)	8.65 (↔91.35)
교사의 비언어 행동비율 (↔언어 사용비율)	1.92 (↔98.08)
교사의 한국어 지시적 발언비율 (↔영어 지시적 발언비율)	12.02 (↔87.98)
교사의 비언어 지시적 행동비율 (↔언어 지시적 발언비율)	2.73 (↔97.27)

위의 표에 나타난 것처럼, 예시수업에서 교사발언이 차지하는 비율은 관찰한 20분 수업의 62.28%이다. 그 중 교사의 지시적 발언은 58.65%를 차지하고, 한국어 발언은 그 중에서 12.02%이다. 교사가 수업내용을 전달하고 학생들로 하여금 특정구문을 반복하여 연습하도록 수업을 진행하는 동안 교사는 대부분 영어를 사용했다. 영어로 진행하는 영어수업의 필요성에 비추어볼 때, 예시수업에 나타난 교사의 높은 영어사용비율은 상당히 고무적인 일이다.

나) 학생발언 관련 지수

<표 4-14>는 <표 3-15>의 공식을 사용하여 학생발언 관련 지수를 구한 결과이다.

〈표 4-14〉 예시수업의 학생발언 관련 지수

학생발언 관련 지수	백분율(%)
수업의 학생발언비율 (↔교사발언과 기타행동비율)	32.93 (↔67.03)
교사 · 학생 발언 중 학생발언비율 (↔교사발언비율)	34.59 (↔65.41)
학생의 단순 반응비율 (↔학생주도발언비율)	89.70 (↔10.30)
학생의 주도적인 발언비율 (↔단순반응비율)	10.30 (↔89.70)
학생의 한국어발언비율 (↔영어발언비율)	3.03 (↔96.97)
학생의 비언어 사용비율 (↔언어사용비율)	2.42 (↔97.58)

위의 표에 나타난 것처럼, 관찰한 20분 동안의 예시수업에서 학생발언이 차지하는 비율은 32.93%이다. 그 중에서 학생이 자발적으로 자신의 의견이나 아이디어를 발표하거나 질문을 한 비율은 10.30%로서 낮은 편이다. 이를 통해, 관찰한 20분 수업 동안에 학생들이 자신의 생각을 자유롭게 자발적으로 발표할 기회가 많지 않았음을 알 수 있다. 한편 학생의 한국어발언비율은 약 3%이다. 이는 교사가 학생들과 영어로 상호작용할 수 있는 수업분위기를 조장하였고 학생들이 이에 적극적으로 동참한 결과로 볼 수 있다.

다) 침묵 · 혼란 · 웃음 관련 지수

다음 표는 예시수업에서 침묵이나 혼란, 웃음이 어느 정도의 비율로 나타났는지를 보여준다. 교사발언이나 학생발언에 비하여 침묵이나 혼란, 웃음이 수업에서 차지하는 비율은 2.2%, 1.40%, 1.20%로서 아주 낮다. 특히 수업의 침묵비율과 혼란비율이 낮다는 것은 교사가 수업을 조직적으로 이끌어갔음을 보여준다.

〈표 4-15〉 예시수업의 침묵 · 혼란 · 웃음 관련 지수

침묵 · 혼란 · 웃음 관련 지수	백분율(%)
수업의 침묵비율 (↔비침묵비율)	2.20 (97.80)
침묵 중 시청각매체사용비율 (↔단순침묵비율)	0 (100)
수업의 혼란비율 (↔비혼란비율)	1.40 (98.60)
혼란 중 과제지향혼란비율 (↔비과제지향혼란비율)	57.14 (42.86)
수업의 웃음비율	1.20

다. 논의

이상에서 예시수업을 분류항목 기록표, 빈도행렬표, 지수 산출을 통하여 분석해 보았다. 그 분석결과를 종합해보면 <표 4-16>과 같다. 괄호안의 수치는 각 항목 또는 영역에서 한국어가 차지하는 비율이다.

〈표 4-16〉 예시수업의 분석결과

<table>
<tr><th colspan="3">분류항목</th><th colspan="4">백분율(한국어)</th></tr>
<tr><td rowspan="12">교사발언</td><td rowspan="6">비지시적 영향</td><td>1. 감정을 다룸</td><td>0.20(0)</td><td rowspan="6">41.35
(3.88)</td><td rowspan="12">65.41
(8.65)</td><td rowspan="15">95.21
(6.71)</td></tr>
<tr><td>2. 칭찬 또는 격려</td><td>5.59(3.57)</td></tr>
<tr><td>2a. 농담</td><td>0.40(0)</td></tr>
<tr><td>3. 학생들의 아이디어 사용</td><td>0.60(0)</td></tr>
<tr><td>3a. 학생들의 대답을 반복</td><td>3.19(6.25)</td></tr>
<tr><td>4. 질문하기</td><td>15.77(3.80)</td></tr>
<tr><td rowspan="6">지시적 영향</td><td>5. 정보 제공</td><td>16.37(8.54)</td><td rowspan="6">58.65
(12.02)</td></tr>
<tr><td>5a. 거부감 없이 교정하기</td><td>1.80(3.33)</td></tr>
<tr><td>6. 지시하기</td><td>7.78(28.21)</td></tr>
<tr><td>6a. 반복연습 지시하기</td><td>10.58(1.89)</td></tr>
<tr><td>7. 학생행동 비평하기</td><td>0(0)</td></tr>
<tr><td>7a. 학생대답 비평하기</td><td>0(0)</td></tr>
<tr><td colspan="2" rowspan="3">학생발언</td><td>8. 개별학생의 단순반응</td><td>1.40</td><td rowspan="2">89.70 (0)</td><td rowspan="3">34.59
(3.03)</td></tr>
<tr><td>8a. 전체학생의 단순반응</td><td>28.14</td></tr>
<tr><td>9. 학생주도의 자유로운 반응</td><td>3.39</td><td>10.30
(29.41)</td></tr>
<tr><td colspan="2" rowspan="5">기타</td><td>10. 단순 침묵</td><td>2.20</td><td rowspan="2">45.83</td><td colspan="2" rowspan="5">4.79</td></tr>
<tr><td>10a. 시청각 매체로 인한 침묵</td><td>0</td></tr>
<tr><td>11. 과제지향적인 혼란</td><td>0.80</td><td rowspan="2">29.17</td></tr>
<tr><td>11a. 비과제지향적인 혼란</td><td>0.60</td></tr>
<tr><td>12. 웃음</td><td>1.19</td><td>25</td></tr>
</table>

위의 결과는 관찰한 초등학교 6학년 영어 수업의 첫 20분에 해당하는 수치이다. 이를 영어 의사소통능력의 신장이라는 영어과 교육과정의 목표에 비추어 논의해보고자 한다.

첫째, 영어 수업이 학생들로 하여금 영어를 듣고 영어로 대답하는 기회를 충분히 제공해야 한다는 점에서, 20분간의 수업은 성공적이라 할 수 있다. 교사와 학생이 상호작용하는 동안 한국어가 사용된 비율은 6.71%밖에 되지 않는다. 교사의 영어사용비율도 65.41%이고, 학생의 영어사용비율도 34.59%로서 합하면 영어사용비율이 95.21%로 아주 높은 편이다. 교사는 영어 입력의 주요 원천이고 학생들에게 목표어에 대한 모델을 제시한다는 점에서 교사의 높은 영어사용비율은 고무적이다. 또한 교사가 학생들의 영어사용을 권장하고 한국어사용을 효과적으로 통제했다는 점은 예시수업의 강점이라 할 수 있다.

둘째, 자유롭게 자신의 의견을 표현할 수 있는 기회를 가지는 것이 의사소통능력의 신장에 도움이 된다는 점을 감안할 때 예시수업은 다소 개선이 필요하다. 학생들이 교사의 반복연습 지시에 반응하거나 예측 가능한 단순 답변을 한 비율은 89.70%를 차지하고 있으나 학생 주도적 반응은 10.30%밖에 되지 않는다. 빈도행렬표를 통한 분석에서 알 수 있었던 것처럼, 예시수업의 상호작용 과정에 나타난 주요 흐름은 교사의 반복연습 지시에 이은 학생들의 전체반응이었다. 초등학교 영어수업에서 의사소통의 기반이 되는 특정 구문의 반복 연습이 필수적이기는 하다. 하지만 그 구문을 사용하여 교사와 학생이, 또는 학생과 학생이 자유롭게 의사소통할 수 있는 기회 또한 충분히 주어져야 한다. 관찰한 20분의 수업이 주로 구문 연습에 치중했다면 남은 20분의 수업은 연습한 표현을 사용하여 학생들이 서로 대화할 수 있도록 수업을 조직하는 게 바람직하다고 본다.

셋째, 교사는 학생을 나무라거나 옳지 않음을 지적하기보다는 칭찬하거나 격려함으로써 긍정적인 수업 분위기를 만들었다. 20분간의 예시수업에서 교사가 학생의 행동이나 대답을 비평하거나 잘못을 지적한 경우는 관찰되지 않았다. 한편, 학생의 감정을 다루거나 칭찬·격려하고 농담을 한 횟수는 총 31회 관찰되었다. 제2언어 학습에서 학생들의 정의적 측면에 대한 고려가 중요함은 잘 알려진 사실이다. 예시수업은 학생들을 칭찬하고 격려함으로써 학생들이 두려움이나 주저함 없이 의사소통에 참여할 수 있는 긍정적인 수업분위기를 만들었다는 점에서 좋은 평가를 받을 수 있다.

4.1.3 TALOS 분석법의 적용 예시

TALOS 분석법은 저추론 TALOS와 고추론 TALOS의 2단계 분석으로 나누어진다. 먼저 수업 시간에 일어나는 발화를 전사한 후 저추론 TALOS 분석이 이루어지면 이후 고추론 TALOS 분석이 이루어진다. 여기서는 TALOS 분석법의 활용방법에 따라 초등학교 5학년 영어 수업을 관찰하고 분석해보았다.

가. 수업관찰과 기록

예시 수업은 서○○ 교사가 2006년 9월 부산의 ○○초등학교 5학년을 대상으로 실시한 것이다. 수업은 영어와 실과를 통합한 통합교과 수업이며, 전체 4차시 수업 구성 중에서 3차시 수업을 진행하였다. 이 수업의 목표는 '1. 음식을 권하고 대답하는 말을 해보자. 2. 균형 잡힌 식생활을 알아보자' 이다. 이를 <표 4-17>로 나타내면 다음과 같다.

〈표 4-17〉 관찰의 기본 정보

<table>
<tr><td>1.</td><td>관찰자</td><td colspan="20">박○○</td></tr>
<tr><td>2.</td><td>관찰일자</td><td colspan="20">2006. 9. 27. (Monday)</td></tr>
<tr><td>3.</td><td>관찰</td><td colspan="5">1st</td><td colspan="5">2nd</td><td colspan="5">3rd</td><td colspan="5">4th</td></tr>
<tr><td>4.</td><td>관찰수업 학교명</td><td colspan="20">부산 ○○초등학교</td></tr>
<tr><td>5.</td><td>관찰학년</td><td colspan="20">초등학교 5학년</td></tr>
<tr><td>6.</td><td>영어교사 이름</td><td colspan="20">서○○</td></tr>
<tr><td>7.</td><td>수업 시작 시간</td><td colspan="20">1 : 50</td></tr>
<tr><td>8.</td><td>수업 끝나는 시간</td><td colspan="20">2 : 30</td></tr>
<tr><td>9.</td><td>영어 교실의 형태</td><td colspan="7">일반교실</td><td colspan="6">멀티미디어실</td><td colspan="7">영어전용교실</td></tr>
<tr><td>10.</td><td>영어 원어민 교사</td><td colspan="10">네</td><td colspan="10">아니오</td></tr>
<tr><td>11.</td><td>교사의 언어</td><td colspan="4">영어</td><td colspan="4">영어>한국어</td><td colspan="4">영어＝한국어</td><td colspan="4">영어<한국어</td><td colspan="4">한국어</td></tr>
<tr><td>12.</td><td>학생의 언어</td><td colspan="4">영어</td><td colspan="4">영어>한국어</td><td colspan="4">영어＝한국어</td><td colspan="4">영어<한국어</td><td colspan="4">한국어</td></tr>
</table>

1) 교실 수업 시간에 벌어지는 발언 전사하기

저추론 TALOS 분석표와 고추론 TALOS 분석표를 작성하기 위해서는 먼저 위의 기본 정보에서 제시한 수업을 관찰하고, 교실 수업 중 발생한 상호작용의 각 발언을 전사해야 한다. <표 4-18>은 교실 수업 시간에 발생한 발언을 전사한 것이다.

〈표 4-18〉 교실 수업 시간의 발언 전사

발언순서	발언자		발언의 내용
	교사의 발언	학생의 발언	
1	V		Hello, good afternoon?
2		V	I'm fine.
3	V		How's weather today?
4		V	It's sunny.
5	V		It's sunny
6	V		What day is it today?
7		V	It's Monday.
8	V		It's Monday.
9	V		What's the date today?
10		V	October.
11	V		Okay, October 2, right.
12	V		We learned this song last time.
13	V		Can you remember?
14	V		Let's sing together.
15	V		This is my dinner.
16	V		Okay, look at this.
17	V		What's this?
18		V	It's 김치찌개.
19	V		What's this?
20		V	It's 불고기.
21	V		Right. It's 불고기.
22	V		What's this?
23		V	It's rice.
24	V		It's rice.
25	V		Okay, if you're so full, what are you going to answer me?
26	V		Do you want some more rice?
27		V	No thanks.
28	V		Okay. If you are so hungry, what are you going to answer me?
29	V		Do you want some more 김치찌개?
30		V	Yes, please.
31	V		Right.
32	V		And make sentence using this expression, 'Do you want some more …?' like 'Do you want some more 김치찌개?'
33	V		Repeat this sentence.
34		V	Do you want some more 김치찌개?
35	V		Yes, please.
36	V		And like this example, please ask me using this expression 'Do you want some more…?'

발언순서	발언자		발언의 내용
	교사의 발언	학생의 발언	
37		∨	Do you want some more 불고기?
38	∨		Yes, please.
39	∨		What is this?
40		∨	김
41	∨		Repeat after me.
42	∨		Do you want some more 김?
43		∨	Do you want some more 김?
44	∨		Yes, please.
45	∨		Okay, these are today's learning point.
46	∨		Let's read these loudly.
47		∨	음식을 권하고 대답하는 말을 해보자.
48		∨	균형 잡힌 식생활을 알아보자.
49	∨		Yes, we'll practice these activities, 'activity 1, 2, 3'.
50	∨		First activity is 'Introducing food'.
51	∨		Second activity is 'Making lunch.'
52	∨		Third activity is 'Selecting best lunch', right?
53	∨		Okay, let's go into activity 1.
54	∨		Now you're watching the favorite foods.
55	∨		We learned it in practical art.
56	∨		우리 이미 실과시간에 배운 것을 한 번 더, 음식을 한번 찾아서 알아봅시다.
57	∨		실과 시간에 이미 5대 영양소에 관한 음식을 배웠었죠?
58		∨	네
59	∨		What's this?
60		∨	It's rice.
61	∨		It's rice, okay.
62	∨		What's this?
63		∨	It's 라면.
64	∨		It's 라면. okay.
65	∨		What's this?
66		∨	It's 된장찌개.
67	∨		It's 된장찌개.
68	∨		And, what's this?
69		∨	It's 잡채.
70	∨		Do you like 잡채?
71		∨	Yes/No.
72	∨		What's this?
73		∨	It's fish./고등어.
74	∨		It's a fish.
75	∨		What's this?
76		∨	It's 불고기.
77	∨		It's 불고기.

발언순서	발언자		발언의 내용
	교사의 발언	학생의 발언	
78	∨		What's this?
79		∨	It's 돈까스.
80	∨		It's 돈까스.
81	∨		What's this?
82		∨	It's 김치.
83	∨		It's 김치.
84	∨		Do you want some 김치?
85		∨	Yes, please.
86	∨		If you like this food, please answer me, “Yes, please.”
87		∨	Yes, please
88	∨		If you don't like this food, please answer me, “No, thanks.”, right?
89	∨		What's this?
90		∨	It's 오이무침.
91	∨		And, please answer me.
92	∨		Do you want some more 오이무침?
93		∨	Yes, please.
94	∨		Yes, please.
95	∨		What's this?
96		∨	It's banana.
97	∨		Banana.
98	∨		Do you like it?
99		∨	Yes/No.
100	∨		Okay, do you want some more?
101		∨	Yes, please/No, thanks.
102	∨		What's this?
103		∨	It's 콩나물국.
104	∨		Okay, it's 콩나물국.
105	∨		Do you want some more 콩나물국?
106		∨	Yes, please/No, thanks.
107	∨		What's this?
108		∨	It's 깻잎.
109	∨		It's 깻잎무침.
110	∨		Do you want some more 깻잎무침?
111		∨	Yes, please/No, thanks.
112	∨		Yes, please/No, thanks.
113	∨		What's this?
114		∨	It's 시금치.
115	∨		It's 시금치.
116	∨		Do you want some more 시금치?
117		∨	Yes, please.
118	∨		Yes, please.

발언순서	발언자		발언의 내용
	교사의 발언	학생의 발언	
119	V		What's this?
120		V	It's 튀김.
121	V		Do you want some more 튀김?
122		V	Yes, please/No, thanks.
123	V		What's this?
124		V	It's salad.
125	V		Okay, ask me using 'Do you want some more…?'
126		V	Do you want some more salad?
127	V		Yes, please.
128	V		What's this?
129		V	It's hot dog./It's bread.
130	V		It's a bread.
131	V		Do you want some more bread?
132		V	Yes, please/No, thanks.
133	V		Yes, please/No, thanks, okay.
134	V		I'll divide you, group A and group B.
135	V		Group A is girls, group B is boys.
136	V		Okay, girls ask boys a question using this sentence 'Do you want some more …?'
137	V		When boys answer the question, you can use 'Yes, please.' if you like to, or 'No, thanks.' if you don't, right?
138	V		Okay, girls ask.
139		V	Do you want some more bread?
140		V	Yes, please/No, thanks.
141	V		Okay, and boys ask?
142		V	Apple.
143		V	Do you want some more apple?
144		V	Yes, please/No, thanks.
145	V		Right.
146	V		Okay, girls ask.
147		V	Do you want some more milk?
148		V	Yes, please/No, thanks.
149		V	Do you want some more 김?
150		V	Yes, please/No, thanks.
151	V		Girls ask to boys.
152		V	Do you want some more pepper?
153		V	Yes, please/No, thanks.
154	V		girls ask to boys
155		V	Do you want some more eggs?
156		V	Yes, please/No, thanks.
157	V		Okay, girls!

발언순서	발언자		발언의 내용
	교사의 발언	학생의 발언	
158		∨	Do you want some more 라면?
159		∨	Yes, please/No, thanks.
160	∨		Boys ask to girls.
161		∨	Do you want some more snack?
162		∨	Yes, please/No, thanks.
163	∨		What's this?
164		∨	Chocolate.
165	∨		Okay, girls ask to boys.
166		∨	Do you want some more chocolate?
167		∨	Yes, please/No, thanks.
168	∨		Okay, boys ask to girls.
169		∨	Do you want some more 고구마?
170		∨	Yes, please/No, thanks.
171	∨		Yes, please, okay.
172	∨		Turn to the next activity.
173	∨		Next activity is 'Making lunch'.
174	∨		Before this activity, please make groups.
175	∨		One, two, three, four.
176	∨		I explain this activity.
177	∨		Please listen carefully.
178	∨		First, this is pair work.
179	∨		This is pair work.
180	∨		And I'll give you cards about this activity 2.
181	∨		If you put this card on your board, before putting this card, please talk about this card.
182	∨		For example, 'Do you want some more …?' if you like this food, 'Do you want some more …?' and please answer, if you like this food, 'Yes, please'.
183	∨		And then, put down this card on your board.
184	∨		선생님이 한 번 더 설명하니까 잘 들으세요.
185	∨		먼저 선생님이 이걸 하나 준비했거든?
186	∨		뭐라고 적혀있어?
187		∨	My lunch menu.
188	∨		어, My lunch menu라고 되어 있지요?
189	∨		그러면, 여기다가, 선생님이 나눠준 카드는 아까 선생님이랑 같이 얘기했던 카드들이에요.
190	∨		이 카드를 여기다가 놓을 때, 그냥 놓는 게 아니야.
191	∨		무슨 말을 하면서 놓는가 하면, 만약에 자기가 이 음식을 원하면, 들어서 친구들한테 물어요.
192	∨		앞의 파트너에게 물어요.
193	∨		뭐라고 묻냐면, "Do you want some more, more apple?"하고 물어요.

발언순서	발언자		발언의 내용
	교사의 발언	학생의 발언	
194	V		그러면, 이 친구가 이 음식을 이 상에 놓기를 원하면 뭐라고 얘기를 하면 될까?
195		V	Yes, please.
196	V		Yes, please라고 이야기하고 이걸 붙이세요, 알겠습니까?
197	V		그러면 두 친구들이 다 원하는 음식을 붙인 거야.
198	V		근데 이 활동을 할 때 주의할 점은, 그냥 맛있는 것만 좋아하는 것만 붙이는 것이 아니라, 우리가 실과 시간에 영양소에 대해서 배웠잖아?
199	V		그러니까 영양을 생각하면서, 이 식단 자체의 질이 5대 영양소가 다 들어갈 수 있도록 생각을 곰곰이 해서 "Yes, please.", "No, thanks." 붙이세요.
200	V		선생님 말이 이해되는 사람 손머리 해보세요.
201	V		오, 5반 너무 똑똑하게 이해를 잘 하네?
202	V		그러면 지금부터 이걸 나눠줍니다.
203	V		Any volunteer?
204	V		각 모둠에서 한명씩 나오세요.
205	V		Okay, let's start!
206		V	Do you want some more _______?
207		V	Yes, please/No, thanks.
208	V		If you've done, please select the best lunch menu in your group.
209	V		제일 잘된 것 한 개만 고르세요.
210		V	What do you like?/What menu is best?/How about it?
211		V	This./Here./No.
212	V		Time is over.
213	V		Okay, look at me.
214	V		Let's go into third activity, 'Selecting best lunch'.
215	V		Did you select the best lunch menu in your group?
216		V	Yes.
217	V		Now, let's express your lunch to your class.
218	V		Okay, group 1, stand up please.
219	V		친구들에게 '이것은 무엇입니까, 이것은 무엇입니까?'라고 물으면서 아까 선생님하고 했던 'Do you want some more …?'하고 묻고 답하는 활동을 친구들한테 해 보세요.
220		V	What's this?
221		V	It's 김치.

발언순서	발언자		발언의 내용
	교사의 발언	학생의 발언	
222		V	Do you want some more?
223		V	Yes, please/No, thanks.
224		V	This is rice.
225		V	Do you want some more?
226		V	Yes, please/No, thanks.
227		V	What's this?
228		V	It's 된장찌개.
229		V	Do you want some more 된장찌개?
230		V	Yes, please/No, thanks.
231	V		Okay, good job.
232	V		Group 2, stand up please.
233		V	It's 콩나물국.
234		V	Do you want some more?
235		V	Yes, please/No, thanks.
236		V	What's this?
237		V	It's 된장찌개.
238		V	Do you want some more?
239		V	Yes, please/No, thanks.
240	V		Okay, good job.
241		V	What's this?
242		V	It's rice.
243		V	Do you want some more?
244		V	Yes, please/No, thanks.
245		V	This is 김.
246		V	Do you want some more?
247		V	Yes, please/No, thanks.
248		V	This is fish.
249		V	Do you want some more?
250		V	Yes, please/No, thanks.
251		V	This is 잡채.
252		V	Do you want some more?
253		V	Yes, please/No, thanks.
254	V		Okay.
255		V	What's this?
256		V	It's 김.
257		V	Do you want some more?
258		V	Yes, please/No, thanks.
259		V	It's 된장찌개.
260		V	Do you want some more?
261		V	Yes, please/No, thanks.
262		V	What's this?
263		V	It's 시금치.
264		V	Do you want some more?

발언순서	발언자		발언의 내용
	교사의 발언	학생의 발언	
265		V	Yes, please/No, thanks.
266		V	What's this?
267		V	It's rice.
268		V	Do you want some more?
269		V	Yes, please/No, thanks.
270		V	It's 김치.
271		V	Do you want some more?
272		V	Yes, please/No, thanks.
273	V		Okay, good job.
274		V	What's this?
275		V	It's rice.
276		V	Do you want some more?
277		V	Yes, please/No, thanks.
278		V	It's fish.
279		V	Do you want some more?
280		V	Yes, please/No, thanks.
281		V	What's this?
282		V	It's milk.
283		V	Do you want some more?
284		V	Yes, please/No, thanks.
285		V	It's 된장찌개.
286		V	Do you want some more?
287		V	Yes, please/No, thanks.
288	V		Thank you.
289		V	What's this?
290		V	It's 김치.
291		V	Do you want some more?
292		V	Yes, please/No, thanks.
293		V	It's rice.
294		V	Do you want some more?
295		V	Yes, please/No, thanks.
296		V	What's this?
297		V	It's 잡채.
298		V	Do you want some more?
299		V	Yes, please/No, thanks.
300		V	It's egg.
301		V	Do you want some more?
302		V	Yes, please/No, thanks.
303		V	It's 된장찌개.
304		V	Do you want to some more?
305		V	Yes, please/No, thanks.
306	V		Okay, good job.
307	V		Okay, any volunteer?

발언순서	발언자		발언의 내용
	교사의 발언	학생의 발언	
308	∨		Any volunteer?
309	∨		한명씩 한번 얘기해보자.
310	∨		이 친구 한번 얘기해 볼까?
311	∨		일어서요.
312	∨		저 친구에게 물어보세요.
313		∨	What's this?
314		∨	It's 김치.
315		∨	Do you want some more?
316		∨	Yes, please.
317	∨		Okay, any volunteer?
318	∨		Stand up, please.
319		∨	It's 된장찌개.
320		∨	Do you want some more?
321		∨	Yes, please.
322		∨	What's this?
323		∨	It's 불고기.
324		∨	Do you want some more 불고기?
325		∨	Yes, please.
326		∨	It's rice.
327		∨	Do you want some more rice?
328		∨	Yes, please.
329	∨		Okay, good job.
330		∨	Any volunteer?
331		∨	What's this?
332		∨	It's banana.
333		∨	Do you want some more?
334		∨	Yes, please.
335		∨	What's this?
336		∨	It's 된장찌개.
337		∨	Do you want some more?
338		∨	Yes, please.
339		∨	Me?
340		∨	Yes.
341		∨	It's 시금치 무침.
342		∨	Do you want some more?
343		∨	No, thanks.
344		∨	I'm really full.
345		∨	It's rice.
346		∨	Do you want some more?
347		∨	Yes, please.
348	∨		Okay, good job.
349	∨		우리 반에서 제일 훌륭한 lunch menu를 뽑아볼 거예요.

발언순서	발언자		발언의 내용
	교사의 발언	학생의 발언	
350	∨		어떻게 뽑냐면, 방법을 선생님이 얘기할 테니까 잘 보세요.
351	∨		선생님이 포인트를 각 모둠에 2개씩 줄 거예요.
352	∨		2개씩 주면. 이 point를 가지고 모둠에서 의논을 하세요.
353	∨		의논을 해서 어느 메뉴가 가장 훌륭한지 생각을 해서 나와서 붙이도록 합니다.
354	∨		무슨 말인지 이해됩니까?
355	∨		그러면 짧게 토의를 한 후에 선생님이 "시간이 다 됐습니다."라고 하면 나와서 붙이세요.
356	∨		할 수 있죠?
357		∨	Yes.
358	∨		point는 일단 2개를 줄 테니까, 일단 어느 식단이 가장 훌륭한지 찾도록 하세요.
359	∨		의논을 하세요.
360		∨	What do you want?
361		∨	This./ Very good./There.
362	∨		If you've done, put your hands on your head, please.
363	∨		나와서 밑에다가 point를 붙입니다.
364	∨		자, 가장 point가 많은 모둠이 어디 있지요?
365		∨	Two.
366	∨		일단 이거 하나는 선생님이 붙인 point, 그리고 어느 모둠이 가장 많죠?
367		∨	Two.
368	∨		Second.
369	∨		이 모둠이 어느 모둠이니?
370		∨	Group three.
371	∨		Okay.
372	∨		One, two, three, four, five.
373	∨		point 5개를 얻어서 우리 반에서 가장 우수한 식단을 만든 모둠이 되었습니다. 박수!
374	∨		선생님하고 같이 오늘 수업을 했는데요, '음식을 권하고 대답하는 말을 해보자.', '균형 잡힌 식생활을 중요성을 알아보자.' 이 두 가지를 가지고 오늘 공부를 했어요.
375	∨		우리 영어 공부를 하면서 실과 공부를 같이 했어요.
376	∨		실과 시간에 배운 내용을 가지고 영어공부를 한번 해 봤어요.
377	∨		그랬더니 어땠는지 누가 한번 발표를 해볼까?

발언순서	발언자		발언의 내용
	교사의 발언	학생의 발언	
378		V	It's fun.
379	V		It's fun.
380	V		한국말로 발표해도 괜찮아요.
381	V		어땠어요?
382	V		재경이?
383		V	네, 제가 발표해 보겠습니다.
384		V	저는 영어시간이 보다 더 재미있게 생각되었습니다.
385	V		보다 재미있었어요?
386	V		또 누가 발표해 볼까?
387		V	제가 발표해 보겠습니다.
388		V	저는 영어시간과 실과시간을 함께 한 것 같아서 더 보람차고 재미있었습니다.
389	V		또 누가 발표해 볼까?
390		V	저는 솔직히 영어시간이 지루하고 재미없었습니다.
391		V	근데 오늘은 실과시간이랑 겹쳐서 해서 재미있었습니다.
392	V		재미있었습니까?
393	V		자, 다음 시간에는 이번 단원 Lesson.10 Do you want some more? 에 해당하는 단어에 대해서 배워볼 겁니다.
394	V		이번 시간 공부 참 잘했습니다.
395	V		우리 5학년 5반을 위해서 박수!
396	V	V	박수소리(비언어적)

2) 저추론 TALOS

교실 수업 시간에 벌어지는 발언을 전사한 <표 4-18>을 참고로 하여 아래 <표 4-19>와 같이 저추론 TALOS 분석표를 작성하면 다음과 같다.

〈표 4-19〉 저추론 TALOS

발언	교사														학생																	
	교수 행위												언어 사용		발언의 대상					발언의 유형							질문의 유형				언어 사용	
	문형반복연습	지시/안내	설명	토론	대답	메타발화및질문	인지적질문	단순질문	수정	강화	일상적발화	훈육	한국어	영어(목표어)	전체	모둠	짝꿍/동료	교사	기타	발음	단어	구절	문장	담화	비언어적	무반응	메타발화및질문	인지적질문	단순질문	일상적질문	한국어	영어(목표어)
1											V			V																		
2																		V					V									V
3								V			V			V																		
4																		V					V									V
5										V				V																		
6								V			V			V																		
7																		V					V									V
8										V				V																		
9								V			V			V																		
10																		V			V											V
11									V	V				V																		
12		V												V																		
13								V						V																		
14		V												V																		
15			V											V																		
16		V												V																		
17							V							V																		
18																		V					V									V
19							V							V																		
20																		V					V									V
21										V				V																		
22							V							V																		
23																		V					V									V
24										V				V																		
25								V						V																		
26								V						V																		
27																		V					V									V
28								V						V																		
29								V						V																		
30																		V					V									V
31										V				V																		
32			V											V																		
33	V													V																		
34																		V					V					V				V
35					V					V				V																		
36	V						V							V																		
37																		V					V					V				V
38					V					V				V																		
39							V							V																		
40																		V			V										V	
41	V													V																		
42	V													V																		
43																		V					V									V
44					V					V				V																		
45		V												V																		
46		V												V																		
47																		V					V								V	
48																		V					V								V	
49		V												V																		

발언	교사														학생																	
	교수 행위												언어 사용		발언의 대상					발언의 유형							질문의 유형				언어 사용	
	문형반복연습	지시/안내	설명	토론	대답	메타발화및질문	인지적질문	단순질문	수정	강화	일상적발화	훈육	한국어	영어(목표어)	전체	모둠	짝꿍/동료	교사	기타	발음	단어	구절	문장	담화	비언어적	무반응	메타발화및질문	인지적질문	단순질문	일상적질문	한국어	영어(목표어)
50			∨											∨																		
51			∨											∨																		
52			∨											∨																		
53		∨												∨																		
54		∨												∨																		
55		∨												∨																		
56			∨										∨																			
57								∨					∨																			
58																		∨			∨										∨	
59							∨							∨																		
60																		∨					∨									∨
61										∨				∨																		
62							∨							∨																		
63																		∨					∨									∨
64										∨				∨																		
65							∨							∨																		
66																		∨					∨									∨
67										∨				∨																		
68							∨							∨																		
69																		∨					∨									∨
70								∨						∨																		
71																		∨				∨										∨
72							∨							∨																		
73																		∨					∨									∨
74									∨	∨				∨																		
75							∨							∨																		
76																		∨					∨									∨
77										∨				∨																		
78							∨							∨																		
79																		∨					∨									∨
80										∨				∨																		
81							∨							∨																		
82																		∨					∨									∨
83										∨				∨																		
84							∨							∨																		
85																		∨					∨									∨
86			∨											∨																		
87																		∨					∨									∨
88			∨											∨																		
89							∨							∨																		
90																		∨					∨									∨
91		∨												∨																		
92							∨							∨																		
93																		∨					∨									∨
94										∨				∨																		
95							∨							∨																		
96																		∨					∨									∨
97										∨				∨																		
98								∨						∨																		
99																		∨			∨											∨

발언	교사														학생																	
	교수 행위												언어 사용		발언의 대상					발언의 유형							질문의 유형				언어 사용	
	문형반복연습	지시/안내	설명	토론	대답	메타발화및질문	인지적질문	단순질문	수정	강화	일상적발화	훈육	한국어	영어(목표어)	전체	모둠	짝꿍/동료	교사	기타	발음	단어	구절	문장	담화	비언어적	무반응	메타발화및질문	인지적질문	단순질문	일상적질문	한국어	영어(목표어)
100							∨							∨																		
101																		∨					∨									∨
102							∨							∨																		
103																		∨					∨									∨
104										∨				∨																		
105							∨							∨																		
106																		∨					∨									∨
107							∨							∨																		
108																		∨					∨									∨
109									∨	∨				∨																		
110							∨							∨																		
111																		∨					∨									∨
112										∨				∨																		
113							∨							∨																		
114																		∨					∨									∨
115										∨				∨																		
116		∨					∨							∨																		
117																		∨					∨									∨
118										∨				∨																		
119							∨							∨																		
120																		∨					∨									∨
121							∨							∨																		
122																		∨					∨									∨
123							∨							∨																		
124																		∨					∨									∨
125		∨								∨				∨																		
126																		∨					∨									∨
127					∨					∨				∨																		
128							∨							∨																		
129																		∨					∨									∨
130									∨	∨				∨																		
131							∨							∨																		
132																		∨					∨									∨
133										∨				∨																		
134		∨												∨																		
135		∨												∨																		
136			∨											∨																		
137			∨											∨																		
138		∨					∨							∨																		
139																∨							∨					∨				∨
140																∨							∨									∨
141		∨					∨							∨																		
142																		∨			∨											∨
143																∨							∨					∨				∨
144																∨							∨									∨
145										∨				∨																		
146		∨					∨							∨																		
147																∨							∨					∨				∨
148																∨							∨									∨
149																∨							∨					∨				∨
150																∨							∨									∨

발언	교사														학생																	
	교수 행위												언어 사용		발언의 대상					발언의 유형							질문의 유형				언어 사용	
	문형반복연습	지시/안내	설명	토론	대답	메타발화및질문	인지적질문	단순질문	수정	강화	일상적발화	훈육	한국어	영어(목표어)	전체	모둠	짝꿍/동료	교사	기타	발음	단어	구절	문장	담화	비언어적	무반응	메타발화및질문	인지적질문	단순질문	일상적질문	한국어	영어(목표어)
151		∨					∨							∨																		
152																∨							∨					∨				∨
153																∨							∨									∨
154		∨					∨							∨																		
155																∨							∨					∨				∨
156																∨							∨									∨
157		∨												∨																		
158																∨							∨					∨				∨
159																∨							∨									∨
160		∨					∨							∨																		
161																∨							∨					∨				∨
162																∨							∨									∨
163							∨							∨																		
164																		∨			∨											∨
165		∨					∨							∨																		
166																∨							∨					∨				∨
167																∨							∨									∨
168		∨					∨							∨																		
169																∨							∨					∨				∨
170																∨							∨									∨
171										∨				∨																		
172		∨												∨																		
173		∨												∨																		
174		∨												∨																		
175		∨								∨				∨																		
176			∨											∨																		
177												∨		∨																		
178			∨											∨																		
179			∨											∨																		
180			∨											∨																		
181			∨											∨																		
182			∨											∨																		
183			∨											∨																		
184		∨										∨	∨																			
185			∨										∨																			
186								∨					∨																			
187																		∨				∨										∨
188			∨							∨			∨																			
189			∨										∨																			
190			∨										∨																			
191			∨										∨																			
192			∨										∨																			
193			∨										∨																			
194			∨										∨																			
195																		∨					∨									∨
196			∨					∨					∨																			
197			∨										∨																			
198			∨										∨																			
199			∨										∨																			
200		∨					∨			∨			∨																			
201										∨			∨																			

발언	교사														학생																	
	교수 행위												언어 사용		발언의 대상					발언의 유형							질문의 유형				언어 사용	
	문형반복연습	지시/안내	설명	토론	대답	메타발화및질문	인지적질문	단순질문	수정	강화	일상적발화	훈육	한국어	영어(목표어)	전체	모둠	짝꿍/동료	교사	기타	발음	단어	구절	문장	담화	비언어적	무반응	메타발화및질문	인지적질문	단순질문	일상적질문	한국어	영어(목표어)
202		∨											∨																			
203								∨						∨																		
204		∨											∨																			
205		∨												∨																		
206																∨						∨	∨				∨	∨	∨		∨	∨
207																∨						∨	∨								∨	∨
208		∨												∨																		
209		∨											∨																			
210																∨					∨	∨	∨						∨		∨	∨
211																∨					∨	∨	∨								∨	∨
212		∨												∨																		
213												∨		∨																		
214		∨												∨																		
215								∨						∨																		
216																		∨			∨											∨
217		∨												∨																		
218		∨												∨																		
219			∨										∨																			
220															∨								∨					∨				∨
221																	∨						∨									∨
222															∨								∨					∨				∨
223																	∨						∨									∨
224															∨								∨									∨
225															∨								∨					∨				∨
226																	∨						∨									∨
227															∨								∨					∨				∨
228																	∨						∨									∨
229															∨								∨					∨				∨
230																	∨						∨									∨
231										∨				∨																		
232		∨												∨																		
233															∨								∨									∨
234															∨								∨					∨				∨
235																	∨						∨									∨
236															∨								∨					∨				∨
237																	∨						∨									∨
238															∨								∨					∨				∨
239																	∨						∨									∨
240										∨				∨																		
241															∨								∨					∨				∨
242																	∨						∨									∨
243															∨								∨					∨				∨
244																	∨						∨									∨
245															∨								∨									∨
246															∨								∨					∨				∨
247																	∨						∨									∨
248															∨								∨									∨
249															∨								∨					∨				∨
250																	∨						∨									∨
251															∨								∨									∨
252															∨								∨					∨				∨

발언	교사														학생																		
	교수 행위												언어 사용		발언의 대상					발언의 유형							질문의 유형				언어 사용	
	문형반복연습	지시/안내	설명	토론	대답	메타발화및질문	인지적질문	단순질문	수정	강화	일상적발화	훈육	한국어	영어(목표어)	전체	모둠	짝꿍/동료	교사	기타	발음	단어	구절	문장	담화	비언어적	무반응	메타발화및질문	인지적질문	단순질문	일상적질문	한국어	영어(목표어)
253																	∨						∨									∨
254										∨				∨																		
255															∨								∨					∨				∨
256																	∨						∨									∨
257															∨								∨					∨				∨
258																	∨						∨									∨
259															∨								∨									∨
260															∨								∨					∨				∨
261																	∨						∨									∨
262															∨								∨					∨				∨
263																	∨						∨									∨
264															∨								∨					∨				∨
265																	∨						∨									∨
266															∨								∨					∨				∨
267																	∨						∨									∨
268															∨								∨					∨				∨
269																	∨						∨									∨
270															∨								∨									∨
271															∨								∨					∨				∨
272																	∨						∨									∨
273										∨				∨																		
274															∨								∨					∨				∨
275																	∨						∨									∨
276															∨								∨					∨				∨
277																	∨						∨									∨
278															∨								∨									∨
279															∨								∨					∨				∨
280																	∨						∨									∨
281															∨								∨					∨				∨
282																	∨						∨									∨
283															∨								∨					∨				∨
284																	∨						∨									∨
285															∨								∨									∨
286															∨								∨					∨				∨
287																	∨						∨									∨
288										∨				∨																		
289															∨								∨					∨				∨
290																	∨						∨									∨
291															∨								∨					∨				∨
292																	∨						∨									∨
293															∨								∨									∨
294															∨								∨					∨				∨
295																	∨						∨									∨
296															∨								∨					∨				∨
297																	∨						∨									∨
298															∨								∨					∨				∨
299																	∨						∨									∨
300															∨							∨										∨
301															∨								∨					∨				∨
302																	∨						∨									∨
303															∨								∨									∨

발언	교사														학생																	
	교수 행위												언어 사용		발언의 대상					발언의 유형							질문의 유형				언어 사용	
	문형반복연습	지시/안내	설명	토론	대답	메타발화및질문	인지적질문	단순질문	수정	강화	일상적발화	훈육	한국어	영어(목표어)	전체	모둠	짝꿍/동료	교사	기타	발음	단어	구절	문장	담화	비언어적	무반응	메타발화및질문	인지적질문	단순질문	일상적질문	한국어	영어(목표어)
304															∨								∨					∨				∨
305																	∨						∨									∨
306										∨				∨																		
307									∨					∨																		
308									∨					∨																		
309		∨											∨																			
310		∨							∨				∨																			
311		∨											∨																			
312		∨											∨																			
313																	∨						∨					∨				∨
314																	∨						∨									∨
315																	∨						∨					∨				∨
316																	∨						∨									∨
317								∨		∨				∨																		
318	∨													∨																		
319																	∨						∨									∨
320																	∨						∨					∨				∨
321																	∨						∨									∨
322																	∨						∨					∨				∨
323																	∨						∨									∨
324																	∨						∨					∨				∨
325																	∨						∨									∨
326																	∨						∨									∨
327																	∨						∨					∨				∨
328																	∨						∨									∨
329										∨				∨																		
330															∨							∨							∨			∨
331																	∨						∨					∨				∨
332																	∨						∨									∨
333																	∨						∨					∨				∨
334																	∨						∨									∨
335																	∨						∨					∨				∨
336																	∨						∨									∨
337																	∨						∨					∨				∨
338																	∨						∨									∨
339																	∨					∨							∨			∨
340																	∨					∨										∨
341																	∨						∨									∨
342																	∨						∨					∨				∨
343																	∨						∨									∨
344																	∨							∨								∨
345																	∨						∨									∨
346																	∨						∨					∨				∨
347																	∨						∨									∨
348										∨				∨																		
349		∨											∨																			
350			∨										∨																			
351			∨										∨																			
352			∨										∨																			
353			∨										∨																			
354								∨		∨			∨																			

발언	교사														학생																	
	교수 행위												언어 사용		발언의 대상					발언의 유형							질문의 유형				언어 사용	
	문형반복연습	지시/안내	설명	토론	대답	메타발화및질문	인지적질문	단순질문	수정	강화	일상적발화	훈육	한국어	영어(목표어)	전체	모둠	짝꿍/동료	교사	기타	발음	단어	구절	문장	담화	비언어적	무반응	메타발화및질문	인지적질문	단순질문	일상적질문	한국어	영어(목표어)
355		∨		∨									∨																			
356								∨		∨			∨																			
357																		∨			∨											∨
358		∨											∨																			
359				∨									∨																			
360																∨					∨	∨	∨						∨		∨	∨
361																∨					∨	∨	∨								∨	∨
362		∨												∨																		
363		∨											∨																			
364								∨					∨																			
365																		∨			∨											∨
366			∨					∨					∨																			
367																		∨			∨											∨
368									∨					∨																		
369								∨					∨																			
370																		∨				∨										∨
371										∨				∨																		
372			∨											∨																		
373		∨								∨			∨																			
374			∨										∨																			
375			∨										∨																			
376			∨										∨																			
377								∨					∨																			
378															∨			∨					∨									∨
379										∨				∨																		
380		∨											∨																			
381								∨					∨																			
382								∨					∨																			
383															∨			∨					∨								∨	
384															∨			∨					∨								∨	
385										∨			∨																			
386								∨					∨																			
387															∨			∨					∨								∨	
388															∨			∨						∨							∨	
389								∨					∨																			
390															∨			∨					∨								∨	
391															∨			∨						∨							∨	
392								∨					∨																			
393		∨											∨																			
394										∨			∨																			
395										∨			∨																			
396															∨										∨							

3) 고추론 TALOS

교실수업을 관찰하며 수업 중의 발언을 전사하고 저추론 TALOS를 통한 관찰기록을 마친 후, 즉 교실수업 관찰을 마친 다음 단계에서 고추론 TALOS를 이용한 관찰기록을 실시한다.

〈표 4-20〉 고추론 TALOS

교사	매우 낮음	낮음	보통	높음	매우 높음
한국어 사용 정도	0	**1**	2	3	4
영어(목표어) 사용 정도	0	1	**2**	3	4
교사 발화시간	0	1	**2**	3	4
수업구조의 명시성	0	1	2	3	**4**
과제 지향성	0	1	**2**	3	4
명확성	0	**1**	2	3	4
문제해결의 주도성	0	**1**	2	3	4
질문과 첨언의 개별화 정도	**0**	1	2	3	4
긍정적 강화	0	1	2	3	**4**
부정적 강화	**0**	1	2	3	4
수정	**0**	1	2	3	4
진도의 적절성	0	1	**2**	3	4
시청각 자료의 사용	0	1	2	**3**	4
몸짓	**0**	1	2	3	4
유머	**0**	1	2	3	4
적극성	0	**1**	2	3	4
학생					
과제에서 한국어 사용 정도	**0**	1	2	3	4
과제에서 영어(목표어) 사용 정도	0	1	2	3	**4**
과제에서 학생의 발화시간	0	1	2	**3**	4
문제해결의 주도성	0	1	2	**3**	4
이해	0	1	2	3	**4**
집중도	0	1	2	3	**4**
참여도	0	1	2	3	**4**
질문과 첨언의 개별화 정도	**0**	1	2	3	4
긍정적인 효과	0	**1**	2	3	4
부정적인 효과	**0**	1	2	3	4
과제에서의 학생 간 상호작용	0	1	2	3	**4**
프로그램					
언어의 적절성	0	1	2	**3**	4
내용의 적절성	0	1	2	**3**	4
심도	0	**1**	2	3	4
다양성	0	**1**	2	3	4
듣기기능 중심	0	1	**2**	3	4
말하기기능 중심	0	1	2	3	**4**
읽기기능 중심	**0**	1	2	3	4
쓰기기능 중심	**0**	1	2	3	4
형식적 특색	0	1	2	**3**	4
기능적 특색	0	1	2	**3**	4
교양과목과의 통합 정도	0	1	**2**	3	4

나. 수업 분석과 해석

1) 저추론 TALOS

33분의 수업이 진행되는 동안 총 396번의 교사와 학생의 발화가 일어났다. 이 중 교사의 발언은 197회, 학생의 발언은 199회로 학생의 발언 수와 교사의 발언 수는 거의 같았음을 확인 할 수 있다. 교사와 학생의 발언의 항목별 합과 비율, 영역별 합은 다음 분석표를 통해 제시하겠다.

〈표 4-21〉 저추론 TALOS 결과분석

교사	세부항목	항목의 합	항목의 비율	
			비율	과정
교수행위	문형반복연습	5	2 %	(5/231)*100=2
	지시/안내	50	22 %	(50/231)*100=22
	설명	39	17 %	(39/231)*100=17
	토론	2	1 %	(2/231)*100=1
	대답	4	2 %	(4/231)*100=2
	메타발화 및 질문	0	0 %	·
	인지적 질문	39	17 %	(39/231)*100=17
	단순 질문	27	11 %	(27/231)*100=11
	수정	8	3 %	(8/231)*100=3
	강화	50	22 %	(50/231)*100=22
	일상적 발화	4	2 %	(4/231)*100=2
	훈육	3	1 %	(3/231)*100=1
영역합		231	100 %	100
언어사용	한국어	55	28 %	(55/197)*100=28
	영어(목표어)	142	72 %	(142/197)*100=72
영역합		197	100 %	100

학생	세부항목	항목의 합	항목의 비율	
			비율	과정
발언의 대상	전체	55	26%	(55/206)*100=26
	모둠	26	13%	(26/206)*100=13
	짝꿍/동료	65	32%	(65/206)*100=32
	교사	60	29%	(60/206)*100=29
	기타	0	0%	·
영역합		206	100%	100

학생	세부항목	항목의 합	항목의 비율	
			비율	과정
발언의 유형	발음	0	0%	·
	단어	14	7%	(14/209)*100=7
	구절	13	6%	(13/209)*100=6
	문장	178	85%	(178/209)*100=85
	담화	3	1%	(3/209)*100=1
	비언어적	1	1%	(1/209)*100=1
	무반응	0	0%	·
영역합		209	100%	100
질문의 유형	메타발화 및 질문	1	2 %	(1/66)*100=2
	인지적 질문	60	91 %	(60/66)*100=91
	단순 질문	5	7 %	(5/66)*100=7
	일상적 질문	0	0 %	·
영역합		66	100 %	100
언어사용	한국어	16	8 %	(16/204)*100=8
	영어(목표어)	188	92 %	(188/204)*100=92
영역합		204	100 %	100

먼저 교사의 발언에 대해 살펴보자. 교사의 발언은 72%가 영어로 이루어졌다. 28%를 차지한 한국어는 과제를 설명하는 부분과 수업 후의 피드백을 하는 부분에서 주로 사용되었다.

교사의 발언 중 '지시 및 안내'와 '강화'가 각각 22%로 가장 높은 빈도를 보였다. 수업을 원활히 진행하기 위해서 학습내용 전달 이외에 수업 단계 및 전개를 이야기 해주는 부분은 수업 전 과정에 거쳐 필요하다. 지시 및 안내에 대한 교사의 발언이 많이 나타난 것은 이러한 이유라고 볼 수 있다.

그 다음으로는 '설명'과 '인지적 질문'에 대한 발언이 각각 17%로 높았다. 관찰한 수업은 이미 실과 수업을 통해 학습한 내용을 영어 수업 시간과 연계시켜 말하기 활동으로 진행하는 것이었다. 설명의 비율이 높은 이유는 활동방법을 설명하기 위한 교사의 발언이 많은 부분을 차지하였기 때문이다. 인지적 질문의 비율이 높은 이유는 학생들이 모둠 활동을 진행하기 전에 교사가 실과시간에 배운 내용을 학생들에게 영어로 질문하고, 이를 통해 목표로 하는 표현을 익히기 위한 과정이 길었기 때문이라고 보여진다. 이러한 인지적 질문 이외에도 간단한 사실을 확인하기 위해 교사가 학생에게 질문을 하는 '단순 질문' 비율이 11%로 나타났다.

다음으로, 학생의 발화에 대해 알아보았다. 학생들의 발화는 92%가 목표어인 영어로 발화되었다. 특이한 점은 교사가 한국어로 질문을 하였을 경우에도 학생들은 비록 짧은 답일지라도 영어로 대답했으며, 모둠 활동 시간에도 한국어 사용이 눈에 띄게 적었다.

학생들의 발언은 '짝꿍 및 동료'를 대상으로 하는 경우가 32%로 가장 높게 나타났고, 전체 학생을 대상으로 한 발언이 26%로 높게 나타났는데, 이는 모둠 학습 후에 학습 결과를 발표하는 과정 때문이라 생각한다. 그리고 모둠을 대상으로 한 발언은 13%로 많은 비중을 차지하지 않았다. 하지만 실제로 모둠 활동이 이루어지는 동안 학생들의 발화를 모두 녹취하여 기록하지 못했음을 감안한다면, 모둠을 대상으로 한 학생들의 발언시간과 발언량이 가장 높다 할지라도 지나치지 않을 것이다.

학생들의 발언은 대부분 문장단위 이상으로 일어났다. 문장단위 이상의 발언은 약 87%이고 단어 및 구절로 발언된 경우가 약 13% 정도이다. 하지만, 이러한 문장단위의 발언은 "Yes, please."와 "No, thanks."와 같이 간단한 것들이 대부분이었고, 담화단위로 나타난 것은 한국어 발언이었다. 이러한 점을 감안한다면 학생들이 문장단위 이상으로 발언을 하였다 할지라도 언어표현 능력은 그리 높지 않음을 알 수 있다.

또한 학생들의 발언의 대부분이 교사의 문답과 활동에서 행해졌다. 본 수업은 말하기 활동 중심이었기 때문에 학생들의 상호작용이 활발하게 일어났고, 상호작용의 중심이 되는 발언유형은 질문이었다. 학생들 질문의 대부분이 목표로 하는 표현을 사용하는 것이었으며 이는 대부분이 '인지적 질문'과 관련된 것이었다.

2) 고추론 TALOS

고추론 TALOS는 교사범주에 해당하는 평가항목 16개, 학생범주에 해당하는 평가항목 11개, 프로그램에 해당하는 평가항목 11개로 이루어져 있다. 이 중에서 교사와 학생에 관해 먼저 살펴보았다. 교사범주와 학생범주는 일부 관련 항목을 비교하는 방법으로 분석하였는데, 우선 그 외의 항목에 대한 평가를 내리고 나서 비교 결과를 제시하도록 하겠다.

교사는 수업 시작 전에 수업 설계를 통해 학습 목표와 내용과 활동을 사전에 결정하고 수업 지도안에 따라 수업을 진행한다. 이러한 수업 진행 목표 및 단계는 교사 뿐 아니라 학생에게도 수업의 목적 및 흐름을 파악하도록 돕는다. 본 수업에서는 교사가 수업 시작 단계에서 학습 목표와 활동절차를 설명해 줌으로써 학생들이 이 시간동안 어떠한 것을 학습할 것인지, 도달해야 할 목표는 무엇인지를 인지할 수 있도록 해주었다. 이 수업은 수업 설계가 잘 되어 있으며 실제 수업도 계획에 맞추어 잘 진행되었으므로 구조적으로 짜임새 있다고 볼 수 있다.

본 수업에서는 실과시간에 배운 내용을 영어 수업과 연계한 통합 수업을 시도하였고, 특정 표현을 사용하도록 구성된 말하기 기능 중심 수업이었다. 말하기 활동의 특성상 학생간의 상호작용이 충분히 일어났으며, 정확성보다는 유창성에 중심을 둔 활동이라 학생 발언에 대한 교사의 수정은 거의 일어나지 않았다. 또한 교사는 학습 내용을 제시함에 있어 멀티미디어와 실물을 조화롭게 사용하여 설명에 의존하는 단조로운 수업에서 벗어나기 위한 노력을 보여주었다.

본 수업을 분석하여 얻은 <표 4-20>의 결과를 통해 다음과 같이 교사와 학생의 수업행위를 비교할 수 있다.

〈표 4-22〉 고추론 TALOS 결과분석

비교항목	교사	학생
한국어 사용 정도	낮음	매우 낮음
영어(목표어) 사용 정도	보통	매우 높음
발화시간	보통	높음
적극성 및 참여도	낮음	매우 높음
문제해결의 주도성	낮음	높음
질문과 첨언의 개별화 정도	매우 낮음	매우 낮음
긍정적 강화 및 효과	매우 높음	낮음
부정적 강화 및 효과	매우 낮음	매우 낮음

교사와 학생 모두 한국어보다는 영어를 많이 사용하였으며, 학생들의 활동 중심 수업이라 학생들의 발화시간이 높은 편으로 나타났다. 전체 4차시 수업 중 3차시 수업이 진행되었기 때문에 학생들은 과제를 수행함에 있어 큰 어려움을 느끼지 않아 보였으며, 매우 적극적으로 참여함을 확인할 수 있다.

모둠별로 활동을 할 때에 교사가 제시한 과제는 학생들 스스로 해결할 수 있는 난이도였으며, 식상한 과제가 아니라 교사가 개발한 활동이라 학생들이 흥미를 보이며 주도적으로 참여함을 알 수 있었다. 하지만 모둠 학습이 진행될 때, 교사는 학생들의 활동을 관찰하거나 도움을 주기 위해 교실 이곳저곳을 돌아다니기보다는 한 곳에 머물러 있었다. 교사는 모둠학습이 진행되는 동안 혹시 발생할지 모르는 어려움과 문제를 해결해 주기위해 교실을 돌아다니며 학생들의 활동을 관찰해야 하는데, 본 수업에서는 이 점에서 부족함을 보였다. 또한 교사의 이동 문제 때문인지, 학생들이 학습하는 내용에 익숙해서인지 개별적인 질문이나 첨언은 거의 나타나지 않았다.

교사는 거의 모든 학생들의 발언에 강화를 해 주었다. 교사의 긍정적인 강화는 학습자의 학습을 지속시키는 데 긍정적인 영향을 미치는 만큼 그 중요성이 크다고 할 수 있다. 하지만 대부분 강화는 학생들의 발언을 반복하며 옳은 발언을 했음을 간접적으로 확인시켜주는 것이었고, *good job!*이나 *right!* 등과 같은 다소 단순하고 상투적인 것이었다. 이 수업이 초등학교 수업임을 고려한다면 교사는 학생들에게 다양한 칭찬 기법을 이용하여 계속적으로 칭찬과 격려를 해주는 것이 필요하다. 그리고 교사의 긍정적인 강화가 학생들에게 미치는 효과는 관찰로는 확인이 어려웠다. 반면에 교사의 부정적인 강화나 훈육은 거의 일어나지 않았다.

다음으로 프로그램 범주에 관하여 논의해보도록 하겠다. 수업에 쓰인 프로그램은 말하기 기능에 초점을 두었으며 말하기 기능에 병행되는 듣기 기능도 같이 요구되었다. 하지만 그 외의 읽기와 쓰기 기능을 길러줄 수 있는 활동은 주어지지 않았다. 그러므로 이후의 수업에서 나머지 기능을 길러줄 수 있는 활동을 실시해두 기능에 대한 보완이 이루어져 할 것이다.

본 수업은 실과 수업과의 통합을 시도한 것이다. 실과시간에 5대 영양소에 대해 배운 것을 바탕으로 모둠별 활동을 통해 한 끼 식단을 구성하는 것이었다. 학생 개인마다 자신의 식단을 짜며 활동을 즐기는 모습이 보였고, 식단을 평가할 때 이를 고려하여 평가하도록 하였다. 또한 모둠학습에 쓰인 활동은 목표 표현을 사용하여 상호작용을 유도하는 것이었으며, 교사가 독창적으로 개발한 활동이라 학생들이 흥미를 가지고 적극적으로 참여하는 것을 확인할 수 있었다. 그러나 이 활동의 문제점은 다양하지 못하다는 것이다. 식단을 구성하는 데 있어 여러 가지 음식들이 있었지만, 전체 6모둠이 같은 내용을 발표하고 확인하는 과정이 이어져서 뒤로 갈수록 집중이 되지 않았다. 전체 모둠이 각각 하나의 주제를 가지고 진행하는 것이 다양성 측면에서 좋을 것이며, 그렇게까지 하기에는 어려움이 있다면 2-3가지의 주제를 가지고 모둠별로 나누어 활동을 하면 더 효과적일 것이다.

다. 논의

TALOS를 적용하여 수업을 분석하고 해석해 보면 무심코 지나칠 수 있는 수업의 면면을 살펴볼 수 있다. TALOS 분석도구를 사용하여 예시 수업을 분석한 결과, 교사의 발언 중 72%가 영어로 이루어진 점과 긍정적인 강화가 일어난 점은 장점이라 할 수 있다. 또한 교사의 수업 안내 및 지시, 활동 설명 등의 발언 비율이 비교적 높았으며, 이는 수업을 원활히 진행되게 하였다. 그러나 인지적 질문, 사실을 묻는 단순한 질문이 비교적 많았다. 학생들의 발화 수준은 그리 높지 않으나 92%가 영어로 이루어졌으며, 한국어 사용이 눈에 띄게 적은 수업이었다. 짝 활동 및 모둠 활동이 전체 활동보다 비율이 높게 나타났으며 말하기 중심의 학생들의 상호작용이 활발하게 일어난 수업이라 할 수 있다. 그러나 교사와 학생 간, 학생과 학생 간 많은 상호작용이 일어났음에도 불구하고, 단순히 묻고 대답하는 단조로운 형식의 상호작용이 일어났기 때문에 상대적으로 학생의 자유로운 질문이 적었고 문장 단위 이상의 발언이 나타나기 힘들었다. 수업 프로그램 면에서는 실과 교과와의 통합을 시도하여 학생들이 흥미를 가지고 적극적으로 참여하는 것을 확인할 수 있었다. 그러나 수업 활동이 다양하지 못하여 반복되는 활동으로 인하여 후반부로 갈수록 지루함이 느껴지고 집중력이 떨어지는 단점이 있었다. 전체 모둠이 각각의 주제를 가지고 진행하거나, 2~3가지의 주제를 제시한 후에 모둠별로 선택하여 활동을 하도록 하면 더 좋을 것 같다는 생각이 든다.

4.1.4 COLT 분석법의 적용 예시

본 절에서는 실제로 초등학교 교실에서 진행된 수업을 COLT를 활용하여 분석해보았다. 분석은 COLT 1부와 2부로 나누어 진행되며, 각각에 따른 해석을 통해 수업을 평가하고 개선점을 찾아보았다.

가. 수업관찰과 기록

COLT 분석의 예시 수업은 부산 ○○ 초등학교 5학년 5반에서 이루어진 영어와 실과 통합 수업이다. 차시에 대한 간략한 정보는 아래와 같다.

〈표 4-23〉 예시 수업 정보

School	(Busan) Ban-an Elementary School	Grade/ Class	5-5	Student	Boy(18)/ Girl(16)
Unit	▪ 10. Do you want some more? ▪ 7. 우리의 식사				
Main Theme	▪ 음식 권하기 ▪ 승낙, 거절하기 ▪ 균형 잡힌 식사하기				
Objective	▪ 음식을 권하고 대답하는 말을 영어로 할 수 있다. ▪ 균형 잡힌 식생활의 중요성을 알 수 있다.				

3장에서 제시한 항목별 분석기준에 의거하여 COLT 1부와 2부 활용을 통한 수업 관찰은 다음과 같이 시행되었다.

1) COLT 1부를 활용한 수업관찰

COLT 1부를 통하여 교실에서 일어나는 활동과 그에 대한 교사와 학생의 행동을 관찰해 보았다. <표 4-24>는 본 수업을 활동별로 나누어 해당 항목에 표시한 것이다. 전체 수업은 20개의 활동으로 분리되었으며 번호로 표기하였다. 자세한 활동 내용은 <표 4-25>에 따로 제시하였다.

〈표 4-24〉 COLT 1부를 활용한 수업분석

시간	활동	참여자들의 조직							내용												학생들의 양상					자료									
		학급 전체			그룹		혼합		경영		언어				기타 주제			주제의 통제								유형				출처			이용		
		교사와 학생	학생과 학생	학생 낭독	동일 과제	이질 과제	개별	그룹/개별	절차	규율	형식	기능	담화	사회 언어학	협의적 주제	제한적 주제	광의적 주제	교사	교사와 학생	학생	듣기	말하기	읽기	쓰기	기타	교재 최소	교재 확장	청각	시각	교육	유사 교육	비교육	통제적	유사 통제적	개방적
	1	√													√			√			√	√													
	2			√											√			√							√			√	√	√			√		
	3	√														√		√			√	√							√		√			√	
	4	√										√						√			√	√							√		√			√	
	5	√							√									√			√		√												
	6	√														√		√			√	√							√		√		√		
	7	√										√						√			√	√							√		√			√	
	8		√									√						√			√	√							√		√			√	
	9				√				√									√							√										
	10	√							√									√			√						√				√			√	
	11				√							√							√		√	√			√		√				√			√	
	12				√											√			√		√	√					√				√			√	
	13	√							√									√			√														
	14		√									√							√		√	√					√				√			√	
	15		√									√							√		√	√					√				√			√	
	16	√							√									√			√						√				√			√	
	17				√											√			√		√	√					√				√			√	
	18	√														√		√			√	√							√		√			√	
	19	√														√		√			√	√													
	20	√							√									√			√														
	합계	12	3	1	4	0	0	0	6	0	0	6	0	0	2	6	0	15	5	0	18	13	1	0	3	0	7	1	7	1	13	0	2	12	0

<표 4-25>에서 '활동 2' 노래 부르기는 학생 낭독으로 분류하였고, '활동 5'와 같이 자료가 없는 것은 자료에 관한 항목을 공란으로 두었다.

〈표 4-25〉 수업의 활동 내용

활동1: 인사하기 활동2: 지난 시간에 배운 노래 부르기 활동3: 음식 사진 제시하고 물어보기 활동4: 음식 권하고 대답하는 표현 복습하기 활동5: 학습 목표 및 활동 소개하기 활동6: 실과시간에 배운 음식 확인하기 활동7: 5대 영양소 음식 사진 보며 권하고 대답하는 표현하기 활동8: 두 그룹으로 나누어 묻고 답하기 활동9: 두 번째 활동을 위한 그룹 만들기 활동10: 두 번째 활동 설명하기 활동11: 모둠별로 my lunch menu 꾸미기 활동12: 모둠에서 잘된 메뉴 선정하기 활동13: 세 번째 활동 설명하기 활동14: 모둠별 최고의 메뉴에 대해 발표하고 질문하기 활동15: 모둠별 최고의 메뉴에 대해 발표하고 개인에게 질문하기 활동16: 우리 반의 최고의 메뉴를 선정하는 방법 설명하기 활동17: 조별로 우리 반의 최고의 메뉴 의논하기 활동18: 조별로 선정한 메뉴에서 최고의 메뉴를 뽑고 포인트 주기 활동19: 수업 반성하기 활동20: 차시예고하기

2) COLT 2부를 활용한 수업 관찰

여기에서는 본 수업에서 일어난 교사와 학생의 의사소통 작용의 양상을 알아보기 위해 COLT 2부의 항목에 따라 관찰해 보았다. <표 4-26>은 전체 문장을 항목별로 표기하여 그 횟수를 합산한 결과를 제시한 것이다.

〈표 4-26〉 COLT 2부를 활용한 수업분석

교사발화분석

의사소통 요소			사용 언어		정보차				발화 의지 속성		반응	발화 지속의 양태						전체낭독
					정보제공		정보요구											
침묵	과업	비과업	제1언어	제2언어	예상가능정보	예상불가정보	확인질문	정보질문	짧음	지속	명시적언어형식	무시	반복	바꿔말하기	첨언	확장	상세화	
0	182	267	53	134	41	18	46	18	137	51	0	0	26	20	14	98	5	2

학생발화분석

사용 언어		발화의 시작	정보차				발화의 지속성			형태 제한			반응	발화 지속의 양태					
			정보제공		정보요구														
제1언어	제2언어		예상가능정보	예상불가정보	확인질문	정보질문	최소	짧음	지속	금지/제지	제한됨	허용	명시적언어형식	무시	반복	바꿔말하기	첨언	확장	상세화
10	154	112	70	95	15	82	29	23	2	12	12	7	0	0	0	2	0	25	0

나. 수업분석과 해석

위의 관찰 결과를 바탕으로 COLT 1부와 2부 활용을 통한 수업분석과 해석을 해보았다.

1) COLT 1부를 활용한 수업분석과 해석

다음 표들은 대항목인 참여자들의 조직, 의사소통 내용, 주제의 통제, 자료의 유형, 자료의 출처, 자료의 이용에 대해 분석한 것이다. 항목별로 산출된 합계를 비율로 환산한 후, 소수점 첫째 자리에서 반올림하여 비교하였다.

〈표 4-27〉 참여자들의 조직 (단위: %)

참여 조직	학급 전체	그룹	혼합	합계
빈도	80	20	0	100

본 수업에서 참여자들의 조직을 보면 학급 전체가 하는 활동의 비율이 가장 높았으며 그룹끼리 하는 활동은 20%, 개인별 학습은 전혀 없었다. 학급 전체가 참여할 때에도 교사와 학생 사이의 활동이 큰 부분을 차지하였는데 이는 교사가 주도하는 반복연습이나 수업 활동을 위한 방법 등에 대해 학생 전체를 대상으로 설명해주는 경우가 많았기 때문이다. 개인별 학습이 없었던 것은 이 수업의 학습목표가 서로 음식을 권하고 답하는 대화를 익히는 것이라서 둘 이상의 동료 학습이 주를 이루었기 때문이다. 그러나 학습자가 앞 차시에서 음식을 권하는 표현을 충분히 학습하였음을 감안할 때, 전체가 함께 하는 학습보다 그룹별 학습 시간을 더 확보하는 것이 의사소통 기회를 더 많이 제공할 수 있을 것이다.

〈표 4-28〉 의사소통의 내용 (단위: %)

참여 내용	경영	언어	기타 주제	합계
빈도	30	30	40	100

의사소통 내용에 대한 소항목의 결과를 보면 경영과 언어, 기타 주제가 비슷한 분포를 이루고 있다. 그러나 <표 4-24>에서 보는 것과 같이 세부 항목은 하나 혹은 둘에 집중되어 있었다.

우선 경영은 규율에 대한 활동은 없이 절차로만 이루어져 있었는데, 이는 수업을 진행한 교사가 학습자에 대한 포용력이 강하다는 것을 의미한다. 그러나 수업의 절차에 대한 설명이 전체 활동의 30%를 차지한 것은 고려되어야 할 사항이라고 본다. 또한 언어는 기능 항목에 집중되었는데, 학습목표가 '음식 권유하기'의 의사소통기능을 익히는 것이므로 거기에 초점을 맞춰 대부분의 활동이 이루어진 것 같다. 기타 주제는 이 수업이 영어와 실과의 통합 수업이므로 실과시간에 배운 올바른 식습관이 제한적 주제로 주로 적용되었다. 이것은 학습자가 실생활 속에서 매일 겪는 일이므로 제한적 주제를 활용한 것은 올바른 선택이라고 생각한다.

〈표 4-29〉 주제의 통제 (단위: %)

참여 내용	교사	교사와 학생	학생	합계
빈도	75	25	0	100

주제의 통제는 주로 교사에 의해 이루어졌다. 교사와 학생이 함께 주제에 관여한 것은 그룹 활동에서 나타났는데, 그 경우도 교사가 제시한 틀 안에서 학습자가 자율성을 발휘하는 식으로 활동을 진행하고 있었다. 주제에 대한 교사의 통제가 강하면 상대적으로 학습자가 수동적으로 활동에 참여하게 될 우려가 있고, 본 수업 대상이 고학년이기 때문에 학습자의 영역을 좀 더 확장해줄 필요가 있겠다.

〈표 4-30〉 참여자들의 양상 (단위: %)

학습자 양상	듣기	말하기	읽기	쓰기	기타	합계
빈도	51	37	3	0	9	100

언어 기능 중에서는 듣기와 말하기 기능이 가장 많이 사용되었고, 노래 부르기, 메뉴판 만들기 등의 기타 항목도 있었다. 그러나 읽기와 쓰기는 거의 학습되지 않았다. 전체 활동을 훑어보면 듣기·말하기 학습이 거의 동일한 패턴으로 이루어지고 있어서 지루한 감이 있다. 또한 <표 4-27>에서 살펴봤듯이 본 수업에는 개인별 학습이 없기 때문에, 수업 후반부에서 읽기와 쓰기 기능을 수준별 개인학습으로 삽입하는 것도 좋은 방법일 것이다.

〈표 4-31〉 자료의 유형 (단위: %)

참여 내용	교재		청각	시각	합계
	최소	확장			
빈도	0	47	6	47	100

자료의 유형은 확장 교재와 시각 자료가 동일한 비율로 제시되었고, 청각 자료는 도입 활동에서 챈트로 잠깐 제시되었다. 본 차시는 이전 차시에서 이미 학습했던 권유형 문장을 생활과 관련지어 활용해보는 것에 초점을 맞추고 있다. 그러므로 청각 자료보다 발화를 유도할 수 있는 시각 자료들을 많이 사용한 것은 적절하다고 할 수 있다.

〈표 4-32〉 자료의 출처 (단위: %)

참여 조직	교육적	유사 교육적	실제적	합계
빈도	7	93	0	100

<표 4-32>는 자료의 출처에 대한 분석 결과이다. 본 수업에서 활용한 음식 사진들은 항목별 기준에 의거했을 때 실물 또는 실생활에서 접하는 자료를 잘 개조하여 사용하였으므로 대부분 유사 교육적 자료에 속하며, 학습 목표에 적합하게 제공되었다. 교육적 자료는 챈트에서 활용한 CD-ROM을 나타낸다.

〈표 4-33〉 자료의 이용 (단위: %)

참여 내용	통제적	유사 통제적	개방적	합계
빈도	15	85	0	100

<표 4-33>은 자료를 어떤 방식으로 이용했는지에 관한 분석 결과이다. 원래 음식 사진의 쓰임새는 5대 영양소 중 무엇을 갖추고 있는지, 영양을 골고루 섭취하려면 어떻게 먹어야 하는지 등을 공부하기 위해서 사용되는 것이 주목적이다. 그러나 본 수업에서는 이러한 목적과 함께 영어 의사소통 연습을 위한 도구적 측면에서도 활용되었기 때문에 유사 통제적인 이용이 가장 많은 범위를 차지했다. 아쉬운 점이 있다면 개방적 이용이 없었다는 것이다. 음식 사진들과 기본 구문을 활용하여 그룹별로 역할극을 만들어보도록 한다면 반복적인 질문과 대답 이상의 다양한 대화가 이루어질 수 있을 것이다.

2) COLT 2부를 활용한 수업 분석 및 해석

COLT 2부도 1부와 마찬가지로 대항목인 의사소통 요소, 사용 언어, 정보차, 발화의 지속성, 발화 지속의 양태로 분류한 후, 각 항목 내에서 소항목의 비율을 구하여 비교 분석하였다. 소항목이 없는 전체 낭독, 발화의 시작, 반응에 관한 분석은 마지막에 서술 형식으로 제시하였다.

〈표 4-34〉 의사소통 요소 (단위: %)

소항목	침묵	과업	비과업	합계
비율	0	41	59	100

의사소통 요소를 관찰한 결과 교사나 학생의 질문 뒤에 침묵이 오는 경우는 없었다. 그 이유로는 여러 가지 원인을 추측할 수 있다. 우선 1부에서 확인한 것처럼 대부분의 활동이 전체 혹은 그룹 학습이었기 때문에 부담 없이 발화했거나, 혹은 초등학생이라는 학습자의 특성상 오류에 대한 두려움이 적기 때문일 수도 있다. 또한 수업 내용이 전반적으로 쉽고 반복학습이 많았기 때문에 자신 있게 답변했을 가능성도 있겠다.

학생 주도인 과업과 교사 주도인 비과업은 약 10%의 차이로 비과업이 높은 결과를 보였다. 그러나 과업조차도 제한된 문장 구조 안에서 이루어졌기 때문에 실제로는 교사의 주도가 우세한 수업이었다고 볼 수 있다.

〈표 4-35〉 교사와 학생의 사용 언어 (단위: %)

	영어	한국어	합계
교사	72	28	100
학생	96	4	100

교사와 학생의 사용 언어를 보면 교사는 영어를 72%, 한국어를 28% 활용하였다. 교사는 교실 영어 사용에 비교적 능숙하였으며, 한국어는 활동 방법을 다시 설명해줄 때와 수업 정리 단계에서 주로 사용하였다. 학생의 언어 사용은 영어가 96%로 교사보다 더욱 높게 나타났다. 그러나 앞에서 밝힌 것처럼 동일한 문장을 반복적으로 활용하였기 때문에 이것이 학생들의 실질적인 영어 실력이라고 보기는 어렵다. 다만 본 차시에서 목표로 하는 권유하기의 표현은 대부분의 학생이

완벽하게 숙지하였음을 알 수 있었다.

〈표 4-36〉 교사와 학생의 정보차 (단위: %)

	정보제공		정보요구		합계
	예상가능	예상불가	확인질문	정보질문	
교사	33	15	37	15	100
학생	27	36	6	31	100

<표 4-36>의 정보차에 관한 결과를 보면 교사는 학생들에게 예상 가능한 정보를 더 많이 제공했고, 정보요구 또한 확인용 질문을 많이 했음을 알 수 있다. 반면 학생의 정보제공은 예상가능과 예상불가의 비율이 큰 차이를 보이지 않았다. 그 이유는 정보제공의 대상이 교사일 때는 교사의 확인질문에 대한 예상 가능한 정보를 많이 제공하지만, 학생과 학생 사이에서는 자신의 음식 기호에 대한 실제 대화가 이루어지므로 예상 불가한 정보들이 제공되었기 때문이다. 또한 학생의 정보요구는 주로 교사가 아닌 다른 친구들을 대상으로 행해지므로 정보질문의 비율이 더 높았다. 초등학교 영어 교실에서 정보질문을 많이 사용하는 것이 쉬운 일은 아니지만 이러한 질문이 학습자의 흥미 유발에 효과적이므로 잘 활용할 수 있도록 전략적으로 수업을 계획해야 할 것이다.

〈표 4-37〉 발화의 지속성 (단위: %)

	최소	짧음	지속	합계
교사		73	27	100
학생	11	88	1	100

발화의 지속성은 교사나 학생 모두 한 문장으로 이루어진 짧은 발화가 많았으며 교사의 발화에서는 지속되는 경우도 간혹 있었다. 초등학교 영어 학습에서는 일단 학습자가 입을 열도록 하는 것이 중요하므로 주어와 동사를 갖춘 완전한 문장이나 보다 긴 문장을 발화하도록 강요하지는 말아야 한다. 그러나 교사가 쉬운 문장을 두 개씩 이어서 말한다거나, 학습자들이 한 단어로 표현하는 것을 교사는 완전한 문장으로 말해줌으로서 은연중에 시범을 보이는 것은 긍정적인 태도라고 본다.

〈표 4-38〉 발화 지속의 양태 (단위: %)

	무시	반복	바꿔 말하기	첨언	확장	상세화	합계
교사	0	16	12	9	60	3	100
학생	0	0	1	0	99	0	100

<표 4-38>은 교사와 학생의 발화 지속의 양태를 관찰한 결과이다. 양쪽 모두 이전 발화를 확장하는 식으로 지속하는 경우가 가장 많았으며, 특히 학생의 발화는 거의 모든 것이 확장의 형태로 이루어졌다. 교사의 발화 지속을 보면 상황에 맞게 반복과 바꿔 말하기, 첨언 등을 활용하며 적절한 피드백을 하려고 노력했음을 알 수 있다. 그러나 학생의 발화 지속에서 확장과 바꿔 말하기를 제외한 소항목들이 한 번도 행해지지 않았다는 것은 다른 학생들의 발화에 대한 학생의 피드백이 거의 전무하였음을 의미한다. 즉 '교사 질문→학생 대답→교사 반응' 혹은 '학생 질문→학생 대답→교사 반응', '학생 질문→교사 대답'의 단조로운 패턴이 대부분이며, 발화가 짧게 단절되는 양상을 많이 보인다는 것이다. 이는 학생들에게 수업이 지루하게 느껴질 위험이 있으므로 교사는 보다 활발하고 능동적인 참여가 일어나도록 유도해야 할 것이며, 그러기 위해서는 보다 다양한 표현과 반응이 나올 수 있는 활동들을 제시해야 할 것이다.

그 외의 항목을 살펴보면 학생의 전체낭독은 학습목표와 활동을 읽을 때에만 실시되었으며, 발화의 시작에 있어서는 학생이 먼저 발화를 시작한 문장이 112개, 약 25%로 나타났다. 그러나 이것은 반복학습이라는 전제 하에 산출된 결과이므로 질적으로 과장된 측면이 없지 않다.

마지막으로 문법 오류를 교정하는 명시적 언어형식의 발화는 교사와 학생 모두에게서 나타나지 않았다. 이는 본 수업이 문장의 형식보다 기능에 초점을 맞추고 있음을 의미하며, 권유하는 문장 자체가 시제나 주어 동사 일치와 같은 문법적 속성이 적으므로 특별히 교정해야 할 오류가 발견되지 않아서 그렇다고 볼 수도 있겠다.

다. 논의

이상으로 실제 수업을 대상으로 COLT를 적용하여 수업을 분석하고 해석한 예를 제시해 보았다. 이 예시 수업은 COLT 수업 분석을 통해 수업지도안 작성 시에는 미처 예상하지 못했던 문제점들을 가지고 있었다. 가령, 수업지도안 상에는 교사와 전체 학생, 그룹과 그룹, 학생과 전체 학생 등의 활동으로 다양하게 구성하고자 의도하고 있었으나, 실제 분석 결과를 보면 비슷한 활동이 반복되어서 수업이 약간 지루하고 침체되는 느낌이 든다는 것을 알 수 있다. 모든 학생 또는 모든 그룹에게 동질과제를 부여한 것도 동일한 문제점을 가져왔으며, 오히려 여러 가지 활동을 제시하고 그룹별로 선택하여 학습한 후 발표하게 했다면 좀 더 성공적인 학습이 되지 않았을까 하는 판단이 든다. 반면 본 차시를 실과 과목과 통합하여 학생이 실생활에서 늘 접하는 음식을 학습 자료로 삼은 것은 학습자의 발화를 돕는 유용한 도구가 되었음을 확인할 수 있다.

4.1.5 FOCUS 분석법의 적용 예시

FOCUS는 교수행위를 객관적으로 관찰, 기술, 분석할 수 있는 분석 도구이다. 특히, 언어 수업 중 일어나는 의사소통 행위의 과정을 있는 그대로 기술함으로써 대상을 좀 더 객관적이고 신뢰성 있게 관찰할 수 있게 하며, 언어 학습에서 나타나는 의사소통의 다양한 측면을 분석 가능하게 해준다. 본 절에서는 3장에서 살펴본 FOCUS의 활용법에 따라 실제 수업을 FOCUS의 범주체계에 맞게 관찰 기록한 후 분석하여 결과를 해석해보도록 하겠다.

가. 수업관찰과 기록

FOCUS를 활용하여 분석한 예시 수업은 지난 2006년 9월 25일 대구 소재 초등학교 6학년 한 반 33명(남 19명, 여 14명)을 대상으로 한 Lesson 10. I am stronger than you의 2차시 영어수업이다.

〈표 4-39〉 예시 수업 정보

Date	Sep 25th, 2006	Students	6 - 3	Teacher	천 O O
Unit	10. I am stronger than you			Period	3/4
Objective	Students will be able to read the expressions to compare the two through the activities.				

이 수업은 수업 분석을 위해 녹화되었으며 여기서는 수업의 도입, 전개, 정리 단계 중 도입단계에서 나타나는 의사소통 행위의 양상을 FOCUS를 이용하여 관찰, 기록, 분석해 보았다. 수업의 도입단계에 해당하는 인사, 되돌아보기, 학습할 내용 안내가 전사되었으며 전사된 의사소통 행위는 각 범주별로 기록되었으며 내용은 다음 <표 4-40>과 같다.

〈표 4-40〉 FOCUS 관찰 기록표

의사소통 행위	언어자료 제공자와 수신자	의사소통 행위	매체	사용	내용
1. Hi everyone! (waving her hand)	t/c	str	la+ pv	pres: state	life: formula
2. Hi	s/t	rea	la	pres: state	life: formula
3. Do you remember what we learned last time? Do you remember what we learned? What did we learn?	t/c	sol	la	pres: question	procedure
4. I am stronger than you.	s1/c	res	la	pres: state	language: grammatical
5. I m stronger than you and?	t/c	rea	la	re-pre: imitating pres: question	language: grammatical
6. I am older than you.	s/c	res	la	pres: state	language: grammatical
7. I am older than you.	t/c	rea	la	re-pre: imitating	language: grammatical
8. I am taller than you.	s/c	res	la	pres: state	language: grammatical
9. I am taller than you.	t/c	rea	la	re-pre: imitating	language: grammatical
10. I am faster than you.	s/c	res	la	pres: state	language: grammatical
11. I am faster than you. very good! And?	t/c	rea sol	la	re-pre: imitating char: evaluate pres: question	language: grammatical
12. I am older than you.	s2/c	res	la	pres: state	language: grammatical

의사소통 행위	언어자료 제공자와 수신자	의사소통 행위	매체	사용	내용
13. Older than you. Great!	t/s2	rea	la	re-pre: imitating char: evaluate	language: grammatical
14. Bigger than you.	s3/c	res	la	pres: state	language: grammatical
15. Great! Bigger than you.	t/s3	rea	la	char: evaluate re-pre: imitating	language: grammatical
16. Smaller than you.	s4/c	res	la	pres: state	language: grammatical
17. You remember exactly what we learned last time. And today also we compare two things, two animals, two people. But we focus on learning how to read, how to read a word, how to read a sentence. Got it? understand?	t/c	rea str sol	la	char: evaluate pres: state pres: question	procedure
18. No, no!	s5/t	res	la	char: evaluate	procedure
19. I am sorry?	s1/t	sol	la	pres: question	procedure
20. (laugh)	s/c	rea	pa	char: evaluate	life: personal
21. Oh, I am sorry. We'll learn how to read (showing gesture like reading a book) Do you understand?	t/c	res sol	la pv la	char: evaluate pres: state pres: question	procedure
22. Yes.	s/t	res	la	char: evaluate	procedure
23. yes, very good. Let's review. Let's review last time, and we'll compare two animals. (presenting picture) What's this?	t/c	rea str sol	la nv la	char: evaluate pres: state pres: question	procedure language: meaning
24. Cat	s/t	res	la	pres: state	language: meaning
25. Uh-huh, it's a cat. What's this?	t/c	rea sol	la la+nv	re-pre: imitating pres: question	language: meaning
26. Mice	s/t	res	la	pres: state	language: meaning
27. It's a	t/c	rea	la	char: illustrate	language: meaning
28. Mouse	s/t	rea	la	pres: state	language: meaning

의사소통 행위	언어자료 제공자와 수신자	의사소통 행위	매체	사용	내용
29. Who is bigger?	t/c	sol	la	pres: question	language: meaning
30. Cat	s/t	res	la	char: evaluate	language: meaning
31. Ok cat. Make a sentence please.	t/c	rea sol	la	re-pre: imitating pres: question	language: meaning procedure
32. The cat is bigger than the mouse.	s/t	res	la	pres: state	language: meaning
33. The cat is bigger than the mouse. Who is, who is faster? Who is faster?	t/c	rea sol	la la	re-pre: imitating pres: question	language: meaning
34. Mouse	s/t	res	la	char: evaluate	language: meaning
35. A mouse is faster than...	s1/t	res	la	char: evaluate	language: meaning
36. A mouse is faster? Are you sure?	t/c	rea	la	pres: question+ char: evaluate	life: public
37. Yes, yes.	s/t	rea	la	char: evaluate	life: public
38. Are you sure?	t/c	rea	la	pres: question+ char: evaluate	life: public
39. Yes	s/t	rea	la	char: evaluate	life: public
40. Mouse is faster?	t/c	rea	la	pres: question+ char: evaluate	life: public
41. Jerry, Jerry	s/t	rea	la	char: illustrate	life: public
42. Than the cat?	t/c	rea	la	pres: question+ char: evaluate	life: public
43. Ye.... no!	s/t	rea	la	char: evaluate	life: public
44. No. Jerry? Who is Tom?	t/c	rea sol	la	char: evaluate pres: question	life: public
45. 톰과 제리	s6/t	res	la	char: illustrate	life: public
46. Mouse	s/t	res	la	char: illustrate	life: public
47. Who is Tom?	t/c	sol	la	pres: question	life: public
48. Cat	s/t	res	la	char: illustrate	life: public
49. Ok. Only Tom & Jerry, Jerry is faster than Tom. But generally, 일반적으로, Who is faster?	t/c	rea sol	la	char: evaluate char: illustrate pres: question	life: public
50. Cat	s/t	res	la	char: evaluate	life: public
51. Ok. you make a sentence.	t/c	rea sol	la	char: evaluate char: evaluate	procedure

의사소통 행위	언어자료 제공자와 수신자	의사소통 행위	매체	사용	내용
52. The cat is faster than the mouse.	s/t	res	la	pres: state	language: meaning
53. Who is stronger?	t/c	sol	la	pres: question	language: meaning
54. Cat	s7/t	res	la	char: evaluate	language: meaning
55. The cat is stronger than the mouse.	s/t	res	la	char: evaluate	language: meaning
56. OK. Now we today how to read a word.	t/c	rea str	la	char: evaluate pres: state	procedure

교사 t, 학생 s, 특정개별학생 s1, s2..., 학급 c, 구조화 str, 요청 sol, 응답 res, 반응 rea, 언어매체(청각, 시각, 기타) l(la, lv, lo), 비언어적 매체(청각, 시각, 기타) n(na, nv, no), 준언어적 매체(청각, 시각, 기타) p(pa, pv, po), 제시 pres, 특성기술 char, 재-제시 re-pre

나. 수업 분석과 해석

앞서 언급한 바와 같이 FOCUS는 의사소통의 특성을 세분화하여 기록하기 때문에 여러 각도에서 의사소통의 양상을 분석할 수 있는데 여기서는 FOCUS 각각의 범주에 속해 있는 하위항목들이 차지하는 빈도수의 비율을 산출하여 영어수업의 도입부 의사소통의 양상을 알아보았다.

1) 언어의 제공자와 수신자

〈표 4-41〉 언어자료의 제공자

언어자료 제공자		
교사(t)	26회	46.4%
학생(s)	30회	53.6%
합계	56회	100%

56회의 의사소통 행위 중 교사와 학생간의 언어자료 제공 비율은 교사 46.4%, 학생 53.6%로 7% 내외의 차이를 보이고 있는데, 이는 학생의 발언 횟수가 교사의 발언 횟수 보다 조금 더 많았음을 의미한다. 학생의 발언 횟수가 많을 수 있었던 이유는 교사가 비교적 학생들에게 발언기회를 많이 주었거나 교실에서 자유

롭게 말할 수 있는 분위기를 허용했기 때문으로 추측할 수 있다. 또 학생의 발언 횟수가 많은 것은 교사의 요청에 대해 적극적으로 응답했음을 의미하고 학생이 자발적으로 요청하고 반응했음을 의미한다. <표 4-42>는 교사와 학생은 주로 누구에게 의사소통하였는가를 알 수 있는 자료인데, 교사가 전체학생에게 질문을 많이 하는가, 개별학생에게 질문을 많이 하는가와 학생이 교사와 상호작용이 많은가, 전체 학생과의 상호작용이 많은가를 알 수 있다.

〈표 4-42〉 교사와 학생의 언어자료 수신 양상

교사의 언어자료 수신 양상			학생의 언어자료 수신 양상		
교사/학급(t/c)	24회	92.3%	**학생/학급(s/c)**	4회	13.3%
			학생/교사(s/t)	17회	56.7%
교사/개인(t/s)	2회	7.7%	**개별학생/학급(Sn/c)**	4회	13.3%
			개별학생/교사(Sn/t)	5회	16.7%
합계	26회	100%	**합계**	30회	100%

위의 표를 보면 수업 중 교사의 발언 대부분이 학급 전체를 대상으로 한 것이 많았고(92.3%), 그에 비해 개별학생을 대상으로 하는 발언이 아주 적다(7.7%)는 결론을 얻을 수 있다. 교사의 개별화 된 질문이 좀 더 강화될 필요가 있겠다. 학생들은 학급 전체 학생들(26.6%)보다는 주로 교사(73.4%)와 상호작용을 했으며, 비교적 개별학생의 발언 횟수(30.0%)가 높음을 추정할 수 있다.

2) 의사소통 행위(move-type)

〈표 4-43〉 교사와 학생의 의사소통 행위

교사의 의사소통 행위			학생의 의사소통 행위		
구조화(str)	4회	10.2%	**구조화(str)**	0회	0%
요청(sol)	14회	35.9%	**요청(sol)**	1회	3.4%
응답(res)	1회	2.6%	**응답(res)**	22회	73.3%
반응(rea)	20회	51.3%	**반응(rea)**	7회	23.3%
합계	39회	100%	**합계**	30회	100%

교실에서 교사는 주로 구조화와 요청, 반응을 하고 학생은 오직 응답만 하는 경우를 자주 본다. 이 수업의 경우에도 교사의 행위는 구조화(10.2%), 요청(35.9%),

반응(51.3%)이 주를 이루고 있지만, 유의해서 살펴볼 점은 요청보다는 반응이 우세하게 나타나고 있다는 점이다. FOCUS 관찰기록표를 살펴보면, 이 교사는 학생의 응답에 대해 즉각적으로 반응할 뿐만 아니라, 학생의 틀린 반응에 대해 반응을 하고 교사의 반응에 대해 학생들이 재반응을 하는 과정을 반복하고 있음을 알 수 있다. 즉, 단순히 교사의 요청, 학생의 응답, 교사의 반응보다는 반응에 대한 재반응의 반복 과정이 잘 나타나고 있다는 것이다. 학생의 행위에서도 응답(73.3%)이 주를 이루고 있으나, 반응(23.3%)의 비율이 상대적으로 높음을 알 수 있다. 단, 의사소통이 일어나는 장소와 상황에 따라 언어제공자와 그들의 행위의 패턴은 상당히 달라지기 때문에, 수업 도입부의 패턴이 이렇게 기록되더라도 전개, 정리 부분에서는 다른 행위 패턴이 나타날 수 있을 것이다.

3) 의사소통의 매체

〈표 4-44〉 의사소통 매체

매체				
언어적	청각적(la)	59회	92.2%	92.2%
	시각적(lv)	0회	0%	
	기타(lo)	0회	0%	
비언어적	청각적(na)	0회	0%	3.1%
	시각적(nv)	2회	3.1%	
	기타(no)	0회	0%	
준언어적	청각적(pa)	1회	1.6%	4.7%
	시각적(pv)	2회	3.1%	
	기타(po)	0회	0%	
합계		64회	100%	100%

이 수업의 도입부 대부분을 교사와 학생은 청각적 언어 매체로 상호작용 하였고(92.2%), 청각적 · 시각적 준언어 매체(1.6%, 3.1%)와 시각적 비언어 매체(3.1%)가 극히 일부 사용되었다. 청각적 준언어 매체로는 웃음, 시각적 준언어 매체로는 손 흔들며 인사하기, 책 읽는 동작 나타내기, 시각적 비언어 매체로는 그림 제시가 있었다. 특히, 구두로 전달한 교사의 의도가 학생들에게 이해되지 못했을 때 교사가 시각적 준언어 매체인 몸동작을 활용하였는데 이는 의사소통의 내용 전달에 효과적으로 판명되었다.

4) 의사소통의 사용

〈표 4-45〉 의사소통의 사용

사용			
주의 집중		0회	0%
특징 파악	판단/평가	26회	26.5%
	설명	6회	6.1%
제시	질문	29회	29.6%
	진술	28회	28.6%
재-제시	모방	9회	9.2%
합계		98회	100 %

<표 4-45>와 <표 4-40> FOCUS 관찰 기록표를 보면 도입부 수업의 58.2%에 해당하는 시간 동안 제시가 이루어졌다. 지난 시간에 배운 내용에 대해 묻고 답하는 의사소통활동의 대부분이 교사의 질문과 학생의 진술로 이루어지고 있음을 알 수 있다. 교사의 활동 안내 및 지시에 대한 절차 부분 또한 진술로 이루어지고 있다. 학생의 맞는 응답에 대해 교사는 모방을 통해 다시 반복 제시하는 반응을 자주(9.2%) 보인 반면, 학생은 yes/no 질문에 대한 응답이나 양자택일의 질문에 대한 응답, 즉 판단/평가 항목에서 26.5%라는 높은 비율을 보였다.

5) 의사소통의 내용

〈표 4-46〉 의사소통의 내용

내용			
언어	문법	13회	22.4%
	의미	17회	29.3%
생활	상투적 표현	2회	3.5%
	개인생활	1회	1.7%
	공공생활	15회	25.9%
절차		10회	17.2%
주제		0회	0%
합계		58회	100%

관찰한 수업이 영어수업인 관계로 의사소통 내용의 50% 이상을 언어영역이 차지하고 있다. 특히 언어 범주의 세부 항목-문맥, 문법, 문학, 의미, 쓰기 기술, 소리, 발음생성-중에서도 문법 항목과 의미 항목이 언어영역 전체를 차지하고 있다. 그 중 의미 항목(29.3%)이 문법 항목(22.4%)보다 높게 나타나는데, 이 수업에서 문법 항목의 수치가 비교적 높은 이유는 지난 시간 배운 내용을 상기하는 활동에서 교사와 학생이 주고받은 말이 문법 항목으로 분류되었기 때문이다. 'I am stronger than you'와 같은 지난 시간에 배운 비교급 문장을 상기하는 것은 의미보다는 형식에 비중을 두고 있는 것이므로 문법 항목으로 분류되었다. 하지만, 문법 항목(22.4%)보다 의미 항목(29.3%)이 높게 나타나고, 의미협상 과정에서 학생들의 일반적 지식을 동원한 생활범주의 공공생활 항목(25.9%)이 높게 나타나는 것으로 보아 이는 의미 이해 · 전달 중심의 의사소통능력 신장이라는 초등 영어교육의 목적과 부합되는 수업 내용 구성이라 할 수 있다. 교사와 학생은 일상생활습관의 하나로 'Hi'라는 인사 표현으로 수업을 시작했으며(3.5%), 수업 중 개인의 감정(웃음)을 나타냈으며(1.7%), 쥐와 고양이를 비교하는 활동에서 톰과 제리 같은 일반적인 생활 지식을 동원하여(25.9%) 수업을 진행하였다. <표 4-46>의 관찰 기록을 보면 지난 시간 배운 내용을 복습하기 위한 활동 안내, 오늘 배울 수업 내용 안내 등의 내용이 절차(17.2%)에 해당되었는데 제3자가 수업 관찰기록 내용과 산출된 수치를 본다면 수업의 도입부를 관찰하였음을 추측할 수 있을 것이다.

다. 논의

FOCUS 분석법을 적용하여 이 영어수업을 관찰한 결과를 토대로 이 수업 도입부의 특징을 다음과 같이 기술할 수 있다.

첫째, 학생의 발언 횟수가 교사의 발언 횟수보다 더 많은 수업으로써 학생들은 교사의 요청에 대해 적극적이고 자발적으로 응답하고 반응했음을 알 수 있다.

둘째, 교사는 대부분 개별 학생보다는 학급 전체학생을 대상으로 발언하는 경향을 보였으며 교사의 개별화 된 질문이 좀 더 강화될 필요가 있다.

셋째, 학생-학생간의 상호작용보다 학생-교사간의 상호작용이 주를 이루는 도입부에 해당하는 수업이었으며 그룹 활동이 아닌 전체 활동으로 도입부가 구성되었음을 알 수 있다.

넷째, 단순히 교사의 요청, 학생의 응답, 교사의 반응과 반응에 대한 학생의 재반응의 반복 과정이 잘 나타나고 있는 수업이다.

다섯째, 이 수업의 경우 청각적 언어(구두)가 주요 의사소통 매체이며, 제스처와 같은 신체언어가 내용전달의 이해를 돕고 있다.

여섯째, 인사하기, 되돌아보기, 수업 안내로 구성되는 도입단계의 수업이기 때문에 내용을 받아들이는 수용 활동보다는 내용을 제시하고 특징을 기술하는 등의 발화 활동에 초점을 맞추고 있다.

일곱째, 이 수업은 언어 범주의 의미 영역과 의미협상 과정에서 학생들의 생활 영역에 초점을 맞춤으로써 의미 이해 · 전달 중심의 의사소통능력 신장이라는 초등 영어교육의 목적과 부합되는 수업 내용 구성이라 할 수 있다.

이상에서 FOCUS를 활용하여 실제 수업을 분석해 보았다. 12개의 음이 조음되는 위치와 방식에 따라 재즈, 록&롤, 클래식 등의 다양한 장르의 음악을 만들어 내듯이 FOCUS 분석법은 다양한 의사소통 양상을 분석해낼 수 있다. 참고로 위에서 분석된 측면 이외에도 FOCUS 관찰 기록표에 코딩된 자료는 여러 측면에서 분석이 가능하며 일부 예를 살펴보면 다음과 같다. 참고로 알아두길 바란다.

(1) 학생들이 반응할 때, 교사는 어떤 매체, 사용, 내용을 취사선택했는가?
(2) 교사의 요청에 대해 학생이 응답을 할 때, 의사소통 내용에는 어떤 것이 있는가?
(3) 학생이 보인 반응에 대한 의사소통의 내용은 무엇인가?
(4) 교사가 절차에 관한 내용을 말할 때 어떤 형태의 반응과 응답이 교실에서 일어나는가?
(5) 수업계획안과 실제 이루어진 수업은 같은가? (수업 계획안과 실제 이루어진 수업의 비교)
(6) 그룹 활동이 활발히 일어날 때 의사소통의 사용 범주의 하위 영역들의 비중을 어떻게 나타나는가?
(7) 수업의 도입, 전개, 정리 단계에서 사용된 매체는 각각 어떻게 달리 나타나는가?

위의 예시에서 알 수 있듯이 교사나 장학사 및 연구자는 FOCUS를 활용하여 보고자 하는 관찰 목적에 맞게 범주를 취사선택하여 범주 간의 관련성 안에서 수업의 다양한 의사소통 패턴들을 분석해내고 발견되는 수업의 문제점을 개선시킬 수 있을 것이다.

4.1.6 질의응답 분석법의 적용 예시

대부분의 수업은 교사와 학생 사이의 질의응답을 통해서 진행된다. 예시 수업을 질의응답 분석법을 통해 분석해봄으로써 교사와 학습자가 주고받은 질의응답의 의사소통 유형을 알아보도록 하겠다.

가. 수업관찰과 기록

다음은 경기도에 소재한 한 초등학교 5학년 1개 학급 40명(남20, 여20)을 대상으로 2006년 9월 29일 실시한 영어 수업으로 11단원 What are you doing? 중에서 3차시 도입 단계의 교사 학생 간 질의응답 상호작용을 분석한 사례이다. 수업 중 교사와 학생 간 주고받은 질의응답을 관찰 기록한 결과는 다음 <표 4-47>과 같다.

〈표 4-47〉 수업 중 질의응답 분석표와 의사소통 기록표

번호	교사				학생			
	응답	구조화	반응	요청	응답	반응	요청	구조화
1				ew				
2					ew			
3		ⓐ		ew				
4					ew			
5			ew					
6				ew				
7					ew			
8			ⓑ	ew				
9					ew			
10				ew				
11					ew			
12		ⓒ	ew					
13						ei		
14			ei					
15				ei				
16			ⓓ		ei			
17			ei					
18	ⓔ	ew						
19				ew				
20				ew				
21					ew			
22				ⓕ ew				
23					ew			
24				ew				
25			ⓖ	ew				
26			ew					
27				ew				
28					ew			
29			ew					
30				ew				
31					ew			
32						ew		
33	ⓗ		ew					
34				ew				
35					ew			
36			ew					
37				ew				
38					kw			
39			ew					

번호	교사				학생			
	응답	구조화	반응	요청	응답	반응	요청	구조화
40		ew						
41		ⓘ		ew				
42					ew			
43			ew					
44		ew						
45				ew				
46	ⓙ	kw						
47				ew				
48					ew			
49				ⓚ ew				
50					ew			
합계 (영어)	0 (0)	4 (3)	10 (10)	19 (19)	15 (14)	2 (2)	0 (0)	0 (0)

번호	교사 학생 간 의사소통 기록문	분류	단위
1	T : How are you, everybody?	요청	ⓐ
2	Ss: I'm fine.	응답	
3	T : You're fine?	요청	
4	Ss: Yes. So good. (Not bad. Not so good. Fine.)	응답	
5	T : OK. Good	반응	
6	T : What day is it, today?	요청	ⓑ
7	Ss: It's Friday.	응답	
8	T : Do you like Friday?	요청	
9	Ss: Yes. (No)	응답	
10	T : I like Friday. Because next day of Friday is...is?	요청	ⓒ
11	Ss: Saturday.	응답	
12	T : Right. I like Saturday. I like Friday, too. Very good.	반응	
13	S1: But Friday has six class.	반응	
14	T : Right!	반응	
15	T : So you don't like Friday?	요청	ⓓ
16	S1: Yes.	응답	
17	T : OK.	반응	
18	T : Now. The first thing that I, um, we have to do is I'll show you some sentences. You watch the TV screen. Then I read the sentence. When I read the right sentence, you clap your hands one time like this(clapping). When I read the wrong sentence, you tap the table like this(tapping).	구조화	ⓔ
19	T : OK?	요청	
20	T : Watch the TV screen. Are you ready?	요청	ⓕ
21	Ss: Yeah.	응답	
22	T : I'm running.	요청	

번호	교사 학생 간 의사소통 기록문	분류	단위
23	Ss: (clapping hands)	응답	ⓖ
24	T : Are you sure?	요청	
25	T : Right?	요청	
26	T : OK. Right.	반응	ⓗ
27	T : I'm sleeping.	요청	
28	Ss: (tapping tables)	응답	
29	T : OK.	반응	
30	T : I'm jumping.	요청	
31	Ss: (tapping tables)	응답	
32	Ss: I'm kicking.	반응	
33	T : Okay. Excellent.	반응	
34	T : I'm dancing.	요청	
35	Ss: (clapping hands)	응답	
36	T : Very good.	반응	
37	T : Do you like dance? Anybody want to dance?	요청	
38	Ss : (pointing to one boy and calling the name)	응답	
39	T : (laughing) OK. OK.	반응	ⓘ
40	T : Last class, we studied these words.	구조화	
41	T : Read these words together.	요청	
42	Ss: running, jumping, washing, kicking, singing	응답	
43	T : Okay.	반응	ⓙ
44	T : Let me tell about the next activity. First, I'll hide one of these words, while you close your eyes. And you open your eyes and guess the missing words, then write down the missing words on the white board, and hold it up.	구조화	
45	T : Understand?	요청	
46	T : 없어진 단어를 화이트보드에 쓰는 거예요.	구조화	
47	T : Okay?	요청	
48	Ss: Yes.	응답	ⓚ
49	T : Now put your own white boards on the desk.	요청	
50	Ss : (preparing white boards)	응답	

나. 수업분석과 해석

교사와 학생의 언어 행동과 질의응답 유형 분석 결과는 다음과 같이 해석될 수 있다.

1) 언어 행동별 분석 결과

가) 교사가 행한 구조화 언어의 비율 (4/4회 = 100%)

구조화 행동은 교사에 의하여 전적으로 이루어졌다는 것을 알 수 있다.

나) 구조화 언어 중 영어 사용 비율 (3/4회 = 75%)

교사에 의한 구조화 언어는 주로 영어로 이루어졌다는 것을 알 수 있다.

다) 교사가 행한 요청 언어의 비율 (19/19회 = 100%)

요청 언어는 교사에 의하여 전적으로 이루어졌다는 것을 알 수 있다.

라) 요청 언어 중 영어 사용 비율 (19/19회 = 100%)

교사에 의한 요청 언어는 영어로만 이루어졌다는 것을 알 수 있다.

마) 학생이 행한 응답 언어의 비율 (15/15회 = 100%)

응답 언어는 학생에 의해서만 행해졌다는 것을 확인할 수 있다.

바) 응답 언어 중 영어 사용 비율 (14/15회 = 93.33%)

학생에 의한 응답 언어는 주로 영어로 이루어졌다는 것을 알 수 있다.

사) 교사가 행한 반응 언어의 비율 (10/12회 = 83.33%)

반응 언어는 교사에 의해 주로 이루어졌다는 것을 알 수 있다.

아) 학생이 행한 반응 언어의 비율 (2/12회 = 16.66%)

학생의 반응 언어는 교사보다 비중이 낮게 이루어졌다는 것을 확인할 수 있다.

자) 반응 언어 중 영어 사용 비율 (12/12회 = 100%)

교사와 학생에 의한 반응 언어는 전적으로 영어로 이루어졌다는 것을 알 수 있다.

2) 질의 응답 유형 분석 결과 (표 4-47의 단위 번호 참조)

〈표 4-48〉 질의 응답 유형 분석표

Hyman이 제시한 상호작용 유형별	횟수	비율
요청 → 응답 → 반응	5	29.41% (5/17)
요청 → 응답	6	35.29% (6/17)
요청 → 응답 → 반응 → (추가)반응	2	11.76 (2/17)
요청 → 응답 → (여러)반응 → (추가)응답 → (추가)반응	0	0
요청	0	0
구조화 → 요청 → 응답 → 반응	1	5.88% (1/17)
기타 유형 (ⓔ, ⓖ, ⓙ)	3	17.64% (3/17)
합 계	17	100

위의 결과 분석표를 통하여 ⓐ ⓑ ⓒ ⓓ ⓕ ⓗ ⓘ ⓚ 단위를 자세히 살펴보면 Hyman이 제시한 상호작용 유형을 포함한다. 주로 요청→응답, 요청→응답→반응→(추가반응) 또는 구조화→요청→응답→반응이 나타나며 가장 빈번하게 나타나

는 유형으로는 요청에 이은 응답이며 Hyman이 제시하지 않는 3가지 유형이 나타나는데 이를 다음과 같이 세심하게 분석해 볼 수 있다.

ⓔ는 교사가 활동에 대하여 영어로만 길게 설명한 후에 이해도를 묻는 질문을 하였으나 학생이 이에 대하여 응답을 하지 않는 것으로 보아 학생이 영어로 하는 긴 설명에 대한 이해정도가 낮아 응답 속도가 느린 것으로 판단된다.

ⓖ는 교사의 두 번 연이은 요청에도 학습자의 응답이 없었으며 바로 교사의 반응이 뒤따른 상황은 교사 학생간의 상호작용이 없는 문제성 발화이며, 교사가 요청하는 것을 학습자가 충분히 이해하지 못하였다는 것을 의미한다. 이것은 새로운 학습 단계로 이동한 후에 이루어진 최초 활동으로 학습자들이 적응하지 못한 상황으로 판단된다. 따라서 새로운 활동 초기에는 학습자의 적응이나 이해 여부를 세심하게 점검하는 교사의 전략이 필요하다고 할 수 있다.

ⓙ는 교사가 활동에 대하여 영어로만 길게 설명하고 나서 이해도를 묻는 질문 후에 학습자의 응답이 없자 바로 한국어로 짧게 설명하여 학습자의 응답을 이끌어 낸 경우이다. 학습자에게 영어로 자세한 설명을 할 때에는 교사의 몸짓이나 매체의 도움을 받는 것이 필요하며 교사의 요청 발언 후에 학생의 자발적인 응답과 반응에 대한 인내심도 또한 요구된다고 할 수 있다.

다. 논의

질의응답 상호작용 분석법을 통하여 본 수업을 분석한 결과, 다음과 같은 개선점 및 연구 방향을 모색해 볼 수 있다.

첫째, 결과를 분석해 볼 때 비교적 일반적인 유형의 수업이 이루어졌다고 볼 수 있다. 왜냐하면 교사의 대부분의 행동이 구조화 행동이나 요청 행동이고, 학생들이 행한 대부분의 행동이 응답 행동이기 때문이다.

둘째, 구조화 및 요청 행동이 교사에 의해서만 전적으로 주도되는 것은 교사 중심의 수업 형태를 띠고 있다고 할 수 있다. 그러므로 교사는 학습자의 참여가 활발하고 상호작용이 원활하도록 분위기를 조성하고 수업 전략을 사용하여야 하며, 학습자 주도의 수업이 되기 위하여 학습자의 구조화, 요청 그리고 반응 행동을 증가시킬 수 있는 방안을 연구해야 할 필요성이 있다. 학습자의 요청이나 반응을 이끌어낼 수 있는 수업 형태가 학습자의 적극적 참여 정도를 나타내는 척도이다.

셋째, 응답에 대한 반응행동이 적다. 이것으로 보아서 교사가 학생의 응답에 대한 반응을 증가시켜야 한다. 영어 수업에서는 특히 학습자의 오류에 대한 교사 반응, 인지적 정의적 피드백을 세심하게 다루어야 하겠다. 뿐만 아니라, 학생들의 반응 행동을 유도하는 수업 전략이 필요하다고 하겠다. 교사의 요청에 대해서 학습자들이 응답하고 이어 학습자들의 창의적인 반응이 계속적으로 나타나는 상호작용 형태가 빈번하도록 교사의 확산적 발문에 대한 연구가 필요하다고 할 수 있다.

넷째, 교사가 행한 요청에 비해 학생들의 응답 행동이 다소 적은 것은 교사가 영어로 하는 설명을 학생들이 어려워서 잘 이해하지 못한 것으로 판단되므로 이에 따른 교사의 발문 기술이나 전략이 필요하다고 할 수 있다. 또한 교사의 요청 반응 후에 학생들의 응답이나 반응을 차분한 태도로 기다리는 인내심도 교사에게 필요한 부분이라고 볼 수 있다.

4.1.7 수업분위기 분석법의 적용 예시

수업분위기를 분석하는 가장 큰 목적은 교실에서 최대한 학습에 도움이 되는 긍정적인 분위기를 만들기 위해서이다. 본 절에서는 고등학교 1학년 영어 예시 수업의 분위기를 관찰지에 체크하고, 관찰지로부터 점수를 환산하여 수업 분위기 특성도를 작성한 후 수업 분위기를 분석하여 보았다.

가. 수업관찰과 기록

수업분위기 분석을 위해 사용된 수업은 45분 길이의 비디오로 녹화된 수업이다. 수업자는 김○○교사로서 경남 진주시 ○○고등학교 1학년 36명을 수업 학생으로 하였다. 교과서는 능률출판사 고등영어를 사용하였고 9단원 The paper bag princess 중 읽기 1차시를 적용하였다. 본 차시의 학습목표는 크게 학생들이 comprehension check-up문제를 조별로 협동하여 풀 수 있다는 것과 플롯 단계에 따라 글감을 요약하여 말할 수 있는 것의 두 가지로 설정하였다. 수업 분위기 분석법으로 수업을 관찰할 경우 관찰지 작성과 점수 환산, 그리고 수업분위기 특성도 작성이라는 3단계로 나누어 관찰 기록할 수 있다.

수업 분위기 관찰지는 아래의 표와 같이 총 28쌍의 형용사를 창의성, 온화성, 치밀성, 활기성이라는 네 개의 범주로 나누어 구별한다. 각 형용사는 5점, 4점, 3점, 2점, 1점과 같은 5단계 평정척을 사용하여 점수를 줄 수 있다.

〈표 4-49〉 분석대상 수업에 대한 수업분위기 관찰지

	5	4	3	2	1	
1. 독창적인	√					상투적인
2. 참을성 있는			√			성미가 급한
3. 냉정한					√	온화한
4. 권위적인					√	상냥한
5. 창의적인		√				모방적인
6. 통제가 많은				√		자율성이 많은
7. 개방적인	√					폐쇄적인
8. 부드러운	√					딱딱한
9. 불공정한					√	공정한
10. 변덕스러운				√		일관성 있는
11. 겁이 많은				√		모험적인
12. 엉성한				√		치밀한
13. 고립적인				√		우호적인
14. 확실한			√			애매한
15. 소극적인				√		적극적인
16. 융통적인	√					획일적인
17. 산만한		√				체계적인
18. 능동적인		√				수동적인
19. 수용적인		√				비판적인
20. 조용한					√	시끄러운
21. 진취적인		√				보수적인
22. 계획적인		√				즉흥적인
23. 경솔한				√		신중한
24. 활기찬		√				무기력한
25. 객관적인				√		주관적인
26. 내성적인				√		외향적인
27. 자신감 있는		√				망설이는
28. 소심한				√		대담한

수업 분위기 관찰지를 작성하고 난 후에는 <표 4-50>과 같은 환산 공식에 의거하여 점수 환산을 한다. 이 때 환산과정에 11과 17을 두는 것은 음수의 점수가 나오지 않기 위함이다. 각 항목의 최저점은 0점, 최고점은 28점이다.

〈표 4-50〉 분석대상 수업에 대한 점수 환산

점수 환산 공식

Ⅰ. 창의성

문항 (1 + 5 + 7 + 16) - (6 + 11 + 28) +11=

점수 (5점+4점+5점+5점) - (2점+2점+2점) + 11=24점

Ⅱ. 활기성

문항 (18 + 21 + 24 + 27) - (15 + 20 + 26) + 11=

점수 (4점+4점+4점+4점) - (2점+1점+2점) + 11=22점

Ⅲ. 치밀성

문항 (14 + 22 + 25) - (10 + 12 + 17 + 23) + 17=

점수 (3점+4점+2점) - (2점+2점+4점+2점) + 17=16점

Ⅳ. 온화성

문항 (2 + 8 + 19) - (3 + 4 + 9 + 13) + 17=

점수 (3점+5점+4점) - (1점+1점+1점+2점) + 17=24점

각 항목에 대한 점수가 나왔으면 수업분위기 특성도를 작성해야 한다. 수업분위기 특성도는 3장의 <그림 3-2>에 제시된 좌표에 창의성, 활기성, 치밀성, 온화성 각각의 범주에 해당하는 점수를 표시하여 마름모꼴 형태로 작성된다. 분석 대상이 되는 수업의 수업 특성도는 수업 분석 및 해석 항목에 따로 제시하였다. 수업분위기 특성도에서 마름모꼴의 사각형이 크면 클수록 보다 긍정적인 수업분위기가 만들어짐을 알아두자.

나. 수업분석과 해석

수업의 관찰 기록이 끝나면 작성된 수업분위기 관찰지 분석과 수업분위기 각 범주별 점수 환산을 통한 수업 분위기 특성도 분석을 통해 수업의 분위기를 해석해 볼 수 있다.

1) 수업분위기 관찰지 분석과 해석

창의성 항목에 대하여는 학습 자료의 독창성과 그룹단위의 협동학습 운영이라는 교사의 수업운영 면에서 독창성에 5점, 창의성에 4점을 주고 과제를 해결해가는 과정의 학생들의 답변을 개방적으로 수용하여 즉석에서 교사에 의해 만들어진 융통성 있는 피드백을 제공해 준다는 점에서 7, 16문항에 각각 5점을 주었다. 그리고 수업전반에 걸쳐 교사의 통제보다는 학습자의 자율적인 과제 해결과정을 돕고 용인한다는 점에서 6, 11, 28번 문항에 각 2점을 주었다.

분석 대상이 된 수업에서의 활기성 항목은 주로 학생들에 의해 만들어지는 수업분위기였다. 각 항목에 대하여는 학생들이 제시된 3가지의 과제에 적극적이고 능동적으로 참여하며 자신감 있게 각자의 의견을 표현했기에 전반적으로 4점을 주었고, 15와 20문항에 대하여는 2점을 주었다. 그러나 교사의 통제가 다소 약하여 지나치게 수업분위기가 소란스러웠다는 점에서 조용한 수업분위기에 대하여 1점을 부여하였다.

치밀성은 주로 교사에 의해 조성되고 있었다. 3가지의 과제가 계획적으로 잘 설계되어 학습자들에게 제시되었음으로 14문항에 대하여는 4점을, 10, 12, 23 각 문항에 대하여는 2점의 점수를 부여하였다. 그러나 학습자의 답변에 대한 수용의 범위가 너무 넓고 게임판 운영의 원칙에서 자주 벗어나는 교사의 게임운영능력으로 인해 22, 25번 문항에 각 3점과 2점을 주었다. 이는 교사의 교실 수업 운영에 있어 주관성이 지나치게 반영된 것에 대한 평가이다. 끝으로 17문항에 대하여는 산만하다는 느낌으로 인해 4점을 주었는데 이는 교사가 제시한 과제가 치밀하게 잘 설계가 되었음에도 불구하고 그룹단위로 운영하는 교실수업에서 그룹의 대표를 뽑지 않아 그룹 안에서의 매끄러운 과제 진행이 이루어지지 않았기 때문이다.

온화성 또한 분석 대상이 된 수업에서는 주로 교사에 의해 만들어지고 있었다. 분석 대상이 된 수업에서의 교사는 학생들의 의견을 적극적으로 수용하면서 학습자의 자신감이나 자기 주도력과 같은 정의적 영역을 고려한 수업부위기를 조장하려는 노력을 하여 온화성에 높은 점수를 부가하였다.

2) 수업분위기 점수 환산과 특성도 분석과 해석

관찰지의 점수를 환산한 결과는 창의성 24점, 활기성 22점, 치밀성 16점, 온화성 24점이다. 이로부터 본 관찰의 대상이 된 수업시간의 분위기는 아래 수업 특성도에 보이는 바와 같이 네 가지 범주 중에서 창의성과 온화성 점수(24점)가 높고, 활기성 점수(22점)도 높은 편이고, 치밀성 점수(16)가 가장 낮게 나타났다고 할 수 있다.

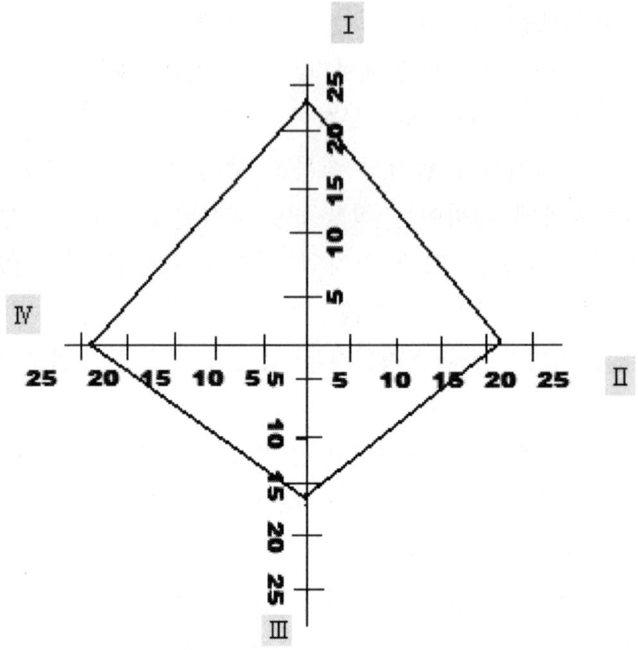

〈그림 4-2〉 분석 대상 수업의 수업 특성도

이상의 결과가 분석 대상 수업이 고등학교 영어 수업시간이라는 점을 감안할 때, 높은 수준의 창의성은 긍정적이나 한편으로는 모험적이라고 평할 수 있다. 따라서 보다 더 바람직한 수업분위기 개선을 위하여 치밀성 영역의 개선이 요구된다. 이는 보다 긍정적인 수업분위기의 조성을 위해 치밀성 영역의 개선을 위하여 수업개선 계획이 필요함을 알 수 있다.

다. 논의

수업분위기 분석이 단지 분석에 거쳐서는 그 노고의 의미가 없다. 이는 곧 분석된 점수를 바탕으로 하여 수업개선이 이루어져야 함을 말한다. 그 방법으로 수업분위기 분석에 따른 수업개선 계획을 세워보는 것과 다양한 수업분위기 관찰

방법을 제시하고자 한다.

1) 수업분위기 분석에 따른 수업개선 계획

적용된 수업에서의 수업 분위기 관찰 후 점수 환산에서 가장 낮은 점수를 얻은 분야는 치밀성의 분야이다. 이에 치밀성과 관계하는 형용사 쌍을 살펴보았다. 문항 14의 '확실한/애매한, 22의 계획적인/즉흥적인, 25의 객관적인/주관적인, 10의 변덕스러운/일관성 있는, 12의 엉성한/치밀한, 17의 산만한/체계적인, 그리고 문항 23의 경솔한/신중한'이 그것들이다. 이로부터 치밀성을 보다 높이기 위한 수업은 분석된 수업의 단점을 고려하여 교사의 반응이 애매하지 않고, 과제 해결 시간 안배를 미리 계획되고, 즉흥적인 교사 피드백의 양을 줄이며, 점수관리에 보다 객관적이고 일관성이 있는, 조 운영을 위한 짜임이 보다 치밀한, 체계적인, 신중히 다루어지는 등의 특성을 가져야 함을 알 수 있었다.이를 위한 아래와 같은 수업 개선 계획을 세워 보았다.

〈표 4-51〉 수업 개선 계획안

목표
보다 치밀한 수업분위기를 창조할 수 있다.
해야 할 새로운 활동
1. 수업자는 질문을 제시한 뒤 학생들의 자유로운 반응을 진지하게 수용하되 수업계획안에 따른 원활한 진행을 위해 약간의 교사 통제를 둔다. 2. 산만한 수업 분위기를 조별 장을 뽑아 관리하게 한다. 3. 교사가 게임설명을 영어로 한 후, 학생들의 혼란이 있었음으로 게임형식의 과제 해결 이전 한 학생을 지명하여 게임의 룰을 분명히 한다.
유지/증가해야 할 특징
1. 계획적으로 미리 학습 과제를 설계하여 학습을 준비하고 학생들이 보다 쉽게 3개의 과제로 크게 구성되어 있는 학습의 흐름 파악할 수 있도록 돕는다.
감소/회피해야 할 특징
1. 창의적인 학생들의 생각을 자극하기 위한 교사의 즉흥적 피드백이 과도하여 수업이 다소 산만하게 흘러가므로 즉흥적인 피드백을 적절히 조절한다. 2. 게임의 룰을 다시 설명하지 않도록 룰을 설명할 때 보다 신중하게 임한다.

이와 같이 수업개선 계획을 세워보고 마이크로 티칭을 통한 검증과정을 가져 보는 것은 보다 양질의 수업을 제공할 수 있는 좋은 방법이 될 것이다. 1960년대 Stanford 대학의 Allen과 Ryan(1969)에 의해 발달된 마이크로 티칭의 목적은 수업

자체의 복잡성을 줄여 수업자가 하나의 특정 관점이나 기술에 집중하여 수업을 할 수 있도록 하기 위함이다. 이에 학생의 수를 줄여서 '치밀성'이라는 한 가지 관점에 집중하여 수업 개선의 전략을 확인해 보는 것은 아주 바람직한 수업 개선을 위한 실천적 방법이 될 것이다.

2) 평정척도의 주관성 보완

Tuckman(1976)의 수업분위기 관찰지를 체크하면서 느꼈던 가장 큰 문제점은 평정 점수를 주는 유일한 기준이 그 순간 관찰자가 가지는 직관적 느낌에 의한 것이라는 것이었다. 이에 평정 척도가 가지는 주관성의 문제를 보완할 필요가 있으며 척도 점수를 특정행동과 연관시키는 행동근거 평정척도(behaviorally anchored rating scales)의 적용이 좋은 대안이 되어질 것이다. 이러한 방법과 전통적인 평정척도의 근본적 차이는 평정자가 주관적 판단에만 의지하는 것이 아니라 어떠한 척도 점수를 부여할 것인가를 판단 할 수 있는 충분한 근거를 가진다는 것이다.

〈표 4-52〉 행동근거 평정척도의 예

척도 점수	전형적 행동
1	질문에 거의 답변하지 않음 학생들이 집중하지 않음 수업에 대해 진정한 흥미를 보이지 않음
2	이따금씩 답변함 대개 동일한 3, 4명의 학생이 답변함 흥미가 거의 보이지 않음
3	반 정도의 학생이 수업에 참여함 교사의 질문에 몇몇의 학생이 답변함, 자발적으로 답을 하는 학생도 있음
4	학생의 흥미와 참여 정도가 높음 교사의 질문이나 지시에 많은 학생이 반응을 보이거나 자발적으로 반응을 보임
5	거의 모든 학생이 집중함 종종 학생들 자발적으로 토론이나 과제가 이루어짐 수업이 끝나는 것을 아쉬워함

관찰지의 평정척에 위와 같은 척도 점수가 가질 수 있는 전형적 행동을 추가하여 보다 분명한 판단 기준을 마련해 주는 것은 보다 긍정적인 수업분위기의 측정과 분석을 위한 객관적인 자료를 줄 수 있을 것이다.

3) 그 외 수업분위기 개선 전략

수업개선 계획을 세워 부족한 항목을 보강하고 또한 평정척의 주관성을 다소 약화시키는 방법 외에도 수업분위기를 개선할 수 있는 전략은 관찰 분석과 선호 분석을 사용하는 것이다. 관찰 분석은 수업의 진행과정에서 수업분위기 관찰지를 작성하는 것이고 선호 분석은 수업과 상관없이 바람직한 수업분위기일 것이라 여겨지는 것에 체크를 하는 방법이다. 관찰 분석과 선호 분석을 서로 비교하면서 수업개선을 꾀할 수 있는 전략은 크게 3가지로 나누어진다.

먼저 수업분위기 관찰 분석과 수업분위기 선호 분석의 결과를 비교하는 것이다. 구체적인 방법으로는 장학담당자의 관찰결과 대 수업자의 선호를 비교하고, 동료교사의 관찰결과 대 수업자의 선호를 비교하며, 학생의 관찰결과 대 수업자의 선호를 비교하는 방법이다.

〈그림 4-3〉 관찰자의 시선

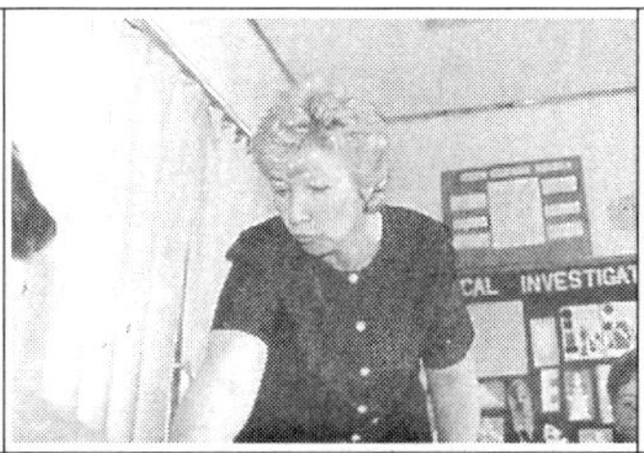

〈그림 4-4〉 학생의 시선

〈그림 4-5〉 교사의 시선

관찰 분석과 관찰 분석의 결과를 비교할 수도 있는데, 이는 수업분위기 관찰 분석들 간의 결과 비교하여 그 둘 간의 불일치를 논의하는 것으로 동료장학에서 많이 사용될 수 있는 방법이라 할 수 있다. 끝으로 사용될 수 있는 방법은 관찰 분석 없이 수업분위기 선호 분석들 간의 결과를 비교 그 둘 간의 불일치를 논의하는 것이다. 이는 Boehm & Weinberg(1997)에 제시된 관찰자 간 일치도를 높이기 위한 방법과 유사한 것으로 관찰자들 간의 일치도와 관찰자 내의 관찰 간 일치도를 다음과 같이 정리해서 나타낼 수 있다.

특정행동에 대한 정확한 정의와 체계적인 기록방법의 사용
→ 한명의 관찰자가 여러 번에 걸쳐 일관적인 관찰을 하는 경우 = 관찰자 내 일치도
→ 한명의 관찰자가 같은 상황에 대해 다른 관찰자와 함께 관찰하는 경우 = 관찰자 간 일치도

관찰자 내 일치도와 관찰자 간 일치도 비교 결과 나타나는 불일치 부분을 의논하여 조정함으로써 보다 긍정적인 수업분위기를 만들 수 있을 것이다. 새로운 아이디어를 개방하여 공유하는 동료 실천가들과의 참여 관찰식의 대화는 교수에 유익을 가져다 줄 수 있다는 점에서 중요하다.

4.1.8 과업집중 분석법의 적용 예시

본 절에서는 과업 집중 분석법을 통해 예시 수업에서 학생들이 수업에 몰두하는 정도를 살펴보았다. 촬영된 수업 동영상을 이용하여 4학년 영어 수업을 분석하였다.

가. 수업관찰과 기록

분석의 대상이 된 수업은 초등학교 4학년 영어 수업으로, 전래 동화인 '금도끼 은도끼'를 소재로 하여 영어의 소유격(possessive)을 학습하는 것을 목적으로 하고 있다. 촬영된 수업 동영상의 길이가 25분 정도로 편집이 되어 있는 관계로 수업 시작 후 매 3분을 기준으로 총 8회의 측정을 하였다. 한편 분석의 대상은 촬영된 동영상의 앵글이 자주 변경되는 관계로 가장 정확히 파악할 수 있는 교사 주위의 6명의 학생을 선정하였다. 수업 관찰의 결과 기록에 앞서 독자의 이해를 돕기 위해 3장에서 살펴본 과업 집중 분석 기준을 다시 한 번 더 제시한다. 영어 수업을 위한 과업 집중 분석 기준은 다음 <표 4-53>과 같다.

〈표 4-53〉 영어 수업을 위한 과업 집중 분석 기준

A: on task, listening/watching B: on task, speaking C: on task, reading D: on task, writing E: on task, hands-on activity F: off task, passive G: off task, doing work irrelevant to the class H: off task, talking to each other I: off task, disturbing others J: off task, playing

위의 분석 기준을 살펴보면, 과업 집중 부분(on task)은 언어의 4 기능인 '듣기(A)', '말하기(B)', '읽기(C)', '쓰기(D)' 및 '활동(E)' 기준 5가지로 구성되어 있다. 다음으로 과업 이탈 부분(off task)은 '수동적인 모습(F)', '수업과 관련 없는 것을 하기(G)', '주위 동료와 잡담하기(H)', '동료 방해하기(I)', '놀기(J)'와 같이 과업에 집중하지 않았을 경우 발생할 수 있는 행동들이 5가지로 유형화되어 있다.

본 분석 수업의 과업 집중 관찰의 결과는 아래 <표 4-54>와 같다. 여기에서 관찰된 정보는 과업에서 이탈한 학생들을 다시 집중할 수 있게 하는 진단적 정보를 교사에게 제공할 수 있는 수단으로 사용될 수 있을 것이다.

〈표 4-54〉 예시 수업의 과제 집중 분석 결과

	3분	6분	9분	12분	15분	18분	21분	24분
학생 A	BABA	ABAE	EA	ADA	A	A	ED	DAB
학생 B	BABA	ABAE	EA	ADA	AHA	A	E	EDAB
학생 C	BHABA	ABAE	EA	ADA	A	A	E	EDA
학생 D	BABA	ABAE	EA	ADA	A	A	E	EDAB
학생 E	BABA	ABAE	EFA	AGADA	ABA	AGA	E	EDAB
학생 F	BABA	ABAE	EFA	AGDA	A	A	EFEGD	DAB

나. 수업분석과 해석

과업 집중도 분석을 위해서는 위 <표 4-54>의 관찰 결과를 앞서 3장 <표 3-37>에서 제시한 과업 집중도 계산 공식을 적용해 계산해야 한다. 3장에서 제시된 과업 집중도 계산 공식은 다음과 같다.

· 과업에 집중한 비율 = A+B+C+D+E / A+B+C+D+E+F+G+H+I+J × 100
· 과업에 집중하지 않은 비율 = F+G+H+I+J / A+B+C+D+E+F+G+H+I+J × 100
· 과업 중 듣기에 집중한 비율 = A / A+B+C+D+E × 100
· 과업 중 말하기에 집중한 비율 = B / A+B+C+D+E × 100
· 과업 중 읽기에 집중한 비율 = C / A+B+C+D+E × 100
· 과업 중 쓰기에 집중한 비율 = D / A+B+C+D+E × 100
· 과업 중 구어(spoken language)에 집중한 비율 = A+B / A+B+C+D+E × 100
· 과업 중 문어(written language)에 집중한 비율 = C+D / A+B+C+D+E × 100
· 과업 중 이해 기능에 집중한 비율 = A+C / A+B+C+D+E × 100
· 과업 중 표현 기능에 집중한 비율 = B+D / A+B+C+D+E × 100

본 분석 대상이 되는 수업의 관찰 결과를 과업 집중도 계산 공식을 적용해 계산한 결과는 아래 <표 4-55>와 같다. 결과를 살펴보면 수업 중 학생들의 과업 집중도가 94.6%로, 학생들이 수업에 매우 높은 집중을 하고 있음을 보여주었다.

〈표 4-55〉 예시 수업의 과업 집중 및 이탈의 비율

· 과업에 집중한 비율:
123(64+24+0+14+21) / 130 (64+24+0+14+21+3+2+2+0+0) = 94.6 (%)
· 과업에 집중하지 않은 비율:
7 (3+2+2+0+0) / 130 (64+24+0+14+21+3+2+2+0+0) = 5.4 (%)

<표 4-56>에서는 시간에 따른 과업 집중의 변화를 보여주고 있다. 이 글에서 분석 대상으로 선정한 수업은 전체적인 과업 집중도가 매우 높은 편이며, 분석 대상의 수가 적은 관계로 <표 4-56>의 결과만으로는 유의미한 결과를 이끌어 내긴 힘들었다. 다만 학생 주도의 활동이 중심이 되는 수업 후반부로 갈수록 수업 집중도가 약간 떨어지는 경향을 보였다. 분석의 대상이 되는 학생의 수가 증가하고 좀 더 장기간에 걸쳐 과업 집중도를 살펴본다면 보다 수업 질의 향상에 도움을 줄 수 있는 결과를 얻을 수 있을 것으로 보인다.

〈표 4-56〉 시간에 따른 과업 집중도의 변화

	3분	6분	9분	12분	15분	18분	21분	24분
과업 집중	92.3%	100%	85.7%	90.4%	90.0%	88.9%	81.8%	100%

과업에 집중하는 것으로 분류된 학생들의 수업 중 행동을 시간에 따른 언어 기능별로 분류하면 아래 <표 4-57>과 같다. 결과를 살펴보면 수업의 대부분이 교사의 설명이나 시청각 자료를 듣는 것에 할당되고 있다는 것을 알 수 있다. 또한 수업의 중간 중간에 말하기와 쓰기 활동, 또 학생 주도의 활동이 일부분 포함되어 있으며, 읽기에 대한 배분은 거의 없었다. 이는 초등학교 4학년 영어 교과가 대부분 구두 언어에 중심을 두고 있기 때문으로 구두 언어와 관련된 듣기와 말하기 부분에 대한 비율이 높다(69%)고 해석할 수 있을 것으로 보인다. 하지만 단순히 한 차시의 수업만으로 언어 기능의 분포를 논하기는 힘들 것으로 보이며, 좀 더 유의미한 결과를 얻기 위해서는 보다 적어도 한 단원 분량의 시간에 걸친 분석이 요구된다.

〈표 4-57〉 과업 집중의 언어 기능별 분포

	3분	6분	9분	12분	15분	18분	21분	24분	계
듣기	6 (50%)	12 (50%)	6 (50%)	13 (68.4%)	8 (88.9%)	7 (100%)	2 (22.2%)	6 (28.6%)	60 (53.1%)
말하기	6 (50%)	6 (25%)	0	0	1 (11.1%)	0	0	5 (23.8%)	18 (15.9%)
읽기	0	0	0	0	0	0	0	0	0
쓰기	0	0	0	6 (31.6%)	0	0	0	6 (28.6%)	12 (10.6%)
활동	0	6 (25%)	6 (50%)	0	0	0	7 (77.8%)	4 (19%)	23 (20.4%)
계	12	24	12	19	9	7	9	21	113

다. 논의

분석의 실제에서 살펴본 바와 같이 과업 집중 분석법은 학생들이 수업에 몰두하는 정도를 살펴볼 수 있게 한다. 특히 장기간에 걸쳐 이루어질 경우 수업 진행에 따른 학생들의 집중도 변화나 학생들이 수업 중 수행하는 언어 기능의 분포 등을 파악하는 데에 유용한 도구로서 활용될 수 있다. 이 수업의 경우 분석 대상 학생의 수가 적은 관계로 분석 결과만으로 유의미한 결과를 이끌어 내긴 힘들지만, 전체적인 과업 집중도가 매우 높은 편이라 할 수 있다. 다만 학생 주도의 활동이 중심이 되는 수업 후반부로 갈수록 수업 집중도가 약간 떨어지는 경향을 보이는 단점이 있었다. 분석의 대상이 되는 학생의 수가 증가하고 좀 더 장기간에 걸쳐 과업 집중도를 살펴본다면 보다 수업 질의 향상에 도움을 줄 수 있는 결과를 얻을 수 있을 것으로 보인다. 한편, 수업의 대부분이 교사의 설명이나 시청각 자료를 듣는 것에 할당되고 있는 점은 이 수업이 개선되어야 할 사항으로 지적된다. 이 수업의 경우 초등학교 4학년 영어 교과가 대부분 구두 언어에 중심을 두고 있기 때문에 구두 언어와 관련된 듣기와 말하기 부분에 대한 비율이 높았으나 단순히 한 차시의 수업만으로 언어 기능의 분포를 논하기는 힘들 것으로 보이며, 좀 더 유의미한 결과를 얻기 위해서는 보다 장기간에 걸친 분석이 요구된다.

4.1.9. 언어흐름 분석법의 적용 예시

언어의 흐름 분석법은 교사의 특정 좌석에 대한 선호, 특정 학생에 대한 선호, 학생의 참여도, 교사의 언어반응 등을 언어흐름도과 지수 산출을 이용하여 양적으로 분석하는 객관적인 분석법이다. 예시 수업은 초등학교 6학년 영어 수업으로 언어 흐름 분석법을 통해 영어 전담 교사가 미처 발견하지 못했던 언어행동의 편견 및 언어 상호작용에서 소외된 학생들, 교사의 언어 반응 등을 알아낼 수 있었다.

가. 수업관찰과 기록

다음의 관찰사례는 지난 2006년 9월 25일 대구 소재 초등학교 6학년 한 반 33명(남 19명, 여 14명)을 대상으로 한 Lesson 10. I am stronger than you의 2차시 영어수업을 관찰 분석한 것이다.

7개의 범주, 즉 $\overset{\downarrow}{?}$:교사의 개인 질문, $\overset{\downarrow}{!}$:교사의 전체 질문, $\overset{\downarrow}{+}$:교사의 긍정적 반응, $\overset{\downarrow}{-}$:교사의 부정적 반응, $\overset{\uparrow}{?}$:학생의 질문, ↓:기타 교사의 말, ↑:기타 학생의 말로 기록하였다.

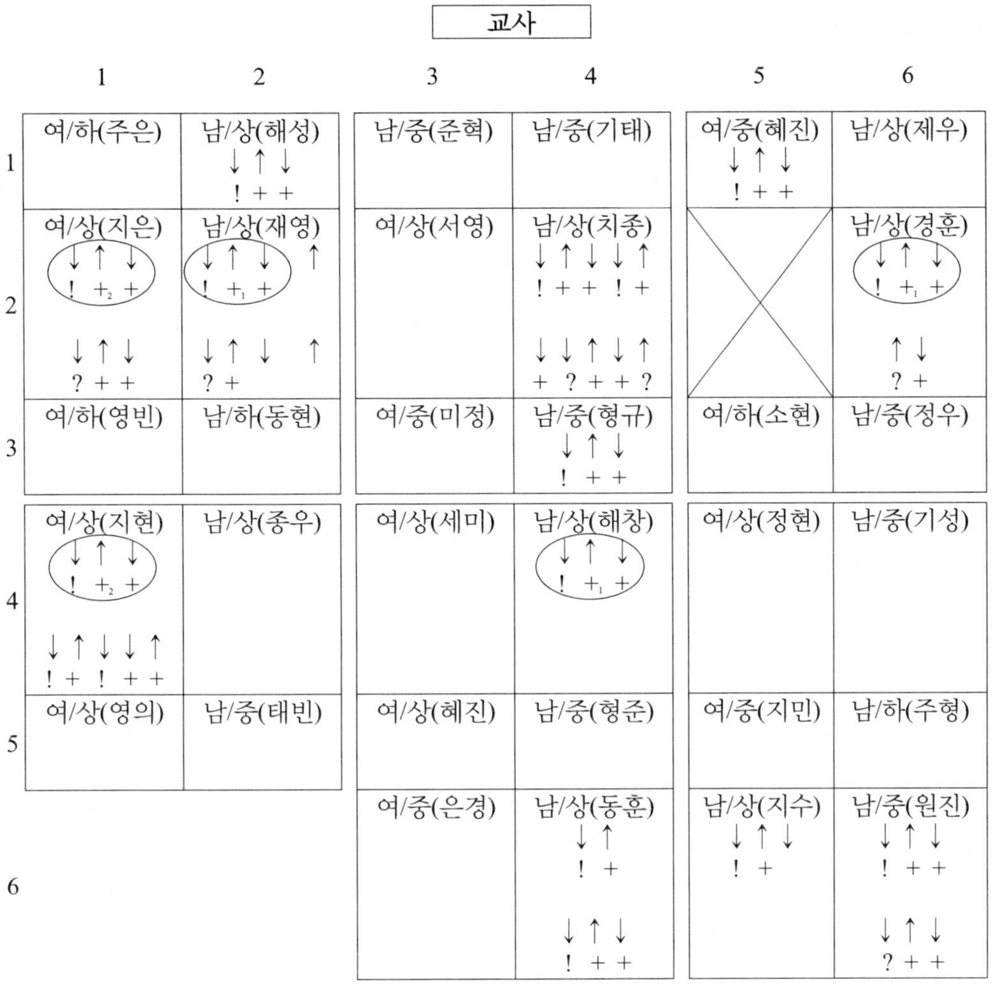

〈그림 4-6〉 초등학교 6학년 영어 수업 언어흐름표

나. 수업분석과 해석

수업 중 교사의 질문 대부분이 전체를 대상으로 한 질문이 많았고, 대체로 학생 전체가 다같이 대답하였다. 위 흐름표에 기록된 교사의 전체 질문은, 전체에게 질문하였으나 전체 학생이 대답하지 않고, 특정 학생이 자발적으로 응답한 경우를 기록한 것이다.

1) 교사의 좌석에 따른 선호

교사의 좌석 선호도는 전체 좌석에 대해 교사가 특정부분의 좌석에 더 주의를 기울이는지를 보여준다. 다음의 공식을 이용하여 지수를 산출할 수 있는데 교실 앞, 뒤, 왼쪽, 오른쪽, 중간 좌석 등으로 좌석 위치를 구분할 수 있다.

$$\text{교사의 좌석 선호도(\%)} = \frac{\text{지명을 받은 학생의 위치별 좌석수}}{\text{전체 좌석수}} \times 100$$

<그림 4-6>의 언어흐름표를 보고 교사의 좌석 선호도를 분석한 결과는 다음과 같다.

교사의 좌석 선호도	7/33* 100 (앞좌석) = 21% 5/33* 100 (뒷자석) = 15% 4/33* 100 (왼쪽좌석) = 12% 4/33* 100(오른쪽좌석) = 12% 3/33* 100(중간좌석) = 9%

<그림 4-6> 언어흐름표를 보면 질문하는 교사의 주의가 특정 위치에 집중되어 있진 않으나, 가로 둘째, 여섯째 줄과 세로 셋째 줄 학생들과의 언어 상호작용이 활발하게 일어나고 있음을 알 수 있다. 좀 더 구체적인 교사의 좌석 선호도를 살펴보면, 교사는 뒷좌석(15%)보다는 앞좌석(21%)에 대한 선호도가 높다. 오른쪽 좌석(12%)과 왼쪽 좌석(12%)에 대한 선호도는 같은 비율을 보이고 있다. 이 교사는 가능한 다섯째 줄과 뒤쪽, 변두리에 앉아 있는 학생들이 적극적으로 참여할 수 있도록 의식적으로 질문을 할 필요가 있다고 할 수 있다.

2) 교사의 학생에 대한 선호도

교사의 학생에 대한 선호도는 3장에서 살펴보았듯이 특정 성별 및 언어숙달도에 따른 선호도로 나누어 살펴볼 수 있다. 다음은 그 공식을 나타낸다.

$$\text{교사의 성별에 따른 학생 선호도(\%)} = \frac{\text{성별 지명 빈도수}}{\text{전체 지명 빈도수}} \times 100$$

$$\text{교사의 언어숙달도에 따른 학생 선호도(\%)} = \frac{\text{언어 숙달도별 지명 빈도수}}{\text{전체 지명 빈도수}} \times 100$$

<그림 4-6>의 언어흐름표를 보고 교사의 학생에 대한 선호도를 분석한 결과는 다음과 같다.

교사의 성별에 따른 학생 선호도	1/4* 100 (여) = 25% 3/4* 100 (남) = 75%
교사의 언어숙달도에 따른 학생 선호도	3/4* 100 (상) = 75% 1/4* 100 (중)= 25% 0/4* 100 (하)= 0 %

이 수업의 경우, 전체를 대상으로 하는 질문이 많아 교사의 특정 학생 선호도는 알 수 없으나, 전체를 대상으로 한 질문을 제외하고 교사는 개인에 대하여 4번의 질문을 하였는데 남학생에게 3번(75%), 여학생에게 1번(25%) 질문하였다. 교사가 여학생보다 남학생을 선호하는 경향이 있다고 볼 수 있다. 교사가 학생 이름을 호명하여 개인적으로 질문을 한 학생 대부분(75%)이 언어숙달도가 상에 해당하는 학생이다. 이 교사는 언어능력이 높은 학생에게 더 많은 질문을 하는 것을 볼 수 있다.

3) 학생의 참여도

학생의 참여도도 마찬가지로 특정 성별 및 언어숙달도에 따른 참여도로 나누어 살펴볼 수 있다. 다음은 그 공식을 나타낸다.

$$\text{성별에 따른 학생 참여도(\%)} = \frac{\text{성별 언어 상호작용 참여 학생수}}{\text{언어 상호작용 참여 학생수}} \times 100$$

$$\text{언어숙달도에 따른 학생 참여도(\%)} = \frac{\text{언어숙달도별 언어 상호작용 참여 학생수}}{\text{언어 상호작용 참여 학생수}} \times 100$$

<그림 4-6>의 언어흐름표를 보고 학생의 참여도를 분석한 결과는 다음과 같다.

성별에 따른 학생 참여도	3/12* 100 (여) = 25% 9/12* 100 (남) = 75%
언어숙달도에 따른 학생 참여도	10/12* 100 (상) = 83% 2/12* 100 (중) = 17% 0/12* 100 (하) = 0%

남학생의 언어 상호작용 참여도(75%)가 여학생의 참여도(25%)에 비해 3배 높은 수치를 보이고 있는데 남학생의 언어 상호작용 참여도가 여학생보다 훨씬 적극적이다. <그림 4-6>를 보면 치종, 원진, 재영, 경훈, 동원, 지현, 지은이가 교사의 전체 질문에 2번 이상 자발적으로 반응하였는데, 이 학생들의 언어 상호작용활동이 적극적임을 알 수 있다. 특히 치종과 경훈이의 경우는 직접 질문을 하였고, 치종의 참여도가 가장 두드러지게 나타난다. 언어능력이 높은 학생들이 수업에 적극적인 참여(상: 83%, 중: 17%, 하: 0%)를 하고 있으며 발화기회를 독점하고 있음을 알 수 있다.

이러한 분석을 통해서 교사는 언어 상호작용에서 남학생에 비해 소외되고 있는 여학생들과 언어숙달도 '하' 집단의 학생들과 일부 중, 상의 소극적인 학생들에게도 의도적으로 발표기회를 주도록 유의해야 할 필요가 있다.

4) 교사의 언어 반응

교사의 언어반응 또한 긍정적 반응과 부정적 반응으로 나누어 볼 수 있는데 교사의 긍정적 언어 반응도는 다음과 같이 공식화 될 수 있다.

$$\text{교사의 긍정적 언어 반응도(\%)} = \frac{\text{교사의 긍정적 언어 반응수}}{\text{교사의 총 언어 반응수}} \times 100$$

<그림 4-6>의 언어흐름표를 보고 교사의 언어 반응을 분석한 결과는 다음과 같다.

교사의 긍정적 언어 반응도	16/16* 100 = 100%

교사가 사용한 부정적 언어 반응과 긍정적 언어반응을 비교해 볼 수 있는데 교사의 언어적 반응 16회 가운데 긍정적 언어반응은 16회(100%)로 긍정적 언어행동을 사용했음을 알 수 있다. 이는 교사가 긍정의 대답, 칭찬과 격려를 자주 사용하

고 있음을 알 수 있다. 한편, <그림 4-6>에서 읽을 수 있는 교사의 언어 반응에 대한 다른 한 가지의 분석은 학생의 적절하거나 정확한 반응에 대한 교사의 반응을 비교해보는 것이다. 20번의 학생 반응에 대해 교사는 16번의 긍정적 반응(80%)을 보였고 4번은 그에 대한 적절한 반응 없이 수업이 진행되었다. 80%도 비교적 높은 백분율 수치이나 학생의 적절한 반응에 대한 교사의 긍정적인 반응은 100%가 되어도 모자람이 없으므로 간과하기보다는 학생의 반응이 있으면 즉각적으로 교사의 긍정적 반응을 보여줄 필요가 있다.

다. 논의

언어의 흐름 분석법을 적용하여 이 영어수업을 관찰한 결과를 토대로 이 수업의 특징을 다음과 같이 기술할 수 있다.

첫째, 교사의 주의가 특정 좌석에 집중되어 있진 않으나, 뒷좌석보다는 앞좌석에 대한 선호도가 높다. 둘째, 교사가 여학생보다 남학생을 선호하는 경향이 있다고 볼 수 있으며 언어능력이 높은 학생에게 더 많은 질문을 하는 것을 볼 수 있다. 셋째, 남학생의 언어 상호작용 참여도가 여학생보다 훨씬 적극적이며 특정 몇 명의 학생은 매우 자발적이고 적극적이다. 넷째, 언어능력이 높은 학생들이 수업에 적극적인 참여를 하고 있으며 발화기회를 독점하고 있음을 알 수 있다. 다섯째, 교사가 칭찬과 격려와 같은 긍정적 언어반응을 했음을 알 수 있다.

앞서 언급한 Rist(1970), Sadker와 Sadker(1991), Good과 Brophy(1986)의 연구의 결과와 마찬가지로 이 수업에서도 언어 숙달도가 낮은 학생보다 높은 학생이, 특정 성별, 즉 여학생보다 남학생이 더 활발한 언어 상호작용을 하고 있음을 보여준다. 이것은 교사 스스로 의식하지 못하는 교사 언어행동의 편견을 잘 드러내주며, 교사가 수업 중 학생들에게 고른 의사소통의 기회를 제공하지 못하고 있음을 나타내준다. 이 수업은 특정 좌석에 대한 두드러진 선호가 나타나는 것은 아니지만, 뒤쪽과 변두리에 앉아 있는 학생들에게 언어 표현 기회를 더 줄 필요가 있으며, 남학생에 비해 소외되고 있는 여학생들과 언어숙달도가 낮은 집단의 학생들에게 의도적으로 발표기회를 더 주어야 할 필요가 있다. 이 교사는 앞으로 수업 분석결과 발견된 편견과 수업의 문제점을 개선하여 영어 수업 시 상호작용이 많이 일어날 수 있도록 수업을 계획하고 실행해야 할 것이다.

4.1.10 이동양식 분석법의 적용 예시

여기서는 3장에서 소개된 3개의 이동 양식 분석법 중에서 주로 주삼환(2003)의 이동양식 기록 방법 중 동선의 모양을 약간 변형하여 움직임을 기록하고 분석하였으며, 체크 리스트를 활용하여 교사와 학생의 목적별 움직임의 형태에 따른 비율을 산출하여 양적으로 분석하였다.

가. 수업관찰과 기록

다음은 경기도 ○○초교 5학년 1개 학급 36명(남22, 여14)을 대상으로 2006년 9월 21일 실시한 영어 수업으로 8단원. Let's Go Swimming 중에서 4차시 40분간의 수업이다.

1) 좌석표를 이용한 교사・학생의 이동양식 관찰

교사와 학생의 동선을 주삼환(2003)이 제시한 수업분석 방법을 변형하여 기록한 표는 <그림 4-7>과 같다.

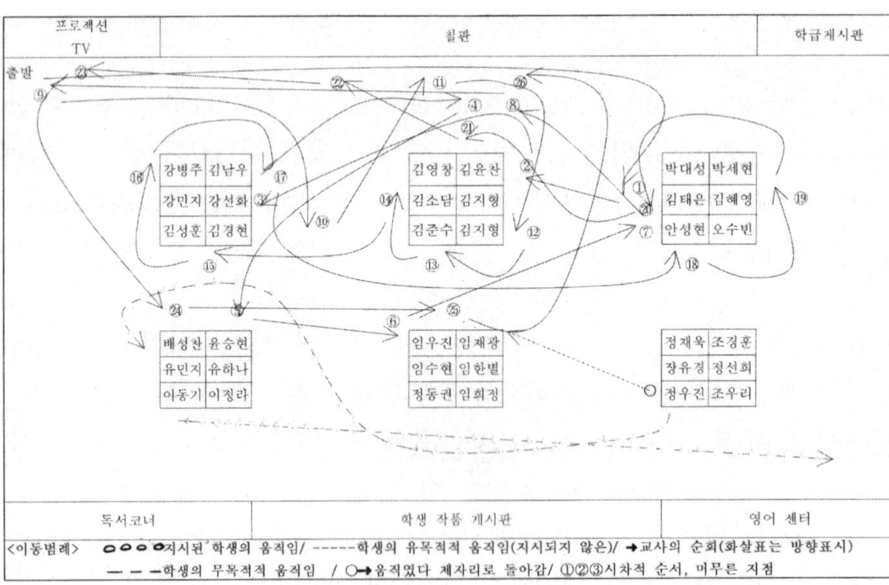

〈그림 4-7〉 실제 수업에서 교사・학생의 이동양식 기록표

2) 체크리스트를 이용한 교사, 학생 움직임 관찰

좌석표를 이용한 동선 분석만으로는 교사나 학생이 어떤 목적으로 움직였는지를 잘 알 수가 없다. 따라서 <표 4-58>, <표 4-59>와 같이 교사 및 학생의 동선을 유/무목적별 움직임에 따라 빈도수 및 비율을 기록하여 살펴보면 편중된 움직임을 파악하고 단위시간 내에 교사가 효과적인 순회 동선 계획을 세워 수업개선에 활용할 수 있다.

<표 4-58>은 교사의 움직임 기록을 움직임 목적에 따라 기록을 할 수도 있으며 단위 수업 시간 동안 어느 위치에 왜 머무르게 되었는지 데이터 분석을 통한 해석이 가능하다.

〈표 4-58〉 교사의 움직임 기록 실제

움직임 목적 / 관찰 대상		유목적적 움직임							무목적적 움직임			위치별이동비율 (A1 A2 A3 / B1 B2 B3 / C1 C2 C3)								
		개별지도	소그룹지도	주의지도	자료배분	매체조작	과제진행확인	기타	무목적순회	외부연락	기타	A1	A2	A3	B1	B2	B3	C1	C2	C3
교사	빈도수	4	10	1	5	8	2	0	0	0	0	6	29	7	2	3	1	0	0	2
	비율(%)	13.3	33.3	3.3	16.6	26.6	6.6	0	0	0	0	11.9	61.2	15.6	4.7	5.5	1.0	0	0	3.5

아래의 <표 4-59>는 수업에 참여하는 동안 학생 개개인의 움직임을 목적별로 전체 학생을 대상으로 기록할 수도 있으며 특정 학생을 대상으로 집중적으로 관찰 후 기록할 수도 있다.

〈표 4-59〉 학생의 움직임 기록 실제

관찰대상 \ 움직임목적		유목적적 움직임							무목적적 움직임		
		짝 활동	소그룹활동	수준별 이동	역할극 발표	조사 활동	개별 질문	기타	단순 산만	사물함	기타
학생	빈도수	0	0	72	12	0	0	0	1	0	1
	비율 (%)	0	0	85.7	14.3	0	0	0	50	0	50

나. 수업분석과 해석

1) 좌석표를 이용한 교사 · 학생의 이동양식 분석과 해석

이 수업은 심화 · 보충 활동하기 중심으로 구성되어 있어서 수준별 활동을 위한 집단으로 이동시 학생의 움직임은 일제히 이루어진다. 그러므로 학생 개인의 움직임은 거의 찾아볼 수 없으므로 주로 교사의 순회지도 동선을 관찰하는데 중점을 두었다.

도입 단계인 처음부터 10여분 동안은 교사는 주로 칠판과 프로젝션 TV를 중심으로 순회하며 인사하기, 전시 복습하기 및 아동의 동기 유발을 위한 활동을 하고 있다. 10~17분 사이는 수준별로 이동하여 학생들이 활동해야 할 내용에 대해 파워포인트 자료를 보여 주며 교사의 자세한 설명이 이루어지고 있다. 그러므로 이 단계에서는 아동들에 대한 궤간 순시를 중심으로 활동이 이루어지지 않아 주로 학급의 앞쪽에서 좌우 이동 위주의 동선만 나타나고 있다.

17분 52초에는 수준별 자리 이동이 이루어지는 시점으로, 모든 학생들이 일제히 순간 이동이 일어나므로 개인적인 움직임은 관찰할 수 없다. 그러다가 전개 단계인 수업시작 19분 이후에 수준별 집단으로 자리 이동이 끝난 후에는 교사는 보충활동 집단인 학급의 앞쪽 세 그룹 사이를 순회하며 개인별 혹은 그룹별 지도에 많은 시간을 할애한다. 이 때 교사의 움직임은 아주 활발하며 적극적으로 학생들 사이를 오가며 개별 지도에 최선을 다하는 모습을 볼 수 있다. 반면 뒤쪽의 심화 집단 학생들 쪽에는 한 번도 가지 않지만 학생들 스스로 협력하며 짝 활동이나 그룹 활동을 성공적으로 수행하고 있는 모습을 볼 수 있다. 37분쯤에는 수준별 활동이 끝나고 원래 자리로 돌아가기 위한 학생의 움직임이 일제히 목격된다.

수업 정리단계인 38분부터 교사는 수업 정리 및 확인을 위해 다시 멀티미디어 등을 사용하여 일제식 수업을 하였다. 그러므로 교사의 동선은 주로 교탁 주변과 컴퓨터가 있는 좌측 전방에 위치해 있다. 39분경에는 수업내용 정리를 위해 ㉔위치의 배성찬 학생과 ㉕위치의 임우진 학생에게로 접근하여 개별 학습한 언어 기능을 묻고 답하기를 하였다. 학생의 움직임 중 특이한 것은 수업 시작 후 27분쯤 이동기 학생이 갑자기 쓰레기를 버리러 뒷문 쪽으로 이동하는 움직임이 포착되었다. 또한 34분경에는 정우진 학생이 갑자기 배성찬 학생에게로 가서 뭔가 귓속말을 하고 돌아온다. 이런 몇몇 학생의 움직임은 어느 수업에서나 자연스럽게 나타나는 현상이지만 무의식적으로 습관화되어 자신의 행동을 쉽게 교정하지 못하므로 계속적인 교사의 관심과 지도가 필요하다. 실제로 수업 후에 수업 교사와의 협의 과정에서 교사는 이들의 움직임을 전혀 눈치 채지 못했다고 말했다.

이 수업에서 교사는 분주히 움직이며 개별, 혹은 그룹별로 학습을 안내하고 학급을 잘 통제하는 것으로 판단할 수 있으나 <그림 4-7>에서 볼 수 있듯이 뒤쪽의 학생들에게는 한 번도 가지 않았음을 알 수 있다. 이는 뒤쪽 그룹의 학생들이 심화 그룹이므로 상대적으로 교사의 손길이 덜 필요했을 것이라고 생각할 수 있겠으나 학생의 입장에서는 소외감을 느낄 수도 있었을 것이다.

이러한 식으로 단위 시간 동안 교사의 동선을 관찰하면 교사의 이동경로와 학생과의 개별지도 및 상호작용을 위한 교사의 동선을 양적으로 측정할 수 있으며, 교사의 관심으로부터 소외받기 쉬운 개인이나 집단을 파악하여 움직임의 편중을 극복할 수 있을 것이다. 또한 교사의 불필요한 움직임이나 무계획적인 움직임을 파악하여 개선하고 너무 산만하지 않으면서도 효율적으로 개인, 혹은 그룹을 통제하며 골고루 지도할 수 있는 역량을 지니게 될 것이다.

2) 체크리스트를 이용한 교사, 학생 움직임 분석과 해석

위 <표 4-58>의 결과를 분석해 보면 이 수업의 특성상 수준별 활동 안내에 많은 시간을 할애하여 교사는 컴퓨터와 프로젝션 TV를 조작하느라 교탁 주변 좌우로 이동하였음을 알 수 있고 수준별 집단 편성된 그룹 중 보충 그룹을 지도하느라 소그룹 지도에 많은 움직임이 있었음을 알 수 있다.

위의 <표 4-59>를 살펴보면 학생의 움직임은 수준별 자리 이동 할 때 전체적으로 두 번 움직였으며, 역할극 발표는 2개의 모둠원인 12명이 발표하였음을 알 수 있다. 그리고 2명의 학생은 수업과 무관한 불필요한 움직임이 있었음을 알 수 있다.

다. 논의

좌석표와 체크리스트를 활용한 본 수업을 분석한 결과, 다음과 같은 개선점 및 연구 방향을 모색해 볼 수 있다.

첫째, 결과를 분석해 볼 때 교사 주도의 수업과 소집단별 수업이 비교적 균형 있게 이루어졌다고 볼 수 있으나, 교사의 동선을 보면 주로 앞쪽의 하위 그룹에만 편중되는 경향성을 보여준다. 수준별 수업진행시 하위그룹 학생들에 대한 지도가 더욱 필요하게 되므로 이러한 편중성은 자연스러운 현상이겠으나 중위 그룹이나 상위그룹 학생들에게도 어느 정도의 격려와 확인이 필요하므로 수업자는 움직임의 편중성을 개선해야 할 필요가 있겠다.

둘째, 영어 수업 중에 실제로 학생 개개인에게 말할 수 있는 기회를 부여해 주려는 노력을 게을리 해서는 안 되며 교사가 일상적이고 쉬운 표현이라도 자주 묻는 습관을 가져야 한다. 본 수업에서는 그러한 노력의 흔적은 나타나는 편이나 교사가 주로 교탁 근처에 서서 묻는 장면이 많았다. 개별 학생에게 묻고 답할 때에는 해당 학생에게로 다가가서 묻는 것이 주의집중 및 학습 참여를 촉진시키는데 더 효과적일 것이다.

셋째, 교사의 동선이 풍부하다는 것은 열정적으로 학생들을 지도하였다는 증거일 수 있겠으나 상대적으로 학생들의 동선은 눈에 뜨이지 않아 자기주도적인 활동 중심의 영어 수업 측면에서는 아쉬운 점이 많다. 활동 시간에 학습자들의 실생활과 관련된 사실적인 언어 자료를 활용한 과제를 제시해주고 일정 수의 동료 학습자와 만나서 대화를 나누도록 하면 실제 의사소통 활동을 통하여 언어를 익히는 기회를 가지게 된다. 그러므로 학생들의 동선을 풍부하게 하고 유목적적인 움직임을 많게 하여 적극적인 수업의 참여자로 만드는 것도 바람직할 것이다.

4.1.11 교사 발문 분석법의 적용 예시

본 절에서는 먼저 예시 수업에 관한 정보를 소개하고 교사 발문 분석법을 사용하여 관찰하고 분석한 후, 그 결과를 이 분석법의 목적에 맞추어 해석해 보았다. 특히, 교사 발문의 유형을 분석을 통해 그에 따른 개선점을 찾고자 하였다.

가. 수업관찰과 기록

다음은 스캐폴딩 유형에 따른 교사 발문의 분석기준을 실제 수업에 적용한 예이다. 2006년 9월 29일 5교시에 대구 ○○초등학교 4학년 5반 학생(남 16, 여 13)을 대상으로 실시한 영어수업이다. 5단원 Who is She? 3차시 내용이다. 관찰 기록한 결과는 다음 <표 4-60>과 같다.

〈표 4-60〉 수업관찰표

수업단계	시간경과	인지적 발문				확인적 발문			정의적 발문			교사 발문
		지시안내	시범예시	설명제공	단순질문	이해확인	사실확인	태도확인	칭찬격려	주의훈육	참여유도	
도입								①				①Hello, everyone.
								②				②How's the weather today?
									③			③Right!
								④				④And how are you today?
		⑤										⑤Pass.
									⑥			⑥Good!
		⑦										⑦Next.
									⑧			⑧So so.(학생답변반복) Good!
		⑨										⑨Pass me.
				⑩								⑩I'm good.
					⑪							⑪Do you remember the last lesson?
					⑫							⑫Do you remember the chant?
			⑬									⑬(예를 들면서) Who is this, who is this (챈트시범), do you remember?
		⑭										⑭We'll chant one more time. 한 번 더 챈트해 보겠습니다.
		⑮										⑮Ready! Go!
		⑯										⑯Ready! 2절!
	4′								⑰			⑰O.K. Good.
		⑱										⑱Today, we'll learn the song.
					⑲							⑲Song 뭐예요?
									⑳			⑳Right!
		㉑										㉑and do the survey game.
		㉒										㉒한번 읽어볼까요? Let's read. 시작!
		㉓										㉓First activity is sing... second... read..
		㉔										㉔First, we'll learn about the song.
전개		㉕										㉕First, just listen.
								㉖				㉖Sorry.

수업단계	시간경과	인지적 발문				확인적 발문			정의적 발문			교사 발문
		지시안내	시범예시	설명제공	단순질문	이해확인	사실확인	태도확인	칭찬격려	주의훈육	참여유도	
							㉗					㉗O.K. Who is he?
				㉘								㉘He is Zeeto.
									㉙			㉙Right!
							㉚					㉚Who is he?
				㉛								㉛He is Zeeto's friend.
									㉜			㉜Right!
							㉝					㉝Who is she?
									㉞			㉞Right!
				㉟								㉟She is Julie.
	6'						㊱					㊱Who is he?
									㊲			㊲Very good.
		㊳										㊳Listen carefully.
		㊴										㊴One, two, three, go!
		㊵										㊵This time, repeat line by line.
		㊶										㊶Repeat after me.
전개									㊷			㊷Good!
		㊸										㊸Ok. Ready! Go!
		㊹										㊹율동은 간단하게만 할께요.
					㊺							㊺율동하지 말까?
		㊻										㊻율동없이 해보자.
		㊼										㊼One, two, three, go!
									㊽			㊽Good!
	9'							㊾				㊾노래 힘들죠? 음이 너무 높아서...
			㊿									㊿Girls, raise your hand.(교사시범)
		51										51Girls, sing the asking part.
			52									52Who is she~ (교사시범)
			53									53Boys, raise your hand.(교사행동 포함)
		54										54Boys, sing the answering part.
			55									55She is Julie~ (교사시범)
		56										56Ready! Go!
		57										57남학생 지금 해야죠.
										58		58남학생 왜 안하지?

수업단계	시간경과	인지적 발문				확인적 발문			정의적 발문			교사 발문
		지시안내	시범예시	설명제공	단순질문	이해확인	사실확인	태도확인	칭찬격려	주의훈육	참여유도	
		59										59 Boys, sing loudly.
	10’	60										60 Okay, change the role.
			61									61 Put your hands ... (교사행동 포함)
									62			62 Good!
					63							63 어려워? 힘들어?
	12’	64										64 This time, I'll point someone.
			65									65 For example...
						66						66 Do you understand?
											67	67 누구를 할지 몰라요.
		68										68 Ready!
											69	69 Okay! One more?
										70		70 Look at (teacher).
										71		71 Put your hands on your shoulders.
	14’									72		72 Put your hands on your knees.
전개										73		73 Look at (teacher).
		74										74 We'll learn some words.
		75										75 Say in Korean.
				76								76 언니나 여동생, 남학생들의 경우에는 누나나 여동생
									77			77 Right!
		78										78 Father, repeat!
		79										79 Say in korean.
									80			80 Good!
				81								81 Mother, 아기 안고 있네. mother.
		82										82 Say in Korean.
		83										83 Say in Korean.
				84								84 오빠나 남동생, 남학생한테는 형이나 남동생
	16’								85			85 Right!
			86									86 If I put on right card, repeat after me, but... (교사시범)
									87			87 Good!

수업단계	시간경과	인지적 발문				확인적 발문			정의적 발문			교사 발문
		지시안내	시범예시	설명제공	단순질문	이해확인	사실확인	태도확인	칭찬격려	주의훈육	참여유도	
전개		88										88 Let's start!
							89					89 Who is she?
					90							90 Is she father?
									91			91 Good!
									92			92 Good!
							93					93 Who is she?
									94			94 Right!
										95		95 장난치는 사람한테 뭐라고 할 수 있어요?
	18’	96										96 Say in English.
		97										97 This time, I'll put the word card.
		98										98 Look at the page 55.
		99										99 Connect the line.
		100										100 Connect picture and word.
		101										101 앞에 꺼 참고해서 하세요.
										102		102 Put your hands on your head.
										103		103 Look at (the TV).
		104										104 Check the answer.
					105							105 father는 몇 번째예요?
	20’				106							106 Is it right? 맞아요?
					107							107 몇 번째?
					108							108 맞아요?
			109									109 다 맞은 사람..(교사시범) 동그라미 크게~
										110		110 How many? (주의집중 방법으로 활용)
		111										111 This time, work in pairs.
			112									112 For example...
		113										113 Left side, raise your hand. and ask...
		114										114 Right side, raise your hand, and ask..
						115						115 할 수 있겠지요?
	22’									116		116 Look at (teacher).

수업단계	시간경과	인지적 발문				확인적 발문			정의적 발문			교사 발문
		지시안내	시범예시	설명제공	단순질문	이해확인	사실확인	태도확인	칭찬격려	주의훈육	참여유도	
		(117)										(117) I'll give you some paper
		(118)										(118) Turn your page.
		(119)										(119) Draw your family or your friends with your pencil.
	23’	(120)										(120) I'll give you 5 min.
										(121)		(121) Look at (teacher).
			(122)									(122) For example...(예시자료 제공)
										(123)		(123) Clap your hands 3 times.
										(124)		(124) ○○, 왜 이렇게 돌아다니니?
		(125)										(125) Here we go.
		(126)										(126) Draw your father, mother.
										(127)		(127) 친구 놀리려고 그리면 미워할꺼예요.
					(128)							(128) Are you done?
	30’	(129)										(129) If you're done, put your hands on your head.
전개		(130)										(130) I'll give you 20 sec.
		(131)										(131) You have 10 sec.
		(132)										(132) Count together.
										(133)		(133) Put your hands on your head. One, two, three.
		(134)										(134) Open your page 56.
										(135)		(135) Clap your hands 3 times.
	32’	(136)										(136) 읽어봅시다.
			(137)									(137) 예를 들어서..
						(138)						(138) Do you understand?
									(139)			(139) Good!
		(140)										(140) 지금 딱 4명만 찾아보세요.
		(141)										(141) Here we go.
	33’	(142)										(142) Go back to your seat.
										(143)		(143) 끝난다는 소리 안 했는데 벌써 가방 가지러 간 사람들...

수업단계	시간경과	인지적 발문				확인적 발문			정의적 발문			교사 발문
		지시안내	시범예시	설명제공	단순질문	이해확인	사실확인	태도확인	칭찬격려	주의훈육	참여유도	
전개							⑭④					⑭④이렇게 남자 얼굴이 있으면 뭐라고 물어봐야 해요?
											⑭⑤	⑭⑤가족사진 가지고 온 사람?
정리	36’	⑭⑥										⑭⑥○○, Come up please.
		⑭⑦										⑭⑦○○한테 한번 물어봅시다.
									⑭⑧			⑭⑧Good! Very good!
		⑭⑨										⑭⑨○○, come here please.
							⑮⓪					⑮⓪○○이는 이 분을 소개할 꺼예요. 뭐라고 물으면 되겠어요?
									⑮①			⑮①Very good!
		⑮②										⑮②Next time, we'll learn the role play.
	37’	⑮③										⑮③오늘 배운 노래 한번만 더 하고 가겠습니다.
		⑮④										⑮④Ready, one two three.
		⑮⑤										⑮⑤선생님이 가리키는 사람으로 합니다.
	39’									⑮⑥		⑮⑥One, two, three, Ice!(주의집중방법 중의 하나로 얼음하면 동작을 멈춰야 함)
								⑮⑦				⑮⑦see you.
항목계		67	12	7	11	3	8	6	22	18	3	
항목 비율		42.7	7.6	4.5	7.0	1.9	5.1	3.8	14.0	11.5	1.9	
영역계		97				17			43			
영역 비율		61.8				10.8			27.4			

나. 수업분석과 해석

이 수업의 교사는 인지적 발문 61.8%, 확인적 발문 10.8%, 정의적 발문 27.4%로 인지적인 발문을 가장 많이 사용하는 것으로 나타났다. 특히, 지시·안내 유형이 전체의 42.7%를 차지하여 학생 중심보다는 교사 주도적인 수업이 진행되었다고 판단된다.

확인적 발문은 전체적으로 그다지 높은 비율을 차지하고 있지는 않다. 이해확인, 사실확인, 태도확인 발문 중에서는 사실확인 발문이 상대적으로 높은 비율을 차지하고 있는 것으로 보아, 교사는 교과내용과 관련된 발문에 관심을 갖고 사용하는 편이다.

정의적 발문을 보면, 칭찬·격려와 주의·훈육 유형이 어느 한쪽으로 지나치게 치우치지 않고 골고루 사용되었다. 상대적으로 칭찬·격려가 주의·훈육보다 약간 많은 것으로 볼 때, 교사가 학생의 반응에 긍정적인 반응을 자주 보인다고 볼 수 있고, 주의·훈육 영역에서는 잘못을 지적하는 훈육보다는 주의집중 기법을 많이 사용한 것으로 보아 비교적 학습에 대한 집중력이 약한 초등학생의 발달 특성을 잘 반영했다고 보겠다. 그리고 개인이나 모둠학습보다 전체적인 학습을 많이 하여 참여·유도 유형은 비교적 낮게 나타났다.

다. 논의

이상의 관찰 분석 결과 교사는 다음과 같은 점에 유의하여 수업을 개선할 수 있다.

첫째, 전체적인 학습과 더불어 개인, 모둠학습도 다양하게 제시하고, 학습자의 참여를 유도하는 발문을 사용하도록 노력해야 한다.

둘째, 교사는 교사 주도적인 수업보다는 학생 중심의 수업이 되기 위해 상호작용을 할 수 있는 발문을 많이 사용해야 하며, 단순한 발문보다는 학습자의 사고활동을 촉진하는 발문을 증가시키도록 노력해야 한다.

마지막으로, 교사는 초등학교 수업이라는 점에 알맞게 학습자에게 칭찬, 격려를 많이 제공하고는 있지만 대부분 단순하고 상투적인 칭찬들(예를 들면, good!, very good! right! 등)이기 때문에 다양한 칭찬 기법을 활용할 필요가 있다.

4.1.12 학생 발언 분석법의 적용 예시

본 절에서는 예시 수업을 통해 학생들의 발언을 분석하였다. 앞서 언급했듯이 학생의 발언은 수업에서 학습자가 학습과제나 교사의 발문에 반응하는 것으로, 이러한 학습자의 발언은 발언의 방법과 수업에의 참여도의 관찰을 통해 분석된다. 예시 수업 분석을 통해 학습자의 발언과 관련한 수업의 효과성을 알아보고 분석결과를 통해 체계적이고 과학적인 수업개선 방안을 논의해보았다.

가. 수업관찰과 기록

학생 발언 분석법의 예시 수업은 박○○ 교사가 2006년 9월 충북의 ○○중학교 1학년 36명을 대상으로 실시한 수업이다. 수업을 실시한 단원은 Middle School English 1 (정길정 외)의 8과 'Can I Borrow This Book?'이며 전체 8차시 수업 구성 중에서 3차시 수업을 진행하였다. 이 수업의 목표는 '1. 비교하여 말할 수 있다. 2. 친구의 발화를 수정할 수 있다.'이다.

전체 수업은 45분으로 진행되었고, 녹화상의 문제로 42분의 수업이 녹화되었다. 이 수업은 소집단활동(group work)으로 게임이 진행되었다. 수업 20분~33분까지 진행되는 소집단활동(게임)은 학생발언이 주가 되어 일어나는 부분으로 학생발언분석 측면에서 의미 있는 부분이라 할 수 있다. 하지만 모든 학생들의 발화가 교실 전체에서 다발적으로 일어나고 그 발언 하나하나를 분석하기에는 한계가 있어 활동이 일어나는 동안의 수업 참여도를 100%로 간주하고 나머지 발언기록은 생략하였다. 이러한 이유로 소집단활동이 시작되기 전 20분간, 소집단활동이 끝난 33분부터 9분간의 수업을 5분 단위로 쪼개어 분석하였다. 관찰 결과를 다음 표에 기록하였다.

〈표 4-61〉 관찰기록표

수업 단계	시간 경과	발표참여도					발언방법 (e/k, i/g/w)			대답	발언자	발언개요
		① 20%	② 40%	③ 60%	④ 80%	⑤ 100%	거수 지명	지명	자발			
introduction	5					V			1ew	○	w	1. Nice to meet you
						V			2ew	○	w	2. No
						V			3ew	○	w	3. 수업목표읽기
				V					4eg	~	g	4. No
						V			5ew	○	w	5. No
			V						6eg	~	g	6. Three
			V						7eg	○	g	7. She has a one
development	10					V			8ew	○	w	8. 명수 has more crests than 태희 has.
						V			9kw	○	w	9. 교과서읽기
						V			10ew	○	w	10. balloon
						V			11ew	○	w	11. 책의 dialogue 같이 하기
	15	V							12ei	?	A	12. I want to.
					V		13ei			○	B	13. Pair work
		V					14ei			○	C	14. 〃
					V		15ei			○	A	15. 〃
		V					16ei			○	D	16. 〃
					V		17ei			○	E	17. 〃
		V					18ei			○	F	18. 〃

수업 단계	시간 경과	발표참여도 ① 20%	② 40%	③ 60%	④ 80%	⑤ 100%	발언방법 (e/k, i/g/w) 거수 지명	지명	자발	대답	발언자	발언개요
development	20			V					19eg	~	g	19. No, I can't.
				V					20kg	~	g	20. 여섯 개
				V					21eg	~	g	21. Yes
						V			22ew	○	w	22. 지시사항읽기
		V							23kg	~	g	23. 알겠다…
	33					V	*group work					
	38	V					24ei			~	G	24. thirteen t-shirts
		V					25ei			○	E	25. twenty one caps
		V					26ei			○	H	26. nineteen animals
		V					27ei			○	I	27. dolls, twenty eight
		V						28ei		○	I	28. I have twenty eight dolls.
		V					29ei			○	J	29. balloon, I have twenty three balloon.
		V					30ei			○	K	30. fruits, twenty seven fruits
consolidation	42			V				31ei		○	I	31. 배운 내용을 대화로 실연, pair work
		V						32ei		○	K	32. 〃
항목계		13	2	5	3	10	12 e12 i12	3 e3 i3	17 e14/k3 w9/g7/i1	○ 24 × - ? 1 ~ 7	11	
항목비율계 (%)		40	6	15	9	30	38 e100 i100	9 e100 i100	53 e82/k18 w53/g41/i6	○ 75 × - ? 3 ~ 27	31	

나. 수업분석과 해석

1) 발언율

발언율은 발언횟수에 상관없이 발언에 참여한 학생의 수를 말하는 것이다. 단, 여기서는 학급전체의 발언은 발언율 분석에서 제외하고 개인이 발화한 것만을 고려한다. 위의 수업분석에서 보면, 총 11명의 학생이 발언을 하였다. 이 11명의 학생의 발언은 전체 36명의 학생에 대해 약 31%에 해당하는 것이다. 이로써 위 수업의 발언율은 31%가 된다는 것을 확인할 수 있다.

$$\frac{11}{36} * 100 \fallingdotseq 31\ \%$$

2) 발언횟수별 인원분석표

위의 학생발언분석표에서 발언자 수는 A부터 K까지 총 11명으로 기록되었다. 이 중 A의 발언횟수는 2번, B의 발언횟수는 1번, C의 발언횟수는 1번, D의 발언횟수는 1번, E의 발언횟수는 2번, F의 발언횟수는 1번, G의 발언횟수는 1번, H의 발언횟수는 1번, I의 발언횟수는 3번, J의 발언횟수는 1번, K의 발언횟수는 2번이고, 한 번도 개인으로 발언하지 않은 학생은 25명이다. 이를 표로 나타내면 다음과 같다.

〈표 4-62〉 발언횟수별 인원 분포

발언횟수	0	1	2	3	4	…
인 원	25	7	3	1	0	…

3) 발표참여도

발표 참여도는 발표참여도별 비율과 전체 발표 참여도로 나누어 해석해 볼 수 있다.

가) 발표참여도별 비율

발표참여는 발표를 한 학생 뿐 아니라 손을 들어 발표를 하려는 의사를 표시한 학생을 포함하는 것이며, 이러한 학생의 수를 전체 학생 수에 대한 백분율로 표시한 것이 발표참여도라고 지정하였다. 이러한 발표참여도를 항목별(20%, 40%, 60%, 80%, 100%)로 그 수를 합한 결과 20%는 13, 40%는 2, 60%는 5, 80%는 3, 100%는 10으로 나타났다. 이를 백분율로 전환하면, 20%에 해당하는 발표참여도는 40%, 40%에 해당하는 발표참여도는 6%, 60%에 해당하는 발표참여도는 15%, 80%에 해당하는 발표참여도는 9%, 100%에 해당하는 참여도는 30%이다. 이를 표로 나타내면 아래와 같다.

〈표 4-63〉 발표 참여도

참여도	수	비율	
20%	13	40 %	13/33 * 100
40%	2	6 %	2/33 * 100
60%	5	15 %	5/33 * 100
80%	3	9 %	3/33 * 100
100%	10	30 %	10/33 * 100

나) 전체 발표 참여도

위의 ‘발표참여도별 비율’은 각 발표참여도의 상대적인 관계를 계수화하여 나타낸 것이다. 여기서는 전체 학생 수에 대한 발표에 참여한 학생의 비율을 말하는 ‘전체 발표 참여도’에 관해 알아볼 것이다. 이를 백분율로 나타내기 위해서는 다음과 같은 과정이 필요하다.

$$\frac{(20\% * 20\%\text{발표참여도의 수})+(40\% * 40\%\text{발표참여도의 수})+(60\% * 60\%\text{발표참여도의 수})+(80\% * 80\%\text{발표참여도의 수})+(100\% * 100\%\text{발표참여도의 수})}{100 * \text{총 발표 참여 수}} * 100$$

이를 적용하여 계수화하면, 위에서 관찰한 수업의 전체 학생에 대한 발표참여도는 약 57% 정도임을 알 수 있다.

$$\frac{(20*13) + (40*2) + (60*5) + (80*3) + (100*10)}{100 * 33} * 100 \fallingdotseq 57\ \%$$

4) 발언방법별 인원분석

발표참여도를 구하기 위한 총 발표참여 수는 33회이나, 이는 소집단활동(group work)을 포함한 것이다. 소집단활동 부분은 발표참여도 이외의 분석에서는 생략하기로 하였다. 그 이유는 결과해석부분에서 설명할 것이다.

각 발언방법별로 인원을 나타낸 것으로, 거수지명에 의해 발언한 학생의 수는 12명, 지명에 의해 발언한 학생의 수는 3명, 자발적으로 발언한 학생의 수는 17명이다. 총 발언한 수는 32번으로 이중 영어로 발언한 경우는 29번, 한국어(모국어)로 발언한 경우는 3번이며, 이 발언이 개인에 의해 발화된 경우는 17번, 집단(다수)에 의해 발화된 경우는 7번, 전체 학생에 의해 발화된 경우는 9번으로 나타났다. 이를 비율로 나타내면, 거수지명에 의해 발언한 학생의 비율은 38%, 지명에 의해 발언한 학생의 비율은 9%, 자발적으로 발언한 학생의 비율은 53%이다. 총 발언한 수는 32번으로 이중 영어로 발언한 경우의 비율은 91%, 한국어(모국어)로 발언한 경우의 비율은 9%이다. 이 발언이 개인에 의해 발화된 경우의 비율은 50%, 집단(다수)에 의해 발화된 경우의 비율은 22%, 전체 학생에 의해 발화된 경우의 비율은 28%로 나타났다. 이를 표로 나타내면 아래와 같다.

〈표 4-64〉 발언방법별 인원분석

구 분		수	비 율	
발언방법	거수지명	12	38%	12 / 32 * 100
	지 명	3	9%	3 / 32 * 100
	자 발	17	53%	17 / 32 * 100
언 어	e	29	91%	29 / 32 * 100
	k	3	9%	3 / 32 * 100
집 단	i	16	50%	16 / 32 * 100
	g	7	22%	7 / 32 * 100
	w	9	28%	9 / 32 * 100

5) 발언결과 정 · 오답자 비율

학생들의 발언이 옳은지, 그른지, 애매한지, 명확한지를 판단하여 그 수를 헤아려 비율로 나타낸 것이다. 학생들의 발언은 총 32번으로 그 중 옳은 답은 24번, 그른 답은 드러나지 않았으며, 애매한 답은 1번, 무슨 말을 한 것인지 정확히 판단할 수 없었던 발언은 7번으로 나타났다. 이를 백분율로 나타내면, 옳은 답은 75%, 그른 답은 0%, 애매한 답은 3%, 명확하지 못한 답은 21%이다.

〈표 4-65〉 발언결과 정 · 오답자 비율

	수	비 율	
○	24	75%	24 / 32 * 100
×	0	0%	·
?	1	3%	1 / 32 * 100
~	7	21%	7 / 32 * 100

다. 논의

학생들의 발표참여도는 전체 약 57% 정도로 수치상으로 본 발표참여도는 보통 수준으로 보이며, 게임 활동 시간의 참여도를 고려한다면 실제로는 이보다는 높은 참여도를 보였다고 말할 수 있겠다. 그럼 이제 이러한 참여도의 성격은 어떠한지 살펴보겠다.

우선 이 학생발언분석 대상 학생들은 중학교 1학년이라 아직 영어 학습 기간이 짧아 영어표현 능력이 충분히 발달하지 못한 상태임을 고려해야 할 것이다. 전체적인 학생들의 발언은 아주 짧게, 주로 핵심단어 위주로 나타난다. 이러한 발언은 학생이 자발적으로 한 것이지만, 교사의 질문 혹은 교사의 유도에 의해 이끌어내진 성격의 것이 대부분이라 할 수 있다. 이러한 단순한 대답 역시 학습을 진행하는데 없어서는 안 될 중요한 요소이기는 하지만, 현재 교실 영어수업에서 지향하는 진정한 의사소통이라는 측면에서는 부족한 면이 없지 않다.

이러한 문제를 보완하기 위해 실제 언어 사용이 가능한 짝활동(pair work)과 소집단 활동(group work) 형태의 상호작용이 가능한 소규모 학습이 이루어지도록 수업을 계획하였다. 그러나 사전에 학생들과의 접촉이 없어서 교사와 학생 모두가 낯선 상황이었고 평소의 수업과는 달리 생소한 면이 있어 처음의 의도와는 달리 상대적으로 그 시간이 짧았고, 여전히 교사주도의 수업이 상당 부분을 차지하게 되었다.

교사주도의 수업에서는 상대적으로 학생들의 참여가 적을 수밖에 없고 반대로 학생들이 주도하는 짝활동과 소십단 활동의 형태에서는 학생들의 참여가 두드러졌다. 이를 위의 분석표에서 살펴보면, 교사의 간섭이 많은 38분 부분과 교사의 개입이 없이 학생의 주도로 이루어지는 15분, 33분 부분에서 확인할 수 있다. 즉, 교사의 지시와 설명이 주가 되는 경우에는 학생들의 참여가 적거나 제한적이었고, 짝 활동과 소집단 활동이 진행되는 동안은 모든 학생들이 활발하게 활동함을 알 수 있었다. 그러나 상대적으로 높은 10분 부분의 참여도는 교사의 유도에 의한 성격의 발언이라, 참여도가 높다 할지라도 이를 진정한 학습자 주도의 참여라고는 볼 수 없겠다.

짝활동과 소집단 활동이 학생들의 참여를 이끌어 낸다는 장점이 있지만 문제점도 지니고 있다. 학생들은 활동 중에 목표어를 사용하도록 되어 있지만 의도하지 않은 모국어의 사용과 수업과 상관없는 발언들도 많이 나타난다는 것이다. 하지만 이러한 단점에도 불구하고 학생들의 발언의 기회를 늘릴 수 있도록 수업을 구성할 때에 짝활동과 소집단활동을 적절히 포함하여 진행하는 것이 바른 방향이라 생각한다.

활동 중에 교사의 역할에 대해 언급하겠다. 위에서 언급했듯이 활동 중에는 의도하지 않은 문제점들이 나타나게 되는데, 교사는 이를 통제해야 하지만 이러한 모든 학생들의 발언을 교사가 통제하기에는 한계가 있다. 교사의 역할은 활동이 원활히 이루어지기 위해서는 여전히 중요하며, 소집단 활동과 같은 상호작용 수업이 이루어지는 동안에 "~하지 말라"고 지적하는 것이 교사의 역할의 전부가 아님을 알아야 한다.

교사는 주의 깊게 선별된 교수활동에 대한 절차와 규칙 등을 학습자들에게 설명하고 시범을 보인 후에 그룹을 나누고 활동을 진행시킨다. 이러한 활동 중에 교사는 이를 단순히 지켜만 보거나 통제적인 명령을 내리기보다는 학생들의 활동을 모니터하기 위해 교실을 이리저리 돌아다녀야 하며, 학생이 도움을 요청할 경우 해당 정보나 도움을 제공해 주어야 한다. 아니면 교사가 직접 학생의 어려움을 파악하여 해결해 주거나 학생 스스로 해결할 수 있도록 촉진자의 역할을 수행해야 한다.

활동은 활동 자체도 중요하지만 활동이 종료되는 시간과 동시에 끝나버리는 것은 아니다. 오히려 활동을 정리하는 활동 이후의 시간이 학생들의 학습에 도움을 줄 수 있는 중요한 시간이라 볼 수 있다. 이 단계에서도 교사의 역할은 중요하다. 교사는 정해진 활동 시간이 지나 활동이 마무리되고 나면, 학습자의 활동과 교수활동의 난이도 등을 점검하여 학습 활동을 평가하고 과제에 대한 분석을 해야 한다. 마지막으로 이를 통해 활동을 마무리하면서 학습활동의 평가 내용을 기록하여 다음 학습활동에 참고자료가 되도록 해야 하는 것까지 교사의 몫이라 할 수 있겠다.

자신의 수업이나 다른 사람의 수업을 관찰 · 분석할 때, 학생들의 발언을 분석하기 위해서 여기 제시한 학생발언 분석기법을 이용할 수 있다. 더 나은 수업이 되기 위해서는 수업을 되돌아보며 문제점을 찾고 동료 교사들과 상호 피드백을 통해 해결점을 찾으려는 노력과 고민이 필요하다고 생각한다. 이러한 수업분석 기법을 통해 수업분석을 실시하는 것만이 수업분석의 전부라고 할 수는 없다. 하지만 보다 나은 수업을 위해 수업을 통계적·물리적으로 분석하여 문제점을 찾고 해결하려고 노력하는 과정에서 교사 스스로가 과거보다 더 나은 자신의 모습을 발견할 수 있을 것이다.

4.1.13 학생 행동 분석법의 적용 예시

학생 행동 분석법을 통해 학생이 얼마나 적극적으로 수업에 참여했는지를 객관적으로 알아볼 수 있다. 본 절에서는 초등학교 영어 수업의 녹화자료를 바탕으로 초등학교 학생의 행동을 분석해 보았다.

가. 수업관찰과 기록

수업분석의 대상은 충북 보은읍의 ○○초등학교 3학년 2반 27명이고, 행동분석의 대상아동은 학업성취도를 기준으로 상, 중, 하로 나누어 3명의 아동을 선택하여 분석하였다.

1) 학생 수업 행동 관찰

학생 수업 행동 분석을 위한 관찰기록은 다음 표에 제시되어 있다.

〈표 4-66〉 학생 행동 분석표

수업단계	시간경과	L① 행동반응 A	L① a	L① b	L① B	L① 행동개요	S② 행동반응 A	S② a	S② b	S② B	S② 행동개요	Y③ 행동반응 A	Y③ a	Y③ b	Y③ B	Y③ 행동개요
도입	1'~2'		√			교사를 주목한다.		√			교사를 주목한다.		√			교사를 주목한다.
도입	1'~2'		√			교사의 설명을 듣는다		√			발표하는 친구를 돌아본다			√		의자에 팔을 기댄다.
도입	3'~4'	√				손을 든다		√			교사를 바라본다			√		눈을 부빈다.
도입	3'~4'	√				손을 든다										
도입	3'~4'	√				손을 든다	√				손을 든다				√	옆친구에게 말을 건다
도입	5'~6'	√				손을 들어 답한다.		√			교사를 주목한다.			√		눈을부빈다.
도입	5'~6'		√			손을 든다.		√			TV를 본다.			√		머리뒤로 깍지를 낀다.
전개	7'~8'		√			챈트를 한다.		√			손으로 턱을 고이고 있다.	√				책상을 두드린다.
전개	7'~8'		√			교사를 주목한다.		√			책을 본다.	√				동작을 따라한다.
전개	9'~10'		√			교사를 주목한다.		√			교사를 주목한다.			√		손을 머리뒤로 깍지낀다
전개	9'~10'							√			책을 바라본다					
전개	11'~12'		√			학습지를 살펴본다.			√		허리를 편다		√			교사를 주목한다..
전개	11'~12'		√			교사의 설명을 듣는다.		√			학습지를 살펴본다.		√			학습지에 이름을 쓴다.
전개	13'~14'		√			교사를 주목한다.		√			학습지에 이름을 쓴다.			√		옆친구와 이야기한다.
전개	13'~14'			√		옆친구를 바라본다.		√			교사의 설명을 듣는다.		√			교사의 설명을 듣는다.
전개	15'~16'			√		친구와 이야기한다.		√			색연필을 교사로부터 받는다.	√				손을 든다.
전개	15'~16'			√		자리에 앉아있다.			√		자리에 앉아있다.			√		자리에 앉아있다.
전개	17'~18'			√ √		자리에 앉아있다.		√			친구의 질문에 답을 한다.	√				돌아다니며 조사활동을 한다.
전개	17'~18'			√		자리에 앉아있다.			√		자리에 앉아있다.					
전개	19'~20'	√ √				파트너를 찾는다.	√ √				질문할 친구를 찾는다.	√				돌아다니며 조사활동을 한다.
전개	19'~20'	√				짝활동을 한다.	√				자리에 앉아서 기록한다.					
반응별 관찰횟수		6	9	5	0		3	14	3	0		5	4	7	1	
참가도 A		전체: 15/20×100=75%					전체: 17/20×100=85%					전체: 9/17×100=52%				
참가도 B		도입: 7/7× 100= 100%					도입: 6/6×100=100%					도입: 1/6×100= 16%				
참가도 C		전개: 8/13×100= 61%					전개: 11/14×100=78%					전개: 8/11×100=72%				

2) 일화 기록

일화 분석의 대상은 학업성취도 중 수준의 여자 아이로서 평소에 수줍음을 많이 타고 영어로 말하는 데 자신감이 부족한 학생이다.

〈표 4-67〉 일화관찰 기록지

<table>
<tr><td colspan="3">관찰 대상 학생 이름: S
관찰 날짜와 시간: 2006. 9. 22 / 1차시
관찰 목적: 특정한 학생의 태도나 활동을 조사하기 위함
관찰 장소에 대한 일반적 묘사: 전체인원 30명(남/16, 여/14)</td></tr>
<tr><th>시 간
(5분 간격)</th><th>관찰대상 학생의 행동</th><th>교사 행동</th></tr>
<tr><td>9:10 ~ 9:15
9:15 ~ 9:20
9:20 ~ 9:25
9:25 ~ 9:30
9:30 ~ 9:35
9:35 ~ 9:40
9:40 ~ 9:45
9:45 ~ 9:50</td><td>교사를 주목한다.
발표하는 친구를 돌아본다
교사를 주목한다. TV를 본다.
손으로 턱을 고이고 있다. 책을 본다
허리를 편다. 학습지를 살펴본다.
학습지에 이름을 쓴다. 교사의 설명을 듣는다.
친구의 질문에 답을 한다. 자리에 앉아있다.</td><td>그림카드를 이용하여 음식 알아맞히기 게임을 학습전체를 대상으로 진행한다.
CHANT를 TV를 이용 진행한다.
조사활동 학습지를 나누어 준다.
조사활동 방법을 설명한다.
자리에서 일어나서 조사활동을 하라고 지시한다.</td></tr>
</table>

나. 수업분석과 해석

분석 결과에 근거해서 다음과 같이 학생 수업 행동과 특정 학생의 행동 일화 기록을 분석할 수 있다.

1) 학생 수업 행동 관찰 결과 분석과 해석

학생 수업 행동 관찰 결과의 분석은 각 학생의 학습참가도와 학생 간 참가도 비교, 수업 또는 시간대별 학습참가도 추이의 세 가지 측면에서 해석해 살펴볼 수 있다.

가) 각 학생별 학습참가도

학습 참가도는 전체 관찰횟수 중에서 적극적 수업반응과 소극적 수업반응의 합이 차지하는 비율로써 앞서 3장에서 살펴본 바와 같이 반응도의 공식은 다음과 같다.

학습 참가도를 구하는 공식

학습참가도= {(A+a)/관찰횟수}× 100 【 A: 적극적 수업반응　　a: 소극적 수업반응 】

학습 참가도의 비율은 <표 4-66>의 학생 행동 분석표에 산출되어 있다. 각 학생별 학습참가도를 살펴보면 학생① 75%, 학생② 85%, 학생③ 52%로서 학생②의 학습참가도가 가장 높고, 학생③의 학습참가도가 가장 낮다.

나) 학생간 참가도 비교

학생①과 학생②의 학습 참가도를 비교하면 ① / ② × 100으로 계산하여 학생①의 학습 참가도는 학생②의 88%정도밖에 되지 않는다고 파악할 수 있다. 학생③과 학생②의 학습 참가도를 비교하면 ③ / ② × 100으로 계산하여 학생③의 학습 참가도는 학생②의 61%정도밖에 되지 않는다고 파악할 수 있다. 즉, 관찰대상 학생 서로간의 학습 참가도를 상대적으로 비교하면 가장 높은 학습 참가도를 보인 학생②를 기준으로 했을 때 학생①은 88%, 학생③은 61%의 학습 참가도 양상을 보인다.

다) 수업단계별/시간대별 학습 참가도 추이

개별학생을 두고 학습 참가도 공식을 수업단계별로 그리고 시간대별로 적용할 수 있는데, 학생들의 수업단계별로 나타나는 수업반응 양상은 <표 4-66>의 학생 행동 분석표에 산출되어 있다. 학생①은 도입단계 100%에서 전개단계 61%로, 학생②는 도입단계 100%에서 전개단계 78%로, 학생③은 도입단계 16%에서 전개단개 72%로 학습참여양상을 보였다. 학생①과 학생②는 도입단계에서 적극적 수업반응을 보이다가 전개단계에서 학습참여도가 다소 낮아졌고, 학생③은 도입단계에서 16%의 낮은 학습참여도를 보이다가 전개단계에서 학습참여도가 높아졌다.

위의 분석 내용을 종합해보면 첫째, ①번 학생의 전체 학습 참가도는 75%으로서, 도입단계 100%에서 전개단계 61%로 참가도가 낮아졌다. 그러나 관찰 기간 내내 교사의 말에 적극적인 행동으로 반응을 하였고, 친구들의 대답에도 고개를 돌려서 주의를 기울여 듣는 행동을 하는 등 적극적 학습자로 판단된다.

둘째, ②번 학생의 전체 학습 참가도는 85%으로서 관찰 기간 내내 교사의 말에 주의를 기울이는 행동을 했지만 손을 들어 대답을 하려고 시도하는 행위는 눈에 띄지 않았다. ②번 학습자를 적극적 학습자로 볼 것인지, 소극적 학습자로 볼 것인지 양적 분석만으로 판단하기 어렵다.

셋째, ③번 학생의 전체 학습 참가도는 52%으로서 관찰 기간 내내 보이는 여러 가지 신체적인 반응을 통해 학습에 열중하지 못하고 있는 것으로 판단된다. 특히 도입단계에서 16%의 낮은 학습 참가도는 다음 단계의 학습에 지장을 초래할 것으로 판단된다.

2) 일화 기록의 분석과 해석

위와 같이 학습 참가도를 학생별, 학생 간, 수업 단계별로 살펴보게 되면 학생들의 수업참여양상을 세부적으로 살펴볼 수 있고 학습 참여도를 보고 수업의 역동성을 보다 정밀하게 파악할 수 있다. 그러나 제시된 학생 행동 분석 방법은 학생의 행동을 양적으로 기록하기 때문에 구체적인 행위 양상을 파악하기가 어렵다. 그렇기 때문에 수업 중 한 학생의 행동 양상을 구체적으로 살펴보기 위해서는 일화적 관찰방법을 적용할 수 있다. 다음은 위에서 한 여학생의 수업 중 행동 양상을 관찰한 <표 4-67> 일화관찰 기록지의 아래 칸에 일화 기록을 분석, 해석한 내용이다.

<table>
<tr><td colspan="3">관찰 대상 학생 이름: S
관찰 날짜와 시간: 2006. 9. 22 / 1차시
관찰 목적: 특정한 학생의 태도나 활동을 조사하기 위함
관찰 장소에 대한 일반적 묘사: 전체인원 30명(남/16, 여/14)</td></tr>
<tr><th>시 간
(5분 간격)</th><th>관찰대상 학생의 행동</th><th>교사 행동</th></tr>
<tr><td>9:10 ~ 9:15
9:15 ~ 9:20
9:20 ~ 9:25
9:25 ~ 9:30
9:30 ~ 9:35
9:35 ~ 9:40
9:40 ~ 9:45
9:45 ~ 9:50</td><td>교사를 주목한다.
발표하는 친구를 돌아본다
교사를 주목한다. TV를 본다.
손으로 턱을 고이고 있다. 책을 본다
허리를 편다. 학습지를 살펴본다.
학습지에 이름을 쓴다. 교사의 설명을 듣는다.
친구의 질문에 답을 한다. 자리에 앉아있다.</td><td>그림카드를 이용하여 음식 알아맞히기 게임을 학습전체를 대상으로 진행한다.
CHANT를 TV를 이용 진행한다.
조사활동 학습지를 나누어 준다.
조사활동 방법을 설명한다.
자리에서 일어나서 조사활동을 하라고 지시한다.</td></tr>
<tr><td>1.관찰 의견:</td><td colspan="2">S학생은 관찰시간 내내 특별한 신체반응을 보이지 않고, 조용히 교사의 설명에 귀를 기울이는 행동을 보였다. 하지만 S학생을 적극적 학습자로 보기에는 어려운 점이 있다. 왜냐하면 S학생이 손을 들어 발표를 시도한 것은 1회뿐이고, 대부분 조용히 경청하는 행동을 취했다. 그리고 조사활동에 참여할 때도 다른 학생들이 대부분 참여하고 있는데도 한참 앉아 있다가 나중에야 조사활동에 참여하는 행동을 보였기 때문이다.</td></tr>
</table>

3) 학생 행동 분석과 일화기록의 상호보완성

2가지 분석틀을 놓고 볼 때 학생행동분석은 학생의 수업행동을 양적 데이터를 가지고 객관적으로 분석하는 데에 필요한 도구이고 일화기록은 양적 분석틀이 파악해내지 못하는 학생 행동을 자세히 기록하여 객관적 수치가 밝히지 못하는 학생의 다른 측면을 분석하는 데에 유용하다고 할 수 있다. 위의 2가지 분석 사례를 통해서 살펴보면 학생①과 학생②의 학습 참가도는 학생②가 더 높게 나왔다. 그러나 학생②는 적극적 수업행동을 3회밖에 하지 않은 반면에 학생①은 그보다 2배가 많은 6회를 했음에도 불구하고 전체 학습 참가도에서는 학생②보다 낮게 나왔다. 즉 학생행동분석을 양적 데이터로만 분석할 경우에는 학생②와 같이 적극적 수업행동을 많이 취하지 않은 학생도 학습 참여도가 높은 것으로 나타날 수 있다. 따라서 일화기록의 방법을 통해 학생행동을 자세히 기록함으로써 학생의 수업행동을 보다 객관적으로 살펴볼 수 있을 것이다.

다. 논의

예시 수업 분석을 통하여 내릴 수 있는 결론은 다음과 같다.

첫째, 학업성취도 수준이 낮은 학생이 도입단계에서 학습참여도가 낮으면 다음 단계에서 학습의 방향을 놓쳐서 혼란을 겪게 된다. 따라서 수업자는 도입단계에서 쉬우면서 흥미로운 소재를 가지고 수업을 진행함으로써 학생 모두가 그 수업의 방향을 파악하고 다음 단계의 수업에 참여해가도록 노력해야 한다.

둘째, 수업자는 보통 적극적 수업반응을 보이는 학생이나 적극적 수업 도피반응을 보이는 학생에게 관심을 기울이기 쉬운데, 이른바 조용한 학생에 대해서도 세심한 관심을 기울일 필요가 있다. 일반적으로 조용한 학생들은 교사의 시선 밖에 있기 때문에 수업에 참여하는 것처럼 보이나 사실은 혼자 공상의 세계에 빠져 있을 수도 있기 때문이다. 특히 영어수업에서는 모든 학생들이 적극적으로 수업에 참여할 수밖에 없는 활동을 구안하여 수업을 진행해야만 한다.

4.1.14 학습자료 활용 분석법의 적용 예시

학습 자료를 활용하는 목적은 학습 활동을 보다 더 촉진시키기 위한 것이다. 여기서는 예시 수업을 통해 수업 중 사용된 자료를 누가 사용하는가, 수업 중에 사용된 자료의 내용은 무엇인가, 그 자료를 왜 사용하는가, 또 어떻게 사용하는가와 그에 관련된 활동 내용 및 반응에 관하여 관찰하고 분석하여 개선점을 논의해 보았다.

가. 수업관찰과 기록

학습 자료 활용 분석을 위해 사용된 수업은 다음과 같다. 수업 대상은 서울 ○○초등학교 3학년 38명이며, 조○○ 선생님의 지도로 이루어졌다. 교육인적자원부에서 제공한 3학년 교재의 6단원 'How many cows?' 1차시를 지도하였으며, 학습 목표로 '첫째, 동물의 수를 묻고 대답하는 말을 듣고 이해할 수 있다. 둘째, 'How many ______?'의 표현을 사용하여 동물의 수를 묻고 답할 수 있다'를 제시하여 진행하였다.

다음의 <표 4-68>는 예시 수업의 학습 자료 활용을 관찰 기록한 것이다.

〈표 4-68〉 학습 자료 활용 분석표

수업 단계	시간 경과	사용자		자료의 내용	제작자	사용 목적				취급 방법					활동 내용 및 반응 (i/g/w)
		교사	아동	내용 (k/e)		문제 제시	흥미	이해	문제 해결	지시	의문 (질문)	대답 (반응)	설명 (해석)	제시	
pre task	2:18 2:30	√		CD-ROM (e)	교육부	√					√				듣기 유의점에 대한 질의(w)
	2:50 3:27	√		"	"				√					√	아동에게 들려주기(w)
	4:36 5:15	√		"	"	√							√		아동 듣기 후 문장수 확인(w)
	5:36 6:12	√		"	"			√					√		아동과 내용 점검 확인(i)
	7:20	√		paper (no letter)	교사	√					√				How many를 언제 사용(w)
	8:14 8:51	√		CD- ROM (e)	교육부			√		√					How many해당 사항 찾기(w)(i)
	9:00 9:37	√		"	"			√						√	들으며 따라하기 (w)
	10:15 10:25	√		동물 카드	에듀엠			√					√		카드 준비 및 사용 설명(w)
	10:26 11:45	√	√	"	에듀엠, 교육부				√	√		√			교사 설명 후 아동 카드 찾기(w)
	12:15 13:17		√	숫자 카드	교육부				√			√			숫자 카드 찾기(w)
task	13:30	√		동물 카드	에듀엠	√							√		카드 보여주고 질문할 것 설명(w)
	13:49 14:50	√		"	"				√		√				아동의 질문으로 문제해결(w)
	15:00 15:20	√		숫자 동물 카드	"	√							√		방법 설명(w)
	15:21 15:49	√		"	교육부				√	√					아동 반응(w)
	16:20 17:03		√	"	"			√				√			교사의 발언 따라 카드 들기(w)
	18:15 19:20	√		융판 동물 숫자 카드	에듀엠	√							√		게임 준비(g)
	17:30 20:06	√		"	"	√							√		게임 방법 설명(w)
	20:30 24:20		√	"	교육부				√		√	√			게임 진행(g)
	25:14 28:03	√		학습지	교사	√							√		설명(w)
	28:05 30:48		√	"	"				√		√	√			과제 해결(i)
	30:49 32:05	√	√	"	"			√			√	√			교사와 확인(w)
post task	34:17 37:09	√	√	형성 평가지	"	*		√	*	√		√		√	형성평가를 통한 이해 점검(w)
횟수 (%)	pre-t :10 (45.5) t:11 (50) post-t :1(4.5)	18 (72)	7 (28)	CD-ROM 6(26.1) 카드 11 (47.8) 유인물 4 (17.4) 기타 2 (8.7) e:CD-ROM6 (23.1) 동물카드:7 (26.9) 숫자카드:7 (26.9) 학습지:5(19.2) 융판:1(3.9) e:100% k:0%	교육부: 11 (47.83) 교사:5 (21.74) 에듀엠: 7 (30.43)	8 (36.4)	0 (0)	7 (31.8)	7 (31.8)	4 (14.3)	6 (21.4)	7 (25.0)	8 (28.6)	3 (10.7)	i : 3(13.0) g : 2(8.7) w : 18(78.3)

※ (%)는 하나의 영역 부분에서 겹치는 횟수까지 더하여 전체 횟수로 계산하여 산출하였음.

나. 수업분석과 해석

위와 같이 기록한 관찰 내용을 토대로 다음의 9가지 항목에 관해 분석할 수 있다. 다음은 앞서 3장 <표 3-66>에서 살펴본 것으로 학습 자료 활용 분석에 관한 측정 항목과 계산식을 정리한 것이다.

항 목	산출 방법
수업 단계별 자료의 사용 정도	$\frac{\text{각 단계별 사용 횟수}}{\text{전체 자료 사용 횟수의 총합}} \times 100$
자료의 교사/학생 점유율	$\frac{\text{교사/학생별 자료 사용 횟수}}{\text{교사/학생의 자료 사용 횟수의 총합}} \times 100$
자료의 내용별 사용 정도	$\frac{\text{각 내용별 자료 사용 횟수}}{\text{내용별 자료 사용 횟수의 총합}} \times 100$
언어 자료/비언어 자료별 사용 정도	$\frac{\text{언어 자료/비언어 자료별 사용 횟수}}{\text{자료별 사용 횟수의 총합}} \times 100$
각 언어별 사용 정도	$\frac{\text{각 언어별 자료 사용 횟수}}{\text{언어별 자료 사용 횟수의 총합}} \times 100$
제작자별 사용 정도	$\frac{\text{각 사용 자료의 제작자별 횟수}}{\text{제작자별 자료 사용 횟수의 총합}} \times 100$
사용 목적별 비율	$\frac{\text{각 사용 목적별 자료 사용 횟수}}{\text{목적별 자료 사용 횟수의 총합}} \times 100$
취급 방법별 비율	$\frac{\text{각 취급별 자료 사용 횟수}}{\text{취급별 자료 사용 횟수의 총합}} \times 100$
집단별 사용 정도	$\frac{\text{각 집단별 자료 사용 횟수}}{\text{집단별 자료 사용 횟수의 총합}} \times 100$

위의 <표 4-68> 학습 자료 활용 분석표와 <표 3-66>의 학습 자료 활용 분석 측정표를 활용하여 분석 대상 수업을 다음과 같이 분석하였다.

단계별 사용 횟수를 살펴보면, pre-task 단계에서는 10회(45.5%), task에서는 11회(50%), post-task 단계에서는 1회(4.5%)였다. pre-task 단계와 task 단계는 자료 횟수가 비슷하였고 정리 단계인 post-task에서는 자료 사용이 아주 적은 경향을 보였다.

사용자의 경우 학생이 7회(18%)인 것에 비해 교사가 18번(72%)이어서 교사의 비중이 훨씬 더 컸다. 자료의 내용은 첫 수업시간이라서 CD-ROM을 pre-task 과정에 주로(26.1%) 사용하였고, 카드 사용이 47.8%, 유인물(학습지)이 17.4%, 기타(융판 1회, 종이 1회)가 8.7%였다. 학습 내용이 동물과 숫자를 이용하여 수를 세는 것이어서 카드 사용이 가장 많이 차지함을 알 수 있다.

자료의 언어자료별/비언어자료별 사용을 보면, 영어나 한글이 사용된 언어 자료로는 CD-ROM 뿐이었는데 모두 영어(6회, 23.1%)가 사용되었고, 숫자카드, 그림카드, 융판 등의 비언어 자료가 20회로서 76.9%를 차지하였다. 영어나 한글의 언어별 사용만 본다면 영어 CD-ROM이 사용되었으므로 100% 영어만 사용되었다고 볼 수 있다.

교사가 사용한 미디어 매체와 학생이 사용한 교재 속의 카드는 교육인적자원부(11회, 47.83%)에서 제공된 것으로서 가장 많이 사용되었고, 교사가 사용한 카드 및 융판은 (주)에듀엠(7회, 30.43%)에서 제작한 교재였으며 학습지와 형성평가지(5회, 21.74%)는 교사가 만든 것이었다. 사용 목적으로는, 문제 제시에 8번(36.4%), 문제 해결과 이해에 각각 7번(31.8%)씩 사용되었으나, 자료를 사용하는 목적으로 흥미 부분은 전혀 사용되지 않았다. 취급 방법에서는 지시가 4번(14.3%), 의문이 6번(21.4%), 대답 7번(25%), 설명 8번(28.6%), 제시가 3번(10.7%)으로서 모든 부분에서 골고루 다루어졌으며 교사의 설명 부분이 가장 많은 비율을 차지했다.

활동 내용 및 반응을 집단별로 살펴보면, 주로 교사의 주도하에 전체 학생을 대상으로 하는 활동이 주를 이루었다. 게임에 있어서 그룹별 진행이 되었고, 학습지를 통한 과제 해결에서 학생들 사이에서의 개인별 활동이 이루어졌다. 전체적인 활동이 18번(78.3%), 그룹별 활동이 2번(8.7%), 개인별 활동이 3번(13%)인 것으로 보아 전반적인 자료 이용 활동 내용이 전체 활동에 치우쳐 있음을 알 수 있다.

다. 논의

학습 자료 활용 분석이 단지 분석에 그친다면 그 의미가 없다. 이는 분석을 통하여 새로운 수업 개선 계획을 세울 수 있어야 하고 그 계획을 바탕으로 좀 더 효과적인 자료 활용의 방법을 실천하여 수업의 효율성을 높여야만 그 의미가 있다고 본다. 따라서 다음과 같이 학습 자료 활용 분석에 따른 수업 개선 방향을 제시하고자 한다.

1) 학습 자료 활용 분석에 따른 수업 개선 계획

적용된 수업에서 학습 자료 활용 분석에 따른 수업개선 계획은 다음과 같이 제시해 보고자 한다.

단계별 사용 횟수에서 post-task 단계에서 자료 사용이 적었으므로 학습자들에게 확실한 개념을 정리해주는 마지막 정리 단계에서 확고한 개념 정립을 위한 적절한 자료를 좀 더 사용하여야 한다. 학습 자료 활용 사용자의 경우 교사의 비중이 크게 되기 쉬우므로, 아동이 더 많은 학습 자료를 활용하도록 수업 계획을 세우는 것이 좋다. 자료 내용은 초등학교의 경우 CD-ROM 등 국가에서 만든 것에 많은 비중을 두기 쉽기 때문에 실제로 우리가 읽는 동화책이나 실물 등을 사용하여 좀 더 학생들이 이해하기 쉬운 자료들을 활용해야 하며, 카드나 그림, 학습지에 그치지 않는 다양한 자료를 개발, 제작해서 활용하여야 한다.

언어자료 및 비언어자료 사용은 비언어자료의 사용 점유율이 훨씬 높다. 그러나 영어의 4가지 능력을 키우기 위해서는 학년, 수업 내용 등을 고려하여 불가피하게 사용되어지는 비언어 자료인 그림, 실물 등을 제외하고는 가능한 한 영어를 중심으로 사용하도록 학습계획을 세워야 한다. 본 수업에서는 CD-ROM 위주의 자료 사용으로 인해 사용된 모든 언어가 영어였으므로 적절하였다고 판단되며, 가능하면 자료에 사용되어지는 모든 언어는 영어로 계획되어야 한다.

자료를 활용할 때는 시간을 절약하기 위하여 상업적 자료도 필요하고 교육인적자원부에서 제공되는 자료를 활용할 뿐만 아니라, 때로는 학생들이 직접 제작하여 영어에 대한 자각 및 자료를 만든 것에 대한 자부심을 갖게 하는 것도 중요하다. 또한 교사는 학습 목표와 내용에 알맞은 자료를 연구하고 제작하여야 하며, 누구에 의해 제작된 자료가 수업에 가장 효과적인가를 판단하여 수업을 계획하여야 한다. 또 사용 목적에서 다양한 자료 활용을 통해 초등학생에게 특히 필요한 흥미를 유발하여 동기를 제공해 주는 것이 필요하고, 취급 방법에서 교사의 설명이 주를 이루기 쉽기 때문에, 아동이 주가 되어 자료를 많이 활용하고 아동 위주의 질문, 대답을 통해 의사소통을 위한 자료 활용을 할 수 있도록 계획해야 한다.

활동 내용 및 반응을 살펴보면 전체 활동이 주를 이루기 쉬우므로 가능하면 아동 활동이 많은 그룹별, 개인별 활동을 할 수 있는 자료 활용을 하도록 수업 계획을 세워야 한다.

2) 학습 자료 활용 개선 전략

영어수업을 비롯한 모든 수업의 효과를 높이기 위해서는 학습과 관련된 모든 것을 철저히 재구성하여야 하고, 그런 상황에서 자료들을 잘 활용하여 학습의 효과를 높여야 한다. 특히 영어 수업에서는 아동의 흥미와 동기를 유발하는 자료를 찾아야 하고 의사소통 능력 향상을 위한 자료를 적절히 사용해야 하며, 가능하면 아동이 많이 활용할 자료를 추출해야 한다. 수업의 효과를 극대화하기 위해서는 ICT 등을 이용한 다양한 자료의 추출과 활용이 필요하다. 특히 ICT가 발달한 현대의 상황에서는 멀티미디어를 활용한 다양한 자료를 활용할 수 있으며, 넘쳐나는 각종 교재, 도서, 실물뿐만 아니라 교포 2세, 원어민 등의 인적 자원도 교수 학습의 효과를 높이기 위한 자원으로 활용할 수가 있다.

IT 강국인 한국에서는 인터넷을 이용하여 각종 자료를 찾아낼 수 있다. 주어진 교과서와 CD-ROM을 사용하는 것에 그칠 것이 아니라 인터넷을 통하여 다양한 자료들을 추출하고 이 자료들을 영어 교육에서 재구성을 통하여 활용한다면 수업의 효과를 높일 수 있다. 충북초등영어교육연구회(2004)가 제작한 초등 영어에 필요한 자료들이 http://classroom.kice.re.kr/kice/banner/E/10.PDF 사이트에서 다양하게 제공되고 있다.

또한 인적 자원을 잘 활용한 예로 인천광역시 교육청에서 실시한 교육혁신 사례 중에서 교동 중학교의 '충성! 영어야 놀자~~'를 들 수 있다. 문화적인 혜택이 낙후된 도서 · 접전 지역의 학생들에게 영어에 대한 관심과 이해를 높이고, 학교와 지역 주민 및 군부대간의 유대를 위해 교포 2세 국군 장병을 활용하여 재미있는 생활 영어를 체험하도록 함으로써, 영어에 대한 흥미 유발 및 자신감을 고취시켰다. 뿐만 아니라 학교와 군 이미지 개선 및 학생들로 하여금 국군 장병에 대한 고마움을 느끼게 하였고 무료로 운영된 까닭으로 사교육비까지 절감되는 효과를 보았다. 이는 학습 자료 활용에 있어 일반적인 학습 자료를 반드시 사용한다는 틀에서 벗어나 인적 자원을 활용한 좋은 예이다.

위와 같이 다양하게 사용되는 자료 및 자원을 수업 시간에 활용함과 동시에, 학습 자료 활용 분석을 해 보고 자기 장학 및 동료 장학 등을 통하여 좀 더 나은 수업 개선의 방향을 다각도로 모색해야 할 것이다.

4.1.15 멀티미디어 매체사용 분석법의 적용 예시

여기서는 예시 수업을 통해 수업 중 활용되는 다양한 멀티미디어의 종류를 구체적으로 확인해 보고 그에 따른 수업 분석을 통해 영어 수업에서의 효과와 멀티미디어의 효율적 활용 방안을 모색하였다.

가. 수업관찰과 기록

다음의 분석 내용은 경기도 안산시 소재 ○○ 초등학교의 6학년 학생들을 대상으로 실시된 영어수업 중 사용된 멀티미디어의 각 요소들에 대한 분석내용이다. 전반적으로 타 학교에 비해 영어 학습을 위한 별도의 어학실 및 최신의 멀티미디어 환경 하에서 이루어진 수업으로 여타의 영어 수업에 비해 멀티미디어의 활용 비율이 높은 수업이라고 할 수 있다. 특히 교사의 경력이 5년 이하로 다양한 최신의 멀티미디어 기자재를 능숙하게 다루고 있었으며 학생들 역시 평소 영어 수업 이외에도 모든 교과에서 멀티미디어 활용 수업을 많이 경험해 보았다는 특징이 있다.

다음의 실제적인 분석을 위해 어떠한 멀티미디어 요소가 구체적인 수업장면과 관련하여 어떻게 투입되고 활용되었는지 관찰 기록하였다.

〈표 4-69〉 수업 전 멀티미디어 매체 점검표

분석의 관점항목	평점 (평균)			
	1 – 2	2 – 3	3 – 4	4 – 5
1. 인터넷 접속은 원활하게 이루어졌는가?				0
2. 프로젝션 TV의 화면 및 음량 조절은 잘 되어있는가?				0
3. 각종 기자재의 사용 방법은 숙달되어 있는가?				0
4. 멀티미디어의 투입시기를 숙지하고 있는가?				0
5. 각종 기자재 및 매체가 적절한 장소에 배치되었는가?			0	
6. 각종 매체가 학습자의 수준을 고려하고 있는가?			0	
7. 교수목적에 맞는 멀티미디어 요소를 준비하였는가?				0
8. 학습과제 및 학습 유형에 적합한 매체 사용계획이 수립되었는가?				0

〈표 4-70〉 멀티미디어 매체 사용 관찰기록표

구분 / 번호	멀티미디어 객체 사용에 따른 분류							멀티미디어 매체 사용에 분류											수업사태에 따른 분류(I/G/W)								시간(D)
	P	PI	A	M	V	MO	S	I	A	V	OP	A	OH	VC	DC	TV	E	T	R	IO	IW	M	E	EA	CA	S	
1	0															0			0W								45"
2			0															0				0W					53"
3							0											0		0W							32"
4					0													0					0G				1'10"
5					0													0						0G			2'05"
6						0		0																0G			2'30"
7				0				0															0W				2'50"
8				0				0															0W				2'45"
9		0																0			0W						36"
10			0															0							0I		1'12"
11				0														0	0W								55"
12							0									0										0W	27"
계	1	1	2	3	2	1	1	3								2		7	2	1	0	1	3	2	1	1	16'40"

객체사용에 따른 분류: 사진 P, 그림 PI, 애니메이션 A, 모듈 M, 소리 V, 동영상 MO, 슬라이드 S
매체사용에 따른 분류: 인터넷 I, 오디오자료 A, 비디오자료 V, OPAQUE 프로젝터 OP, 응용 소프트웨어 A, 두상(頭上) 투영기 OH, 비디오카메라 VC, 디지털 카메라 DC, 프로젝션 TV TV, 전자칠판 E, 터치보드 T, 개인 휴대용 정보 단말기 P, 휴대폰 M
수업 사태에 따른 분류: (i:개인별/g:그룹별/w:전체 대상) 되돌아보기 R, 목표 제시 IO, 사전준비활동 IW, 동기유발 M, 설명 E, 탐구적 활동 유발 EA, 창의적 활동 유발 CA, 내용 정리 S

나. 수업분석과 해석

<표 4-70>과 같이 멀티미디어 매체 사용 관찰 기록표가 작성되면 이에 따른 구체적 분석이 이루어진다. 항목별 구체적 분석 내용은 멀티미디어 사용 및 멀티미디어 객체 사용, 멀티미디어 매체 사용, 수업사태에 따른 멀티미디어 사용 즉, 4가지 측면으로 나누어 해석해볼 수 있다. 이에 더하여 수업 관찰 후 멀티미디어 매체 사용 평가표에 멀티미디어 매체 사용에 대한 평가를 기록하고 수업에 대한

소감과 개선점을 기록하여 수업을 평가할 수 있다.

1) 멀티미디어 활용 비율에 따른 구체적 분석 내용

위 표에 의하면 본 수업 중 멀티미디어의 각 요소를 활용한 시간은 16분 40초(표 맨 우측 시간 D의 합)로 나타났다. 이 시간을 위에서 언급한 공식에 의해 초등학교 단위 수업시간인 40분으로 나누어 백분율로 나타내면 총 멀티미디어의 활용 비율은 약 41%로 나타났다. 이 비율은 다른 수업에 비하여 매우 높은 비율이며 전반적으로 다양한 멀티미디어 요소를 수업 전반에 걸쳐 사용한 것으로 볼 수 있다. 또한 사용된 시간의 비율 내에서 다양한 객체 및 매체의 활용이 이루어짐에 따라 학습자의 특성이나 단원 및 차시에 따른 멀티미디어 사용 요소가 적절하게 고려되었다고 볼 수 있다.

그러나 교사의 설명이나 교사 발언 시에도 멀티미디어 매체의 전원이 계속 연결되어 있어 학습자의 시선이 분산될 수 있는 점은 수정되어야 하며, 전반적으로 멀티미디어의 사용이 교사 중심으로 이루어지고 있어 학습자 개인 혹은 모둠별로 멀티미디어를 직접 활용해 볼 수 있는 기회를 보다 많이 제공하려는 노력도 요구된다.

2) 각 멀티미디어 객체 활용 비율

각 멀티미디어 객체에 대한 구분에 따라 본 수업 중 어떤 객체가 어느 정도 사용되었는지를 나타낼 수 있다. 표의 첫 번째 범주인 멀티미디어 객체를 보면 각 객체별로 실제 수업에 사용되었는지의 여부가 0표로 나타나 있으며 구체적인 사용 시간은 표의 맨 우측 시간(D)에 각각 나타나 있다. 이 구분에 따라 각 객체의 활용 비율을 본다면 사진 객체 활용 시간은 45초로 전체 멀티미디어 사용 시간을 기준으로 백분율로 나타내었을 때 약 4%의 비율로 활용되었다고 볼 수가 있다. 또한 그림 객체의 활용 시간은 36초로 나타나 있으며 마찬가지 방법으로 백분율로 나타낸다면 약 3%의 비율을 차지한다고 볼 수 있다. 이러한 방법으로 구체적인 객체는 분석표의 각 범주에서 활용 시간은 표 우측의 시간을 통해 확인하고 이를 백분율로 나타내도록 한다. 이에 따른 그 외의 멀티미디어 객체의 활용 비율은 다음과 같다.

· 모듈 객체 활용 비율 6' 30"(약 39%)
· 에니메이션 객체 활용 비율 2' 05"(약 13%)
· 소리 객체 활용 비율 3' 15"(약 21%)
· 동영상 객체 활용 비율 2' 30"(약 15%)
· 슬라이드 객체 활용 비율 59"(약 5%)

위의 표에 의하면 다른 객체에 비해 모듈 객체의 활용 비율이 높은 것으로 나타났는데 이는 모듈의 특성을 잘 고려하여 수업을 각 활동 및 사태별로 구분하고 그에 따라 적절한 멀티미디어 요소를 모듈자료를 통해 제공했다고 분석해 볼 수 있다. 단 아동이 자신의 생활 주변에서 쉽게 접할 수 있는 사진 자료나 그림 자료를 애니메이션이나 슬라이드를 통해 활용해보려는 노력도 요구된다고 볼 수 있으며, 영어라는 교과 성격도 잘 고려하여 멀티미디어 객체 요소 중 음성자료 및 현장감 있는 동영상 자료를 활용하는 것도 바람직할 것으로 보인다. 또한 활용된 멀티미디어 객체 중 그 특성상 한 가지로 통합하여 사용하는 경우에는 굳이 다양한 객체를 별도로 활용하는 행위는 지양하는 것도 바람직하다.

3) 각 멀티미디어 매체 활용 비율

멀티미디어 매체는 다양한 멀티미디어 객체나 매체를 실제 시각적으로 구현해줄 수 있다는 측면에서 매우 중요한 수업 분석 요소라고 할 수 있다. 위의 표에 의하면 본 수업에서는 다양한 멀티미디어 매체 중 기존의 프로젝션 TV 및 그를 활용한 인터넷의 사용과 더불어 가장 최신의 멀티미디어 매체라고 할 수 있는 터치보드를 활용한 것을 확인할 수가 있다. 구체적인 분석 방법으로는 다른 범주의 분석 방법과 마찬가지로 해당 매체의 활용 여부와 총 활용 횟수를 해당 범주에서 확인해 보고 활용이 된 경우 해당 매체의 시간을 표 우측에서 확인한 후 그 비율을 전체 멀티미디어 요소 활용 시간에 따라 나타내도록 한다.

가령 터치보드는 수업 도중 총 7회가 사용되었으며(표 맨 하단의 각 매체별 사용횟수의 계 참조) 그 시간을 총합한 결과 7분 23초를 활용하였고, 그 시간을 전체 멀티미디어 사용시간인 16분 40초에 의한 비율로 나타내 본 결과 약 45%를 차지하고 있음을 알 수 있다. 단 이 수치는 전체 수업에 대한 비율이 아닌 수업 중 멀티미디어 활용 시간에 대한 비율을 말한다.

이와 같은 방법으로 인터넷 매체의 활용 비율을 살펴보면 총 3회에 걸쳐 8분 5초가 사용되었으며 그 비율은 약 48%로 나타났다. 또한 프로젝션 TV 매체의 활용 비율은 2회에 걸쳐 1분 12초 동안 사용되었고 비율로는 약 7%를 차지하고 있다.

위의 내용을 종합적으로 분석해 보면 다양한 멀티미디어 매체 중 인터넷과 터치보드에 편중되었다고 할 수 있는데 이는 터치 보드 등 최근에 개발되는 매체 관련 프로그램들이 다른 매체의 장점 및 특성을 포함하고 있어 해당 매체에 대한 편중적인 사용이 이루어진 것으로 볼 수 있다. 또한 터치보드의 특성 중 가장 두드러진 특징이라고 할 수 있는 동영상 및 음성 강의자료 제작을 시도해 보는 것도 좋을 것으로 보이나, 수업 분석의 결과로만 본다면 교사가 자료를 직접 제작했다고 보기가 어려우며 대신 인터넷 사이트 등에서 제공되고 있는 웹 자료등 기존의 자료를 주로 사용하고 있다고 볼 수 있다. 현실의 여건상 교사가 다양한 수업자료를 직접 제작하는 데에 드는 시간적, 물리적 어려움도 있지만 최소한의 자료라도 직접 멀티미디어 기자재를 활용하여 제작해 보려는 노력도 요구된다고 할 수 있다.

또한 40분이라는 짧은 시간동안 모든 매체를 활용한다는 것이 매우 어려운 일일 수도 있으며 위에서 언급한 바와 같이 다양한 매체의 기능을 통합한 매체의 편이성에서 위와 같은 결과가 기인할 수도 있으나 각 매체의 특성을 적극 활용할 수 있는 수업형태 및 교수・학습 방법을 개발해 나가는 노력이 요구된다고 할 수 있다.

4) 수업 사태에 따른 멀티미디어 사용 비율 분석

본 수업 중 생겨난 구체적 수업사태는 앞에서 언급한 내용에 따라 표에 구분이 되어 있다. 이 중 가장 많은 부분을 차지한 설명 영역의 활용 비율을 본다면 멀티미디어가 과제 및 활동 절차 등 설명 영역을 위해 사용된 횟수는 3회이며 그 시간은 6분 45초이고 전체 멀티미디어 활용 시간에 따른 비율은 약 40%이다. 또한 학습자의 과제 수행이나 구체적인 활동을 통해 이루어지는 탐구적 활동에 사용된 멀티미디어 사용시간은 2회에 걸쳐 4분 35초이고 그 비율은 약 29%이며 창의적 활동은 1회, 1분 12초이고 그 비율은 7%로 나타났다.

또한 여타 교실에서와 마찬가지로 수업의 도입단계라고 볼 수 있는 되돌아보기(1분 40초, 약10%), 목표제시(32초, 약3%), 사전준비활동(36초, 약 3%), 동기유발 활동

(53초, 약 5%)등에 세분화된 멀티미디어 요소들이 사용되는 것을 볼 수 있었다. 학습의 시작 부분에 다양한 멀티미디어를 사용하여 학습자의 주의를 환기시키고 학습목표를 인지하게 하며 동기와 흥미를 유발하고 지속하게 하는 데에 있어서 바람직한 멀티미디어의 활용 내용이라고 볼 수 있다. 단, 비율을 살펴보면 되돌아보기에 상대적으로 많은 멀티미디어 사용 비율이 집중되어 있는 듯이 보이는데 그보다는 동기유발의 측면에서 보다 많은 활용을 하는 것이 바람직할 것으로 보이며 수업의 목표 제시 역시 이러한 동기유발의 측면에서 학습자 스스로 학습목표를 찾아보고 수업을 시작할 수 있도록 구성하는 것도 바람직할 것이다.

이러한 결과를 미루어 볼 때, 교사는 멀티미디어 요소를 각 과제 및 활동과 연관하여 주로 사용하면서 창의적 활동 및 탐구적 활동을 조장하려는 노력을 한 것으로 보인다. 그러나 과제 혹은 활동 내용에 대한 설명의 부분에 상당한 시간을 소요한 것은 단순한 설명이나 과제의 제시에 치중했다고 생각된다. 따라서 멀티미디어의 장점을 더 살려 동기 유발 등 학습자 중심의 활동에도 활용 비중을 늘려가는 것이 좋을 것으로 보인다.

5) 수업 후 멀티미디어 매체 사용 평가

아래의 <표 4-71> 수업 후 멀티미디어 매체 사용 평가 기록표에 수업 관찰 후 멀티미디어 매체 사용에 대한 평가를 기록하고 수업에 대한 소감과 개선점을 기록하였다.

〈표 4-71〉 수업 후 멀티미디어 매체 사용 평가표

일 시	2006년 11월 30일 6교시	교 과	영어	수업 형태	과제기반의사소통중심학습모형
대 상	제 6 학년 0반	단 원	Lesson 15. It's time to go home? (2/4)	수업자	0 0 0
본시 목표	구연동화와 역할놀이를 통해 물건의 주인인지를 묻고 답할 수 있다.				

구분	관찰 관점	평정				
		1	2	3	4	5
계획	·수업매체의 선택 및 활용계획이 적절하였다.			0		
	·학습자 수준, 학습과제 등을 고려하였다.			0		
	·각종 기재의 설치와 조정이 사전에 이루어졌다.					0
활용	·단위차시에 꼭 필요하고 유용한 수업매체였다.				0	
	·매체의 특성과 장단점을 충분히 고려하여 적절히 활용하였다.				0	
	·학생들의 환경을 고려하여 효율적으로 수업매체를 배치하였다.			0		
	·수업과정에서 적당한 시간에 활용하였다.			0		
	·학생의 탐구적 활동 및 자발적 참여를 촉진하는 매체를 활용하였다.			0		
조작	·교사의 수업매체(기재)의 조작 기능이 능숙하였다.					0
	·수업매체와 기자재의 사용 후 적절하게 분리 제거되었다.					0
관찰 소감	1. 각종 기자재의 설치와 사용방법 및 구체적 투입시기와 수업 후 제거 및 분리의 과정이 완전하게 이루어진 것으로 보아 교사의 멀티미디어 기자재 사용기술이 능숙한 것으로 보인다. 2. 멀티미디어 기자재의 특성을 잘 고려하여 수업에 투입하려는 노력은 엿보였으나 학생의 특성 및 현재 학생의 수준 과 해당 차시의 특성을 보다 밀도 있게 연구하여 그에 따른 멀티미디어 요소를 투입하는 것이 좋을 것으로 보인다. 3. 학습 단계의 설명이나 과제 해결을 위한 내용 설명 등에 상당 부분 멀티미디어가 활용되고 있는데 멀티미디어의 상호 작용을 고려하여 교사의 설명보다는 창의적 발문이나 학생의 활동을 촉진할 수 있는 투입형태가 고려되어야 할 것으로 보인다. 4. 준비된 모듈자료나 애니메이션 자료 및 소리자료가 전체 학급 규모에 비해 작은 규모이므로 이를 해결하려는 노력이 필요하다.					

다. 논의

전반적으로 교사는 다양한 멀티미디어의 객체를 효율적인 매체를 활용하여 수업의 각 사태에 적절히 활용하고자 노력하고 있는 것으로 보인다.

멀티미디어 수업 객체와 관련해서는 사전에 각 객체의 특성을 잘 파악하고 각 수업장면 및 수업사태에 적용하여 최대의 수업 효율성을 높이고자 노력한 것으로 보인다. 그러나 앞에서도 언급하였듯이 모듈 자료 중심의 사용에 치우쳐 있는데 수업의 각 장면 혹은 부분을 세분화하고 그에 따라 멀티미디어 요소를 투입할 경우 모듈자료 이외에 사진이나 동영상 자료가 갖고 있는 효율성을 고려하여 이러한 자료를 활용하는 것도 좋을 것이다. 특히 영어 수업임을 감안하여 음성자료와 시각적 자료를 결합한 자료를 활용하는 것도 적절하다.

멀티미디어의 매체와 관련해서는 터치보드 및 프로젝션 TV 위주로 사용하고 있는데 이는 해당 학교와 같이 어학실이나 관련 멀티미디어 장비가 잘 갖추어져 있는 상황에 국한될 수밖에 없다는 특수성을 갖고 있다. 또한 이러한 장치들이 기기의 고장이나 오류 등 다양한 수업 외적변수에 따라 사용을 할 수 없게 되는 상황도 생길 수 있으므로 보다 다양한 멀티미디어 매체를 활용해 보는 것도 좋을 것이다. 영어 학습의 특성 및 각 단원이나 차시별로 응용 소프트웨어 이외에 비디오나 오디오 자료가 보다 효율적인 경우도 있으며, 특히 수업 초기 학생의 수업에 대한 동기 부여와 관련해서는 인터넷 등의 웹자료 이외에 다른 매체를 활용하여 수업에 대한 흥미를 유발하고 호기심을 불러일으키는 등의 활동이 더욱 효율적일 수 있음을 감안하려는 노력도 필요한 것으로 보인다.

마지막으로 수업사태와 관련하여 기존에 많은 교사들이 멀티미디어 요소를 동기유발이나 학습목표의 제시 및 각 차시별 형성평가에만 사용하려 했던 것에서 벗어나 창의적 활동 및 탐구적 활동과 연관 지으려 한 특징을 살펴볼 수가 있다. 단, 위에서 지적하였듯이 설명 중심의 활동이 많은 비중을 차지하고 있으므로 이에서 벗어나 다양한 수업 사태를 고려한 멀티미디어 요소를 활용해 보는 것도 좋을 것으로 보인다.

4.1.16 판서 분석법의 적용 예시

수업 중 이루어지는 판서를 관찰, 분석하는 것은 수업의 효과를 극대화하기 위해서이다. 다음의 예시 수업은 초등학교 6학년 영어 수업으로서 판서 분석법을 통해 판서의 위치, 판서 시 교사의 시선과 설명방법, 판서의 내용, 판서의 표시 형태 등이 어떻게 이루어지고 있는지 살펴보았다.

가. 수업관찰과 기록

판서분석의 대상으로 삼은 학교는 읍면 지역에 위치해 있고, 학년은 초등학교 6학년 1개반 30명을 대상으로 하였다. 영어과 단원은 11. What do you want to do?의 1차시,

본시학습 목표는 ‘원하는 것을 묻고 말하는 표현을 듣고 이해하며 말할 수 있다’이다.

1) 판서 분석표 관찰 기록

판서의 위치, 교사의 시선과 설명방법, 영어 수업 시 판서의 내용에 따른 유형, 판서의 표시형태에 따른 유형, 입력 강화 기법의 요소들을 관찰하여 <표 4-72> 판서분석표에 정리하여 나타내었다.

〈표 4-72〉 판서분석표

수업단계	경과시간	판서의 위치	교사의 시선과 설명 방법	판서의 내용에 따른 유형 (e/k)-(b/s)-(p/c) or (v)					판서의 표시형태에 따른 유형 (e/k)-(b/s)-(p/c) or (v)					판서의 내용	입력 강화 기법
				낱말형	문장형	기호형	도표형	도식형	병렬형	대조형	구조형	귀납형	연역형		
도입	1:49-1:55	중-상	학생-판서		e-b-p				e-b-p					새 단원 제시	
	2:18-2:23	좌-중	학생-판서		k				k					수업목표 제시	
	2:42-2:54	좌-중	학생-판서					e-s-p			e-s-p			학습순서 안내	보조칠판으로 제시
전개	8:06-8:09	중-중	학생-동시			e-s-p				e-s-p				퀴즈방법 안내	O, X 표시
	22:44-22:50	우-중	칠판-판서			√			√					문장연습용 제시	
	24:47-25:05	우-중	학생-판서					k			k			게임순서 안내	보조칠판으로 제시
	27:54-27:57	우-하	칠판-설명						√					게임 포인트 기록	
	28:00-28:20	우-중	칠판-판서					k			k			게임순서 안내	보조칠판으로 제시
	28:40-28:43	우-상	칠판-동시				√				√			게임실시 모둠순서	줄긋기
	29:43-29:44	우-상	칠판-동시			√			√					이긴 모둠표시	동그라미 그리기
	30:13-30:14	우-상	칠판-동시			√			√					이긴 모둠표시	동그라미 그리기
	31:25-31:26	우-상	칠판-동시			√			√					최종승리 모둠표시	별표그리기
정리	33:16-33:20	우-하	학생-설명	e-s-p					e-s-p					준비물 제시	

※ e:영어, k:한국어, b대문자, s:소문자, p:인쇄체, c:필기체, √:숫자, 부호 등 항목에 해당되는 않는 판서를 나타낸다.

2) 판서평가표 관찰 기록

자신의 수업을 평가요소로 평정하여 나온 평정 점수와 등급을 통하여 교사 스스로 판서의 평가요소에 대한 인식을 할 수 있도록 아래 <표 4-73> 판서평가표에서 나타내었다.

〈표 4-73〉 판서평가표

평가요소	평정		
계획성 있게 판서한다.	상	**중**	하
대소문자와 인쇄체, 필기체를 쉽게 알아 볼 수 있다.	**상**	중	하
시각적 효과가 있도록 입력강화기법을 사용한다.	상	**중**	하
기록할 시간적 여유를 준다.	상	**중**	하
적당한 양의 판서를 한다.	**상**	중	하
판서하는 동안 몸으로 글씨를 가리지 않는다.	상	**중**	하
내용에 어울리는 판서의 유형을 가진다.	상	중	**하**
학생들이 판서의 내용을 잘 기록한다.	**상**	중	하
글자의 간격이 일정하다.	**상**	중	하
판서의 위치가 적절하다.	**상**	중	하
계	5	4	1

나. 수업분석과 해석

판서의 위치, 교사의 시선과 설명방법, 영어 수업 시 판서의 내용에 따른 유형, 판서의 표시형태에 따른 유형, 입력 강화 기법의 요소들을 분석한 결과는 다음과 같다.

1) 판서 분석표 적용 결과

위 <표 4-72> 판서분석표를 통해 판서의 위치, 교사의 시선과 설명방법, 영어 수업 시 판서의 내용에 따른 유형, 판서의 표시형태에 따른 유형, 입력 강화 기법의 요소, 영어·한국어 사용, 인쇄체·필기체 사용 등의 비율을 산출해 낼 수 있다. 산출 결과를 바탕으로 본 수업을 분석해 본 결과는 다음과 같다.

가) 판서의 위치별 비율

판서의 위치별 비율은 (판서의 각 위치 수/총 판서 수)×100이다. 여기서, 판서의 위치별 비율을 9등분하여 아래 <표 4-74> 판서의 위치별 비율 분포에서 나타내면 다음과 같다.

〈표 4-74〉 판서의 위치별 비율 분포

좌-상(0회, 0%)	중-상(1회, 8%)	우-상(4회, 31%)
좌-중(2회, 15%)	중-중(1회, 8%)	우-중(3회, 23%)
좌-하(0회, 0%)	중-하(0회, 0%)	우-하(2회, 15%)

여기서, 교사가 칠판의 오른쪽 사용이 69%로 매우 많이 사용하고 있으며, 상대적으로 왼쪽과 가운데 위치는 적게 활용하는 것을 알 수 있다. 또한 우-상 즉 칠판의 오른쪽의 위쪽 부분의 사용이 (4/13)×100=31%로 다른 8등분보다 월등하게 활용한 것을 알 수 있다.

나) 판서 시 교사의 시선 비율

교사의 시선 비율은 (교사의 각 시선 수/총 교사의 시선 수)×100이다. 여기서, 판서시 학생에게 시선을 주는 비율이, (6/13)×100=약 46%로 학생에게 시선을 주는 비율이 칠판을 보면서 판서하는 비율인 약 54%에 비해서 조금 낮으므로 교사의 노력이 필요한 것을 알 수 있다.

다) 판서 시 교사의 설명방법 비율

교사의 설명방법 비율은 (교사의 설명 방법별 수/총 교사의 설명 수)×100이다. 여기서, 판서 시 교사가 판서 후 설명하는 비율을 알아보고자 할 때, (6/13)×100=약 46%, 설명과 판서를 동시에 하는 비율이 (5/13)×100=약 39%, 설명 후 판서하는 비율이 (2/13)×100=약 15%이다. 이 결과를 토대로 교사가 판서 후 설명하는 비율이 다른 두 방법보다 낮다는 것을 알 수 있다. 앞 장에서 언급한 학자들의 견해와 비추어 본다면, 초등학교 영어 수업이므로 설명과 판서를 동시에 하는 비율을 더 낮추고, 반면에 판서 후 설명하는 비율을 높이는 것이 수업개선에 도움이 될 것으로 보인다. 그러나 중학교 수업이라면 설명 후 판서하는 비율을 더 높여야 하고, 고등학교 수업이라면 설명과 판서를 동시에 하는 비율을 상대적으로 높여야 할 것이다.

라) 판서 내용별 비율

판서 내용별 비율은 (판서내용의 각 유형수/총 판서내용의 유형수)×100이다. 여기서 기호형을 사용하는 비율이 (6/13)×100=약 46%로 가장 높고, 다음으로 도식형이 (3/13)×100=약 23%, 문장형이 (2/13)×100=약 15%, 그리고 낱말형과 도표형이 각각 (1/13)×100=약 8%로 나타났는데, 기호형을 다른 네 가지 유형보다 많이 사용하고 있는 것을 알 수 있다. 초등학교에서 문장형이 가장 많이 사용되고 있다고 볼 때 조금 의외의 결과라고 하겠다. 때에 따라서는 기호형보다 문장형이나 낱말형이 더 효과적일 수도 있으므로, 교사는 판서의 내용에 따른 유형을 선택할 때, 학생들에게 가장 효과적인 유형이 무엇인지를 인식하고 투입해야 할 것이다.

마) 판서 표시형태별 비율

판서 표시형태별 비율은 (판서 표시형태의 각 유형수/총 판서 표시형태의 유형수)×100이다. 여기서 병렬형을 사용하는 비율을 알아보면 (8/13)×100=약 62%로 가장 높고, 그 다음으로 구조형이 (4/13)×100=약 31%이며, 대조형은 (1/13)×100=약 8%, 나머지 귀납형과 연역형은 없었다. 이 비율을 통해서 교사가 병렬형과 구조형에 많이 의존하고 있는 것을 알 수 있다. 그러나 나머지 대조형, 귀납형, 연역형 유형에 대한 연구를 통해 효과적인 제시가 필요함을 알 수 있다.

바) 입력강화기법 비율

입력강화기법 사용 비율은 (입력강화기법 사용수/총 판서수)×100이다. 분석표에 나타난 입력강화기법 사용 비율은 (8/13)×100=약 62%는 교사가 판서시 입력강화기법을 사용하고 있다는 것을 알 수 있다.

입력강화기법별 비율은 (각 입력강화기법별 사용수/총 입력강화기법 사용

수)×100이다. 본 수업 분석표에서 보조칠판으로 제시한 입력강화기법의 비율은 (3/8)×100=약 38%로 교사가 이 강화기법을 가장 많이 사용하고 있음을 알 수 있다. 또한 동그라미 그리기를 한 입력강화기법의 비율은 (2/8)×100=약 25%로 보조칠판을 제외하고 교사가 많이 사용하는 입력강화기법이다. 마지막으로 줄긋기, 별표 그리기, O, X 표시하기와 같은 입력강화기법의 비율은 (1/8)×100=약 13%로 보조칠판, 동그라미 그리기의 다음 순서에 위치하였다. 이 결과를 통해서 교사가 보조칠판을 익숙하게 사용하고 있음을 알 수 있고, 기호 표시도 잘 활용하고 있다고 볼 수 있다. 여기서 학생들에게 더 효과적인 입력강화기법에 대한 연구 및 적용에 대한 필요성이 요구된다.

사) 영어 · 한국어 사용 비율

영어 · 한국어 사용 비율은 (각 언어별 사용수/영어 · 한국어 전체 사용수)×100이다. 분석표에서 공통적으로 나타나는 영어(e)와 한국어(k) 사용 부분에서, 영어를 사용한 비율이 (4/7)×100=56%로, 한국어 (3/7)×100=44%보다 별로 높게 나타나지 않았는데, 이것은 주로 게임에 대한 안내를 영어로 설명할 때 한국어 규칙을 판서로 함께 제시하였기 때문이다. 학생들이 영어로 판서된 내용을 영어로 설명하면서 들으면 좋겠으나, 수준차가 심한 초등학교 영어 교과의 현실을 고려할 때 영어로 설명 시 한국어로 판서를 제시하는 것이 수준별 교육과정 차원에서 바람직하다고 본다.

아) 대 · 소문자 사용 비율

대 · 소문자 사용 비율은 (각 문자별 사용수/대 · 소문자 전체 사용수)×100이다. 수업 분석표에서 소문자(s) 사용 비율이 (3/4)×100=75%로 대문자로 사용한 (1/4)=25%보다 압도적이었다. 이것은 단원 제시를 제외한 많은 부분에서 소문자 사용이 활성화되어 있음을 잘 알 수 있다.

자) 인쇄체 · 필기체 사용 비율

인쇄체 · 필기체 사용 비율은 (각 문자체별 사용수/인쇄체 · 필기체 전체 사용수)×100이다. 수업 분석표에서 인쇄체 사용 비율이 (4/4)×100=100%로 필기체 사용을 압도했다. 이것은 초등학교 뿐 아니라 중 · 고등학교에서도 비슷한 결과가 나올 것으로 예상될 만큼 학교 현장에서 필기체가 사용되지 않고 있음을 알 수 있는 결과라 하겠다.

2) 판서평가표 적용 결과

판서평가표의 분석 결과는 아래와 같다.

〈표 4-75〉 판서평가표

평가요소	평정		
계획성 있게 판서한다.	상	중	하
대소문자와 인쇄체, 필기체를 쉽게 알아 볼 수 있다.	상	중	하
시각적 효과가 있도록 입력강화기법을 사용한다.	상	중	하
기록할 시간적 여유를 준다.	상	중	하
적당한 양의 판서를 한다.	상	중	하
판서하는 동안 몸으로 글씨를 가리지 않는다.	상	중	하
내용에 어울리는 판서의 유형을 가진다.	상	중	하
학생들이 판서의 내용을 잘 기록한다.	상	중	하
글자의 간격이 일정하다.	상	중	하
판서의 위치가 적절하다.	상	중	하
계	5	4	1
결과분석	상: 5개, 중: 4개, 하: 1개로 판서평가표에 의한 등급은 88점(50+32+6)으로 B등급에 해당한다. 전체적으로 계획성 있는 판서가 필요하고, 학생들에게 내용을 효과적으로 전달할 수 있는 판서의 유형을 적용할 필요가 있다.		

다. 논의

지금까지 다루었던 영어과 수업 시 판서의 위치, 교사의 시선과 설명방법, 영어 수업 시 판서의 내용에 따른 유형, 판서의 표시형태에 따른 유형, 입력 강화 기법의 요소, 영어·한국어, 대·소문자, 인쇄체·필기체의 사용들을 분석하여 나타낸 판서분석표의 분석 결과 및 판서 평가표를 통하여 얻을 수 있는 결과는 다음과 같다.

첫째, 교사의 수업중 판서의 위치가 칠판의 오른쪽에 치우치고 있음을 알 수 있었다. 이것은 칠판을 고르게 활용하여 여러 위치에 앉은 학생들에게 판서의 내용을 효과적으로 제시하는 것과 계획적인 판서를 해야 하는 관점에서 수정되어야 할 것이다.

둘째, 판서 시 교사의 시선이 학생보다는 칠판을 보면서 하는 문제를 발견할 수 있었다. 이러한 습관은 학생을 등지고 판서하게 되므로 집중하는 시간이 짧은 초등학생들에게 부정적 영향을 줄 수 있으므로 칠판을 보면서 판서하는 비율을 줄일 필요가 있다.

셋째, 판서 시 교사의 설명방법이 판서 후 설명과 동시에 실시하는 것이 비슷한 것을 알 수 있었다. 이러한 결과는 초등학교에서 권장하고 있는 판서 후 설명하는 비율이 상대적으로 낮으므로 비율을 더 높여야 할 것이다.

넷째, 교사가 사용하는 판서 내용별 유형 중에서 어떤 유형을 주로 쓰는지를 파악할 수 있었다. 수업자는 기호형을 주로 사용하였는데, 이러한 결과를 토대로 보다 판서의 단원과 목표에 따른 낱말형, 문장형, 도표형, 도식형과 같은 다양한 판서 내용별 유형을 습득할 필요성이 있다.

다섯째, 교사가 사용하는 판서 표시형태별 유형 중에서 어떤 유형을 주로 쓰는지를 알 수 있었다. 수업자는 병렬형을 주로 사용하였는데, 이러한 결과를 토대로 판서의 단원과 목표에 따른 대조형, 구조형, 귀납형, 연역형과 같은 다양한 판서 표시형태별 유형을 익힐 필요가 있다.

여섯째, 교사의 입력강화기법 사용의 유무 및 주로 사용하는 입력강화기법을 알 수 있었다. 입력강화기법의 사용이 사용하지 않는 비율보다 더 높아서 바람직한 방향을 보여 주었다. 또한 주로 사용하고 있는 입력강화기법의 파악을 통해 수업자가 입력강화기법에 관해서 새로운 연구와 연습이 필요한 것을 알 수 있다.

일곱째, 영어과 수업 시 영어와 한국어 사용에 대한 비율을 파악할 수 있었다.

이것은 교사 스스로 얼마나 영어로 판서하는지를 알 수 있다는 점에서 유리하며, 어떤 방향이 학생들에게 효과적인지에 대한 교사 스스로의 방향을 잡을 수 있다는 측면에서 중요하다.

여덟째, 교사의 수업 시 영어의 문자 및 문자체 사용에 대한 경향을 알 수 있었다. 즉, 소문자 사용 비율이 대문자 사용 비율 보다 높은 것과 인쇄체의 사용 비율이 필기체 사용 비율보다 높은 것을 통하여 현장에서 이루어지고 있는 영어과 판서의 상황을 알 수 있다.

4.2 질적 분석방법의 실제

여기서는 3.2에서 다루었던 질적 분석방법의 여러 기법을 활용하여 실제 초등학교 6학년의 영어 수업을 분석하였다.

4.2.1 수업관찰과 기록

질적 분석을 위한 영어과 예시 수업은 경기도 안산시 ○○초등학교 6학년 5반 40명(남 19명, 여 21명) 학생들의 영어 수업이다. 40분 단위의 1차시였으며, 평소에 공부하던 영어 교과전담교사가 아닌 담임교사와 함께 처음으로 이루어진 수업이었다.

가. 질적 분석에 사용된 관찰 기법

본 수업 관찰은 초점 질문 관찰법을 주된 방법으로 사용하였는데, 수업자 사전 면담을 통해 알게 된 수업의 주된 활동인 역할극 관련한 질문을 중심으로 관찰 및 기록이 이루어지는 초점 질문 관찰이다. 미리 작성된 질문에 대한 답이 될 내용을 중심으로 관찰 기록하며 전반적인 수업의 흐름, 수업의 환경 등과 함께 필드 노트를 작성하여 정해진 초점에 따라 분석하였다. 또한 수업의 전반적인 사태를 파악할 수 있도록 중립적 개방적 이야기 기법에 따라 필드 노트를 세부적으로 작성하였다. 본 수업 관찰 분석에 사용된 기법과 목적을 정리하면 다음과 같다.

형태	방법		참여자의 역할		목적
	양적	질적	중립적	참여적	
초점 질문		√	√		특정한 사태에 초점을 맞춤
중립적 개방적 이야기		√	√		전개되는 사태 주시

나. 수업자 사전 면담

간단한 사전 면담을 통하여 수업의 주된 활동이 역할극이며 그룹별 활동임을 파악하였다. 담임교사인 수업자는 평소에 학습자들과 영어 수업은 하지 않으며 영어 교과 전담 교사에 의해서 수업이 이루어지고 있었다. 하지만 수업자는 평소에 영어 교과에 대한 깊은 관심을 가지고 있으며 학습자들과 틈틈이 영어 활동을 하기도 하여서 영어 교과 수업을 함에 있어서 이미 학습자들과의 심리적 유대감이 형성되어 있었다.

다음은 K교사와의 면담의 일부로서 평소 영어 교과에 대한 관심과 활동을 알 수 있다.

> 아시다시피, 영어란 언어로서 일상생활에서 많이 쓰는 것이 중요합니다. 때문에 평소에 수학, 사회과의 경우 가끔씩 Immersion 수업도 해 아이들이 영어에 대해 거부감은 가지고 있지 않습니다. 또 경기도교육청의 "Step&Jump" 소책자를 매일 아침활동시간에 점검을 하고 있어 아동들의 영어 학습 능력이 꽤 높은 편입니다. 이러한 기초조사를 바탕으로 아동들이 직접 역할극의 스크립트를 짜보고 모둠별로 협동하여 연습한다면 인지, 정의적으로 학습의 이중효과가 나타날 것이라고 생각하였습니다.

다. 관찰 목적

본 수업 관찰의 목적은 역할극을 활용한 영어 수업에서 효과적인 역할극 수업이 이루어지는지를 확인하는 것이다. 전반적인 수업 진행이나 교사와 학생의 상호작용적인 측면이 아니라 역할극 지도 측면에 초점을 두고 관찰이 이루어졌다.

라. 초점 질문 작성을 위한 문헌 조사

수업 전 중점적인 관찰의 질문지 작성을 위하여 역할극 관련한 문헌 조사를 통하여 효과적인 역할극 지도를 위한 요소를 추출하였다. 역할극의 기본요소, 역할극의 형태, 역할극 지도 절차로 구분하여 기술하였다.

1) 역할극의 기본 요소

역할극은 학습자에게 언어 사용에 관련된 역할을 가상으로 부여하고, 주어진 상황에 맞도록 말하고 행동하게 하는 수업방식이다(최숙희와 김성헌, 2005). 역할극에서 학습자는 상황에 대한 정확한 인식과 이해로 참여자 및 그들 간의 관계를 알아야 하며 자신과 자신의 역할에 대한 충분한 인식을 해야 한다. 따라서 교사는 역할극을 하는 학생들에게 이러한 조건들이 충분히 이해되었다고 판단되었을 때 역할극을 시작해야 한다.

Paulston과 Bruder(1977)는 역할극의 구성요소로서 상황(situation), 역할(roles), 유용한 표현(useful expression)을 들고 있다. '상황'은 장면과 줄거리를 설정한다. 즉, 성취되어져야 하는 행위나 과업을 묘사하고 상황을 설명하는 것이다. '역할'은 등장인물의 역할을 부여하는 것이다. 역할은 단순한 것일 수도 있고 복잡한 것일 수도 있으나 역할에 대한 묘사는 상황과 달리 지나치게 자세하게 묘사되어서는 안 된다. '유용한 표현'은 언어 정보, 필수적인 표현, 어귀 그리고 전문적 어휘 등이 포함된다. 필요한 문법 형태는 역시 여기에 수록시키는 것이 적합하다.

2) 역할극의 형태

역할극의 형태는 학습자들에게 부여된 창의성의 정도에 따라 달리하며 학습자들의 연령이나 외국어 수준에 따라 변형시킬 필요가 있다.

Littlewood(1981)는 교사의 통제가 최고일 때 학습자의 창조성은 최소이고 학습자의 창조성이 최고일 때 교사의 통제는 최저라고 하였으며 역할극의 형태를 아래와 같이 구분하였다.

통제(control) ↕ 창의성(Creativity)	암기한 대화의 재연(performing memorized dialogues) 문맥 상황에 맞는 역할 연습(contextualised drills) 단서가 제공된 역할 연습(cued dialogues) 역할극(role-playing) 즉흥극(improvisation)

(Littlewood, 1981, p. 50)

초보 학습자인 경우에는 역할극이 교사의 통제를 많이 받는 위로부터 학생들의 창의성이 강조되는 아래 내용으로 발전되어야 할 것이다.

김익상과 고희리(2002)는 통제 역할놀이, 유도 역할놀이, 자유 역할놀이로 구분하였다. 통제 역할놀이는 교사의 주도로 주어진 상황 속에서 주어진 언어 내용을 학생들이 구두로 표현하도록 하는 활동이다. 따라서 학생들의 표현 활동은 완전히 구조화되기 때문에 오류의 가능성은 거의 없다. 말하기 활동의 기초를 제공하기는 하지만 영어의 실제적인 사용을 기대하기는 어렵다. 유도 역할놀이는 통제 역할놀이 활동 직후에 할 수 있는 활동으로, 학생들에게 어느 정도의 선택권이 주어지지만 전체적으로는 교사의 유도에 의해서 활동하는 제한적 역할놀이 활동이다. 자유 역할놀이는 학생들이 통제되거나 유도된 상황 속에서 익혔던 언어를 포함하여 자신이 알고 있는 언어지식을 총동원하여 자신의 언어로 자신의 의미를 자연스럽게 표현하도록 하는, 통제가 없는 자유로운 역할놀이이다.

3) 역할극 지도절차

역할극 수업에서는 일련의 절차가 있기 마련인데 각 학자들이 제시한 역할극 및 역할놀이 학습의 과정들을 정리해 보면 다음과 같다.

Dudney(1983)
역할과 방향 제시 → 상황제시 → 의문의 원인이 밝혀질 때까지 역할놀이 전개 → 학생들이 유사한 상황 설정
Scott와 Ytreberg(1990)
간단한 대화문 제시→문장연습→교사와 수준 높은 학생과 역할놀이 시범→상황과 어휘 바꿔서 역할놀이(그림카드나 글자카드)
김익상과 고희리(2002)
전시 학습 내용 복습, 본시 학습 목표 확인 → 상황제시 → 시범 역할놀이하기 → 상황 선택 및 역할 정하기, 연습하기 → 조별로 발표하기 → 새로운 표현 찾기, 잘된 점 칭찬하기 → 자기 평가, 상호평가하기, 차시 예고
Donahue와 Parsons(1982)
준비(warm up) → 역할 정하기(selecting the participants/role players) → 청중 준비(audience preparation), → 역할극 공연 단계(the role play) → 역할극에 대한 논의 단계(discussion of the role play) → 새로운 배역으로 재상연(re-enactment with new players) → 심층 논의(further discussion) → 요약(summary)

역할놀이 학습 절차는 흥미적인 요소와 학습적인 요소를 다 만족할 수 있어야 하는데 이에 대해서 김익상과 고희리(2002)는 다음과 같이 강조하였다.

> 역할놀이 학습 과정은 기계적 연습 과정이 최소화되어 상황과 역할의 선택권을 학생들에게 부여함으로써 영어에 대한 흥미와 관심을 유지시키는 동시에 의사소통 능력을 신장할 수 있어야 할 것이다(김익상, 고희리, 2002, p. 103).

Eckard와 Kearny(1981)는 역할극의 절차를 다음과 같이 말한다. 교사는 역할극을 시작하기 전에 미리 주어진 상황을 구두로 설명하거나, 상황을 기술한 프린트를 나누어주어 참가자가 자기의 역할을 충분히 파악할 수 있도록 해야 한다. 또한 수준이 낮은 학습자들을 위해서는 교사와 상급수준의 학생이 먼저 시범을 보여주는 것도 하나의 방책이 될 수 있으나, 가능한 한 학습자들의 수준에 맞게 통제된 활동으로부터 자유스런 활동으로 점차 수준을 높여 가는 것이 바람직한 방법이라고 말한다.

마. 초점 질문

"교사는 효과적인 역할극 지도를 하였는가?"가 초점 질문의 큰 질문이며 이를 뒷받침하기 위한 세분화된 질문은 위에서 살펴본 역할극의 기본 요소, 역할극의 형태, 역할극 지도절차에 관련한 것으로서 다음과 같이 선정하였다.

1-1. 역할극의 기본 요소 '상황(situation)'을 갖추기 위해 교사는 어떻게 하였는가?
1-2. 역할극의 기본 요소 '역할(roles)'을 갖추기 위해 교사는 어떻게 하였는가?
1-3. 역할극의 기본 요소 '유용한 표현(expressions)'을 갖추기 위해 교사는 어떻게 하였는가?
2. 학습자 능력에 적절한 창의성 정도를 부여한 것이 어떻게 드러나는가?
3. 교사가 역할극 지도절차에 따라 지도하는 것이 어떻게 드러나는가?

바. 필드 노트 작성

다음은 위 수업의 필드 노트로서, 수업 관찰 당시에 기술했던 내용에 녹화된 수업 장면을 다시 보면서 세부적인 부분들을 보충하여서 완성한 것이다. 관찰의 초점 질문이었던 역할극 활동 관련 부분을 중심으로 상세하게 기술하였다. 하지만 중립적 개방적 이야기의 역할도 할 수 있도록 수업 시작부터 끝까지 전반적인 내용에 대해 기술하였다.

수업자	교사 K	교실	안산 C 초등학교 어학실
관찰자	연구자 B	일시	2006.11.30.2시~2시 47분

수업 시작 직전
2시를 얼마 남겨 두지 않은 시간, 4층 어학실로 안내되어 가니 아이들은 둥근 탁자 중심으로 둘러 앉아 있고, 뒤에 관찰 테이블이 있고 교사는 앞에 서서 준비 중이다. 사전 면담에서 들었듯이 원래 같이 공부하던 전담교사가 아니라 처음 아이들과 하게 되는 영어라서 그런지 다소 긴장되어 보인다. 교실 둘레는 다양한 소품들과 그림으로 구성되어 있고...빨강색 전화 부스가 눈에 띈다. 영어 교사(한국인)와 외국인 코티칭 교사도 같이 참관하고 있다..

워밍업
2시! Simon says 게임으로 간단히 워밍업을 한다. 평소에 많이 해 본 게임인지 아이들이 잘 속지 않는다. 날씨와 요일 얘기를 하려는지 화이트보드에 요일, 날씨 관련 카드들이 보인다. 보드에 있는 그림과 낱말 카드들을 보면서......“Today is Friday, right?” “No” 등을 답한다. Thursday를 다같이 발음해 보고, 한 여학생, 아마도 애나에게 발음해 보고 다른 학생들이 따라하게 한다. 애나는 일어서서 다소 작은 목소리로 ‘Thursday’를 발음한다. 교사가 강조했던 ‘th’ 발음을 강조해서 말하지는 않는다. 애나는 원어민이다. 다같이 박수친다. 교사는 보드를 치우고 컴퓨터를 켠다. 컴퓨터를 켜고 기다리는 동안 학생들이 학습 준비를 하도록 한다. Open your book to page...uhm..Lesson 10, first step.. 컴퓨터가 작동하기를 기다린다... Are you ready to studyt? Yes?...라고 학생들에게 계속 말을 걸며 컴퓨터가 작동되기를 기다린다. 칠판에서 바로 컴퓨터 내용이 뜬다. 와우! 전자 칠판이다. 교사가 직접 칠판 화면 위에 터치만으로도 화면이 바뀌고 작동이 된다. 컴퓨터 화면에서 영어 대화가 문장과 함께 제시되고 아이들은 듣고 보고 있다. 교사가 영어로 선택해서 읽은 문장을 아이들은 우리말로 한다. 몇 번을 반복한다. 약 3~4분 동안 지속된다. 아이들은 계속 화면을 보며 대답한다. 8개의 원형탁자에 앉아 있는 아이들은 굉장히 정돈된 모습으로 집중한다. 교실은 밝은 조명과 다양한 학습도구들로 이루어져 있으며 빨강색 전화 부스가 눈길을 끈다. 교실 양편에는 다양한 소품들이 갖추어져 있다.

학습 목표 제시
화이트보드에 한글로 제시되어 있는 학습 목표를 다 같이 읽어 본다. “제시된 상황에 어울리는 문장을 만들 수 있다.” “표현을 넣어 역할극을 할 수 있다“를 다 같이 읽는다. 좀 전에 날씨, 요일 등을 제시하였던 보드에 제시된 영어로 간단히 제시된 학습목표를 다 같이 읽는다. “Let's say in English.” “Let's do role-plays.” ....학생들은 쉽게 읽어 나간다. 학생들이 다 읽자 교사는 Do you know role-play?라며 질문을 던진다. 2시 8분! 드디어 오늘 수업의 중심인 역할극에 접어든다. 교사의 질문에 아무런 답이 없자 교사는 “Anna, help me please!”라며 일어서서 role-play가 무엇인지 말해 보게 한다. 애나는 일어서서 영어로 다소 길게 설명한다. 역시 목소리는 그리 크지 않다. 말을 마치자 교사는 point는 act가 아니냐고 질문하고 앉게 한다. 교사가 “role-play는 역할놀이예요” “오늘 우리는 역할 놀이를 만들고 해 볼 거예요”라며 우리말로 학습할 내용을 한 번 더 설명한다.

중요 표현 연습
다시 전자 칠판으로 간다. 교사는 그림과 낱말 힌트를 보여 주고 비교급 er이 들어간 문장을 만들어 보라고 주문한다. 아버지와 아들의 한복 입은 사진을 보여주고 father, old, me..라는 어휘를 보여준다. 이 힌트를 보고 말해 볼 사람을 묻는다.. 몇몇 아이들이 손을 들자 교사는 키가 유난히 큰 뒤쪽에 앉아 있는 한 남자아이를 지적한다. “father is old than me.”라고 답한다. 맞는 답인지 학생들에게 묻자, Yes, No 답이 엇갈린다. “Key point is er”이라고 말해 주고 다시 발표해 줄 사람을 묻는다. 손 든 아이들 중에 뒤쪽의 한 아이를 지적한다. “father is older than me.”라고 답하자, 아이들에게 묻고 정답 문장을 칠판에 제시해 주고 다 같이 읽어본다. 다음으로는 쥐와 토끼 그림과 어휘 mouse, small, rabbit을 제시하고 한 번 더 반복된다. “any volunteer?” “Is it hard?” “OK, 소진.” 소진이가 말한다. “Mouse is smaller than rabbit.” 교사는 “Right, but....”이라며 좀 더 정확한 답을 요구하며, “they are just one!”이라고 힌트를 준다. 한 남자 아이가 시도한다. “The mouse is smaller than rabbit.” 교사는 약간 갸우뚱하며 칠판에 정답 문장을 제시한다. 교사가 원했던 문장은 “A mouse is smaller than a rabbit.”이었다. 다같이 한 번 읽어 보게 하고 다음으로 넘어 간다. 다음으로 엄마와 아기 사진, 어휘 strong, 토끼와 코끼리 사진, 어휘 big을 이용해서 같은 활동이 반복된다. 몇 명 지원해서 발표하는 아이들 이외에는 그냥 조용히 지켜보고 교사가 제시하는 최종의 정확한 문장을 다 같이 읽는다. 손을 드는 아이들은 보통 반 수 정도이다. “An elephant is bigger than a rabbit.”이라는 정확한 발표가 나왔을 때 다같이 박수치게 하고 다같이 따라 읽는다. An과 a를 강조하여 읽지만 특별한 설명을 붙이지는 않는다.

역할극 시작 및 그룹 1
2시 15분! “We are going to do the role-play. Which group will be the first?”라며 질문한다. 역할극이 미리 준비되어 있는 듯하다. 제일 앞에 앉아 있던 그룹이 손을 들자 교사는 바로 시킨다. “Who is next?”라고 질문하자 바로 옆에 있던 그룹이 손을 들자 다음 차례로 미리 지적해 둔다. 제일 앞에 있던 6명으로 이루어진 그룹이 나와서 마이크를 들고 역할극을 한다. 유선 마이크이다. 자기 차례일 때 마다 하나 뿐인 마이크를 주고받으며 대사를 이어 나간다. 대사는 이미 연습해서 외웠나 보다. birthday에 관한 역할극이다. “My birthday is tomorrow, When is your birthday?”, “I'm older than you.” 등의 대사가 오간다. 한 아이가 생일을 묻는 말에 “Friday 3rd 1994”라고 답하자 교사가 작은 목소리로 “Friday?”라고 말했으나 역할극은 그냥 진행된다. 관중을 보거나 특별한 action을 취하지는 않는다. 외운 문장을 또박 또박 말하기에 집중한다. 6명 모든 학생들이 한 문장씩은 말을 한다. 끝났을 때 다 같이 박수를 보낸다. 역할극을 마친 아동들을 앞에 한 줄로 서있게 하고 학생들에게 질문을 한다. 화이트보드에 붙여놓은 많은 er문장들을 제시한다. “Which sentence did this group use?”라는 질문에 반응이 없자 “이 중에서 이 그룹의 역할극에 사용된 문장은 무엇인가요?”라며 되묻는다. 한 아이가 “He is older than her.”라는 문장을 쉽게 찾는다. 뜻을 묻자 아이들은 “그는 그 여자보다 나이가 많다”라고 다같이 답한다. 교사는 역할극 발표 학생들에게 “Who is the oldest one?”이라고 질문하고 “누가 제일 나이가 많아?”라고 한 번 묻자 한 여자 아이가 손을 든다. “OK, let's give them big hands.” 라고 말하자 앉아 있던 학생들은 일제히 박수를 보내고 첫째 그룹이 제자리로 돌아간다.

그룹 2
2시 19분 두 번째 그룹이 역할극을 하러 나오자 앉아 있던 다른 그룹 학생들은 서로 얘기를 나누며 술렁인다. 서로 뭔가 의논들을 나누는 모습이다. 이 번 그룹은 교실 정면이 아니라 왼쪽 편으로 와서 뭔가 소품들을 준비한다. 가게에서 볼 수 있는 유리로 된 전시대를 준비한다. 교사는 “While you are seeing the role plays, think about these sentences.”라며 문장들이 있는 화이트보드를 가리킨다. 그러는 중에 역할극 할 그룹이 준비가 다 되어가는 모습이다. “May I help you?”, “I want to buy storybook.”, “Oh! wonderful how much is it?”, “Fifty dollars.”, “It's expensive.”, “It's cheaper than over there.” 등의 표현을 들을 수 있다. 역시 한 개의 유선 마이크를 주고받으며 대사를 이어나간다. 한 남학생이 외우지 못해서 손바닥에 적힌 대사를 보고 말하자 웃음이 터져 나온다. 아이들은 이미 script를 만들고 연습을 한 상태이고 단지 발표만 하고 있는 것이 분명하다. 역할극을 마치자 앞으로 와서 서게 하고 다 같이 박수를 보내도록 한다. er이 사용된 문장을 찾아보라고 하지만 아무도 반응이 없다. “It's cheaper than over there.” 대사를 한 학생의 목소리 크기가 작았기 때문일까? cheaper란 표현이 생소한 걸까? 아무도 반응이 없다. 교사는 가게 주인 역할을 했던 아이이게 “How much is that book?”이라고 질문하며 역할극 내용을 다시 일깨운다. “It's cheaper than over there.” 대사를 했던 아이에게 한 번 더 그 문장을 말해보게 한다. “저쪽보다 더 싸다 그랬어요, 자, 문장을 한 번 찾아보세요.”라며 화이트보드를 가리킨다. 몇몇 아이들이 손을 든다. 한 아이가 “It's cheaper than that.”이라고 정확히 발표한다. 교사는 발표한 그룹을 들어가게 하고 그 문장을 우리말로 해석해 준다.

그룹 3
2시 23분 세 번째 그룹이 나온다. 동화가 소재인지 가면, 의상 등 준비물이 눈의 띈다. “My name is 신데렐라.”, “My name is 계모.”, “My name is prince.”, “My name is bad sister.” 등 극을 시작하기 전에 앞에 한 줄로 늘어서서 자기 역할 소개를 하고 시작한다. 역시 한 개의 유선 마이크를 주고받느라 분주하다. 파티에 참석하게 된 신데렐라와 계모가 “I'm prettier than you.”라며 으스댄다. “Oh! where is my princess?”, “Here.”와 같은 간단한 대사로 왕자와 공주가 만나고 “I'm older than you”라는 계모의 대사가 등장하고 간단한 역할극이 끝난다. 교사는 “They used two er sentences.”라고 말하며 찾아보라고 한다. 서너 명 손을 들자 지적을 하지 않고 “I'll translate it to Korean.”, “나는 너보다 더 예뻐”, “이 말이 나왔던 것 같아요”라고 말하며 영어로 표현을 찾아보도록 한다. 이번엔 애나만이 손을 든다. 아까 손을 들었던 아이들은 이번에는 들지 않는다. 애나가 지적을 받자 일어나지 않고 약간 머뭇머뭇하더니 “I'm prettier than you.”라고 작은 목소리로 말한다. 이번엔 교사가 펜으로 화이트보드에 애나가 말한 문장을 적어 나간다. 문장을 미리 만들어 놓지 않았나 보다. 문장을 한 번 읽고, pretty에 ier을 붙여서 나는 너보다 더 예쁘다는 뜻이라고 말한다. “Which sentence?”라며 또 하나의 er 문장을 찾아보도록 한다. “Just short time. But I've heard.”라며 아주 순간적으로 언급되었음을 말해준다. 한두 명 손 든 아이들(애나 포함) 중에 한 남자 아이가 지적 받아 일어나서 “I'm older than you.”라고 발표한다. 교사는 “I'm older than you.”, “But, he is older than her.”라며 보드 위에 있는 문장을 가리킨다. 역할극 속의 문장 그대로 준비해 둔 것은 아닌가 보다. 역할극 속의 문장과 화이트보드 위의 문장은 똑같은 것이 아니라 부분적으로 다를 수도 있다는 설명은 아직 하지 않은 상태여서 학생들이 인식하고 있는지 알 수가 없다. “OK, let's give them big hands.”라며 발표 그룹을 제자리로 들어가도록 한다.

그룹 4
2시 28분 다음 그룹이 나온다. 교사는 "다음 그룹 준비해 주세요"라며 그 다음 그룹이 미리 준비할 수 있도록 한다. 이번 그룹은 교실 우측에 준비되어 있는 노란색의 세트로 이동한다. 몇몇 아이들은 노란색 소파에 앉고 몇몇 아이들은 노란색의 데스크에 자리잡는다. 한 아이가 하얀색 가운을 입는 것을 보니 병원인 듯 하다. 소파에 앉았던 아이들이 교실 바깥으로 나가고 준비 시간이 다소 지체되자 교사는 "Are you ready?", "OK?", "Let's start."하며 역할극을 시작하게 한다. 데스크 옆에 의사로 보이는 아이 옆에 앉은 아이가 "Next"라고 말하며 역할극은 시작된다. 바깥으로 나갔던 아이들이 손님인 듯 들어오고 의사가 마이크를 건네받고 대사를 하려던 순간 목소리가 들리지 않는다. 어디선가 "마이크가 빠졌어요"라는 소리가 들린다. 계속 주고받으며 대사를 이어오던 유선 마이크가 활동이 많은 그룹에서 발에 걸렸나 보다. 잠시 중단되었다 바로 의사의 "Why did you come here?"라는 대사로 시작된다. "We have cold.", "Oh! that's too bad.", "You look like sicker than him.", "How much is it?", "Three thousand and five hundred won.", "It's expensive here than the other place.", "Thank you." 등의 대사를 주고받는다. 대사는 끝났으나 보고 있던 아이들이 마쳤다는 것을 인식 못하자 교사는 "Ok, let's give them big hands."라며 역할극이 마쳤음을 알린다. 역할극을 마친 아이들이 교실 앞으로 갈지, 자기 자리로 돌아갈지 우왕좌왕하자 교사는 "OK, you can go to your seat."라고 말하며 각자 자리로 돌아가도록 한다. "Find two er sentences, right?", "OK, the first one. Where is it? Who knows? Any volunteer?"라며 아이들에게 질문한다. 여학생 한 명이 손을 들자 바로 "혜빈!"이라며 지적하여 발표하게 한다. "He is sicker than her."라고 말하자 교사는 보드에서 찾아서 한 번 더 읽는다. "What does than mean? You may say in Korean."라고 말하자 몇몇 아이들이 "그가 그녀보다 아프다"라고 말하기 시작하자 교사가 명확한 목소리로 따라 말하여 정확히 전달한다. "또 하나"라며 보드 위를 휙 둘러본다. 아이들에게 발표하게 하는 것이 아니라 펜으로 한 문장을 집더니 "이 문장 들었어요?"라고 묻는다. 대답이 없다. "마지막에 it's too expensive라고 그러면서 here is more expensive than there라고 말했어요. 맞아요?"라고 묻는다. 한 아이가 "네"라고 말하자, 다같이 읽어 보자고 한다. "It's more expensive than there."라고 교사가 읽고 아이들이 따라 읽는다. 교사는 "OK, next group?"라며 바로 다음 그룹 발표로 넘어간다.

그룹 5
2시 32분 다섯째 그룹이 나온다. 미리 준비하느라 분주했던 그 그룹이다. 다시 교실 왼쪽 세팅이다. 가게인가 보다. 아이들이 준비하는 동안 교사는 두 그룹이 남아 있으며 어느 그룹이 먼저 할지 정해준다. 교실 오른쪽에 있던 마이크를 교사가 가져다주자 역할극은 바로 시작된다. “This store is bigger than there.”, “Let's go together.”, “Hello, welcome to my story.”, “Yes, please. I want to buy apples and water melon.”, “It's ten dollars.”, “Here you are.”, “Thank you.” 등의 대사를 또박 또박 마이크를 주고받으며 정확히 한다. 보고 있는 아이들 속에서 간간히 들리던 웃음소리가 들리지 않는다. 실수가 없기 때문일까? 갑자기 두 아이가 나타나서 “This store is bigger than that.”, “No, this store is older than there. Let's go together.”, “OK.”라고 큰 행동이지만 대사는 약간 더듬더듬 끊기면서 장면이 바뀌자 보고 있는 아이들 속에서 다시 웃음소리가 들린다. “How much is it?”, “It's fifty dollars.” 등의 대사가 이어진 후 한 아이가 “That... store is more ..expensive than.. he..re.”라며 더듬더듬 말하자 교사는 보드를 가리키며 “You can cheat.”이라고 작은 소리로 말한다. 아이들도 대사를 잊은 아이도 다 같이 웃고 다시 시작된다. 점원 역할 아이가 “Oh, not expensive.”라며 순발력 있게 진행시킨다. “Not thanks.”라고 반응하자 교사가 다시 작은 목소리로 “No, thanks.”라고 힌트를 주고 아이는 “No, thanks.”라고 재빨리 바꾸고 점원의 “OK, bye.”로 역할극을 마친다. 교사는 “OK, thank you. Let's give them big hands.”라고 말하고 아이들은 각자 자리로 들어간다. 교사는 “Look at two sentences. Can you find it?”이라고 묻자 많은 아이들이 손을 든다. 한 아이가 “It's more expensive than there.”라고 발표한다. 교사는 “Is he right? Ok, thank you.”, “OK, where is the last one?”이라며 다음 문장을 찾게 한다. 두 명 정도가 손을 들자, 교사는 “I'll give you some hint.”, “Two guys..in front of the shop...compare A shop and B shop..the customer says it...what?”이라고 상황을 설명한다. 한 아이가 손을 들자 교사는 “소진!”이라고 지적하고 소진이는 “I'm bigger than you.”라고 말한다. 교사는 “All right, all right. But, it's not my answer.”라고 말하지만 아무도 손을 들지 않는다. “Oh, I've heard”, “This shop is older than there.”, “Did you heard it? Have you heard it? No?” 아이들은 반응이 없다. 그러자 교사는 “He is older than her.”라는 문장을 짚으며 읽고 넘어간다. “Who is next group?”이라고 묻고 다음 그룹이 나오게 한다.

그룹 6
2시 36분 교사의 “OK, come up.”이라는 말에 다음 교실 오른쪽 병원 세트로 나간다. 교사가 가지고 있던 마이크를 전달해 주고, 전달 과정에서 다시 마이크 연결 상태가 고르지 않아 잠시 지체된다. “May I help you?”, “I'm very very sick. Can I meet doctor quickly?”, “No, you can't. I'm sicker than you.”, “Where does it hurt?”, “I have a headache.”, “I'll prescribe for you.” 등의 의사와 환자, 환자와 환자 사이의 대사가 오간다. 데스크 너머로 마이크를 주고받느라 역할극 진행이 끊긴다. 갑자기 한 남자 아이가 비질을 하며 나타나서 키 큰 남자 아이를 보며, “Your foot is bigger than me.”라고 말하자 키 큰 아이가 “Yes, my foot is bigger than you.”라고 말한다. 키 큰 아이가 환자가 되어 “I have a bad cold.”라고 말하고 의사는 약을 주며 “You will become healthy.”라고 말한다. 환자의 “Thank you.”라는 말과 함께 역할극이 끝나자 교사는 “Finish? OK, let's give them big hands. You really did good job. But, don't be shy.”라며 역할극을 마무리한다. 아이들은 제 자리로 들어간다. “OK, did you find two sentences? I found. I know the answers.”라고 교사가 질문하자 많은 아이들이 손을 든다. 한 여자 아이가 “He is sicker than her.”라고 발표하고 교사는 “Right, the last one?”이라며 다음 문장 질문을 바로 이어간다. 한 여자 아이가 “I'm bigger than you.”라고 발표하고 교사는 한 번 더 읽어준다.

그룹 7 및 정리
2시 40분 마지막 그룹이 교실 왼쪽 편에서 준비하고 있다가 시작한다. 역시 가게 상황인가 보다. “May I help you?”, “Yes, please. I want to buy storybooks. I want three books.”, “No, I want thicker than it.”, “I wan to buy some picturebooks.”, “I want two books” 등의 대사가 이어진다. 점원들이 상품에 대한 자세한 설명을 분명하지 않은 목소리와 표현으로 시도하자 교사는 잠시 참견하여 blar blar표현을 사용하도록 유도한다. “I want thicker than this.” 등의 대사가 오가는 중 갑자기 수업을 마치는 학교 벨이 울린다. 하지만 아이들은 대사를 진행한다. “It's seventeen thousand won.”, “Here you are.”, “OK, have a nice day.” 등의 대사로 역할극이 마무리 될 즈음 교사는 역할극을 하고 있는 그룹 가까이에 서서 기다리다 역할극이 마치자 “OK, let's give them big hands.”라며 마무리하고 마이크를 받아서 교실 앞으로 간다. “You can find two sentences. Any volunteer? Who knows?”라고 질문하지만 아무도 손을 들지 않자, “OK, I'll give hints.”라고 말하며 보드 위의 한 문장을 찾아서 읽는다. “It's thicker than that.”를 읽고 “What does that mean?”이라고 질문하지만 아무도 답하지 않는다. 교사는 방금 역할극 속에서 대사를 했던 아이에게 질문해 보지만 답이 없다. “You were acting. You don't know? Oh my goddness.”라며 재차 질문하지만 답이 없다. 교사는 우리말로 thick이란 낱말의 뜻을 설명해 준다. 그렇다면 반대의 뜻을 가진 낱말은 어디 있을지 찾아보라고 하자 아이들은 thinner라는 낱말이 들어있는 문장을 손가락으로 가리킨다. thick과 thin에 대해서 간단히 설명한다. “이 낱말들은 배우지 않은 것이고, 애나의 도움으로 대사를 만들다 보니 좀 어려웠나 봐요”라며 마무리한다.
2시 44분 “OK, you really really did good job. Let's give us big hands.”라고 교사가 말하자 아이들은 다같이 박수를 보낸다. 교사는 “Next time, you will learn Lesson 11. It's about future. Next time, we will return your English teacher. You did really good job. Thank you, bye.”라며 교사가 마무리하고 학생들은 다같이 “Goob bye.”를 외친다.
아이들은 교실로 돌아간다.

4.2.2 수업분석과 해석

다음은 위 필드 노트를 바탕으로 한 초점 질문에 대한 분석 결과로서 역할극의 기본 요소, 역할극의 창의성, 역할극의 지도절차로 구분하여 기술하였다.

가. 역할극의 기본 요소

일곱 개의 그룹으로 이루어진 학급 전체의 학생들이 역할극을 발표하는 형태의 수업 특성상 단일 시간 내에 상황 설정, 역할 부여, 유용한 표현 제시가 이루어진 것은 아니었다. 하지만 본 수업 전 단계로서 교사와 학생들은 평소 일과와 다른 교과 활동 속에서 미리 그 과정을 거쳤음을 교사와의 면담을 통해 알게 되었다.

먼저, 역할극의 기본 요소 '상황' 설정이 본 수업 이전 단계에서 충분히 이루어졌음을 알 수 있는 교사와의 면담 내용이다.

> 먼저 무작위로 두 명을 뽑아 무언의 마임으로 제가 포즈를 만들고(침묵하게 함) 만든 포즈를 보고 나머지 아이들이 동작을 보고 완벽한 문장을 만들어 발표하게 했습니다. 예를 들어 'He is taller than her'라는 표현을 위해서는 두 명의 친구를 앞에 세워 여자는 무릎을 굽혀서 앉히고, 남자는 손을 뻗어 키게 커지게 하였습니다. 이런 식으로 제가 제시한 마임을 보고 다양한 비교급 문장을 만들어 이야기 하게 했습니다. 이전 차시 영어수업 시간을 이용했습니다.

학습자들이 직접 할 역할극의 구체적인 상황을 제시한 것은 아니었지만 상황 설정을 학습자들이 스스로 할 수 있도록 예를 제시하였다. 후속적으로 학습자들 스스로 상황을 떠올리게 하였는데 그 구체적인 과정은 아래의 면담 내용에서 알 수 있다.

> 동화속이나 친숙한 이야기, 일상생활 속에서 쉽게 찾을 수 있는 비교급 표현을 찾게 하여 발표하게 하였습니다. 여기서 나온 것이 '신데렐라', '상점의 가격비교' 등이었습니다. 아동들이 구체적인 상황과 표현을 발표하게 하여 역할극의 기초를 마련하게 하였습니다. 이러한 활동은 다른 교과의 자투리 시간을 이용하였습니다.

둘째, 역할극의 기본 요소 '역할' 제시 및 부여는 수업 이전 단계나 본 수업 단계에서 충분하게 이루어지지 않았다. 단지 수업 이전 단계, 즉 학습자들이 그룹별로 스스로 역할극을 구성할 때 모든 구성원이 한 번 이상 등장해야 한다는 외부적인 조건을 제시했을 뿐이다. 다음은 관련 면담 내용이다.

> 아동들을 그룹별로 묶어 각 모둠별 토의를 통하여 구체적인 스크립트를 짜도록 하였습니다. 이때 스크립트의 내용에 비교급 표현이 적어도 1개 이상 들어갈 것, 시간은 3분 이내, 모둠 구성원이 한 번 이상 등장할 것, 자연스러운 상황이 될 것 등 이런 몇 가지 기준을 제시해 주었고, 아동들은 애나의 도움을 받아 스크립트를 짜고 다 짠 모둠은 저에게 확인을 받도록 하여 다른 모둠과 겹치지 않게 하였습니다. 스크립트의 구체적인 표현과 관

> 련하여 모둠별로 피드백을 주었습니다. 이러한 활동들은 다른 교과의 자투리 시간을 이용하였습니다.

위 면담 내용에서 알 수 있듯이, 역할 부여에 있어서 역할의 성격이나 특성과 관련된 활동은 없었으며 단순히 모든 학습자들이 한 번 이상의 대사를 해야 한다는 조건만을 만족하는 역할극 활동이었다.

셋째, 역할극의 기본 요소 '유용한 표현'은 역할극 전반에 걸쳐서 다소 강조되어서 충분히 이루어졌다. 역할극을 만들기 전 단계에서부터 교사는 유용한 표현인 비교급 -er을 이용한 상황 제시 활동을 하였으며 본 수업에서 역할극을 한 후에도 역할극 속에 나왔던 -er 표현을 찾아보게 하였다. 다음은 관찰 기록의 일부분으로서 본 수업에서 각 그룹별 역할극 직후 이루어진 비교급 표현 찾기 활동을 보여준다.

> 역할극을 마친 아동들을 앞에 한 줄로 서있게 하고 학생들에게 질문을 한다. 화이트보드에 붙여놓은 많은 -er 문장들을 제시한다. "Which sentence did this group use?"라는 질문에 반응이 없자 "이 중에서 이 그룹의 역할극에 사용된 문장은 무엇인가요?"라며 되묻는다. 한 아이가 "He is older than her"라는 문장을 쉽게 찾는다. 뜻을 묻자 아이들은 "그는 그 여자보다 나이가 많다"라고 다 같이 답한다(역할극 시작 및 그룹 1, 13행~17행).
>
> 교사는 "OK, thank you. Let's give them big hands."라고 말하고 아이들은 각자 자리로 들어간다. 교사는 "Look at two sentences. Can you find it?"이라고 묻자 많은 아이들이 손을 든다. 한 아이가 "It's more expensive than there."라고 발표한다. 교사는 "Is he right? Ok, thank you.", "OK, where is the last one?"이라며 다음 문장을 찾게 한다. 두 명 정도가 손을 들자, 교사는 "I'll give you some hint.", "Two guys..in front of the shop...compare A shop and B shop..the customer says it...what?"이라고 상황을 설명한다. 한 아이가 손을 들자 교사는 "소진!"이라고 지적하고 소진이는 "I'm bigger than you."라고 말한다. 교사는 "All right, all right. But, it's not my answer."라고 말하지만 아무도 손을 들지 않는다. "Oh, I've heard.", "This shop is older than there.", "Did you heard it? Have you heard it? No?" 아이들은 반응이 없다. 그러자

교사는 "He is older her."라는 문장을 짚으며 읽고 넘어간다(그룹 5, 18행~29행).

나. 역할극의 창의성

6학년 학습자들의 연령과 영어 수준에 적절한 창의성 정도가 부여된 역할극 수업이었다. 단지 단일 수업 시간 내에 역할극 구성과 발표가 이어진 형태가 아니었으므로 부여된 창의성 정도가 높은 준비 단계와 본 수업에서는 정해진 대사에 따라 발표하는 통제된 형태가 이중적으로 이루어졌다.

6학년이긴 하지만 아직 영어 구사력에 있어서는 제한적이며 개인 간의 차이도 큰 현실에서 매우 적절하고 효과적인 역할극 형태이다. 역할극을 준비하는 과정에서는 기본적인 유용한 표현에 대한 지침만을 주고 학습자들이 최대한 창의력을 발휘하여 역할극을 구성할 수 있도록 하였다.

원어민 학생인 애나의 도움과 교사의 피드백이 제공되긴 하였지만 기본적인 상황과 대사 설정 및 구성을 학습자들 스스로 함으로서 다양한 표현을 시도할 수 있도록 하여서 역할극 구성 단계에 있어서는 학습자의 창의력이 최대한 발휘되었다.

반면에 구성된 역할극을 본 수업 시간에 발표하는 단계에서는 이미 정해진 역할과 대사에 충실한 매우 제한적인 재연을 하여서 암기한 대화의 재연(Littlewood, 1981), 통제 역할놀이(김익상과 고희리, 2002) 형태를 보였다.

다음은 미리 준비된 역할극을 단순히 재연하는 모습을 잘 파악할 수 있는 수업관찰 기술 내용의 일부분들이다.

> 2시 15분! "We are going to do the role-play. Which group will be the first?"라며 질문한다. 역할극이 미리 준비되어 있는 듯하다. 제일 앞에 앉아 있던 그룹이 손을 들자 교사는 바로 시킨다. "Who is next?"라고 질문하자 바로 옆에 있던 그룹이 손을 들자 다음 차례로 미리 지적해 둔다(역할극 시작 및 그룹 1, 1행~4행).
>
> 한 아이가 생일을 묻는 말에 "Friday 3rd 1994"라고 답하자 교사가 작은 목소리로 "Friday?"라고 말했으나 역할극은 그냥 진행된다. 관중을 보거나 특별한 action을 취하지는 않는다. 외운 문장을 또박 또박 말하기에 집중한다. 6명 모든 학생들이 한 문장씩은 말을 한다. 끝났을 때 다 같이 박수를

보낸다(역할극 시작 및 그룹 1, 9행~12행).

역시 한 개의 유선 마이크를 주고받으며 대사를 이어나간다. 한 남학생이 외우지 못해서 손바닥에 적힌 대사를 보고 말하자 웃음이 터져 나온다. 아이들은 이미 script를 만들고 연습을 한 상태이고 단지 발표만 하고 있는 것이 분명하다(그룹 2, 9행~11행).

역할극 발표 시에 이루어지는 즉흥성이 전혀 없으나 이미 학습자들 스스로 창의적으로 구성한 역할극을 재연하는 것으로서 교사에 의해 일방적으로 주어진 역할극을 재연하는 것과는 의미 있게 구분된다. 4년째 영어 학습을 하고 있는 6학년이긴 하지만 적은 수업 시수와 제한적인 영어 사용 기회 등으로 아직은 영어 구사력이 초보단계인 학습자들에겐 적절한 형태이다. 더구나 개인차가 심한 교실 현실에서 모든 학생들이 한 번 이상의 대사를 하도록 한 점은 매우 의미 있는 방법이라 할 수 있겠다.

다. 역할극의 지도절차

본 수업은 일련의 역할극 지도절차를 따라 이루어졌다. 본 수업 이전 단계에서 상황 설정, 대화문 작성, 역할 정하기, 연습하기 절차가 이루어졌다. 본 수업 단계에서는 청중 준비하기, 발표하기, 중요한 표현 찾기의 절차가 이루어졌는데 먼저 청중 준비하기와 발표하기의 절차가 파악되는 수업 관찰 기술의 일부분은 다음과 같다.

이 번 그룹은 교실 정면이 아니라 왼쪽 편으로 와서 뭔가 소품들을 준비한다. 가게에서 볼 수 있는 유리로 된 전시대를 준비한다. 교사는 "While you are seeing the role plays, think about these sentences."라며 문장들이 있는 화이트보드를 가리킨다. 그러는 중에 역할극 할 그룹이 준비가 다 되어가는 모습이다(그룹 2, 2행~6행).

"Not thanks."라고 반응하자 교사가 다시 작은 목소리로 "No, thanks." 라고 힌트를 주고 아이는 "No, thanks."라고 재빨리 바꾸고 점원의 "OK, bye."로 역할극을 마친다. 교사는 "OK, thank you. Let's give them big hands."라고 말하고 아이들은 각자 자리로 들어간다(그룹 5, 16행~19행).

환자의 "Thank you."라는 말과 함께 역할극이 끝나자 교사는 "Finish?

OK, let's give them big hands. You really did good job. But, don't be shy."라며 역할극을 마무리한다. 아이들은 제자리로 들어간다(그룹 6, 10행~13행).

위의 인용 부분에서 알 수 있듯이 학급 전체 아동들은 역할극을 하는 주체인 동시에 청중의 역할도 함께 하여서 전체적인 역할극 발표 수업 분위기가 호의적임을 알 수 있다. 교사는 매 역할극이 끝날 때마다 잊지 않고 학생들로 하여금 박수를 보내게 하고 다음 역할극에도 집중할 수 있도록 관심을 유지시켜 나가는 모습을 보였다.

다음으로 발표 후 중요 표현 찾기 단계를 꼭 거침으로서 흥밋거리로 끝날 수 있는 역할극 수업에서 학습적인 요소를 만족시켰는데, 다음은 그 구체적인 수업의 장면들이다.

교사는 "They used two er sentences."라고 말하며 찾아보라고 한다. 서너명 손을 들자 지적을 하지 않고 "I'll translate it to Korean.", "나는 너보다 더 예뻐.", "이 말이 나왔던 것 같아요."라고 말하며 영어로 표현을 찾아보도록 한다(그룹 3, 7행~10행).

역할극을 마친 아이들이 교실 앞으로 갈지, 자기 자리로 돌아갈지 우왕좌왕하자 교사는 "OK, you can go to your seat."라고 말하며 각자 자리로 돌아가도록 한다. "Find two er sentences, right?", "OK, the first one. Where is it? Who knows? Any volunteer?"라며 아이들에게 질문한다. 여학생 한 명이 손을 들자 바로 "혜빈!"이라며 지적하여 발표하게 한다. "He is sicker than her."라고 말하자 교사는 보드에서 찾아서 한 번 더 읽는다(그룹 4, 16행~22행).

교사는 "Look at two sentences. Can you find it?"이라고 묻자 많은 아이들이 손을 든다. 한 아이가 "It's more expensive than there"라고 발표한다. 교사는 "Is he right? Ok, thank you", "OK, where is the last one?"이라며 다음 문장을 찾게 한다(그룹 5, 19행~22행).

위의 예시 부분 이외에도 일곱 번에 걸친 모든 역할극 발표에서 후속적인 표현 찾기 활동을 함으로서 학습자들의 관심을 계속 유지시키며 다양한 비교급 -er 표현에 대한 학습을 하였다.

참고문헌

강선보. (1987). 판서와 노트 사용의 의의. *교육연구, 7*(8), 28-47. 서울: 한국교육생산성 연구소.

경기도교육청. (2005a). *좋은 수업, 행복한 교실(1)*. 수원: 경기도 교육청.

경기도교육청. (2005b). *좋은 수업, 행복한 교실(2)*. 수원: 경기도 교육청.

김덕기. (1987). 영어교육의 전문성. *영어교육 33,* 143-148.

김영태, 김수진. (2003). 영어로 진행하는 초등학교 영어 수업의 실태. *초등영어교육, 9*(1), 5-26.

김익상, 고희리. (2002). 초등영어 교육에서 자유역할놀이의 효과. *초등영어교육, 8*(2), 97-119.

김재구. (1970). *교재연구와 수업의 실제.* 서울: 현대과학사.

김정렬. (1999). 멀티미디어를 통합한 초등학교 수업모형 개발 연구. *Multimedia-Assisted Language Learning, 2*(1), 74-99.

김정렬. (2000). *ICT를 활용한 영어과 교수·학습 활동.* 월드와이드웹: http://www.ktrf.re.kr/journal/37/article8.htm에서 2006년 11월 21일에 검색했음.

김정렬. (2002). *영어 교육론.* 서울: 한국문화사.

김정호. (2001). *비계설정을 통한 읽기 부진아 지도 방법 연구.* 미출간 석사학위 논문, 한국교원대학교, 충북.

김종서, 김영찬. (1983). *수업형태분석법.* 서울: 교육과학사.

김충배, 신명신. (1988). *영어교육의 제 문제.* 서울: 한신출판사.

노정자. (2002). 실태 분석을 통한 초등영어교육의 활성화 방안. *서울특별시교육과학연구원 교육논문집, 24*, 181-200.

박광노. (2005). 교사와의 상호작용에 나타난 초등학생의 영어 발화 분석 연구. *초등영어교육, 11*(1), 157-184.

박광노. (2005). 초등영어수업에서의 교사와 학생 간 상호작용의 참가유형 분석. *Foreign Languages Education, 12*(1), 185-216.

박남수. (2004). 수업관찰 및 분석 방법. *자격연수, 3*. 229-235.

박승배. (2006). *교육비평-엘리어트 아이즈너의 질적 연구 방법론-*. 서울: 교육과학사.

박완희. (1986). *학습양상에 관한 선호와 비선호의 학습효과 비교.* 미출간 박사학위논문, 부산대학교, 부산.

배두본. (1997). *초등학교 영어교육*. 서울: 한국문화사.

배두본. (2000). *외국어 교육과정론*. 서울: 한국문화사.

백영균, 정재엽, 윤성철. (2006). *교육매체 제작의 이론과 실제.* 서울: 문음사.

변영계. (1997). *수업장학 -수업기술의 개선 방법-*. 서울: 학지사.

변영계. (1999). *교수 · 학습 이론의 이해.* 서울: 학지사.

변영계, 김경현. (2005). *수업장학과 수업분석.* 서울: 학지사.

송순애. (2003). *초등교사가 의식한 수업 기술에 영향을 미치는 변인에 관한 연구.* 미출간 석사학위논문, 건국대학교, 서울.

송인희. (2003). *초등학교 학생들의 영어 발화 오류에 관한 질적 연구.* 미출간 석사학위논문. 충북: 청주교육대학교 교육대학원.

신경아. (1998). *한국의 초등 영어 몰입프로그램 사례 분석.* 미출간 석사학위논문. 이화여자대학교, 서울.

신효원. (2006). *한국어 교실 관찰 도구 K-COLT 개발.* 미출간 석사학위논문. 이화여자대학교, 서울.

우충환. (1999). 현장 영어교육을 위한 체계적인 관찰도구 및 기법에 관한 연구. *영어교육, 54*(2), 109-131.

이경숙. (2000). *미적사고 육성을 위한 다양한 학습자료 활용 방안: 중학교 회화영역 중심으로,* 미출간 석사학위논문. 한국교원대학교, 충북.

이계순. (1983). 우리나라 영어교육의 개선 방안. *영어교육, 26,* 1-28.

이돈희. (1998). *교육이 변해야 미래가 보인다.* 서울: 현대문학

이윤식. (1999). *장학론.* 서울: 교육과학사.

이윤호. (1994). *관심집중-신바람 나는 교실 수업.* 서울: 삼신각

이재관. (2000). *외국어 습득을 위한 학습자의 상호작용에 관한 연구.* 미출간 박사학위논문, 한국교원대학교 대학원, 충북.

이재근, 이동한. (2004). 초등학교 영어 지도서에 제시된 교사의 scaffolding 발문 유형 분석. *영어교육연구, 16*(3), 239-258.

이창용. (1973). *현장교육기술.* 서울: 고령문화사.

이창희. (1995). 교단 개혁의 조기정착을 위한 과제. *충남교육, 113,* 24-28.

임양수. (2004). 영어과 수업장학의 실제. 인천: 인천광역시 교육청.

임재수. (1991). *판서 방법이 학습효과에 미치는 영향.* 미출간 석사학위논문, 경성대학교, 부산.

전병만, 박준언, 유제명, 최희경. (2006). 초 · 중등 영어교육 현황 분석. *정책연구과제 2006-이슈-4.* 교육인적자원부.

조명원. (1979). 실행능력에 입각한 영어교사교육의 모형 연구. *영어교육, 18,* 75-102.

조영달. (2001). *한국 중등학교 교실수업의 이해.* 서울: 교육과학사.

주삼환, 이석열, 김홍운, 이금화, 이명희. (1998). *수업관찰과 분석.* 서울: 원미사.

주삼환. (2003). *장학의 이론과 기법.* 서울: 학지사

최숙희, 김성헌. (2005). 전략적 방법을 활용한 역할극 연구: 언어습득시기의 의사소통능력 향상을 중심으로. *영어어문교육, 11*(1), 203-224.

최승현, 배은주. (2005). 비디오 관찰을 통한 수업 분석 및 수업방법 개선 워크샵. *한*

국교육과정평가연구, 12, 1-67.

최지선. (2004). *초등학교 또래 아동간 스캐폴딩 과정의 근거 이론적 연구.* 미출간 석사학위 논문, 한국교원대학교, 충북.

최희선. (2002). *협동학습을 위한 상호작용 유형과 Scaffolding에 관한 연구.* 미출간 석사학위 논문, 한국교원대학교, 충북.

충북초등영어교육연구회. (2004). *교수 · 학습 자료 안내(초등) 영어.* 월드와이드웹: http://classroom.kice.re.kr/kice/banner/E/10.PDF에서 2006년 11월 21일에 검색했음.

한예석. (1984). An analytical observation of teaching act: Focus on the teacher move types. *서울산업대학교논문집, 20*(1), 763-774.

Acheson, K. A., & Gall, M. D. (1992). *Techniques in the clinical supervision of teachers: Preservice and inservice applications* (3rd ed). New York: Longman.

Alatis, J. E., Altman, H. B., & Alatis, P. M. (1981). *The second language classroom.* Oxford: Oxford University Press.

Allen, D., & Ryan K. (1969). *Micro-teaching.* Reading, MA: Addison-Wesley.

Allen, J. P. B., Fröhlich, M., & Spada, N. (1984). The communicative orientation of language teaching: An observation scheme. In J. Handscombe, R. A. Crem & B. Taylor (Eds.), *On TESOL '83:The question of control* (pp.231-252). Washington, D.C.: Teaching English to Speakers of Other Languages.

Allwright, D. (1988) *Observation in the language classroom.* London: Longman.

Allwright, D., & Bailey, K. M. (1991). *Focus on the language classroom.* Cambridge: Cambridge University Press.

Allwright, R. L. (1984). The importance of interaction in classroom language learning. *Applied Linguistics, 5*(1), 57-71.

Amidon, E., & E. Hunter(1967). *Improving teaching: The analysis of classroom verbal interaction.* New York: Holt, Rinehart & Winston.

Bakeman, R., Gottman, J. M. (1986). *Observing interaction: An introduction to sequential analysis*. Cambridge: Cambridge University Press.

Bank, J. A. (1990). *Teaching strategies for the social studies: Inquiry, valuing, and decision-making* (4th ed.). New York: Longman.

Bellack, A. A., Kliebard, H. M., Hyman, R. T., & Smith, F. L. (1966). *The language of the classroom.* New York: Teachers College Press.

Berk, L. E., & Winsler, A. (1995). *Scaffolding children's learning: Vygotsky and early childhood education.* Washington: National Association for the Education of Young Children.

Bloom, B. S. (Ed). (1956). *Taxonomy of educational objectives handbook 1: Cognitive domain*. New York: Longman, Green &Co.

Blosser, P. E. (1973). *Handbook of effective questioning techniques.* Worthington, OH: Education Associates Inc.

Boehm, A. E., & Weinberg, R. A. (1997). *The classroom observer.* New York: Teachers College Press.

Bonine, E. (1999). *Time-on-task evaluation.* Retrieved November 3, 2006, from the World Wide Web: http://muse.widener.edu/~egrozyck/TonT.html.

Bretz, R. A. (1971). *Taxonomy of communication media.* Englewood Cliffs, N.J.: Prentice Hall Inc.

Brophy, J. E. (1988). Educating teachers about managing classrooms and students. *Teaching and Teacher Education, 4*, 1-3.

Brown, R. W. (1990). The place of beliefs and of concept formation in a language teacher training theory. *System, 18*(1). 85-96.

Brown, H. D. (2000). *Principles of language learning and teaching* (4th ed.). Englewood Cliffs, NJ: Prentice Hall.

Carbo, M. (1981). Learning style: Key to understanding the learning disabled. *Learning Styles Network Newsletter, 2*(1), 95-121.

Carroll, J. (1965). The prediction of success in intensive foreign language training. In R. Glaser (Ed.), *Training, research and education* (pp. 33-57). New York: Wiley.

Chaudron, C. (1988). *Second language classrooms: Research on teaching and learning*. Cambridge: Cambridge University Press.

Collins, A., Brown, J. S., & Nesman, S. E. (1990). Cognitive apprenticeship: Teaching the crafts of reading, writing and arithmetics. In L. B. Resnick (Eds.), *Knowing, learning and instruction: Essay in honor of Robert Glaser* (pp. 75-86). Hillsdale, NJ: Lawrence Erlbaum.

Curtain, H., & Pesola, C. B. (1994). *Language and children: Making the match.* New York: Longman.

Donahue, M., & Parsons, A. (1982). The use of role play to overcome cultural fatigue. *TESOL Quarterly, 16*(3), 378-399.

Doughty, C., & Pica, T. (1986). "Information gap" tasks: Do they facilitate second language acquisition? *TESOL Quarterly, 20*(2), 305-325.

Dudney, G. D. (1983). Hidden-information role play. *English Teaching Forum, 21*(3), 217-236.

Dulay, H., Burt, M., & Krashen, S. (1982). *Language two.* Oxford: Oxford University Press.

Dunn, R. S., Dunn, K. J., & Price, G. E. (1975). *Learning style inventory manual.*

Kansas City, KS: Price System.

Eckard, R. D., & Kearny, M. K. (1981). *Teaching conversational skills in ESL*. Washington D.C.: Center for Applied Linguistics.

Eisner, E. W. (1998). *The enlightened eye: Qualitative inquiry and the enhancement of educational practice*. Engliewood Cliffs, N.J.: Prentice-Hall.

Ellis, A. K. (1991). *Teaching and learning elementary social studies*. Boston, MA: Allyn & Bacon.

Ellis, R. (1985). Teacher-pupil interaction in second language development. In S. Gass & C. Madden (Eds.), *Input in second language acquisition* (pp. 99-123). Rowley, MA: Newbury House.

Ellis, R. (1985). *Understanding second language acquisition*. Oxford: Oxford University Press.

Ely, C. (1986). An analysis of discomfort, risk-taking, sociability, and motivation in the L2 classroom. *Language Learning, 36*, 1-25.

Erickson, F., & Mohatt, G. (1982). The cultural organization of participation structure in two classrooms of Indian students. In G. Spindler (Eds.), *Doing ethnography of schooling* (pp. 85-109). New York: Holt Rinehaet and Winston.

Erickson, F., S. Florio, & J. Shultz. (1982). Where is the floor?: Aspects of cultural organization of social relationship in communication at home and at school. In P. Gilmore & A. Glatthone (Eds.), *Children in and out of school* (pp. 46-70). Washington D.C.: Center for Applied Linguistics.

Fanselow, J. F. (1977). Beyond Rashomon-Conceptualizing and describing the teaching act. *TESOL Quarterly, 11*(1), 17-39.

Finch, C. (1979). Curriculum development in vocational and technical education. *Dissertation abstracts international, 41*(2), 225-226.

Finocchiaro, M., & Bonomo, M. (1973). *The Foreign language learner*. New York: Regents Publishing Co.

Flanders, N. A. (1970). *Analyzing teaching behaviour*. Reading, MA: Addison Wesley.

Fountain, J. E. (1999). *A note on critical incident technique and its utility as a tool of public management research*. Paper presented at the panel on qualitative methods, annual meeting of the Association of Public Policy and Management, Washington, D. C., November 4-6, 1999.

Gage, N. L. (1963). Paradigms for Research on Teaching. In N. L. Gage (Ed.), *Handbook of Research on Teaching* (pp. 1-17). Chicago: Rand McNally.

Gagne, R. M. (1985). *The conditions of learning*(4th ed.). New York: Holt, Rinehart, and Winston Inc.

Gass, S. M., & Varonis, E. M. (1985). Non-native/non-native conversations: A model for negotiation of meaning. *Applied Linguistics, 6*(1), 39-58.

Gass, S. M., & Varonis, E. M. (1985). Task variation and non-native/non-native negotiation of meaning. In S. Gass & C. Madden (Eds.), *Input in second language acquisition* (pp. 149-161). Rowley, MA: Newbury House Publishers, Inc.

Gebhard, J. G. (1984). Models of supervision: Choices. *TESOL Quarterly, 18*, 501-514.

Glaser, R. (1965). Psychology and instructional technology. In R. Glaser (Ed.), *Training research and education*. New York: John Willey & Sons Inc.

Glickman, C. D. (1990). *Supervision of instruction: A developmental approach* (2nd Ed.). Boston: Allyn & Bacon.

Glickman, C. D., Gordon. S. P., & Ross-Gordon, J. M. (2001). *Supervision and instructional leadership: A developmental approach* (5th Ed.). Boston: Allyn & Bacon.

Good, T., & Brophy, J. (1986). *Educational psychology: A realistic approach*. New York: Longman.

Harris, B. M. (1975). *Supervisory behavior in education* (2nd ed.). Englewood Cliffs, NJ: Prentice Hall.

Hatch, E. (1983). *Psycholinguistics: A second language perspective*. Rowley, MA: Newbury House.

Heinich, R. M., Molenda, M., & Russell. J. D. (1989). *Instructional media and the new technologies of instruction.* New York: John Willey & Sons Inc.

Hines, M. (1983). *The relationship between teacher behavior and student learning in fourteen English as a second language lessons.* Teachers College, New York: Columbia University.

Hofstede. (1991). *Cultures and organizations: Software of the mind.* London, UK: McGraw-Hill.

Hopkins, D. (2002). *A teacher's guide to classroom research* (3rd ed.). Buckingham, Philadelphia: Open University Press.

Hunt, D. E. (1979). *Learning style and student needs*. Reston, VA: National Association of Secondary School Principals.

Hyman, R. T. (1975). *School administrator's handbook of teacher supervision and evaluation methods.* London: Prentice-Hall Inc.

Hyman, R. T. (1979). *Strategic questioning.* Englewood Cliffs, NJ: Prentice-Hall Inc.

Jakobovits, L. (1971). *Foreign language learning; A psycholinguistic analysis of the issues*. Rowley, MA: Newbury House Publishers.

Kearsley, G., & Shneidermanm B. (1999). Engagement theory. *Educational Technology, 38*(3), 46-68.

Kinsvatter, R., Wilen. W., & Ishler, M. (1988). *Dynamics of effective teaching.* New York: Longman, Inc.

Klauer, K. J. (1985). Framework for a theory of teaching. *Teacher and Teacher Education, 1*, 5-17.

Krashen, S. (1989). *Language acquisition and language education.* New York: Prentice-Hall International.

Krashen, S. D. (1982). *Principles and practices of second language acquisition.* Oxford: Regents.

Lewin, K., Lippitt, R., & White. R. (1939). Patterns of aggressive behaviour in experimentally created 'social climate'. *Journal of Social Psychology, 10*, 271-299.

Littlewood, W. (1981). *Communicative language teaching.* Cambridge: Cambridge University Press.

Long, M. H. (1980). Inside the "black box": Methodological issues in research on language teaching and learning. *Language Learning, 30*, 1-42.

McNaughton, S., & Leyland, J. (1990). The shifting focus of maternal tutoring across different difficulty levels on a problem solving task. *British Journal of Development Psychology, 8,* 147-155.

Mehan, H. (1979). *Learning lessons: Social organization in the classroom.* Cambridge, MA: Harvard University Press.

Merrill, M. D. (1994). *Instructional design theory.* Englewood. Cliffs N.J.: Educational Technology Publications.

Minnis, D. L., & Shrable, K. (1970). *Teacher's manual: Improving questioning strategies.* San Anselmo, CA: Serch Models Unlimited.

Moskowitz, G. (1976). *Caring and sharing in the foreign language class.* Rowley, MA: Newbury House.

Murphy, J. M. (2001). Reflective teaching in ELT. In M. Celce-Murcia (Ed.), *Teaching English as a second or foreign language* (3rd edition) (pp. 75-102). New York: Newbury House.

Nunan, D. (1988). *Syllabus and design.* Oxford: Oxford University Press.

Nunan, D. (1988). *The learner-centered curriculum: A study in second language teaching.* Cambridge: Cambridge University Press.

Nunan, D. (1992). *Research methods in language learning.* New York: Cambridge University Press.

Nunan, D. (1995). *Language teaching methodology.* London: Prentice Hall.

Nunan, D. (1996). Issues in second language acquisition research: Examining substance and procedure. In W. Ritchie & T. Bjatia (eds.), *Handbook of second language acquisition* (pp. 113-135). New York: Academic Press.

Oller, J. (1981). Research on the measurement of affective variables: some remaining questions. In R. Andersen (Ed.), *New dimensions in second language acquisition research* (pp. 1-27). Newbury House, Rowley, Mass.

Paulston, C. B., & Bruder. M. N. (1977). *Teaching English as a second language: technique and procedures.* Cambridge: Withrop Press.

Peacock, M. (1998). Usefulness and enjoyableness of teaching materials as predictors of on-task behavior. *TESL-EJ, 3*(2). Retrieved November 17, 2006, from the World Wide Web: http://www-writing.berkeley.edu/TESl-EJ/ej10/a3.html)

Portes, P. R., & Cuentas, T. E. (1991). Mother-child interaction across culture: From intersubjectivity to regulation in the zone of proximal development. *Paper presented at the AERA annual meeting.* Chicago.

Price, G. (1980). Which learning style elements are stable and which tend to change? *Learning Network Newsletter, 1*(3), 101-107.

Rachal, J. R. (1993). Computer-assisted instruction in adult basic and secondary education: A review of the experimental literature 1984-1992. *Adult Education Quarterly, 43*(3), 165-172.

Reed, A. J. S., & Bergemann. V. E. (2001). *A Guide to observation participation and reflection in the classroom* (4th Ed.). New York: McGrow-Hill Higher Education.

Restak, R. (1979). *The brain: The last frontier*. New York, NY: Double day.

Richards, J. C., & Lockhart. C. (1994). *Reflective teaching in second language classrooms*. Cambridge: Cambridge University Press.

Rist, R. (1970). Student social class and teaching expectations: The self-fulfilling prophecy in ghetto education. *Harvard Educational Review*, *10*, 411-451.

Rivers, W. (Ed.). (1987). *Interactive language teaching.* Cambridge: Cambridge University Press.

Robertson, E. (1987). Teaching and Related Activities. In M. J. Dunkin (ed.), *International encyclopedia of teaching and teacher education*. Oxford: Pergamon.

Rogoff, B. (1990). *Apprenticeship in thinking: Cognitive development in social context.* New York: Oxford University Press.

Romiszowski, A., & de Haas, J. (1989). Computer-mediated communication for instruction: Using e-mail as a seminar. *Educational Technology, 29*(10), 7-14.

Rowe, M. B. (1969). Science, Silence, and Sanctions. *Science and Children, 6,* 11-13.

Rubin, J. (1975). What the good language learner can teach us. *TESOL Quarterly, 9*, 41-51.

Ryans, D. G. (1960). *Characteristics of teachers.* Washington DC: American Council on

Education.

Sadker, M., & Sadker, D. V. (1991). *Teachers, schools, and society.* New York: McGraw-Hill.

Sampath, K. M., Pannerselvam, A., & Santhanam, M. A. (1990). *Introduction to educational technology.* New Jersey: Srerling Publishers.

Sanders, N. M. (1966). *Classroom questions: What kinds?* New York: Harper & Row.

Schulman, L. (1987). Knowledge and teaching: Foundations of the new reform. *Harvard Educational Review, 57,* 1-22.

Scott, W. A., Ytreberg, L. H. (1990). *Teaching English to children.* New York: Longman Inc.

Seliger, H. W. (1977). Does practice make perfect?: A study of interaction patterns and L2 competence. *Language Learning, 27*(2). 263-278.

Shapiro, F. (1979). *What do teachers actually do in language classrooms?* Paper presented at the 13th Annual TESOL Convention, Boston, February 27-March 4.

Sigel, I. (1982). The relationship between parental distancing strategies and the child's cognitive behavior. In L, Laosa & I. Sigel (Eds.), *Families as environments for children* (pp. 18-26). New York: Plenum.

Sinatra, R., & Annacone, D. (1984). Questioning strategies to promote cognitive inquiry in the social studies. *Social Studies, 75,* 18-23.

Smith, B. O. (1967). *A study of the strategies of teaching.* Cooperative research Project No. 1640. U. S. Department of Health, Education, and Welfare, Office of Education. Urbana, Ill.: Bureau of Educational Research, College of Education, University of Illinois.

Spada, N., & Fröhlich, M. (1995). *COLT: Communicative orientation of language teaching observation scheme: coding conventions and applications.* Sydney: National Centre for English Language Teaching and Research, Macquarie University.

Spada, N., & Lightbown, P. M. (1989). Intensive ESL programs in Quebec primary schools. *TESL Canada Journal, 7,* 11-32.

Spolsky, B. (1989). Communicative competence, language proficiency, and beyond. *Applied Linguistics, 10,* 79-101.

Spradley, J. P. (1980). *Participant observation.* New York: Holt, Reinhart & Winston.

Stevens, R. (1912). The question as a measure of efficiency in teaching. *Teachers College Contributions to Education 48,* 56-81. New York: Columbia University.

Stoller, L. F. (1996). Teacher supervision-moving towards an interactive approach. *English Teaching Forum, 34*(2), 2-9. Retrieved June 19, 2007, from the World Wide Web: http://exchanges.state.gov/forum/vols/vol34/no2/p2.htm.

Suwa, K. (1994). A case study of English teaching at Japanese elementary schools. *JALT Journal, 16*(2), 195-215.

Tuckman, B. W. (1976). Feedback and the change process. *Phi Delta Kappen, 57*(5), 341-344.

Ullmann, R., & Geva, E. (1982). *The target language observation scheme(TALOS).* Unpublished report. York Region Board of Education Core French Evaluation Project. Toronto: Ontario Institute for Studies in Education.

van Lier, L. (1989). Classroom research in second language acquisition. *Applied Linguistics, 10,* 173-186.

Vygotsky, L. S. (1978). Mind in society: *The development of higher psychological processes.* Cambridge, MA: Harvard University Press.

Wells. G. (1981). Becoming a communicator. In G. Wells (Ed.), *Learning through interaction: The study of interaction development.* Cambridge: Cambridge University Press.

Widdowson, H. (1978). *Teaching language as communication.* Oxford: Oxford University Press.

Wolf, D. P. (1987). The art of questioning. *Academic Connections*, *7*, 1-7.

Wood, D., Bruner, J., & Ross, G. (1976). The role of tutoring in problem solving. *Journal of Child Psychology and Psychiatry, 17,* 89-100.

Wragg. (1994). *An introduction to classroom observation.* London: Loutledge.

Wragg. (2000). *An introduction to classroom observation* (2nd Ed.). London: Routledge.

Wright, T. (1987). *Roles of teachers and learners.* Oxford: Oxford University Press.

부록

〈부록 1〉 Flanders의 상호작용 분류항목

구분		분류항목
교사 발언	비지시적 영향	**1. 감정의 수용:** 비위협적인 방법으로 학생의 감정적 색조나 태도를 수용하거나 명료화한다. 감정은 긍정적이거나 부정적일 수 있다. 감정을 예측하고 회상하는 것도 포함한다.
		2. 칭찬 또는 격려: 학생을 칭찬하거나 격려한다. 학생의 기분을 상하지 않게 하는 수준에서, 긴장을 완화시키는 농담을 한다. 고개를 끄덕이거나 "으흠", "그렇지"라는 말 등이 포함된다.
		3. 학생의 아이디어를 수용 또는 사용: 학생이 제안한 아이디어를 명료화하여 다시 말하거나 학생의 아이디어에 기반을 두고 교사가 덧붙여 이야기한다. 교사가 자신의 생각을 더 많이 덧붙인 경우에는, 항목5로 분류된다.
		4. 질문: 학생이 대답할 것을 기대하고 교사가 수업내용이나 절차에 관하여 질문한다.
	지시적 영향	**5. 강의:** 수업내용이나 절차에 관한 사실이나 의견을 제시한다. 교사의 아이디어 표현이나 수사의문문은 이 항목에 포함된다.
		6. 지시: 학생들이 따라줄 것을 기대하고 지시 · 요청하고 명령한다.
		7. 학생을 비평 또는 권위를 정당화함: 좋지 못한 학생의 행동을 좋은 행동으로 바꾸기 위한 교사의 말, 꾸짖음, 교사가 왜 그렇게 해야만 하는가에 대한 이유 설명, 극단적인 교사의 자기 자랑이 여기에 해당된다.
학생 발언		**8. 학생의 말-반응:** 교사의 질문에 대해 예측 가능한 답변을 하는 경우이다. 교사는 학생의 반응을 먼저 요청하고 학생들이 할 답변에 제약을 둔다.
		9. 학생의 말-주도: 학생이 주도적으로 말을 하는 경우이다. 교사에게 학생들은 예측가능하지 않은 반응을 보인다. 학생들이 자신의 아이디어를 표현하는 경우가 여기에 해당된다.
		10. 침묵, 혼란: 잠깐의 휴식, 짧은 시간의 침묵, 또는 의사소통을 기록할 수 없는 혼란은 여기에 해당된다.

〈부록2〉 FOCUS 범주의 정의와 예시

1. 언어자료 제공자와 수신자 (target)	2. 의사소통 능력	3. 매체 (medium)	4. 사용 (use)	5. 내용 (content)
교사 t 개별학생 s 그룹 g 그룹 내 학생들 ss 학급전체 c 정보원 i 교재 b 참관자 v	**구조화** str 과제 제시나 다른 활동을 위한 준비 **요청** sol 과제제시, 질문하기 **응답** res 과제수행, 응답하기 **반응** rea 이전 행위에 대한 수정, 변경, 평가 등의 반영	**언어적**(linguistic) l 청각적 la 배우는 요소(filler), 개별 글자, 단어, 문장, 소리, 음절 등 시각적 lv · 표의기호: $, # 등 · 음성표기: 억양, 강세, 단어, 소리 등 · 문사표기: 문자로 인쇄된 개별 글자, 단어, 콤마, 마침표 기타 lo 점자, 글자 베껴 쓰기, 강세기호 표시하기 등 **비언어적**(non-linguistic) n 청각적 na 종소리, 박수치기, 콧노래, 음악, 소음·소란·잡담, 가볍게 두드리기 등 시각적 nv 실물: 음식, 생물, 물건, 사람, 발음기관, 후두, 움직이는 물건 등 조작물: 판화, 그림, 스케치, 인형 등 도식: 도형·도해, 선, 지도, 밑줄 긋기, 지우기, 등 상징물: 집을 나타내는 막대 등 기타 no 옷, 가구, 온도·기온 등 **준언어적**(para-linguistic) p 청각적 pa 울음, 웃음, 침묵, 목소리톤, 성량 등 시각적 pv 실제: 얼굴색, 얼굴표정, 응시, 제스처, 움직임, 자세 등 상징: 이름을 나타내는 제스처 등 기타 po 춤, 접촉 등	**주의집중**(attend) 모든 수용활동: 듣기, 묵독, 사물의 감촉 느끼기, 맛보기, 냄새 맡기, 내용이해활동 등 **특징 파악**(characterize) 내용에 관한 또는 내용 자체에 대해 설명 구별(differentiate): 같은 것과 다른 것 구분 평가(evaluate):: 옳고 그름, 참 거짓에 관한 규정, 예/아니요 또는 양자택일(either/or)의 질문에 대한 대답 검토(examine): 음절이나 단어의 수세기, 특정 단어의 위치 찾아내기, 강조, 문장 도식화하기, 크기, 모양에 대한 정보 설명(illustrate): 항목 특성 나타내기, 가치중립판단 분류(label): 단어의 품사 말하기 또는 특정 항목 그룹의 명칭 부여 **제시**(present) 내용 자체를 제시: 지시 및 안내, 질문, 대상 확인, 반의어, 유의어 제시, 구두로 읽기, 받아쓰기, 생활 또는 주제 관련 내용 제시 등 단어 부르기(call words) 매체 바꾸기(change medium) 질문하기(question) 진술하기(state) **관련**(relate) 설명(explain): 일반화, 규칙이나 이유 설명, 이외의 명시적 관련 등 해석(interpret): 추론, 새로운 규칙 생성, 이 외의 암시적 관련 등 **재-제시**(re-present) 결합하기(combining) 모방하기(imitating) 바꾸어 말하기/쓰기(paraphrasing) 바꾸지 않고 대체하기(substituting with changes) 바꾸어 대체하기(substituting without changes) 변형하기(transforming)	**언어**(language) 문맥(contextual): 언어, 암축, 문화, 세부내용과 중심생각, 언어사용역, 상황 등 문법(grammatical): 가능어, 문장형식, 어형변화, 축약형, 단어, 배열 등 문학(literary): 심상, 분위기, 문체 등 의미(meaning):비유적, 문법적, 역사적, 유머적, 관용적, 역설적, 문자 그대로의 의미 등 쓰기 기술(mechanics of writing): 펜 잡는 법, 대문자 쓰는 법, 문장의 첫 글자 대문자 쓰기, 구두점, 철자 등 소리(sound): 분절음(segmental): 모음, 자음, 자음군, 분철법 등 초분절음(supra-segmental): 억양, 리듬, 강세 등. 발음 생성(speech production): 혀의 위치, 후두의 떨림 등 **생활**(life) 상투적 표현(formula): 인사말, 작별 인사 등 상상(imagination): 만약 무엇이 일어난다면....? 등 개인생활(personal): 감정, 느낌, 정보 등 공공생활(public): 인물, 장소, 사물, 종교와 같은 일반적 지식 기능(skills): 요리, 육상경기, 타이핑, 공부 등 사회 이슈(social issues): 인구문제, 편견 등 **절차**(procedure) 관리: 출석 부르기, 수업 시작 인사, 확인질문-*이해했습니까?*, 활동 전환-*오케이, 음....* 의심을 표현하는 질문-억양을 올리며 되묻기 등 교실 내 사회적 행동: 휴계, 훈육, 상세, 처벌 등 언어교수 절차: 과제 제시, 활동 방법 지시 및 설명 등 교수학습의 이론적 근거: 특정 활동에 대한 이유 설명, 방법이나 절차에 대한 지지 등 **주제**(subject matter) 교과목: 생물, 수학, 역사 생존 기술: 예산 짜기, 임대차 계약 이해하기 등

색 인

1. 이름 색인

G

H

J

K

L

M

N

O

P

R

S

T

U

V

W

ㄱ

2. 용어 색인